民间借贷纠纷案件胜诉实战指南

——典型案例办案思路和实务要点详解

主　编　唐青林　李　舒
副主编　杨　巍　韩　旭

PRIVATE LENDING
CASES AND
RULES

中国法制出版社
CHINA LEGAL PUBLISHING HOUSE

前　言

民间借贷是一种广泛存在的民间融资活动，近年来发生纠纷的案件数量激增。民间借贷的法律关系看似简单，可一旦发生争议后往往会涉及案件定性、事实认定、法律适用、刑民交叉等诸多疑难复杂的实务问题。为此，最高人民法院先后出台《最高人民法院关于审理民间借贷案件适用法律若干问题的规定》《最高人民法院关于依法妥善审理民间借贷案件的通知》等文件，对民间借贷案件的审理进行规范。

本书以案例研究为出发点，结合多年实务经验，搜集最高人民法院和各省、自治区、直辖市高级人民法院真实案例，对民间借贷实务问题进行了系统梳理，挑选极具代表性的民间借贷纠纷法律问题进行分析讲解，力求用通俗易懂的文字，向读者朋友传递真正有用的实务“干货”。我们希望通过系列司法案例的解读，帮助当事人快速提高民间借贷法律风险防范意识和能力，从他人的血泪教训中总结经验。同时，我们也希望通过对司法案例的系统分析，为统一司法裁判尺度贡献绵薄之力。

本书的编撰结构包括阅读提示、裁判要旨、案情简介、裁判要点、实务经验总结、相关法律规定、法院判决、案件来源以及延伸阅读部分。其中，裁判要旨和裁判要点部分，归纳总结了案件的裁判思路；案情简介部分，力求以最简练的语言提炼案件事实，便于读者快速了解案情；实务经验总结部分，从法律风险防范角度提出实务操作要点；延伸阅读部分，根据搜集的相关案例，提炼出裁判规则。

由于学识和能力有限，书中尚存在诸多不足之处，内容难免存在纰漏，真诚希望得到读者的批评、指正，也欢迎读者就本书中的有关问题与本书作者进行探讨，我们的邮箱是 18601900636@163.com。

阅读提示

一、本书解读的裁判文书，案件事实纷繁复杂，证据较多，往往涉及多个法律焦点。为了写作和理解方便，我们可能仅选取某个具体角度、某个焦点问题进行解读和评析，难免挂一漏万。需要完整了解某个案件，请通过法院官方网站或其他渠道获取裁判文书原文进行研读。

二、与此同时，有些案件事实相同的案件，却出现了不一样甚至相反的判决结果，这可能是因为案件事实看似相同实际上却存在某些细微但关键的差别，也可能是法院根据社会发展的变化调整裁判规则和思路，甚至可能是法律法规本身出现了变化。裁判文书一旦做出就固化了，但是立法和司法实践是不断向前发展变化的。

三、我国不是判例法国家，除非最高人民法院正式发布的指导性案例（根据《最高人民法院关于案例指导工作的规定》第七条的规定，最高人民法院发布的指导性案例，各级人民法院审判类似案例时应当参照），否则即使是最高人民法院的裁判文书也并不具有指导另案的法律效力。

目 录
Contents

第一章　民间借贷的主体

001　企业负责人以个人名义借款，出借人可否请求企业偿还借款？ / 1
002　同居期间以一方名义所负债务是否属于共同债务？举证责任如何分配？ / 9
003　夫妻一方以夫妻名义借款是否构成表见代理？另一方是否须要承担还款责任？ / 16

第二章　民间借贷法律关系的界定

004　名为合伙、实为借贷的认定规则 / 20
005　一方不承担经营风险，能否认定为合作开发关系？ / 26
006　如何区分委托理财与民间借贷？ / 32
007　签订融资租赁合同，为何被认定为民间借贷？ / 40
008　父母出资为子女购房是赠与还是借贷？ / 45
009　当事人主张双方名为房屋买卖、实为民间借贷，举证责任由谁承担？ / 50
010　借款人已证明双方存在其他法律关系，能否否定民间借贷事实？ / 55
011　签订房屋买卖合同，为何法院认定构成民间借贷关系？ / 60
012　因其他法律关系形成的借条，能否提起民间借贷诉讼请求还款？ / 69

第三章　民间借贷合同的效力

013　企业向员工集资后转贷他人所签订的民间借贷合同是否有效？ / 75

014 以借来的资金转贷牟利，借款合同是否有效？ / 80
015 以银行贷款转贷牟利的借款行为竟然有效？ / 86
016 出借人利用非自有资金向他人借贷是否当然无效？ / 90
017 小贷公司超额发放贷款是否有效？ / 95
018 “分手费”约定是否有效？ / 103
019 校园贷是否有效，是否需要支付利息？ / 109
020 受让了无效民间借贷债权，竟有权要求还款？ / 116
021 民间借贷出借人能否以承兑汇票方式支付借款，借贷关系是否有效？ / 119
022 资金未到达借款人账户，法院能否认定借贷关系成立？ / 129
023 民间借贷合同是否自借款实际交付时生效？ / 133

第四章　民间借贷的事实认定

024 民间借贷借款人抗辩已还款，举证责任如何分配？ / 139
025 仅以转账凭证提起民间借贷诉讼也可能胜诉 / 145
026 民间借贷仅以借据提起诉讼能否胜诉？ / 154
027 借款人主张借款凭证是“转条”应承担举证责任 / 161
028 仅凭欠条提起民间借贷诉讼，能否胜诉？ / 166
029 民间借贷借条未载明债权人，出借人也可胜诉 / 169
030 自然人之间借贷如何认定出借人已提供借款，举证责任如何分配？ / 174
031 原告以借条提起民间借贷诉讼，被告抗辩双方并非民间借贷关系应承担举证责任 / 183
032 民间借贷案件中，负有举证证明责任的当事人拒不到庭，可能会影响法院对其所主张事实的认定 / 194
033 借款人在空白协议上签字，借贷关系是否成立？ / 204
034 亲属之间借款未打借条，诉请偿还借款能否胜诉？ / 211
035 出借人主张以现金交付借款，如何才能胜诉？ / 217
036 夫妻一方存在虚构共同债务嫌疑，由谁证明借贷事实？ / 226
037 以借条复印件提起诉讼能否胜诉？ / 231
038 借款协议与补充协议约定不一致，以哪份协议为准？ / 236
039 法院应严格审查关联企业之间借贷关系是否真实 / 239
040 法官不能仅凭经验判断推翻已被生效判决认定的事实 / 246

041 民间借贷当事人已承认的事实能否反悔？ / 253
042 被告自认借款事实，为何原告依然败诉？ / 259

第五章 民间借贷合同的履行

043 以物抵债协议属于诺成性还是实践性合同？ / 266
044 以物抵债协议未履行，债权人能否请求偿还原债务？ / 275
045 债务人拒绝履行以物抵债协议，债权人能否请求继续履行？ / 281
046 股东未足额缴纳出资，公司能否主张以股东借款抵销？ / 286
047 民间借贷被告能否主张抵销债务？抵销须满足什么条件？ / 292
048 债权人免除债务的承诺能否撤销？ / 295
049 借款合同约定两个还款条件，未同时满足出借人也能请求还款吗？ / 298

第六章 民间借贷的利率和利息

050 民间借贷可以请求法院保护的年利率上限为 24% 吗？ / 304
051 民间借贷未约定逾期利率，能否请求债务人支付逾期利息？ / 309
052 逾期利息、违约金之和的司法保护上限为年利率 24% / 316
053 民间借贷对利息没有约定或约定不明，出借人能否请求支付利息？ / 322
054 自然人之间借贷利息约定不明，能否请求支付利息？ / 326
055 民间借贷预先在本金中扣除利息，应将实际出借金额认定为本金数额 / 332
056 民间借贷未约定利息但借款人自愿支付利息能否请求出借人返还？ / 336
057 逾期利息已达到年利率 24%，出借人还能否主张律师费用？ / 341
058 口头约定利息是否等同于利息约定不明？主张利息能否获得支持？ / 347
059 金融机构贷款利率能否超过年 24%？ / 353

第七章 民间借贷的担保

060 以签订买卖合同作为民间借贷合同的担保，出借人不能请求履行买卖合同 / 357
061 以签订买卖合同作为民间借贷合同的担保，出借人对买卖标的物是否享有优先受偿权？ / 364

062 签订股权转让协议作为民间借贷的担保是否有效？ / 372
063 出借人能否请求 P2P 平台承担担保责任？ / 374
064 民间借贷第三人只在借条上签字但未表明保证人身份也可能被认定为保证人 / 378
065 董事长私刻公司公章向他人提供担保是否有效？ / 384
066 借款人擅自变更借款用途，保证人并不当然免责 / 392
067 担保未设立，担保人竟还需承担责任？ / 400
068 出借人能否排除他人对让与担保物的强制执行？ / 405
069 借款人死亡，保证人可以向谁追偿？ / 412
070 保证人未在借款协议上签字，竟然要承担保证责任？ / 415
071 以学校财产设立抵押是否有效？ / 419
072 已办理抵押预告登记，能否主张优先受偿权？ / 424
073 受托人低价处置抵押财产，应承担赔偿责任 / 428
074 房屋抵押合同已办理公证并赋予强制执行效力，抵押权是否设立？能否申请执行？ / 434
075 借款合同与担保合同约定不一致，借款合同是否失效？ / 438
076 银行保证金是否属于金钱质押？金钱质权应当如何设立？ / 442
077 保证金账户资金余额发生变化，是否影响金钱质权的设立？ / 451
078 合同约定担保数额 50 元，法院认定为 50 万元，借款合同存在笔误的解释规则 / 459

第八章 刑民交叉案件的处理

079 公司向员工筹集资金是否合法、有效，是否可能转化为非法集资犯罪？ / 465
080 民间借贷涉嫌非法集资犯罪，出借人能否诉请借款人承担民事责任？ / 469
081 民间借贷借款人涉嫌犯罪，出借人能否诉请担保人承担民事责任？ / 476
082 民间借贷案件事实必须以未审结的刑事案件审理结果为依据的，应裁定中止诉讼 / 481
083 审理民间借贷案件发现不是同一事实的犯罪线索，应继续审理 / 487
084 民间借贷出借人、借款人涉嫌犯罪的，是否影响借贷合同的效力？ / 493
085 如何区分民间借贷与诈骗犯罪行为？ / 498
086 如何认定“套路贷”？常见类型有哪些？ / 510

第九章　民间借贷的诉讼

087　出借人在服刑期间，诉讼时效是否中止？ / 524
088　私自录音能否作为民间借贷证据使用？ / 531
089　如何认定民间借贷虚假诉讼？应承担什么法律后果？ / 537
090　民间借贷出借人因证据不足败诉，能否以不当得利另行起诉？ / 549
091　法院未查明民间借贷实际本息，能否以调解方式结案？ / 555
092　民间借贷案件如何选择管辖法院？合同履行地如何确定？ / 561
093　指示他人作伪证构成犯罪？ / 566
094　出借人仅起诉连带保证人，应否追加借款人为共同被告？ / 571

附　录 / 577

第一章 民间借贷的主体

001 企业负责人以个人名义借款，出借人可否请求企业偿还借款？

——企业负责人以个人名义借款，所借款项用于企业生产经营的，出借人可以请求企业承担偿还责任

阅读提示

企业法定代表人以个人名义签订借款合同，所借款项用于企业生产经营的，是由公司还是个人承担还款责任？企业法定代表人以公司名义签订借款合同，所借款项用于法定代表人个人使用的，又是由公司还是个人承担还款责任？本文检索和梳理了15个与企业法定代表人或负责人订立民间借贷合同相关的判例，梳理出法院审理该类案件的5个裁判规则，具体如下：

（1）以企业名义订立借款合同，但所借款项用于企业法定代表人或负责人个人使用的，企业法定代表人或负责人应当与企业共同承担偿还责任（案例一、案例二）；

（2）企业法定代表人或负责人以个人名义签订借款合同，但所借款项用于企业生产经营的，企业应与个人共同承担偿还责任（案例三—案例五）；

（3）企业法定代表人或负责人以个人名义订立借款合同，出借人主张所借款项用于企业生产经营，并请求企业偿还该笔借款的，出借人应承担举证责任（案例六、案例七）；

（4）只要企业法定代表人在借贷合同上以法定代表人身份签字，即对企业发生效力，公司印章真伪不影响企业应承担的债务清偿责任（案例八—案例十三）；

（5）企业法定代表人或负责人以个人名义签订借贷合同，且所借款项未用于企业生产经营的，只由企业法定代表人或负责人承担还款责任（案例十四—案例十六）。

裁判要旨

企业负责人以个人名义与出借人签订民间借贷合同，所借款项用于企业生产经营的，出借人可以请求企业承担偿还责任。

案情简介

周某、邓某、彭某三人签订《合作协议》和《股本协议》，约定三人共同出资并挂靠A建设公司，承包承建竹园小区项目和祈年悦城项目。A建设公司与周某等签订《重庆A建设（集团）有限公司工程内部承包合同》，约定A建设公司承建祈年悦城项目后，成立工程项目部。该工程实际承包人为周某、邓某、彭某，并预留了三人的印鉴。周某负责资金筹集等工作。

周某、邓某、彭某向叶某出具了五张借条，周某向叶某出具了一张借条，载明向叶某借款共计723万元。

叶某向重庆市第五中级人民法院提起诉讼，请求判令，A建设公司偿还叶某借款人民币723万元及利息。重庆市第五中级人民法院、重庆市高级人民法院均支持了其诉讼请求。

A建设公司不服重庆市高级人民法院判决，向最高人民法院申请再审，最高人民法院裁定驳回其再审申请。

裁判要点

企业项目部负责人以个人名义签字借款，所借款项实际用于项目工程的，企业应对借款承担偿还责任。本案中，“从借条及收据看，叶某出借的款项，除有周某等个人出具的借条外，部分借款还由A建设公司出具收据，公司财务人员也出具过相应收据。从借款用途看，周某、邓某、彭某认可所借款项用于项目工程，部分款项直接汇入了A建设公司账户，A建设公司向发包方索赔的资料中也载明了叶某出借的部分借款。”最高人民法院据此认定周某、邓某、彭某以个人名义签字的借款，视为代表项目部借款，而项目部的民事责任应由A建设公司承担，故A建设公司应对借款承担偿还责任，A建设公司因此败诉。

实务经验总结

前事不忘，后事之师。为避免未来发生类似败诉，提出如下建议：

1.企业法定代表人或负责人以个人名义借款，企业也可能会承担偿还责任。2015年出台的《最高人民法院关于审理民间借贷案件适用法律若干问题的规定》已明确，法定代表人或负责人以个人名义所借款项实际用于企业生产经营的，企业应承担偿还责任。故企业在该情形下以其不是借款人为由抗辩，法院不会支持。

2. 建设工程施工企业应杜绝工程施工挂靠行为，切勿为了贪图挂靠费而将资质借给他人挂靠施工。建筑法等相关规定明令禁止工程施工挂靠行为，该等行为不仅会面临行政处罚，而且挂靠方施工的相关法律责任应由被挂靠企业承担。

相关法律规定

《最高人民法院关于审理民间借贷案件适用法律若干问题的规定》

第二十三条　企业法定代表人或负责人以企业名义与出借人签订民间借贷合同，出借人、企业或者其股东能够证明所借款项用于企业法定代表人或负责人个人使用，出借人请求将企业法定代表人或负责人列为共同被告或者第三人的，人民法院应予准许。

企业法定代表人或负责人以个人名义与出借人签订民间借贷合同，所借款项用于企业生产经营，出借人请求企业与个人共同承担责任的，人民法院应予支持。

法院判决

以下为该案在法院审理阶段，裁判文书中“本院认为”部分就该问题的论述：

关于A建设公司应否承担还款责任的问题。周某、邓某、彭某三人于2008年5月9日、2009年3月3日分别签订《合作协议》和《股本协议》，约定三人共同出资并挂靠A建设公司承包承建竹园小区项目和祈年悦城项目。2008年12月18日，A建设公司与王某、周某签订《重庆A建设（集团）有限公司工程内部承包合同》，约定A建设公司承建祈年悦城项目后，决定成立工程项目部。该工程实际由周某、邓某、彭某共同承包，王某任项目部经理，周某、邓某任项目部副经理，并预留了周某、邓某、彭某的印鉴。周某负责项目部成本控制和资金管理工作，主要负责资金筹集、开支计划审查、报销审核以及项目成本核算工作。据此，周某有权代表项目部对外借款。对于周某、邓某、彭某以个人名义签字的借款，能否视为代表项目部借款，要结合款项用途及其他证据综合认定。从借条及收据看，叶某出借的款项，除有周某等个人出具的借条外，部分借款还由A建设公司出具收据，公司财务人员也出具过相应收据。从借款用途看，周某、邓某、彭某认可所借款项用于项目工程，部分款项直接汇入了A建设公司账户，A建设公司向发包方索赔的资料中也载明了叶某出借的部分借款。此外，2009年7月9日借条中明确记载了借款用于项目工程，彭某作为借款经手人之一，亦认可所有借款用于项目工程。综合上述证据，可以认定周某、邓某、彭某以项目部的名义向叶某借款用于该项目工程，系项目部授权的行为，而项目部是由A建设公司成立的，项目部的民事责任，应由A建设公司承担，A建设公司应对借款承担偿还责任。A建设公司关于不应承担责任的主张依据不足，本院不予支持。

案件来源

叶某与重庆A建设（集团）有限公司、周某等民间借贷纠纷申诉、申请民事裁定书［最高人民法院（2015）民申字第2615号］

延伸阅读

裁判规则一：以企业名义订立借款合同，但所借款项用于企业法定代表人或负责人个人使用的，企业法定代表人或负责人应当与企业共同承担偿还责任（案例一、案例二）。

案例一：苏某、陈某等民间借贷纠纷申请再审民事裁定书［最高人民法院（2016）最高法民申515号］认为，"关于苏某是否与孔某存在真实借款关系的问题。经查明，2012年4月，孔某与苏某作为唯一股东的A公司签订《委托投资管理协议》。《委托投资管理协议》是当事人双方真实意思表示，内容不违反法律和行政法规的强制性规定，应为合法有效。合同签订后，孔某并未将借款汇入A公司的专用账户，而是汇入了苏某的个人账户。对此，苏某并未提出异议，且于2012年11月7日和2013年4月19日两次以个人名义向孔某出具《还款承诺书》，确认了双方的借款关系。因此，二审判决认为在《委托投资管理协议》履行过程中，借款主体已由A公司变更为苏某，借款发生于苏某与孔某之间并无不当。退而言之，即使借款主体未发生变更，苏某的行为也足以认定其构成债务加入，仍应承担还款责任。"

案例二：司某、王某与明某民间借贷纠纷申请再审民事裁定书［最高人民法院（2016）最高法民申878号］认为，"司某是A公司的法定代表人。明某虽与该公司签订了《委托理财书》，但在合同实际履行过程中，均是以司某的名义归还明某本金及利息。而且，在2013年11月17日，双方结算后，由司某向明某出具欠条，该欠条未加盖A公司公章。司某个人还款及出具欠条的行为不能证明是以A公司法定代表人身份履行职务行为。据此，原判决认定司某与明某之间系民间借贷关系并无不当。”

裁判规则二：企业法定代表人或负责人以个人名义签订借款合同，但所借款项用于企业生产经营的，企业应与个人共同承担偿还责任（案例三——案例五）。

案例三：洪某与阜阳市A公司、陈某民间借贷纠纷申诉、申请民事裁定书［最高人民法院（2016）最高法民申2711号］认为，“陈某挂靠A公司对外承揽工程，为解决资金周转问题，与洪某签订借款合同。洪某根据陈某的指令将借款汇入了A公司账户，A公司将借款中的200万元作为建设工程保证金转入发包方B公司账户，70万元作为建设工程保证金转入刘某个人账户，30万元汇入邹某个人账户用作个人借款。案涉借款合同虽然发生在陈某与洪某之间，但A公司与陈某之间系挂靠经营关系，陈某向洪某所借款项进入A公司账户并由A公司实际使用。原审查明，案涉300万元借款得不到归还的主要原因在于发包方未退还工程保证金，而A公司作为合法承包主体未积极向发包方进行追索。现陈某下落不明，一审、二审法院判令A公司对案涉借款承担连带清偿责任，并无不当。A公司承担责任后，可依法向发包方追索保证金或向陈某主张返还，其以合同相对性为由进行抗辩，不能成立。”

案例四：舒某1与田某、黄某等民间借贷纠纷申诉、申请民事裁定书［湖南省高级人民法院（2016）湘民申1602号］认为，“本案争议的焦点是田某、舒某2向舒某1借款能否认定为田某、黄某夫妻共同债务。《最高人民法院关于审理民间借贷案件适用法律若干问题的规定》第二十三条第二款规定：‘企业法定代表人或负责人以个人名义与出借人签订民间借贷合同，所借款项用于企业生产经营，出借人请求企业与个人共同承担责任的，人民法院应予支持。’本案中，舒某2系A公司的法定代表人，田某、舒某2共同向舒某1借款用于A公司生产经营，A公司在借款过程中向舒某1支付了9个月的利息，并对部分欠息向舒某1出具了借据，因此田某、舒某2、A公司对上述借款本息应承担共同偿还责任。”

案例五：陈某与浙江A公司、孙某等民间借贷纠纷、金融借款合同纠纷二审民事判决书［浙江省高级人民法院（2016）浙民终237号］认为，“本案争议在于，A公司应否承担共同还款责任。《最高人民法院关于审理民间借贷案件适用法律若干问题的规定》第二十三条第二款规定，企业法定代表人或负责人以个人名义与出借人签订民间借贷合同，所借款项用于企业生产经营，出借人请求企业与个人共同承担责任的，人民法院应予支持。就本案而言，孙某虽非A公司的法定代表人，但对孙某系A公司实际控制人的事实，原审庭审中当事人并无异议。而基于实际控制人的身份，可以认定其具有该公司负责人地位。结合案涉借款系用于A公司缴纳土地款的事实，陈某据此要求由孙某及A公司共同承担还款责任，符合上述司法解释之规定。”

裁判规则三：企业法定代表人或负责人以个人名义订立借款合同，出借人主张所借款项用于企业生产经营，并请求企业偿还该笔借款的，出借人应承担举证责任（案例六、案例七）。

案例六：张某与宜兴市A公司民间借贷纠纷申请再审民事裁定书［最高人民法院（2016）最高法民申1366号］认为，“就案涉借款的实际用途一节，张某未向本院提交证据证明借款实际用于宜兴A公司承建项目，且借款的实际用途，不能单独作为认定借款人和借款法律关系的事实依据。张某所持宜兴A公司负有偿还案涉借款责任的主张，缺乏事实和法律依据，其申请再审理由不能成立。”

案例七：赵某与A公司、徐某民间借贷纠纷申请再审民事裁定书［最高人民法院（2016）最高法民申652号］认为，“赵某主张徐某所借款项全部用于A公司的生产经营，A公司应当承担共同还款责任。因案涉三份借据均是徐某以个人名义出具，且从赵某和徐某在案涉借款的支付及偿还过程看，均是赵某与徐某个人之间银行卡转账或者现金交付，赵某没有证据证明徐某的借款行为系行使法定代表人的职务行为，亦无证据证明案涉借款用于A公司的生产经营。因此，赵某该项再审理由亦不能成立。”

裁判规则四：只要企业法定代表人在借贷合同上以法定代表人身份签字，即对企业发生效力，公司印章真伪不影响企业应承担的债务清偿责任（案例八——案例十三）。

案例八：A公司、王某等民间借贷纠纷申请再审民事裁定书［最高人民法院（2016）最高法民申206号］认为，“虽然A公司提交的广西司法鉴定中心《文书司法检验鉴定意见书》表明，涉案《借款合同》《借款担保合同》《委托担保合同》中A公司的印章与A公司现在使用的印章样本不一致，但其法定代表人丁某的签字是真实的，丁某时任该公司的法定代表人的身份是真实的，王某有理由相信作为A公司法定代表人的丁某履行职务行为的真实性，丁某的行为代表了A公司的行为。法定代表人任职期间持有的公司印章与任职前、免职后的公章是否一致，必须经过鉴定机关的鉴定方能识别，若将此全部归属于贷款人的审查义务范围，则已超出贷款人合理审查范围，亦有违合同法保护交易安全和交易稳定的立法初衷。王某基于对丁某的法定代表人身份真实性的信赖，已尽到合理的审查义务，主观上构成善意。”

案例九：烟台A检测公司等诉程某民间借贷纠纷申请再审民事裁定书［最高人民法院（2016）最高法民申1312号］认为，“根据查明的事实，虽然程某将款项直接汇给吕某个人，且经鉴定加盖在案涉借款合同及借据上的A检测公司的印章印文与其留存在工商行政管理局档案中的印章印文不是同一枚印章盖印而成，但合同系以A检测公司名义签订，在签订借款合同时吕某系A检测公司的法定代表人，吕某以公司法定代表人身份在借款合同及借据上签字，因此A检测公司关于二审法院认定事实的主要证据是伪造的申请再审理由不能成立。A检测公司既未能提供证据证明借款时程某对A检测公司在合同及借据上加盖的印章印文与在工商行政管理局档案中的印章印文不一致是知晓的，也未能提供证据证明程某与吕某之间存在恶意串通的故意。故一、二审判决认为程某直接汇款给吕某个人，吕某向程某支付利息以及所借款项的实际用途均不影响A检测公司与程某之间已经形成的民间借贷法律关系，吕某的行为是代表A检测公司的法人行为，而不是个人行为，根据查明的相关借款事实，判决A检测公司承担还款责任，依据充分。”

案例十：刘某与安徽省滁州市A公司民间借贷纠纷申诉、申请民事裁定书［最高人民法院（2016）最高法民申1756号］认为，“关于石某在借款合同上签字是否属于职务行为的问题。A公司认为，石某在案涉借款合同上的签名非从事经营活动且非职务行为，A公司对石某的‘借款行为’不应承担责任。本院认为，与刘某签订案涉借款合同的主体是A公司，而非石某个人，其以A公司法定代表人的身份在案涉借款合同上签字并未超出其职权范围，原审认定合同落款处石某的签名应视为其作为公司法定代表人所行使的职务行为，并无不当。而且，根据原审查明事实，案涉借款确已用于A公司经营，A公司虽主张案涉借款实际是为骆某个人项目垫资而非为公司筹款，但其并未提供相应证据予以证明，故A公司的该项申请亦不能成立，本院不予支持。石某作为A公司法定代表人在案涉借款合同签名，其行为系代表公司从事经营活动，其行为后果应由A公司承担，A公司公章真伪不影响其所应当承担的民事责任。原审法院认定案涉借款合同真实，对A公司关于鉴定印章真实性的申请不予准许，并无不当。”

案例十一：周某与A公司、杨某等民间借贷纠纷申诉、申请民事裁定书［最高人民法院（2016）最高法民申1144号］认为，“一、二审查明的事实及A公司的再审申请表明，案涉2012年4月16日《委托书》与2013年5月18日的《承诺书》中均分别有A公司公章及王某的个人签字。但是，由于王某在2013年4月16日已成为A公司的法定代表人，其在《承诺书》中签字的行为，应当视为企业法人A公司的行为。而《承诺书》的内容是A公司对诉争借款自愿承担清偿责任，故其实质是对之前《委托书》予以追认。A公司主张案涉公司公章系伪造，并未提交充分证据加以证明。因此，即便《委托书》上A公司公章并非该公司印章，由于王某作为A公司法定代表人在《承诺书》中签字追认委托杨某借款并承诺还款，依据《中华人民共和国民法通则》第四十三条、第六十三条第二款之规定，A公司对委托杨某向周某借款的行为应当承担清偿责任。二审判决认定事实、适用法律并无不当。”

案例十二：王某与A公司民间借贷纠纷申诉、申请民事裁定书［最高人民法院（2016）最高法民申528号］认为，“另三笔汇款与2012年1月6日的三笔款项都是汇款给了马某，虽然另三笔汇款的凭证上没有加盖A公司公章，但从汇款的时间点上分析，张某当时系A公司的唯一股东，又是法定代表人，收取三笔款项是为A公司融资的盖然性更高。加之，综观全案事实，张某与王某之间的多笔借款往来中，张某是以自然人身份还是A公司名义进行借款是做了区分的。故A公司主张应将另三笔汇款算作张某的个人借款，理据并不充分。关于本案的借款关系，二审基于张某当时的身份、借款用途来判断张某借款的意思表示，从而认定借款主体为A公司，并无不妥。”

裁判规则五：企业法定代表人或负责人以个人名义签订借贷合同，且所借款项未用于企业生产经营的，只由企业法定代表人或负责人承担还款责任（案例十四——案例十六）。

案例十三：王某、乔某等民间借贷纠纷申请再审民事裁定书［最高人民法院（2016）最高法民申1526号］认为，“关于王某签订《协议书》属个人行为还是代表A公司的职务行为的问题，双方当事人对于案涉《协议书》的真实性均无异议。《协议书》约定的甲方为乔某、丙方为门某，乙方则为王某而非A公司，乙方落款处亦由王某本人签字，《协议书》中并无A公司的签章，也无任何体现王某是代表A公司签订协议的内容。王某未能提供证据证明其在签订《协议书》时存在重大误解，且其在原审中未提出该主张，也未请求变更或撤销《协议书》。王某申请再审提供的《债权转让协议书》系复印件，乔某对该证据的真实性、关联性均不予认可，且该份转让协议系大连B房地产发展有限公司向A公司转让债权行为，其内容不能证明与本案乔某、王某、门某之间的民间借贷纠纷存在关联关系，不足以证明王某签订《协议书》是代表A公司的职务行为，王某作为《协议书》的缔约主体，应当承担相应的民事法律后果。其主张A公司应为案件当事人，乔某应向A公司履行还款义务，与本案事实不符。原审判决由王某向乔某给付案涉款项，适用法律正确，王某的该项再审申请理由不能成立。”

案例十四：郑某与A公司、王某等民间借贷纠纷申诉、申请民事裁定书［最高人民法院（2016）最高法民申1412号］认为，“根据原审查明的事实，2010年9月12日，《借款合同》明确约定A公司、王某向郑某借款4500万元，后郑某实际出借3000万元，该款直接汇入王某个人账户。2013年10月24日，郑某、A公司、王某、B公司所签订的《债务确认书》亦明确载明A公司、王某因经营房地产需要向郑某借款3000万元。据此，本院认为，王某属于借款合同当事人，其以自己为A公司法定代表人属于职务行为以及所借款项全部用于A公司项目为由否定其借款人身份，无事实和法律根据，本院不予支持。”

案例十五：龙某与许某、A公司民间借贷纠纷申诉、申请民事裁定书［最高人民法院（2015）民申字第3619号］认为，“本案争议焦点为许某是否应就诉争210万元借款与A公司承担连带清偿责任。许某系A公司任命的驻马店区域的总经理，负责组织和处理A公司在驻马店地区的工作事务，包括案涉资金的筹集事宜。但是，许某于2013年5月23日以个人名义给龙某出具的清单，并没有加盖A公司的公章，应属于许某以个人名义向龙某作出的付款承诺，二审判决据此认定许某的上述行为已构成对A公司的债务加入，并判令许某与A公司共同向龙某支付210万元借款及利息并无不当。许某关于其出具清单的行为系职务行为，不应对龙某承担民事责任等申请理由不能成立。”

002 同居期间以一方名义所负债务是否属于共同债务？举证责任如何分配？

——债权人主张债务人的债务形成于与他人同居期间，属于共同债务的，应当承担举证证明责任

阅读提示

根据相关规定，同居期间为生产、生活而形成的债务关系应当按照共同债务处理。但我国对于同居期间一方以个人名义所负债务性质的举证分配尚无明确的法律规定，那么同居期间共同债务的举证责任究竟是如何分配的？是否可以参照婚姻关系下共同债务的举证责任分配标准进行适用？司法实践中对此问题存在争议，因此本文除对上述问题予以回应之外，还对目前司法实践中存在的两种裁判规则予以介绍。

裁判要旨

债权人主张涉案债务系同居共同债务的，应当对债务系因同居期间共同生产、生活而形成的事实承担举证证明责任。

案情简介

胡某1与邢某原是夫妻关系，双方于1995年离婚，离婚后双方仍以夫妻名义同居，2003年双方解除同居关系。

2012年，胡某1以为妻子还贷为由且以个人名义向毛某借款270万元，胡某2为上述借款提供连带保证。毛某实际支付借款后，胡某1向邢某汇款100万元。

2013年，胡某1与毛某结算借款本息，胡某1尚欠毛某238万元，胡某2仍然为剩余借款本息提供连带保证。后胡某1一直未偿还借款，胡某2也未尽保证责任，毛某遂向温岭市人民法院起诉，请求判令胡某1、邢某共同偿还借款本息，胡某2承担连带保证责任。

温岭市法人民法院认为，胡某1、邢某虽明确解除同居关系，但双方对外是夫妻关系的表象明显。胡某1亦是以帮妻子还贷作为借款理由，且胡某1、邢某未对涉案债务并非用于双方共同生活、生产进行充分地举证证明，因此胡某1、邢某应共同承担还款责任。据此，温岭市人民法院判决胡某1、邢某共同偿还涉案借款本息，胡某2承担连带保证责任。

2015年，邢某向台州市中级人民法院提起上诉。台州市中级人民法院认为，同居关系下的债务是否用于共同生产、生活应当由债权人承担证明责任。虽然本案中，邢某与胡某1经济往来频繁、胡某1以为妻子还贷的名义借款，但据此尚无法认定邢某与胡某1将该款项用于共同生活、生产，毛某理应进一步举证证明。经审理，台州市中级人民法院判决驳回毛某对邢某的诉讼请求。

2016年，毛某向浙江省高级人民法院申请再审。浙江省高级人民法院裁定驳回其再审申请。

裁判要点

在同居关系期间共同债务认定的问题上，债权人应当对涉案债务是因同居期间共同生产、生活而形成的事实举证证明。本案中，虽然胡某1与邢某对外仍具有夫妻关系的表象，但双方早在2003年便解除同居关系，毛某未能提交充分有效的证据证明涉案债务发生时邢某与胡某1仍存在同居关系。虽然胡某1与邢某经济交往密切，但亦不能据此证明诉争借款是胡某1与邢某为共同生产生活而形成的债务。综上，法院对毛某请求邢某共同偿还涉案借款的诉讼请求不予支持并无不当。

实务经验总结

前事不忘，后事之师。为避免未来发生类似败诉，提出如下建议：

同居关系是指男女双方未经结婚登记而具有较稳定的长期共同生活关系。根据最高人民法院的相关意见，解除同居关系时，同居期间为共同生产、生活而形成的债权、债务，可按共同债权、债务处理。至于举证责任分配，由于目前我国法律对于同居共同债务的举证责任未明确规定，因此应当适用一般举证责任分配的规则，即由提出诉讼请求的一方承担证明责任。具体而言，若债权人主张涉案债务是同居期间的共同债务，则应就如下两个方面承担举证责任：一是举债发生在同居期间，二是债务用于共同生产、生活。

但值得注意的是，司法实践中部分法院在审理同居期间共同债务时选择参照适用夫妻共同债务的举证责任分配。其理由在于，由债权人去证明涉案借款是用于借款人的共同生产、生活还是用于个人用途在客观上极大增加了债权人的诉讼负担，显然存在不合理之处。而因为债务人之间的同居关系具有长期稳定、身份关系和经济关系依存度较高的特性，所以由债务人对债务性质承担证明责任更为公平合理（详情参见延伸阅读裁判规则二）。

虽然裁判规则存在分歧，但对于债权人一方而言，在借款时应当负有审慎注意义务。如果担心举债一方不能及时或者无力偿还所借债务，就应当让同居关系的另一方共同签字，从而为债权的实现提供保障。

相关法律规定

《最高人民法院关于适用〈中华人民共和国婚姻法〉若干问题的解释（二）》

第二十四条 债权人就婚姻关系存续期间夫妻一方以个人名义所负债务主张权利的，应当按夫妻共同债务处理。但夫妻一方能够证明债权人与债务人明确约定为个人债务，或者能够证明属于婚姻法第十九条第三款规定情形的除外。

夫妻一方与第三人串通，虚构债务，第三人主张权利的，人民法院不予支持。

夫妻一方在从事赌博、吸毒等违法犯罪活动中所负债务，第三人主张权利的，人民法院不予支持。

《最高人民法院印发〈关于人民法院审理未办结婚登记而以夫妻名义同居生活案件的若干意见〉的通知》

第十一条 解除非法同居关系时，同居期间为共同生产、生活而形成的债权、债务，可按共同债权、债务处理。

《最高人民法院〈关于审理涉及夫妻债务纠纷案件适用法律有关问题的解释〉》

第三条 夫妻一方在婚姻关系存续期间以个人名义超出家庭日常生活需要所负的债务，债权人以属于夫妻共同债务为由主张权利的，人民法院不予支持，但债权人能够证明该债务用于夫妻共同生活、共同生产经营或者基于夫妻双方共同意思表示的除外。

法院判决

以下为该案在法院审理阶段，裁判文书中“本院认为”部分就该问题的论述：

本案争议在于，邢某应否对诉争借款承担共同还款的责任。对此，评析如下：首先，男女双方在同居关系期间形成的债务，有别于夫妻共同债务的认定，债权人应当就举债是否发生在同居期间以及债务是否用于共同生产、生活予以举证证明，否则应承担举证不能的不利后果。其次，毛某为主张诉争借款发生时胡某1与邢某处于同居期间，虽然提交了胡某1与邢某次女的出生医学证明、胡某1与邢某的出入境证件信息、邢某的住院病历资料等证据，以证明胡某1与邢某离婚后对外仍具有夫妻关系的表象，但根据2003年胡某1与邢某签署的解除同居关系协议书反映，双方已于2003年解除同居关系。诉争借款发生在双方解除同居关系近十年之后，在毛某未能提交充分有效的证据证明胡某1向毛某借款时，邢某与胡某1仍以夫妻名义共同生活的情况下，二审法院对毛某的主张不予支持，并无不当。最后，诉争借款发生前后，胡某1与邢某之间虽然存在频繁的款项往来，但邢某已就相关款项往来及收取诉争借款100万元的原因作出合理解释，并提交了相应的贷款合同等证据，亦不能据此证明诉争借款是胡某1与邢某为共同生产、生活而形成的债务。故毛某提出邢某应当对诉争借款承担共同还款责任的理由，缺乏事实与法律依据，不能成立。至于再审审查期间毛某为证明诉争借款是邢某与胡某1同居期间形成的债务而提交的邢某的住院病案首页、出院小结、入院录，上海某贸易有限公司工商公示信息、上海市虹口区人民法院民事判决书、上海市浦东新区人民法院民事判决书、温岭市人民法院民事判决书，以及毛某的委托诉讼代理人对证人林某1、阮某、林某2所作的调查笔录等证据，形式上均不属于再审新的证据，也难以推翻一、二审认定的事实。

案件来源

毛某、邢某民间借贷纠纷再审审查与审判监督民事裁定书［浙江省高级人民法院（2016）浙民申3464号］

延伸阅读

裁判规则一：债权人主张涉案债务是同居期间共同债务的，应当提供证据证明。

案例一：王某与范某、程某1追偿权纠纷再审民事判决书［新疆维吾尔自治区高级人民法院（2016）新民再172号］认为，"本案争议焦点为王某是否应承担本案共同清偿责任。《最高人民法院印发〈关于人民法院审理未办结婚登记而以夫妻名义同居生活案件的若干意见〉的通知》第十一条规定，解除非法同居关系时，同居期间为共同生产、生活而形成的债权、债务，可按共同债权、债务处理。《最高人民法院关于适用〈中华人民共和国婚姻法〉若干问题的解释（一）》第十五条规定，被宣告无效或被撤销的婚姻，当事人同居期间所得的财产，按共同共有处理。但有证据证明为当事人一方所有的除外。根据上述规定，王某、程某1于2002年离婚后是否仍以夫妻名义共同生活是本案关键事实。本案诉讼过程中，王某、程某1均称双方在2007年办理复婚是为子女上学，实际双方并没有共同居住生活；原审亦查明2007年程某1与张某共同居住，于2008年生育一女程某2；范某提交的证据也不足以证实王某与程某1离婚后仍共同居住生活的事实。因此，本案中，程某1独自贷款从事农场的生产经营所负的债务，并不能认定属于程某1与王某的共同债务。原审认定自2007年起王某与程某1在一起共同居住生活证据不足，本院予以纠正。故，范某主张王某承担共同偿还责任没有事实根据，原审予以支持不当，应予纠正。综上，王某的申请再审理由成立。原审判决认定事实不清，适用法律错误，应予纠正。"

案例二：翁某与王某、刘某民间借贷纠纷二审民事判决书［浙江省台州市中级人民法院（2013）浙台商终字第376号］认为，"原审被告刘某向上诉人翁某借款属实，其对尚欠上诉人的105,000元应当承担偿付责任。本案争议的焦点在于，被上诉人王某是否应当对本案借款承担共同偿还责任。被上诉人与原审被告主张已于1994年办理离婚手续，对此上诉人不予认可。从原审法院向黄岩区人民政府东城街道办事处调取的王某和刘某的离婚《调解协议书》以及《离婚登记申请书》看，《调解协议书》上加盖东城街道办事处政法办公室公章，《离婚登记申请书》上载明了离婚登记号，结合王某和刘某离婚手续经办人员卢某对当时办理离婚手续的陈述，被上诉人王某与原审被告刘某已离婚的事实应当予以确认。本案借款发生在2010年—2011年，原审被告刘某于离婚后以个人名义对外借款，应当认定为刘某个人债务。上诉人翁某在一、二审中提供的证据不足以认定被上诉人王某与原审被告刘某在本案借款期间存在同居关系。退一步而言，即使被上诉人王某与原审被告刘某同居关系属实，同居期间的共同债务认定与夫妻关系存续期间的共同债务认定在举证责任上也有所区别，相关债权人对此应负相应的举证责任，但上诉人翁某没有证据证明涉案借款系被上诉人王某与原审被告刘某同居期间用于共同生活、生产之需，故上诉人认为本案借款应由被上诉人王某共同偿还的主张于法无据。综上，上诉人翁某上诉请求与理由不能成立，本院不予支持。原审判决认定事实清楚，判处得当，应当予以维持。"

裁判规则二：同居关系一方以个人名义向他人举债，另一方没有证据证明该债务为借款一方的个人债务的，推定为共同债务。

案例三：余某、李某民间借贷纠纷再审审查与审判监督民事裁定书［四川省高级人民法院（2017）川民申4202号］认为，"依照《最高人民法院印发〈关于人民法院审理未办结婚登记而以夫妻名义同居生活案件的若干意见〉的通知》第十条、第十一条的规定，解除非法同居关系时，同居生活期间双方共同所得的收入和购置的财产，按一般共有财产处理；同居期间为共同生产、生活而形成的债权、债务，可按共同债权、债务处理。本案中，余某与尹某共同生活并生育2个子女，并在同居期间有共同财产，余某虽然主张尹某于2010年发生本案借款时已经与其分居，但未提供充分有效证据证明，且余某2016年还以夫妻名义办理其与尹某的共有房屋的拆迁事宜，其主张不予采信，应当认定尹某的本案借款发生于双方同居期间。因此，余某主张案涉借款未用于共同生活就应当对此承担举证责任，其未能证明其前述主张，则应当认定尹某案涉债务为双方共同债务，余某应当与尹某共同承担还款责任。余某申请再审主张与尹某不是夫妻关系，且案涉借款未用于共同生活，因此不应承担还款责任的理由不能成立。余某虽然还主张尹某案涉债务是其赌博、吸毒形成的非法债务，但未提供充分有效的证据证明，其主张不予采信，相关不承担还款责任的意见不予采纳。"

案例四：原告祁某与被告宋某、王某民间借贷纠纷一审民事判决书［武安市人民法院（2013）武民初字第01271号］认为，“公民之间合法的借贷关系受法律保护。本案中，被告宋某向原告祁某借款的事实清楚，证据充分，且不违背法律的强制性规定，故该借贷关系合法有效，被告宋某对该债务理应承担偿还责任。关键问题在于，长期以夫妻名义与宋某同居生活的王某是否应对该债务承担连带偿还责任。本院对此评析判断如下：被告王某和被告宋某从1997年起即公开以夫妻名义同居生活，至今已达16年之久，且同居期间双方还曾于2003年10月15日生育一个女孩，经本院调查核实，在公安机关的户籍登记信息上该女孩的父母和监护人均为二被告。由此可见，二被告的同居关系并不是一种短暂和相对独立的同居关系，而应是一种长期稳定的、身份关系和经济关系依存度较高的同居关系。而根据我国相关司法解释的规定，人民法院处理同居期间债权债务问题主要原则是看该债权债务是不是同居期间为共同生产、生活而形成的债权债务，若答案是肯定的，则应按共同债权债务处理，若答案是否定的则应按个人债权债务处理。这就涉及举证责任的合理分配问题。具体到本案中，假设由作为债权人的本案原告承担该举证责任，去证明自己借给宋某的该笔借款是用于二被告的共同生产、生活，还是用于个人用途，或者哪部分用于二被告的共同生产、生活，哪部分用于个人用途，这在客观上显然是不可能的，也是不合理的。而被告也未能举证证明债权人与债务人明确约定该债务为个人债务，故综合考虑本案二被告是一种长期稳定的、身份关系和经济关系依存度较高的同居关系这一特性，结合该债务是在二被告于同居生活期间发生的这一事实，故对该债务的认定，应参照《最高人民法院印发〈关于人民法院审理未办结婚登记而以夫妻名义同居生活案件的若干意见〉》第十一条之规定，按同居期间为共同生产、生活而形成的共同债务处理，由二被告对债务承担连带清偿责任更为公平合理。被告王某提出，被告宋某近几年很少回家，同居多年她从没花过宋某的钱的辩解理由，因王某对此未能举证证明，且该辩解理由明显有悖常理，故本院对此不予采纳。”

案例五：郝某、李某、朱某民间借贷纠纷二审民事判决书［濮阳市中级人民法院（2016）豫09民终745号］认为，“上诉人李某称该笔债务属于郝某个人债务，未用于共同生活支出，不属于共同债务。根据《最高人民法院关于适用〈中华人民共和国婚姻法〉若干问题的解释（二）》第二十四条的规定，债权人就婚姻关系存续期间夫妻一方以个人名义所负债务主张权利的，应当按夫妻共同债务处理。涉案债务发生在二上诉人同居关系存续期间，应当认定为共同债务。同时，根据《最高人民法院对〈婚姻关系存续期间夫妻一方以个人名义所负债务性质如何认定的答复〉》的精神，如果举债人的配偶举证证明所借债务并非用于夫妻共同生活，则其不承担偿还责任。上诉人张某应当承担举证责任，现其未能提供证据证明涉案债务并非用于同居期间的共同生活，则应承担不利的法律后果。”

003 夫妻一方以夫妻名义借款是否构成表见代理？另一方是否须要承担还款责任？

——夫妻一方冒名以夫妻共同财产向银行抵押借款的，不构成表见代理，被冒名一方不承担还款责任

阅读提示

表见代理是指虽然行为人事实上无代理权，但相对人有理由认为行为人有代理权而与其进行法律行为，其行为的法律后果由被代理人承担的代理。表见代理实际上也是无权代理，但是为了保护善意第三人的信赖利益与交易的安全，法律强制被代理人承担其法律后果。通常情况下，行为人持有被代理人的证明文件，如被代理人的介绍信、盖有合同专用章或者盖有公章的空白合同书，或者有被代理人向相对人所作法人授予代理权的通知或者公告，这些证明文件往往会构成法院认定表见代理的客观依据。

本案中，夫妻一方伪造公证授权委托书，以双方名义向银行抵押借款，后授权委托书因伪造而被公证处撤销，那么银行是否可以本案是表见代理为由向法院主张夫妻双方共同偿还借款呢？

裁判要旨

夫妻关系存续期间，夫妻一方伪造授权委托书以夫妻双方名义将共同财产向银行抵押借款，银行作为专门从事贷款发放等业务的金融机构，应当严格履行审慎审查义务。因放贷审查不严造成的风险及法律后果，银行应当自行承担，银行以表见代理为由向法院请求夫妻双方共同还款的，法院将不予支持。

案情简介

胡某、苏某系夫妻关系。2009 年，胡某伪造授权委托书向公证处申请授权委托公证，委托书载明苏某委托胡某母亲代其办理银行抵押贷款手续。胡某与其母亲持公证委托书和苏某相关证件以胡某、苏某的共同财产向某银行广州分行申请

抵押贷款。

2011 年，胡某与苏某离婚。

2013 年 4 月 18 日，公证书因委托人苏某签名是伪造的而被公证处撤销。

2013 年，某银行广州分行向广州市天河区人民法院起诉，请求判令胡某、苏某共同偿还借款并以抵押财产优先受偿。广州市天河区人民法院认为，本案中，苏某的授权委托书是胡某伪造的，因某银行广州分行未尽审慎审查义务，对此产生的相关风险和法律后果应由某银行广州分行自行承担。因此，苏某无须偿还本案借款。

2015 年，胡某与某银行广州分行向广州市中级人民法院提起上诉。广州市中级人民法院仅对双方产生的律师费予以纠正，其他上诉主张均予以驳回。

裁判要点

本案中，由于苏某在抵押贷款合同中签字是胡某伪造的，苏某并无抵押贷款的真实意思表示，因此本案的抵押贷款合同不能对苏某产生法律约束力。某银行广州分行认为其是基于公证书和胡某持有的苏某的身份证、户口本等原件发放贷款，已经履行了审慎审查义务，本案是表见代理，被代理人应当承担法律后果。但某银行广州分行作为专门从事贷款发放等业务的金融机构，对于已经明显超出日常家事代理范围的 199 万元贷款，却从未向苏某本人当面核实过身份及意愿，并未完全履行审慎审查义务，故本案不构成表见代理，苏某无须偿还本案借款。

实务经验总结

前事不忘，后事之师。为避免未来发生类似败诉，提出如下建议：

银行作为专门从事贷款发放等业务的金融机构，无论是自身具备的技术条件，还是交易过程中所负有的注意义务，均应有别于其他普通商事主体。因此，银行在办理贷款时应当面向借款人本人核实身份及意愿，不应仅凭委托书即发放贷款。

相关法律规定

《中华人民共和国合同法》

第四十九条　行为人没有代理权、超越代理权或者代理权终止后以被代理人名义订立合同，相对人有理由相信行为人有代理权的，该代理行为有效。

《中华人民共和国民法总则》

第一百七十二条 行为人没有代理权、超越代理权或者代理权终止后，仍然实施代理行为，相对人有理由相信行为人有代理权的，代理行为有效。

法院判决

以下为该案在法院审理阶段，裁判文书中“本院认为”部分就该问题的论述：

本案中，某银行广州分行向苏某主张权利的主要依据，是该行与胡某和案外人刘某以苏某的代理人名义签订的抵押贷款合同，以及案外人黄某根据胡某的委托和刘某的转委托，以胡某、苏某代理人的身份就雅宁街27号房产办理的抵押登记及该行由此取得的他项权证。但根据前述查明的事实，刘某据以取得代理权的《委托书》上“苏某”的签名并不属实，南方公证处也因此撤销了对该委托书中“苏某”签名部分以及抵押贷款合同和办理抵押登记的委托手续中刘某以苏某的代理人名义签名部分所作的证明，现又无任何其他证据显示苏某曾授权委托刘某代其办理抵押贷款手续，故刘某在本案抵押贷款合同、抵押贷款申请表、承诺书等文书上的签字，以及黄某在房地产他项权利登记申请书上的签字，均不能视为苏某的意思表示。尽管某银行广州分行上诉主张，本案抵押贷款发生在胡某、苏某婚姻关系存续期间，胡某办理本案贷款时持有苏某的身份证、户口本等原件，该行是基于公证书等文件才发放了贷款，已经履行了审慎审查义务，刘某的行为构成表见代理，该行作为善意第三人的权益理应受到保护。但是，苏某主张胡某提交的前述证件资料均是伪造的，其一审提交的证据显示，公安部门就此认为有相关犯罪事实发生，并已就胡某伪造、变造公文、证件、印章案进行立案侦查；而某银行广州分行作为专门从事贷款发放等业务的金融机构，无论是自身具备的技术条件，还是交易过程中所负有的注意义务，均应有别于其他普通商事主体。尤其是本案中，借款人申请发放的贷款高达人民币199万元，已经超出日常家事代理的范畴，用于抵押的雅宁街27号房产亦登记在胡某、苏某名下，而胡某、苏某二人均为广州市本地居民，且无任何证据显示苏某本人到场确认抵押贷款意愿、签署相关法律文书存在障碍。但综观本案抵押贷款的审批、发放过程，始终处于优势地位的某银行广州分行却从未向苏某本人当面核实过身份及意愿，其关于自己已经完全履行审慎审查义务，应作为善意第三人给予保护的主张，并无充分的法律依据。退一步讲，即便某银行广州分行基于公证书等文件才发放贷款并无明显过错，其相对于被他人假借名义办理抵押贷款而自身没有任何过错的苏某而言，亦无给予优先保护的充分依据。再者，从交易成本的角度分析，作为个人的苏某难有其他更好的办法防范类似于本案风险的发生，而作为金融机构的某银行广州分行则可以通过要求贷款申请人到场面签文书、严格审批程序等途径，轻而易举地避免类似风险再度发生。有鉴于此，本院认为，原审法院关于因放贷审查不严所致风险及法律后果应由某银行广州分行自行承担，本案抵押贷款合同的相关内容对苏某不产生法律约束力的认定并无不当，苏某无须作为共同借款人或抵押人对本案债务承担责任。

案件来源

某银行（中国）有限公司广州分行与胡某、苏某借款合同纠纷二审民事判决书［广州市中级人民法院（2015）穗中法金民终字第 72 号］

第二章　民间借贷法律关系的界定

004 名为合伙、实为借贷的认定规则

——合伙协议约定当事人不承担经营风险，仅收取固定利润的，应认定为民间借贷关系

阅读提示

合伙协议约定当事人不参与经营管理，不承担经营风险，仅享受固定利益的，应认定为民间借贷合同。

案情简介

2007年至2013年，宁某将某客车线路经营权及四辆客车所有权作价，以转让部分股权的名义邀请范某等24人投资入股。范某等24人与宁某签订多份《购股承包协议书》，购股金额共计218万元。《购股承包协议书》是格式化文本，均一致约定，购股方按2000元/每万每年进行分红，但不参与经营管理；自购买之日起，如遇有不可抗的或国家有关政策变化，所有股东共同承担风险和法律责任。在经营期间，范某等24人均未参与管理，只是每个月收取固定分红。

2013年6月，宁某在未与范某等24人协商并征得他们同意的情形下，擅自与康某签订《购车转让协议书》，将该线路经营权及两辆客车转让给康某，转让价为350万元。

2006年至2013年，宁某向142人借款3000余万元。2013年11月，因无力还本付息，宁某向公安机关投案自首。2014年，吉安市中级人民法院以犯集资诈骗罪判处宁某有期徒刑十五年，并处罚金40万元。

范某等24人向吉安市中级人民法院提起诉讼，请求依法确认范某等24人为吉安一路桥线路原始股东，即实际享有该线路经营权及客车所有权；判令宁某、康某签订的《购车转让协议书》部分无效。吉安市中级人民法院认为范某等24人

与宁某之间并不存在合伙关系，《购股承包协议书》符合借款合同的法律特征，判决驳回范某等 24 人的诉讼请求。

范某不服吉安市中级人民法院判决，向江西省高级人民法院提起上诉。江西省高级人民法院判决驳回上诉，维持原判。

裁判要点

本案范某的败诉原因是案涉协议的性质实为借贷关系。法院认为，范某明显是不承担经营风险，仅享受固定利益，其投入的资金并非股权而是债权，当事人之间的关系实质上是民间借贷关系并非投资合作行为。因此，范某主张其与宁某之间为合伙关系，法院不予支持。

值得注意的是，约定“如遇有不可抗的或国家有关政策变化，所有股东共同承担风险和法律责任”，不属于合伙经营的商业风险，不符合合伙关系共担风险的特征。

实务经验总结

前事不忘，后事之师。为避免未来发生类似败诉，提出如下建议：

当事人在签署合同时一定要探究自己真实的交易目的：

1. 当事人如欲实现真正的合伙经营，应在合伙协议中明确约定共同出资、共同经营、共担风险、共负盈亏。仅约定一方当事人收取固定利润而不承担经营风险，法院会将此认定为借贷关系。后果是当事人无权参与合伙项目的经营管理，对于合伙人恶意处分“合伙财产”的行为，也无权主张权利。

2. 当事人如果只是想出借资金，收取固定利息，可以直接签署借贷合同，并且可以要求债务人提供担保，以保障债权的实现。

相关法律规定

《中华人民共和国民法通则》

第三十条 个人合伙是指两个以上公民按照协议，各自提供资金、实物、技术等，合伙经营、共同劳动。

法院判决

以下为该案在法院审理阶段，裁判文书中“本院认为”部分就该问题的论述：

合伙是指两个及两个以上公民按照协议，各自提供资金、实物、技术等，共同经营、共同劳动、共担风险、共享收益的自愿联合。作为合伙，合伙人必须遵循《民法通则》规定的共同出资、共同经营、共担风险、共负盈亏的法律原则。合伙协议作为各合伙人之间订立的契约，应当具备以上四个方面的内容，缺一不可。本案中，上诉人范某上诉主张其与宁某之间是合伙关系，故判断合伙关系成立与否在于协议的约定及双方实际进行的经营活动是否符合合伙条件。首先，本案所涉及的协议是浙江客运部（吉安—路桥）作为甲方与上诉人范某作为乙方签订的，协议的名称为《购股承包协议书》，虽然该协议落款甲方处为宁某但其只是作为甲方代表签名。其次，在出资方面，根据协议第一条的约定：“乙方自愿购买甲方共玖万元整股权”，该内容只约定了范某的出资数额。再次，在经营方面，协议第二条约定“乙方享有购买股权的所有权及分红，按2000元/每万每年，但不参与经营管理；承包期限捌年（自2008年1月1日至2015年12月31日）。”该条款直接约定范某不参与经营管理，上诉人范某也未提供证据证明其实际参与了经营管理，其与宁某之间不存在合伙经营、共同劳动的事实。最后，在收益分配方面，协议未约定如何分配利益及如何承担亏损及风险。根据协议第二条的约定可以明确，上诉人范某不对所投资的吉安—路桥线路承担经营风险，无论该线路盈利或亏损，其均根据合同约定享有具体、明确、固定的利润而不承担风险。虽然协议第三条约定，“如遇有不可抗击的或国家有关政策变化，所有股东共同承担风险和法律责任”，但该约定的情形不属于合伙经营的商业风险。因此，上诉人范某明显属于不承担经营风险，仅享受固定利益的情况，其投入的资金并非股权而是债权，一审法院认定上诉人范某与宁某之间的关系实质上是民间借贷关系而非投资合作行为正确，应予维持，上诉人范某认为其与宁某之间为合伙关系的上诉主张与事实不符，无法律依据，本院不予支持。

案件来源

范某、李某等与宁某、康某确认合同无效纠纷二审民事判决书［江西省高级人民法院（2016）赣民终466号］

延伸阅读

以下 15 个案例均认为，如果合伙协议约定一方当事人不承担经营风险、只收取固定利润的，应将其认定为借贷关系，裁判规则较为一致。

案例一：孙某与陆某民间借贷纠纷再审审查与审判监督民事裁定书［新疆维吾尔自治区高级人民法院（2016）新民申 1041 号］认为，“本案中，双方在《合作协议》中约定，陆某投资 50 万元，孙某向陆某支付 30 万元的利润分成，孙某须在协议签订之日起四个月内支付给陆某本金加利润 80 万元。该约定表明，陆某不承担任何经营风险，只收取固定的收益，且该收益不以工程的利润多少为计算标准。孙某与陆某之间不具备共负盈亏、共担风险的个人合伙要件，双方之间非合伙关系。……孙某与陆某之间的《合作协议》在性质上应当属于借款合同，所约定的‘30 万元利润’应当为利息。”

案例二：曾某、吴某、黄某与罗某民间借贷纠纷二审民事判决书［江西省高级人民法院（2015）赣民一终字第 134 号］认为，“罗某在此项目中不承担经营风险，不论盈亏均按期收取固定利润，逾期付款的，对方须支付逾期利息。该约定明为合伙，实为借贷。”

案例三：赖某 1 与赖某 2 合伙协议纠纷民事再审判决书［四川省高级人民法院（2016）川民再 133 号］认为，“根据双方签订的协议书内容，赖某 2 不承担经营风险，但在规定时间内收回投入的保证金 10 万元和收取约定的工程利润款 20 万元，故该协议书不符合合伙关系关于合伙双方共同出资、共同经营、共享收益、共担风险的法律特征。赖某 1 和赖某 2 约定赖某 2 只投资，不承担合伙的风险责任，不论盈亏按期均收回本金，按期收取固定利润，符合民间借贷关系的法律特征。因此，赖某 1 和赖某 2 签订协议书的内容，表明双方名为合伙，实为借贷关系。”

案例四：刘某与兰某合伙协议纠纷申请再审民事裁定书［四川省高级人民法院（2016）川民申 1796 号］认为，“刘某与兰某签订《合作协议》及相关《补充协议》，双方约定刘某为项目负责人，负责对工程的财务、材料等进行全权管理，且约定‘工程运营结算无论任何情况，刘某对兰某投入工程资金额按月利率 5% 作为利润保底’，‘无论工程经营情况如何，乙方（兰某）不承担亏损责任……同时甲方（刘某）承诺给乙方的保底利润为玖拾万元整’。此种约定明显不符合个人合伙特有的共同出资、共同经营、共负盈亏、共担风险的法律特征，违背利益共享、风险共担的合伙原则。本案中也无充分证据证明兰某在本案所涉工程中参与了实质性的经营管理。因此，二审判决认定本案纠纷中，刘某与兰某之间名为合伙，实为借贷关系并无不当。”

案例五：苗某与被申请人李某、原审被告徐某债务纠纷一案［河南省高级人民法院（2010）豫法民提字第160号］认为，“李某、苗某与徐某签订的《合伙协议》约定，李某、苗某各出资人民币30万元，徐某以经营关系和现有货物出资经营煤炭生意，每月无论是否盈余，合伙人苗某、李某只各得3万元，其余部分全部为徐某所得，李某、苗某不承担因合伙经营所产生的任何债务。按照该合伙协议的约定，李某和苗某是提供资金、收取利益而不承担风险。该约定违反了1997年施行的《中华人民共和国合伙企业法》第二条关于各合伙人共同出资、合伙经营、共享收益、共担风险，并对合伙企业债务承担无限连带责任的规定。原审法院再审认定李某、苗某与徐某是合伙关系不当，应认定为其名为合伙实为借贷关系。”

案例六：唐某1、唐某2与自贡市A建筑安装工程有限公司及周某、张某民间借贷纠纷申请再审民事裁定书［四川省高级人民法院（2016）川民申1968号］认为，“唐某1、唐某2与周某签订的《合伙协议》，明确约定唐某1和唐某2不参与管理、固定收回本金利润、不负工程盈亏等情况，二审判决认定唐某1、唐某2与周某之间名为合伙实为借贷关系并无不当。”

案例七：阳山县黎埠镇某马铃薯种植专业合作社，唐某与阳山县黎埠镇某村民委员会借款合同纠纷申诉、申请民事裁定书［广东省高级人民法院（2015）粤高法民二申字第241号］认为，“从《种植基地股份合同》的内容来看，某村委会并不参与经营，也不承担经营风险，只是按期收取分红，这显然不符合合伙应当共同经营、共担风险、共享收益的特征。一、二审法院据此认定该合同名为合伙，实为借贷关系，投资款作为借款本金应予返还，借款的合理利息应予保护，亦无不当。”

案例八：重庆市A商贸有限公司与南昌市B物资有限公司借款合同纠纷二审民事裁定书［江西省高级人民法院（2014）赣立终字第21号］认为，“根据《中华人民共和国民法通则》关于合伙的相关规定，合伙应当是各合伙人共同出资、共同经营、共享收益、共同承担风险和债务。本案中，从双方签订的《协议书》的内容来看，被上诉人出资600万元，每个月收取固定利润28万元，本金由上诉人在第12个月还清，煤炭的质量、重量等一切问题由上诉人自行解决，与被上诉人无关。因此，该协议内容明显不符合合伙的特征，故上诉人与被上诉人之间名为合伙，实为借贷的关系，本案应为借款合同纠纷。”

案例九：徐某与龚某民间借贷纠纷一案二审民事判决书［上海市第一中级人民法院（2010）沪一中民四（商）终字第103号］认为，“上诉人徐某虽然在出具给被上诉人龚某的两张收据中用词为‘入股费’‘股金’，然而双方对于出资数额、盈余分配、债务承担、入伙、退伙、合伙终止等主要条款未订立书面协议予以约定，也无其他证据证明双方存在口头合伙协议，明显不具备个人合伙的基本法律特征。另外，涉案收据中载明'6个月里生意顺利继续合作，6个月里生意清淡徐某将26,000元还予龚某'。从文义并结合其上诉理由来看，龚某投资入伙不须承担经营风险，双方之间的法律关系实质上更符合民间借贷的特征。故双方的合伙关系不成立，上诉人收取被上诉人的钱款28,000元应予返还。"

案例十：施某与福建省某两岸民族文化投资有限公司、吴某等民间借贷纠纷二审民事判决书［福州市中级人民法院（2016）闽01民终2262号］认为，"虽然诉争《合作协议》约定'吴某与施某共同投资'，但同时又约定'吴某负责经营与管理，施某不参与，也不干预吴某工作；施某每月向吴某收取1万元的固定分红，施某若提前收回投资本金，应提前一个月告知，收回本金时，结清当月的固定分红，本协议即时终止，所有债权债务归属吴某，与施某无关'。上述关于施某不参加经营管理亦不承担亏损风险的协议内容明显不符合个人合伙或合作的特征，一审认定诉争《合作协议》名为合作实为借贷是正确的。"

案例十一：龚某与周某、贺某民间借贷纠纷二审民事判决书［重庆市第一中级人民法院（2016）渝01民终399号］认为，"本案诉争协议书虽约定由龚某与贺某共同承包某工业园区的工程，但具体由贺某承包经营，龚某既不参与经营，也不承担经营风险，而是享有收取390万元（包括投资本金190万元在内）的固定回报。根据上述协议约定，龚某与贺某之间的法律关系并不符合《中华人民共和国民法通则》第三十条之规定的个人合伙性质，本院认定双方之间的法律关系名为合伙，实为借款。据此，一审法院关于龚某向贺某投资的190万元实为借款本金，200万元的利润分配实为利息的认定并无不当，本院予以确认。"

案例十二：韩某与牛某民间借贷纠纷一审民事判决书［新疆石河子市人民法院（2016）9001民初1328号］认为，"个人合伙的基本特征是合伙人之间共同出资、共同经营、共享收益、共担风险。原、被告之间虽然签订了合作协议，但根据协议，原告不参与被告经营，也不承担风险，而是按期收回本金，经营结束后获取固定的利润，不符合合伙关系的特征，因此双方不构成合伙。根据《中华人民共和国合同法》第一百九十六条的规定：'借款合同是借款人向贷款人借款，到期返还借款并支付利息的合同。'原告依约向被告支付款项，到期收回本金，符合借款合同的规定，双方之间应构成借款合同，双方之间约定的固定利润300,000元，实际上是对借款利息的约定。被告未依约偿还借款及相应的利息，应当承担相应的违约责任，即继续偿还剩余借款及相应的利息。"

案例十三：邵某与孟某民间借贷纠纷二审民事判决书［连云港市中级人民法院（2015）连民终字第02234号］认为，“个人合伙是指两个以上的公民按照协议各自提供资金、实物、技术等，对合伙事务共同经营、共担风险、共享收益的联合体；即使不参与合伙经营、劳动，但约定参与盈余分配的，也可视为合伙人。而借款合同是借款人向贷款人提供借款本金，贷款人到期返还借款本金并支付确定利息的合同。在本案中，邵某与赵某虽签订了影楼投资合作协议，但邵某投入本金后，不参与合作经营，不承担经营亏损的风险，且可取得固定的收益。双方签订的合作协议仅具有合伙关系的外观，却具备借款合同的实质要件，因此依据现有证据，本院确认邵某与赵某之间的法律关系为借款合同关系。”

案例十四：杨某与王某、徐某、张某1、董某1与张某2民间借贷纠纷二审民事判决书［新疆乌鲁木齐市中级人民法院（2015）乌中民一终字第392号］认为，“杨某（乙方）与王某、董某2、徐某（甲方）签订的合作协议约定，合资完成通信管道工程，杨某投入资金。工程完工，甲方给乙方按每公里十五万元结算，中间没有任何费用，施工期间乙方协助甲方施工。还约定，施工期间如发生质量、安全等一切事故与乙方无关。在结算条款中约定，以合同签订日起两个月内甲方给乙方连本带利全部结清。到期不付，每天按全部金额的5%计算违约金。由此合作协议约定的条款，杨某在合同结算时仅收取本金及利息，取得固定收益，不承担合同中的任何风险。故本合同名为合作协议（合伙），实为民间借贷关系。”

案例十五：许某与彭某民间借贷纠纷一审民事判决书［东莞市第三人民法院（2013）东三法民一初字第5216号］认为，“原、被告虽然签订了投资分红协议书，但协议书中对投资盈利的分配及亏损的分担并无书面约定，且原告实际也未参与投资盈利的分配及亏损的分担，只按固定利润分红，原告许某在完成出资义务后并未参与到实际的经营中。故案涉协议书的约定不符合法律规定的关于个人合伙的基本特征。因此，本院认定，原告许某与被告彭某就本案的投资款名为合伙投资，实为借贷约定，分红款实为借款利息。”

005 一方不承担经营风险，能否认定为合作开发关系？

——合作开发房地产资金提供方不承担风险只收取固定利益的应认定为民间借贷关系

阅读提示

在房地产开发领域中，房地产开发公司为快速融资，以“合作开发”的名义向他人借款的现象较为常见，对该类型合同如何定性饱受争议。

裁判要旨

合作开发房地产合同约定提供资金的当事人不承担经营风险，只收取固定数额货币的，应当认定为借款合同。

案情简介

李某是A公司的法定代表人及控股股东，A公司是B公司的控股股东。

2007年12月24日至2008年1月25日，朱某共向B公司转款650万元。2009年8月13日，朱某向A公司转款350万元，并注明为“投资款”。

2009年，朱某与A公司法定代表人李某签订《协议书》，约定，朱某从B公司处购买土地，全权委托B公司开发销售，朱某收取包干利润3248万元。

2012年5月22日至2013年4月1日，A公司向朱某共计支付1020万元。

2015年，朱某向海口中级人民法院起诉，请求判令A公司、B公司归还其借款本息。海口中级人民法院认为，本案法律关系名为房地产开发合作，实为民间借贷，判决B公司与A公司共同向朱某偿还借款本息。

2016年，B公司与A公司向海南省高级人民法院上诉，主张朱某支付款项系投资款，一审认定借贷关系属于事实认定错误。海南省高级人民法院认为，朱某只收取固定利润，不承担经营风险，应认定为民间借贷关系。但一审法院判决利息部分计算依据不足，A公司与B公司共同偿还借款事实认定错误，海南省高级人民法院对此予以纠正。

2017年，朱某向最高人民法院申请再审。最高人民法院认可双方为民间借贷关系，并支持朱某的部分诉讼主张。

裁判要点

根据《最高人民法院关于审理涉及国有土地使用权合同纠纷案件适用法律问题的解释》第十四条与第二十六条规定，合作开发房地产合同是指当事人提供出让土地使用权、提供资金，以共同投资，共享利润、共担风险合作开发房地产为基本内容的协议。若合同中约定提供资金的当事人不承担经营风险，只收取固定数额货币的，则应当认定为借款合同。本案中，朱某购买30亩土地并全权委托B

公司开发销售，并约定朱某仅收取固定回报，而并不承担经营风险，不符合合作开发房地产法律关系的特点。据此，法院认定双方名为房地产合作开发，实为民间借贷，判决B公司偿还借款本金。

实务经验总结

前事不忘，后事之师。为避免未来发生类似败诉，提出如下建议：

当事人订立合作开发房地产合同，应当明确约定共同投资、共担风险、共享利润的内容，而不应当约定资金提供方不承担经营风险，只收取固定数额货币。

相关法律规定

《最高人民法院关于审理涉及国有土地使用权合同纠纷案件适用法律问题的解释》

第十四条 本解释所称的合作开发房地产合同，是指当事人订立的以提供出让土地使用权、资金等作为共同投资，共享利润、共担风险合作开发房地产为基本内容的协议。

第二十六条 合作开发房地产合同约定提供资金的当事人不承担经营风险，只收取固定数额货币的，应当认定为借款合同。

法院判决

以下为该案在法院审理阶段，裁判文书中"本院认为"部分就该问题的论述：

《最高人民法院关于审理涉及国有土地使用权合同纠纷案件适用法律问题的解释》第十四条规定："本解释所称的合作开发房地产合同，是指当事人订立的以提供出让土地使用权、资金等作为共同投资，共享利润、共担风险合作开发房地产为基本内容的协议。"第二十六条规定："合作开发房地产合同约定提供资金的当事人不承担经营风险，只收取固定数额货币的，应当认定为借款合同。"《协议书》第一条约定朱某从B公司处购买30亩土地并全权委托B公司开发销售，第二条约定朱某收取包干利润3248万元。因朱某仅收取固定回报，并不承担经营风险，不符合合作开发房地产合同的特点，故一、二审法院认定朱某与B公司之间的法律关系名为房地产开发合作，实为民间借贷并无不当。

B公司辩称，《协议书》第三条并未约定包干利润，双方之间法律关系应为购地关系及委托销售合同关系。本院认为，虽然《协议书》第三条约定包干利润分别于2011年和2012年各支付1000万元，2013年视土地增值税清算结果支付余下的款项，但该约定并未改变朱某不承担经营风险，仅收取包干利润的内容，只是在2013年视土地增值税清算结果支付余下款项。《协议书》第三条的约定并不能否定朱某与B公司之间实为民间借贷关系的性质。B公司虽然主张双方之间系购地关系及委托销售合同关系，但未能提供证据证明30亩土地已转让并过户登记在朱某名下，亦未能提供证据证明基于委托销售关系其收取了朱某支付的报酬，故B公司该项辩称意见不成立。

案件来源

朱某、海南B公司民间借贷纠纷再审民事判决书［最高人民法院（2017）最高法民再96号］

延伸阅读

裁判规则一：合作开发房地产合同约定，提供资金的当事人不承担经营风险，只收取固定数额货币的，应当认定为借款合同。

案例一：彭某、符某民间借贷纠纷二审判决书［江西省高级人民法院（2017）赣民终208号］认为，“彭某上诉主张其与符某之间的法律关系为合资合作开发房地产合同关系。本院认为，《最高人民法院关于审理涉及国有土地使用权合同纠纷案件适用法律问题的解释》第十四条规定：‘本解释所称的合作开发房地产合同，是指当事人订立的以提供出让土地使用权、资金等作为共同投资，共享利润、共担风险合作开发房地产为基本内容的协议。’本案中，彭某与符某虽然约定由彭某投入资金开发A爱情公寓，彭某实际投入850万元，但根据2013年12月13日双方签订的《协议书》，截至2013年12月13日，经双方结算，彭某获得本金和利润共计2500万元，而此时，A爱情公寓商品房销售面积约7900平方米，还有大部分商品房尚未销售，合作开发的项目盈亏尚属未知状态，按照双方约定，彭某却可以取得固定利润1650万元。因此，双方的合作不符合共担风险的特征。《最高人民法院关于审理涉及国有土地使用权合同纠纷案件适用法律问题的解释》第二十六条规定：‘合作开发房地产合同约定提供资金的当事人不承担经营风险，只收取固定数额货币的，应当认定为借款合同。’本案中，彭某投入一定数额的本金后取得固定利润，而不承担经营风险，故其与符某之间的法律关系为借款合同关系。关于彭某上诉的几点理由，本院分析评定如下：第一，彭某主张其已经承担了房屋建设能否开工的风险、房屋建造过程中的风险以及部分房屋的销售能否成功的风险。对此，本院认为，房屋建设能否开工的风险、房屋建造过程中的风险以及房屋的销售能否成功的风险，最终都会影响合作项目的盈亏，合资合作开发房地产的风险最终归结于投资亏损的风险，彭某在合作开发项目房地产尚未销售完毕，项目盈亏尚不可知的情况下，提前获取收益，显然没有承担合作开发房地产的风险。第二，彭某主张其收取固定利润而非固定数额的货币。对此，本院认为，利润可以以货币形式支付，彭某主张其收取的是固定利润而不是收取固定数额的货币，该理由不成立。第三，彭某主张在2009年7月13日的513万元投资款收据中已经载明其享有38%的股权，2013年12月13日的《协议书》是一份结算协议，据此，其与符某之间为合资、合作开发房地产合同关系。对此，本院认为，虽然收据上载明了彭某享有38%的份额，但因彭某不承担经营风险，只收取固定利润，在性质上名为合资合作开发房地产，实为民间借贷。综上，原审法院认定双方之间的法律关系为民间借贷，适用法律正确，本院二审予以维持。彭某的上诉主张不成立，不予支持。”

案例二：龚某、A公司、B公司、郭某民间借贷纠纷二审判决书［江西省高级人民法院（2016）赣民终188号］认为，“经查，2013年12月21日龚某、实业公司、郭某签订的《合作协议书》以及同日龚某、A公司、郭某、B公司签订的《补充协议》约定，龚某、A公司共同出资建设九江市星子县城帝景御园住宅小区17号楼合作B房产项目。龚某出资1000万元人民币并支付至A公司指定账户，项目其余出资由A公司负责，确保项目的顺利完成。龚某对九江市星子县城帝景御园住宅小区17号楼合作B房产项目不承担经营风险，只收取固定数额收益。故依据《最高人民法院关于审理涉及国有土地使用权合同纠纷案件适用法律问题的解释》第二十六条‘合作B房地产合同约定提供资金的当事人不承担经营风险，只收取固定数额货币的，应当认定为借款合同’之规定，原审认定本案案由应为民间借贷纠纷，于法有据，应予维持。”

裁判规则二：当事人约定将合作开发投资款转化为借款的，应当认定双方之间为民间借贷法律关系。

案例三：陈某、张某民间借贷纠纷二审判决书［河南省高级人民法院（2016）豫民终485号］认为，“本案中，陈某与张某之间存在土地合作开发的基础合同关系，陈某依据该合同向张某付款的事实有银行存取款凭证在案为凭，足以认定。河南A公司、陈某、邢某之间的土地合作开发合同关系因土地使用权转让而终止履行。新的土地使用权受让人B房地产开发有限公司的法定代表人丁仰振（以下简称B公司）依据2008年10月3日河南A公司、B公司、陈某、邢某达成的协议，向陈某银行账户支付200万元的事实在2010年1月1日张某向陈某出具的借条中予以明确。陈某为履行土地合作开发合同支付给张某的投资款项，经双方当事人协商后以张某向陈某借款的形式在本案借条中予以明确。因此，本案借条的形成与本案河南A公司、陈某、邢某之间的土地合作开发合同关系具有关联性。陈某与张某之间因土地合作开发合同关系而形成的权利义务关系，因本案张某借条的出具而转化为民间借贷法律关系，陈某支付给张某的投资款项转化为借款。因此，本案系民间借贷法律关系纠纷。一审判决对本案法律关系定性不当，应予纠正。陈某上诉主张本案系民间借贷法律关系的理由，本院予以支持。张某上诉主张本案借条系陈某索贿形成的理由因无证据证明，本院不予支持。"

裁判规则三：合作开发房地产当事人对收益分配约定了限制和浮动条件，不符合"一方当事人只收取固定数额货币"要求，不能认定为借款合同。

案例四：A公司、B公司合资、合作开发房地产合同纠纷二审判决书［最高人民法院（2016）最高法民终8号］认为，"共同投资、共享利润、共担风险为合作开发房地产合同的基本内容，而当事人在协议中所约定提供资金的一方当事人不承担经营风险，只收取固定数额货币的内容，与以'共同投资、共享利润、共担风险'为基本内容的合作开发房地产合同相背离，也即提供资金一方的当事人不论双方当事人合作开发的结果如何，均可获得固定数额的货币。此种协议名为合作开发房地产合同，实为借款合同。根据上述司法解释的规定，当事人签订的合作开发房地产合同应在符合下列条件的情况下，才能认定为借款合同：一是合同约定提供资金的一方当事人不承担经营风险；二是提供资金的一方当事人只收取固定数额的货币。本案中，A公司与B公司于2004年6月14日签订一份合作协议。案涉合作协议第三条'利益分配'中约定：'1.B公司履行本协议第二条第二款义务后，B公司所得该部分项目可售商品房总建筑面积10万平方米。双方所得房屋以小区街坊分配为原则。……3.该部分项目商品房可预售时，A公司保证销售价格的底价为2500元/平方米以上，如因各种因素该项目销售均价小于2500元/平方米时，则A公司负责向B公司补足小于2500元/平方米的差额，或确保最低净利润不小于500元/平方米收益（所有税收均由A公司负责）。4.B公司完成了第二条第二款和处理了土建安装工程款以及按销售额结算了营业税后的余款由B公司自由支配'。从上述约定看，对于B公司的收益分配问题，当事人约定的条件为：当项目商品房可预售时，A公司保证该其销售的最低价格不低于2500元/平方米。该约定内容不能认定为B公司收取固定数额货币，也即并不符合《最高人民法院关于审理涉及国有土地使用权合同纠纷案件适用法律问题的解释》所规定的‘只收取固定数额货币’的条件，案涉合作协议的性质不能认定为借款合同。一审判决认定A公司与B公司之间为合资、合作开发房地产合同法律关系正确。”

006 如何区分委托理财与民间借贷？

——委托理财合同约定受托人保证委托人获得固定回报的，应认定为民间借贷关系

阅读提示

近年来，金融市场的不断发展带来了投资理财业务的兴起。实践中，由于双方签订合同的格式不规范甚至仅有口头协议，因合同引发的纠纷层出不穷，合同定性往往成为此类案件的争议焦点。

裁判要旨

委托人将资产交由受托人进行投资管理，并约定受托人无论盈亏均保证本息固定回报的，属于“名为委托理财、实为借贷关系”之情形，应认定双方之间为民间借贷法律关系。

案情简介

张某与韩某系夫妻关系。2013年6月2日至2015年10月4日，张某、韩某与陶某共签订六份《外汇投资协议》，约定张某和韩某委托陶某进行外汇和黄金理财操盘，张某和韩某不承担投资风险，亏损由陶某承担，同时张某、韩某每月收取固定本息回报，逾期陶某须向张某、韩某返还双倍本金及双倍收益。

2016年，张某、韩某向银川市中级人民法院起诉，请求判令陶某偿还欠款。银川市中级人民法院认为双方签订的协议名为外汇投资协议，实为借款合同，判令陶某向张某、韩某偿还借款。

2017年，陶某向宁夏回族自治区高级人民法院上诉，主张《外汇投资协议》明确载明双方之间进行外汇和黄金理财操盘的交易行为；而且，陶某作为自然人不具有从事外汇投资理财的资质与资格，违反法律法规的强制性规定，故双方签订的《外汇投资协议》无效。

宁夏回族自治区高级人民法院认为，双方之间名为委托理财，实为民间借贷，对陶某的诉讼主张不予支持，判决驳回上诉，维持原判。

裁判要点

委托理财合同与借款合同的区别在于，委托理财合同的委托人应当承担受托人从事理财事务产生的法律后果，而受托人仅收取理财报酬，对于约定范围内的亏损不承担责任；而借款合同中，借款人的经营损失由其自行承担，出借人不承担借款人的经营损失。本案中，双方合同约定，张某、韩某向陶某出资，且张某、韩某不承担投资风险，因投资不当造成的资金亏损由陶某承担，协议到期后，陶某应返还张某、韩某本金和利润。此种约定与委托理财合同之特征相悖，但符合民间借贷之情形，故双方之间名为委托理财，实为民间借贷。

实务经验总结

前事不忘，后事之师。为避免未来发生类似败诉，提出如下建议：

1. 合同性质的认定一般会影响当事人的责任分担。当名为委托理财合同被认定为借款合同时，虽可能与当事人合同订立时的初衷相悖，但在委托理财亏损的情况下，认定为借款合同明显对出借人更加有利。而在委托理财关系下，委托人应当接受和承担受托人处理委托事务的结果，除非有证据证明受托人在处理委托事务的过程中存在过错。

2. 订立委托理财合同不应当约定委托人只收取固定利益、不承担风险，否则将被认定为借款合同，甚至可能被认定无效。

相关法律规定

《中华人民共和国合同法》

第一百九十六条 借款合同是借款人向贷款人借款，到期返还借款并支付利息的合同。

第三百九十六条 委托合同是委托人和受托人约定，由受托人处理委托人事务的合同。

第四百零六条第一款 有偿的委托合同，因受托人的过错给委托人造成损失的，委托人可以要求赔偿损失。无偿的委托合同，因受托人的故意或者重大过失给委托人造成损失的，委托人可以要求赔偿损失。

法院判决

以下为该案在法院审理阶段，裁判文书中“本院认为”部分就该问题的论述：

委托理财合同是指委托人和受托人约定，委托人将其资金、证券等金融性资产委托给受托人，由受托人在一定期限内管理、投资于证券、期货等金融市场并按期支付给委托人一定比例收益所签订的合同，借款合同则是贷款人按约定将货币借给借款人支配，借款人到期偿还借款并支付利息作为借款的对价，贷款人只收取固定利益，并不直接参与借款人的经营管理，对经营损失不承担责任的合同。委托理财合同与借款合同的重要区别在于，在委托理财合同中，受托人从事理财事务产生的法律后果归属于委托人，受托人仅收取理财报酬而对于约定范围内的亏损不承担责任，亏损由委托人承担，而在借款合同中，借款人的经营损失由其自行承担，贷款人不承担借款人的经营损失。在本案中，双方在合同中约定，由张某、韩某将资金汇入陶某的个人账户内，且约定张某、韩某不承担相应的亏损，因投资不当造成的资金亏损由陶某承担，协议到期后，陶某应返还张某、韩某本金和利润。上述约定表明，张某、韩某将资金交由陶某进行投资管理，陶某无论盈亏均保证张某、韩某获得固定本息回报，张某、韩某不承担亏损，双方之间名为委托理财，实为民间借贷，双方之间在合同中关于权利义务的约定符合民间借贷法律关系的特征，一审法院认定本案法律关系的性质为民间借贷正确，陶某认为本案应定性为委托理财合同纠纷的上诉理由不能成立，本院不予支持。

案件来源

陶某与张某、韩某民间借贷纠纷二审民事判决书［宁夏回族自治区高级人民法院（2017）宁民终 62 号］

延伸阅读

裁判规则一：委托人将资产交由受托人进行投资管理，并约定受托人无论盈亏均保证本息固定回报的，应认定双方之间为民间借贷法律关系。

案例一：莫某、谢某 1 等与谢某 2 民间借贷纠纷再审判决书［广西壮族自治区高级人民法院（2016）桂民再 82 号］认为，“委托理财合同，是指双方约定，委托人将其资金、证券等金融性资产委托给受托人，由受托人在合同约定的期限内进行管理、投资，并按期支付给委托人一定比例收益的资产管理活动。本案中，谢某2将自行开设账户的控制权委托莫某进行期货交易，并通过签订《借款协议》，明确约定谢某2将其期货账户内的资金出借给莫某作期货本金，期限为1年，盈利由莫某享有，亏损亦由莫某承担，莫某无论盈亏均保证谢某2获得固定的利息回报，即约定了借款期限届满后本息固定回报的保底条款。因此，本案实际上属于借款的性质，谢某2和莫某之间属于民间借贷关系，原审将本案定性为民间借贷纠纷，并无不当。莫某、谢某1主张本案属于委托理财合同纠纷，没有事实和法律依据，本院不予支持。”

案例二：康某、涂某民间借贷纠纷二审民事判决书［福建省高级人民法院（2016）闽民终979号］认为，“委托理财合同的一般特点是，委托人将其资金、证券等资产委托给受托人，由受托人将该资产投资于期货、证券等交易市场或通过其他金融形式进行管理，所得收益由双方按约定进行分配或由受托人收取代理费。本案涂某与吴某签订《合作协议书》，仅约定双方合作范围为对外短期投资业务，并没有约定具体的投资内容和形式。从该合作协议书的履行来看，吴某并不是将涂某提供的资金投资于期货、证券等交易市场或通过其他金融形式进行管理，而是进行对外放贷，故本案明显不符合委托理财合同的一般特征，一审判决认定双方为委托理财合同法律关系错误，应予纠正。康某上诉称，涂某与吴某一方出钱，一方出力，分工明确、共享盈余，应当认定为个人合伙关系。《中华人民共和国民法通则》第三十五条规定，‘合伙人对合伙的债务承担连带责任，法律另有规定的除外’。而本案《合作协议书》明确约定，‘如因吴某操盘失误导致资金损失，由吴某负完全经济和法律责任，吴某必须在五天内将损失的资金补充进入涂某指定的账户’，该约定与合伙人应对合伙债务承担连带责任的法律规定明显不符。另外，涂某向吴某提供资金后，对资金的实际运作过程均未参与，无论盈亏，其从吴某处均能领取收益的事实，也不符合个人合伙关系中共同经营、共担风险的法律特征。康某主张涂某与吴某为个人合伙法律关系，与合同约定和客观履行事实不符，不予采纳。本案依法应认定系涂某向吴某提供资金，吴某向涂某返还固定利息收益，双方属名为合作，实为民间借贷的法律关系。”

裁判规则二：委托理财合同约定的保底条款无效，并导致合同整体无效。

案例三：国某与张某民间委托理财合同纠纷二审民事判决书［北京市第一中级人民法院（2014）一中民终字第4364号］认为，“张某与国某于2011年12月10日签订的《股票委托交易协议书》的性质属于金融类委托理财，面向的是具有较高风险的证券金融市场。双方签订的《股票委托交易协议书》中有关投资保本的约定，具有保底条款的性质，该约定违背了民法的公平原则以及委托关系中责任承担的规则，亦违背了基本的经济规律和资本市场规则，应属无效约定。因保底条款系金融类委托理财合同的目的条款和核心条款，不能成为相对独立的合同无效部分，故保底条款无效应导致《股票委托交易协议书》整体无效。合同无效之法律后果，《中华人民共和国合同法》第五十八条规定：'合同无效或者被撤销后，因该合同取得的财产，应当予以返还；不能返还或者没有必要返还的，应当折价补偿。有过错的一方应当赔偿对方因此所受到的损失，双方都有过错的，应当各自承担相应的责任。'因委托理财交易通过电子系统进行，交易对方并不特定，故委托理财合同无效的处理方式与普通合同无效之处理方式不同，不宜机械地套用合同法所规定的恢复原状等处理方式，不能因委托理财合同无效而否定证券、期货交易行为及结果。在委托理财合同因委托人或受托人无资质、订有保底条款，以及属于法律、行政法规规定的无效情形而无效等场合，受托人应将委托资产本金返还于委托人。"

裁判规则三：委托理财合同约定的保底条款无效，但其他条款合法有效。

案例四：程某、彭某与何某、重庆A公司、B公司清算组等委托理财纠纷再审判决书［重庆市高级人民法院（2010）渝高法民再终字第159号］认为，"A公司与何某签订《借款合同》及《协议书》，约定A公司将资金交付给何某，由何某将资金投资于证券交易市场进行管理，到期由何某支付A公司固定本息，对第一笔600万元款项还约定对超出部分收益，双方按约定比例分成，故本案所涉的1000万元款项名为借款实为委托理财款，双方当事人之间成立委托理财合同关系。A公司、何某、华夏证券某营业部三方签订的委托书系委托理财法律关系中第三方监管合同行为。前述协议涉及的利息给付实为利润分配，相关条款属于保底条款，除该部分约定违反相关法律规定无效外，其余部分合法有效。"

裁判规则四：当事人主张双方为投资理财关系的，应当承担举证证明责任。

案例五：杨某、汪某民间借贷纠纷再审民事判决书［浙江省高级人民法院（2017）浙民再151号］认为，"汪某主张其将杨某的45万元款项存放至案外人宁波A公司徐某处获取利息，杨某对此知情，其与杨某是委托理财关系。汪某在本案二审中提供了四份证据：1.案外人徐某向他人借款的《借条》，用以证明徐某允诺的利息为月息1.2%至1.6%之间，汪某没有投资理财获利。2.银行交易明细，用以证明汪某将杨某打至其账户的款项转入徐某的账户，汪某仅起纽带作用而非借款人。3.短信记录，用以证明汪某与杨某之间不存在借贷关系，汪某协助杨某进行理财系出于善意，无利可图，杨某自始便知。4.证人证言，用以证明具体的事情发生之后，汪某与杨某在汪某的办公室协商谈论这件事情，证明本案双方之间不存在借贷关系。二审法院对上述证据的认证意见为：证据 1 反映的系案外人徐某和他人之间的借条出具情况且是复印件，证据 2 反映的系汪某支付款项的情况，证据 3、证据 4 反映的系双方产生纠纷后的交涉情况，其内容真实性不能确定，上述证据不能达到汪某的证明目的。本院再审经审查认为，汪某二审提交的证据 1 与本案无关；证据 2 可以证明其将 55 万元款项交付给徐某；证据 3 聊天记录系打印件，真实性无法认定；证据 4 证人系汪某的朋友，在没有其他证据相印证的情况下，仅凭该证言难以证明双方之间系委托理财关系。综上，二审法院对上述证据的认证意见并无不当，汪某提供的证据不足以证明其与杨某之间系委托理财关系或者其他债权债务关系。”

案例六：张某、袁某民间借贷纠纷再审审查与审判监督民事裁定书［天津市高级人民法院（2017）津民申 684 号］认为，“当事人对自己提出的诉讼请求所依据的事实或者反驳对方诉讼请求所依据的事实，应当提供证据加以证明。再审申请人张某主张其与徐某之间并非借款合同关系，而是委托理财关系，并在二审中提交其与案外人签订的《委托投资理财协议书》。该证据材料不能证明张某与袁某之间存在委托合同关系，原审判决对双方借款合同关系的成立及合同效力的认定并无不当。”

案例七：张某、钱某民间借贷纠纷二审民事判决书［福建省高级人民法院（2015）闽民终字第 631 号］认为，“魏某、高某主张《借款协议书》原为委托理财协议，后协议前两页被张某替换，缺乏依据。魏某、高某作为受托人，其应当持有委托授权手续，并且该协议书第三页第六条载明钱某、魏某各执一份，现魏某、高某未提供其主张的委托理财协议，应当承担举证不能的法律后果。另外，魏某、高某主张其与张某、钱某之间系委托理财关系，与其签字落款的《借款协议书》第三页第五条第二项约定‘协议到期，钱某扣除应得本金及利息，剩余部分划入魏某账户或魏某指定账户’以及 2011 年 8 月 10 日 750 万元借条备注‘此笔借款资金借给魏某买卖股票之用’相矛盾。魏某、高某原审提供的其与张某之间的通话录音不足以证明《借款协议书》实为《委托理财协议》，其与张某、钱某之间系委托理财关系的主张，原审判决不予支持正确。”

案例八：郝某、边某等与杨某民间借贷纠纷再审复查与审判监督民事裁定书［广东省高级人民法院（2013）粤高法民二申字第 530 号］认为，“关于双方之间的法律关系性质应定性为民间借贷关系还是委托理财合同关系的问题。根据查明的事实，本案杨某、龚某与郝某自愿签订了《资金借贷协议书》《资金借贷延期协议书》《资金借贷再延期协议书》及《资金借贷第三次延期协议书》共四份协议。从《资金借贷协议书》文义表达上看，双方签订的文件名称系'资金借贷协议书'，双方以'贷款人、借款人'称呼，协议内容亦表明了杨某、龚某借款给郝某，郝某到期'还本付息'的意思表示。合同的文义清晰地表明，双方在订约时，对于合同的性质为借贷是明知且意思一致的。从《资金借贷协议书》内容及履行的过程来看，在双方签订的合同中，杨某、龚某及郝某已经明确约定合同的性质为借贷关系。在郝某、边某自己提交的还款电汇凭证中，备注亦列明'利息''转款'而非'理财收益'，可见，在履约中，郝某自己对合同性质的认识亦是民间借贷。虽然郝某、边某主张本案中的资金并未转移，不符合民间借贷中'物的交付'这一特征，但交付义务的核心在于控制权的转移。根据双方签订的合同约定，郝某已经获得了涉案资金账户的实际控制权，有权在合同约定范围内对涉案资金进行操作，进而实现其个人使用资金并获得利益的目的。至于双方合同中约定的风险控制条款，属于郝某、边某自愿负担的合同义务，并且在借贷实践中，贷方为了控制贷款风险，在一定情况下约定贷款的使用方式作为贷款的条件，并无不可，有关风险控制条款不影响合同性质的认定。一、二审法院据此将本案合同性质定为民间借贷纠纷，并无不当。对于郝某、边某提出的，最高人民法院民二庭编写的书中载有的亚洲证券案，即最高人民法院（2009）民二终字第1号民事判决书应作为本案参考的问题。经查，该案并非最高人民法院依据《关于案例指导工作的规定》正式发布的具有参照效力的指导案例，且该案情况与本案存在诸多差异。二审法院据此认定郝某、边某关于本案应该参考该案裁判的理由不成立，亦无不当。郝某、边某申请再审认为本案为委托理财合同关系，以及涉案协议为无效合同等主张，缺乏充分的事实和法律依据，均不能成立，本院不予支持。"

裁判规则五：当事人主张成立借款关系的，应当承担举证证明责任。

案例九：张某、冯某民间借贷纠纷再审审查与审判监督民事裁定书［四川省高级人民法院（2016）川民申2772号］认为，"张某基于借款关系要求冯某返还借款，应当对借款合意的成立和款项的交付事实承担举证责任。张某举证证明其将10万元现金存入冯某的银行账户，证明了款项交付的事实。冯某认为双方系委托理财，并提交了转账凭证、担保书等。结合一审中冯某提交的录音证据，张某与案外人杨某在向冯某就款项进行交谈中，张某未就冯某提出的转款到公司投资这一事实进行反驳，亦未提出该款项系借款。综上，冯某对其主张提供了相应证据予以证明，根据《最高人民法院关于审理民间借贷案件适用法律若干问题的规定》第十七条'原告仅依据金融机构的转账凭证提起民间借贷诉讼，被告抗辩转账系偿还双方之前借款或其他债务，被告应当对其主张提供证据证明。被告提供相应证据证明其主张后，原告仍应就借贷关系的成立承担举证证明责任’的规定，张某应就借贷关系的成立承担进一步的举证责任。张某缺乏有效证据证明其与冯某存在借款关系，应当承担举证不能的后果。”

案例十：张某与A公司、王某1民间借贷纠纷再审民事判决书［湖南省高级人民法院（2017）湘民再178号］认为，“从2013年8月起，张某、彭某与王某1商议，由张某、彭某将其自有资金交付给王某1，由王某1利用其社会关系以及对相关企业的了解，将资金投入企业赚取利息，在长达一年多的经济交往中形成了交易习惯，双方之间不但达成了委托理财的口头协议，事实上也形成了委托理财关系。本案中，张某通过彭某的账户，向王某1提供了110万元资金，王某1将100万元资金投入A公司，这是双方履行委托理财协议的具体表现，双方之间形成了委托理财关系。评判双方之间的借贷关系是否成立，不仅要审查收款收据、欠条、资金流向等形式要件，还要审查双方当事人是否具有借贷合意等意思表示。A公司只有向公司内部员工借款的意愿，没有向张某等公司以外的人借款的意思表示。王某1在收取张某等人的资金后，向张某等人说明，只能以自己的名义投入公司，通过自己的银行账号，将资金转入A公司，应视为是A公司与王某1达成了借款合意。A公司向王某2的借款，包括本案的100万元，已全部还清，其依据收取款项的资金来源，将100万元的款项退回到王某1的账户并无不妥。在B公司无力偿还到期债务时，王某1把已将上述资金转投到B公司和B公司不能按期归还的情况告知了张某等相关亲友，张某等部分亲友按照王某1的建议，同意王某1收回A公司出具的收款收据，改由王某1向她们出具欠条，这也从侧面证明了，张某等人在将资金交付给王某1时，没有向A公司出借款项的意思表示。且张某等人持有A公司的本案收据，是王某1个人违背公司财务管理规定，要求会计龙某按照王某1的意思填写，该收款收据形成不合法，且张某交付给王某2的110万元，王某2只借给A公司100万元，110万元收据的内容并不真实，不能作为证据采信。”

案例十一：王某与黄某民间借贷纠纷再审复查与审判监督民事裁定书［江苏省高级人民法院（015）苏审二民申字第02075号］认为，“王某申请再审称其与黄某之间的借贷关系仍然存在。本案中，黄某于2011年10月12日通过A公司工作人员王某与A公司签订委托理财协议，委托理财投资款为10万元，后因急需用钱不能取回，遂于2012年3月30日向王某借款10万元，并出具借条。2012年7月25日，黄某将借款利息14,000元交给王某，同时将其委托理财协议书交给王某，并附一份证明，王某接受借款利息及委托理财协议书，并将黄某出具的借据原件交给了黄某，黄某亦当着王某的面撕毁了该借条原件。上述事实在一、二审中已经王某与黄某双方确认。王某申请再审称黄某给王某的委托理财协议书是复印件，但王某在一、二审庭审中均未陈述黄某给王某的委托理财协议书为复印件，王某在二审开庭后提供证人证言，而证人系王某原同事，该证人证言不能采信。王某认为借条原件并没有给黄某撕毁，但王某在一、二审庭审中均已认可给黄某的是借条原件，且在二审庭审后提交的所谓借条原件，亦与王某提供的录音中双方均确认'借条当时已撕掉'的事实明显不一致。因此，据以证明王某与黄某双方之间借贷关系存在的借条已被撕毁，王某又无其他证据证明双方借贷关系仍然存在的情形下，一、二审法院驳回王某的诉讼请求，并无不当。"

007 签订融资租赁合同，为何被认定为民间借贷？

——双方签订融资租赁合同，仅有资金流通而没有客观租赁物的，应当认定双方为民间借贷法律关系

阅读提示

根据我国法律规定，融资租赁合同是出租人根据承租人对出卖人、租赁物的选择，向出卖人购买租赁物，提供给承租人使用，承租人支付租金的合同。但在司法实践中存在这样一种现象，双方当事人虽然签订了融资租赁合同，但客观上并不存在租赁物亦无租赁物的所有权转移事实，仅有资金融通。那么对于此种情形法院应当如何审理？是否还能认定双方为融资租赁法律关系？

裁判要旨

融资租赁合同是出租人根据承租人对出卖人、租赁物的选择，向出卖人购买租赁物，提供给承租人使用，承租人支付租金的合同。当事人之间仅有资金的融通而没有确定的、客观存在的租赁物，亦无租赁物的所有权转移的，不构成融资租赁合同关系，法院应按照其实际构成的法律关系处理。

案情简介

2011年6月20日，A公司与B公司、C公司签订《融资租赁合同》，约定B公司将其租赁物转让给A公司，再由A公司将租赁物出租给B公司和C公司使

用。租赁物的转让价款为人民币3亿元整。D公司、邢某为上述《融资租赁合同》提供连带保证责任。

2014年，A公司向天津市高级人民法院起诉，请求判令B公司、C公司向A公司返还欠付租金，D公司、邢某承担连带责任。天津市高级人民法院认为，本案《融资租赁合同》合法有效，A公司的诉讼主张有事实和法律依据，应当予以支持。

2016年，B公司与C公司不服一审判决，向最高人民法院提起上诉，辩称本案名为融资租赁，实为借贷。最高人民法院认为，当事人之间有资金的出借与返还，但并不存在实际的租赁物和租赁物转移所有权的事实，因此应当认定A公司与B公司、C公司之间系民间借贷而非融资租赁合同法律关系。

裁判要点

融资租赁合同是出租人根据承租人对出卖人、租赁物的选择，向出卖人购买租赁物，提供给承租人使用，承租人支付租金的合同。租赁物客观存在且所有权由出卖人转移给出租人系融资租赁合同区别于借款合同的重要特征。在没有确定的、客观存在的租赁物，亦无租赁物的所有权转移的情况下，当事人之间仅有资金的融通，不构成融资租赁合同关系。本案中，A公司与B公司、C公司之间仅有资金往来，并不存在实际的租赁物以及租赁物所有权转移的事实，因此最高人民法院认定A公司与B公司、C公司之间系民间借贷而非融资租赁法律关系。

实务经验总结

前事不忘，后事之师。为避免未来发生类似败诉，提出如下建议：

融资租赁合同与其他类似合同相比具有以下特征：

（1）通常涉及三方合同主体（即出租人、承租人、出卖人）并由两个合同构成（即出租人与承租人之间的融资租赁合同以及出租人与出卖人就租赁物签订的买卖合同）；

（2）出租人根据承租人对出卖人和租赁物的选择购买租赁物；

（3）租赁物的所有权在租赁期间归出租人享有，租赁物起物权担保作用；

（4）租金的构成不仅包括租赁物的购买价格，还包括出租人的资金成本、必要费用和合理利润；

（5）租赁期满后租赁物的所有权从当事人约定。

融资租赁交易具有融资和融物的双重属性，缺一不可。如无实际租赁物或者租赁物所有权未从出卖人处转移至出租人或者租赁物的价值明显偏低无法起到对租赁债权的担保，应认定该类融资租赁合同没有融物属性，仅有资金空转，系以融资租赁之名行借贷之实，应属借款合同。

相关法律规定

《最高人民法院关于审理融资租赁合同纠纷案件适用法律问题的解释》

第一条 人民法院应当根据合同法第二百三十七条的规定，结合标的物的性质、价值、租金的构成以及当事人的合同权利和义务，对是否构成融资租赁法律关系作出认定。

对名为融资租赁合同，但实际不构成融资租赁法律关系的，人民法院应按照其实际构成的法律关系处理。

《中华人民共和国合同法》

第一百九十六条 借款合同是借款人向贷款人借款，到期返还借款并支付利息的合同。

第二百三十七条 融资租赁合同是出租人根据承租人对出卖人、租赁物的选择，向出卖人购买租赁物，提供给承租人使用，承租人支付租金的合同。

法院判决

以下为该案在法院审理阶段，裁判文书中“本院认为”部分就该问题的论述：

B公司、C公司在本案一审期间并未就案涉《融资租赁合同》的性质及效力提出异议，但就案涉《融资租赁合同》履行时，A公司实际支付的资金总额提出异议，并在二审期间以案涉《融资租赁合同》不是融资租赁合同而是借款合同为据，主张扣减未实际支付的金额。因案涉《融资租赁合同》的性质直接涉及合同履行金额的确定及各方的权利义务关系，故本院有必要在二审期间就确定案涉《融资租赁合同》性质的相关事实予以进一步查明。

根据《中华人民共和国合同法》第二百三十七条有关“融资租赁合同是出租人根据承租人对出卖人、租赁物的选择，向出卖人购买租赁物，提供给承租人使用，承租人支付租金的合同”的规定，租赁物客观存在且所有权由出卖人转移给出租人系融资租赁合同区别于借款合同的重要特征。作为所有权转移的标的物——租赁物应当客观存在，并且为特定物。没有确定的、客观存在的租赁物，亦无租赁物的所有权转移，仅有资金的融通，不构成融资租赁合同关系。

A公司与B公司、C公司于2011年6月20日签订的编号为CIBFL-2011-033-HZ的《融资租赁合同》，虽名为“融资租赁合同”，并就租赁物及租金等问题作出了明确约定，且附有《租赁物所有权转移证书》及《租赁物清单》，但《租赁物所有权转移证书》仅载明租赁物所有权转移而未载明具体的租赁物名称及型号，《租赁物清单》仅列明了租赁物的供货商、租赁物名称、入账金额、入账时间、已提折旧及账面净值。而入账金额、时间、折旧、账面净值系财务记账方式，供货商及设备名称尚不足以使得租赁物特定化。该合同第三条“租赁物的购买”与交付第2款约定：B公司须在合同签订当日向甲方提交租赁物所有权凭证原件、租赁物购货合同、销售发票原件、租赁物保险凭证原件（若有），A公司认为证明B公司拥有租赁物完整所有权所需的其他必要文件、资料；A公司在检查完毕上述材料后，留存租赁物所有权凭证原件、B公司加盖公章的租赁物购货合同、销售发票及其他材料的复印件。根据该条约定，A公司亦可通过提供上述书面文件，证明合同所约定的租赁物真实存在，并转移了所有权。但A公司在本案诉讼期间未提交上述书面文件，也未提供A公司取得租赁物所有权时对租赁物进行过实物检视、租赁物的现状及存放地点以及其他能够证明特定租赁物真实存在的证据。故仅凭《租赁物所有权转移证书》及《租赁物清单》尚不足以证明存在能与《租赁物清单》所列租赁物一一对应的特定租赁物，也不足以证明案涉《融资租赁合同》履行过程中存在租赁物的所有权转移，故现有证据不足以认定三方当事人之间系融资租赁合同关系。对A公司有关租赁物实际存在、案涉《融资租赁合同》系融资租赁合同的主张，因证据不足，本院不予支持。

《最高人民法院关于审理融资租赁合同纠纷案件适用法律问题的解释》第一条规定，人民法院应当根据《合同法》第二百三十七条的规定，结合标的物的性质、价值、租金的构成以及当事人的合同权利和义务，对是否构成融资租赁法律关系作出认定。对名为融资租赁合同，但实际不构成融资租赁法律关系的，人民法院应按照其实际构成的法律关系处理。因现有证据仅能证明案涉当事人之间有资金的出借与返还关系，而不足以证明存在实际的租赁物并转移了租赁物的所有权，根据《中华人民共和国合同法》第一百九十六条有关“借款合同是借款人向贷款人借款，到期返还借款并支付利息的合同”的规定，应当认定A公司与B公司、C公司之间系借款合同关系而非融资租赁合同关系。

B公司、C公司虽以三方之间的合同系企业间借贷，违反了法律、行政法规的强制性规定为由，主张无效，但其并未提供相应的法律、行政法规的强制性规范依据。故其有关案涉合同应当认定为无效的主张，于法无据，本院不予支持。该合同有关资金出借和到期还款的约定系各方当事人的真实意思表示，无违反法律、行政法规的强制性规定的情形，应当认定合同有效。

案件来源

柳林县B公司、山西C公司融资租赁合同纠纷二审民事判决书［最高人民法院（2016）最高法民终286号］

延伸阅读

认定名为融资租赁实为借贷的相关案例：

A公司与山东B公司、山东C公司等企业借贷纠纷二审民事判决书［最高人民法院（2014）民二终字第109号］认为，“根据《中华人民共和国合同法》第二百三十七条的规定，融资租赁合同与其他类似合同相比具有以下特征：一是通常涉及三方合同主体（即出租人、承租人、出卖人）并由两个合同构成（即出租人与承租人之间的融资租赁合同以及出租人与出卖人就租赁物签订的买卖合同）；二是出租人根据承租人对出卖人和租赁物的选择购买租赁物；三是租赁物的所有权在租赁期间归出租人享有，租赁物起物权担保作用；四是租金的构成不仅包括租赁物的购买价格，还包括出租人的资金成本、必要费用和合理利润；五是租赁期满后租赁物的所有权从当事人约定。从以上特征可以看出，融资租赁交易具有融资和融物的双重属性，缺一不可。如无实际租赁物或者租赁物所有权未从出卖人处转移至出租人或者租赁物的价值明显偏低无法起到对租赁债权的担保，应认定该类融资租赁合同没有融物属性，仅有资金空转，系以融资租赁之名行借贷之实，应属借款合同。

本案所涉《融资租赁合同》系房地产售后回租业务，出卖人和承租人均为D公司，租赁物系D公司在建137套商品房。在合同订立前，该租赁物已被有关行政主管部门认定为超规划建设的违章建筑；在租赁期间，该项目亦未取得商品房预售许可，故案涉商品房（即租赁物）所有权无法从出卖人D公司移转至出租人A公司。由此产生的实际法律关系是，A公司作为名义上的商品房买受人和出租人，并不享有租赁物的所有权，作为专业的融资租赁公司，其对案涉租赁物所有权无法过户亦应明知，故其真实意思表示并非融资租赁，而是出借款项；D公司作为租赁物的所有权人，虽名为‘承租人’，但实际上不可能与自己所有的房产发生租赁关系，其仅是以出卖人之名从A公司获得1亿元款项，并按合同约定支付利息，其真实意思表示也并非售后回租，而是借款。由此可以看出，案涉融资租赁交易，只有融资，没有融物，双方之间的真实意思表示名为融资租赁，实为借款法律关系。依照《最高人民法院关于审理融资租赁合同纠纷案件适用法律问题的解释》第一条之规定，案涉合同应认定为借款合同。一审法院将案涉《融资租赁合同》性质认定为名为融资租赁实为企业间借款合同，定性准确，本院依法予以维持。

因案涉主合同性质为企业间借款合同，故应按企业间借款合同判断合同效力，进而确定各方当事人的权利义务。A公司作为内资融资租赁业务试点企业，虽未取得发放贷款资质，但并没有证据表明其以发放贷款为主要业务或主要利润来源。A公司与D公司的案涉企业间借款系双方的真实意思表示，且不违反法律、行政法规的禁止性规定，一审关于案涉主合同不符合借款合同无效情形的认定并无不当，本院对此予以维持。A公司、B公司关于案涉主合同无效的上诉请求不能成立，本院依法予以驳回。”

008 父母出资为子女购房是赠与还是借贷?

——父母为子女购房出资不当然构成赠与

阅读提示

我国民间有父母为子女结婚而出资置办房屋的习俗，一般认为这种出资属于赠与性质，但在当前高房价背景下，父母在子女购房时给予资助属于常态，但不能将此视为理所当然，此现象也绝非法律所倡导。因此，除父母明确表示赠与的外，父母为子女购房出资应视为以帮助为目的的临时性资金出借，子女负有偿还义务。

裁判要旨

《最高人[ ]民法院关于适用〈中华人民共和国婚姻法〉若干问题的解释(二)》第二十二条第二款规定:“当事人结婚后，父母为双方购置房屋出资的，该出资应当认定为对夫妻双方的赠与，但父母明确表示赠与一方的除外。”该规定主要是针对父母为子女购房出资的财产权属问题，即该出资是属于夫妻共同财产还是一方个人财产，适用的前提是父母出资确系赠与的真实意思。因此，在父母未明确表示赠与的情况下，应视为以帮助为目的的临时性资金出借，子女仍负有偿还义务。

案情简介

毛某、余某1是余某2的父母，黄某1与余某2系夫妻关系。

2013年3月，毛某向黄某1转款70万元。2016年6月，余某2向余某1、毛某出具《借条》，载明余某2、黄某1现向毛某、余某1借款70万元用于购房。借条中未载明还款期限。

2016年6月28日，黄某1父亲黄某2出具《证明》，载明黄某1、媳妇余某2，因购房于2013年3月向毛某、余某1借款70万元。

2016年9月8日，黄某1与余某2诉讼离婚。2016年9月29日，黄某1因争吵殴打毛某致其入院治疗。

2016年，余某1、毛某向成都高新技术产业开发区人民法院起诉，请求黄某1、余某2共同偿还借款70万元。黄某1主张涉案款项系余某1、毛某赠与。一审法院认为，余某1、毛某出资系基于借贷的意思表示。黄某1提交的证据不足，据此判决黄某1、余某2应立即偿还借款本金。

黄某1不服一审判决，向成都市中级人民法院提起上诉。成都市中级人民法院判决驳回上诉，维持原判。

2017年，黄某1向四川省高级人民法院申请再审。四川省高级人民法院裁定驳回其再审申请。

裁判要点

《最高人民法院关于适用〈中华人民共和国婚姻法〉若干问题的解释（二）》第二十二条第二款“当事人结婚后，父母为双方购置房屋出资的，该出资应当认定为对夫妻双方的赠与，但父母明确表示赠与一方的除外”的规定，系基于父母有赠与意思表示的前提下，赠与对象不明确时的认定依据。在当前高房价背景下，部分子女经济条件有限，父母在其购房时给予资助属于常态，但不能将此视为理所当然，也绝非法律所倡导。子女成年后，父母已尽到抚养义务，并无继续供养的义务。子女买房时父母出资，除明确表示赠与的外，应视为以帮助为目的的临时性资金出借，子女仍负有偿还义务。

实务经验总结

前事不忘，后事之师。为避免未来发生类似败诉，提出如下建议：

在法律意义上，父母没有义务给成年子女出资买房，因为成年子女成家立业生子之时已经不属于父母履行抚养义务阶段，恰恰相反，此时的子女应当向父母履行赡养义务。法律上的权利与义务始终是对等的，父母既然没有义务为成年子女购买房屋，那么在其提供购房款给子女以让子女获得使用购房款的权利时也就为子女设立了返还购房款的义务。也许款项的偿还并未如同普通民间借贷设立了明确的期限，甚至在子女经济有困难时父母无限延长还款期限，但子女不能据此认为款项系赠与而在父母要求偿还时不予归还，甚至在平常与父母相处中不尊重父母甚至殴打、辱骂父母，这不仅有违中华民族尊老爱幼的传统美德，甚至可能触犯法律而受到严惩。

相关法律规定

《最高人民法院关于审理民间借贷案件适用法律若干问题的规定》

第十七条　原告仅依据金融机构的转账凭证提起民间借贷诉讼，被告抗辩转账系偿还双方之前借款或其他债务，被告应当对其主张提供证据证明。被告提供相应证据证明其主张后，原告仍应就借贷关系的成立承担举证证明责任。

《最高人民法院关于适用〈中华人民共和国婚姻法〉若干问题的解释（二）》

第二十二条　当事人结婚前，父母为双方购置房屋出资的，该出资应当认定为对自己子女的个人赠与，但父母明确表示赠与双方的除外。

当事人结婚后，父母为双方购置房屋出资的，该出资应当认定为对夫妻双方的赠与，但父母明确表示赠与一方的除外。

法院判决

以下为该案在法院审理阶段，裁判文书中“本院认为”部分就该问题的论述：

赠与合同是赠与人将自己的财产无偿给予受赠人，受赠人表示接受赠与的合同，属于单务合同，应谨慎认定。《最高人民法院关于适用〈中华人民共和国民事诉讼法〉若干问题的解释》第一百零九条规定，“当事人对欺诈、胁迫、恶意串通事实的证明，以及对口头遗嘱或者赠与事实的证明，人民法院确信该待证事实存在的可能性能够排除合理怀疑的，应当认定该事实存在”，表明对赠与事实的认定高于一般事实“具有高度可能性的”的证明标准。本案被申请人在一、二审过程中所举证据，能够证明款项交付真实存在、余某1认可借款关系，在被申请人一方没有明确赠与意思表示的情况下，二审法院根据《最高人民法院关于审理民间借贷案件适用法律若干问题的规定》第十七条的规定，将款项系赠与的举证责任分配给黄某1，并无不当。黄某1提交的证据不足以证明余某1、毛某对其和余某2有赠与的意思表示，结合支付款项中有60万元系贷款，且鉴于二被申请人对黄某1、余某2交往、结婚一直不赞成等情况，认定存在赠与事实不能排除合理怀疑。《最高人民法院关于适用〈中华人民共和国婚姻法〉若干问题的解释（二）》第二十二条第二款“当事人结婚后，父母为双方购置房屋出资的，该出资应当认定为对夫妻双方的赠与，但父母明确表示赠与一方的除外”的规定，系基于父母有赠与意思表示的前提下，赠与对象不明确时的认定依据，并不适用于本案的情况。在当前高房价背景下，部分子女经济条件有限，父母在其购房时给予资助属于常态，但不能将此视为理所当然，也绝非法律所倡导。子女成年后，父母已尽到抚养义务，并无继续供养的义务。子女买房时父母出资，除明确表示赠与的外，应视为以帮助为目的的临时性资金出借，子女负有偿还义务。一、二审法院以借贷关系处理本案纠纷并无不当。黄某1主张本案存在被申请人和余某2恶意串通，进行虚假诉讼的情况。本院认为，余某2补写借条是在离婚诉讼之前，且黄某1并未就其主张提供相应证据，对其主张不予支持。

案件来源

黄某1、余某1民间借贷纠纷再审审查与审判监督民事裁定书［四川省高级人民法院（2017）川民申4120号］

延伸阅读

父母出资为子女购房的相关案例：

案例一：陈某、蒋某1民间借贷纠纷再审判决书［四川省高级人民法院（2016）川民申3615号］认为，“本案的争议焦点是，蒋某1出资为其儿子蒋某2、儿媳陈某购买商铺的行为，是赠与关系还是借贷关系。在蒋某2、陈某婚姻关系存续期间，蒋某1为蒋某2、陈某购买商铺出资1,443,112.50元，其中部分款项直接支付给开发商，部分款项转入陈某银行账户。对于上述事实，双方均无异议。由于蒋某1出资时对其出资行为的性质没有明确的意思表示，借条又是蒋某2事后单方出具，陈某依据《最高人民法院关于适用〈中华人民共和国婚姻法〉若干问题的解释（二）》第二十二条第二款主张该出资为赠与性质。该款规定：‘当事人结婚后，父母为双方购置房屋出资的，该出资应当认定为对夫妻双方的赠与，但父母明确表示赠与一方的除外。’该规定主要是针对父母为子女购房出资的财产权属问题，即该出资是属于夫妻共同财产还是一方个人财产，适用的前提是父母出资确系赠与的真实意思。我国民间有父母为子女结婚而出资置办房屋的习俗，一般认为这种出资属于赠与性质，但主要限于居住用房，而不包括投资性购房。本案中蒋某1出巨资为蒋某2、陈某购买商铺，属于投资性购房，在出资人没有明确的赠与意思表示的情况下，简单推定为赠与，不符合社会一般观念，也会导致利益失衡。因此，一、二审法院采信蒋某2出具的借条，并结合本案其他证据，认定蒋某1出资属于借款，并无不当。二审判决在阐述理由时认为，适用《最高人民法院关于适用〈中华人民共和国婚姻法〉若干问题的解释（二）》第二十二条第二款规定的前提，是父母出资时有无偿赠与的意思表示，本案因不具备这一前提而不能适用该规定，亦无不当。陈某关于原判决认定的基本事实缺乏证据证明及适用法律错误的申请再审理由不成立。陈某申请再审时提交四川省成都市金牛区人民法院的另案判决，用以证明其2014年7月29日向蒋某1转款1万元系支付另案利息，本案中陈某与蒋某1并无借款合意。因该笔转款的交易记录并非原判决认定借款事实的主要证据，且不能证明蒋某1出资具有赠与的真实意思，故该证据不足以推翻原判决。”

案例二：王某1、王某2、丁某与王某3民间借贷纠纷再审裁定书［吉林省高级人民法院（2016）吉民申84号］认为，“王某1、王某2、丁某申请再审的理由是王某2、丁某支付的17万元购房首付款是王某1、王某3的借款，系夫妻共同债务，王某3应当承担还款责任。2014年3月19日王某1出具借条前后，王某2和王某1于2014年3月18日、3月20日、3月31日先后三次向房屋出卖方杜某支付首付款17万元，杜某在三张收条中均特别注明‘此款是由王某1父亲王某2出资的！’特别是在王某1出具借条之后仍然在收据上注明王某2出资。如果2014年3月19日王某1已向父母借得首付款，那么在此后两笔款项支付中应为王某1出资，但此时仍然强调王某2出资，这与王某1借款行为相矛盾，违背常理。《最高人民法院关于适用〈中华人民共和国婚姻法〉若干问题的解释（二）》第二十二条第二款规定：‘当事人结婚后，父母为双方购置房屋出资的，该出资应当认定为对夫妻双方的赠与，但父母明确表示赠与一方的除外。’鉴于王某1出具的借条为孤证，且父母子女之间借条的证明效力比较低，结合王某1在审查中自认是陪其父王某2交款，王某1、王某2、丁某在庭审时自认王某3对借款不知情，以及交付最后一笔首付款（杜某收条上特别注明王某2出资）当天即办理以王某1和王某3共同所有的房屋所有权证书的事实，从现有证据分析，王某2、丁某出资行为应为对王某1和王某3双方的赠与。至于王某1单方出具借条自愿偿还父母赠与的行为，系其对自己权利的处分，二审判决认定王某1与王某2、丁某之间借款关系成立，由王某1单方偿还借款并无不当。王某1与王某3虽系夫妻，但王某1出具借条单方放弃赠与的行为并不必然导致王某3放弃赠与，在王某2、丁某明知王某1出具借条为个人行为的前提下，王某1自愿偿还父母赠与所负债务亦不能视为夫妻共同债务，二审判决并无不当。”

009 当事人主张双方名为房屋买卖、实为民间借贷，举证责任由谁承担？

——当事人主张双方名为房屋买卖实为民间借贷，法院不能简单以交易习惯为由，否定房屋买卖合同性质

阅读提示

当事人一方仅以双方房屋交易不符合交易习惯为由，主张双方名为房屋买卖实为民间借贷，法院应当如何审理？最高人民法院认为，商品房买卖合同一方主张双方名为房屋买卖实为民间借贷的，在无充分证据证明的情况下，不宜简单否定房屋买卖合同对当事人真实意思的体现和反映，避免当事人一方不当摆脱既定权利义务约束的结果出现。

裁判要旨

法院若要否定书面证据所体现的法律关系，并确定当事人之间存在缺乏以书面证据为载体的其他民事法律关系，必须在证据审核方面给予更为审慎的分析研判。法院在没有充分证据佐证当事人之间存在隐藏法律关系且该隐藏法律关系真实并终局地对当事人产生约束力的场合，不宜简单否定既存外化法律关系对当事人真实意思的体现和反映，避免当事人一方不当摆脱既定权利义务约束的结果出现。

案情简介

2013年8月21日，A公司与洪某签订《商品房购销合同》，洪某分别向A公司和A公司法定代表人张某1汇款，共计9840万元。

2013年8月至9月，张某1共向洪某汇款736万元。

2014年，洪某向云南省高级人民法院诉请A公司办理过户并支付逾期交房违约金。A公司主张双方名为房屋买卖实为民间借贷。云南省高级人民法院认为双方不符合房屋买卖的交易习惯，判决驳回洪某的诉讼请求。

2015年，洪某向最高人民法院提起上诉。最高人民法院认为，A公司主张双方为民间借贷关系无充分事实和法律依据，法院不予支持。判决撤销一审判决，A公司应向洪某交付涉案房屋。

裁判要点

法院确定争议法律关系的性质时，应当使争议法律关系项下之权利义务更加清楚，在没有充分证据佐证当事人之间存在隐藏法律关系且该隐藏法律关系真实并终局地对当事人产生约束力的情形下，不宜简单否定既存外化法律关系对当事人真实意思的体现和反映。本案中，最高人民法院对双方交房时间、房价、付款方式、736万元性质等交易细节予以审查，虽然有些事实可能引发不同认识和判断，但法院认为洪某在已经完成双方当事人之间存在房屋买卖法律关系的举证证明责任后，A公司的举证应当足以使人民法院确信该待证事实的存在具有高度可能性。在没有任何直接证据证明洪某与A公司之间存在民间借贷法律关系的情况下，认定双方当事人之间存在民间借贷法律关系，缺乏充分的事实依据。

实务经验总结

前事不忘，后事之师。为避免未来发生类似败诉，提出如下建议：

商品房买卖合同一方主张双方名为房屋买卖实为民间借贷的，应当提供充分证据证明双方存在民间借贷事实，以使人民法院确信民间借贷事实的存在具有高度可能性，否则法院将朝着有利于书面证据所代表法律关系成立的方向作出判定。同样，法院也不能简单以双方购房不符合交易习惯为由否定房屋买卖合同性质，避免当事人一方不当摆脱既定权利义务约束的结果出现。

相关法律规定

《最高人民法院关于适用〈中华人民共和国合同法〉若干问题的解释（二）》

第七条 下列情形，不违反法律、行政法规强制性规定的，人民法院可以认定为合同法所称“交易习惯”：

（一）在交易行为当地或者某一领域、某一行业通常采用并为交易对方订立合同时所知道或者应当知道的做法；

（二）当事人双方经常使用的习惯做法。

对于交易习惯，由提出主张的一方当事人承担举证责任。

《最高人民法院关于民事诉讼证据的若干规定》

第七十七条 人民法院就数个证据对同一事实的证明力，可以依照下列原则认定：

（一）国家机关、社会团体依职权制作的公文书证的证明力一般大于其他书证；

（二）物证、档案、鉴定结论、勘验笔录或者经过公证、登记的书证，其证明力一般大于其他书证、视听资料和证人证言；

（三）原始证据的证明力一般大于传来证据；

（四）直接证据的证明力一般大于间接证据；

（五）证人提供的对与其有亲属或者其他密切关系的当事人有利的证言，其证明力一般小于其他证人证言。

《最高人民法院关于适用〈中华人民共和国民事诉讼法〉若干问题的解释》

第一百零八条 对负有举证证明责任的当事人提供的证据，人民法院经审查并结合相关事实，确信待证事实的存在具有高度可能性的，应当认定该事实存在。

对一方当事人为反驳负有举证证明责任的当事人所主张事实而提供的证据，人民法院经审查并结合相关事实，认为待证事实真伪不明的，应当认定该事实不存在。

法律对于待证事实所应达到的证明标准另有规定的，从其规定。

第一百零九条 当事人对欺诈、胁迫、恶意串通事实的证明，以及对口头遗嘱或者赠与事实的证明，人民法院确信该待证事实存在的可能性能够排除合理怀疑的，应当认定该事实存在。

《中华人民共和国民法总则》

第一百四十六条 行为人与相对人以虚假的意思表示实施的民事法律行为无效。

以虚假的意思表示隐藏的民事法律行为的效力，依照有关法律规定处理。

法院判决

以下为该案在法院审理阶段，裁判文书中“本院认为”部分就该问题的论述：

民事法律关系是民事法律规范调整社会关系过程中形成的民事主体之间的民

事权利义务关系。除基于法律特别规定，民事法律关系的产生、变更、消灭，需要通过法律关系参与主体的意思表示一致才能形成。判断民事主体根据法律规范建立一定法律关系时所形成的一致意思表示，目的在于明晰当事人权利义务的边界、内容。一项民事交易特别是类似本案重大交易的达成，往往存在复杂的背景，并非一蹴而就且一成不变的。当事人的意思表示于此间历经某种变化并最终明确的情况并不鲜见。有些已经通过合同确立的交易行为，恰恰也经历过当事人对法律关系性质的转换过程。而基于各自诉讼利益考量，当事人交易形成过程中的细节并不是都能获得有效诉讼证据的支撑。合同在性质上属于原始证据、直接证据。根据《最高人民法院关于民事诉讼证据的若干规定》第七十七条有关证据证明力认定原则的规定，其应作为确定当事人法律关系性质的逻辑起点和基本依据，应当重视其相对于传来证据、间接证据所具有的较高证明力。仅可在确有充分证据证明当事人实际履行行为与书面合同文件表现的效果意思出现显著差异时，才可依前者确定其间法律关系的性质。亦即，除基于特定法政策考量，有必要在书面证据之外对相关事实予以进一步查证等情形，推翻书面证据之证明力应仅属例外。民事诉讼中的案件事实，应为能够被有效证据证明的案件事实。此外，透过解释确定争议法律关系的性质，应当秉持使争议法律关系项下之权利义务更加清楚，而不是更加模糊的基本价值取向。在没有充分证据佐证当事人之间存在隐藏法律关系且该隐藏法律关系真实并终局地对当事人产生约束力的场合，不宜简单否定既存外化法律关系对当事人真实意思的体现和反映，避免当事人一方不当摆脱既定权利义务约束的结果出现。此外，即便在两种解读结果具有同等合理性的场合，也应朝着有利于书面证据所代表法律关系成立的方向作出判定，借此传达和树立重诺守信的价值导向。综上，若要否定书面证据所体现的法律关系，并确定当事人之间存在缺乏以书面证据为载体的其他民事法律关系，必须在证据审核方面给予更为审慎的分析研判。

根据《最高人民法院关于适用〈中华人民共和国合同法〉若干问题的解释（二）》第七条的规定，“交易习惯”是指不违反法律、行政法规强制性规定的，在交易行为当地或者某一领域、某一行业通常采用并为交易对方订立合同时所知道或者应当知道的做法，或者当事人双方经常使用的习惯做法。《中华人民共和国合同法》针对“交易习惯”问题作出相关规定，其意旨侧重于完善和补充当事人权利义务的内容，增强当事人合同权利义务的确定性。而本案并不涉及运用交易习惯弥补当事人合同约定不明确、不完整所导致的权利义务确定性不足的问题。在前述立法意旨之外，运用“交易习惯”认定当事人交易行为之“可疑性”，应格外谨慎。

首先，关于房屋交付时间问题。案涉房产存在违反规划超建楼层且尚未报批即行出售的事实，在此情况下，当事人约定在合同签订之日后近4个月时交付房产。而即便不考虑前述事实，在现房买卖情形中，如何约定交房期限方符合“交易习惯”，有无必要乃至是否形成“交易习惯”，同类一般交易判断是否已经形成普遍共识，尚存较大疑问。其次，关于房屋价格问题。抛开此节是否属于“交易习惯”的问题，对不合理低价的判断，亦须以当时当地房地产管理部门公布的同等房地产之价格信息为参考依据。虽然A公司称对其法定代表人张某1与张某2是否为亲属关系不得而知，但其确认张某2同张某3（与张某1户籍迁移时间、原因，迁出及迁入地均相同）身份证号相同的事实。张某2与A公司《商品房购销合同》的备案登记，已于2014年4月22日（一审庭审时间为2014年9月23日）因退房原因被注销。一审法院未查明相关事实，亦未对A公司在一审庭审中所作陈述与前述合同约定单价出现明显差异的事实给予必要关注，径以双方当事人约定价格明显低于A公司与张某2在案涉合同签订之日近30个月前所订立合同中约定价格为主要理由，否定本案双方当事人之间存在房屋买卖法律关系，理据不足。此外，至本案当事人签约时（2013年8月21日），《昆明市进一步加强商品房预售管理实施意见》已经在当地施行（2011年1月1日生效）。根据该意见的前述相关规定，可以认定洪某所持本案交易价格符合合理区间的主张成立。再次，关于付款问题。案涉合同约定的购房款支付方式为分期支付，但在洪某所为一次性支付及A公司受领给付的共同作用下，应当认定其属于合同履行之变更。将此种合同履行变更视作与正常买房人的付款习惯相悖，理据尚不充分。而洪某向A公司法定代表人张某1付款1900万元，也符合该公司所出具付款委托书的要求。购房发票系当事人办理房地产变更登记过程中所必需，一审法院认定A公司此前先行开具购房款收据违背房屋买卖“交易习惯”，并得出当事人之间不存在房屋买卖法律关系的结论，缺乏足够的事实和法律依据。对本案736万元款项性质，双方所述均无合同依据且无其他证据佐证。然据前所述及，也不宜基于此通过解释和推断得出推翻书面证据所反映当事人法律关系存在的结论。最后，关于借贷法律关系问题。洪某与A公司签订了房屋买卖合同且已经备案登记，在实际履行过程中，虽然有些事实可能引发不同认识和判断，但在没有任何直接证据证明洪某与A公司之间存在民间借贷法律关系，且A公司对其所主张民间借贷法律关系诸多核心要素的陈述并不一致的情况下，认定双方当事人之间存在民间借贷法律关系，缺乏充分的事实依据。本案二审庭审时，当庭播放了沈某与A公司法定代表人张某1于2014年11月10日（一审庭审之后）的通话录音。其时，A公司一审所持抗辩意见已经固定，但A公司法定代表人张某1在通话中对洪某之购房人身份却是认可的。至于A公司主张支付吴某的1840万元系其所归还的借款本金问题，因其未提供任何证据支持，本院难予采信。如有争议，当事人可另循法律途径解决。

证明标准是负担证明责任的人提供证据证明其所主张法律事实所要达到的证明程度。本案中，洪某已经完成双方当事人之间存在房屋买卖法律关系的举证证明责任，A公司主张其与洪某之间存在民间借贷法律关系。按照《最高人民法院关于适用〈中华人民共和国民事诉讼法〉若干问题的解释》第一百零八条的规定，A公司之举证应当在证明力上足以使人民法院确信该待证事实的存在具有高度可能性。而基于前述，A公司为反驳洪某所主张事实所作举证，没有达到高度可能性之证明标准。较之高度可能性这一一般证明标准而言，合理怀疑排除属于特殊证明标准。《最高人民法院关于适用〈中华人民共和国民事诉讼法〉若干问题的解释》第一百零九条对排除合理怀疑原则适用的特殊类型民事案件范围有明确规定。一审法院认定双方当事人一系列行为明显不符合房屋买卖的"交易习惯"，进而基于合理怀疑得出双方之间系名为房屋买卖实为借贷民事法律关系的认定结论，没有充分的事实及法律依据，也不符合前述司法解释的规定精神，本院予以纠正。

案件来源

洪某与昆明A房地产开发有限公司房屋买卖合同纠纷案二审民事判决书［最高人民法院（2015）民一终字第78号］

010 借款人已证明双方存在其他法律关系，能否否定民间借贷事实？

——当事人抗辩民间借贷事实不存在，并证明双方存在其他法律关系，但未能否定借贷事实存在的，人民法院对其抗辩不予支持

阅读提示

当民间借贷案件存在疑点时，法院应当对借贷关系产生的背景、出借方的支付能力、借贷双方的交易习惯、借贷双方的亲疏关系、履行行为等诸多因素进行调查，经综合判断后，方能对案件事实予以认定。

本文案例中，被告主张涉案《借条》系以借贷关系为形式、以工程转包为实

质的非法利益交易。但最高人民法院认为，在原告已提供相应证据证明民间借贷事实存在的情况下，被告虽已提供证据证明双方曾存在工程转包的交易事实，但由于未能提供充分证据否定民间借贷法律关系存在，因此对被告的抗辩主张不予支持。

裁判要旨

被告对已经初步证明的民间借贷事实抗辩的，应当提供充分证据否定双方借贷事实存在，仅提供证据证明双方存在其他法律关系的，人民法院不予支持。

人民法院应当结合借贷金额、款项交付、当事人的经济能力、当地或者当事人之间的交易方式、交易习惯、当事人财产变动情况以及证人证言等事实和因素，综合判断借贷事实是否发生。

案情简介

2007 年 4 月 12 日，陈某向薛某出具《借条》，写明陈某借到薛某 83 万元。后陈某偿还 42.3 万元。

2009 年 8 月 19 日，薛某向南宁市江南区人民法院起诉，请求法院判令陈某归还剩余借款本息。陈某抗辩称，83 万元不是借款，是在薛某胁迫下用借条的形式确立的非法回扣款。南宁市江南区人民法院认为，双方借贷事实清楚，法律依据充分，判决陈某偿还剩余借款。

陈某不服一审判决，向南宁市中级人民法院提起上诉。南宁市中级人民法院判决驳回上诉，维持原判。

陈某不服二审判决，向广西壮族自治区高级人民法院申请再审。广西壮族自治区高级人民法院维持二审判决。

陈某不服，向最高人民法院申诉。后最高人民法院裁定审理本案。最高人民法院认为，陈某提供的证据，无法证明其出具给薛某的借条虚假，更不能证明借条中的借款的性质是非法回扣款。据此，最高人民法院判决维持二审判决。

裁判要点

本案中，原告提供的《借条》，记载内容清楚，含义明确，证明了借条实际存在的真实性。从当事人的支付能力、交易习惯、交易过程及相互关系，也难以推断出借款并未实际发生的结论，且陈某亦有还款事实，间接证明双方对借条所载明的债权债务内容予以确认并已实际履行。被告提供的证据虽能证明双方之前确实存在其他法律关系，但无法证明其出具给薛某的借条虚假，更不能证明借条中的借款的性质是“非法回扣款”。法院通过对涉案借贷关系产生的背景、出借方的支付能力、借贷双方的交易习惯、借贷双方的亲疏关系、履行行为等诸多因素进行调查，综合判断双方当事人在诉讼中的举证，采纳提供优势证据一方的主张，从而认定双方存在合法借贷关系。

实务经验总结

前事不忘，后事之师。为避免未来发生类似败诉，提出如下建议：

民间借贷案件中，对于原告而言，为了充分证明民间借贷事实存在，原告应当提供借据、收据、欠条等债权凭证以及其他能够证明借贷法律关系存在的证据。对于被告而言，欲否定借贷事实存在，也应提供相应证据证明。需注意的是，此时被告应当证明的重点是民间借贷事实虚假，若仅证明双方存在其他法律关系，但无法否定本案借贷事实存在的，法院将认定其抗辩未成立。

相关法律规定

《最高人民法院关于审理民间借贷案件适用法律若干问题的规定》

第二条第一款　出借人向人民法院起诉时，应当提供借据、收据、欠条等债权凭证以及其他能够证明借贷法律关系存在的证据。

第十六条　原告仅依据借据、收据、欠条等债权凭证提起民间借贷诉讼，被告抗辩已经偿还借款，被告应当对其主张提供证据证明。被告提供相应证据证明其主张后，原告仍应就借贷关系的成立承担举证证明责任。

被告抗辩借贷行为尚未实际发生并能作出合理说明，人民法院应当结合借贷金额、款项交付、当事人的经济能力、当地或者当事人之间的交易方式、交易习惯、当事人财产变动情况以及证人证言等事实和因素，综合判断查证借贷事实是否发生。

第十七条　原告仅依据金融机构的转账凭证提起民间借贷诉讼，被告抗辩转账系偿还双方之前借款或其他债务，被告应当对其主张提供证据证明。被告提供相应证据证明其主张后，原告仍应就借贷关系的成立承担举证证明责任。

法院判决

以下为该案在法院审理阶段，裁判文书中“本院认为”部分就该问题的论述：

本案双方当事人争议的焦点为：薛某与陈某之间的借条反映的究竟是真实发生的借贷法律关系，还是以借条形式表现的其他经济关系；陈某应否偿还案涉钱款。

本案薛某作为原告起诉，主张其与陈某之间存在借贷关系，并提供了陈某于2007年4月12日亲手书写并向薛某出具的《借条》，该借条明确载明“今借到薛某83万元，一个月内还清（2007年5月12日还清），如果超期即从2007年5月12日后按月息3%计算给薛某。借款人：陈某2007年4月12日。”借条出具后，陈某从2007年7月21日至2009年4月23日分六笔共计还款42.3万元，并在该借款条空白处一次写就六次还款的具体数额和年月日。陈某承认该借条是其亲自书写，双方均认可陈某已经实际支付42.3万元。

陈某认为该借条是以借贷关系作为表现形式的工程转包非法利益交易，是薛某将自己得到的工程转给陈某后，陈某应给的20万元保证金、60万元工程回扣，在薛某胁迫下用借条的形式确立的。陈某为了证明其主张，其提供了以下证据：1.A公司与工程办公室于2007年4月4日签订的《合同协议书》，以及同日薛某与A公司签的《项目经理内部承建责任书》；2.工程办公室于2011年3月11日出具的关于隆林各族自治县通乡油路工程由A公司承建，项目经理是陈某的《证明》；3.A公司于2011年3月14日出具的《证明》，内容为该公司取得工程后与薛某签订内部承建责任书，项目部由薛某与赵某联合承包，赵某退出承包体后，薛某未经该公司同意将工程转包给陈某，从中收取回扣；4.赵某汇给工程办公室20万元的凭证、罗某名下54,160元的银行业务凭证；5.由陈某录音的陈某手机上的双方通话内容鉴定结论；6.陈某以六次还款，其未用“还”而用“支”字表述，不合常理。从陈某提供的上述证据看，证据1、证据2、证据3虽然能够证实隆林各族自治县通乡油路工程是由陈某实际施工，薛某与陈某之间存在工程转包的关系，但不能证明案涉《借条》与工程转包之间存在必然联系。证据4反映的是赵某与工程办公室的经济往来。庭审中，赵某承认这是其与该办公室之间的借贷关系，该办公室已经还款，与陈某、薛某没有任何关系。该证据亦不能证明借条与赵某的汇款有何法律关系。证据5系陈某录音的双方手机通话（客家话）内容的译文鉴定结论，但译文的内容并未体现陈某所辩称的薛某承认借款中20.75万元是工程保证金、60万元是工程回扣款以及陈某受胁迫出具《借条》的内容，不能证明陈某的主张。而且，从通话内容来看，是陈某主动打电话给薛某，并在通话中先用语言大段铺垫，其为套取薛某表态获得有利于自己证据的意图明显。陈某以其在借条上注明还款数额时，未用“还”而用“支”字表述为由，意图证明本案借贷关系虚假。从语义上理解涉及金钱给付关系的“支”，一般为支取、支付、支出等，无论陈某对借款条上的“支”字作何解读，均不能否定“支付”的含义，亦不能改变陈某“支”给薛某的款项是其根据借条归还欠款的性质，更不能以此证明双方借贷关系虚假。另外，借款人陈某在出借人薛某收执的借条上“一次性”分别写明六笔还款数额和日期，这种做法，确实有别于一般民间借贷关系中，债务人还款而债权人开具收条的惯常交易习惯。就此，在开庭审理时，审判人员问到双方为什么这样做？薛某的代理人称，这是为了中断诉讼时效留下证据。陈某的代理人在代理词中也明确表示“之所以薛某要让陈某在借据原件注明六次支款，其目的是通过这种方式骗取陈某签字，从而达到未超过诉讼时效的目的。”这就回答了本案债务人陈某在债权人薛某收执的借条上注明每次还款的数额和时间，而不是由薛某出具收条的疑惑。

综上，薛某在本案中提供的债权债务凭证即陈某亲笔写的《借条》，记载内容清楚，含义明确，证明了借条实际存在的真实性。从当事人的支付能力、交易习惯、交易过程及相互关系，也难以推断出借款并未实际发生的结论，且陈某亦于《借条》出具后分六笔共向薛某偿付 42.3 万元，证明双方对借条所载明的债权债务内容予以确认并已经实际履行。而陈某提供的证据，无法证明其出具给薛某的借条虚假，更不能证明借条中的借款的性质是“非法回扣款”。原审法院认定本案当事人双方存在借贷关系并非仅仅根据一张借条，而是对借贷关系产生的背景、出借方的支付能力、借贷双方的交易习惯、借贷双方的亲疏关系、履行行为等诸多因素进行了认真细致调查，综合判断双方当事人在诉讼中的举证，得出薛某提供的证据更具有优势的结论，从而认定双方存在合法借贷关系，该认定并不缺乏证据证明；判令陈某向薛某偿还尚欠借款本金及利息，并不无当。原审判决适用法律亦无错误。

案件来源

陈某、薛某民间借贷纠纷申诉民事判决书［最高人民法院（2014）民抗字第 26 号］

011 签订房屋买卖合同，为何法院认定构成民间借贷关系？

——当事人就房屋买卖还是民间借贷产生争议的，法院将依据双方真实意思表示及合同履行情况综合认定

阅读提示

司法实践中，民间借贷纠纷同时涉及房屋买卖、借款两个法律关系的情况较为常见，双方真实意思表示是认定双方之间法律关系的关键。那么，在当事人就双方系房屋买卖还是民间借贷关系产生争议且双方证据均有缺陷的情况下，人民法院应当如何审理？

裁判要旨

在双方证据均有缺陷的情况下，当事人之间就其法律关系为商品房买卖合同关系还是民间借贷关系产生争议的，人民法院应当结合双方当事人提供的证据，探究合同签订时双方当事人的真实意思表示，依照当事人的真实意思表示及合同履行情况对当事人之间的法律关系作出判断。

案情简介

2007年6月27日，杨某与A公司签订《商品房买卖合同》。合同签订当日，杨某向A公司支付购房款340万元，A公司向杨某开出《销售不动产统一发票》。次日，双方到来宾市房产管理局对商品房进行备案登记。

2010年，杨某向来宾市中级人民法院起诉，请求确认双方签订的《商品房买卖合同》有效，判令A公司交付房屋并支付违约金。来宾市中级人民法院认为，双方之间是商品房买卖关系，《商品房买卖合同》有效。

A公司不服一审判决，向广西壮族自治区高级人民法院上诉称双方系民间借贷关系，A公司由于所开发的商品房尚未办理产权证，无法为杨某办理抵押，故采取签订《商品房买卖合同》并到房产管理局备案的办法，以达到类似抵押的目的。广西壮族自治区高级人民法院经审理认为，A公司关于双方系民间借贷法律关系的主张证据不足，不予支持，遂判决驳回A公司的上诉。

A公司不服二审判决，向最高人民法院申请再审。最高人民法院经审理认为，当事人之间存在借贷关系，签订《商品房买卖合同》是为担保杨某债权的实现，

判决撤销一审、二审判决。

裁判要点

本案A公司主张双方为借贷关系，但缺少关键性的证据借款合同。杨某主张其与A公司之间为商品房买卖合同关系，而从未签订过借款合同，但其前后陈述存在明显矛盾。最高人民法院认为，认定当事人之间是否存在债权债务关系，书面合同并非不可缺少的要件。只要确认双方当事人就借贷问题达成了合意且出借方已经实际将款项交付给借款方，即可认定债权债务关系成立。杨某向A公司支付340万元并收取利息的行为，足以认定双方之间成立了债权债务关系。A公司从杨某处取得340万元的真实意思是融资还债，其与杨某签订《商品房买卖合同》的目的，则是担保债务的履行。鉴于双方未办理抵押登记，其约定也不符合《中华人民共和国担保法》规定的担保方式，故双方签订《商品房买卖合同》并办理商品房备案登记的行为应认定为非典型的担保方式。既然属于担保，就应遵循物权法有关禁止流质的原则，因此本案债权人实现担保债权时，对设定的担保财产，应当以拍卖或者变卖的方式受偿。

实务经验总结

前事不忘，后事之师。为避免未来发生类似败诉，提出如下建议：

1. 当事人之间是否存在债权债务关系，书面合同并非必要要件。只要确认双方当事人就借贷问题达成合意且出借方已经实际将款项交付给借款方，法院即可认定债权债务关系成立。

2. 当事人签订《商品房买卖合同》并办理商品房备案登记的行为并不导致抵押权的成立。

3. 让与担保应遵循物权法有关禁止流质的原则，在债权人实现担保债权时，对设定的担保财产，应当以拍卖或者变卖的方式受偿。

相关法律规定

《中华人民共和国担保法》

第四十条　订立抵押合同时，抵押权人和抵押人在合同中不得约定在债务履行期届满抵押权人未受清偿时，抵押物的所有权转移为债权人所有。

《中华人民共和国物权法》

第一百八十六条 抵押权人在债务履行期届满前，不得与抵押人约定债务人不履行到期债务时抵押财产归债权人所有。

《最高人民法院关于审理民间借贷案件适用法律若干问题的规定》

第二十四条 当事人以签订买卖合同作为民间借贷合同的担保，借款到期后借款人不能还款，出借人请求履行买卖合同的，人民法院应当按照民间借贷法律关系审理，并向当事人释明变更诉讼请求。当事人拒绝变更的，人民法院裁定驳回起诉。

按照民间借贷法律关系审理作出的判决生效后，借款人不履行生效判决确定的金钱债务，出借人可以申请拍卖买卖合同标的物，以偿还债务。就拍卖所得的价款与应偿还借款本息之间的差额，借款人或者出借人有权主张返还或补偿。

法院判决

以下为该案在法院审理阶段，裁判文书中“本院认为”部分就该问题的论述：

当事人于再审期间的争议焦点仍然是A公司与杨某之间是借贷关系还是商品房买卖关系。A公司主张双方为借贷关系，但缺少关键性的证据《借款合同》。杨某主张其与A公司之间为商品房买卖合同关系，而从未签订过借款合同。但与其主张相矛盾的是：第一，杨某未持有其所称交付340万元购房款后应当取得的《销售不动产统一发票》原件；第二，杨某否认先后分九次收到的A公司打入其不同账户的61.1万元是A公司支付的借款利息，但却以商业秘密为由拒不说明该款项的性质。再审庭审中，虽经合议庭向其释明其有关商业秘密的说法不能成立，其有义务向法院说明上述款项性质，但杨某仍然未作出说明。因此，在双方证据均有缺陷的情况下，应当结合双方当事人提交的证据，探究合同签订时双方当事人的真实意思，进而对当事人之间的法律关系作出判断。

1. 关于当事人签订《商品房买卖合同》时的真实意思。根据已经查明的事实，A公司急于从杨某手中得到340万元，恰恰是因为其向严某等五人所借债务已届清偿期，而A公司必须按时清偿上述债务，以避免严某等五位债权人依照借钱给A公司时双方签订的《商品房买卖合同》，以总价340万元取得案涉商铺的所有权。换言之，A公司不愿意让严某等五位债权人以总价340万元取得案涉商铺的所有权，因此不惜采取借新账还旧账的办法，向杨某借款。杨某的340万元是根据A公司的指令分两笔直接打给严某等五人的事实可以印证上述分析。A公司与杨某即使签订了《商品房买卖合同》，其真实意愿也不是以 340 万元向其出售案涉房产。对于是否存在在同等条件下，A 公司不愿将案涉房产出售给严某等五人而愿意出售给杨某的可能，从一、二审及再审查明情况分析，杨某与 A 公司的主要负责人以前并不相识，其与 A 公司也无其他经济往来，作为理性的市场主体，A 公司没有理由在自己资金严重不足的情况下，想方设法向严某等五人偿还债务，以收回案涉房屋，然后再以相同价格，将上述房屋出售给杨某。由此得出的结论是，A 公司正是不愿意以 340 万元的价款出售案涉商铺，因而以借新债还旧债的方式来达到保住商铺的目的。故可以认定 A 公司的真实意思是向杨某借款而非以 340 万元的总价向其出售案涉商铺。

从杨某一方的情况看，在与 A 公司签订《商品房买卖合同》的同一天，杨某按照 A 公司的指令，将 340 万元分两笔直接打入严某等五位 A 公司债权人的账户，A 公司因此消灭了其与严某等五人的债权债务关系。由此推断，杨某应当知晓 A 公司收到 340 万元是用于偿还其对严某等五人的债务。而且，杨某与 A 公司签订的《商品房买卖合同》所涉房屋正是 A 公司因向严某等五人借款 340 万元而以签订《商品房买卖合同》的方式提供担保的房屋。要将《商品房买卖合同》所涉房屋备案到杨某名下，需首先向来宾市房产管理局申请撤销原来严某、林燕名下的备案登记。从时间上看，严某和林燕于 2007 年 6 月 27 日出具的《关于申请撤销商品房备案登记的报告》，是杨某于次日去办理商品房备案登记手续时必备的文件。由此可以推知，杨某应当知晓 A 公司原先向严某、林燕等借款 340 万元并以签订《商品房买卖合同》、办理商品房备案登记的方式进行担保的情况。即使杨某主张其本人在当时的情况下就有购买案涉商铺的意愿，但其亦应知晓 A 公司的真实意思并非向其出售案涉房屋。

2. 关于杨某提供的《销售不动产统一发票》复印件的证明效力问题。杨某作为案涉《商品房买卖合同》中的买方，在交纳了全部 340 万元房款后，未能取得 A 公司开具的《销售不动产统一发票》原件，却始终没有向 A 公司索要该发票原件，直到本案诉讼中向法院提交的也是该发票的复印件。而且，在近两年的时间内，没有要求办理权属登记，这与一般购房者的做法明显不一致，不符合交易习惯。《销售不动产统一发票》原件对于购房者具有十分重要的意义，《中华人民共和国发票管理办法实施细则》第三条第一款规定："发票的基本联次包括存根联、发票联、记账联。存根联由收款方或开票方留存备查；发票联由付款方或受票方作为付款原始凭证；记账联由收款方或开票方作为记账原始凭证。"因此，发票是交易真实发生的证明。而在不动产交易中，发票更是办理不动产权属登记的重要依据。

发票复印件则无法起到同样的作用。本案中，杨某提供《销售不动产统一发票》复印件的目的应当是证明其主张的与A公司存在商品房买卖合同关系，而不是主张其向A公司交付了340万元，因为对于后者双方并不存在争议。而欲证明真实的商品房买卖合同关系的存在，《销售不动产统一发票》原件就显得格外重要。A公司作为《商品房买卖合同》中记载的售房一方，在始终认可收到杨某340万元的情况下，没有将开具的《销售不动产统一发票》原件交付给杨某，却于2008年1月8日将其为杨某开具的《销售不动产统一发票》原件连同第二、三、四联在当地税务机关做了缴销的行为，充分说明A公司否认房产交易的真实性。而缴销发票行为发生于2008年1月而非诉讼中，则从另一个侧面证明A公司否认与杨某之间存在真实的房产交易的态度是一贯的。故结合本案具体情况，仅凭杨某提供的《销售不动产统一发票》复印件，尚不能认定在杨某与A公司之间存在商品房买卖的法律关系。

3. 关于杨某收到A公司支付的61.1万元的性质问题。杨某对于A公司所主张的于2007年6月28日至2007年12月18日，分九次汇入其账户的61.1万元，一是在数额上认为自己只收到了57.4万元；二是认为上述款项并非利息。但对款项的性质则以商业秘密为由拒绝作出说明。对于杨某收到上述款项的数额，二审判决认定事实清楚，杨某没有提出证据否认上述事实，故本院对于其只收到了57.4万元的主张不予采信。本院再审庭审中，曾特别要求杨某说明上述款项性质，并向其释明不能以该款项性质属于商业秘密为由拒绝向法院陈述事实，如其不能说明61.1万元的性质，则可能导致对其不利的后果。但杨某仍未说明收取A公司上述款项的原因及其性质。考虑到民间借贷支付利息的一般做法，综合全案的情况分析，在杨某未能证明双方当事人存在其他经济往来的情况下，本院认为A公司关于上述61.1万元是其为向杨某借用340万元而支付利息的观点具有更高的可信度。

4. 关于案涉《商品房买卖合同》约定的内容。从案涉《商品房买卖合同》本身分析，与一般商品房买卖合同不同，双方当事人没有在合同中约定单价，而是以一口价340万元的方式，交易了1496.97平方米的53间商铺。平均每平方米2271.25元。此种不约定单价的售房方式与一般房地产交易习惯不符。

综上，本院认为，认定当事人之间是否存在债权债务关系，书面合同并非不可缺少的要件。只要确认双方当事人就借贷问题达成了合意且出借方已经实际将款项交付给借款方，即可认定债权债务关系成立。杨某向A公司支付340万元并收取利息的行为，足以认定双方之间成立了债权债务关系。A公司从杨某处取得340万元的真实意思是融资还债，其与杨某签订《商品房买卖合同》的目的，则是担保债务的履行。鉴于双方未办理抵押登记，其约定也不符合《中华人民共和国担保法》规定的担保方式，故双方签订《商品房买卖合同》并办理商品房备案登记的行为应认定为非典型的担保方式。即在A公司不能按时归还340万元的情况下，杨某可以通过拍卖或者变卖案涉房屋的方式确保其能够实现债权。如果A公司按时归还340万元，则杨某是不能就案涉的53间商铺主张权利。A公司对交易的控制体现在借款合同和其没有将《销售不动产统一发票》原件交付给杨某，而缺少了发票，杨某是无法实际取得商铺并办理产权登记手续的。《中华人民共和国物权法》第一百八十六条规定，抵押权人在债务履行期限届满前，不得与抵押人约定债务人不履行到期债务时抵押财产归债权人所有。该规定主要是基于平衡双方当事人利益的考虑，防止居于优势地位的债权人牟取不当暴利，损害债务人特别是其他债权人的利益。尽管本案中双方当事人签订《商品房买卖合同》并办理商品房备案登记的行为并不导致抵押权的成立，但足以在双方当事人之间成立一种非典型的担保关系。既然属于担保，就应遵循物权法有关禁止流质的原则，也就是说在债权人实现担保债权时，对设定的担保财产，应当以拍卖或者变卖的方式受偿。

本案诉讼中，双方当事人均未向法院提交书面的借款合同，故对于双方当事人之间有关借款期限的约定，并无充分证据加以证明。既然案涉《商品房买卖合同》是作为340万元债权的担保而存在，那么，作为债权人的杨某实现债权的方式应当是在债务履行期限届满后，向债务人A公司主张债权，如果没有明确的履行期限，则债权人可以随时请求债务人履行，但应当为其留出必要的准备期限。在A公司拒不还债或者无力还债的情况下，杨某才能以适当的方式就《商品房买卖合同》项下的商铺主张权利，以担保其债权的实现。杨某请求直接取得案涉商铺所有权的主张违反了物权法关于禁止流质的规定，本院不予支持。A公司关于双方当事人之间存在借贷关系，签订《商品房买卖合同》只是为担保杨某债权的实现的主张，有事实依据，本院予以支持。

案件来源

广西A房地产开发有限责任公司与杨某商品房销售合同纠纷再审民事判决书［最高人民法院（2013）民提字第135号］

延伸阅读

裁判规则一：当事人以签订《商品房买卖合同》及《回购协议》方式进行资金融通的，应当依照当事人的真实意思表示及合同履行情况进行认定与处理。

案例一：六安市A公司与张某1债权转让纠纷二审民事判决书［最高人民法院（2013）民一终字第144号］认为，“张某2与六安市A公司之间就5000万元形成的是民间借贷关系。由于张某2与六安市A公司没有就案涉5000万元签订书面的借款协议，本案诉讼中，从张某2处受让债权的张某1与六安市A公司对上述5000万元的性质各执一词，但均未提供足以证明自己的主张或者足以反驳对方主张的证据。因此，在双方证据均有缺陷的情况下，应当结合双方当事人提交的证据。探究《商品房买卖合同》与《回购协议》签订时合同当事人的真实意思，进而对合同当事人之间法律关系的性质作出判断。

第一，从张某2在2011年7月25日签订《商品房买卖合同》和《回购协议》的行为分析，张某2缔约的目的不是购买商品房。作为《商品房买卖合同》中的购买者，购买房屋的目的无非是自用或者投资，如果购房的目的是自用，则买方不会在缔约当日就签订回购合同，允诺售房一方将房屋回购；如果购房的目的是投资，则需要待所购房屋升值后售出，以赚取差价。但允许售房一方在一个月之内回购，则很难实现赚取差价的目的。在排除了购房自用和投资两种用途后，结合《回购协议》中关于六安市A公司回购房屋的时间和价款的约定，可以证明张某2向六安市A公司支付5000万元并非以购买案涉商品房为目的。

第二，从六安市A公司缔约时的真实意思看，六安市A公司并不否认其与张某2缔约的目的是尽快得到5000万元，以便用于参与金安出〔2011〕13号地块的竞拍活动。从《回购协议》的内容和六安市A公司自己的陈述可以看出，六安市A公司缔约的目的就是向张某2筹款参与竞拍，如果竞拍不成功，则马上回购所售房屋。如果竞拍成功，则可能因无力回购而舍弃案涉《商品房买卖合同》项下房屋。但在与张某2缔约时，双方并未强调后一结果。否则，难以解释其对《商品房买卖合同》项下房屋约定卖出，一个月后回购，则要增加250万元，第二个月回购，增加300万元。六安市A公司将《回购协议》解释为只是为其单方设定回购的权利，是否回购，完全凭其意愿自主决定，而对于张某2来说，只有在六安市A公司要求回购时进行配合的义务。本院认为，在双方没有明确约定的情况下，将《回购协议》解释为一方当事人只享有权利，而另一方当事人只承担义务的合同，显然不符合合同当事人双方的真实意思表示，亦违反民事活动自愿、公平、等价有偿、诚实信用的原则。故对六安市A公司的上述观点，本院不予采信。

第三，一审法院已经查明，在2011年8月24日，六安市A公司向张某2汇款80万元、100万元、100万元，合计280万元。2011年9月26日，又向张某2汇款90万元、115万元、100万元，合计305万元，于2011年11月2日向张某2汇款280万元。上述汇款合计865万元。六安市A公司称上述款项不是回购款，虽然符合其在诉讼中反复强调的因竞拍成功，其无力回购《商品房买卖合同》项下房屋的说法，但如果六安市A公司既不回购房屋，又不欠张某2债务，则没有义务向买房人张某2付款。显然，六安市A公司的主张与其向张某2汇款的行为自相矛盾。如果上述款项是用于偿还六安市A公司于2011年8月2日向张某2所借的600万元款项，则很难解释该公司在双方没有约定利息的情况下，主动向张某2超额支付265万元。相比较而言，本案中张某1关于上述款项为六安市A公司向张某2支付的利息的陈述更具合理性。

第四，从六安市A公司参与金安出〔2011〕13号地块竞拍取得成功后签订的《成交确认书》看，六安市A公司竞拍成功后，需要交纳成交总价款5641万元，且要在《成交确认书》签订后30日内一次性付清。结合六安市A公司先后两次从张某2处筹集5600万元的情况看，5600万元就是该公司用于参与竞拍并在竞拍成功后支付的购地总价款。民间借贷中当事人之间借款关系的形成，并非必须具备书面合同，只要双方就借贷问题形成合意且出借方已经实际将款项交付给借款方，即可认定债权债务关系成立。张某2与六安市A公司签订的一系列协议及其所涉款项的数额、支付时间已经充分证明，在六安市A公司与张某2之间存在借款的民事法律关系。

第五，从案涉《商品房买卖合同》本身看，张某2与六安市A公司签订了四份《商品房买卖合同》，据上述四份合同记载，张某2购买华安城市画卷一号楼101、201、301、401室并办理了商品房备案登记手续。四份合同所涉房屋，既有住宅又有商铺，但单价均为每平方米6483元，与一般商品房交易习惯明显不同，该单价与7712平方米的总面积相乘，可以得出总价款为49,996,896元。但张某2付款时实际支付的数额是5000万元。在一般的商品房买卖合同中，买房人不会无故向售房人多支付款项。张某2与六安市A公司在上述合同签订和履行中的做法，可以印证双方之间存在的并非真正商品房买卖合同关系。仅凭双方办理了商品房买卖备案登记手续和六安市A公司为张某2开具部分发票的行为，并不能证明商品房买卖合同关系的真实性。从六安市A公司为张某2开具发票的时间看，双方签订《商品房买卖合同》的时间是2011年7月25日、2011年7月28日，张某2

向六安市A公司汇款5000万元，双方在《商品房买卖合同》中约定的交房时间是2012年5月30日，但六安市A公司为张某2开具华安城市画卷一号楼201、301、401室的19张销售不动产统一发票的时间是2012年9月19日，远远晚于张某2的付款时间，且总金额为38,430,833元。因为没有销售不动产统一发票，就无法办理房屋产权登记，所以在商品房交易中，购房者在支付了购房款后长期拿不到发票，甚至到了交房日期仍然拿不到发票却不与开发商交涉是不合常理的。

综上所述，张某2与六安市A公司签订《商品房买卖合同》与《回购协议》，并非以取得案涉房屋所有权为目的，而是为了实现资金融通。卖方取得资金用于竞拍土地，买方收取利息。双方订立《商品房买卖合同》是为了担保债权的实现。"

裁判规则二：在让与担保中，出借人可申请拍卖买卖合同标的物以保障其债权实现，但出借人并不享有优先受偿权。

案例二：钟某、严某与曾某、肖某、黄某等103人借款合同纠纷二审民事判决书［江西省高级人民法院（2016）赣民终30号］认为，"从双方的真实意思表示，本案《借款协议》《兴国县保育院整体转让协议》内容看，双方约定的担保方式是抵押担保，而非其他非典型担保。理由如下：首先，《兴国县保育院整体转让协议》签订前，双方曾协商以钟某名下的兴国县保育院凤凰校区资产为钟某向曾某、肖某借款进行抵押担保。双方为此还到相关部门咨询有关抵押担保的登记手续事宜。因标的物属于幼儿园资产，相关部门不予办理抵押登记，双方才签订该协议。可见，双方最初的真实意思是将该协议约定的标的物作为抵押。其次，《借款协议》第五条约定，担保方式：曾某、肖某为保证资金安全，要求钟某提供抵押担保，钟某自愿将自己夫妻共有的兴国县保育院整体资产作为抵押，为此，双方专门签订了《兴国县保育院整体转让协议》，并经县公证处公证。若钟某到期不能还清借款本息，则双方按协议依法依规办理转让过户手续，将兴国县保育院整体资产过户到曾某、肖某名下。若钟某按时或提前还清了曾某、肖某的借款本息，则双方同意解除《兴国县保育院整体资产转让协议》，本协议也同时终结。该约定明确了本案借款的担保方式是抵押。设定抵押的具体方法则是双方签订《兴国县保育院整体转让协议》。最后，虽然从形式上看，双方同时签订《借款协议》《兴国县保育院整体转让协议》，具有非典型性担保的某些特征，但是《兴国县保育院整体转让协议》约定转让的标的物既包括钟某个人所有但由兴国县保育院使用的财产，也包括专属于兴国县保育院的财产及民办学校办学许可资格。对于专属于兴国县保育院的财产及权益，钟某无权处分。而且，《借款协议》是主合同，《兴国县保育院整体转让协议》是从合同，在对两份合同关于担保性质约定存在不同理解时，应以主合同约定的内容为准。因此，本案双方当事人约定的担保应是抵押担保。原审判决认定本案担保是非典型担保不当，应予纠正。

关于本案担保效力问题。如上所述，本案担保属于抵押担保。双方约定的抵押物有土地使用权、房屋等不动产，按照《中华人民共和国物权法》第一百八十七条的规定，应当办理抵押登记。但本案抵押物并未办理抵押登记，抵押权并未设立。从本案相关事实分析，本案用于担保的有关房屋和土地使用权的权利人为钟某而非兴国县保育院，双方在签订本案两份协议后并未再次去登记部门办理登记，未办理抵押登记并非登记部门的原因，钟某即使将相关权利证书交付给了曾某、肖某，曾某、肖某也不能依据《最高人民法院关于适用〈中华人民共和国担保法〉若干问题的解释》第五十九条取得对相应财产的优先受偿权。故曾某、肖某对《兴国县保育院整体转让协议》中的财产不享有抵押权。

退一步说，即使双方当事人通过签订《兴国县保育院整体转让协议》具有设立非典型担保的意思表示，曾某、肖某对该协议约定的标的物也不享有优先受偿权：首先，双方虽然签订了《兴国县保育院整体转让协议》，但并未办理标的物过户登记或备案登记手续，也未将标的物转移占有，未产生物权公示效力。其次，对于以不动产设立担保而言，如果仅以签订买卖合同的形式设定所谓的非典型担保，债权人就可取得优先受偿权，并认定其效力等同于办理了抵押登记的不动产抵押担保。那么，则会助长当事人规避不动产抵押登记行为，从而产生不良的示范作用。最后，根据《最高人民法院关于审理民间借贷案件适用法律若干问题的规定》第二十四条的规定，对于当事人以签订买卖合同作为民间借贷合同担保的，按照民间借贷法律关系审理作出生效判决后，借款人不履行生效判决确定的金钱债务，虽然赋予出借人申请拍卖买卖合同标的物以偿还债务的权利，但并未赋予出借人优先受偿权。”

012 因其他法律关系形成的借条，能否提起民间借贷诉讼请求还款？

——因对其他法律关系中的权利义务清算后形成的借条具有法律效力，法院应按民间借贷法律关系审理

阅读提示

实务中，对于民间借贷之外的其他法律关系形成的金钱债权债务关系，当事

人往往会以借据、欠条、收据等方式予以确认，如债务人未履行支付义务，债权人则会持借据、欠条或收据提起民间借贷诉讼，诉求债务人偿还借款。此时，若另一方当事人否认双方系民间借贷法律关系并提供相应证据证明，法院应当综合全案查明双方真实法律关系，若双方之间并非民间借贷法律关系，法院应当向原告释明变更诉讼请求，否则将裁定驳回起诉。但实务中还存在另一种情况，即双方当事人的确因民间借贷之外的其他法律关系而形成金钱债权债务关系，但双方为此出具的借条、欠条是已经过调解、和解或者清算而形成的，那么此时法院还能否按上述方式予以审理?

裁判要旨

经调解、和解或者清算形成的债权债务协议具有法律效力，对双方具有法律约束力，不受双方之前的债权债务法律关系性质的影响。

案情简介

2011 年 6 月 22 日，刘某、康某、郭某签订合伙协议。2014 年 7 月 28 日，三人签订退伙协议。2014 年 9 月 15 日，刘某与康某签订《二人解除协议》，确认合伙期间刘某出资 20,000,000 元，应收利息 21,000,000 元，合计 41,000,000 元。同日，依据该协议康某为刘某出具 41,000,000 元借据。

后因康某未完全按约向刘某返还资金，刘某于 2016 年 1 月 21 日诉至哈尔滨中级人民法院。双方争议焦点之一为本案是否应按民间借贷纠纷审理。哈尔滨中级人民法院认为，《二人解除协议》是双方以清算的意思表示形成的债权债务协议，均应在法律保护范围内履行义务，故本案应当按照民间借贷纠纷进行审理。

康某不服一审判决，向黑龙江省高级人民法院提起上诉。黑龙江省高级人民法院裁定驳回上诉，维持原判。

2017 年，康某向最高人民法院申请再审。最高人民法院裁定驳回其再审申请。

裁判要点

《最高人民法院关于审理民间借贷案件适用法律若干问题的规定》第十五条规定:“原告以借据、收据、欠条等债权凭证为依据提起民间借贷诉讼，被告依据基础法律关系提出抗辩或者反诉，并提供证据证明债权纠纷非民间借贷行为引起的，人民法院应当依据查明的案件事实，按照基础法律关系审理。当事人通过调解、和解或者清算达成的债权债务协议，不适用前款规定。”

本案中，刘某与康某于 2014 年 9 月 15 日签订《二人解除协议》，约定三江家园项目合作协议解除，刘某退出合伙关系，刘某的投入资金通过借款方式予以返还，确认刘某出资 2000 万元，利息 2100 万元。同日，康某依据该协议为刘某出具 4100 万元借据，并约定了还款方式。依据协议内容可知，其为当事人清算达成的债权债务协议，当事人双方通过清算形成的债权债务法律关系属于当事人意思自治的结果，对当事人具有约束力，不应受到当事人之前的债权债务法律关系性质的影响，法院据此认定本案为民间借贷纠纷并无不当。

实务经验总结

前事不忘，后事之师。为避免未来发生类似败诉，提出如下建议：

因其他法律关系形成的借条，能否提起民间借贷诉讼，分两种情形进行处理：（1）当事人以其他法律关系形成的借条起诉请求被告偿还借款的，若被告否认双方系民间借贷法律关系并提供相应证据证明，法院应当综合全案查明双方真实法律关系，若双方之间并非民间借贷法律关系，法院应当向原告释明变更诉讼请求，否则将裁定驳回起诉。（2）经调解、和解或者清算形成的债权债务协议具有法律效力，对双方具有法律约束力，不受双方之前的债权债务法律关系性质的影响。

相关法律规定

《最高人民法院关于审理民间借贷案件适用法律若干问题的规定》

第十五条 原告以借据、收据、欠条等债权凭证为依据提起民间借贷诉讼，被告依据基础法律关系提出抗辩或者反诉，并提供证据证明债权纠纷非民间借贷行为引起的，人民法院应当依据查明的案件事实，按照基础法律关系审理。

当事人通过调解、和解或者清算达成的债权债务协议，不适用前款规定。

法院判决

以下为该案在法院审理阶段，裁判文书中“本院认为”部分就该问题的论述：

关于本案法律关系性质的问题。康某主张依据《中华人民共和国公务员法》第五十三条第十四项公务员不得从事或参与营利性活动的规定，刘某与康某之间签订的合伙协议应认定无效。《中华人民共和国公务员法》第五十三条第十四项是管理性禁止性规范，而非效力性强制性规范，公务员若违反了该规范，应由其管理机关追究其相应责任，但并不影响公务员作为民事主体签订合同的效力。而且，刘某已经通过与康某签订《二人解除协议》退出了合伙，再讨论合伙协议的效力已无必要。康某同意刘某退出合伙并向其出具借据的行为，系双方的真实意思表示，不违反法律、行政法规的效力性强制性规定，应认定合法有效。根据《最高人民法院关于审理民间借贷案件适用法律若干问题的规定》第十五条规定："原告以借据、收据、欠条等债权凭证为依据提起民间借贷诉讼，被告依据基础法律关系提出抗辩或者反诉，并提供证据证明债权纠纷非民间借贷行为引起的，人民法院应当依据查明的案件事实，按照基础法律关系审理。当事人通过调解、和解或者清算达成的债权债务协议，不适用前款规定。"本案中，刘某与康某于2014年9月15日签订《二人解除协议》，约定三江家园项目合作协议解除，刘某退出合伙关系，刘某的投入资金通过借款方式予以返还，确认刘某出资2000万元，利息2100万元。同日，康某依据该协议为刘某出具4100万元借据，并约定了还款方式。依据协议内容可知，其为当事人清算达成的债权债务协议。一审、二审法院据此认定本案为民间借贷纠纷，并无不当。

案件来源

康某民间借贷纠纷再审审查与审判监督民事裁定书［最高人民法院（2017）最高法民申3637号］

延伸阅读

裁判规则一：经调解、和解或者清算形成的债权债务协议具有法律效力，对双方具有法律约束力，不受双方之前的债权债务法律关系性质的影响。

案例一：曾某、龚某民间借贷纠纷再审审查与审判监督民事裁定书［湖北省高级人民法院（2018）鄂民申1260号］认为，"《最高人民法院关于审理民间借贷案件适用法律若干问题的规定》第十五条规定：'原告以借据、收据、欠条等债权凭证为依据提起民间借贷诉讼，被告依据基础法律关系提出抗辩或者反诉，并提供证据证明债权纠纷非民间借贷行为引起的，人民法院应当依据查明的案件事实，按照基础法律关系审理。当事人通过调解、和解或者清算达成的债权债务协议，不适用前款规定。'尽管案涉30万元款项的发生系基于股权转让，但该30万元款项已经体现在于某出具给龚某的借条中，可以认定龚某、于某已通过借条的形式对二人之间的股权转让进行了清算。依据上述司法解释的规定，对上述30万元款项应直接按民间借贷纠纷处理。曾某主张该30万元款项以股权转让纠纷另案处理的再审事由与上述司法解释的规定不符，不能成立。”

案例二：张某1、张某2民间借贷纠纷再审审查与审判监督民事裁定书［浙江省高级人民法院（2018）浙民申615号］认为，“张某3依据2015年4月20日由张某1出具的并由张某2提供担保的欠条向张某1、张某2主张权利，二审法院根据欠条中记载的因蔬菜生意资金周转不开的内容，认定欠条项下的款项实为双方在发生蔬菜交易过程中由张某1欠张某3的蔬菜欠款有相应的事实依据。根据《最高人民法院关于审理民间借贷案件适用法律若干问题的规定》第十五条第二款的规定，二审法院对张某3与张某1、张某2之间就结算所达成的欠条，未按照双方之间的原买卖关系予以审理，符合该条的规定。张某1、张某2现主张17份转账凭证所载明的14.85万元款项应抵扣其在欠条中的款项，因无其他相关证据予以印证，不予支持。”

案例三：金某、陈某民间借贷纠纷再审审查与审判监督民事裁定书［浙江省高级人民法院（2017）浙民申3637号］认为，“《最高人民法院关于审理民间借贷案件适用法律若干问题的规定》第十五条规定：‘原告以借据、收据、欠条等债权凭证为依据提起民间借贷诉讼，被告依据基础法律关系提出抗辩或者反诉，并提供证据证明债权纠纷非民间借贷行为引起的，人民法院应当依据查明的案件事实，按照基础法律关系审理。当事人通过调解、和解或者清算达成的债权债务协议，不适用前款规定。’陈某与金某已通过调解达成协议，故无须再对二人之前的债权债务关系进行审理。”

裁判规则二：当事人主张双方债权债务凭证系经调解、和解、清算后形成的，应当提供相应证据予以证明。

案例四：安某与张某、孙某1民间借贷纠纷申请再审民事裁定书［重庆市高级人民法院（2018）渝民申1222号］认为，“《最高人民法院关于审理民间借贷案件适用法律若干问题的规定》第十五条规定：‘原告以借据、收据、欠条等债权凭证为依据提起民间借贷诉讼，被告依据基础法律关系提出抗辩或者反诉，并提供证据证明债权纠纷非民间借贷行为引起的，人民法院应当依据查明的案件事实，按照基础法律关系审理。当事人通过调解、和解或者清算达成的债权债务协议，不适用前款规定。’本案中，安某虽然举示了2016年2月5日孙某1向其出具的《借条》，并称该12.1万元系13.9万元借款的利息和孙某2在孙某1处做工的工资两部分组成，但安某并未举示证据证明双方对借款13.9万元有给付利息的约定、利息金额或利息计算方式、孙某2在孙某1处做工、孙某1欠付孙某2的工资及组成、双方对债权债务进行了清算等事实。因此，该借条尚不足以认定为系前述司法解释条文所称的‘债权债务协议’。”

案例五：李某、沈某民间借贷纠纷再审审查与审判监督民事裁定书［湖南省高级人民法院（2017）湘民申3513号］认为，“李某主张应当按照《最高人民法院关于审理民间借贷案件适用法律若干问题的规定》第十五条第二款的规定，而不是第一款的规定。《最高人民法院关于审理民间借贷案件适用法律若干问题的规定》第十五条第一款规定：‘原告以借据、收据、欠条等债权凭证为依据提起民间借贷诉讼，被告依据基础法律关系提出抗辩或者反诉，并提供证据证明债权纠纷非民间借贷行为引起的，人民法院应当依据查明的案件事实，按照基础法律关系审理。’第二款规定：‘当事人通过调解、和解或者清算达成的债权债务协议，不适用前款规定。’本案中，李某主张借条系双方清算之后达成，但并未提供充分的证据证实《借据》是对双方其他债权债务关系清算后达成，因此其主张原生效判决认定适用法律错误的理由不能成立。”

第三章　民间借贷合同的效力

013 企业向员工集资后转贷他人所签订的民间借贷合同是否有效?

——企业向员工集资后转贷给借款人牟利且借款人事先知道的，民间借贷合同无效

阅读提示

民间借贷合同在哪些情形下会被法院认定为无效?《最高人民法院关于审理民间借贷案件适用法律若干问题的规定》明确规定了四种具体情形:(1)套取金融机构信贷资金又高利转贷给借款人，且借款人事先知道或者应当知道的;(2)以向其他企业借贷或者向本单位职工集资取得的资金又转贷给借款人牟利，且借款人事先知道或者应当知道的;(3)出借人事先知道或者应当知道借款人借款用于违法犯罪活动仍然提供借款的;(4)违背社会公序良俗的。当然，如果民间借贷合同违反了其他法律、行政法规的效力性强制性规定也会被法院认定无效。

裁判要旨

以向本单位职工集资取得的资金又转贷给借款人牟利，且借款人事先知道或者应当知道的，民间借贷合同无效。

案情简介

2010 年 10 月，A 公司与 B 公司签订《借款协议书》，约定 A 公司提供无息借款 5000 万元给 B 公司用于项目开发建设。A 公司出借的 5000 万元借款包含三部分：A 公司向单位职工集资 1600 万元，案外人金某出资 1900 万元，案外人邵某出资 1500 万元。

2012年2月，B公司与A公司签订《借款（担保）补充协议》，约定如果工程在2012年8月仍不能正常开工的，所有借款利息从出借之日起按月利率2%计算。此后工程一直无法正常开工。

A公司向台州市中级人民法院提起诉讼，请求B公司归还借款。台州市中级人民法院认定A公司与B公司的借贷合同无效，判决B公司返还未归还的款项。

A公司、B公司不服台州市中级人民法院判决，上诉至浙江省高级人民法院，浙江省高级人民法院维持了借贷合同无效的认定，判决驳回上诉，维持原判。

裁判要点

本案A公司与B公司均确认A公司出借的部分资金系向其公司内部职工集资，且《借款（担保）补充协议》约定了借款利率，根据《最高人民法院关于审理民间借贷案件适用法律若干问题的规定》第十四条第二项的规定，以向本单位职工集资取得的资金又转贷给借款人牟利，且借款人事先知道或者应当知道的，民间借贷合同无效，故法院认定本案借贷合同无效。

实务经验总结

前事不忘，后事之师。为避免未来发生类似败诉，提出如下建议：

《最高人民法院关于审理民间借贷案件适用法律若干问题的规定》规定了民间借贷合同无效的四种具体情形：（1）套取金融机构信贷资金又高利转贷给借款人，且借款人事先知道或者应当知道的；（2）以向其他企业借贷或者向本单位职工集资取得的资金又转贷给借款人牟利，且借款人事先知道或者应当知道的；（3）出借人事先知道或者应当知道借款人借款用于违法犯罪活动仍然提供借款的；（4）违背社会公序良俗的。因此，如果民间借贷行为符合上述四种情形之一，当事人主张民间借贷合同有效的，法院将不予支持。当然，如果民间借贷合同违反了其他法律、行政法规的效力性强制性规定也会被法院认定无效。

本书认为，本案裁判观点存在一个值得商榷的问题：根据《中华人民共和国合同法》第五十六条的规定，“合同部分无效，不影响其他部分效力的，其他部分仍然有效”。而本案中，A公司出借的5000万元借款中仅有1600万元是向本单位职工集资，其余3400万元借款并非向本单位职工集资、向其他企业借贷、套取金融机构信贷资金，因此A公司出借的5000万元借款中的1600万元应当认定无效，而其余3400万元借款应当认定有效。

相关法律规定

《最高人民法院关于审理民间借贷案件适用法律若干问题的规定》

第十四条 具有下列情形之一，人民法院应当认定民间借贷合同无效：

（一）套取金融机构信贷资金又高利转贷给借款人，且借款人事先知道或者应当知道的；

（二）以向其他企业借贷或者向本单位职工集资取得的资金又转贷给借款人牟利，且借款人事先知道或者应当知道的；

（三）出借人事先知道或者应当知道借款人借款用于违法犯罪活动仍然提供借款的；

（四）违背社会公序良俗的；

（五）其他违反法律、行政法规效力性强制性规定的。

法院判决

以下为该案在法院审理阶段，裁判文书中“本院认为”部分就该问题的论述：

A公司主张其虽系向内部职工集资出借给B公司1600万元款项，但《借款协议书》约定涉案借款为无息借款，A公司不存在转贷牟利的情形，涉案借贷合同合法有效。对此本院认为，本案中，A公司虽与B公司签订了《财富名园项目二期工程施工合同》，并在其后签订了《借款协议书》，约定由A公司无息借款5000万元给B公司用于财富名园二期工程的开发建设。但是，该工程一直未开工，双方在2012年2月20日签订的《借款（担保）补充协议》中约定了“如果工程在2012年8月28日仍不能正常开工的，A公司有权解除合同，所有借款利息从出借之日起按月利率2%计算”，而双方当事人均确认A公司出借的部分资金系向其公司内部职工集资。根据《最高人民法院关于审理民间借贷案件适用法律若干问题的规定》第十四条第二项的规定，本案符合“向本单位职工集资取得的资金又转贷给借款人牟利，且借款人事先知道或者应当知道”的情形，依法应认定涉案借贷合同无效。

案件来源

A公司与浙江B公司、浙江C公司等企业借贷纠纷二审民事判决书［浙江省高级人民法院（2016）浙民终484号］

延伸阅读

一、认定民间借贷合同无效的四种情形相关判例

（一）套取金融机构信贷资金又高利转贷给借款人，且借款人事先知道或者应当知道

案例一：许某与张某民间借贷纠纷一审民事判决书［北京市大兴区人民法院（2016）京 0115 民初 17512 号］认为，“根据《最高人民法院关于审理民间借贷案件适用法律若干问题的规定》第十四条的规定，套取金融机构信贷资金又高利转贷给借款人，且借款人事先知道或应当知道的，双方之间的民间借贷合同无效。本案中，原告套取银行信贷资金 95,190 元借予被告，意图获取高额利息的行为符合上述无效的规定。无效的合同自始没有法律约束力，部分无效的不影响其他部分效力的，其他部分仍然有效。合同无效的，因该合同取得的财产应当予以返还。有过错的一方应当赔偿对方因此所受到的损失，双方都有过错的，应当各自承担相应的责任。”

案例二：杨某与谢某、何某民间借贷纠纷一审民事判决书［成都市锦江区人民法院（2015）锦江民初字第 4334 号］认为，“原告杨某套取金融机构信贷资金又高利转贷给被告谢某，且被告谢某事先知道，依照《最高人民法院关于审理民间借贷案件适用法律若干问题的规定》第十四条第一项之规定，原告杨某与被告谢某之间的民间借贷合同无效。”

（二）以向其他企业借贷或者向本单位职工集资取得的资金又转贷给借款人牟利，且借款人事先知道或者应当知道

案例三：A 房地产开发有限责任公司混凝土分公司与 A 房地产开发有限责任公司企业借贷纠纷二审民事判决书［锡林郭勒盟中级人民法院（2016）内 25 民终 58 号］认为，“本案就双方争议的合同能否解除焦点问题。依据查明的事实，A 房地产开发有限责任公司所使用的出借资金，并非其自有资金，而是动用当地棚户区改造工程贷款，在明知借款用途不属于借款人生产经营所用，仍收取高于银行同期贷款利息，与 A 房地产开发有限责任公司混凝土分公司签订《借款协议》，其行为违反了《最高人民法院关于审理民间借贷案件适用法律若干问题的规定》第十四条第二项的规定，合同为无效。”

（三）出借人事先知道或者应当知道借款人借款用于违法犯罪活动仍然提供借款

案例四：吴某与谢某、徐某民间借贷纠纷二审民事判决书［杭州市中级人民法院（2015）浙杭商终字第 2589 号］认为，“‘阿杰’明知徐某借款系用于参与赌

博违反活动，但仍然提供借款给徐某，根据《最高人民法院关于审理民间借贷案件适用法律若干问题的规定》第十四条第三项的规定，该借贷合同依法应认定为无效。”

（四）违背社会公序良俗

案例五：上诉人米某与被上诉人张某民间借贷纠纷二审民事判决书［石嘴山市中级人民法院（2016）宁02民终463号］认为，“自然人之间的借款合同，自贷款人提供借款时生效。违背社会公序良俗的民间借贷合同无效。本案中，米某向张某借款2万元，未约定还款期限，出借人可以随时主张权利，米某应偿还张某借款2万元。张某虽提交了米某出具的50万元借条，但其关于借条的出具及款项交付情况的陈述不符合常理且前后存在矛盾。米某二审提交的证据可以证实，50万元借条系托关系办事报酬，借款未实际发生，双方不存在真实的借贷关系，该借贷合同不受法律保护。故张某要求米某偿还借款50万元缺乏事实及法律依据，应予驳回。”

二、部分地方高级人民法院指导意见

（一）《四川省高级人民法院关于审理民间借贷纠纷案件若干问题的指导意见》（2016年7月27日发布）规定：

“13. 企业间借贷合同的效力认定

非金融机构法人和其他组织之间以自有资金对外进行的偶发性和临时性贷款，同时收取适当的资金占用费，当事人主张签订的民间借贷合同有效的，人民法院应予支持；非金融机构法人和其他组织之间从事经常性放贷业务所签订的民间借贷合同，当事人主张有效的，人民法院不予支持。认定非金融机构法人和其他组织之间是否从事经常性放贷业务应结合企业的注册资本、流动资金、借贷数额、一年内借贷次数、借贷利息的约定、借贷收益占企业收入的比例、出借人与借款人之间的关系等因素综合认定。

15. 涉嫌犯罪的民间借贷合同效力的认定

借贷双方合谋以签订借款合同的形式实施犯罪行为的，应认定双方当事人存在《中华人民共和国合同法》第五十二条规定‘以合法形式掩盖非法目的’的行为，双方签订的借款合同无效；如实施犯罪行为仅是合同一方的目的而非双方的共同目的，不属于《中华人民共和国合同法》第五十二条规定‘以合法形式掩盖非法目的’的行为，合同相对方请求确认借款合同有效的，人民法院应予支持。

16. 违背社会公序良俗的借贷合同的认定

违背社会公序良俗是指法律行为的内容及目的违反了社会的公共秩序或善良

风俗，存在以下情形之一的，应认定为违背社会公序良俗，当事人因此签订的民间借贷合同应认定为无效：

（一）因非婚同居、不正当两性关系等产生的‘青春损失费’、‘分手费’、‘精神损失费’等有损公序良俗行为所形成的债务；

（二）因赌博、吸毒等其他非法行为形成的债务；

（三）因托人情、找关系等请托行为形成的债务；

（四）具有抚养、赡养义务关系的父母子女等直系亲属之间发生的有违家庭伦理道德和社会公序良俗所形成的债务；

（五）其他违背社会公序良俗的债务。"

（二）《北京市高级人民法院关于审理民间借贷案件若干问题的会议纪要》（2013 年 12 月 27 日发布）规定：

第十六条　由一方或双方父母出资为子女结婚购买房产或机动车辆，出资的父母仅以付款凭证为据以民间借贷为由，起诉夫妻还款的，人民法院应当裁定驳回其起诉。

第十七条　当事人诉争的债务形式上表现为民间借贷、内容违背社会公序良俗的，人民法院不予支持，应当裁定驳回其起诉。"

（三）《安徽省高级人民法院关于审理民间借贷纠纷案件若干问题的指导意见》（皖高法〔2013〕470 号）规定：

"第八条　非金融机构法人及其他组织之间变相从事金融业务的借贷行为应认定无效，但确因生产经营需要以自有资金相互借款的应认定有效。

第九条　出借人明知借款人借款用于赌博、吸毒等违法犯罪活动仍然进行借贷的，借贷行为不受法律保护。"

014 以借来的资金转贷牟利，借款合同是否有效？

——只有以向其他企业借贷的资金又转贷给借款人牟利且借款人事先知道或者应当知道，才能认定借款合同无效

阅读提示

在我国民间资本市场中，企业集资转贷牟利的现象始终存在，不断加剧着民间借贷市场的乱象、扰乱金融市场的秩序。为此，我国曾发布多项文件对企业集资转贷行为进行规制，如 1998 年国务院颁布的《非法金融机构和非法金融业务活

动取缔办法》，1999 年最高人民法院作出的《关于如何确认公民与企业之间借贷行为效力问题的批复》。然而随着市场经济不断深入发展，我国民间的职业放贷人已经发展成为不可忽视的职业群体，若一味地凭借旧有的行政法规和批复，难以保护日新月异的民间资本在金融市场中的健康发展。《最高人民法院关于审理民间借贷案件适用法律若干问题的规定》第十四条第二项对企业集资转贷行为进行了明确，即出借人以向其他企业借贷或者向本单位职工集资取得的资金又转贷给借款人牟利，且借款人事先知道或者应当知道的，借贷合同无效。

裁判要旨

企业之间为生产经营之需进行正常的资金拆借是法律允许的，根据《最高人民法院关于审理民间借贷案件适用法律若干问题的规定》第十四条之规定，只有以向其他企业借贷的资金又转贷给借款人牟利，且借款人事先知道或者应当知道的情形，才能认定借款合同无效。

案情简介

本案出借人为王某，2010 年 8 月 6 日至 2011 年 9 月 21 日，王某亲自或指示 A 公司、B 公司、C 公司、宁某交付出借款项。

2015 年，王某向苏州市中级人民法院提起诉讼，请求 D 公司归还借款，某饭店、程某、姚某承担连带清偿责任。某饭店及 D 公司辩称出借人的资金系案外人借款，并非 A 公司、B 公司、C 公司自有资金，故借款合同无效。

苏州市中级人民法院认为，第一，上述三家公司具有资金实力，被告认为 B 公司等均以放贷为主要经营业务，但无证据证明。第二，被告未能提供证据证明本案符合出借资金系套取金融机构信贷资金又高利转贷给借款人，或以向其他企业借贷又转贷给借款人牟利，且借款人事先知道或应当知道之情形。因此，被告关于合同无效的抗辩主张缺乏事实依据。据此，苏州市中级人民法院判决 D 公司偿还王某借款本金及利息，某饭店、程某、姚某承担连带清偿责任。

某饭店不服苏州市中级人民法院判决，向江苏省高级人民法院提起上诉。江苏省高级人民法院认为，本案中，某饭店无证据证明涉案借贷中的出借资金系出借方从金融机构获取信贷资金或向其他企业借贷后，高利转贷牟利，且借款人事先知道或应当知道。故涉案借贷不符合《最高人民法院关于审理民间借贷案件适用法律若干问题的规定》第十四条规定的无效情形。据此，江苏省高级人民法院判决驳回上诉，维持原判。

某饭店与胜利公司不服江苏省高级人民法院判决，向最高人民法院申请再审。最高人民法院裁定驳回其再审申请。

裁判要点

案涉借款合同合法有效。根据《最高人民法院关于审理民间借贷案件适用法律若干问题的规定》第十四条之规定，只有以向其他企业借贷的资金又转贷给借款人牟利，且借款人事先知道或者应当知道的情形，才能认定借款合同无效。本案某饭店、D 公司提交的证据只能证明 B 公司及其关联方与苏州市房地产开发有限公司及其关联方之间存在资金拆借行为，并不能证明该部分资金系用于转贷给某饭店、D 公司牟利，且某饭店、D 公司对此是事先知道或者应当知道的，故某饭店、D 公司应承担举证不能的不利后果。

实务经验总结

前事不忘，后事之师。为避免未来发生类似败诉，提出如下建议：

1. 法人之间、其他组织之间以及它们相互之间为生产、经营需要订立的民间借贷合同，除存在《中华人民共和国合同法》第五十二条、《最高人民法院关于审理民间借贷案件适用法律若干问题的规定》第十四条规定的情形外，民间借贷合同应认定合法有效。

2. 若企业以向其他企业借贷或者向本单位职工集资取得的资金转贷给借款人进行牟利且借款人知情，则借款合同无效。合同无效的法律后果是：返还财产或折价补偿；按过错分担损失。

3. 民间借贷借款人主张出借人系以向其他企业借贷或者向本单位职工集资取得的资金又转贷给借款人牟利，借款合同无效的，应对以下事实承担举证责任：出借资金是向其他企业借款或者向本单位职工集资取得；出借人存在牟利行为；借款人事先知道或者应当知道上述事实。

相关法律规定

《最高人民法院关于审理民间借贷案件适用法律若干问题的规定》

第十一条 法人之间、其他组织之间以及它们相互之间为生产、经营需要订立的民间借贷合同，除存在合同法第五十二条、本规定第十四条规定的情形外，当事人主张民间借贷合同有效的，人民法院应予支持。

第十二条　法人或者其他组织在本单位内部通过借款形式向职工筹集资金，用于本单位生产、经营，且不存在合同法第五十二条、本规定第十四条规定的情形，当事人主张民间借贷合同有效的，人民法院应予支持。

第十四条　具有下列情形之一，人民法院应当认定民间借贷合同无效：

……

（二）以向其他企业借贷或者向本单位职工集资取得的资金又转贷给借款人牟利，且借款人事先知道或者应当知道的；

……

法院判决

以下为该案在法院审理阶段，裁判文书中“本院认为”部分就该问题的论述：

关于案涉借款合同的效力问题。某饭店在另案中经向法院申请调查令所调取的B公司2009年至2013年工商登记资料显示，B公司的注册资本为10,000万元，其中2009年度、2010年度、2011年度资产负债表中流动资产为8255万元、6156万元、8600万元，年末总资产均高达10,000万元以上，该数额与B公司的注册资本额相匹配，足以证明B公司有能力以自有资金支付案涉借款。某饭店、D公司在申请再审时向本院提交了苏州市房地产开发有限公司与B公司于2013年5月30日签订的《协议书》及附件等证据，用于证明王某及其关联方存在通过多次向其他企业借款，再多次高利率转借给胜利公司的违法借贷行为，但该证据并不足以证明其主张。因为企业之间为生产经营之需进行正常的资金拆借是法律允许的，根据《最高人民法院关于审理民间借贷案件适用法律若干问题的规定》第十四条之规定，只有以向其他企业借贷的资金又转贷给借款人牟利，且借款人事先知道或者应当知道的情形，才能认定借款合同无效。而某饭店、D公司提交的上述证据只能证明B公司及其关联方与苏州市房地产开发有限公司及其关联方之间存在资金拆借行为，并不能证明该部分资金系用于转贷给某饭店、D公司牟利，且某饭店、D公司对此是事先知道或者应当知道的，故某饭店、D公司应承担举证不能的不利后果。综上，二审法院结合企业的注册资本、流动资金、借贷数额等综合认定B公司是否从事经常性放贷业务，并进而对某饭店、D公司关于案涉借款合同无效的主张不予支持并无不当。某饭店、D公司关于B公司系以放贷为主要经营业务，存在向其他企业借贷并高利出借给借款人的行为，一、二审法院对其提出的对B公司进行特定时间段财务审计的申请未予支持以及未依职权调查出借款项来源不当等申请再审理由均不能成立。

案件来源

苏州某饭店有限公司、苏州D科技有限公司民间借贷纠纷再审审查与审判监督民事裁定书［最高人民法院（2017）最高法民申4215号］

延伸阅读

一、最高人民法院负责人就《最高人民法院关于审理民间借贷案件适用法律若干问题的规定》答记者问（2015年8月6日，节选）

问：认定企业之间借贷行为合法有效，可以说是这部司法解释的亮点之一，之前司法实践一般都认定为是无效的，本规定在认定企业之间的拆借行为效力上是一律认定为合法有效，还是有一定的限制性条件？

答：这个问题实际上涉及如何认识企业之间的借贷问题。的确正如你说的，我们对于企业之间借贷的认识有一个发展过程，这与我们国家的经济体制改革、经济发展是相适应的。以往，企业与企业之间的借贷被认定为是无效的，为什么要认定无效呢？因为当时基于1996年央行发布的《贷款通则》，加之最高人民法院也做了一些司法解释，认为企业与企业之间的借贷会破坏金融秩序，因此在当时的情况下认定企业与企业之间借贷的合同是无效的。而且这个规则一直到现在都没有废，但是随着经济的发展，特别是社会主义法治的不断健全和完善，这一规则出现了一些问题。第一，1999年《合同法》生效，《合同法》规定要认定合同无效只能依据国家的法律和行政法规。从现有的国家法律和行政法规来讲，没有明确规定企业与企业之间的借贷是无效的。当然《贷款通则》是规定了，但是它属于一个部门规章，它的法律效力等级还没有上升到行政法规和法律的层面。《合同法》出现以后，就面临着法律上的冲突。第二个原因是与物权法的冲突。2007年，我国颁布了《物权法》，按照物权法的规定，物权的权利人有权依法自由的处分自己的财产，货币资金当然是属于他的财产，他当然可以处分。如果依据《贷款通则》就无权处分，显然这样的规则与《物权法》的规定有冲突。基于这样的情况，近几年来，我们依据现有的法律做了调整，其实我们的实际案例已经突破了原来的规定。包括最高人民法院审理的案子，依据《合同法》、《物权法》等规则，2005年以后陆续审结了一批企业与企业之间借贷的合同为有效合同的案件，示范效应是积极的，效果也很好。近几年来，我们在总结审判工作所取得的经验基础上，明确规定了把企业与企业之间的借贷有条件地认定为有效。这次司法解释第 11 条，对企业之间融资有效是做了一定界定的，法人之间、其他组织之间以及他们相互之间为生产经营需要订立的民间借贷合同，除存在《合同法》第 52 条和本规定 14 条规定的情形以外，当事人主张合同有效的予以支持。根据这一条规定，企业与企业之间的合同的有效是要限定这个合同是为生产和经营需要而订立的借款合同。如果作为一个生产经营性企业不搞生产经营，变成一个专业放贷人，把钱拿去放贷，甚至从银行套取现金再去放贷是不行的。司法解释规定这样的合同就会认定为无效。同时在解释中还规定了如果企业向其他企业借贷，或者从本单位职工集资，本来是为本单位的生产经营需要，但却没有投入企业经营，而去放贷，这也要认定为无效。所以我们这次对企业的放开是一个有限度的放开，企业之间如果有闲散资金，因为对方是为了生产经营需要，而不是为了借钱去放贷，这种合同应当是有效的，仅仅限于这个范围。这样做的目的既解决企业资金的短缺，又维护了我们国家的金融安全，国家金融不安全，我们经济发展就没保障。

二、相关案例

裁判规则一：认定民间借贷合同因转贷牟利而无效应满足三个条件：出借资金是向其他企业借贷或者向本单位职工集资取得；出借人牟利；借款人事先知道或者应当知道。

案例一：马某、昆明 A 公司民间借贷纠纷二审判决书［云南省高级人民法院（2017）云民终 1000 号］认为，“马某主张本案属于《最高人民法院关于审理民间借贷案件适用法律若干问题的规定》第十四条第二项规定的‘以向其他企业借贷或者向本单位职工集资取得的资金又转贷给借款人牟利，且借款人事先知道或者应当知道的’人民法院应当认定民间借贷合同无效的情形，应当认定《借款合同》及《还款计划》无效。依据上述规定，认定借款合同无效应满足本案出借资金系 A 公司向其他企业借款又转借给 B 珠宝、马某牟利，且 B 珠宝、马某事先知道或应当知道三个条件。对此，出借资金的提供方即 A 公司、C 公司已说明其与 A 公司并非借贷关系，马某未提交相反证据予以推翻并举证证实其事先知道或应当知道的前提，故其抗辩本案《借款合同》及《还款计划》无效没有事实及法律依据。本案《借款合同》及《还款计划》系双方当事人真实意思表示，内容不违反法律法规的强制性规定，合同合法生效。A 公司已依约履行了发放借款的义务，B 珠宝、马某未按约清偿，构成违约，A 公司有权主张清偿尚欠借款本息。对 A 公司主张尚欠借款本金 1680 万元及自 2016 年 10 月 1 日起的逾期利息，马某及 D 公司均认可无异议，A 公司自行调减按月利率 1% 计算逾期利息有合同约定且未违反民间借贷法律规定，应予确认。”

裁判规则二:《最高人民法院关于审理民间借贷案件适用法律若干问题的规定》第十四条第二项关于转贷牟利的规定适用的是出借主体为非金融机构法人和其他组织的情形，而非自然人。

案例二：龙某、韩某民间借贷纠纷再审审查与审判监督民事裁定书［湖北省高级人民法院（2017）鄂民申 3132 号］认为，“申请人龙某、韩某还主张本案应适用《最高人民法院关于审理民间借贷案件适用法律若干问题的规定》第十四条第二项的规定，然该规定系适用出借主体为非金融机构法人和其他组织的情形，本案中的出借人蒋某系自然人，显然与上述规定不符。故申请人有关原判决适用法律错误的申请再审理由不能成立。”

案例三：郝某与王某、裴某等民间借贷纠纷申诉、申请民事裁定书［江苏省高级人民法院（2017）苏民申 1679 号］认为，“王某主张本案属于转贷关系，借款合同及担保合同均应为无效。对此，郝某与 A 公司之间委托付款关系明确，王某没有证据证明郝某向 A 公司借贷后转贷给 B 公司，王某主张涉案借款合同及担保合同均无效，于法无据。此外，《最高人民法院关于审理民间借贷案件适用法律若干问题的规定》第十四条规定：‘具有下列情形之一，人民法院应当认定民间借贷合同无效：……（二）以向其他企业借贷或者向本单位职工集资取得的资金又转贷给借款人牟利，且借款人事先知道或者应当知道的……’该条是为规范企业把通过向其他企业或向单位职工借贷取得的资金又全部或者部分转贷给其他企业或者个人，以此牟取利差的行为，该种行为实际上属从事银行业务活动，对金融秩序有破坏作用，扩大了借贷风险，故认定为无效。因此，上述规定规范的主体主要是非金融机构法人和其他组织，并非自然人。王某再审审查中提供了两张借条复印件，并未提交原件，郝某对借条真实性亦不予确认，本院对其真实性及关联性均不予认可，王某以新证据为由主张本案再审，不能成立。”

015 以银行贷款转贷牟利的借款行为竟然有效?

——出借人抵押贷款后向他人转贷的借款行为合法有效

阅读提示

民间借贷中，自然人从银行贷款后另行转贷牟利从而获取高息的现象较为常见。《最高人民法院关于审理民间借贷案件适用法律若干问题的规定》规定，在借款人知道或者应当知道的情况下，出借人套取信贷资金后高利转贷给借款人的，借款行为无效。但如果出借人以房产等抵押贷款后向他人出借借款，是否也当然无效?

裁判要旨

抵押贷款与信贷资金的获取渠道存在差异，将抵押贷款进行转贷，主要的贷款风险由贷款人自担。而且，自然人以房产抵押贷款后向他人进行转贷是个人理财的一种方式，主要还是生活目的，不宜简单归入扰乱金融秩序、损害社会公共利益而致无效的范围，即使借款双方约定高额利息，但并不影响合同效力。因此，自然人从银行贷款另行转贷牟利不宜认定无效。

案情简介

2010 年，王某向银行办理房产抵押获取贷款 2000 万元，并利用所获贷款向某学校实际借款 2960 万元，孙某为借款提供连带保证以及股权质押。

2011 年 1 月 20 日，王某将其对某学校的债权转让给洪某并签订债权转让协议书。同日，王某向某学校发出债权转让的通知。

2014 年 8 月 16 日，洪某向盐城市中级人民法院起诉，请求法院判令某学校偿还借款本息，孙某承担连带清偿责任。盐城市中级人民法院认为王某与某学校、孙某之间的借款及担保合同合法有效，王某将其债权转让给洪某，洪某有权要求某学校及孙某履行借款及担保责任。据此，盐城市中级人民法院判决某学校偿还借款本息，孙某承担连带保证责任。

2015 年，某学校、孙某等人向江苏省高级人民法院提起上诉，某学校和孙某主张王某的借款行为属于套取金融机构信贷资金高利转贷，应属无效。江苏省高级人民法院对该上诉主张不予支持，经审理，江苏省高级人民法院判决驳回上诉，维持原判。

裁判要点

根据《最高人民法院关于审理民间借贷案件适用法律若干问题的规定》第十四条第一项规定，在借款人事先知道或者应当知道的情况下，出借人套取信贷资金后高利转贷给借款人的，借款行为无效。但本案中，王某系以房屋抵押向银行贷款，主要的贷款风险由其自行承担，因此不宜认定其为套取信贷资金，况且王某抵押贷款转贷的行为是用于个人生活，并没有合同无效的事由，因此法院认定本案借款合同合法有效。

实务经验总结

前事不忘，后事之师。为避免未来发生类似败诉，提出如下建议：

出借人套取信贷资金转贷与抵押贷款转贷的法律效果之所以不同，最重要的原因在于套取信贷资金系出借人利用自己的信贷额度和信贷条件套取信贷资金，再转贷给他人以获取高额利息，该行为使金融机构承担了巨大的贷款风险，严重扰乱信贷资金市场秩序，因此套取信贷资金转贷给他人的借款行为无效，如果违法所得数额较大还会构成高利转贷罪。

出借人通过抵押的方式获取贷款，虽然贷款数额较大，但贷款风险仍由其自担，贷款后向他人转贷也是个人理财的一种方式，并不会扰乱金融秩序、损害社会公共利益，即使借款双方约定高额利息，但高息的约定不影响合同效力，因此出借人抵押贷款后向借款人转贷的合法有效。但应当注意，抵押贷款转贷的借款方式仍然存在极大的信用风险，若借款人未按时还款，则出借人将面临房屋被银行拍卖或者支付高额违约金的风险。因此，当事人在选择理财方式时，应当严谨审慎，不应一味地追求高额回报而忽视投资的风险。

相关法律规定

《最高人民法院关于审理民间借贷案件适用法律若干问题的规定》

第十四条 具有下列情形之一，人民法院应当认定民间借贷合同无效：

（一）套取金融机构信贷资金又高利转贷给借款人，且借款人事先知道或者应当知道的；

……

法院判决

以下为该案在法院审理阶段，裁判文书中“本院认为”部分就该问题的论述：

某学校、孙某上诉提出，2010年11月10日王某与某学校、孙某之间的借款及担保合同项4300万元借款金额中的2000万元系来源于银行房屋抵押贷款，违反了国务院《非法金融机构和非法金融业务活动取缔办法》，属于套取金融机构信贷资金高利转贷，该部分借款合同应属无效。本院认为，该部分借款合同不应认定无效。理由是抵押贷款与信贷资金的获取渠道存在差异，将抵押贷款进行转贷，主要的贷款风险由贷款人自担。而且，自然人以房产抵押贷款后向他人进行转贷是个人理财的一种方式，主要还是生活目的，不宜简单归入扰乱金融秩序、损害社会公共利益而致无效的范围。某学校、孙某仅以该2000万元来源于银行房屋抵押贷款为由，主张该部分借款合同无效缺乏法律依据，本院不予支持。

案件来源

洪某与盐城某学校、孙某民间借贷纠纷二审民事判决书［江苏省高级人民法院（2015）苏民终字第00725号］

延伸阅读

认定出借人抵押贷款后向他人转贷的借款行为有效的案例：

案例一：周某与杨某、叶某民间借贷纠纷二审民事判决书［宿迁市中级人民法院（2017）苏13民终2434号］认为，"《最高人民法院关于审理民间借贷案件适用法律若干问题的规定》第十四条第一项规定，套取金融机构信贷资金又高利转贷给借款人，且借款人事先知道或者应当知道的，人民法院应当认定民间借贷合同无效。该条款限定的主体主要为享有信贷配额和使用信贷资金的企业，也包括使用信用贷款的自然人。该条款目的在于保障信贷资金的安全使用。而抵押贷款与信贷资金在获取渠道上存在明显差异。周某通过房屋抵押贷款并转贷给杨某，主要还是出于生活目的，是个人理财的一种方式，不属于该规定中的高利转贷情形。本案合同合法有效，不存在无效情形。对杨某、叶某的该上诉主张，本院不予支持。"

案例二：陈某与刘某、范某民间借贷纠纷二审民事判决书［龙岩市中级人民法院（2016）闽08民终927号］认为，"刘某与陈某之间借贷法律关系有陈某出具的《借条》为证。该借条是双方当事人的真实意思表示，内容未违反法律、行政法规的禁止性规定，且刘某已提供借款属有效合同。陈某认为，刘某套取金融机构信贷资金又高利转贷应认定借贷合同无效，但从双方提供的证据来看，刘某以房产抵押贷款取得资金后，主要的贷款风险由其自担，不宜认定其为套取信贷资金行为。刘某以房产抵押借款进行转贷并不损害社会公共利益，不应认定为无效。陈某关于本案借贷合同无效的主张，本院不予支持。由于《借条》中没有约定还款期限，陈某提供的证据不足以证明双方有口头约定还款期限为半年。陈某认为本案超过诉讼时效，理由不能成立，本院不予采信。"

案例三：金某、李某等与周某民间借贷纠纷申诉、申请民事裁定书［浙江省高级人民法院（2017）浙民申1744号］认为，“关于本案是否存在将信贷资金转贷牟利的无效情形问题。现有证据不能充分证明周某用于出借的款项属于其向银行取得的信贷资金，且即使周某从银行贷款再行转贷，该行为亦不足以达到扰乱金融秩序、损害社会公共利益的后果，故金某、李某、黄某主张借款合同无效的理由不能成立。”

案例四：张某与彭某、杨某民间借贷纠纷二审民事判决书［南通市中级人民法院（2016）苏06民终2321号］认为，“关于彭某、杨某上诉称案涉借款合同构成高利转贷应为无效的理由，因案涉借款系张某以房产抵押贷款后出借给彭某、杨某，这与套取金融机构信贷资金的获取渠道存在差异，且风险自担，该借款行为未违反法律法规的禁止性规定，彭某、杨某的上诉理由缺乏法律依据，本院不予采信。”

016 出借人利用非自有资金向他人借贷是否当然无效?

——出借人使用非自有资金向他人出借借款，并不当然无效

阅读提示

本案中，借款人欲证明企业利用非自有资金向他人出借违反法律强制性规定，主张借款合同无效。那么，企业利用非自有资金从事借贷行为是否当然无效？最高人民法院认为，利用非自有资金从事借贷行为并不当然无效，借款人需提供证明出借的资金来源系“金融机构信贷资金”或者“向其他企业借贷或者向本单位职工集资取得的资金”以及借款人事先知道或者应当知道资金的上述来源，否则不能得出借款合同无效的结论。

裁判要旨

出借人使用非自有资金向他人出借借款，并不当然无效。根据《最高人民法院关于审理民间借贷案件适用法律若干问题的规定》第十四条第一项、第二项的规定，要认定案涉借款合同无效需同时满足两个要件：（1）出借的资金来源系“金融机构信贷资金”或者“向其他企业借贷或者向本单位职工集资取得的资金”；（2）借款人事先知道或者应当知道资金的上述来源。

案情简介

2013年3月28日，A公司与B公司、C公司签订《投资合作协议书》，约定B公司向A公司投资开发A公司的椰子洲岛度假项目。C公司为B公司提供质押担保。《投资合作协议书》签订后，B公司共向A公司付款5亿元。2015年8月3日，A公司通过银行转账方式向B公司付款1000万元。

2015年，B公司向海南省高级人民法院起诉，请求法院判令A公司与C公司连带偿还借款本金5亿元。海南省高级人民法院认为，本案《投资合作协议书》虽名为投资合作协议，实为一方当事人提供资金并获取固定收益回报的借款合同，故本案系企业间借款合同纠纷，应按借贷关系处理。经审理，对于A公司的部分诉讼请求海南省高级人民法院予以支持。

2016年，A公司不服海南省高级人民法院判决，以B公司出借的款项并非其自有资金为由向最高人民法院上诉，请求法院改判B公司的借款行为无效。最高人民法院认为，根据《最高人民法院关于审理民间借贷案件适用法律若干问题的规定》的规定，A公司主张合同无效，应当对出借的资金系“金融机构信贷资金”或者“向其他企业借贷或者向本单位职工集资取得的资金”以及借款人事先知道或者应当知道资金的上述来源的两个要件提供证据证明，但A公司并未提供任何事实和法律依据，因此最高人民法院对A公司的上诉理由不予支持。

2017年，A公司向最高人民法院申请再审，最高人民法院驳回其再审申请。

裁判要点

《最高人民法院关于审理民间借贷案件适用法律若干问题的规定》第十四条规定的转贷无效情形并未指向所有的“非自有资金”。根据该规定第十四条第一项、第二项的规定，套取金融机构信贷资金又高利转贷给借款人，以及以向其他企业借贷或者向本单位职工集资取得的资金又转贷给借款人牟利，且借款人事先知道或者应当知道的，人民法院应当认定民间借贷合同无效。因此，要认定案涉借款合同无效需同时满足两个要件：一是出借的资金来源系“金融机构信贷资金”或者“向其他企业借贷或者向本单位职工集资取得的资金”；二是借款人事先知道或者应当知道资金的上述来源。

本案中，A公司主张合同无效，应当对上述两个要件承担举证责任，但A公司仅以案涉借款5亿元远远超过B公司注册资金3000万元、B公司日常账户现金余额5亿元不合常理等为由，推论B公司出借的款项并非其自有资金，并未提供充分证据予以证明。即便案涉5亿元借款并非B公司的自有资金，但并不代表案涉借款即属于《最高人民法院关于审理民间借贷案件适用法律若干问题的规定》第十四条第一项、第二项规定的“金融机构信贷资金”或者是“向其他企业借贷或者向本单位职工集资取得的资金”。

另外，A公司在庭审过程中向法院请求调取B公司的资金款项账目，表明A公司事先并不知道或不应当知道B公司出借的资金系《最高人民法院关于审理民间借贷案件适用法律若干问题的规定》第十四条第一项、第二项规定的“金融机构信贷资金”或者是“向其他企业借贷或者向本单位职工集资取得的资金”。

因此，在A公司不能证明本案具备《最高人民法院关于审理民间借贷案件适用法律若干问题的规定》第十四条第一项、第二项认定借款合同无效的其中一个构成要件，即“借款人事先知道或者应当知道”这一要件的前提下，无论最终能否证明案涉借款资金是否属于“金融机构信贷资金”或者“向其他企业借贷或者向本单位职工集资取得的资金”，均不能得出案涉借款合同无效的结论。

实务经验总结

前事不忘，后事之师。为避免未来发生类似败诉，提出如下建议：

1.《最高人民法院关于审理民间借贷案件适用法律若干问题的规定》第十四条规定的转贷无效情形并未指向所有的“非自有资金”，仅指“金融机构信贷资金”或者是“向其他企业借贷或者向本单位职工集资取得的资金”。此外，借款人还需要证明在借款之前已经对出借人的资金来源系属上述情形予以举证，方能证明借款合同无效。

2. 值得关注的是，《关于规范民间借贷行为维护经济金融秩序有关事项的通知》（银保监发〔2018〕10号）对民间借贷出借人的资金来源作出了规定，“民间借贷中，出借人的资金必须是其合法收入的自有资金，禁止吸收或变相吸收他人资金用于借贷”。

3. 以转贷牟利为目的，套取金融机构信贷资金高利转贷他人，将可能涉嫌高利转贷罪。

相关法律规定

《中华人民共和国合同法》

第五十二条 有下列情形之一的，合同无效：

（一）一方以欺诈、胁迫的手段订立合同，损害国家利益；

（二）恶意串通，损害国家、集体或者第三人利益；

（三）以合法形式掩盖非法目的；

（四）损害社会公共利益；

（五）违反法律、行政法规的强制性规定。

《最高人民法院关于审理民间借贷案件适用法律若干问题的规定》

第十一条　法人之间、其他组织之间以及它们相互之间为生产、经营需要订立的民间借贷合同，除存在合同法第五十二条、本规定第十四条规定的情形外，当事人主张民间借贷合同有效的，人民法院应予支持。

第十四条　具有下列情形之一，人民法院应当认定民间借贷合同无效：

（一）套取金融机构信贷资金又高利转贷给借款人，且借款人事先知道或者应当知道的；

（二）以向其他企业借贷或者向本单位职工集资取得的资金又转贷给借款人牟利，且借款人事先知道或者应当知道的；

（三）出借人事先知道或者应当知道借款人借款用于违法犯罪活动仍然提供借款的；

（四）违背社会公序良俗的；

（五）其他违反法律、行政法规效力性强制性规定的。

《关于规范民间借贷行为维护经济金融秩序有关事项的通知》（银保监发〔2018〕10号）

四、规范民间借贷

民间借贷活动必须严格遵守国家法律法规的有关规定，遵循自愿互助、诚实信用的原则。民间借贷中，出借人的资金必须是其合法收入的自有资金，禁止吸收或变相吸收他人资金用于借贷。民间借贷发生纠纷，应当按照《最高人民法院关于审理民间借贷案件适用法律若干问题的规定》（法释〔2015〕18号）处理。

《中华人民共和国刑法》

第一百七十五条　【高利转贷罪】以转贷牟利为目的，套取金融机构信贷资金高利转贷他人，违法所得数额较大的，处三年以下有期徒刑或者拘役，并处违法所得一倍以上五倍以下罚金；数额巨大的，处三年以上七年以下有期徒刑，并处违法所得一倍以上五倍以下罚金。

单位犯前款罪的，对单位判处罚金，并对其直接负责的主管人员和其他直接责任人员，处三年以下有期徒刑或者拘役。

法院判决

以下为该案在法院审理阶段，裁判文书中“本院认为”部分就该问题的论述：

A公司向本院提供B公司2012年度企业年检报告书、B公司2007年至2012年的年度资产负债表作为新证据。意欲证明B公司向A公司提供的借款并非其自有资金，目的是为其借款合同无效的主张提供依据。但即便其证明了B公司向A公司提供的借款并非其自有资金，在本案中亦不能得出借款合同无效的结论。根据《最高人民法院关于审理民间借贷案件适用法律若干问题的规定》第十一条“法人之间、其他组织之间以及它们相互之间为生产、经营需要订立的民间借贷合同，除存在合同法第五十二条、本规定第十四条规定的情形外，当事人主张民间借贷合同有效的，人民法院应予支持”的规定，案涉借款关系除存在《中华人民共和国合同法》第五十二条、《最高人民法院关于审理民间借贷案件适用法律若干问题的规定》第十四条规定的情形外，不应认定为无效合同。又据《最高人民法院关于审理民间借贷案件适用法律若干问题的规定》第十四条第一项、第二项规定，套取金融机构信贷资金又高利转贷给借款人，以及以向其他企业借贷或者向本单位职工集资取得的资金又转贷给借款人牟利，且借款人事先知道或者应当知道的，人民法院应当认定民间借贷合同无效。根据该规定，要认定案涉借款合同无效需同时满足两个要件：一是出借的资金来源系“金融机构信贷资金”或者“向其他企业借贷或者向本单位职工集资取得的资金”；二是借款人事先知道或者应当知道资金的上述来源。A公司主张合同无效，应当对上述两个要件承担举证责任。A公司以案涉借款5亿元远远超过B公司注册资金3000万元、B公司日常账户现金余额5亿元不合常理等为由，推论B公司出借的款项并非其自有资金，但并未提供充分证据予以证明。即便按照A公司的主张认为案涉5亿元借款并非B公司的自有资金，但认定为“非自有资金”并不等同于认定案涉借款即属于《最高人民法院关于审理民间借贷案件适用法律若干问题的规定》第十四条第一项、第二项规定的“金融机构信贷资金”或者是“向其他企业借贷或者向本单位职工集资取得的资金”。《最高人民法院关于审理民间借贷案件适用法律若干问题的规定》第十四条规定的转贷无效情形并未指向所有的“非自有资金”。故原审判决认定A公司以案涉借款非B公司自有资金主张借款合同无效缺乏法律依据，并无不当。A公司向本院提供的所谓新证据不足以推翻原审判决的结论。

A公司笼统主张案涉5亿元借款并非B公司自有资金，以及其在一、二审中申请法院调取B公司资金流水明细和责令B公司提交年度报告（包括资产负债表、现金流量表、损益表）和会计账目等事实，恰恰证明A公司事先并不知道或不应当知道B公司出借的资金系《最高人民法院关于审理民间借贷案件适用法律若干问题的规定》第十四条第一项、第二项规定的“金融机构信贷资金”或者是“向其他企业借贷或者向本单位职工集资取得的资金”。故原审认定，在A公司不能证明本案具备《最高人民法院关于审理民间借贷案件适用法律若干问题的规定》第十四条第一项、第二项认定借款合同无效的其中一个构成要件，即“借款人事先知道或者应当知道”这一要件的前提下，无论最终能否证明案涉借款资金是否属于“金融机构信贷资金”或者“向其他企业借贷或者向本单位职工集资取得的资金”，均不能得出案涉借款合同无效的结论。依据《最高人民法院关于适用〈中华人民共和国民事诉讼法〉的解释》第九十五条的规定，原审不予准许A公司提出的调取B公司资金流水明细和责令B公司提交年度报告（包括资产负债表、现金流量表、损益表）和会计账目等的申请，亦无不当。

案件来源

海南A旅业开发有限公司、上海B投资有限公司企业借贷纠纷再审审查与审判监督民事裁定书［最高人民法院（2017）最高法民申6号］

017 小贷公司超额发放贷款是否有效?

——行政规章和地方性法规不能作为认定合同无效的依据

阅读提示

民间借贷纠纷中，借款合同是借贷双方当事人权利义务的来源，借款合同是否生效对借贷纠纷的处理具有重要意义。《中华人民共和国合同法》第四十四条第二款规定:“法律、行政法规规定应当办理批准、登记等手续生效的，依照其规定。”第五十二条规定:“有下列情形之一的，合同无效:……（五）违反法律、行政法规的强制性规定。”由上述规定可见，合同是否生效应以法律、行政法规作为审判依据。但在司法实践中，国家部委、地方政府的行政规章或地方性法规有时会对借款合同的效力作出规定，那么在此情况下，法院应如何处理?

裁判要旨

合同只有在违反法律、行政法规的效力性强制性规定方能无效。合同生效要件亦应以法律和行政法规的规定为依据。行政规章和地方性法规的规定不能作为判断合同是否生效的标准。

案情简介

2014 年 3 月 20 日，A 公司与 B 公司签订委托付款书，约定 A 公司将 5000 万元借款支付给 B 公司国际工程部。

2014 年 3 月 21 日，A 公司与 B 公司签订借款合同，明确 A 公司向 B 公司出借 5000 万元借款。同日，A 公司向 B 公司国际工程部实际支付借款 5000 万元。

借款期内，B 公司国际工程部向 A 公司偿还利息共计 3,883,334 元。

由于借款到期后 B 公司未偿还剩余借款本息，A 公司遂向甘肃省高级人民法院起诉，请求判令 B 公司偿还借款。甘肃省高级人民法院判决 B 公司向 A 公司偿还借款本息。

B 公司不服甘肃省高级人民法院判决，向最高人民法院提起上诉，主张 A 公司利用 B 公司管理漏洞发放贷款，违反银监会《商业银行集团客户授信业务风险管理指引》第三条、《甘肃省小额贷款公司管理试行办法》第三十三条以及《甘肃省省属国有企业重大事项监督管理暂行办法》第三十九条的规定，借款合同应属无效。最高人民法院认为，借款合同的效力应以法律和行政法规为准，违反行政规章和地方性法规的规定不影响借款合同的效力。据此，最高人民法院对 B 公司该项诉讼主张不予支持。

裁判要点

第一，根据《中华人民共和国合同法》第五十二条“有下列情形之一的，合同无效：……（五）违反法律、行政法规的强制性规定”及《最高人民法院关于适用〈中华人民共和国合同法〉若干问题的解释（二）》第十四条“合同法第五十二条第（五）项规定的‘强制性规定’是指效力性强制性规定”的规定，认定合同无效，应以违反法律、行政法规的强制性规定作为依据。本案中，《甘肃省小额贷款公司管理试行办法》作为地方性法规，其第三十三条关于小额贷款公司贷款数额的规定系基于审慎性监管原则作出的管理性强制性规定。《中国银行业监督管理委员会中国人民银行关于小额贷款公司试点的指导意见》(银监发〔2008〕23号)第四条规定系倡导性、管理性规定，且该规定的性质属于行政规章。因此，本案借款合同虽违反上述规定，但合同依然有效。

第二，《中华人民共和国合同法》第四十四条第二款规定："法律、行政法规规定应当办理批准、登记等手续生效的，依照其规定。"依据上述规定，合同是否符合法定生效要件应以法律和行政法规为依据。本案中，《甘肃省省属国有企业重大事项监督管理暂行办法》系地方性法规，亦不能作为认定合同法定生效要件的依据。

综上，B公司关于合同无效的诉讼主张，法院不予支持。

实务经验总结

前事不忘，后事之师。为避免未来发生类似败诉，提出如下建议：

1. 地方性法规和行政规章的概念和范围是：

(1) 地方性法规是指有立法权的地方国家机关依法制定与发布的规范性文件。具体包括省、自治区、直辖市、国务院批准的较大的市以及省政府所在地的市的人民代表大会及其常委会根据宪法、法律和行政法规制定和发布的地方性法规。

(2) 行政规章是指国务院各部委以及各省、自治区、直辖市的人民政府和省、自治区的人民政府所在地的市以及设区的市的人民政府根据宪法、法律和行政法规制定和发布的规范性文件。国务院各部委制定的称为部门行政规章，其余的称为地方行政规章。根据《规章制定程序条例》第七条的规定，规章的名称一般称"规定""办法"。

2. 应当依据法律、行政法规来认定借款合同的效力，违反地方性法规和行政规章的借款合同并不无效。

3.《中华人民共和国合同法》第五十二条强调的是违反法律、行政法规的强制性规定，合同方才无效，但《最高人民法院关于适用〈中华人民共和国合同法〉若干问题的解释（二）》对这一规定作了限缩解释，即"强制性规定"仅指法律、行政法规中的效力性强制性规定，而不包括管理性强制性规定。

相关法律规定

《中华人民共和国合同法》

第四十四条　依法成立的合同，自成立时生效。

法律、行政法规规定应当办理批准、登记等手续生效的，依照其规定。

第五十二条 有下列情形之一的，合同无效：

（一）一方以欺诈、胁迫的手段订立合同，损害国家利益；

（二）恶意串通，损害国家、集体或者第三人利益；

（三）以合法形式掩盖非法目的；

（四）损害社会公共利益；

（五）违反法律、行政法规的强制性规定。

《最高人民法院关于适用〈中华人民共和国合同法〉若干问题的解释（二）》

第十四条 合同法第五十二条第（五）项规定的“强制性规定”，是指效力性强制性规定。

《中华人民共和国民法总则》

第一百五十三条 违反法律、行政法规的强制性规定的民事法律行为无效，但是该强制性规定不导致该民事法律行为无效的除外。

违背公序良俗的民事法律行为无效。

《中国银行业监督管理委员会、中国人民银行关于小额贷款公司试点的指导意见》（银监发〔2008〕23号）

四、小额贷款公司的资金运用

小额贷款公司在坚持为农民、农业和农村经济发展服务的原则下自主选择贷款对象。小额贷款公司发放贷款，应坚持“小额、分散”的原则，鼓励小额贷款公司面向农户和微型企业提供信贷服务，着力扩大客户数量和服务覆盖面。同一借款人的贷款余额不得超过小额贷款公司资本净额的5%。在此标准内，可以参考小额贷款公司所在地经济状况和人均GDP水平，制定最高贷款额度限制。

小额贷款公司按照市场化原则进行经营，贷款利率上限放开，但不得超过司法部门规定的上限，下限为人民银行公布的贷款基准利率的0.9倍，具体浮动幅度按照市场原则自主确定。有关贷款期限和贷款偿还条款等合同内容，均由借贷双方在公平自愿的原则下依法协商确定。

法院判决

以下为该案在法院审理阶段，裁判文书中“本院认为”部分就该问题的论述：

本院认为，本案二审争议焦点有三个问题：（1）一审判决关于A公司向B公司发放5000万元贷款的行为符合甘肃省有关规定的认定是否存在错误，是否影响合同效力；（2）一审判决关于100万元为担保服务费，与本案利息无关的认定是否存在错误；（3）一审法院关于利息和逾期履行生效判决确定的给付金钱责任的判决是否属于适用法律错误。

1. 一审判决关于A公司向B公司发放5000万元贷款的行为符合甘肃省有关规定的认定是否存在错误，是否影响合同效力。《甘肃省小额贷款公司管理试行办法》第三十三条规定："……注册资本金1亿元（含1亿元）以上的，其70%的资本金对同一借款人的贷款余额不得超过200万元。其余30%的资本金对同一借款人的贷款余额不得超过小额贷款公司注册资本金的5%，对单一集团企业客户的授信余额不得超过资本净额的15%。"上述规定为地方性法规，其第三十三条关于小额贷款公司贷款数额的规定系基于审慎性监管原则作出的管理性强制性规定。《中华人民共和国合同法》第五十二条规定："有下列情形之一的，合同无效：……（五）违反法律、行政法规的强制性规定。"《最高人民法院关于适用〈中华人民共和国合同法〉若干问题的解释（二）》第十四条规定："合同法第五十二条第（五）项规定的'强制性规定'是指效力性强制性规定。"由上述规定可见，合同法颁布实施后，认定合同无效，应以违反了法律、行政法规的效力性强制性规定作为依据。本案借款合同签订于2014年，在合同法颁布实施之后，因此《甘肃省小额贷款公司管理试行办法》第三十三条不属于认定合同无效的依据。原审法院对是否符合该条规定的事实认定结果，均不影响本案所涉《流动资金循环借款合同》的效力认定。

2. 一审判决关于100万元为担保服务费，与本案利息无关的认定是否存在错误。本案中，尽管融资担保公司与A公司法定代表人同一，存在持股关系，具有关联性，但两者是不同的法人主体，均独立承担法律责任。本案中，融资担保公司依照其与B公司签订的《最高额委托保证合同》向A公司提供担保，并依约收取100万元的担保费。该收取担保费的约定系当事人的真实意思表示，符合交易惯例，不违反相关法律和行政法规的效力性强制性规定，应认定其有效。B公司关于担保费为变相高息的上诉理由不能成立，其关于担保费应冲抵本金或者利息的上诉请求，本院不应支持。

3. 一审法院关于利息和逾期履行生效判决确定的给付金钱责任的判决是否属于适用法律错误。（1）《中华人民共和国合同法》第四十四条第二款规定："法律、行政法规规定应当办理批准、登记等手续生效的，依照其规定。"依据上述规定，规定合同法定生效要件的依据应为法律和行政法规。《甘肃省省属国有企业重大事项监督管理暂行办法》系地方性法规，不能作为认定合同法定生效要件的依据。而且，作为商业企业，应对自己的商业行为独立承担责任，在不能证明其在签约时意思表示不真实的情形下，只以其并不充分知情为由否定案涉借款合同效力的理由不够充分。经B公司出具委托付款书，A公司将5000万元贷款支付到B公司内设机构“国际工程部”账户。因此，该放款行为系B公司的真实意思表示，B公司称A公司这一放贷行为违背放贷的通行做法以表明B公司签订借款合同并非其真实意思表示的理由不能成立。（2）银监发〔2008〕23号《中国银行业监督管理委员会、中国人民银行关于小额贷款公司试点的指导意见》第四条规定，“小额贷款公司在坚持为农民、农业和农村经济发展服务的原则下自主选择贷款对象。小额贷款公司发放贷款，应坚持‘小额、分散’的原则，鼓励小额贷款公司面向农户和微型企业提供信贷服务，着力扩大客户数量和服务覆盖面。同一借款人的贷款余额不得超过小额贷款公司资本净额的5%”。如前所述，合同法颁布实施后，认定合同无效的依据应为法律、行政法规的效力性强制性规定。本案所涉借款合同签订于合同法实施后，上述规定系倡导性、管理性规定，且该规定的性质属于行政规章，故违反上述规定不影响案涉借款合同的性质。（3）《中华人民共和国合同法》第一百九十六条规定：“借款合同是借款人向贷款人借款，到期返还借款并支付利息的合同。”第一百一十四条第一款规定：“当事人可以约定一方违约时应当根据违约情况向对方支付一定数额的违约金，也可以约定因违约产生的损失赔偿额的计算方法。”第二百零七条规定：“借款人未按照约定的期限返还借款的，应当按照约定或者国家有关规定支付逾期利息。”在合同有效的情形下，B公司应依法依约给付期内利息和未按照约定按期偿还款项的逾期利息。当事人双方所签《流动资金循环借款合同》约定，除按年利率21%支付利息外，还应按年利率100%承担罚息，并按年利率50%按日承担违约金。A公司起诉时诉请的利息系从2014年7月15日起算，计算至起诉之日诉求的利息，其年利率为35.85%，超过中国人民银行同期贷款基准利率的四倍。《最高人民法院关于审理民间借贷案件的若干意见》第六条的规定是对自然人作为一方当事人的民间借贷合同利率的规范性规定，但对于企业之间形成的民间借贷法律关系，亦可参照适用。因此，一审法院据此将案涉借款的逾期利率调整为中国人民银行确定的同类贷款利率的四倍（包含利率本数）并无不当。《中华人民共和国民事诉讼法》第二百五十三条规定：“被执行人未按判决、裁定和其他法律文书指定的期间履行给付金钱义务的，应当加倍支付迟延履行期间的债务利息。被执行人未按判决、裁定和其他法律文书指定的期间履行其他义务的，应当支付迟延履行金。”该规定系对被执行人迟延履行判决、裁定和其他法律文书确定的义务的责任规定。因B公司负有履行法院判决书确定的给付金钱义务，故一审判决“如果未按本判决指定期间履行给付金钱义务，应当按照《中华人民共和国民事诉讼法》第二百五十三条的规定，加倍支付迟延履行期间的债务利息”，符合法律规定，并无不当。

案件来源

兰州市A公司与B建设有限公司民间借贷纠纷二审民事判决书［最高人民法院（2015）民二终字第230号］

延伸阅读

裁判规则一：部门规章、地方性法规不能作为否认借款合同效力的法律依据。

案例一：何某与陈某、忻州市A公司等借款合同纠纷二审判决书［山西省高级人民法院（2017）晋民终508号］认为，“陈某、A公司、珠宝公司认为某典当行违反《典当管理办法》中典当行不得对外发放信用贷款的有关规定，符合《中华人民共和国合同法》第五十二条的规定，应认定借款协议及担保协议无效的主张，但《最高人民法院关于适用〈中华人民共和国合同法〉若干问题的解释（一）》第四条规定‘合同法实施以后，人民法院确认合同无效，应当以全国人大及其常委会制定的法律和国务院制定的行政法规为依据，不得以地方性法规、行政规章为依据’，因《典当管理办法》系部门行政规章，不能作为否认合同效力的法律依据。何某受让典当公司债权符合法律规定，不存在‘以合法形式掩盖非法目的’之情形，也未损害公共利益，同时未违反法律及行政法规，不违反《中华人民共和国合同法》第五十二条规定的内容，陈某、A公司及珠宝公司主张借款合同无效的理由不符合法律规定，本院不予支持。”

裁判规则二：借款合同中约定的内容违反法律效力性强制规定的，该内容应认定为无效。

案例二：孙某、吕某民间借贷纠纷二审判决书［最高人民法院（2015）民一终字第149号］认为，“《借款及担保协议》关于担保的约定内容违反法律效力性强制规定，应认定无效。《借款及担保协议》第六条、第七条约定将48号地块的土地使用权作为财产担保。事实上，双方在签订合同之时均不享有48号地块的国有土地使用权。签订合同之后，借款方陈某、徐某也未取得该地块的国有土地使用权，反而是由出借方孙某竞拍成功，并与毕节市国土资源局签订《成交确认书》和《国有建设用地使用权出让合同》，约定48号地块的国有建设用地使用权出让给孙某。在一审法庭辩论终结前，孙某将该地块转让给A公司，该地块土地使用权已登记在A公司名下，A公司从未表示该块土地可作为抵押财产。由此可见，当事人约定将48号地块作为担保财产，并非设定了建立在国有土地使用权基础上的担保物权，而是创设了一种新型担保。根据《中华人民共和国物权法》第五条‘物权的种类和内容，由法律规定’的物权法定原则和物权法、担保法的相关规定，担保物权包括抵押权、质权、留置权，当事人无权创设法律没有规定的担保物权。因此，双方关于担保的约定内容违反了法律效力性强制规定，根据《中华人民共和国合同法》第五十二条的规定，应当认定无效。”

裁判规则三：借款人以第三人收取担保费的名义收取高额利息，属“以合法形式掩盖非法目的”，该担保无效，对已收取的高额利息应当予以返还或者冲抵本金。

案例三：王某与湖南A限公司、何某等民间借贷纠纷二审判决书［湖南省高级人民法院（2016）湘民终453号］认为，“王某与A公司、何某、沈某签订《借款凭证》，其中王某借款300万元给A公司，何某提供连带责任担保，属于各方真实意思表示，除利率与违约金的约定超出法律规定外，其他内容不违反法律强制性规定，应属合法有效。沈某为借款提供担保并收取担保费，其收取的担保费已全部支付给了王某，实际上系王某以沈某收取担保费的名义收取高额利息。根据《中华人民共和国合同法》第五十二条第三项的规定，具有‘以合法形式掩盖非法目的’之情形的合同应属无效，沈某提供虚假担保，应属无效。鉴于王某不能举证证明其已实际支付借款凭证所约定的300万元借款本金，现有证据只能证明王某支付了200万元，且其中有12万元在付出当天就返回给了王某，因此本案中，王某实际出借能计息的本金只有188万元。而A公司在2011年9月28日至2014年3月10日期间已实际还款24笔共3,485,000元，远超出了此期间王某受法律保护的民间借贷利息，A公司主张超出年利率36%的部分应当冲抵本金的主张符合法律规定，根据A公司每次还款的具体金额、时间逐次逐段冲抵后，A公司在本案起诉前已经不欠王某的借款本金。”

裁判规则四：虽未违反法律和行政法规的强制性规定，但非法的借贷关系不受法律保护。

案例四：黄某1与黄某2等债务纠纷再审判决书［广东省高级人民法院（2009）粤高法审监民提字第130号］认为，“首先，从本案事实看，1983年至1994年拆迁前，黄某2一家居住在韶关市南韶路37号房，后该房被拆迁，有关部门安排回迁的南韶路4栋305号公房被其妹黄某3搬进居住，故黄某2又搬回祖屋韶关市老东门61号房与其母杜某同住。后老东门61号又被拆迁，因拆迁补偿达不成协议，韶关市房地产开发公司向韶关市人民政府要求裁决，1994年11月18日韶关市人民政府作出（94）韶拆裁字第48号裁决书，其中裁决杜某一家十一口人临时安置到中山路横巷28号902房周转过渡至回迁之日。本院再审庭审时，黄某1称未收到（94）韶拆裁字第48号裁决书，不知裁决内容。（94）韶拆裁字第48号裁决书的送达回证及1995年3月2日韶关市房地产开发公司出具的《证明》可证明黄某1已知悉裁决书的内容，黄某1称未收到裁决书但没有相应的证据证明，本院对黄某1所称不予采信。另，黄某1在本院庭审时称，1995年春节前后黄某3已搬出南韶路4栋305号公房。在此情况下，黄某1未让黄某2一家搬到南韶路4栋305号公房居住，而是由其出资30,000元为黄某2一家另行购买了浈江南路4栋201房的公房承租权，黄某1后在1995年9月将南韶路4栋305号公房的承租权以28,000元卖给了黄某3。其次，虽然南韶路37号公房及该房被拆迁后另行安置的南韶路4栋305号公房的使用权人登记为黄某1，但根据《广东省公有房产管理条例》第十一条'住宅分配的对象，主要是无房户、危房户、拥挤户以及按政策应优先照顾的住户……'的规定，该房是政府考虑到黄氏家庭人口较多，为解决其家庭困难而安置其居住的，该房的真正使用权人应是黄氏家庭，事实上南韶路37号公房也由黄某2一家长期居住，原再审对此认定正确。因此，南韶路37号公房被拆迁后有关部门另行安置的公房仍应由黄氏家庭共同使用，黄某1无权擅自处分。综上所述，黄某1一方面垫资为黄某2购买201房的公房使用权，另一方面出卖305房的公房使用权，黄某2写下的借据虽表明双方有借贷关系，但该借贷关系的形成不符合《中华人民共和国民法通则》第九十条'合法的借贷关系受法律保护'的规定，对由此产生的黄某1与黄某2之间的债权债务关系，依法不予保护。"

018 "分手费"约定是否有效?

——"分手费"违反社会公序良俗，故不受法律保护

阅读提示

合法的民间借贷行为，法院都会予以保护，但对于情侣之间因感情纠葛而以借条的形式约定"分手费"，法院应当如何认定?

裁判要旨

基于同居或者两性关系而产生的“分手费”系情感债务转化而来的虚假借贷，因双方并不存在借贷合意，且违反社会公序良俗，所以不受法律保护。

案情简介

程某、徐某自2007年7月起同居生活。2011年10月双方经常吵架，同年10月12日徐某给程某出具欠条，载明徐某借程某11万元整。此后，程某、徐某仍同居生活在一起，后双方再次发生矛盾，程某离开徐某。

2013年，程某向户县人民法院起诉称，徐某以资金周转困难为由，借其现金11万元，后一直未还，请求法院判令徐某归还借款11万元。徐某辩称，欠条所载款项系分手费，并无借款事实。

户县人民法院认为，是程某对双方存在借贷事实的证明不足，其诉讼主张并无事实依据。二是涉案欠条所载款项系分手费，属于有损社会公序良俗的情感债务转化的借贷，应为无效。据此，户县人民法院判决驳回程某诉讼请求。

2014年，程某向西安市中级人民法院上诉。西安市中级人民法院判决驳回上诉，维持原判。

裁判要点

民间借贷是指自然人、法人、其他组织之间相互进行资金融通的行为，合法的借贷形式受法律保护，但若违背社会良俗则借贷合同无效。本案中，程某虽持有徐某出具的欠条，但仅凭欠条无法证明双方之间存在事实上的债权债务关系，因此程某的主张无法律和事实依据。综合全案，本案欠条实际上是双方同居关系破裂后所作出的处理约定，即“分手费”，实属情感债务转化而来的借贷，违反社会公序良俗，应为无效合同。最终法院对程某的诉讼主张不予支持。

实务经验总结

前事不忘，后事之师。为避免未来发生类似败诉，提出如下建议：

1. 认定存在民间借贷事实需符合形式和实质要件，既有达成合意的外在形式，如借条、借款合同、口头约定以及其他可以表明双方借款合意的形式，亦有款项的实际交付。本案中，虽然当事人一方出具欠条，但欠条的形成原因并非双方达成的借贷合意，而是恋爱关系形成的情感债务，同时双方也并无实际的借贷往来，因此欠条并无法律效力，属无效合同。

2. “分手费”也可能被认定为无偿性赠与行为。如果赠与人已自愿给付“分手费”，且不损害他人利益，则不能要求受赠人返还。相反，若赠与人尚未给付，则可以反悔并撤销“分手费”约定（详见延伸阅读案例二）。

相关法律规定

《最高人民法院关于审理民间借贷案件适用法律若干问题的规定》

第十四条 具有下列情形之一，人民法院应当认定民间借贷合同无效：

（一）套取金融机构信贷资金又高利转贷给借款人，且借款人事先知道或者应当知道的；

（二）以向其他企业借贷或者向本单位职工集资取得的资金又转贷给借款人牟利，且借款人事先知道或者应当知道的；

（三）出借人事先知道或者应当知道借款人借款用于违法犯罪活动仍然提供借款的；

（四）违背社会公序良俗的；

（五）其他违反法律、行政法规效力性强制性规定的。

《浙江省高级人民法院关于审理民间借贷纠纷案件若干问题的指导意见》（浙高法〔2009〕297号）

第三十五条 当事人主张的下列借贷，不予保护，依法判决驳回诉讼请求：

（一）因非法同居、不正当两性关系等行为产生“青春损失费”、“分手费”等有损社会公序良俗的情感债务转化的借贷。

（二）具有抚养、赡养义务关系的父母子女等直系亲属之间发生的有违家庭伦理道德和社会公序良俗的借贷。

法院判决

以下为该案在法院审理阶段，裁判文书中“本院认为”部分就该问题的论述：

针对上述争议焦点，徐某出具条据时，程某、徐某仍处于同居生活期间，双方对于同居期间的财务管理均称是对方管理，但双方均未提供证据证明，故应认定为共同管理财务，程某称徐某在此期间因生意周转需要资金为由向其借款并出具条据不符合常理。另，原审中出庭作证的两个证人均陈述了程某与徐某发生争吵、程某要求徐某出具条据的经过。程某二审中虽提供了其母亲王某的证言，因王某与程某之间有利害关系，对于王某的证言，本院不予采信。本案条据不应认定为借款，原审认定本案欠条属于双方“分手费”范畴、违反了公序良俗原则，并据此判决驳回程某的诉讼请求并无不当。综上，程某的上诉理由不能成立，其上诉请求本院不予支持。原审认定事实清楚，判决并无不当，应予维持。

案件来源

程某与徐某民间借贷纠纷二审民事判决书［西安市中级人民法院（2014）西中民三终字第00135号］

延伸阅读

与“分手费”有关的案例：

案例一：李某与刘某民间借贷纠纷一案一审民事判决书［靖远县人民法院（2015）靖北滩民初字第45号］认为，“本案双方当事人争议的焦点是原告请求被告给付的18,000元，是借款还是恋爱‘分手费’，是否应当给付。原告陈述这是借款，是一次性借的，在分手时被告出具的欠条，借款理由是被告开办某手机通讯店时，资金周转困难。被告辩驳陈述这是恋爱分手费。原告不同意分手，服药自杀，出院后又找他，他怕闹事，出具的欠条。被告反驳并有证人证明该手机通讯店不是自己开办的，而是刘某开办的，没有借款的必要。原告提交的证据欠条，不能证明是借款，只能证明欠款的事实，但欠款是有原因的，它的效力受原因行为的制约，原因行为如有欠缺、不合法、不可能或者与该行为不一致的，则该行为不成立。从证据的角度分析，原告提交的欠条中说明‘就此将一切结束’，结合证人证言，当事人自认的事实，足以对抗原告诉讼请求。恋爱‘分手费’反映了以感情为主要内容的男女之间的伦理关系，是人与人之间的特殊的人身关系。被告出具欠条的行为，是在原告吵闹、服药自杀的胁迫下，为了摆脱原告的纠缠，被告在违背真实意思的情况下所为的，是无效的民事行为。无效的民事行为，从行为开始起就没有法律约束力，故被告不再负有向原告给付18,000元的义务。综上，本院对原告的诉讼请求不予支持。”

案例二：甲诉王某民间借贷纠纷一审民事判决书［瑞丽市人民法院（2015）瑞民一初字第111号］认为，“合法的借贷关系受法律保护。原告甲与被告王某对借款本金9万元及已经归还31,000元的事实均无异议，被告应履行归还剩余本金

59,000 元的义务。原、被告因结束恋爱关系而约定支付分手费，并不存在真实的借贷关系，也没有互为给付对价的行为；该分手费应认定为被告的单方无偿赠与行为，根据合同法的相关规定，赠与人在赠与财产的权利转移之前可以撤销；现被告明确表示不愿意支付，因此对原告要求被告支付分手费的主张不予支持。被告关于原告没有诉请违约金，利息只应从借款日 2014 年 4 月至 2014 年 7 月 12 日写欠条日共 3.5 个月按银行同期贷款利率的四倍计算的抗辩主张，本院认为双方约定了借款利息和还款期限，欠条中'违约金 5% 月利息'应视为对逾期利息的约定，原告对该权利进行了主张。利息应按本金的不同分两个时间段计算，从借款日 2014 年 4 月至 2014 年 7 月 12 日写第一份欠条日按借款本金 9 万元计算；因原告未举证被告何时归还 31,000 元，所以自 2014 年 7 月 13 日至被告实际还款日按本金 59,000 元计算；由于双方约定的借款利息及逾期利息明显超过法律允许的范围，因此借款利息及逾期利息均应参照中国人民银行同期同类贷款利率的四倍计算。"

案例三：上诉人钱某与被上诉人汉某民间借贷纠纷一案二审民事判决书［迪庆藏族自治州中级人民法院（2015）迪民终字第 56 号］认为，"本案系民间借贷纠纷，在民间借贷案件中，借贷双方通过签订借款合同、出具借条、欠条等方式达成借贷合意的，借款合同成立。本案中，上诉人钱某与被上诉人汉某曾长期保持婚外不正当两性关系，二人于 2015 年 4 月 20 日写下一份附条件的协议书，后于 2015 年 5 月 2 日由汉某出具一份欠钱某 150,000.00 元的欠条，应视为后来出具的欠条是对前一协议书的变更。欠条应是证明债权债务关系合法成立的有效依据，钱某持汉某出具的欠条主张双方存在借贷关系，汉某对欠条的形式要件无异议，但认为并没有借款事实发生，不具备实质要件。在二审庭审中，钱某承认该笔款项性质为'分手费'，并未实际履行的事实，故双方之间并没有形成事实的借款关系。本院认为，根据《最高人民法院关于审理民间借贷案件适用法律若干问题的规定》第十四条：'具有下列情形之一，人民法院应当认定民间借贷合同无效：……（四）违背社会公序良俗的；……'的规定，仅凭一张欠条无法证明钱某与汉某之间存在事实上的债权债务关系，该欠条应属于双方'分手费'范畴，该行为属于有损社会公序良俗的情感债务转化的借贷，应为无效合同，不受法律保护。综合上述案情，一审法院对双方的借贷关系不予认定，判决驳回钱某的诉讼请求并无不当，本院予以支持。综上所述，一审法院认定事实清楚，适用法律正确。"

案例四：胡某与邵某民间借贷纠纷二审民事判决书［无锡市中级人民法院（2015）锡民终字第 1116 号］认为，"关于涉案 20 万元系借款还是分手费，胡某与邵某均只有本人陈述予以证明，法院应当运用逻辑推理和日常生活经验，对双方陈述有无证明力和证明力大小进行判断。本案中，胡某只提供支付邵某 20 万元的汇款凭证，邵某抗辩该款系胡某为解除双方的婚外情而支付的分手费。为此，邵某提供了：（1）其与胡某妻子之间的短信往来，证明三方均明知邵某与胡某之间的婚外情；（2）2014 年年初胡某要求借款的短信，证明之前双方没有结欠的款项。结合审理过程中，胡某自认 2008 年年底至 2009 年年初，其与邵某共同足疗时被邵某的前夫带人强行拍照，并出具了保证书；其后还被邵某的前夫殴打；以及在被邵某强烈质疑胡某否认两人感情时，胡某不敢回应的事实，法官有理由相信邵某与胡某之间存在婚外情，导致邵某离婚，胡某有可能为结束双方之间的感情而支付分手费 20 万元。胡某应就双方存在借款合意承担进一步的举证责任，鉴于胡某未提供相应证据，且对 2014 年年初为何没有向邵某催讨还款，反而向其借款作出合理的解释，故应承担举证不能的不利法律后果。胡某与邵某在各自婚姻存续期间保持婚外恋情，违背社会公序良俗，胡某主张因此而已经给付邵某的费用，本院不予支持。”

案例五：李某与潘某民间借贷纠纷一案一审民事判决书［景宁畲族自治县人民法院（2016）浙 1127 民初 104 号］认为，“自然人之间的借款合同是实践合同，该合同的生效要件必须包括，一是原、被告双方有借款的合意；二是款项要有实际的交付。原告陈述称，原、被告恋爱期间，被告的生活开支均是原告负责，欠条是基于此而产生，但是原告并未提交充分证据予以证明。被告虽出具原告一张欠条，并承诺还款时间，但实际为原、被告之间因为分手而产生的金钱纠葛，俗称‘分手费’，原、被告间的借款属于自然债务，不属于民间借贷受保护范畴，不具有法律强制性。原告起诉要求被告归还借款本金并支付逾期利息的诉请，由于原告并未存在实际交付给被告款项的行为，因此原、被告间的借款合同未生效，原告的诉请本院不予支持。被告辩称，原、被告间不存在真实借贷事实，原告不具有债权人资格的理由，本院予以采纳。”

案例六：黄某与胡某民间借贷纠纷一审民事判决书［桂阳县人民法院（2015）桂阳法民初字第 01253 号］认为，“合法的借贷关系受法律保护。本案的争议焦点是：原、被告之间的借贷关系是否成立、借贷行为是否实际发生。根据《中华人民共和国合同法》第二百一十条‘自然人之间的借款合同，自贷款人提供借款时生效’的规定，借贷合同的生效应当以出借人给付钱款为条件，在民间借贷纠纷案件中，主张借贷合同成立的一方当事人除应对合同的成立提供证据予以证明外，还应对借款是否实际给付承担举证责任。本案中，原告在诉状中‘2015 年 1 月 18

日被告因生活困难急需资金向我借钱 16,000 元'的陈述，与原告在庭审中'2014 年中秋节前后被告分 4 次向我借钱用于购物、旅游等开销'的陈述自相矛盾；虽然原告持有被告出具的借条，但是根据案件查明的事实来看，原、被告双方之间并不存在真实合法的借贷关系，该借条系因双方不正当男女两性关系行为产生的'分手费'，该债务转化的行为有损公序良俗，不能获得法律的保护；原告不能对已给付被告 16,000 元现金作出合理解释，也未提供其他相关证据证明双方实际给付现金，且被告也否认双方存在真实的借贷关系。鉴于原、被告双方的特殊关系，并综合庭审查明的事实及认定的证据，原、被告之间的借贷关系没有成立、借贷行为尚未实际发生。综上，原告要求被告偿还 16,000 元借款的诉请，缺乏事实和法律依据，本院依法不予支持。"

019 校园贷是否有效，是否需要支付利息？

——未成年人进行大额借款未经法定代理人同意、追认的，借贷行为无效，但应返还借款并支付占用期间的利息

阅读提示

近几年"校园贷"事件频发，未成年人借贷现象受到越来越多的关注，从法律角度出发，对司法实践中未成年人借贷的相关裁判规则进行解读便具有重要的实务意义。

裁判要旨

限制民事行为能力人可以进行与他的年龄、智力相适应的民事行为，其他民事行为则需要由其法定代理人代理或者征得其法定代理人的同意方能生效。

案情简介

2014 年，李某 1 在电白区某中学读书，未满 18 周岁。同年 11 月，经朋友介绍，李某 1 向陈某借款 5 万元，并立下借据交给陈某收执。借款到期后，李某 1 并未还款。

2015 年，陈某诉至电白区人民法院，请求李某 1 的父亲李某 2 偿还借款本息。电白区人民法院认为，李某 1 借款时 17 岁，理应能理解借款的行为内容及相应的

后果，因此本案借贷行为有效。李某 1 现已年满 18 周岁，该借款行为的后果应由李某 1 承担。据此，电白区人民法院判决李某 1 偿还陈某借款本息。

李某 1 不服电白区人民法院判决，向茂名市中级人民法院提起上诉，主张借贷事实并未发生。茂名市中级人民法院认为，李某 1 出具的两份《借据》写明“借到现金”，因此本案借贷事实存在，对李某 1 的主张不予支持。由于借贷事实发生时，李某 1 尚未成年，陈某在未取得李某 1 法定代理人的同意和追认的情况下向李某 1 出借涉案借款，该借款合同应为无效，李某 1 应当将所受利益予以返还。但因李某 1 实际占用借款，并产生相应法定的兹息，因此李某 1 还应当返还占用期间的利息给陈某。综上，茂名市中级人民法院判决驳回上诉，维持原判。

裁判要点

限制民事行为能力人可以进行与他的年龄、智力相适应的民事活动，其他民事活动需由法定代理人代理，或者征得他的法定代理人的同意方能生效。本案中，李某 1 借款时未满 18 周岁，且李某 1 的法定代理人对借贷事实并不同意也未追认，陈某在明知李某 1 系未成年人的情况下依然向其借贷高额款项，该借贷行为应为无效，李某 1 取得的利益构成不当得利，应当予以返还。由于本案审理时李某 1 已年满 18 周岁，因此返还借款的责任应当由李某 1 个人承担。李某 1 自取得借款之日起便实际占用了借款，并产生了相应法定的孳息，因此李某 1 还应当返还占用期间的利息给陈某。最终法院认定李某 1 应按中国人民银行同期同类贷款利率支付利息给陈某。

实务经验总结

前事不忘，后事之师。为避免未来发生类似败诉，提出如下建议：

1. 值得注意的是，本案中法院认定借贷关系无效，支持了出借人要求支付利息的请求，但是在司法实践中亦存在相反的裁判观点，对该情形下出借人关于支付利息的请求不予支持（详见延伸阅读案例三）。有鉴于此，出借人向未成年人借款时最好可以取得其法定代理人的书面同意，否则可能无法获得利息。

2. 未成年人未经法定代理人同意即向他人借款并约定高额利息，由于该情形下借贷合同无效，关于利息的约定亦无效，法院至多从合同无效的角度认定借款人向出借人支付合理利息作为损失赔偿。因此，未成年人不必因为高额利息约定或出借人的威胁而做出不当行为。

相关法律规定

《中华人民共和国民法总则》

第十七条　十八周岁以上的自然人为成年人。不满十八周岁的自然人为未成年人。

第十九条　八周岁以上的未成年人为限制民事行为能力人，实施民事法律行为由其法定代理人代理或者经其法定代理人同意、追认，但是可以独立实施纯获利益的民事法律行为或者与其年龄、智力相适应的民事法律行为。

第二十条　不满八周岁的未成年人为无民事行为能力人，由其法定代理人代理实施民事法律行为。

第二十一条　不能辨认自己行为的成年人为无民事行为能力人，由其法定代理人代理实施民事法律行为。

八周岁以上的未成年人不能辨认自己行为的，适用前款规定。

第二十二条　不能完全辨认自己行为的成年人为限制民事行为能力人，实施民事法律行为由其法定代理人代理或者经其法定代理人同意、追认，但是可以独立实施纯获利益的民事法律行为或者与其智力、精神健康状况相适应的民事法律行为。

第二十三条　无民事行为能力人、限制民事行为能力人的监护人是其法定代理人。

《中华人民共和国合同法》

第四十七条　限制民事行为能力人订立的合同，经法定代理人追认后，该合同有效，但纯获利益的合同或者与其年龄、智力、精神健康状况相适应而订立的合同，不必经法定代理人追认。

相对人可以催告法定代理人在一个月内予以追认。法定代理人未作表示的，视为拒绝追认。合同被追认之前，善意相对人有撤销的权利。撤销应当以通知的方式作出。

第五十八条　合同无效或者被撤销后，因该合同取得的财产，应当予以返还；不能返还或者没有必要返还的，应当折价补偿。有过错的一方应当赔偿对方因此所受到的损失，双方都有过错的，应当各自承担相应的责任。

法院判决

以下为该案在法院审理阶段，裁判文书中“本院认为”部分就该问题的论述：

李某1向陈某出具涉案的两份《借据》，李某1对涉案的两份《借据》上的“李某1”的名字为其本人所签无异议。因此，本院确认涉案的两份《借据》的真实性。从本案查明的事实看，李某1出具的两份《借据》写明借到现金，因此可以认定李某1已经实际取得借款。对于借款的具体数额，因原审判决认定陈某实际出借金额为50,000元而非60,000元，陈某对此并未上诉，本院视为服判，故本院认定李某1实际取得的借款本金为50,000元。

李某1向陈某出具涉案的两份《借据》时，其还在电白区某中学读书，是未满18周岁的在校学生，有李某1的身份证及其向电白区某中学缴纳的现金交费单及2015年6月3日茂名市电白区某中学核发给李某1的《广东省普通高级中学毕业证书》足以证实。根据《中华人民共和国民法通则》第十二条第一款“十周岁以上的未成年人是限制民事行为能力人，可以进行与他的年龄、智力相适应的民事活动；其他民事活动由他的法定代理人代理，或者征得他的法定代理人的同意”的规定，李某1在向陈某借款并出具涉案的两份《借据》时为限制民事行为能力人，李某1可以从事与他的年龄、智力相适应的民事活动。本案中，李某1向陈某先后两次借款共计50,000元，借款数额巨大，显然与李某1的年龄不相适应。陈某在未取得李某1法定代理人同意的情况下，且未能举证证明李某1存在《中华人民共和国民法通则》第十一条第二款“十六周岁以上不满十八周岁的公民，以自己的劳动收入为主要生活来源的，视为完全民事行为能力人”的情形。根据《中华人民共和国合同法》第四十七条“限制民事行为能力人订立的合同，经法定代理人追认后，该合同有效，但纯获利益的合同或者与其年龄、智力、精神健康状况相适应而订立的合同，不必经法定代理人追认。相对人可以催告法定代理人在一个月内予以追认。法定代理人未作表示的，视为拒绝追认。合同被追认之前，善意相对人有撤销的权利。撤销应当以通知的方式作出”的规定，本案中陈某向李某1出借涉案借款时并未取得李某1的法定代理人的追认。因此，本院认定李某1与陈某之间的借款合同为无效合同。原审判决认定李某1与陈某之间的借款合同为有效合同错误，本院予以纠正。

又根据《中华人民共和国合同法》第五十八条“合同无效或者被撤销后，因该合同取得的财产，应当予以返还；不能返还或者没有必要返还的，应当折价补偿。有过错的一方应当赔偿对方因此所受到的损失，双方都有过错的，应当各自承担相应的责任”的规定，李某1应当返还借款本金50,000元给陈某。因李某1自取得借款之日起实际占用了借款，并产生了相应法定的孳息，因此李某1应当返还占用期间的利息给陈某。陈某起诉请求李某1支付的利息为从起诉之日起至还清欠款之日止是其对自己民事权利的处分，应予准许。因此，李某1应按中国人民银行同期同类贷款月利率支付从本案起诉之日起至还清欠款之日止的利息给陈某。原审判决李某1返还借款本金及利息正确，本院予以维持。

案件来源

陈某与李某1、李某2民间借贷纠纷二审民事判决书［茂名市中级人民法院（2015）茂中法民四终字第167号］

延伸阅读

与未成年人借贷相关的案例：

案例一：石某与曹某1、王某等民间借贷纠纷一审民事判决书［蒙阴县人民法院（2016）鲁1328民初1626号］认为，"被告曹某1系未成年人，《中华人民共和国民法通则》第十六条第一款规定：'未成年人的父母是未成年人的监护人。'第一百三十三条第一款规定，'无民事行为能力人、限制民事行为能力人造成他人损害的，由监护人承担民事责任'。《中华人民共和国民事诉讼法》第一百三十二条规定：'必须共同进行诉讼的当事人没有参加诉讼的，人民法院应当通知其参加诉讼。'根据上述规定及原告申请，本院追加被告曹某1的父亲曹某2为本案被告。

十周岁以上的未成年人是限制民事行为能力人，《中华人民共和国合同法》第四十七条规定：'限制民事行为能力人订立的合同，经法定代理人追认后，该合同有效，但纯获利益的合同或者与其年龄、智力、精神健康状况相适应而订立的合同，不必经法定代理人追认。相对人可以催告法定代理人在一个月内予以追认。法定代理人未作表示的，视为拒绝追认。合同被追认之前，善意相对人有撤销的权利。撤销应当以通知的方式作出。'本案中，债权债务关系发生时，被告曹某1系限制民事行为能力人，其在欠条上签字捺印的行为，效力待定，因曹某1的父母对其行为未作追认，故该借款行为无效。《中华人民共和国民法通则》第六十一条第一款规定：'民事行为被确认为无效或者被撤销后，当事人因该行为取得的财产，应当返还给受损失的一方。有过错的一方应当赔偿对方因此所受的损失，双方都有过错的，应当各自承担相应的责任。'故被告曹某1应返还原告石某现金3700元。庭审中，因原告石某认可曹某1已用手机抵顶现金1000元用于偿还借款的事实，故被告应返还原告现金2700元。《中华人民共和国民法通则》第一百三十三条第一款规定：'无民事行为能力人、限制民事行为能力人造成他人损害的，由监护人承担民事责任。监护人尽了监护责任的，可以适当减轻他的民事责任。’故被告王某、曹某2作为曹某1的监护人应承担返还原告现金2700元的民事责任。”

案例二：冯某与王某民间借贷纠纷一审民事判决书［广州市越秀区人民法院（2017）粤0104民初6580号］认为，“关于原告签订《联营合同》行为的效力问题。《中华人民共和国民法总则》第十七条规定：‘十八周岁以上的自然人为成年人。不满十八周岁的自然人为未成年人。’第十九条规定：‘八周岁以上的未成年人为限制民事行为能力人，实施民事法律行为由其法定代理人代理或者经其法定代理人同意、追认，但是可以独立实施纯获利益的民事法律行为或者与其年龄、智力相适应的民事法律行为。’本案中，虽然原告在与被告签订本案合同时未满十八周岁，但原告父亲作为其法定代理人代为向被告转账5万元的行为视为法定代理人对未成年人出借款项的代理，故原告与被告签订《联营合同》的行为有效，本院予以认定。

关于本案的款项性质问题。公民之间合法的借贷关系受法律保护，债务应当清偿。根据《最高人民法院关于民事诉讼证据的若干规定》第二条规定，当事人对自己提出的诉讼请求所依据的事实或者反驳对方诉讼请求所依据的事实有责任提供证据加以证明。没有证据或者证据不足以证明当事人的事实主张的，由负有举证责任的当事人承担不利后果。原告为证明双方属于借贷关系提供了《联营合同》和银行的转账凭证，并主张虽然双方签订的是联营合同，但实际上是借款，合同签订后根本没有如合同所述合作经营，被告拿到款项后也没有向原告交代合作事项，在一个月后便不知所踪，而被告经本院传票传唤未到庭应诉、核证、质证，亦无提供反驳的证据，视为其放弃诉讼权利，故本院采信原告的主张，认定本案原、被告为民间借贷关系，原告向被告转账的款项为被告向原告的借款。”

案例三：徐某与汤某1、汤某2民间借贷纠纷一审民事判决书［乐清市人民法院（2015）温乐商初字第1619号］认为，“根据我国法律规定，十周岁以上的未成年人是限制民事行为能力人，可以进行与他的年龄、智力相适应的民事活动；其他民事活动由他的法定代理人代理，或者征得其法定代理人的同意。限制民事行为能力人订立的合同，经法定代理人追认后，该合同有效，但纯获利益的合同或者与其年龄、智力、精神健康状况相适应而订立的合同，不必经法定代理人追认。在本案中，被告汤某2在借款发生时未满十五周岁，为限制民事行为能力人，其能独立进行简单的民事活动，但其参加借款金额较大的复杂民事活动时，对自己行为的判断、辨认能力并不完全，不能完整维护自己的利益，故其作出的民事行为效力待定，需要其法定代理人事后的追认。但时至今日，被告汤某2的法定代理人即被告汤某1并未对被告的借款行为予以追认，故被告汤某2出具领款收据的行为应为无效。民事行为无效后，因民事行为取得的财产，应当予以返还。现被告汤某2已成年，原告诉请要求被告汤某2返还22,000元借款，于法有据，本院对此予以支持。我国法律还规定，行为人没有代理权、超越代理权或者代理权终止后以被代理人名义订立的合同，未经被代理人追认，对被代理人不发生效力，由行为人承担责任。相对人可以催告被代理人在一个月内予以追认。被代理人未作表示的，视为拒绝追认。本案被告汤某1并未在领款收据上签字，原告没有提供证据证明被告汤某1是知道被告汤某2以其名义出具领款收据而不作否认表示，被告汤某2代其签名的行为属无权代理，事后因未得到被告汤某1追认，该代理行为无效，故原告要求被告汤某1承担共同还款责任的诉请，依据不足，本院不予支持。至于利息损失问题，原告在出借金额较大的款项给被告汤某2前，对被告汤某2的资信、认知能力等未作合理评估，存在一定过错，故本院对原告要求被告支付利息损失的主张不予支持。两被告经本院合法传唤，无正当理由拒不到庭参加诉讼，本案依法缺席审判。"

案例四：章某、黄某民间借贷纠纷二审民事判决书［绍兴市中级人民法院（2017）浙06民终2201号］认为，"本案二审争议焦点在于双方当事人之间是否存在146,600元的借款事实，上诉人是否应返还被上诉人146,600元。对于争议焦点问题，本院作如下分析：一、关于借款关系的当事人及效力的问题。上诉人认可2015年11月14日借条系其本人出具，且出具时不存在欺诈、胁迫等违法情形，因此可确认该借条的真实性。因上诉人出具借条时为限制民事行为能力人且诉讼中其法定代理人对上诉人当时的行为未予追认，故该民事行为应认定无效。根据双方当事人陈述，借条上虽有案外人'王某'作为共同借款人的签字，但被上诉人作为债权人选择债务人主张权利，系对其自身权利的处分，并不违反法律的规定，且不影响上诉人承担责任后向其他共同债务人主张权利，故本案借款关系当事人可确定为被上诉人与上诉人。二、关于借条所载款项是否已经交付的问题。在借贷法律关系中，款项的交付可以在借据出具之时或之后，亦可以在借据出具之前。本案中，被上诉人主张款项交付在前，借条出具在后。对于该主张，被上诉人二审庭审中出示了其手机上支付宝的转账记录，共向上诉人及上诉人母亲转账12笔计款79,054元，上诉人在二审中对该转账事实予以认可。同时，被上诉人在一审时提供反映双方当事人之间手机销售等事实的QQ聊天记录、向公安机关的报案材料以及双方当事人在一、二审中的陈述等证据，达到了高度盖然性的证明标准，能够证明在借条出具之前被上诉人通过其他方式交付其余借款的事实。综上分析，本案中应当认定上诉人章某与被上诉人黄某之间发生146,600元借款的事实存在。上诉人章某应当依据无效合同处理的相关法律规定，承担返还尚欠款项的民事责任。被上诉人黄某要求上诉人章某返还欠款的诉讼请求，理由正当，依法应予支持。”

020 受让了无效民间借贷债权，竟有权要求还款?

——民间借贷合同无效，借款人因无效借款合同取得的财产应当返还

阅读提示

民间借贷合同有效的情况下，在借款到期时借款人应当承担还款责任。那么在民间借贷合同无效的情况下，借款人是否需要承担还款责任？若无效合同下的债权转让给第三人，第三人还能否向借款人主张债权？

裁判要旨

违反法律、行政法规强制性规定的民间借贷合同无效，借款人因无效借款合同取得的财产应当予以返还。

案情简介

2012年5月，沈某向孙某出借借款，孙某将该款项出借给在银行工作的冷某，冷某再以梁某（冷某的亲属）的名义转手出借给陈某。

2014年4月12日，孙某将其对冷某的债权转让给沈某，三方确认冷某尚欠沈某2000万元。

同日，沈某与冷某及梁某签订《债权转让协议》，约定梁某将其对陈某的债权转让给沈某，用以清偿冷某欠沈某的2000万元债务。

2016年，陈某和冷某均被法院认定犯非法吸收公众存款罪。

2016年，沈某向镇江市中级人民法院起诉，请求法院判令陈某等人共同归还借款，担保人承担连带保证责任。镇江市中级人民法院认为，冷某和陈某因犯非法吸收公众存款罪，双方借贷关系应为无效，陈某取得的财产应当向冷某返还，该部分借款又因沈某受让债权而取得，因此陈某应当向沈某返还2000万元借款。

2017年，陈某不服一审判决，向江苏省高级人民法院提起上诉。江苏省高级

人民法院经审理，判决驳回上诉，维持原判。

裁判要点

根据我国法律的规定，违反法律、行政法规强制性规定的合同无效，当事人因合同无效取得的财产应当予以返还。

本案中，陈某向冷某吸收资金累计7亿余元，陈某清楚冷某作为银行工作人员不可能自身拥有巨额资金，冷某出借款项均是对外借款后转借陈某赚取息差，而冷某作为银行工作人员，也明知其和陈某之间的巨额资金往来违反了国家金融管理法规，扰乱了金融秩序，故其二人之间的借贷关系因犯非法吸收公共存款罪应认定为无效。

尽管冷某和陈某之间的借贷关系无效，但冷某仍享有基于无效合同所产生的返还财产请求权，而由此产生的债权只要出自转让双方的真实意思表示即可转让，并不违反法律法规的强制性规定。据此，冷某（梁某仅是名义出借人）和沈某以签订案涉《债权转让协议》的方式将2000万元债权转让给沈某的行为应为有效，沈某有权请求陈某返还借款。

实务经验总结

前事不忘，后事之师。为避免未来发生类似败诉，提出如下建议：

1. 民间借贷合同无效的情况下，借款人的还款责任并不因此免除，借款人因无效借款合同取得的财产依然应当予以返还。民间借贷合同无效也不当然影响由此产生的债权转让行为的效力，只要债权转让双方的意思表示真实且不违反法律法规的强制性规定，债权转让依然有效。

2. 值得注意的是，虽然出借人依然有权要求借款人返还借款，但因借款产生的利息法院不予支持。本案中，沈某向陈某主张借款利息，但法院认为，因冷某与陈某之间的借贷关系无效，故利息不予支持。

相关法律规定

《最高人民法院关于审理民间借贷案件适用法律若干问题的规定》

第十四条　具有下列情形之一，人民法院应当认定民间借贷合同无效：

（一）套取金融机构信贷资金又高利转贷给借款人，且借款人事先知道或者应当知道的；

（二）以向其他企业借贷或者向本单位职工集资取得的资金又转贷给借款人牟利，且借款人事先知道或者应当知道的；

（三）出借人事先知道或者应当知道借款人借款用于违法犯罪活动仍然提供借款的；

（四）违背社会公序良俗的；

（五）其他违反法律、行政法规效力性强制性规定的。

《中华人民共和国合同法》

第五十二条 有下列情形之一的，合同无效：

（一）一方以欺诈、胁迫的手段订立合同，损害国家利益；

（二）恶意串通，损害国家、集体或者第三人利益；

（三）以合法形式掩盖非法目的；

（四）损害社会公共利益；

（五）违反法律、行政法规的强制性规定。

第五十八条 合同无效或者被撤销后，因该合同取得的财产，应当予以返还；不能返还或者没有必要返还的，应当折价补偿。有过错的一方应当赔偿对方因此所受到的损失，双方都有过错的，应当各自承担相应的责任。

第五十九条 当事人恶意串通，损害国家、集体或者第三人利益的，因此取得的财产收归国家所有或者返还集体、第三人。

法院判决

以下为该案在法院审理阶段，裁判文书中“本院认为”部分就该问题的论述：

第一，虽然（2017）苏11刑终66号刑事判决认定陈某系为单位利益借款，所借款项由单位统一调度使用，陈某亦是作为单位直接负责的主管人员被追究刑事责任，但《最高人民法院关于审理民间借贷案件适用法律若干问题的规定》第二十三条第二款规定：“企业法定代表人或负责人以个人名义与出借人签订民间借贷合同，所借款项用于企业生产经营，出借人请求企业与个人共同承担责任的，人民法院应予支持。”而从沈某提供的三张借条以及上述刑事判决认定的事实可见，陈某即属于以个人名义出具借条，所借款项用于企业生产经营的情形，故一审判决陈某和某公司对案涉债务承担共同还款责任并无不当。陈某、赵某提出在冷某和陈某的借贷关系无效的情况下，本案不应适用《最高人民法院关于审理民间借贷案件适用法律若干问题的规定》的上述规定。对此，本院认为，沈某在本案中所主张的债权系来源于其所受让的冷某对陈某的债权，陈某和冷某现均被认定为犯非法吸收公众存款罪，陈某向冷某吸收资金累计7亿余元，陈某清楚冷某作为银行工作人员不可能自身拥有巨额资金，冷某出借款项均是对外借款后转借陈某赚取息差，而冷某作为银行工作人员，也明知其和陈某之间的巨额资金往来违反了国家金融管理法规，扰乱了金融秩序，故其二人之间的借贷关系，符合《中华人民共和国合同法》第五十二条第五项“违反法律、行政法规的强制性规定”的情形，应认定为无效。而《最高人民法院关于审理民间借贷案件适用法律若干问题的规定》第二十三条第二款并未就民间借贷合同的效力对出借人请求企业与企业法定代表人共同承担还款责任的情形作出区分。况且，在合同有效的情况下，陈某尚需和公司共同承担还款责任，现因其犯罪行为导致民间借贷合同被认定为无效，其却不需要承担还款责任，即陈某反而因其非法行为免除民事责任的承担，这显然有失公平。故本院对于陈某、赵某的上述主张，不予采信。

第二，尽管冷某和陈某之间的借贷关系无效，但《中华人民共和国合同法》第五十八条规定因合同无效取得的财产应当返还，即冷某仍享有基于无效合同所产生的返还财产请求权，由此产生的债权只要出自转让双方的真实意思表示即可转让，并不违反法律法规的强制性规定。据此，冷某（梁某仅是名义出借人）和沈某以签订案涉《债权转让协议》的方式将2000万元债权转让给沈某的行为应为有效。本院对于陈某、赵某提出的该债权转让协议应为无效的主张，不予采信。

案件来源

沈某与陈某、江苏某集团等民间借贷纠纷二审民事判决书［江苏省高级人民法院（2017）苏民终1307号］

021 民间借贷出借人能否以承兑汇票方式支付借款，借贷关系是否有效？

——出借人以承兑汇票方式支付借款不影响民间借贷关系的存在及效力

阅读提示

当下，借款交付方式多样，包括现金支付、银行转账、网络金融工具支付以及承兑汇票方式支付等。对于诉讼而言，交付方式不同，当事人的举证方式与法院的裁判规则亦存在差异。本案中，当事人以承兑汇票方式交付借款，司法实践中由于承兑汇票的承兑期限、承兑资格等因素影响，大多数承兑汇票持有人愿意低价转让承兑汇票，而借款人出于差价也愿意接受以承兑汇票为借贷标的的借款，但倒卖银行承兑汇票在我国受到一定的限制，严重情况下甚至可能构成刑事犯罪。在此情况下，当事人以承兑汇票形式交付借款，其效力究竟如何？

裁判要旨

民间借贷出借人支付借款的方式系交付银行承兑汇票的，不能因此否定借款关系的存在及其效力，也不能因此免除债务人的还款责任。

案情简介

2013年，郝某1出具借据，载明其借到张某1、张某2现金共计500万元整，双方以承兑汇票方式交付借款。2014年7月10日，张某1将其债权转让给张某2。

后因郝某1不偿还借款，张某2向运城市中级人民法院起诉。运城市中级人民法院判决郝某1偿还借款。

郝某1不服，向山西省高级人民法院上诉，辩称本案当事人之间名为借贷实为倒卖承兑汇票关系，张某2涉嫌非法经营罪，法院应当驳回起诉。山西省高级人民法院对郝某1抗辩不予支持。

2015年，郝某1向最高人民法院申请再审。最高人民法院认为，不能因支付方式否定借款关系的存在及其效力，也不能因此免除债务人的还款责任，因此对郝某1关于本案借款关系无效的诉讼主张不予支持。

裁判要点

《中华人民共和国票据法》第十条规定：“票据的签发、取得和转让，应当遵循诚实信用的原则，具有真实的交易关系和债权债务关系。票据的取得，必须给付对价，即应当给付票据双方当事人认可的相对应的代价。”依据上述规定，票据是依法可以转让的权利凭证，并且票据取得可以以金钱债务为对价。本案中，虽然支付借款的方式系交付银行承兑汇票，但是不能因支付方式否定借款关系的存在及其效力，也不能因此免除债务人的还款责任。郝某1取得承兑汇票后已全部实际使用，并且郝某1在借款期间履行了偿还部分利息的义务。郝某1借款的事实客观存在，其与张某1、张某2的借贷行为是各方当事人真实意思表示，其内容并不违反法律和行政法规的强制性规定，借贷行为未扰乱金融秩序，也未损害社会公共利益，上述借贷行为均合法有效，各方当事人应当遵守诚实信用原则，履行各自的义务。

实务经验总结

前事不忘，后事之师。为避免未来发生类似败诉，提出如下建议：

1. 承兑汇票是民间借贷款项交付的方式之一，在双方意思表示真实，其内容并不违反法律和行政法规的强制性规定的情况下，借贷行为合法有效，当事人应当遵守诚实信用原则，履行各自的义务。

2. 以承兑汇票作为交付借款的方式，与当事人以票据贴现为名进行民间借贷之间存在差异。后者的票据活动是双方通谋虚伪行为，所涉民事行为无效，应以实际民间借贷关系审理，当事人主张票据权利的，法院不予支持。

3. 若当事人非法从事资金支付结算业务，买卖承兑汇票扰乱市场秩序或者以非法占有为目的，以冒用他人汇票的方式骗取他人财物的，则可能构成非法经营罪或者票据诈骗罪，受到刑罚的制裁。

相关法律规定

《中华人民共和国票据法》

第十条　票据的签发、取得和转让，应当遵循诚实信用的原则，具有真实的交易关系和债权债务关系。

票据的取得，必须给付对价，即应当给付票据双方当事人认可的相对应的代价。

《中华人民共和国刑法》

第一百九十四条第一款　有下列情形之一，进行金融票据诈骗活动，数额较大的，处五年以下有期徒刑或者拘役，并处二万元以上二十万元以下罚金；数额巨大或者有其他严重情节的，处五年以上十年以下有期徒刑，并处五万元以上五十万元以下罚金；数额特别巨大或者有其他特别严重情节的，处十年以上有期徒刑或者无期徒刑，并处五万元以上五十万元以下罚金或者没收财产：

（一）明知是伪造、变造的汇票、本票、支票而使用的；

（二）明知是作废的汇票、本票、支票而使用的；

（三）冒用他人的汇票、本票、支票的；

（四）签发空头支票或者与其预留印鉴不符的支票，骗取财物的；

（五）汇票、本票的出票人签发无资金保证的汇票、本票或者在出票时作虚假记载，骗取财物的。

第二百二十五条 违反国家规定，有下列非法经营行为之一，扰乱市场秩序，情节严重的，处五年以下有期徒刑或者拘役，并处或者单处违法所得一倍以上五倍以下罚金；情节特别严重的，处五年以上有期徒刑，并处违法所得一倍以上五倍以下罚金或者没收财产：

（一）未经许可经营法律、行政法规规定的专营、专卖物品或者其他限制买卖的物品的；

（二）买卖进出口许可证、进出口原产地证明以及其他法律、行政法规规定的经营许可证或者批准文件的；

（三）未经国家有关主管部门批准非法经营证券、期货、保险业务的，或者非法从事资金支付结算业务的；

（四）其他严重扰乱市场秩序的非法经营行为。

《最高人民法院关于审理民间借贷案件适用法律若干问题的规定》

第九条 具有下列情形之一，可以视为具备合同法第二百一十条关于自然人之间借款合同的生效要件：

（一）以现金支付的，自借款人收到借款时；

（二）以银行转账、网上电子汇款或者通过网络贷款平台等形式支付的，自资金到达借款人账户时；

（三）以票据交付的，自借款人依法取得票据权利时；

（四）出借人将特定资金账户支配权授权给借款人的，自借款人取得对该账户实际支配权时；

（五）出借人以与借款人约定的其他方式提供借款并实际履行完成时。

法院判决

以下为该案在法院审理阶段，裁判文书中“本院认为”部分就该问题的论述：

郝某1与张某1、张某2之间签订有《借款协议》，且郝某1承认2012年收到张某1交给他的1000万元银行承兑汇票，该汇票全部用于俊发家电商城的企业经营。郝某1偿还张某1 500万元借款本息后，因剩余500万元本息未还，故在2013年分别向张某1、张某2出具借条。而张某1将280万元债权转让给张某2已通知郝某1，说明张某2与郝某1之间存在借贷关系。虽然支付借款的方式系交付银行承兑汇票，但是不能因支付方式否定借款关系的存在及其效力，也不能因此免除债务人的还款责任。郝某1主张双方系非法买卖银行承兑汇票关系不是借款关系，主张案涉借款是承兑汇票利滚利而形成的，不应受到法律的保护的主张，因举证不能，不应予以支持。

案件来源

张某2、李某与郝某2、郝某1民间借贷纠纷申请再审民事裁定书［最高人民法院（2015）民申字第1597号］

延伸阅读

裁判规则一：民间借贷中，当事人以承兑汇票方式交付借款，不影响民间借贷关系成立。

案例一：冯某与沈某、潘某民间借贷纠纷申诉、申请民事裁定书［最高人民法院（2017）最高法民申251号］认为，"本案中，冯某向一审法院提供的其与沈某的对话录音，经过鉴定不存在编辑、剪辑情况，可以作为认定本案事实的证据。根据录音内容，沈某承认系其向冯某提出借款3000万元的意向，且2694万元承兑汇票已经由陈某收取，沈某让陈某拿去贴现。故原审法院据此认定在冯某和沈某之间存在借款合意，有相应的事实依据。在冯某已经向沈某委托收款的陈某交付2694万元的承兑汇票后，依法应当认定在冯某与沈某之间就该2694万元成立借款关系。冯某在本案中主张该款项中陈某使用的1644万元由陈某负责归还，仅向沈某主张归还其实际使用的1050万元，系其处分权的行使，不违反法律规定。故原审判决认定沈某应当承担该1050万元借款的还本付息的责任，符合本案的实际情况。至于沈某与陈某之间是否存在其他债权债务关系，可另案解决，并非本案的审理范围。再审申请人沈某关于其与冯某之间不存在案涉1050万元借款关系的申请理由，并无相应的事实和法律依据，本院不予支持。"

案例二：阜宁县A公司与张某、任某民间借贷纠纷申请再审民事裁定书［最高人民法院（2014）民申字第1640号］认为，"关于张某与A公司之间是否存在民间借贷关系的问题。1.2012年12月1日，出借方张某与借款方A公司，担保方赵某、任某签订借款协议明确载明：'三方确认，截至本协议签订时A公司尚结欠张某借款本金250万元……A公司已经实际收取并用于公司的日常经营。'虽然，借款方处A公司未盖章，但任某既是A公司的法定代表人，又是该笔借款的保证人，其在担保方处签字，不仅证明其是保证人，还表明其作为A公司的法定代表人对该公司向张某借款的事实知情。2. 借款协议第七条载明：'各方之前的约定均予以作废，以本协议约定效力为准。' 说明借款协议签订之前当事人之间有过其他协议，如A公司所述的2012年9月27日赵某、任某与张某、许某以及奚某签订的三方《协议书》等，最终均以该借款协议确定各方的权利义务关系。3.2012年12月3日，股东赵某以A公司的名义向张某出具250万元的借条，印证A公司向张某借款的事实。关于赵某是不是A公司股东的问题，经调阅原审卷宗查明，一审庭审对张某提供的由A公司出具的《股金明细表》以及给赵某的出资证明进行质证，A公司当庭表示对上述证据的真实性无异议，认可赵某的股东身份。4.2012年4月9日，A公司与B公司签订焦炭购销合同，其中明确约定以银行承兑汇票结算，一船一结，长期供货。2013年9月28日，B公司出具证明，证实其销售人员奚某于2012年10月10日至2012年11月30日，收到A公司由张某代赵某、任某支付银行承兑汇票，共计253万元，购买四船焦炭合计2084吨，货已发至A公司，双方货款两清。该证明与A公司自行编制的《阜宁县A金属制品有限公司购进货物明细报表》上面记载的货物数量相吻合，说明与该购销合同关联的借款协议已经履行。5. 张某提供的15张承兑汇票复印件，即奚某签收的银行承兑汇票11张、李某签收的银行承兑汇票3张、张某自行备注交付给奚某的银行承兑汇票1张，共计253万元，证明张某出借款项已交付。综上，A公司虽然未在借款协议上盖章，但上述证据表明，A公司的法定代表人对借款协议的内容完全知情，张某亦依约向A公司提供借款253万元，由该公司用于购买焦炭，张某履行借款协议全部义务，A公司接受履行的行为足以认定，张某与A公司的借款协议依法成立，双方之间形成民间借贷关系。"

案例三：A公司、李某与谢某民间借贷纠纷申请再审民事裁定书［最高人民法院（2015）民申字第1403号］认为，"根据一、二审法院查明的事实，2013年6月13日，A公司因资金紧张以借银行承兑汇票的形式向谢某提出借款，谢某同意并将票号为20450977的银行承兑汇票交付A公司。A公司为此向谢某出具了《承诺函》，承诺其确保在2013年6月18日以前归还票面金额现金2,311,660元，其法定代表人李某以保证人身份在《承诺函》上签名。双方行为系由票据出借人向票据持有人支付票面金额取得票据，并以票据在市场流通的方式进行资金融通，符合借用有价证券进行资金融通这一民间借贷形式的本质特征。A公司、李某申请再审，以《最高人民法院关于人民法院审理借贷案件的若干意见》第二条并未明确规定票据转让为借贷行为为由，主张一、二审法院随意扩大该条规定中‘外币、台币和国库券等有价证券’的范围，系对上述规定的错误理解，不能成立。本案中，谢某未在票据上签章，嗣后亦未经背书以交付方式将票据转让给A公司，并非票据债务人。A公司、李某申请再审，依据《中华人民共和国票据法》第三十一条、《最高人民法院关于审理票据纠纷案件若干问题的规定》第四十九条的规定，主张其与谢某之间的票据转让行为构成票据法律关系，既与《承诺函》中谢某向其出借票据，其到期返还票面金额现金的约定不符，亦有违票据文义性，理据不足，本院不予支持。本案中，谢某取得票据支付了相应对价，亦无充分证据证明其具有重大过失，其嗣后与A公司达成出借票据的合意，系双方当事人的真实意思表示，不违反法律、行政法规的强制性规定，二审法院认定谢某和A公司之间构成合法有效的借贷关系，并无不当。”

案例四：A公司与B公司、C公司等民间借贷纠纷二审民事判决书［新疆维吾尔自治区高级人民法院（2017）新民终348号］认为，“关于B公司是否向A公司履行了出借30,000,000元资金义务的问题。第一，《借款合同》约定借款金额为30,000,000元，B公司以商业承兑汇票的形式支付给A公司，C公司、杨某对上述借款本金、利息违约金、损害赔偿金及实现债权的费用（包括律师代理费）承担连带清偿责任。合同签订后，C公司分别于2015年5月18日、2015年5月21日向B公司出具收条2张，载明收到B公司向其支付的商业承兑汇票15张，合计30,000,000元。C公司在本案一审庭审中认可其系受A公司的口头委托收取案涉商业承兑汇票。而且，C公司、杨某为案涉借款连带保证人，杨某具有C公司法定代表人、A公司董事的特殊身份，可以证实C公司与A公司之间具有一定的关联关系。第二，C公司从B公司处收取商业承兑汇票贴现后将部分案涉款项转付给A公司，A公司予以接受，该事实可以证实A公司实际对C公司代收案涉商业承兑汇票的行为明知并认可。第三，根据2015年7月28日，B公司、A公司、C公司以及杨某签订的《借款合同补充协议》所约定的内容，A公司认可依据原借款合同，其欠B公司借款30,000,000元，扣减部分已还款外，A公司尚欠B公司借款数额为22,440,000元，并承诺在7个工作日内按照足额向B公司付清此款。后A公司未按补充协议的约定偿付借款，而是于2015年10月向B公司归还欠款1,000,000元。A公司对《借款合同补充协议》上加盖的A公司印章的真实性予以认可，其虽主张该补充协议的内容不真实，但其未能提供有效证据予以证实，且该主张与其在此之后归还部分欠款的事实明显相悖，故对其该项主张本院不予采信。以上事实，足以证实A公司已明确作出了对委托C公司代收借款进行了事后认可，以及对剩余欠款继续承担偿还责任的真实意思表示。综合以上事实，C公司收取案涉《借款合同》约定的商业承兑汇票的行为，A公司实际明知且认可，并事后对委托代收行为以事实行为予以追认，B公司已实际履行了案涉《借款合同》约定的资金出借义务。A公司关于B公司未按约履行出借义务的主张，无事实依据，本院不予支持。”

裁判规则二：未经国家有关主管部门批准非法经营证券、期货、保险业务的，或者非法从事资金支付结算业务，扰乱市场秩序，情节严重的，构成非法经营罪。

案例五：蔡某、徐某犯诈骗罪，孙某、沈某等犯非法经营罪，毛某犯非法经营罪、非国家工作人员受贿罪二审刑事判决书［济宁市中级人民法院（2013）济刑终字第15号］认为，“上诉人（原审被告人）蔡某以非法占有为目的，在取得济宁市中油石化公司5000万元承兑汇票后，即在较短时间内将大部分承兑汇票用于归还自己的债务或作为其他使用，在案发前只支付贴现款600万元，并未按约定向被告人孙某贴现。上诉人（原审被告人）徐某明知蔡某已经将济宁市中油石化公司5000万元承兑汇票处理后，伙同蔡某预谋，虚构事实，隐瞒真相，采取欺骗的手段共同欺骗中油石化公司，数额特别巨大，情节特别严重，二被告人的行为均已构成诈骗罪。上诉人（原审被告人）孙某、汤某、沈某、谭某、毛某未经国家有关主管部门批准，非法从事资金支付结算业务，经营承兑汇票数额5000万元，情节特别严重，其行为均已构成非法经营罪。”

案例六：郑某1、郑某2非法经营罪，郑某2非法吸收公众存款罪二审刑事裁定书［温州市中级人民法院（2013）浙温刑终字第349号］认为，“2009年开始，被告人郑某2在其经营的温州市龙湾区永中街道百乐家电店里，收受被害人王某辰、王某巳、项某甲等人的承兑汇票，承诺在一定期限内支付承兑汇票的全额现款，被告人郑某1帮其一起接收承兑汇票、拟写收条和负责承兑汇票交易的记账。郑某2将上述承兑汇票用于店里进货或向虞某甲、季某乙（均另案处理）等人非法贴现。至2011年8月20日，郑某1、郑某2非法经营承兑汇票总金额为人民币771,261,856.22元。至案发时，郑某1、郑某2未支付承兑汇票款共计人民币80,456,246.1元。另2010年开始，郑某2以月利息1.5分至2.5分不等，向郑某3、虞某甲、丁某甲、章某乙等69人非法吸收资金，共计人民币147,743,000元。后郑某2将上述非法贴现的资金及非法吸收的资金用于返还他人的承兑汇票的全额现款、支付非法吸收资金的利息、购买房产以及高息借款给陈某己等人……上诉人郑某1和原审被告人郑某2违反国家规定，非法从事资金支付结算业务，扰乱市场秩序，情节特别严重，其行为均已构成非法经营罪；原审被告人郑某2又非法吸收公众存款，扰乱金融秩序，数额巨大，其行为已构成非法吸收公众存款罪。对郑某2应予以数罪并罚。郑某1收取承兑汇票后免费使用40—45天，再全额兑现给被害人，是一种非法从事资金支付结算业务的行为，而非买卖承兑汇票获取差价的票据中介行为，至于收取的承兑汇票用于何种用途是一种后续行为，并不影响对其行为的定性。郑某1受雇帮助郑某2一起接收承兑汇票、拟写收条和负责承兑汇票交易的记账，亦构成非法经营罪的共犯，故郑某1及其辩护人称承兑汇票大部分用于电器进货，属于买卖承兑汇票的票据中介行为，该部分金额应予扣除的理由不足，不予采纳。”

裁判规则三：以非法占有为目的，以冒用他人汇票的方式骗取他人财物，数额较大，构成票据诈骗罪。

案例七：沈某票据诈骗二审刑事裁定书［上海市第二中级人民法院（2015）沪二中刑终字第181号］认为，“经查，沈某在无力清偿先前向被害人张某借款196万元的情况下，利用A公司借给其800万元商业承兑汇票用于贴现融资之机，向张某虚构其系该汇票的权利人，并骗取张某的信任，先后分三次从张某处借得8万元，后因沈某未能按期实现贴现融资并归还该汇票，A公司即向法院申请汇票无效，导致张某将该汇票解入银行后遭退票。上述事实不仅得到相关被害人陈述、证人证言和书证的证实，且沈某在侦查阶段亦多次供述其实施前述行为时B公司已停止经营，其并无还款能力，骗得钱款均用于归还欠款和个人花用，故对沈某冒用他人的汇票骗得8万元的行为，应以个人实施票据诈骗罪论处，沈某及其辩护人提出的相关上诉理由和辩护意见均不能成立。本院认为，上诉人沈某以非法占有为目的，以冒用他人汇票的方式骗取他人财物8万元，数额较大，其行为已构成票据诈骗罪，依法应予惩处。”

裁判规则四：以票据活动为名进行民间借贷的，应按民间借贷法律关系审理，当事人主张票据权利的，法院不予支持。

案例八：中国某银行股份有限公司某分行、A公司票据追索权纠纷二审民事判决书［最高人民法院（2017）最高法民终41号］认为，“本案票据活动是各方通谋虚伪行为，所涉民事行为无效，某银行某分行主张本案票据权利依法不应支持。本案中，B公司的法定代表人罗某为达到向民生银行某分行借款之目的，在与该行协商以票据贴现形式借款并保证以所借款项归还C公司逾期贷款的同时，亦与A公司总经理房某协商，由C公司、B公司分别与A公司签订无实物交割的《阴极铜连环贸易合同》，A公司将钱款转手并从中赚取差价。罗某与某银行某分行及A公司商妥后，各方即开始实施并在同一天完成了上述协商的所有事宜，即2012年

12月28日早晨，B公司的法定代表人罗某与其公司员工，及某银行某分行员工严某等人先一同前往A公司，由A公司在没有真实交易内容的《阴极铜购销合同》、B公司开立的商业承兑汇票、《贴现宝合作协议》、《贴现申请表》等一系列材料上盖章。之后，某银行某分行员工立即携带上述材料赶回该行办理贴现手续。当日下午，某银行某分行将贴现款转入A公司账户，A公司在扣除其所述的差价款后将余款全部转入C公司在某银行某分行开立的账户，某银行某分行即扣划收回了C公司所欠的逾期贷款。上述行为中，首先，B公司与某银行某分行均明知本案票据开立、贴现及系列合同签订的真实意思表示是借款，只是就某银行某分行而言，其上述行为的主要目的在于能够实现C公司归还其逾期贷款，而B公司的目的则除用该笔借款归还C公司的逾期贷款外，还能够再继续获得一部分借款以解决其资金困难问题。其次，对于A公司而言，虽按其所述，其系出于赚取差价签订了案涉合同及相关文书，A公司并不知晓B公司与某银行某分行借新还旧、转嫁风险的真实意图，但是A公司至少明知其与C公司、B公司分别签订的《阴极铜购销合同》没有真实交易内容。故对于本案票据的签发、取得和转让不具有真实的交易关系，A公司账户收到的票据贴现款的用途亦并非用于向C公司支付票据项下《阴极铜购销合同》的货款，B公司、某银行某分行、A公司均属明知。三方虽然明知本案票据项下无真实交易关系，但出于不同真实目的，相互合谋实施了该票据行为，属于通谋虚伪行为。因此，本案票据活动是各方伪装行为，所掩盖、隐藏的真实行为实际是借款……本案应按虚假意思表示所隐藏的真实法律关系处理。本案中，某银行某分行与B公司之间通谋虚伪行为隐藏的真实意思表示是借款，因此双方之间形成的真实法律关系应是借款关系。由于双方之间的借款为其真实意思表示，且不违反法律和行政法规的禁止性规定，该借款行为应属有效。某银行某分行通过票据贴现形式向B公司借出款项时，在扣除了部分借款利息后，实际借出款项为104,438,888.89元。根据《中华人民共和国合同法》第二百条‘借款的利息不得预先在本金中扣除。利息预先在本金中扣除的，应当按照实际借款数额返还借款并计算利息’的规定，本案的借款本金应为104,438,888.89元。本案诉讼中，某银行某分行认可B公司已经归还了4490万元，加上某银行某分行已扣划的1919.70元，B公司尚欠借款本金为59,536,969.19元。故B公司应当向某银行某分行归还上述欠款本金及利息。”

022 资金未到达借款人账户，法院能否认定借贷关系成立？

——非自然人之间的民间借贷纠纷，不适用自然人之间借款合同生效要件的规定

阅读提示

《最高人民法院关于审理民间借贷案件适用法律若干问题的规定》第九条规定，“具有下列情形之一，可以视为具备合同法第二百一十条关于自然人之间借款合同的生效要件：（一）以现金支付的，自借款人收到借款时；（二）以银行转账、网上电子汇款或者通过网络贷款平台等形式支付的，自资金到达借款人账户时；（三）以票据交付的，自借款人依法取得票据权利时；（四）出借人将特定资金账户支配权授权给借款人的，自借款人取得对该账户实际支配权时；（五）出借人以与借款人约定的其他方式提供借款并实际履行完成时。”该法条具体规定了自然人之间借贷合同生效的要件，据此可以反推能够证明自然人之间借贷合同生效的证据有哪些。但《最高人民法院关于审理民间借贷案件适用法律若干问题的规定》第九条仅适用于自然人借款之间，对于非自然人之间的借贷纠纷并不适用。

具体到本案中，A 公司否定其与刘某的借款关系，认为 A 公司的账目往来明细上并无 1000 万元账款记录，依据《最高人民法院关于审理民间借贷案件适用法律若干问题的规定》第九条的规定，A 公司与刘某之间并无实际交付事实，因此借贷关系既未成立，更未生效。刘某向朱某转款 1000 万元系刘某与朱某借贷往来之事实，与 A 公司无关。最高人民法院认为，《最高人民法院关于审理民间借贷案件适用法律若干问题的规定》第九条仅适用于自然人之间的借款合同，与本案情形不符，因此 A 公司的诉讼主张无事实和法律依据，最高人民法院不予支持。

裁判要旨

《最高人民法院关于审理民间借贷案件适用法律若干问题的规定》第九条仅适用于自然人之间的借款合同，非自然人主张适用该条文的，人民法院不予支持。

案情简介

2014 年 4 月 29 日，刘某与 A 公司签订借款合同一份，约定刘某向 A 公司出借借款 1000 万元。同时，约定朱某为指定账户人。当日刘某即向朱某转款 1000 万元。

2014 年 11 月 24 日，A 公司法定代表人石某在该借款合同中注明，上述借款全部用于骆某项目垫资款。

2014 年 12 月 29 日，刘某向合肥市中级人民法院起诉，请求法院判令 A 公司偿还借款 1000 万元。经审理，合肥市中级人民法院对刘某的诉讼主张予以支持。

2015 年，A 公司不服一审判决，向安徽省高级人民法院提起上诉。经审理，安徽省高级人民法院判决驳回上诉，维持原判。

2016 年，A 公司再次以其公司账目上未曾收到 1000 万元、借款合同中 A 公司的公章系伪造为由向最高人民法院申请再审。最高人民法院认为，A 公司主张借款事实没有实际发生无事实和法律依据，最高人民法院不予支持，裁定驳回其再审申请。

裁判要点

本案中，A 公司主张借款事实没有实际发生所依据的《最高人民法院关于审理民间借贷案件适用法律若干问题的规定》第九条，仅适用于自然人之间的借款合同，与本案情形不符。故 A 公司以未实际收到借款为由主张双方不存在借贷关系并无事实和法律依据，因此最高人民法院对 A 公司抗辩不予支持。

实务经验总结

前事不忘，后事之师。为避免未来发生类似败诉，提出如下建议：

《最高人民法院关于审理民间借贷案件适用法律若干问题的规定》第九条明确规定，借款合同的生效要件仅适用于自然人之间的借款合同，因此非自然人之间的民间借贷纠纷中，当事人以该条款作为法律依据的，人民法院不予支持。但司法实践中，以该规定作为审理非自然人之间借贷关系的法律依据的现象依然存在（详见延伸阅读）。

相关法律规定

《最高人民法院关于审理民间借贷案件适用法律若干问题的规定》

第九条　具有下列情形之一，可以视为具备合同法第二百一十条关于自然人之间借款合同的生效要件：

（一）以现金支付的，自借款人收到借款时；

（二）以银行转账、网上电子汇款或者通过网络贷款平台等形式支付的，自资金到达借款人账户时；

（三）以票据交付的，自借款人依法取得票据权利时；

（四）出借人将特定资金账户支配权授权给借款人的，自借款人取得对该账户实际支配权时；

（五）出借人以与借款人约定的其他方式提供借款并实际履行完成时。

第十条 除自然人之间的借款合同外，当事人主张民间借贷合同自合同成立时生效的，人民法院应予支持，但当事人另有约定或者法律、行政法规另有规定的除外。

法院判决

以下为该案在法院审理阶段，裁判文书中“本院认为”部分就该问题的论述：

关于案涉借款事实是否实际发生的问题。A公司称，案涉1000万元借款系汇入朱某账户，而朱某非公司员工，与其无任何经济关系，且合同中约定该借款系用于骆某项目的垫资，但骆某及A公司账目中从未有过此1000万元，因此案涉借款事实并未实际发生。本院认为，朱某账户系双方借款合同所指定账户，且事实上案涉借款已进入合同双方约定的指定账户，因此借款行为已经实际发生，合同目的已达成，至于该账户所有人与借款人关系及款项到账后如何使用，与借款事实是否发生及合同是否有效并无关联性。至于A公司认为借款事实没有实际发生所依据的《最高人民法院关于审理民间借贷案件适用法律若干问题的规定》第九条，其适用于自然人之间的借款合同，与本案情形不符。故A公司的该项申请理由没有事实和法律依据，不能成立，本院不予支持。

案件来源

刘某与安徽省滁州市A劳务发展有限公司民间借贷纠纷申诉、申请民事裁定书［最高人民法院（2016）最高法民申1756号］

延伸阅读

一、《最高人民法院关于审理民间借贷案件适用法律若干问题的规定》第九条仅适用于自然人之间的借款合同，非自然人之间的民间借贷纠纷中，当事人主张适用该规定的，人民法院不予支持的相关判例：

案例一：刘某、甘肃A公司民间借贷纠纷再审审查与审判监督民事裁定书

[最高人民法院（2018）最高法民申 2285 号] 认为，“关于刘某在再审申请书中提到的《最高人民法院关于审理民间借贷案件适用法律若干问题的规定》第九条‘具有下列情形之一，可以视为具备合同法第二百一十条关于自然人之间借款合同的生效要件:（一）以现金支付的，自借款人收到借款时;（二）以银行转账、网上电子汇款或者通过网络贷款平台等形式支付的，自资金到达借款人账户时;（三）以票据交付的，自借款人依法取得票据权利时;（四）出借人将特定资金账户支配权授权给借款人的，自借款人取得对该账户实际支配权时;（五）出借人以与借款人约定的其他方式提供借款并实际履行完成时’的规定，该规定仅限于自然人之间，并不适用于本案。故，原判决认定刘某仅凭银行转账凭证无法充分证明其与A公司存在民间借贷关系，并不存在适用法律错误的问题。”

二、非自然人之间的民间借贷纠纷中，法院以《最高人民法院关于审理民间借贷案件适用法律若干问题的规定》第九条作为法律依据的相关判例：

案例二：四川自贡A公司、胡某民间借贷纠纷再审审查与审判监督民事裁定书[四川省高级人民法院（2017）川民申 4117 号] 认为，“本案中，A公司制作并加盖其公司印章的《借款担保合同》，且胡某委托其母亲李某、二人控制的成都B公司，将3350万元借款通过银行转账方式汇入A公司指定账户，按约实际支付了款项。虽然合同是A公司提供后胡某补签的，但A公司在合同中自我明确其是独立的民事主体，确认签署和履行该合同是真实意思表示，可以认定其认可借款人按实际出借情况填写借款人、借款金额等事项，对合同双方具有约束力。原审判决在认定A公司与胡某达成借款合意的基础上，根据案涉《借款担保合同》约定和《最高人民法院关于审理民间借贷案件适用法律若干问题的规定》第九条的规定，认定合同已于借款到达A公司指定银行账户时生效，并无不当，不属于《最高人民法院关于适用〈中华人民共和国民事诉讼法〉的解释》第三百九十条适用法律确有错误的情形。”

案例三：重庆A公司、苏某民间借贷纠纷二审民事判决书[四川省高级人民法院（2017）川民终 950 号] 认为，“《借款协议》虽然约定了借款本金是1,500,000元，但根据《中华人民共和国合同法》第二百一十条‘自然人之间的借款合同，自贷款人提供借款时生效’、《最高人民法院关于审理民间借贷案件适用法律若干问题的规定》第九条‘具有下列情形之一，可以视为具备合同法第二百一十条关于自然人之间借款合同的生效要件:（一）以现金支付的，自借款人收到借款时;（二）以银行转账，网上电子汇款或者通过网络贷款平台等形式支付的，自资金到达借款人账户时’之规定，本案中，苏某为证明出借事实，提交了银行交易凭证，金额为 1,180,000 元。A 公司抗辩称转款人赖某 1、何某、赖某 2 均是案外人，不能证明是苏某支付的借款，但没有提交证据证明 A 公司、谢某与赖某 1、何某、赖某 2 之间有其他经济来往。苏某称赖某 1、何某、赖某 2 是受其委托向 A 公司转款的理由成立，对该笔借款予以确认。对于不足部分借款，苏某称是通过现金交付的方式提供的，但没有清楚地陈述交付的地点、现金的来源、交付的次数，也未提供在场人等证据予以证明。谢某虽认可交付了部分现金，但对交付金额不能清楚陈述，且借款大部分通过银行转账，小部分通过现金支付不符合交易习惯。一审法院对该部分借款不予认定，由此认定本案借款本金为 1,180,000 元。对谢某称借款后已归还 500,000 元的辩解意见，因苏某不认可，谢某未提供证据证明，不予采信。"

案例四：乌兰察布市集宁区 A 公司与刘某、乌兰察布市集宁区 B 公司一案民事再审民事裁定书［内蒙古自治区高级人民法院（2016）内民申 171 号］认为，"根据《最高人民法院关于民间借贷案件适用法律若干问题的规定》第九条的规定，借款以现金支付的，自借款人收到借款时为生效要件。本案中，A 公司以与 B 公司签订的借款协议、借据等证据主张 B 公司借款 200 万元，因借款人 B 公司不认可，故 A 公司应当举证证明该笔借款已经实际履行。现 A 公司主张以现金的方式实际交付了该笔借款，并提交了证人宋某、师某、单某的证言予以证明交付的经过，根据已查明的事实，上述证人为该公司的股东、法定代表人及司机，故证言的效力不足以证明该笔借款已经实际交付。况且，在借款同一天双方发生交付 450 万元借款的事实已被双方认可，A 公司除证言外未提供证据证明交付 200 万元借款，此后双方多笔借贷以及偿还过程中亦未提及该笔借款，A 公司以现金方式交付 200 万元大额借款的行为与双方借款以转账方式交付的交易习惯也不符。综上，A 公司现有证据不足以证明其以现金方式履行了 200 万元的借款，亦不能证明双方存在 200 万元的借款关系。据此，原审法院对 A 公司的主张不予支持并无不当。申请人 A 公司的申请理由不能成立。"

023 民间借贷合同是否自借款实际交付时生效？

——非自然人之间的借款合同系诺成性合同，自合同成立时生效

阅读提示

《最高人民法院关于审理民间借贷案件适用法律若干问题的规定》第十条规定：

“除自然人之间的借款合同外，当事人主张民间借贷合同自合同成立时生效的，人民法院应予支持，但当事人另有约定或者法律、行政法规另有规定的除外。”据此可知，除自然人之间的借款合同外，若当事人未特别约定借款合同生效条件，则在不违反法律和行政法规的情况下，民间借贷合同自成立时生效。本案例即如此，借款人以出借人未能证明借款实际交付事实为由主张涉案借款合同并未生效。最高人民法院认为，自然人与法人之间的民间借贷合同为诺成性合同，自成立时合同生效，不以金钱交付为生效要件，据此对借款人的抗辩主张不予支持。

裁判要旨

非自然人之间的借款合同系诺成性合同，自合同成立时生效，不以借款实际交付为生效要件。但双方另有约定，或者法律、行政法规另有规定的除外。

案情简介

杨某与A公司签订《林木采伐施工合同》，该合同由承包合同和借款合同组成，借款合同约定杨某向A公司出借借款800万元。

2015年至2016年，黄某则作为第三人和A公司法定代表人何某与杨某签订结算协议，对已还款、尚欠款进行结算确认，并承诺与A公司一起对杨某承担连带还款责任。

后因A公司未按时偿还借款，杨某将A公司与黄某等人诉至法院。

经两级法院审理后，黄某对二审判决不服，于2018年向最高人民法院申请再审，以杨某未能证明借款已实际交付为由，否定借贷关系存在。最高人民法院认为，本案系非自然人之间的民间借贷纠纷，借款合同自成立时生效，据此对黄某否定借款关系存在的主张不予支持。

裁判要点

《最高人民法院关于审理民间借贷案件适用法律若干问题的规定》第十条规定：“除自然人之间的借款合同外，当事人主张民间借贷合同自合同成立时生效的，人民法院应予支持，但当事人另有约定或者法律、行政法规另有规定的除外。”因此，非自然人之间的民间借贷合同系诺成性合同，自合同成立时生效，不以借款实际交付为生效要件。本案系自然人与法人之间的民间借贷纠纷，应当适用上述规定。杨某与A公司签订的《林木采伐施工合同》由承包合同和借款合同组成。

就借款合同而言，杨某与A公司意思真实，且无特别约定及违法事由，因此A公司与杨某之间民间借贷合同已经成立并生效。黄某关于本案借款法律关系不存在的主张事实和法律依据不足，因此最高人民法院不予支持。

实务经验总结

前事不忘，后事之师。为避免未来发生类似败诉，提出如下建议：

非自然人之间的民间借贷合同系诺成性合同，不以借款实际交付为生效条件，自借款合同成立时生效；而自然人之间的民间借贷合同系实践性合同，合同仅有双方当事人的合意并不能成立，必须要有实际的交付行为，即合同是在出借人提供借款时生效。

本书认为，二者有所区别的原因主要在于，非自然人之间的借款合同往往是以企业为主体，一般情况下标的数额较大，订立合同的手续较为复杂，若规定借款合同自借款实际交付时生效，即使出借人对借款合同反悔而不予履行，借款人也无法主张出借人的违约责任，不利于保护借款人的预期利益。同时，非自然人之间的借款合同往往需要设定担保，作为主合同的借款合同若不是成立即生效，那么作为从合同的担保合同也无法在作出时生效。而自然人之间的借款一般属于互助性质，即使当事人采用了书面形式，出借人不支付借款的，也不宜要求其必须支付，否则会给出借人增加过重的责任。

相关法律规定

《最高人民法院关于审理民间借贷案件适用法律若干问题的规定》

第十条　除自然人之间的借款合同外，当事人主张民间借贷合同自合同成立时生效的，人民法院应予支持，但当事人另有约定或者法律、行政法规另有规定的除外。

法院判决

以下为该案在法院审理阶段，裁判文书中“本院认为”部分就该问题的论述：

根据《最高人民法院关于审理民间借贷案件适用法律若干问题的规定》第十条“除自然人之间的借款合同外，当事人主张民间借贷合同自合同成立时生效的，人民法院应予支持，但当事人另有约定或者法律、行政法规另有规定的除外”的规定，自然人与法人之间的民间借贷合同为诺成性合同，自合同成立时生效，不以金钱交付为生效要件。本案中，杨某与A公司签订的《林木采伐施工合同》约定，A公司将其所有的大田后集体商品林现有森林资源授权杨某进行采伐施工；A公司向杨某借款800万元，待林权证变更到A公司名下2个月内，A公司以林权证作抵押向银行申请贷款，返还给杨某，若还款时间超过2个月，A公司按3%的月利率每月向杨某支付24万元的利息。从约定内容分析，案涉《林木采伐施工合同》实为合同联立，由承包合同和借款合同组成。就借款合同而言，借贷法律关系发生在自然人和法人之间，当事人意思表示一致合同即成立并生效，且双方未特别约定支付金钱作为借款合同的成立要件，故A公司与杨某之间民间借贷合同成立并生效。黄某主张本案借款法律关系不存在，未提出证据予以证明，理由不成立。

案件来源

黄某、杨某合同纠纷再审审查与审判监督民事裁定书［最高人民法院（2018）最高法民申1511号］

延伸阅读

裁判规则：非自然人之间的借款合同系诺成性合同，自合同成立时生效，不以借款实际交付为生效要件。但双方另有约定，或者法律、行政法规另有规定除外。

案例一：长春A公司与长春B公司民间借贷纠纷二审民事判决书［吉林省高级人民法院（2017）吉民终174号］认为，“A公司、B公司均为公司法人，现双方均承认之间签订的借款合同表意真实，且无证据证明双方签订的借款合同表意虚假，另外该借款合同不违反法律、行政法规的效力性规定，根据《最高人民法院关于审理民间借贷案件适用法律若干问题的规定》第十条‘除自然人之间的借款合同外，当事人主张民间借贷合同自合同成立时生效的，人民法院应予支持，但当事人另有约定或者法律、行政法规另有规定的除外’之规定，双方签订的借款合同成立且生效，该借款合同的履行情况与合同是否成立及是否有效无关。”

案例二：郑某与郑某、巢湖市A公司民间借贷纠纷申诉、申请民事裁定书［安徽省高级人民法院（2016）皖民申1211号］认为，“A公司在借条上借条人处盖章，且30万元亦打入A公司法定代表人账户，法定代表人收取款项的行为应系职务行为，郑某与A公司之间债权债务关系清楚、明确。而且，根据《最高人民法院关于审理民间借贷案件适用法律若干问题的规定》第十条的规定，本案借款合同发生在自然人郑某与 A 公司之间，A 公司在借条上盖章时借款合同就已生效，故郑某提出案涉借款系张某个人债务而非 A 公司企业债务的主张，于法无据，不能成立。郑某在借条上签字未注明保证方式，应视为对涉案借款承担连带保证责任，故原审判决郑某对该借款承担连带保证责任，并无不当。郑某提出本案存在一审送达程序及未中止本案审理等不当问题，并不属于《中华人民共和国民事诉讼法》第二百条规定的申请再审事由，本院对此不予审查。”

案例三：张某、南宁 A 公司民间借贷纠纷再审审查与审判监督民事裁定书［广西壮族自治区高级人民法院（2018）桂民申 859 号］认为，“关于《借款协议》的效力。本案系自然人与法人之间的民间借贷纠纷，根据《最高人民法院关于审理民间借贷案件适用法律若干问题的规定》第十条‘除自然人之间的借款合同外，当事人主张民间借贷合同自合同成立时生效的，人民法院应予支持，但当事人另有约定或者法律、行政法规另有规定的除外’的规定和《借款协议》关于协议经双方签字（盖章）后生效的约定，该协议自双方当事人签字或盖章之日（2014 年 12 月 14 日）即生效。张某与 A 公司对《借款协议》的真实性均无异议，协议系双方真实意思表示，内容没有违反法律、行政法规的效力性强制性规定，该协议合法有效。张某向 A 公司借款用作其向嘉和房地产公司购买商品房的首付款，系张某对借款的处分，不影响《借款协议》效力。至于张某为购买房屋向银行贷款是否符合中国人民银行的相关规定，属于银行对贷款的管控问题，即使银行对贷款发放的管控不到位，也不影响贷款的效力，更不能因此认定 A 公司与某房地产公司是以合法形式掩盖非法目的而导致张某和 A 公司签订的《借款协议》无效，故张某主张《借款协议》无效的理由不成立。”

案例四：柳某与徐州经济技术开发区东环街道办事处某居民委员会、王某民间借贷纠纷申诉、申请民事裁定书［江苏省高级人民法院（2016）苏民申 4015 号］认为，“柳某在起诉状中请求判令某居委会返还购房款且支付利息，其在一审庭审中变更诉讼请求为要求返还借款且支付借款利息。柳某称本案系以购房形式表现的民间借贷案件，其在一审中以王某系案涉借贷经手人为由，申请追加王某为被告，二审判决某居委会、王某共同承担还款责任未超出柳某起诉时的诉讼请求。虽然柳某在二审中又称其向某居委会主张权利系要求其承担连带担保责任，与一审陈述前后不一，但二审判决依据已查明事实认定某居委会、王某系共同借款关系，并无不当。柳某于 2010 年 9 月 10 日以装饰款名义申请贷款并汇入某建筑工程有限公司账户，该公司收款后于同日将 75 万元交付给王某之妻赵某。该款项虽来自柳某从徐州市郊农村信用合作联社取得的借款，但其主张的借款利率仅为银行同期贷款利率，未构成高利转贷，不存在违反法律、行政法规禁止性规定的情形，故应认定案涉借贷合同合法有效。二审判决认定案涉借款本金数额为 75 万元，与已查证的前述汇款事实相符。因案涉借贷关系中的借款人某居委会并非自然人，故案涉借贷合同系诺成性合同，自借贷合同成立时生效。柳某主张案涉利息以银行同期同类贷款利率自某居委会出具凭证之日起算，该主张符合法律规定，并无不当。某居委会主张计息日应为收到款项次日或借款到期日的次日，欠缺依据。此外，经审查二审卷宗，因王某迁移新址不明，故一、二审法院均以公告方式向王某送达开庭传票，某居委会所称二审法院程序不当，亦无事实依据。”

第四章　民间借贷的事实认定

024 民间借贷借款人抗辩已还款，举证责任如何分配？

——民间借贷借款人抗辩已还款且能提供证据证明的，出借人仍应就借贷关系的成立承担证明责任

阅读提示

《最高人民法院关于审理民间借贷案件适用法律若干问题的规定》出台前，对于民间借贷诉讼中借款人抗辩其已经偿还借款，举证责任如何分配的问题，司法实践中存在差异。而上述规定的第十六条第一款已明确该情形下举证责任应如何分配，即原告仅依据债权凭证提起民间借贷诉讼，被告抗辩已经偿还借款，被告应当对其主张提供证据证明。被告提供相应证据证明其主张后，原告仍应就借贷关系的成立承担举证证明责任。

裁判要旨

民间借贷诉讼中借款人抗辩已经偿还借款，借款人应当对其主张提供证据证明。在借款人提供相应证据证明其主张后，出借人仍应就借贷关系的成立承担举证证明责任。

案情简介

2013 年 10 月 25 日，杨某、郑某、A 公司签订《借款合同》，约定杨某借款给 A 公司 600 万元，A 公司为保证人。同月 29 日，杨某向郑某汇款 600 万元，同日，郑某向杨某出具 600 万元收据。借款时，郑某、胡某系夫妻关系。

2015 年，杨某向福建省莆田市中级人民法院提起诉讼，请求郑某、胡某共同偿还借款 600 万元本息并支付违约金 120 万元，A 公司对上述借款本息承担连带偿还责任。

郑某对600万元借贷事实认可，但辩称其已分14次还给杨某共349万元，并提供转款凭证和《分期还款协议书》以证明其诉讼主张。

莆田市中级人民法院认为，杨某提供借款合同、收据和转账凭证，足以证明郑某向杨某借款600万元并由A公司作为保证人的借贷事实存在。郑某提供的还款证据虽合法真实，但与本案没有关联，所以郑某的抗辩缺乏事实依据，法院不予支持。因此，莆田市中级人民法院判决郑某、胡某偿还杨某借款600万元本息。

郑某、胡某不服莆田市中级人民法院判决，向福建省高级人民法院提起上诉。福建省高级人民法院认为，杨某主张郑某支付的349万元系双方另案资金往来的还款，与本案并无关联，因此其应当举证证明双方存在另案资金往来的事实以及349万元与该资金往来具有关联性。但杨某未能举证，因而应当承担举证不利的后果。据此，福建省高级人民法院支持上诉人郑某、胡某的上诉理由，认可其已还款349万元。

杨某不服福建省高级人民法院判决，向最高人民法院申请再审。最高人民法院裁定驳回其再审申请。

裁判要点

本案中，杨某依据借款合同、郑某出具的收据和汇款凭证等证据，主张郑某应向其偿还600万元并承担相应的逾期还款责任。郑某、胡某抗辩其已经偿还了349万元借款本金，并提供了转账凭证等证据证明的情况下，杨某认为349万元系为另案借贷之还款，则应当对该笔还款与另案借贷事实之间的关系承担举证证明责任，但杨某未能提供充分证据。因此，法院判令杨某承担举证不能的不利后果，认定郑某、胡某349万元系对案涉600万元借款的偿还。

实务经验总结

前事不忘，后事之师。为避免未来发生类似败诉，提出如下建议：

1. 对于民间借贷出借人而言，应当重视证据的保全，尽可能地与借款人签订书面的借款协议，保存银行的转账凭证，转账后要求借款人出具收据。若出借人仅依据债权凭证提起诉讼，借款人抗辩其已经偿还借款，也不意味着出借人必然会败诉，此时出借人应积极搜集并提供其他证明借贷关系成立的证据，诸如相关的证人证言、电子转账凭证等。若出借人认为借款人的还款系针对另案借贷，则应当提供证据予以证明。

2. 对于民间借贷借款人而言，在借贷过程中也应注重证据的保全，在向出借人还款之后，应当要求出借人出具收款凭证、返还借款协议或者在借款协议上作出说明，并保存偿还借款的转账凭证。若出借人故意提起恶意虚假诉讼，借款人可提供以上证据进行抗辩。

相关法律规定

《中华人民共和国民事诉讼法》

第六十四条第一款　当事人对自己提出的主张，有责任提供证据。

《最高人民法院关于适用〈中华人民共和国民事诉讼法〉的解释》

第九十条第一款　当事人对自己提出的诉讼请求所依据的事实或者反驳对方诉讼请求所依据的事实，应当提供证据加以证明，但法律另有规定的除外。

《最高人民法院关于审理民间借贷案件适用法律若干问题的规定》

第二条第一款　出借人向人民法院起诉时，应当提供借据、收据、欠条等债权凭证以及其他能够证明借贷法律关系存在的证据。

第十六条第一款　原告仅依据借据、收据、欠条等债权凭证提起民间借贷诉讼，被告抗辩已经偿还借款，被告应当对其主张提供证据证明。被告提供相应证据证明其主张后，原告仍应就借贷关系的成立承担举证证明责任。

法院判决

以下为该案在法院审理阶段，裁判文书中“本院认为”部分就该问题的论述：

本案中，杨某依据2013年10月25日借款合同、郑某出具的收据和汇款凭证等证据，主张郑某应向其偿还600万元并承担相应的逾期还款责任。郑某、胡某辩称，其已经归还了349万元借款本金，并提供了14张农行转账凭证、13张农行查询凭证以及《分期还款协议书》等证据佐证。对此，杨某主张，《分期还款协议书》系借款合同之外二者之间发生的另一笔借款，前述349万元款项中，30万元系600万元借款关系中郑某向其支付的中介费用，其余319万元系对《分期还款协议书》项下借款的偿还，与600万元借款无关。根据《中华人民共和国民事诉讼法》第六十四条和《最高人民法院关于适用〈中华人民共和国民事诉讼法〉的解释》第九十条的规定，当事人对自己的主张，有责任提供证据。未能提供证据或者证据不足以证明其事实主张的，应承担不利的后果。《最高人民法院关于审理民间借贷案件适用法律若干问题的规定》第十六条第一款亦规定：“原告仅依据借据、收据、欠条等债权凭证提起民间借贷诉讼，被告抗辩已经偿还借款，被告应当对其主张提供证据证明。被告提供相应证据证明其主张后，原告仍应就借贷关系的成立承担举证证明责任。”故，在郑某、胡某抗辩其已经偿还了349万元借款本金，并提供了转账凭证等证据证明的情况下，应由杨某对其提出的二者之间基于《分期还款协议书》还存在另外一个借贷关系，即349万元中有319万元系对《分期还款协议书》项下借款的还款，以及30万元系600万元借贷关系的中介费用的主张，承担举证证明责任。但杨某除《分期还款协议书》第五条关于“甲方将该借款在本协议签字同时以现金方式一次性直接支付给乙方收讫，乙方确认无误。（乙方不另立收据）”的约定外，未能提供其他任何证据。而且，《分期还款协议书》与郑某出具600万元借款收据发生在同日，与600万元借款合同的签订仅相距4天，杨某以现金方式出借《分期还款协议书》项下的款项，有违双方交易习惯，其仅据此主张双方之间存在另一笔借款、其已实际出借了该协议项下的324万元款项，证据明显不足。其关于30万元款项系600万元借贷关系中郑某向其支付的中介费用的主张，亦无任何事实依据，不能成立。二审判决据此判令由杨某承担举证不能的不利后果，支持郑某、胡某的抗辩主张，认定349万元系对案涉600万元借款的偿还，举证责任分配并无不当，本院予以维持。

案件来源

杨某、郑某民间借贷纠纷再审审查与审判监督民事裁定书［最高人民法院（2017）最高法民申4740号］

延伸阅读

一、最高人民法院负责人就《最高人民法院关于审理民间借贷案件适用法律若干问题的规定》答记者问（2015年8月6日，节选）

问：民间借贷中，借款人向他人借钱时一般要出具欠条，相应地，出借人起诉时也要持有欠条作为证明借贷关系存在的证据。仅仅提供借据或者银行的转账凭证，是否能够认定借贷关系已经发生？《规定》就借贷关系成立的举证证明责任问题有哪些新的内容？

答：您提的这个问题很有针对性和专业性。民间借贷案件的事实审查，是民间借贷案件审理的难点和重点。民间借贷案件的基本事实，包括借贷合意是否形成、款项是否交付、本金数额、利息约定等多个方面，其中借贷事实是否真实发生是民间借贷案件的首要基本事实，也是全案展开的基本依据。

民间借贷案件的事实认定，大多是由法官根据经验法则，通过对证据材料的审查和其证明力的认定、判断、取舍，并对比各方当事人不同证据的证明力，推断当事人之间既往发生的法律关系的事实过程。这一过程中所涵盖的经验法则的选择与运用，证据证明力的判断等，都很难通过明确的法律规则来实现，更多的是依靠法官的自由心证。正因如此，司法实践中对于借贷关系是否发生的基本事实作出判断和认定的标准，存在一定程度的差异。虽然完全统一法官心证结果在客观上不可能实现，但通过更精细化的指引，规范事实认定的方向和进路，却是十分必要和可行的。

随着民间借贷市场的不断发展壮大，且游离于正规金融体系之外，容易伴生非法集资、非法吸收公众存款、金融欺诈等违法犯罪行为，危害借款人利益，冲击金融市场秩序。另外，民间借贷主体的法律意识淡薄，交易法律手续不完备，借贷行为隐秘性强，也容易引起法律纠纷。现实中，原告提起诉讼往往仅依据借据等债权凭证或者仅依据金融机构转账凭证作为证明借贷关系已经发生的证据，如果被告抗辩已经偿还借款，或者被告抗辩转账系偿还双方之前借款或其他债务，在此情况下，就存在着证明责任的承担问题，而不能仅仅依据借据、收据、欠条等，简单地认定借贷关系已经发生以及已经发生的借贷关系的内容。为此，《规定》提出了有关举证责任分配的要求，即被告应当对其抗辩的主张提出相应的证据加以证明，而不能仅仅一辩了之。如果被告提不出相应的证据，或者提供的证据不以证明其主张的，则一般要认定借贷关系已经发生。当然，如果被告提供了证据证明其主张的，此时举证证明责任发生转移，应当由原告就借贷关系的成立承担举证证明责任。需要强调的是，对于当事人主张系现金交付的民间借贷，《规定》明确要求应当结合借贷金额、款项交付、当事人的经济能力、当地或者当事人之间的交易方式、交易习惯、当事人财产变动情况以及证人证言等事实和因素，综合判断查证借贷事实是否发生。这一规定也是近年来司法实践的经验总结，对于证据和事实认定起到了很好的指引作用，对广大法官甄别真实借贷关系，具有较强的针对性和可操作性，有利于实现维护借款人合法权益，遏制违法犯罪活动的法律效果。我们将这一经验进行修改与整合，吸收到司法解释中，作为民间借贷案件中事实审查的规定，从而明确了此类案件的举证责任、审查内容和审查标准。

二、地方高级人民法院指导意见

《四川省高级人民法院关于审理民间借贷纠纷案件若干问题的指导意见》规定：

“人民法院在审理民间借贷案件时应对当事人之间的借贷合意及出借款项的

实际交付进行审查，原告仅能提供款项交付凭证，而被告提出双方不存在借贷关系的抗辩，并且提供相应证据证明双方之间的款项往来系基于其他法律关系产生，人民法院应对双方之间是否存在借贷合意进一步予以审查，并要求原告对支付相关款项的具体事由、前因后果及被告未出具借条的合理原因提供证据，原告提供的证据不能证明双方有借贷合意的，人民法院应当驳回其诉讼请求。”

三、相关案例

裁判规则：出借人仅依据借据、收据、欠条等债权凭证提起民间借贷诉讼，借款人抗辩已经偿还借款，应当提供证据证明，在借款人提供证据证明之后，出借人仍应就借贷关系的成立举证证明。

案例一：西安A公司、吴某民间借贷纠纷再审审查与审判监督民事裁定书［最高人民法院（2017）最高法民申2326号］认为，“经审查，2016年9月15日，A公司法定代表人吴某在《债务还款说明》中签名并加备注。该说明中载明，欠债权人张某11,500万元债务，A公司共出具三张欠条（截至2015年7月），至今本金未付，原约定利息年息24%已有几个月未付。A公司、吴某、金某在原审中提交证据，用以证明吴某于2015年8月6日至2016年7月29日，通过转账或委托他人转账的方式向张某1还款28,928,669元。上述已付款证据所显示的还款时间在吴某签署《债务还款说明》之前，与该说明中关于本金未付的内容相矛盾。张某1认为该付款是给付的本案借款利息及其他借款，与本案1500万元的借款本金没有关联性。张某1在庭审中申请证人张某2作证，证明其委托其兄张某2从2012年2月9日至2015年8月14日转借款九笔共计32,293,152元到吴某、金某账户。A公司、吴某、金某在再审申请中对该证人证言内容并未否认，即对1500万元之外与张某1存在其他借贷关系未予否认。故A公司、吴某、金某所提供的已还款证据，不足以证明其已偿还案涉借款本金1500万元的主张，未尽到《最高人民法院关于审理民间借贷案件适用法律若干问题的规定》第十六条第一款规定的关于‘被告抗辩已经偿还借款，被告应当对其主张提供证据证明’的举证证明责任，其申请再审的理由不成立。”

案例二：黄某民间借贷纠纷再审审查与审判监督民事裁定书［最高人民法院（2017）最高法民申2211号］认为，“《最高人民法院关于审理民间借贷案件适用法律若干问题的规定》第十六条第一款规定：‘原告仅依据借据、收据、欠条等债权凭证提起民间借贷诉讼，被告抗辩已经偿还借款，被告应当对其主张提供证据证明。被告提供相应证据证明其主张后，原告仍应就借贷关系的成立承担举证证明责任。’黄某应对自己所提出的债务抵销主张在合理期限内客观、全面地完成举证。但纵览全案，未见黄某向人民法院提交能够证明付款安排中首付 4,627,681 元与其向陈某所借的 560 万元相互抵销的证据。此种情况下，原判决根据《最高人民法院关于适用〈中华人民共和国民事诉讼法〉的解释》第九十条关于‘当事人对自己提出的诉讼请求所依据的事实或者反驳对方诉讼请求所依据的事实，应当提供证据加以证明，但法律另有规定的除外。在作出判决前，当事人未能提供证据或者证据不足以证明其事实主张的，由负有举证证明责任的当事人承担不利的后果’的规定，认定黄某债务相互抵销的主张证据不足不能成立，并无不当。”

案例三：刘某民间借贷申诉、申请民事裁定书［北京市高级人民法院（2017）京民申 3383 号］认为，“《最高人民法院关于审理民间借贷案件适用法律若干问题的规定》第十六条第一款规定，原告仅依据借据、收据、欠条等债权凭证提起民间借贷诉讼，被告抗辩已经偿还借款，被告应当对其主张提供证据证明。被告提供相应证据证明其主张后，原告仍应就借贷关系的成立承担举证证明责任。本案中，刘某执吴某出具的 14 万元借条提起民间借贷诉讼，吴某抗辩已经偿还借款，提交了 30 万元的银行还款凭证、说明了 30 万元还款的形成过程并提交了 16 万元借条、10 万元银行转账凭证、相关房产证、《房改出售直管公有住宅楼房协议书》等证据予以证明。综合以上证据，本院认定吴某已经完成就其主张的还款 30 万元中包括涉案 14 万元借条中的款项的举证证明责任。”

025 仅以转账凭证提起民间借贷诉讼也可能胜诉

——仅以转账凭证提起民间借贷诉讼，被告抗辩转账系因其他债务关系，应承担举证责任

阅读提示

《最高人民法院关于审理民间借贷案件适用法律若干问题的规定》出台前，对于原告仅以转账凭证提起诉讼，举证责任如何分配的问题，法院在审判实践中存在差异。而上述规定第十七条已明确该情形下举证责任的分配，具体而言：（1）被告抗辩转账系偿还双方之前借款或其他债务，被告应承担举证责任；（2）被告举证证明转账系偿还双方之前借款或其他债务后，原告仍应就借贷关系的成立承担举证责任。

裁判要旨

原告仅依据金融机构的转账凭证提起民间借贷纠纷诉讼，被告以该转账系偿还双方之前借款或其他债务为由进行抗辩的，应当对其主张提供证据证明。被告举证不足的，法院应认定借贷关系成立。

案情简介

姜某称白某向其借款，并已于2011年8月1日，通过建设银行向白某转账450万元。姜某向西安市中级人民法院起诉，请求判令白某、刘某（系夫妻关系）连带偿还欠款本金及利息。

白某认可收到该笔转账，但认为该笔转账系合作投资款，并非借款。白某提交了其与姜某及案外人田某于2012年5月27日签订的《关于开发特克斯县78团畜牧营的协议》以及其与姜某于2015年2月12日签订的《协议》，以证明其主张。

西安市中级人民法院认为，白某主张450万元是合作投资款，缺乏事实和法律依据，判决白某偿还姜某450万元及利息；刘某对上述债务的本金及利息承担连带清偿责任。

白某、刘某不服西安市中级人民法院判决，向陕西省高级人民法院提起上诉，请求撤销原判决，驳回姜某的诉讼请求。陕西省高级人民法院判决驳回上诉，维持原判。

白某不服陕西省高级人民法院判决，向最高人民法院申请再审。最高人民法院裁定驳回其再审申请。

裁判要点

白某主张姜某向其转账是支付合作投资款，并非借款，但提供的证据不足以证明其主张，因此法院认定借贷关系成立。

实务经验总结

前事不忘，后事之师。为避免未来发生类似败诉，提出如下建议：

1. 当事人应当树立证据保全意识，完整保存相关交易文件。具体到借贷关系中，当事人应保存的文件包括但不限于：借款凭证（合同、欠条、借据、收据等）、支付凭证（汇款凭证、转账凭证等）。这样做的好处是：对于出借人而言，在借款人欠钱不还时，可以列举充分的证据证明借贷关系成立；对于借款人而言，假设出借人仅凭转账凭证提起恶意诉讼，可以列举双方此前的相关交易文件证明其已还款或属于其他债权债务关系。

2. 当事人在诉讼前应认真研究举证策略，判断要列举的证据有利于己方还是对方。本案中，被告白某列举的 2015 年 2 月 12 日双方所签《协议》，不但不能证明张某支付的是投资款，反倒印证了双方的借贷关系成立。而且，根据相关规定，借贷双方未约定利息的，出借人无权主张支付利息。据此，被告白某原本不用支付利息，但是其举出的上述协议载明了双方约定的利息，故法院据此判决其支付利息。

相关法律规定

《最高人民法院关于审理民间借贷案件适用法律若干问题的规定》

第十七条　原告仅依据金融机构的转账凭证提起民间借贷诉讼，被告抗辩转账系偿还双方之前借款或其他债务，被告应当对其主张提供证据证明。被告提供相应证据证明其主张后，原告仍应就借贷关系的成立承担举证证明责任。

法院判决

以下为该案在法院审理阶段，裁判文书中“本院认为”部分就该问题的论述：

关于白某与姜某之间是否存在借贷关系，白某是否应向姜某支付借款利息问题。姜某于 2011 年 8 月 1 日通过银行向白某转款 450 万元，对此，白某并无异议，但认为该 450 万元不是借款而是投资款。为此，白某提交了其与姜某及案外人田某于 2012 年 5 月 27 日签订的《关于开发特克斯县 78 团畜牧营的协议》、其与姜某于 2015 年 2 月 12 日签订的《协议》，以证明其上述主张。关于证据一，即 2012 年 5 月 27 日三方所签《关于开发特克斯县 78 团畜牧营的协议》，从该协议的内容看，是关于三方合作在特克斯县开发沙金矿的协议。根据该协议，姜某已按约完成出资 300 万元的义务，且双方均认可该 300 万元出资款与 2015 年 2 月 12 日双方所签《协议》中的 450 万元款项没有关系。因该协议与本案无关，故该证据不能证明白某的上述主张。关于证据二，即 2015 年 2 月 12 日双方所签《协议》，从该协议的内容看，虽然个别条款中将 450 万元款项表述为“投资”款，但该表述与其他条款中“返还 450 万元”及“按月息 2 分计息”的表述相矛盾，且该 450 万元转款在前，而双方合作开发沙金矿在后，在姜某不认可该 450 万元为合作投资款的情况下，白某应当继续举证，但其未再举证，应当承担举证不足的法律后果。故仅凭该证据不能证明白某的上述主张。

案件来源

姜某与白某、刘某民间借贷纠纷申诉、申请民事裁定书［最高人民法院（2016）最高法民申3335号］

延伸阅读

原告仅依据金融机构的转账凭证提起民间借贷纠纷诉讼，法院审理中，具体可分为两种情形：被告抗辩转账系偿还双方之前借款或其他债务，但未举证证明其主张，法院认定借贷关系成立；被告抗辩转账系偿还双方之前借款或其他债务，且举证证明其主张后，原告仍应就借贷关系的成立承担举证责任。

一、被告抗辩转账系偿还双方之前借款或其他债务，但未举证证明其主张，法院认定借贷关系成立

案例一：童某与陈某民间借贷纠纷申诉、申请民事裁定书［最高人民法院（2016）最高法民申字第925号］认为，"综合再审申请人的再审申请事由，本案核心问题在于童某与陈某之间是否存在借款合同关系。童某依据工商银行的电子回单及银行流水主张其与陈某之间发生475万元的借款关系，陈某认可收到该笔款项，且双方无其他经济往来。童某对其与陈某之间存在借款合同关系完成了基本的举证责任。陈某抗辩称诉争款项系其父所借，且已归还，但未能提供相应证据予以证明。故二审认定童某与陈某之间存在借款合同关系，且童某已向陈某实际提供475万元的借款有事实依据。"

案例二：迟某与王某民间借贷纠纷再审审查民事裁定书［吉林省高级人民法院（2017）吉民申137号］认为，"王某依据2010年10月22日、2011年1月21日向迟某账户转款的转款凭证主张该两笔款项为借款债权，并向迟某主张该两笔债权。迟某对此予以否认，称该两笔款项系王某丈夫楚某偿还的借款及工程结算款，但始终未能提供充分的证据证明。迟某提供的迟某与楚某几次借款往来凭证，并不能证明该两笔款项系王某偿还楚某之前借款或其他债务。依据《最高人民法院关于审理民间借贷案件适用法律若干问题的规定》第十七条'原告仅依据金融机构的转账凭证提起民间借贷诉讼，被告抗辩转账系偿还双方之前借款或其他债务，被告应当对其主张提供证据证明'的规定，原审判决认定王某于2010年10

月22日、2011年1月21日向迟某账户转款系借贷关系并无不当。迟某举出楚某诉迟某民间借贷一案二审庭审笔录，证明王某在该案中作为证人出庭仅是证明其受楚某指示向迟某账户转款的行为，并未直接向迟某主张欠款。但在该案中，法庭对于王某所转两笔款项并未认定系楚某向迟某出借款项，而是告知另行主张权利，故王某证言与起诉本案并不矛盾。”

案例三：郭某与郑某民间借贷纠纷申诉、申请再审民事裁定书［重庆市高级人民法院（2016）渝民申2514号］认为，“2015年9月18日，郑某向郭某的银行账户转款共计430,000元，郑某认为前述430,000元为借款，郭某未向其归还，遂提起本案诉讼。《最高人民法院关于审理民间借贷案件适用法律若干问题的规定》第十七条规定：‘原告仅依据金融机构的转账凭证提起民间借贷诉讼，被告抗辩转账系偿还双方之前借款或其他债务，被告应当对其主张提供证据证明。被告提供相应证据证明其主张后，原告仍应就借贷关系的成立承担举证证明责任。’郑某起诉时提交了其向郭某转款43万元的凭证，依照前述规定，首先推定其与郭某之间建立了43万元的借贷关系。现郭某认为郑某向其转款是其在案外人A公司应得的工资、分红及营销费用等，由A公司法定代表人廖某委托郑某向其支付。对此主张，郭某应当承担举证责任。《最高人民法院关于适用〈中华人民共和国民事诉讼法〉的解释》第九十条规定：‘当事人对自己提出的诉讼请求所依据的事实或者反驳对方诉讼请求所依据的事实，应当提供证据加以证明，但法律另有规定的除外。在作出判决前，当事人未能提供证据或者证据不足以证明其事实主张的，由负有举证证明责任的当事人承担不利的后果。’根据郭某在一、二审举示的证据，尚不足以证明本案43万元是廖某委托郑某支付的郭某在A公司应得工资、分红等费用，郭某应当承担举证不能的不利后果。因此，原审判决根据优势证据原则，认定郑某与郭某之间43万元的借款关系成立并无不当。”

案例四：周某、李某与郭某民间借贷纠纷再审复查与审判监督民事裁定书［江苏省高级人民法院（2016）苏民申3140号］认为，“在李某提供了银行本票且该本票金额已实际交付给周某的情况下，其对双方之间借贷关系的存在完成了初步举证责任，而周某并未抗辩主张李某的转账系偿还双方之前借款或其他债务，且周某没有证据证明实际借款人是郭某或姚某，应当承担举证不能的法律后果，其抗辩主张不能成立，一、二审据此认定李某向周某出借了150万元，周某应承担相应的还款责任，并无不当。”

案例五：李某与王某民间借贷纠纷再审复查与审判监督民事裁定书［湖北省高级人民法院（2016）鄂民申2186号］认为，“王某为主张债权，向一审法院提交了其向李某银行账户汇款5万元的转账凭证。依据《最高人民法院关于审理民间借贷案件适用法律若干问题的规定》第十七条的规定，‘原告仅依据金融机构的转账凭证提起民间借贷诉讼，被告抗辩转账系偿还双方之前借款或其他债务，被告应当对其主张提供证据证明’。李某一、二审时抗辩该5万元转账系其他经济往来，但未提供证据加以证明，也未到庭作出合理说明，故应承担举证不能的诉讼后果。……因此，原审判决认定王某与李某之间存在民间借贷关系，李某应承担偿还借款责任，认定事实清楚，适用法律正确。”

案例六：葛某与徐某、于某民间借贷纠纷再审复查与审判监督民事裁定书[江苏省高级人民法院（2016）苏民申4145号]认为，“根据查明的事实，徐某、于某已经实际收到了葛某汇出款项210万元，扣除已归还部分110万元后尚余100万元。就该款项的性质而言，虽然葛某对其主张的借贷关系未提交借贷合同等证据予以证明，但是徐某辩称接受款项的目的是受葛某之托从事证券交易，其应当承担举证责任。徐某所举证的账户往来、银行凭证等虽能证明所收取的葛某款项均进入了家庭成员证券账户，但因徐某本身也从事证券交易，不能排除其向葛某借款用于个人证券买卖等可能。故徐某举证尚不足以证明案涉款项属于委托从事证券交易性质，二审判决的处理结果并无不当，应予维持。”

案例七：常州A公司与常州B公司合同、无因管理、不当得利纠纷二审民事判决书[江苏省高级人民法院（2016）苏民终1014号]认为，“关于借款往来问题。《最高人民法院关于审理民间借贷案件适用法律若干问题的规定》第十七条规定，原告仅依据金融机构的转账凭证提起民间借贷诉讼，被告抗辩转账系偿还双方之前借款或其他债务，被告应当对其主张提供证据证明。被告提供相应证据证明其主张后，原告仍应就借贷关系的成立承担举证证明责任。A公司举证的借贷协议均无刘某签字和股东确认，不符合2013年4月23日协议书确定的合同生效条件；但是对于A公司已经汇入C公司的款项，C公司如不能说明占有相关款项的合法理由，则应承担还款义务。其中，2013年10月10日的10万元借款系9月30日20万元借款归还10万元后尚欠款项；2013年10月28日的100万元、11月13日的78万元收款人虽为D公司，但根据查明事实，D公司和C公司之间存在合作关系，C公司又与A公司签订借款协议、指令付款，故D公司收款系代C公司收取，C公司应当承担还款义务。故一审法院对于借款往来金额的认定并无不当。”

案例八：李某1与肖某民间借贷纠纷一案二审民事判决书[黑龙江省高级人民法院（2016）黑民终412号]认为，“《最高人民法院关于审理民间借贷案件适用法律若干问题的规定》第十七条规定，‘原告仅依据金融机构的转账凭证提起民间借贷诉讼，被告抗辩转账系偿还双方之前借款或其他债务，被告应当对其主张提供证据证明’。肖某已经提供了汇款给李某2 330万元的银行汇款凭证，但李某1及李某2均未能提供证据证明该款项已经偿还或属于其他债权债务关系。故本院对李某1关于该330万元汇款与本案无关的上诉主张，亦不予支持。一审法院按照肖某提供的汇款凭证确定李某2的案涉借款数额，对肖某主张现金给付的借款金额均未予认定，已尽到必要审查义务，对李某2借款数额的认定并无不当。”

案例九：苏某民间借贷纠纷申诉、申请民事裁定书［北京市高级人民法院（2016）京民申2281号］认为，“本案中，张某依据中国银行汇款凭证提起民间借贷诉讼，要求苏某偿还借款，苏某辩称未向张某借款，曾委托张某办事时，向张某账户存款90万元，并交付张某鸡血石等财物，后因事情未能办妥，双方协商，张某退还200万元。依据上述法律规定，苏某应当对其主张提供证据予以证明，但其在本案中提供的证据不足以证明其主张，一、二审法院认定双方之间存在民间借贷的事实，并无不当。”

案例十：郑某与詹某民间借贷纠纷一案再审民事裁定书［浙江省高级人民法院（2016）浙民申1586号］认为，“该条款对于出借人仅凭银行汇款凭证提起民间借贷之诉的情形作了规定，但仅限于被告抗辩转账系偿还双方之前借款或其他债务的情形，且被告应当提供证据加以证明。由此可见，对于仅凭银行汇款凭证起诉的，最高人民法院并不要求原告主动证明双方之间存在借贷合意。此外，郑某抗辩其银行卡收取詹某12万元款项系其他关系应提供相应证据，但其自己关于归还银行卡的陈述与其申请的证人证言并不一致，而其对银行卡出借给刘某的经过以及该银行卡的频繁大额款项往来等事实均不能给出合理解释，故其抗辩不能成立。”

二、被告抗辩转账系偿还双方之前借款或其他债务，且举证证明其主张后，原告仍应就借贷关系的成立承担举证责任；如原告未继续举证证明，认定借贷关系不成立

案例十一：王某与李某、徐某民间借贷纠纷申诉、申请民事裁定书［最高人民法院（2016）最高法民申2687号］认为，“关于当事人间是否存在民间借贷法律关系的事实认定问题。王某主张其与李某之间存在民间借贷法律关系，但只提供了银行业务对账单、交易明细、转账凭证等证明资金流向的证据，并未举出双方存在借款关系的其他相应证据，对借款事由、利息、资金来源的举证及理由并不充分。而李某举证证明存在李某向刘某打款，刘某再向王某打款超过2000万元的资金流向，刘某在一审中亦出庭作证证明系王某向李某借款。根据现有证据不能认定双方资金往来是否属于李某借款，原审相关认定并不缺乏证据证明。关于举证责任分配问题，主张法律关系存在的当事人，应当对产生该法律关系的基本事实承担举证证明责任。本案中，王某主张存在民间借贷法律关系，应由其举证证明存在民间借贷相关的基本事实，在其提交的证据不足以认定双方资金往来属于李某借款的情况下，李某无须承担还款的证明责任，原审对举证责任的分配并无不当。”

案例十二：王某 1 与王某 2 民间借贷纠纷申诉、申请民事判决书［最高人民法院（2016）最高法民再 32 号］认为，“王某 1 作为债权人向王某 2 主张债权请求权，应提供其与王某 2 之间借贷关系存在且还款期限已届满的法律事实成立的证据。为此，王某 1 应该为下述两个要件事实的成立负举证责任：其一，借款合同的成立和生效；其二，已经履行了借款合同的义务。从本案查明的事实来看，王某 1 提交了载明用途为‘借款’的银行转账凭证，且办理该笔 300 万元转款时王某 2 亦在现场，以此来证明其尾号 3305 银行卡给王某 2 账户转账的 300 万元是其向王某 2 出借的款项。由于本案没有书面的借款合同或借据，第一，王某 2 对王某 1 主张双方达成的是口头借款协议不予认可。第二，王某 2 认可该笔 300 万元进入自己账户且办理转款时在场，但否认该笔 300 万元为其向王某 1 的借款，并为此提供了王某3 于 2012 年 4 月 19 日收到王某 1 涉案银行卡后出具的收条，以此证明王某 1 的涉案银行卡及密码（卡内有 2700 万元）在该笔 300 万元转账的当时已交由王某3 掌控。虽然银行汇款凭证上载明用途为借款，但鉴于在王某3 掌控涉案银行卡的时间段内，从该银行卡划向王某 2 账户的 300 万元，只与王某3 有关，与王某 1 无关，其与王某 1 之间不存在借款关系。据此，二审法院认定王某 1 仅证明其尾号 3305 银行卡的 300 万元转入王某 2 账户，并未能够有效证明该 300 万元系王某 1 出借给王某 2，王某 1 未能对其与王某 2 之间存在借款关系完成举证责任，并无不当。本院根据《关于民事诉讼证据的若干规定》第七十六条‘当事人对自己的主张，只有本人陈述而不能提出其他相关证据的，其主张不予支持。但对方当事人认可的除外’的规定，二审法院对王某 1 关于王某 2 向其借款 300 万元应承担还款义务的主张不予支持，并无不当。”

案例十三：卢某与韩某、高某等民间借贷纠纷二审民事判决书［山东省高级人民法院（2016）鲁民终 1230 号］认为，“民间借贷法律关系的有效成立，须有借贷双方当事人的真实合法意思表示一致和借款的实际交付。本案中，上诉人卢某未能提交借款合同、借据等能够证明借贷关系成立的有效证据，在被上诉人韩某否认双方存在借贷关系的情况下，上诉人卢某仅凭涉案款项进入韩某的银行卡以及和韩某认识，并不能证明双方形成借贷的合意，该情形也不适用《最高人民法院关于审理民间借贷案件适用法律若干问题的规定》第十七条规定的举证责任转移的情形。相反，韩某提交的卢某的尾号为9188的民生银行卡交易记录、卢某和张某于2012年3月27日签订的借款协议及借条、双方之间的手机短信内容，以及某司法鉴定所出具的鉴定意见书等，能够证明张某利用韩某的尾号为2119的银行卡与卢某实施过民间借贷行为，并且涉案800万元中的650万元由张某从该银行卡分别转入潍坊B公司、山东C公司指定的收款人账户，该事实与张某自认其是涉案800万元借款人的事实吻合。上述证据的证明力大于卢某为证实其与韩某之间存在民间借贷关系而提交的银行转账凭证等证据的证明力，一审法院认定上诉人卢某和韩某之间不存在民间借贷关系，并无不当。”

案例十四：张某与林某、黄某民间借贷纠纷申诉、申请民事裁定书［福建省高级人民法院（2016）闽民申2083号］认为，“本案中，林某已举证证明其于2011年向银行贷款人民币34万元后于当日即将款项转入了张某之子张帆的账户，且张某转入林某银行账户34万元时，注明是‘还贷款’。因此，现有证据无法认定张某转给林某的款项是借款，张某仍应当就借贷关系成立承担举证证明责任，因其无法进一步提供证据证明，应承担举证不能的法律后果。张某要求林某、黄某还款缺乏依据，不予支持。”

案例十五：田某与袁某民间借贷纠纷申诉、申请再审民事裁定书［重庆市高级人民法院（2016）渝民申1279号］认为，“本案中田某称袁某因承包城口县三合水库隧道工程向其口头约定借款14万元，并向人民法院举示转账凭证。袁某抗辩称该款项系田某交付的合伙出资款，为证明其主张向人民法院陈述了田某交付合伙出资款的过程和申请相关证人出庭作证。依照《最高人民法院关于审理民间借贷案件适用法律若干问题的规定》第十七条‘原告仅依据金融机构的转账凭证提起民间借贷诉讼，被告抗辩转账系偿还双方之前借款或其他债务，被告应当对其主张提供证据证明。被告提供相应证据证明其主张后，原告仍应就借贷关系的成立承担举证证明责任’的规定，田某仍应就借贷关系的成立承担举证证明责任。因田某举示的证据不足以证明其与袁某存在借款合同关系，一、二审人民法院判决驳回田某要求袁某归还借款的诉讼请求并无不当。”

案例十六：青岛A公司与周某民间借贷纠纷再审复查与审判监督民事裁定书［山东省高级人民法院（2016）鲁民申1181号］认为，“申请人向一审法院起诉主张其与被申请人之间存在民间借贷关系的证据是20万元的银行转账支票，该转账支票仅能证明双方之间发生过转账付款行为，但基于何种原因行为或者基础法律关系发生的转账付款行为，转账支票上并无明确记载。也就是说，转账付款行为是合同履行行为，而非合同成立行为，申请人仅凭该转账支票无法直接证明双方之间成立了民间借贷关系，同时申请人也不能提供其他充分证据对民间借贷关系的成立加以印证和补强。依照《最高人民法院关于审理民间借贷案件适用法律若干问题的规定》第十七条的规定：'原告仅依据金融机构的转账凭证提起民间借贷诉讼，被告抗辩转账系偿还双方之前借款或其他债务，被告应当对其主张提供证据证明。被告提供相应证据证明其主张后，原告仍应就借贷关系的成立承担举证证明责任。'本案中，被申请人周某提供了相应证据证明涉案 20 万元是申请人代替张某 1、张某 2 偿还债务，完成了基础举证责任，申请人仍应就其主张的民间借贷关系的成立承担后续举证责任，申请人原审中提供的现有证据无法证明双方之间具有成立民间借贷关系的合意，故二审判决以申请人举证不能、证据不足为由驳回其诉讼请求，符合民事诉讼法关于举证责任分配原则的规定。"

案例十七：何某与曾某民间借贷纠纷申请再审民事裁定书［四川省高级人民法院（2016）川民申 719 号］认为，"本案中，何某主张其通过银行向曾某转账的 250,000 元是借款，但其并未提供借条等证据证实该主张，仅提供了银行转账凭条，该凭条仅能证明其向曾某转款的事实。而曾某主张双方存在合伙关系，该笔款项是合伙资金，并提供了视频音频资料用于证明自己的主张。何某仍需就双方之间存在借贷合意进一步举证，但其并没有提供证据证实，应当承担举证不能的法律后果。"

026 民间借贷仅以借据提起诉讼能否胜诉?

——原告仅以借据、收据、欠条等提起民间借贷诉讼，被告抗辩已偿还借款，被告应承担举证责任

阅读提示

民间借贷案件中原告仅依据借据、收据、欠条等债权凭证提起民间诉讼，被告会提出两种抗辩理由：已偿还借款和借贷行为未成立。此时，法院如何认定双方是否存在借贷事实？对此，《最高人民法院关于审理民间借贷案件适用法律若干问题的规定》第十六条分两款明确：（1）被告抗辩已经偿还借款，被告应当对其主张提供证据证明。被告提供相应证据证明其主张后，原告仍应就借贷关系的成立承担举证证明责任。（2）被告抗辩借贷行为尚未实际发生并能作出合理说明，人

民法院应当结合借贷金额、款项交付、当事人的经济能力、当地或者当事人之间的交易方式、交易习惯、当事人财产变动情况以及证人证言等事实和因素，综合判断查证借贷事实是否发生。

裁判要旨

原告仅依据借据、收据、欠条等债权凭证提起民间借贷诉讼，被告抗辩已经偿还借款，被告应当对其主张提供证据证明。被告不能证明其已偿还借款的，应承担偿还义务。

案情简介

2010年4月，朱某为王某出具借条一份，载明：今借到王某现金250万元。

王某向泰安市中级人民法院提起诉讼，请求朱某偿还借款本金及利息。朱某对借条的真实性无异议，且认可收到了250万元，但朱某向法院提交银行汇款凭证等证据，欲证明其已偿还借款。王某认可朱某已偿还借款5万元，并自愿将16.4万元从本金中扣除。

泰安市中级人民法院认为，除王某认可的5万元外，朱某提交的证据不足以证明其已偿还借款，判决朱某偿还王某借款228.6万元及利息。

朱某不服泰安市中级人民法院判决，向山东省高级人民法院提起上诉。山东省高级人民法院判决驳回上诉，维持原判。

朱某不服山东省高级人民法院判决，向最高人民法院申请再审。最高人民法院裁定驳回再审申请。

裁判要点

本案出借人王某仅依据借条提起诉讼，借款人朱某对借条的真实性未提出异议，但主张已偿还全部借款，并提供证据证明其主张。最终法院认为朱某提供的证据不足以证明其已偿还借款，判决朱某偿还借款本金及利息，朱某因此败诉。

最高人民法院认为，“关于朱某的欠款数额问题，因朱某未提供充分证据证实偿还了王某的250万元借款，其提交的对账单、（2012）泰民一初字第6号一案中2012年5月14日原审法院所作的调查笔录及（2012）鲁民一终字第280号民事判决书亦不能证实对本案250万元的借款已作出了处理。因此，朱某关于250万元的借款已全部偿还王某的主张不能成立。”

实务经验总结

前事不忘，后事之师。为避免未来发生类似败诉，提出如下建议：

民间借贷当事人应当树立保全证据的意识，完整保存相关交易文件，包括但不限于：借款凭证（合同、欠条、借据、收据等）、支付凭证（汇款凭证、转账凭证等）。这样做的好处是，对于借款人而言，假设出借人提起恶意诉讼，可以列举双方此前的相关交易文件证明其已还款或借贷关系不成立；对于出借人而言，在借款人欠钱不还时，可以列举充分的证据证明借贷关系成立，请求借款人偿还借款。

相关法律规定

《最高人民法院关于审理民间借贷案件适用法律若干问题的规定》

第二条 出借人向人民法院起诉时，应当提供借据、收据、欠条等债权凭证以及其他能够证明借贷法律关系存在的证据。

当事人持有的借据、收据、欠条等债权凭证没有载明债权人，持有债权凭证的当事人提起民间借贷诉讼的，人民法院应予受理。被告对原告的债权人资格提出有事实依据的抗辩，人民法院经审理认为原告不具有债权人资格的，裁定驳回起诉。

第十六条 原告仅依据借据、收据、欠条等债权凭证提起民间借贷诉讼，被告抗辩已经偿还借款，被告应当对其主张提供证据证明。被告提供相应证据证明其主张后，原告仍应就借贷关系的成立承担举证证明责任。

被告抗辩借贷行为尚未实际发生并能作出合理说明，人民法院应当结合借贷金额、款项交付、当事人的经济能力、当地或者当事人之间的交易方式、交易习惯、当事人财产变动情况以及证人证言等事实和因素，综合判断查证借贷事实是否发生。

《最高人民法院关于适用〈中华人民共和国民事诉讼法〉的解释》

第九十条 当事人对自己提出的诉讼请求所依据的事实或者反驳对方诉讼请求所依据的事实，应当提供证据加以证明，但法律另有规定的除外。

在作出判决前，当事人未能提供证据或者证据不足以证明其事实主张的，由负有举证证明责任的当事人承担不利的后果。

第九十一条 人民法院应当依照下列原则确定举证证明责任的承担，但法律另有规定的除外：

（一）主张法律关系存在的当事人，应当对产生该法律关系的基本事实承担举证证明责任；

（二）主张法律关系变更、消灭或者权利受到妨害的当事人，应当对该法律关系变更、消灭或者权利受到妨害的基本事实承担举证证明责任。

法院判决

以下为该案在法院审理阶段，裁判文书中“本院认为”部分就该问题的论述：

关于涉案借条的证明效力问题。朱某、王某均是各自企业法定代表人，双方之间有多笔资金往来。本案中，王某主张朱某借款250万元，提交了朱某出具的一份借条，借条对借款人、出借人、借款数额有着明确约定，且朱某在一、二审中均认可该借条是其本人出具，对借条的真实性并未提出异议，故对该借条的证明效力应予确认。王某虽未提供向朱某打款的证据，但在原审中，朱某认可借款是累计形成的，是其和王某之间多笔借款累计计算后打的总条，并且认可收到了250万元。因此，朱某在二审中关于王某未实际付款，双方不存在真实的借贷关系的主张，是其对自认的反悔，因其未能提供有效证据加以证实，二审法院未予支持并无不当。

关于朱某的欠款数额问题，因朱某未提供充分证据证实偿还了王某的250万元借款，其提交的对账单、（2012）泰民一初字第6号一案中2012年5月14日原审法院所作的调查笔录及（2012）鲁民一终字第280号民事判决书亦不能证实对本案250万元的借款已作出了处理。因此，朱某关于250万元的借款已全部偿还王某的主张不能成立。本案一审期间，因王某自愿将16.4万元从本金中予以扣除，故一、二审判决朱某应偿还王某228.6万元本金及利息并无不当。

案件来源

王某与朱某民间借贷纠纷申诉、申请民事裁定书［最高人民法院（2016）最高法民申2419号］

延伸阅读

一、原告仅依据借据、收据、欠条等债权凭证提起民间借贷诉讼，被告抗辩已经偿还借款，被告应承担举证责任；被告提供相应证据证明其主张后，原告仍应就借贷关系的成立承担举证证明责任

案例一：徐某与朱某、A公司民间借贷纠纷申请再审民事判决书［最高人民法院（2016）最高法民再222号］认为，“徐某与朱某之间的账目往来情况并不足以明确双方借款与还款的对应关系，但朱某先后四次确认欠款金额的借款凭证，均是徐某与朱某双方对之前债权债务清算之后确认的结果，且并无证据证明徐某与朱某在清算之后再有资金往来发生，因此对该四份借款凭证载明的欠款金额应予确认。A公司虽抗辩欠款已部分清偿，但并无证据予以证明，且其所主张的还款均发生在徐某与朱某清算之前，其抗辩理由也与其先后两次承诺为朱某513万元欠款承担保证责任以及朱某反复确认债务金额的行为相矛盾，因此其抗辩主张不能成立。”

案例二：靳某与张某1、张某2与包头市A公司、刘某民间借贷纠纷审判监督民事裁定书［最高人民法院（2016）最高法民再92号］认为，“当事人对自己提出的诉讼请求所依据的事实或者反驳对方诉讼请求所依据的事实有责任提供证据加以证明。没有证据或者证据不足以证明当事人的事实主张的，由负有举证责任的当事人承担不利后果。原审中张某1、张某2虽然提交银行转款凭条等证据证明借贷关系的发生，但靳某、A公司、刘某也提出了银行转款凭证等证据予以回应，证明2010年所借款项已经还清。依据借据、收据、欠条等债权凭证提起民间借贷诉讼的，借款方抗辩已经偿还借款的，应当对其主张提供证据证明。借款方提供相应证据证明其主张后，出借方仍应就借贷关系的成立承担举证证明责任。在靳某等主张并提供证据证明已经通过转款偿还2010年所借款项后，张某1、张某2事仍应对其主张承担证明责任。”

二、被告抗辩借贷行为尚未实际发生并能作出合理说明，法院结合借贷金额、款项交付、当事人的经济能力、当地或者当事人之间的交易方式、交易习惯、当事人财产变动情况以及证人证言等事实和因素，综合判断查证借贷事实是否发生；被告未作出合理说明，法院认定借贷关系成立

案例三：江苏省A公司与钱某等民间借贷纠纷申请再审民事判决书［最高人民法院（2016）最高法民再76号］认为，“根据《民事诉讼法》第六十四条第一款关于当事人对自己提出的主张，有责任提供证据的规定，钱某已经就其主张借条的真实性完成了举证义务，江苏省A公司认为该借条系伪造，未能提供充分证据予以佐证，故本院对《借条》真实性予以认定。”

案例四：陈某1、陈某2等与陈某1、沈阳A公司等民间借贷纠纷申请再审民事判决书［最高人民法院（2016）最高法民再24号］认为，“根据《欠据》所载，自2007年到2013年，陈某1多次向杨某借款，经双方对账，确认陈某1尚欠借款本金 800 万元没有归还，利息按照银行贷款利率的四倍计算，直至陈某1 还清借款为止。双方同时声明‘原所有借据和双方在银行账号转款凭证及捌佰万元的支票等全部作废无效，均以本欠据为准’，陈某1 主张该 800 万元的数额并非双方对账确认的结果，与《欠据》记载内容不符，且未提供证据证明。陈某 1 主张其是在遭受胁迫的情形下在《欠据》上签字，亦未提供证据证明，且与其在二审中提出的《欠据》是杨某趁其生病采用非正常手段让其签字的主张自相矛盾。同时，陈某 1 亦未在法律规定的期限内，以遭受胁迫为由请求人民法院撤销该欠据。本院再审过程中，陈某1 提供《关于借款利息测算报告》，拟以此推翻《欠据》的证据效力，因该报告系‘根据委托人（陈某1）提出的利息测算条件进行的’‘按委托人提供的“收付款明细”表列出的借款（借据）金额、还款金额及借款或还款日期’作出，即该测算依据系陈某 1 单方提供，未经杨某质证认可，故不具有推翻原审事实认定的证据效力。据此，陈某 1 提出的上述主张，缺乏证据支持，原判决根据《欠据》所载，判令陈某 1 向杨某偿还借款本金 800 万元并给付利息，并无不当。”

案例五：叶某与重庆 A 公司、周某等民间借贷纠纷申诉、申请民事裁定书［最高人民法院（2015）民申字第 2615 号］认为，“关于案涉借款是否实际发生的问题。叶某提交了六张借条、A 公司编制的索赔表、项目部向叶某借款对账单以及周某、邓某、彭某签字的利息结算清单等主要证据。二审庭审中，周某、邓某、彭某均认可借款使用在项目工地上。邓某还陈述，借条记载的 723 万元实际是欠彭某的投资款，但后来通过合作中的各种资金往来已经还清了。A 公司对于借款是否实际发生的观点前后不一，在一审答辩状中全盘否认借款事实，后又认可收到 340 万元但已经当日返还。其主张彭某和叶某恶意串通，但未能提交证据证明。A 公司还主张叶某没有出借款项的能力，但其在一审、二审中，对叶某提交的证明自己有借款能力的证据，均认为与本案没有关联性，因此 A 建设公司关于叶某没有出借款项能力的理由，亦应认定为与本案没有关联性。一审、二审法院根据双方提交的证据，认定本案借款已经实际发生，并无不当。A 公司关于借款未实际发生的主张依据不足，本院不予支持。”

案例六：孙某与穆棱市 A 公司民间借贷纠纷申诉、申请民事裁定书［最高人民法院（2016）最高法民申 3151 号］认为，“A 公司申请再审称孙某不具备出借能力，其主张涉案借款为现金给付也不符合常理，A 公司不应承担还款责任。但 A 公司不仅先后为孙某出具了七份《借据》《借条》《欠据》，还于 2010 年 10 月 30 日、2011 年 5 月 10 日为孙某出具了关于涉案借款利息的《欠据》，孙某也提供了从刘某处借款 500 万元用于支付涉案借款的证言。A 公司仅以其对孙某出借能力的质疑不能否定其多次出具的《借据》《借条》《欠据》的证明效力，不足以推翻原审判决认定的事实。"

案例七：王某、厉某民间借贷纠纷申请再审民事裁定书［最高人民法院（2016）最高法民申326号］认为，"原判决认定的案涉借款数额并无不当。王某虽主张案涉60万元借款未实际发生，系双方对原69.8万元借据结算后重新书写形成。如其主张属实，按照常理，其应在出具该60万元借据的同时收回69.8万元借据，或者在该60万元借据中注明原69.8万元借据作废。现两张借据并存，王某在原审庭审及本院询问中对其在借据上签字的真实性均不持异议，虽然陈述该60万元借款并未真实发生，但不能作出合理解释并举示相关证据予以证实。王某作为从事商业经营的完全民事行为能力人，其应当知晓出具借据所应当承担的法律后果。因此，原判决基于前述事实以及双方举证情况认定案涉借款数额，并无不当，王某提出的原判决认定的基本事实缺乏证据证明的主张，亦不能成立。"

案例八：何某与叶某民间借贷纠纷申请再审民事裁定书［最高人民法院（2016）最高法民申176号］认为，"根据一、二审判决查明的事实，何某为证明其以现金方式向叶某支付了140余万元借款，向法庭提交了叶某出具的多份借条和收条并申请证人出庭作证。根据何某与叶某双方存在以汇款方式支付借款的交易习惯、上述借条和收条的内容与已经查明的汇款支付方式和时间不符、不能真实反映双方之间的交易往来以及何某提供的证人证言与何某自己的陈述存在明显出入等事实，一、二审判决综合全案证据认定在叶某不予认可的情况下，何某仅以借条和收条不足以证明其以现金方式向叶某实际支付了借款140余万元，有相关依据。一、二审判决未支持何某请求叶某偿还现金借款的诉讼主张并无不当。何某关于一、二审判决对叶某出具的欠条不予确认有误以及存在适用法律错误的申请再审理由不能成立。"

案例九：熊某1、黄某与熊某2、湖南省A公司民间借贷纠纷申诉、申请民事裁定书［最高人民法院（2016）最高法民申1466号］认为，"借条是证明借款关系存在、借款合意及款项交付的直接证据。根据一、二审判决认定的事实，本案争议借款均系自2006年起至2010年期间形成，再审申请人多次从被申请人处借款，每次均出具了借条。本案有证据表明，争议款项2000万元是由多笔借款组成。此外，2011年之后，申请人与被申请人之间仍然存在业务往来，亦是用现金支付的方式。再审申请人虽然对借条载明的借款数额提出异议，但并未向本院提交证据证明借条存在意思表示不真实的情形。再审申请人具有完全行为能力且曾经担任A公司的法定代表人，对向他人出具借条的法律后果应当是明知的，其以

‘大宗的货币交易一般均是通过银行转账支付’以及争议款项没有实际支付为由认为原审判决认定事实错误缺乏证据证明。原审判决综合当事人间的关系、相互之间的经济往来、相关交付凭证、支付能力等方面证据，认定本案所涉2000万元的借款发生、构成的事实并无不当。”

案例十：梁某与南通A酒店公司民间借贷纠纷申请再审民事裁定书[最高人民法院（2016）最高法民申1363号]认为，“梁某主张曾给B公司借款314.5750万元。一审判决已经说明，该笔款项仅有收据，没有交付资金的证明，而梁某在B公司的身份特殊，梁某自B公司成立至2009年6月29日退股之前一直为B公司股东，同时，梁某自公司设立之初即参与公司运营管理，享有管理使用公司公章及财务章的权限。而有些收据为连号，同时存在后发生的费用反而收据号码在前的现象。有些收据上仅盖有B公司财务章，无任何经办人签字。鉴于上述情况，一审认为在没有资金往来证明的情况下，梁某提交的收据不能单独作为认定事实的依据，该认定并无不当。”

案例十一：吴某与长春A公司民间借贷纠纷申请再审民事裁定书[最高人民法院（2016）最高法民申651号]认为，“依据常理，以书写借条、借据等方式而形成的债权凭证，在债务消灭时会被一并销毁或被债务人收回，故仅凭债权凭证的复印件无法证实债的存在与否。特别是在借贷双方之间存在多笔资金往来并存在结算事实的情况下，对于债权人不持有原件而仍提出债务依然存在的主张，债权人应当对此承担进一步的举证责任，否则，其应当承担举证不能的不利后果。本案中，吴某与A公司之间常年存在多笔大额的资金往来，而非单向的借贷行为，故仅凭借条、借据等部分债权凭证尚不足以反映双方之间的真实借款数额。况且，吴某始终仅以借条、借据的复印件向A公司主张借款本金及利息，而对于借条、借据原件被刘某收回的原因，除其口头辩解以外，未能提供任何有效证据予以证实。据此，原判决对吴某提交的借条、借据复印件不予采纳并无不当。”

027 借款人主张借款凭证是“转条”应承担举证责任

——借款人主张借款本金包含前期高额利息应承担举证责任

阅读提示

主文案例认为，借款人主张借款凭证系“转条”，所记载的本金包含前期高额利息，借款人应承担举证责任。民间借贷“转条”是指借款期满后借款人不能归还借款，将前期利息计入本金，重新出具债权凭证，再次开始计算利息，实际上起到“利滚利，驴打滚”的效果。

针对该问题，《最高人民法院关于审理民间借贷案件适用法律若干问题的规定》第二十八条分两款作出规定：(1) 如果前期利率没有超过年利率 24%，可以计入后期借款本金；(2) 借款期间届满后应当支付的本息之和，不能超过最初借款本金与以最初借款本金为基数，以年利率 24%计算的整个借款期间的利息之和。

此外，本书也关注到《四川省高级人民法院关于审理民间借贷纠纷案件若干问题的指导意见》关于民间借贷“转条”的本息计算更为细化的规定，详见延伸阅读部分。

裁判要旨

借款人主张借款凭证是将前期利息计入借款本金后重新出具的，其应承担举证责任。

案情简介

A 公司等向黎某、覃某借款，后 A 公司等未偿还借款本息。

黎某、覃某向梧州市中级人民法院提起诉讼，请求 A 公司等偿还借款本金 7,893,000 元，利息 7,103,70 元。2010 年，梧州市中级人民法院、广西壮族自治区高级人民法院均支持黎某、覃某的全部诉讼请求。A 公司等向最高人民法院申请再审，2011 年，最高人民法院裁定指令广西壮族自治区高级人民法院再审。2013 年，广西壮族自治区高级人民法院裁定发回梧州市中级人民法院重审。

2014 年，梧州市中级人民法院判决 A 公司等归还黎某、覃某借款本金 460 万元及利息。各方当事人上诉至广西壮族自治区高级人民法院，广西壮族自治区高级人民法院判决 A 公司等归还覃某、黎某借款本金 428.48 万元并支付利息。

A 公司等不服广西壮族自治区高级人民法院判决，向最高人民法院申请再审，主张本案真正的借款本金是 260 万元，黎某、覃某出具的三张借条上记载的金额是将利息多次计入本金后得出的数额，不应当得到法律的保护。最高人民法院裁定驳回再审申请。

裁判要点

主张借款凭证系高息“转条”而来，应承担举证责任。A 公司等主张本案最初借款本金数额为 260 万元，借条上记载的金额是前期利息计入后期本金后得出的数额，但 A 公司等提供的证据材料均不足以证明其主张，A 公司因此败诉。

最高人民法院认为，“申请人主张本案借款本金数额为 260 万元，其依据是赖某与覃某的对话录音以及覃某草稿。而该录音中，覃某并未认可赖某关于借款本金为 260 万元的自述，同时，申请人亦不能说明该录音反映的借款与本案涉及的三张借条所形成借款之间的关系，故该录音并不能证明申请人的主张。申请人主张覃某草稿上的本金数额 558.48 万元是从 260 万元借款本金利滚利所得。但一方面，申请人不能证明其所谓的 260 万元本金如何演变成草稿上所载的本金数额；另一方面，申请人主张的 260 万元本金数额亦远低于一审查明的覃某分 10 次向谢某账户转账的 460 万元，且申请人对此未能合理说明。故申请人关于本案借款本金为 260 万元的主张并不能成立。”

实务经验总结

前事不忘，后事之师。为避免未来发生类似败诉，提出如下建议：

1. 借款人应当树立证据保全意识，完整保存整个借款期间的相关交易文件，并可在“转条”后的借款凭证中明确：本金中包含前期利息的具体数额；最初借款本金数额。这样做的好处是：假设出借人仅以“转条”后的借款凭证提起诉讼，且前期年利率过高，借款人可以列举充分证据证明该借款凭证中包含的前期利息，进而请求调减借款本息。

2. 民间借贷“转条”的本息之和保护限额为：不超过最初借款本金与以最初借款本金为基数，以年利率 24% 计算的整个借款期间的利息之和。

相关法律规定

《最高人民法院关于审理民间借贷案件适用法律若干问题的规定》

第二十八条 借贷双方对前期借款本息结算后将利息计入后期借款本金并重新出具债权凭证，如果前期利率没有超过年利率 24%，重新出具的债权凭证载明的金额可认定为后期借款本金；超过部分的利息不能计入后期借款本金。约定的利率超过年利率 24%，当事人主张超过部分的利息不能计入后期借款本金的，人民法院应予支持。

按前款计算，借款人在借款期间届满后应当支付的本息之和，不能超过最初借款本金与以最初借款本金为基数，以年利率 24% 计算的整个借款期间的利息之和。出借人请求借款人支付超过部分的，人民法院不予支持。

案件来源

黎某、覃某与广西梧州市A电子发展有限公司、广西壮族自治区梧州市某学校等民间借贷纠纷民事裁定书［最高人民法院（2016）最高法民申1440号］

延伸阅读

一、与民间借贷“转条”本息之和保护限额相关的四个判例

《最高人民法院关于审理民间借贷案件适用法律若干问题的规定》第二十八条对“转条”分两款作出规定:（1）如果前期利率没有超过年利率24%，可以计入后期借款本金;（2）借款期间届满后应当支付的本息之和，不能超过最初借款本金与以最初借款本金为基数，以年利率24%计算的整个借款期间的利息之和。

本书认为，案例二在适用上述条文时忽视了第二款规定，利息计算有误。案例中的前期利息以最高限额年利率24%计算后计入后期本金，后期本金再以年利率24%计算利息，相当于最初借款本金以年利率24%“利滚利，驴打滚”，明显超过《最高人民法院关于审理民间借贷案件适用法律若干问题的规定》第二十八条第二款规定的以最初借款本金为基数，以年利率24%计算的整个借款期间的利息之和。

举个更为通俗的例子：最初借款本金为100万元，借期为一年，年利率为24%，一年后借款人未偿还本息；借贷双方重新签订借款凭证，将利息24万元计入本金，本金合计124万元，展期一年，年利率为24%；期限届满后需偿还的本息共计：124+124×24%=153.76万元。如果只适用上述条文第一款，该设例的前期利率并未超过24%，似乎合法，但是，根据上述条文第二款的规定，应偿还的本息之和不得超过：100+100×24%×2=148万元。该设例最初计算的本息之和显然不符合上述条文的规定。

因此，适用《最高人民法院关于审理民间借贷案件适用法律若干问题的规定》第二十八条的规定的关键在于第二款关于本息之和的保护限额。

案例一：新余市分宜县A公司、邓某民间借贷纠纷二审民事判决书［江西省高级人民法院（2016）赣民终469号］认为，“A公司出借的上述1000万元借款从2014年3月21日至7月20日、1500万元借款从2014年3月21日至7月20日、1500万元借款从2014年6月21日至7月20日的利息共计230万元系按照年利率24%进行了息转本，如这三笔借款在此期间内再次计算利息，且230万元利息进

行息转本后再次计算利息，不符合上述规定。故原判对 1000 万元借款从 2014 年 3 月 21 日至 7 月 20 日、2014 年 1 月 17 日、1500 万元借款从 2014 年 3 月 21 日至 7 月 20 日、2014 年 5 月 22 日、1500 万元借款从 2014 年 6 月 21 日至 7 月 20 日再次计算 230 万元利息，及对 2014 年 7 月 20 日息转本后的 230 万元借款再次计算利息，均存在不当，应予纠正。”

案例二：柳某与王某、湖北 A 公司民间借贷纠纷二审民事判决书［江西省高级人民法院（2016）赣民终 392 号］认为，“在债务人重新出具债权凭证的情形下，2015 年 5 月 28 日至 2015 年 9 月 30 日，没有超过年利率 24% 的利息可转化为后期借款本金，故 609442.12 元（7255263.36 × 24% ÷ 360 × 126=609442.12）可计入后期借款本金，自 2015 年 10 月 1 日始的借款本金为 7864705.48 元（7255263.36 ＋ 609442.12=7864705.48）。经计算，截至 2015 年 10 月 20 日，尚欠利息为 110539.96 元（5677.22 ＋ 7864705.48 × 24% ÷ 360 × 20=110539.96）。自 2015 年 10 月 21 日始至清偿之日止的利息应以本金 7864705.48 元为基数，按年利率 24% 计算。”

案例三：武汉 A 公司、湖北 B 公司民间借贷纠纷二审民事判决书［湖北省高级人民法院（2016）鄂民终 1048 号］认为，“一审法院将《借款合同》实际包括的利息 5654 万元加上 A 公司之前已付 17486536.02 元利息，并按《借款合同》约定借款利率、逾期利率等进行测算，本案利息、未付本金的罚息、未付利息的罚息（即复利）总计并未超过年利率 24% 标准，依据《最高人民法院关于审理民间借贷案件适用法律若干问题的规定》第二十八条第二款之规定和《借款合同》的约定，原审法院判令 A 公司支付借款利息、罚息及复利并无不当。”

案例四：王某与李某、密山市 A 公司民间借贷纠纷申诉、申请民事裁定书［最高人民法院（2016）最高法民申 3277 号］认为，“李某主张原审认定的案涉借款本金中还包括多次计收的利息，但并未提供证据予以证明。”

二、《四川省高级人民法院关于审理民间借贷纠纷案件若干问题的指导意见》关于民间借贷“转条”本息计算的规定：

“37. 民间借贷复利的计算

复利，是指在借贷关系中，出借人将借款人到期应付而未付的利息计入本金再计算利息。即除最初的本金要计算利息外，在每一个计息期，上一个计息期的利息都将成为生息的本金，再计算利息。

（一）借款人未偿还借款，又连续多次重新出具债权凭证的情形下，本金和利息的认定

借款人未偿还借款，又连续多次重新出具债权凭证的情形下，人民法院应依

据《最高人民法院关于审理民间借贷案件适用法律若干问题的规定》第二十八条第一款规定，分别认定各期本金，最终计算出最后一期的本息之和，再依据《最高人民法院关于审理民间借贷案件适用法律若干问题的规定》第二十八条第二款规定，判断最后一期的本息之和有无超过法定上限，即以最初的本金为基数，以年利率24%计算的整个借款期间的利息和最初的本金之和，超过上限的部分，人民法院不予保护。

（二）借款人偿还部分款项后，又重新出具债权凭证的情形下，本息和上限的认定

借款人偿还部分款项后，又重新出具债权凭证的情形下，《最高人民法院关于审理民间借贷案件适用法律若干问题的规定》第二十八条第二款规定的本息和上限的计算方式发生相应的变化，本息和上限的计算应当以本金数额减少后的实际数额为基数计算，而非以‘最初借款本金’数额为基数。本金数额多次减少的，应分段予以计算。”

028 仅凭欠条提起民间借贷诉讼，能否胜诉？

——原告持欠条诉请被告偿还借款，应当对欠条形成的事实及资金来源举证证明

阅读提示

民间借贷的当事人并非专业法律人士，往往不清楚“借条”和“欠条”的区别，实践中当事人将借条出具成欠条的事例比比皆是。那么欠条与借条存在哪些区别？诉讼中，原告以欠条作为证据能否证明民间借贷事实存在？

裁判要旨

欠条系指债务人应当向债权人履行债务，因自身原因不能如期偿还而对债权予以确认的书面凭证。欠条本身并不能证明民间借贷事实存在，原告为证明其诉讼主张，应当对欠条形成的原因和资金来源予以举证证明。

案情简介

2011年，洪某持欠条向临猗县人民法院诉请靳某偿还借款11万元本息。临猗

县人民法院判决靳某偿还上述借款。

2012 年，临猗县人民法院受运城市中级人民法院指令再审本案。临猗县人民法院认为，洪某提供欠条以证明借贷事实存在，但洪某对于欠条形成的原因和出借资金来源均未作出可信说明。据此，临猗县人民法院判决撤销原审判决，驳回洪某的诉讼请求。

洪某不服，向运城市中级人民法院上诉。运城市中级人民法院判决驳回上诉，维持原判。

洪某向山西省高级人民法院申请再审，山西省高级人民法院裁定驳回其再审申请。

裁判要点

欠条和借条在法律上是两个不同的概念，两者有本质的区别。借条一般反映为法律上的借款合同关系，借条是借款合同的凭证；而欠条则往往是当事人之间的一种结算，是一种比较纯粹的债权债务关系；借条持有人一般只需向法官简单地陈述借款的事实经过即可；欠条持有人必须向法官陈述欠条形成的事实。如果对方否认、抗辩，欠条持有人必须进一步举证证明欠条形成的事实。虽然两者都是债权凭证，但在法律上存在显著差异，不能混用。本案中，洪某所举的书证是一张欠条，靳某在诉讼中均予以否认，洪某此时应举出其他证据来对这张欠条的内容进行证据补强，而其未能提供证据证明欠条形成的事实及资金来源。故洪某主张靳某向其借款 11 万元的事实不能成立。

实务经验总结

前事不忘，后事之师。为避免未来发生类似败诉，提出如下建议：

1. 借条是一种简化的借款合同，能够直接证明双方存在借贷合议和借贷关系的实际发生，具有较强的证明力，借条持有人一般只需向法院陈述借款的事实，无须对借条的形成原因进行举证，除非有足够相反证据足以推翻借条所记载的内容，一般不能轻易否定借条的证明力。而欠条可能是因为买卖、租赁、承包等多种原因产生，因其形成原因的多样性，其本身无法表明债权债务形成的真实原因，因此欠条持有人不仅需要向法院陈述欠款形成的相关事实，还需就欠款事实形成的原因和资金来源向法庭进行举证证明。

2. 没有约定还款期限的借条，债务人可以随时履行，债权人也可以随时要求履行，但应当给对方必要的准备时间。出借人应当从要求借款人履行还款义务的必要准备时间届满之日起3年内主张权利。而没有约定给付期限的欠条，因在债务人出具欠条时，债权人已经知道自己的权利受到了侵害，债权人应当在欠条出具的次日起3年内向债务人主张权利。

相关法律规定

《中华人民共和国民法总则》

第一百八十八条 向人民法院请求保护民事权利的诉讼时效期间为三年。法律另有规定的，依照其规定。

诉讼时效期间自权利人知道或者应当知道权利受到损害以及义务人之日起计算。法律另有规定的，依照其规定。但是自权利受到损害之日起超过二十年的，人民法院不予保护；有特殊情况的，人民法院可以根据权利人的申请决定延长。

《中华人民共和国合同法》

第六十二条 当事人就有关合同内容约定不明确，依照本法第六十一条的规定仍不能确定的，适用下列规定：

……

（四）履行期限不明确的，债务人可以随时履行，债权人也可以随时要求履行，但应当给对方必要的准备时间。

……

《最高人民法院关于审理民间借贷案件适用法律若干问题的规定》

第二条 出借人向人民法院起诉时，应当提供借据、收据、欠条等债权凭证以及其他能够证明借贷法律关系存在的证据。

法院判决

以下为该案在法院审理阶段，裁判文书中“本院认为”部分就该问题的论述：

再审申请人洪某以一张被申请人靳某给其出具的11万元的欠条为证向法院主张债权，但始终称自己是借款给靳某，与靳某之间属于民间借贷的法律关系。该主张显然与其提供的“欠条”证据并不相符。本案进入再审程序后，一、二审法院均在判决书中清楚地阐释了欠条和借条性质的不同及法律关系的区别，以及当事人依据欠条和依据借条主张权利时应当承担的不同的证明责任。在历次审理中，洪某对欠条形成的基础事实的描述一直处于变化之中，且没有相关的证据予以证明。《最高人民法院关于民事诉讼证据的若干规定》第二条规定："当事人对自己提出的诉讼请求所依据的事实或者反驳对方诉讼请求所依据的事实有责任提供证据加以证明。没有证据或者证据不足以证明当事人的事实主张的，由负有举证责任的当事人承担不利后果。"一、二审法院在当事人举证并充分调查的情况下，基于洪某对"欠条"实际是"借条"的主张以及"欠条"的形成均不能充分举证，判决驳回洪某的诉讼请求符合法律规定。

案件来源

洪某与靳某民间借贷纠纷申请再审审查民事裁定书［山西省高级人民法院（2015）晋民申字第848号］

029 民间借贷借条未载明债权人，出借人也可胜诉

——原告持未载明债权人的借款凭证起诉，被告对原告债权人资格提出抗辩应承担举证责任

阅读提示

原告持没有载明债权人的借款凭证请求被告还款，原告能否胜诉？举证责任如何分配？该类案件的裁判规则为：被告对原告的债权人资格未提出有事实依据的抗辩，法院认定借款凭证的持有人为债权人；被告对原告的债权人资格提出有事实依据的抗辩，法院经审理认为原告不具有债权人资格的，裁定驳回起诉。

裁判要旨

原告持没有载明债权人的借款凭证提起民间借贷诉讼，被告抗辩原告不具备债权人资格，被告应承担举证责任。

案情简介

2014年3月，借款人朱某向张某出具借条一份，借款金额为30万元，借款月利率为3%，朱某在借款人栏签名，蔡某、邵某、陶某、陈某在担保人栏签名，借条未载明债权人。张某通过银行向借款人朱某汇款25.5万元。

2014年9月，由于朱某未还款，蔡某向张某出具承诺书，承诺代朱某偿还7.5

万元。邵某、陶某向张某出具协议，约定朱某借顾某30万元，由蔡某、陈某、邵某、陶某四人担保，现陶某、邵某每人承担7.5万元还款责任。

张某向阜宁县人民法院提起诉讼，请求邵某、蔡某、陶某偿还借款及利息。诉讼中陶某与张某自愿达成调解协议，约定陶某偿还张某人民币10.5万元，陶某的担保责任终结。阜宁县人民法院判决蔡某、邵某共同偿还张某人民币17万元及利息。

邵某不服阜宁县人民法院判决，向盐城市中级人民法院提起上诉。盐城市中级人民法院判决驳回上诉，维持原判。

邵某不服盐城市中级人民法院判决，向江苏省高级人民法院申请再审。江苏省高级人民法院裁定驳回再审申请。

裁判要点

本案债权人张某持未载明债权人的借条提起诉讼，请求保证人偿还借款及利息，保证人邵某抗辩称张某并非债权人，但邵某未提供证据证明其主张，最终法院认定张某系借条的债权人，邵某因此败诉。

法院认为，“虽然涉案借条上没有载明债权人，但借条和邵某、陶某、蔡某事后出具的还款承诺均由张某持有。张某提交的江苏省农村信用社的转账凭条证明25.5万元款项系从其卡上转给朱某，顾某亦认可其只是介绍人，出借人是张某。虽然顾某未作为证人参加诉讼，但其接受法院调查时所形成的谈话笔录经过了当事人质证，其陈述有其他证据佐证，且借条本身也未载明债权人就是顾某，而邵某亦无证据证明顾某另行向其主张还款责任，因此邵某关于顾某是债权人的主张，没有事实依据。上述证据相互印证，可以证明张某系涉案25.5万元借款债权人的。”

实务经验总结

前事不忘，后事之师。为避免未来发生类似败诉，提出如下建议：

1. 民间借贷出借人应当在借款凭证上签字，并表明其债权人身份，避免借贷双方因债权人资格发生争议。

2. 民间借贷借款人、担保人应完整保存借款凭证、支付凭证等相关交易文件。这样做的意义在于：如他人持未载明债权人的借款凭证提起恶意诉讼，借款人能提供充分证据否认持有借款凭证主体的债权人身份。

相关法律规定

《最高人民法院关于审理民间借贷案件适用法律若干问题的规定》

第二条　出借人向人民法院起诉时，应当提供借据、收据、欠条等债权凭证以及其他能够证明借贷法律关系存在的证据。

当事人持有的借据、收据、欠条等债权凭证没有载明债权人，持有债权凭证的当事人提起民间借贷诉讼的，人民法院应予受理。被告对原告的债权人资格提出有事实依据的抗辩，人民法院经审理认为原告不具有债权人资格的，裁定驳回起诉。

《中华人民共和国担保法》

第十九条　当事人对保证方式没有约定或者约定不明确的，按照连带责任保证承担保证责任。

法院判决

以下为该案在法院审理阶段，裁判文书中“本院认为”部分就该问题的论述：

当事人基于借贷关系主张返还借款的，应当对借贷合意和款项交付等要件事实承担举证责任。本案中，虽然涉案借条上没有载明债权人，但借条和邵某、陶某、蔡某事后出具的还款承诺均由张某持有。张某提交的江苏省农村信用社的转账凭条证明25.5万元款项系从其卡上转给朱某，顾某亦认可其只是介绍人，出借人是张某。虽然顾某未作为证人参加诉讼，但其接受法院调查时所形成的谈话笔录经过了当事人质证，其陈述有其他证据佐证，且借条本身也未载明债权人就是顾某，而邵某亦无证据证明顾某另行向其主张还款责任，因此邵某关于顾某是债权人的主张，没有事实依据。上述证据相互印证，可以证明张某系涉案25.5万元借款债权人的事实，邵某关于张某作为原告主体不适格的主张，不能成立。涉案借条系2014年3月13日出具，张某于2014年3月14日即转款，结合涉案借款的债权凭证均为张某所持有，可以印证所转款项就是借条载明的借款。邵某虽然主张非同一笔借款，但又无法举证证明张某与朱某之间另行存在借贷关系，一、二审判决对其主张未予采信，并无不当。邵某主张顾某与朱某串通骗取其提供担保，并认为张某与阜宁县某担保公司存在非法行为，要求移送公安机关处理的主张，无证据证实，本院不予采信。

案件来源

张某与邵某、蔡某等民间借贷纠纷再审复查与审判监督民事裁定书［江苏省高级人民法院（2016）苏民申 3862 号］

延伸阅读

案例一：再审申请人王某、孙某因与被申请人隋某保证合同纠纷再审审查裁定书［吉林省高级人民法院（2016）吉民申 384 号］认为，“刘某于 2014 年 8 月 9 日出具的欠据上未记载债权人姓名，隋某持该欠据向保证人王某、孙某主张权利符合法律规定。虽然王某、孙某主张债权人是徐某而不是隋某，并提供证人刘某，因刘某与王某、孙某有利害关系，其证人证言不能作为推翻隋某债权人资格的证据。孙某在一、二审开庭审理时自认出具欠据时隋某在场，2015 年 3 月 30 日桦甸市人民法院开庭审理（2015）桦民二初字第 85 号隋某诉王某、孙某保证合同纠纷案件时，孙某自认出具本案欠据时徐某没在场，隋某夫妻在场。结合以上证据和当事人自认，王某、孙某提供的证据不足以否认隋某的债权人主体资格，二审判决认定隋某为债权人符合法律规定。王某、孙某提出二审法院主观推定事实，审理程序违法的再审申请理由，没有事实和法律依据，不予支持。”

案例二：王某与山东 A 公司、寿光市 B 公司等民间借贷纠纷二审民事判决书［山东省高级人民法院（2015）鲁民一终字第 356 号］认为，“本案的争议焦点是：三个被上诉人是否应当连带偿还王某 300 万元借款及利息。王某持没有载明债权人的借条向三个被上诉人主张权利，A 公司与 B 公司对此不予认可。A 公司与 B 公司提交了相关银行转账凭证，证明该笔借款实际只发生了 270 万元，借款是案外人延某通过其夫妻控股的 C 公司账户支付的；A 公司与 B 公司还主张，转账给延某的 295 万元就是该笔借款的本息。针对 A 公司与 B 公司提交的证据和抗辩，王某主张其是借用 C 公司的账户走账，并提交 D 公司的部分记账凭证和延某的证言，证明 270 万元借款本金归其所有。但就其与 C 公司如何对账，如何在 C 公司账户中区分双方资金的问题，王某始终未能作出合理解释，有悖常理。D 公司的记账凭证明确载明是‘付 C 公司料款’，与王某的主张存在矛盾。延某的证言也不足以推翻 A 公司与 B 公司提交的证据，单独证明王某是该笔借款的所有人。现有证据也无法证实王某参与本案借款办理过程。况且，关于该笔借款是否偿还的问题，延某的证言也未能就 C 公司与 A 公司和 B 公司之间的借款、还款如何一一对应作出合理说明。因此，仅凭与王某存在利害关系的延某的证言和 C 公司的证明等证据，不足以推翻A公司与B公司提交的证据和抗辩。现有证据不足以证实王某是涉案借款的权利人，其主张本院不予支持。”

案例三：宝某与王某民间借贷纠纷再审民事裁定书［内蒙古自治区高级人民法院（2014）内民申字第01089号］认为，“王某主张的借款关系是否存在是本案的争议焦点。王某以本案所涉欠条为据提起诉讼，宝某对该欠条的真实性予以认可，只是抗辩称欠条是他打给王某的姑父张某的，并不是打给王某的，并称其曾经向张某借款，但已经陆续还了，每还一笔打一个收条，但并未拿回欠条，宝某因与张某产生矛盾，张某把欠条恶意地转给了妻子的侄女王某。但宝某对其陈述一直未能提供充分证据证明。该欠条上并未显示出借人的姓名，且在原审庭审中，王某的代理人对欠条出具的过程作出了较合理描述，宝某没有充分证据证明该欠条是向张某出具的，原审判其承担举证不能的法律后果并无不当。”

案例四：上诉人侯某1与被上诉人李某、侯某2民间借贷纠纷二审民事裁定书［郑州市中级人民法院（2016）豫01民终13478号］认为，“本案系民间借贷纠纷。《最高人民法院关于审理民间借贷案件适用法律若干问题的规定》第二条规定，出借人向人民法院起诉时，应当提交借据、收据、欠条等债权凭证以及其他能证明借贷法律关系存在的证据。当事人持有的借据、收据、欠条等债权凭证没有载明权利人，持有债权凭证的当事人提起民间借贷诉讼的，人民法院应当受理。被告对原告的债权人资格提出有事实依据的抗辩，人民法院经审理认为原告不具有债权人资格的，裁定驳回起诉。现侯某1持有借款借据、担保合同、借条和共同还款声明等证据提起诉讼，且证人张某出庭作证，认可代侯某1履行了向李某转款的合同义务。本案具备进行审理的初步证据，侯某1应为本案适格原告。李某对侯某1的债权人资格提出的抗辩没有事实依据。”

案例五：隋某、张某民间借贷纠纷二审民事判决书［哈尔滨市中级人民法院（2016）黑01民终4646号］认为，“《最高人民法院关于审理民间借贷案件适用法律若干问题的规定》第二条第二款规定，当事人持有的借据、收据、欠条等债权凭证没有载明债权人，持有债权凭证的当事人提起民间借贷诉讼的，人民法院应予受理。被告对原告的债权人资格提出有事实依据的抗辩，人民法院经审理认为原告不具有债权人资格的，裁定驳回起诉。依照上述法律规定，隋某虽然在诉讼中对张某的债权人资格提出抗辩，但其提交的证据无法证明其诉讼主张，本院不予支持。”

030 自然人之间借贷如何认定出借人已提供借款，举证责任如何分配?

——自然人之间的借款合同中出借人应对其已向借款人提供借款承担举证证明责任

阅读提示

自然人之间的借款合同自出借人提供借款时生效，那么如何认定出借人已向借款人提供借款？举证责任如何分配？对此，本书梳理了如下五个裁判规则：

（1）出借人应承担其已向借款人提供借款的举证证明责任；

（2）自然人之间借贷以现金支付的，法院认定自借款人收到借款时借贷关系生效；

（3）自然人之间借贷以银行转账、网上电子汇款或者通过网络贷款平台等形式支付的，法院认定自资金到达借款人账户时借贷关系生效；

（4）自然人之间借贷以票据交付的，法院认定自借款人依法取得票据权利时借贷关系生效；

（5）自然人之间借贷出借人将特定资金账户支配权授权给借款人的，法院认定自借款人取得对该账户实际支配权时借贷关系生效。

裁判要旨

自然人之间的借款合同自出借人提供借款时生效，出借人应对其已向借款人提供借款承担举证证明责任，且需要使法官的内心确信达到高度可能性的程度。

案情简介

2009 年 3 月，孔某向朱某出具一份《借款证明》，载明孔某从 2004 年 5 月至 2008 年 9 月多次向朱某借到的款项为 7800 万元，孔某从签字之日起到 2014 年年底全部还清上述款项并加付月利息。

朱某向河南省高级人民法院提起诉讼，请求判令孔某偿还朱某借款本金 7800 万元，利息 4914 万元。河南省高级人民法院认为朱某未能证明 7800 万元款项已交付，故判决驳回朱某的诉讼请求。

朱某不服河南省高级人民法院判决，上诉至最高人民法院。最高人民法院判决驳回上诉，维持原判。

裁判要点

第一，根据合同法的相关规定，自然人之间的借款合同，自贷款人提供借款时生效。而朱某与孔某作为自然人，二者之间存在真实的借款法律关系应以存在真实的支付出借款项的事实为前提。第二，根据民事诉讼法及其司法解释的相关规定，主张法律关系存在的当事人，应当对产生该法律关系的基本事实承担举证证明责任，且需要使法官的内心确信达到高度可能性的程度。因此，自然人之间的借款，出借人对其已提供借款应承担举证证明责任，且证明效果必须足以使法官的内心确信待证事实的存在具有高度可能性。而本案出借人朱某就其主张仅提供了《借款证明》，不能对该借款证明所载明的7800万元款项提供足以使法官形成内心确信的资金来源、交付过程、时间、地点、在场人员等细节的说明。因此，法院根据《中华人民共和国合同法》第二百一十条关于自然人之间的借款以交付出借款项为合同生效条件的规定，认定朱某与孔某之间并未成立有效的借贷法律关系。

实务经验总结

前事不忘，后事之师。为避免未来发生类似败诉，提出如下建议：

民间借贷出借人在出借大额资金时应采取银行转账、汇款等方式，以形成支付资金的证据。这样做的意义在于：发生争议时，出借人可列举出充分证据证明其已向借款人支付借款，避免发生本案出借人不能证明其已向借款人提供资金的情形。同时，对于自然人之间借贷关系而言，出借人实际已支付借款是认定借款关系成立的必要条件。

相关法律规定

《最高人民法院关于审理民间借贷案件适用法律若干问题的规定》

第九条 具有下列情形之一，可以视为具备合同法第二百一十条关于自然人之间借款合同的生效要件：

（一）以现金支付的，自借款人收到借款时；

（二）以银行转账、网上电子汇款或者通过网络贷款平台等形式支付的，自资金到达借款人账户时；

（三）以票据交付的，自借款人依法取得票据权利时；

（四）出借人将特定资金账户支配权授权给借款人的，自借款人取得对该账户实际支配权时；

（五）出借人以与借款人约定的其他方式提供借款并实际履行完成时。

第十六条 原告仅依据借据、收据、欠条等债权凭证提起民间借贷诉讼，被告抗辩已经偿还借款，被告应当对其主张提供证据证明。被告提供相应证据证明其主张后，原告仍应就借贷关系的成立承担举证证明责任。

被告抗辩借贷行为尚未实际发生并能作出合理说明，人民法院应当结合借贷金额、款项交付、当事人的经济能力、当地或者当事人之间的交易方式、交易习惯、当事人财产变动情况以及证人证言等事实和因素，综合判断查证借贷事实是否发生。

《中华人民共和国合同法》

第二百一十条 自然人之间的借款合同，自贷款人提供借款时生效。

《中华人民共和国民事诉讼法》

第六十四条第一款 当事人对自己提出的主张，有责任提供证据。

《最高人民法院关于适用〈中华人民共和国民事诉讼法〉的解释》

第九十一条 人民法院应当依照下列原则确定举证证明责任的承担，但法律另有规定的除外：

（一）主张法律关系存在的当事人，应当对产生该法律关系的基本事实承担举证证明责任；

（二）主张法律关系变更、消灭或者权利受到妨害的当事人，应当对该法律关系变更、消灭或者权利受到妨害的基本事实承担举证证明责任。

第一百零八条 对负有举证证明责任的当事人提供的证据，人民法院经审查并结合相关事实，确信待证事实的存在具有高度可能性的，应当认定该事实存在。

对一方当事人为反驳负有举证证明责任的当事人所主张事实而提供的证据，人民法院经审查并结合相关事实，认为待证事实真伪不明的，应当认定该事实不存在。

法律对于待证事实所应达到的证明标准另有规定的，从其规定。

法院判决

以下为该案在法院审理阶段，裁判文书中“本院认为”部分就该问题的论述：

关于朱某与孔某之间是否存在真实的借款法律关系问题。

《中华人民共和国合同法》第二百一十条规定，自然人之间的借款合同，自贷款人提供借款时生效。根据该条的规定，朱某与孔某作为自然人，二者之间如果存在真实的借款法律关系，则二者之间应以存在真实的支付出借款项的事实为前提。《中华人民共和国民事诉讼法》第六十四条第一款规定，当事人对自己提出的主张，有责任提供证据证明。《最高人民法院关于适用〈中华人民共和国民事诉讼法〉的解释》第九十一条规定，主张法律关系存在的当事人，应当对产生该法律关系的基本事实承担举证证明责任；主张法律关系变更、消灭或者权利受到妨害的当事人，应当对该法律关系变更、消灭或者权利受到妨害的基本事实承担举证证明责任。故就自然人之间的借款合同法律关系而言，主张借款关系成立并生效的一方当事人应对借款已实际交付的事实承担举证证明责任。本案朱某以《借款证明》为证据主张存在真实的借款关系，则其应提供证据证明其履行了《借款证明》中所载明的交付 7800 万元借款的义务。对此，一审法院要求朱某对此承担提供证据证明之责任，并无不当。

《最高人民法院关于适用〈中华人民共和国民事诉讼法〉的解释》第一百零八条对本证和反证的举证证明标准作出了区分规定。该条第一款规定："对负有举证证明责任的当事人提供的证据，人民法院经审查并结合相关事实，确信待证事实的存在具有高度可能性的，应当认定该事实存在。"第二款规定："对一方当事人为反驳负有举证证明责任的当事人所主张事实而提供的证据，人民法院经审查并结合相关事实，认为待证事实真伪不明的，应当认定该事实不存在。"依据上述规定，对待证事实负有举证证明责任的当事人所进行的本证，需要使法官的内心确信达到高度可能性的程度；反证则只需要使本证对待证事实的证明陷于真伪不明的状态。高度可能性是对民事诉讼证明标准的最低限度要求，举证责任人在穷尽了可以获得的所有证据之后，所举证据的证明效果必须至少达到足以令法官信服的高度概率。就本案朱某的主张而言，其仅提供了《借款证明》，而不能对该《借款证明》所载明的 7800 万元款项提供足以使法官形成内心确信的资金来源、交付过程、时间、地点、在场人员等细节的说明。首先，朱某不能提供案涉 7800 万元款项的资金来源说明。对于案涉 7800 万元款项，作为出借人的朱某应举证证明其资金来源。根据朱某的陈述，其资金来源分为两部分，一部分系其自有资金，另一部分系从其朋友处筹借。但朱某并未举证说明 7800 万元借款中自有资金的数额、来源等，也未能举证证明其具体筹措资金的来源。其次，为朱某出庭作证的证人，其证言不能证明朱某已经支付案涉借款 7800 万元的事实。从朱某申请出庭作证的证人杨某、许某陈述的具体内容看，一方面，杨某的证言仅能证明杨某和孔某之间另行存在借款关系，与本案7800万元借款并无关联性。而按照许某的证言，朱某为借款给孔某而从许某处募集的资金只有两笔，第一笔是2006年的600万元，许某虽作证说看到朱某把该款交给了孔某，但许某的该陈述也只是基于朱某的解释说明，其并未亲眼见到该交付款项的过程；第二笔是2007年的1000多万元，许某陈述将该笔款项交给了朱某，而对朱某是否将该款转借给孔某并不知情。故杨某、许某的证言均无直接证明力。另一方面，综合杨某、许某的证言，也仅能证明杨某、许某和朱某三人相互之间存在经常性的资金拆借，但杨某、许某与朱某均对他们三人相互之间资金拆借的数额、截至庭审时相互之间大致欠款余额等均不能给出明确说明。而且，朱某陈述许某向其转款都是采取现金方式，但许某却陈述其与朱某之间的资金往来一般是转账、偶尔为现金，故朱某与杨某、许某关于款项往来的表述存在矛盾，不能让法院产生真实性的确信。最后，朱某关于案涉7800万元款项的支付方式说明不符合常理。一方面，朱某和孔某居住城市并不相同，朱某称双方之间的每笔大额资金往来皆采用现金方式，这与居住城市不同的自然人之间出借款项的支付习惯相悖。另一方面，根据朱某自己提供的汇款统计表显示，从2004年到2006年8月3日，孔某向朱某汇款8320万元，共计36笔，该汇款统计表直观显示，36笔汇款并非均采用现金方式，有19笔款项是直接汇入朱某的银行卡中。该8320万元的支付方式至少说明，在朱某和孔某之间，现金并不是两者资金往来的习惯做法，于现金支付之外尚存在银行汇款的支付方式。但是，朱某却主张案涉7800万元款项均采取现金方式支付，这明显同其与孔某之间的交易习惯不符。综上分析，一审法院在朱某所主张的借款关系存在上述矛盾之处的情况下，认定朱某并未交付《借款证明》所载明的出借7800万元款项，进而认定朱某与孔某之间所签署的《借款证明》不合常理，理据适当。

鉴于朱某不能举证证明其交付了《借款证明》所载明的出借款项，故根据《中华人民共和国合同法》第二百一十条关于自然人之间的借款以交付出借款项为合同生效条件的规定，朱某与孔某之间并未成立有效的借款法律关系，一审法院对此认定，理据适当。朱某上诉主张其与孔某之间存在有效的借款法律关系，无事实及法律依据，本院不予支持。

案件来源

朱某与孔某民间借贷纠纷二审民事判决书［最高人民法院（2015）民一终字第11号］

延伸阅读

一、认定自然人之间借贷关系出借人已向借款人提供借款的相关裁判规则

（一）出借人应承担其已向借款人提供借款的举证证明责任

案例一：陶某与徐某、舒某、合肥A公司、安徽B公司、安徽C公司、刘某、合肥某学院民间借贷纠纷申请再审民事裁定书［最高人民法院（2016）最高法民申字395号］认为，"自然人之间的借款合同系实践合同，不仅需要当事人之间达成借款合同关系的合意，还需要实际履行款项交付义务。陶某等五人仅依据2011年3月23日《协议书》、借条等证据主张案涉借款数额为1.32亿元，缺乏事实和法律依据，二审判决未予支持并无不当。本案诉讼中，陶某等五人提供支付凭证的借款金额累计为6247.27万元，刘某等人提供账册记载的借款金额则为8177.7万元，一、二审判决以刘某等人提供的账册作为确定案涉借款金额的依据，在证据认定上已作出了综合判断，并考虑了当事人的利益平衡。"

案例二：赵某诉项某、何某民间借贷纠纷案一审民事判决书［最高人民法院公报2014年第12期，上海市长宁区人民法院］认为，"根据民事诉讼证据规则，在合同纠纷案件中，主张合同关系成立并生效的一方当事人对合同订立和生效的事实承担举证责任。同时，根据《中华人民共和国合同法》的规定，自然人之间的借款合同，自贷款人提供借款时生效。故原告赵某主张其与被告项某之间存在有效的借款合同关系，其应就双方之间存在借款的合意以及涉案借款已实际交付的事实承担举证责任。"

（二）自然人之间借贷以现金支付的，法院认定自借款人收到借款时借贷关系生效

案例三：戴某与王某借款合同纠纷二审民事判决书［湖北省高级人民法院（2015）鄂民四终字第00165号］认为，"王某与戴某之间虽然没有建立合伙关系，但王某出具《收条》载明其收到戴某现金1,326,000元，根据《中华人民共和国合同法》第二百一十条及《最高人民法院关于审理民间借贷案件适用法律若干问题的规定》第九条第一项的规定，自其收到该笔款项时起，两人之间建立了借款合同关系，戴某对王某享有1,326,000元债权，其有权要求王某归还该笔款项。"

（三）自然人之间借贷以银行转账、网上电子汇款或者通过网络贷款平台等形式支付的，法院认定自资金到达借款人账户时借贷关系生效

案例四：上诉人李某1与被上诉人瞿某、原审被告李某2、邢某民间借贷纠纷一案二审民事判决书［甘肃省高级人民法院（2016）甘民终173号］认为，"根据

《最高人民法院关于审理民间借贷案件适用法律若干问题的规定》第九条的规定：‘具有下列情形之一，可以视为具备合同法第二百一十条关于自然人之间借款合同的生效要件：……（二）以银行转账、网上电子汇款或者通过网络平台等形式支付的，自资金到达借款人账户时……’李某1作为借款人给出借人瞿某出具借条的时间是2014年9月24日，而瞿某通过银行转账汇款方式给李某1提供借款的日期为2014年9月26日，双方借款合同生效的时间应为2014年9月26日。结合李某1出具的《借条》中明确载明的‘期限壹个月’的约定，李某1对借款应自2014年9月26日起的一个月内归还，如逾期未归还，则逾期利息的起算时间应为2014年10月26日。”

（四）自然人之间借贷以票据交付的，法院认定自借款人依法取得票据权利时借贷关系生效

案例五：罗某1与罗某2、罗某3民间借贷纠纷一审民事判决书［佛山市禅城区人民法院（2016）粤0604民初2790号］认为，“依照《最高人民法院关于审理民间借贷案件适用法律若干问题的规定》第九条‘具有下列情形之一，可以视为具备合同法第二百一十条关于自然人之间借款合同的生效要件……（三）以票据交付的，自借款人依法取得票据权利时……’的规定，票据权利取得是指持票人能够请求支付票据金额的权利，包括行使付款请求权和追索权，取得票据权利的时间节点为票据已届付款日期。据此，对本案所涉票据（不包括原告主张的被告已经退还的号码为32××××46、27××××21支票）分不同情况处理如下：1.银行承兑汇票。原告举证的汇票复印件显示的汇款收款人并非本案被告，原告也未提供其他证据佐证该汇票已背书转让给被告或其他被告能够据以行使票据权利的情况。退一步讲，即使被告通过背书受让了该汇票，因该汇票属于出票后定期付款的汇票，至本案法庭辩论时，该汇票尚未到期，故双方的该笔借款合同尚未生效。因此，原告主张被告偿还该汇票项下借款10万元，无事实依据，不予支持。2.支票。号码为32××××43的支票，记载的出票日期2016年5月30日，至本案第一次法庭辩论时被告尚未取得相应的票据权利，故双方该借款合同尚未生效，原告主张被告偿还该支票项下借款189692.67元，无事实依据，不予支持。原告可在被告依法取得票据权利时另行主张。号码为41××××00、41××××36的支票，被告可在收取支票后通过补记收款人的方式取得票据权利，即原告已经履行借款交付义务，其要求被告偿还该两笔借款（184,369元＋173,840元），理据充分，予以支持。原告出借款项的时间为票据出票日期。”

（五）自然人之间借贷出借人将特定资金账户支配权授权给借款人的，法院认

定自借款人取得对该账户实际支配权时借贷关系生效

案例六：张某与被上诉人邹某民间借贷纠纷二审民事判决书［株洲市中级人民法院（2015）株中法民一终字第697号］认为，“根据《最高人民法院关于审理民间借贷案件适用法律若干问题的规定》第九条第（四）项之规定，出借人将特定资金账户支配权授权给借款人的，自借款人取得对该账号实际支配权时，可以视为具备《合同法》第二百一十条关于自然人之间借款合同的生效要件。本案中被上诉人主张通过交付信用卡的方式支付50,000元借款，上诉人主张被上诉人将信用卡交付给案外人熊某，上诉人在熊某处只拿了7000元。但根据上诉人出具借条、出具借条一个月后即支付利息，并陆续偿还了30,000元的事实，应当认定上诉人张某收到了被上诉人邹某交付的50,000元。故上诉人张某以被上诉人邹某没有举证借款已经交付而自己不应承担本案的还款责任的理由不能成立，本院不予采纳。”

二、部分地方高级人民法院指导意见

（一）《四川省高级人民法院关于审理民间借贷纠纷案件若干问题的指导意见》（2016年7月27日发布）规定：

“12. 自然人之间约定借款合同签字或盖章后发生法律效力的认定

自然人之间的借款合同，在出借人实际履行出借义务时才发生法律效力，当事人之间关于合同经签字或盖章后发生法律效力的约定，不能改变合同生效的法律要件，如出借人未实际履行出借义务，借款合同应认定为未生效。”

（二）《北京市高级人民法院关于审理民间借贷案件若干问题的会议纪要》（2013年12月27日发布）规定：

“第九条　当事人主张现金交付的，人民法院应当根据交付凭证、支付能力、交易习惯、借贷金额的大小、当事人间关系以及当事人陈述的交易细节经过等因素，综合判断借贷事实是否真实发生。因查明事实的需要，可以通过传唤当事人本人或者法人、其他社会团体的具体经办人员到庭，采取隔离质证、交叉询问等方式进行审查，必要时人民法院可以依职权进行调查取证。”

“第十条　对于数额较小的现金交付，贷款人作出合理解释的，一般视为已经完成证明责任，可以认定借贷事实存在。对于金额大小的界定，可根据当地经济发展水平、贷款人经济能力等因素，由人民法院根据个案具体情况裁量。”

三、杜万华就《最高人民法院关于审理民间借贷案件适用法律若干问题的规定》答记者问（2015年8月6日，节选）

问：民间借贷中，借款人向他人借钱时一般要出具欠条，相应地，出借人起诉时也要持有欠条作为证明借贷关系存在的证据。仅仅提供借据或者银行的转账凭证，是否能够认定借贷关系已经发生?《规定》就借贷关系成立的举证证明责任问题有哪些新的内容?

答：您提的这个问题很有针对性和专业性。民间借贷案件的事实审查，是民间借贷案件审理的难点和重点。民间借贷案件的基本事实，包括借贷合意是否形成、款项是否交付、本金数额、利息约定等多个方面，其中借贷事实是否真实发生是民间借贷案件的首要基本事实，也是全案展开的基本依据。

民间借贷案件的事实认定，大多是由法官根据经验法则，通过对证据材料的审查和其证明力的认定、判断、取舍，并对比各方当事人不同证据的证明力，推断当事人之间既往发生的法律关系的事实过程。这一过程中所涵盖的经验法则的选择与运用，证据证明力的判断等，都很难通过明确的法律规则来实现，更多的是依靠法官的自由心证。正因如此，司法实践中对于借贷关系是否发生的基本事实作出判断和认定的标准，存在一定程度的差异。虽然完全统一法官心证结果在客观上不可能实现，但通过更精细化的指引，规范事实认定的方向和进路，却是十分必要和可行的。

随着民间借贷市场的不断发展壮大，且游离于正规金融体系之外，容易伴生非法集资、非法吸收公众存款、金融欺诈等违法犯罪行为，危害借款人利益，冲击金融市场秩序。另外，民间借贷主体的法律意识淡薄，交易法律手续不完备，借贷行为隐秘性强，也容易引起法律纠纷。现实中，原告提起诉讼往往仅依据借据等债权凭证或者仅依据金融机构转账凭证作为证明借贷关系已经发生的证据，如果被告抗辩已经偿还借款，或者被告抗辩转账系偿还双方之前借款或其他债务，在此情况下，就存在着证明责任的承担问题，而不能仅仅依据借据、收据、欠条等，简单地认定借贷关系已经发生以及已经发生的借贷关系的内容。为此，《规定》提出了有关举证责任分配的要求，即被告应当对其抗辩的主张提出相应的证据加以证明，而不能仅仅一辩了之。如果被告提不出相应的证据，或者提供的证据不以证明其主张的，则一般要认定借贷关系已经发生。当然，如果被告提供了证据证明其主张的，此时举证证明责任发生转移，应当由原告就借贷关系的成立承担举证证明责任。需要强调的是，对于当事人主张系现金交付的民间借贷，《规定》明确要求应当结合借贷金额、款项交付、当事人的经济能力、当地或者当事人之间的交易方式、交易习惯、当事人财产变动情况以及证人证言等事实和因素，综合判断查证借贷事实是否发生。这一规定也是近年来司法实践的经验总结，对于证据和事实认定起到了很好的指引作用，对广大法官甄别真实借贷关系，具有较强的针对性和可操作性，有利于实现维护借款人合法权益，遏制违法犯罪活动的法律效果。我们将这一经验进行修改与整合，吸收到司法解释中，作为民间借贷案件中事实审查的规定，从而明确了此类案件的举证责任、审查内容和审查标准。

031 原告以借条提起民间借贷诉讼，被告抗辩双方并非民间借贷关系应承担举证责任

阅读提示

买卖、承揽等交易中常以借条、欠条等进行款项的确认。若原告以上述借条、欠条提起民间借贷诉讼，法院会如何处理？本书梳理出如下裁判规则：（1）原告以借据、收据、欠条等债权凭证提起民间借贷诉讼，被告抗辩纠纷并非民间借贷行为引起的，应当承担举证责任。如被告不能提供证据证明债权纠纷并非民间借贷行为引起，法院按照民间借贷关系审理；如被告确能提供证据证明债权纠纷非民间借贷行为引起，法院按照基础法律关系审理。（2）原告以其他法律关系中通过调解、和解或者清算形成的借据、收据、欠条等债权凭证提起民间借贷诉讼，法院按照民间借贷关系审理。

裁判要旨

原告以借据、收据、欠条等债权凭证为依据提起民间借贷诉讼，被告抗辩双方债权纠纷并非民间借贷行为引起的，被告应当承担举证证明责任。

案情简介

2011年8月，A建设集团辽宁分公司向张某出具借条一张，载明：辽宁分公司向张某借款300万元以及款项汇入的账号。后张某向该账户汇入人民币288万元。

张某向一审法院提起诉讼，请求A建设集团和A建设集团辽宁分公司立即偿还借款本金及利息。一审法院判决A建设集团偿还原告张某借款本金288万元及相应利息。二审判决维持了一审判决。

A建设集团不服上述判决，向最高人民法院申请再审称：张某所诉的“借款”实际上是投资款，所适用的法律应当是合伙的有关法律规定。最高人民法院裁定驳回其再审申请。

裁判要点

本案中，A 建设集团虽然主张本案所涉借款实际上是投资款，双方之间不存在民间借贷法律关系，应按合伙关系进行审理，但并未提供充分证据予以证明，因此最高人民法院认定一、二审法院按民间借贷关系审理本案并无不当。

最高人民法院认为，“虽然 A 建设集团主张该款项实际是‘投资款’，并提供原辽宁分公司负责人卢某与吕某签订的《项目工程合作协议》及 A 建设集团与卢某签订的《经营责任承包合同》以证明其主张，但《项目工程合作协议》系卢某与吕某之间签订的，A 建设集团不能提供证据证明张某知晓卢某与吕某之间存在合作关系，更无证据证明张某借给辽宁分公司的款项系投资款，A 建设集团与卢某之间签订的内部承包合同亦不能对抗该合同以外的善意第三人。因此，A 建设集团关于案涉款项系投资款而非借款，双方之间不存在民间借贷法律关系的申请再审事由，不能成立，本院不予支持。”

实务经验总结

前事不忘，后事之师。为避免未来发生类似败诉，提出如下建议：

当事人在任何交易中均应当完整保存相关交易文件。就民间借贷案件而言，如果原告以借据、收据、欠条等债权凭证提起诉讼，但该债权凭证并非民间借贷关系形成的，而是基于买卖、承揽等其他基础法律关系形成，此时被告就可以列举充分证据证明双方之间存在的基础法律关系，从而否定原告提起的民间借贷诉讼，最终法院将按照基础法律关系审理，认定基础法律关系中双方的债务履行情况。但是如果上述债权凭证是通过调解、和解或者清算达成的，法院仍按照民间借贷关系审理。

相关法律规定

《最高人民法院关于审理民间借贷案件适用法律若干问题的规定》

第十五条 原告以借据、收据、欠条等债权凭证为依据提起民间借贷诉讼，被告依据基础法律关系提出抗辩或者反诉，并提供证据证明债权纠纷非民间借贷行为引起的，人民法院应当依据查明的案件事实，按照基础法律关系审理。

当事人通过调解、和解或者清算达成的债权债务协议，不适用前款规定。

法院判决

以下为该案在法院审理阶段，裁判文书中“本院认为”部分就该问题的论述：

关于案涉款项应认定为借款还是投资款，双方之间是否存在民间借贷法律关系的问题。根据原审查明的事实，辽宁分公司于2011年8月15日向张某出具借条一张，明确记载A建设集团辽宁分公司向张某借款300万元，借款日期为2011年8月15日至2011年10月16日。该借条上还载明款项汇入的开户行和账号。2011年8月17日，张某即向该账户汇入人民币288万元。与此相同，A建设集团辽宁分公司于2011年10月26日再次向张某出具借条一张，该借条上亦载明借款的金额、期限及款项汇入的开户行和账号，张某于同日亦向该借条约定的账户汇入48.5万元。虽然张某汇入款项的数额与借条中记载的数额不完全一致，但辽宁分公司向张某出具借条，借条中明确记载A建设集团辽宁分公司向张某借款若干数额，张某亦按约定汇入A建设集团辽宁分公司指定账户相关款项的事实，证明双方之间确实存在336.5万元借款的民事法律关系。虽然A建设集团主张该款项实际是“投资款”，并提供原A建设集团辽宁分公司负责人卢某与吕某签订的《项目工程合作协议》及A建设集团与卢某签订的《经营责任承包合同》以证明其主张，但《项目工程合作协议》系卢某与吕某之间签订的，A建设集团不能提供证据证明张某知晓卢某与吕某之间存在合作关系，更无证据证明张某借给A建设集团辽宁分公司的款项系投资款，A建设集团与卢某之间签订的内部承包合同亦不能对抗该合同以外的善意第三人。因此，A建设集团关于案涉款项系投资款而非借款，双方之间不存在民间借贷法律关系的申请再审事由，不能成立，本院不予支持。

案件来源

张某与浙江A建设集团有限公司辽宁分公司与浙江A建设集团有限公司民间借贷纠纷申请再审民事裁定书［最高人民法院（2016）最高法民申768号］

延伸阅读

一、原告以借据、收据、欠条等债权凭证提起民间借贷诉讼，被告抗辩纠纷并非民间借贷引起的三个裁判规则

（一）被告抗辩纠纷并非民间借贷行为引起的，应当承担举证责任

案例一：中国甘肃A公司与安徽B公司、上海C公司管辖裁定书［最高人民

法院（2016）最高法民辖终 12 号］认为，“本院认为，本案是因签订和履行《借款协议》及其补充协议引起的纠纷，根据《中华人民共和国民事诉讼法》第三十四条的规定，双方可以依法约定管辖法院。故商物流园公司认为本案为建设工程施工合同纠纷，但未提交充分证据予以证明，本院不予支持。”

案例二：甘肃 A 公司与林某民间借贷纠纷二审民事判决书［最高人民法院（2016）最高法民终 25 号］认为，“林某为了推翻上述证据证明的事实，提供了 B 公司与叶某于 2012 年 3 月 25 日签订的《建设工程施工合同书》，但林某提供的证据并不能够证明该建设工程施工合同书项下的合同金额为 1 亿元与《协议书》项下的 1 亿元为同一笔款项。《协议书》明确约定林某向 B 公司借款 1 亿元，是以工程预付款的名义支付到叶某的账户中，而款项实际支付情况也与此吻合，林某称其是履行职务的行为恰恰与《协议书》反映出的事实不符。《协议书》明确约定了 1 亿元的利息由林某承担，林某在《承诺书》中亦作出了如到期不能偿还本金及利息，则以其他方式担保债务履行的意思表示，这与其所称的履行公司职务行为而应承担的职责和风险相左。林某于 2014 年 4 月 20 日向 B 公司偿还了 1000 万元，并在此后的《承诺书》中承认还欠 9000 万元未偿还。可见，林某是根据《协议书》与 B 公司之间形成的债权债务关系偿还债务。”

案例三：刘某与谭某民间借贷纠纷申诉、申请民事裁定书［最高人民法院（2016）最高法民申 622 号］认为，“原审中谭某虽然提交了刘某于 2012 年 7 月 20 日出具的承诺，证明其与刘某形成建设工程居间合同关系，但是，谭某未提交其是否履行了居间义务的证据。因此，原审判决依据我国民事诉讼的证据规则，认定谭某关于刘某支付的案涉款项属于居间费用的抗辩理由不能成立，以及结合刘某向谭某借款 152 万元的事实和刘某的诉讼请求，判决谭某返还刘某多收取的 280 万元，适用法律并无不当。”

案例四：牡丹江市 A 公司与孙某、牡丹江 B 公司等借款合同纠纷申诉、申请民事裁定书［最高人民法院（2016）最高法民申 3058 号］认为，“原判决基于孙某向 A 公司出具借据，A 公司根据孙某指令支付 960 万元的事实，认定孙某与 A 公司之间存在借款关系，在上述款项没有归还 A 公司的情况下，判令孙某承担还款责任，认定事实清楚，适用法律正确，不存在确定民事责任明显违背当事人约定和法律规定的情形。孙某申请再审时主张其在《借据》上签字只是走形式，是为 B 公司向 A 公司借款，要求按照《最高人民法院关于审理民间借贷案件适用法律若干问题的规定》第十五条规定审查基础法律关系。本院认为，孙某在诉讼中没有提供证据证明其与 A 公司在发生本案借款关系之前存在其他法律关系，也不能证明案涉借据是因何种基础法律关系而引起，上述司法解释第十五条第一款规定，'原告以借据、收据、欠条等债权凭证为依据提起民间借贷诉讼，被告依据基础法律关系提出抗辩或者反诉，并提供证据证明债权纠纷非民间借贷行为引起的，人民法院应当依据查明的案件事实，按照基础法律关系审理'。孙某作为法定代表人的A公司与B公司之间的钢材买卖合同关系与本案中的民间借贷行为，主体不同，法律关系不同，二者没有法律上的联系。孙某把上述买卖合同关系视为引起本案中出具《借据》行为的基础法律关系是对上述司法解释规定的误解，对其该项主张本院不予支持。至于孙某主张的原判决认为本案借款是夫妻共同债务并判令其妻王某承担共同清偿责任错误的问题，因本案只有孙某本人申请再审，王某并未向本院申请再审，故对其主张本院亦不予支持。"

案例五：李某、张某民间借贷纠纷再审审查与审判监督民事裁定书［河北省高级人民法院（2016）冀民申4482号］认为，"再审申请人在借条上签有姓名，其主张借条内容系后来添加，对此未能提供证据予以证明，借条中的内容应认定为真实有效。借条出具时间在再审申请人与其前妻夫妻关系存续期间，原一、二审判决认定借款30,000元属于夫妻共同债务，应由双方共同偿还，再审申请人应偿还被申请人主张的15,000元借款，并无不当。再审申请人虽然主张不存在案涉借贷关系，但对其主张并未提供证据证明，原审卷宗中提交的录音内容未体现本案借款。因此，再审申请人的主张不符合《最高人民法院关于审理民间借贷案件适用法律若干问题的解释》第十五条规定的情形，原审法院依据《中华人民共和国民法通则》第一百零八条规定对本案作出判决，适用法律正确。"

案例六：王某与黄某民间借贷纠纷再审复查与审判监督民事裁定书［江苏省高级人民法院（2016）苏民申643号］认为，"《最高人民法院关于审理民间借贷案件适用法律若干问题的规定》第十五条第一款规定：'原告以借据、收据、欠条等债权凭证为依据提起民间借贷诉讼，被告依据基础法律关系提出抗辩或者反诉，并提供证据证明债权纠纷非民间借贷行为引起的，人民法院应当依据查明的案件事实，按照基础法律关系审理。'本案中，王某主张黄某欠其借款未还，提供了黄某出具的借条。黄某主张双方之间没有借款事实，对于其向王某出具75万元借条，其解释是为了帮助王某应对王某妻子。黄某该辩解实际上是否认双方存在借贷关系，但黄某并没有提供证据证明其主张，其所作的解释也不符合常理，故对其主张，本院不予支持。"

案例七：唐某、辛某与上海A公司民间借贷纠纷再审民事裁定书［上海市高级人民法院（2016）沪民申324号］认为，"本案的争议焦点系涉案款项的性质。

A公司主张涉案款项是借款，唐某、辛某主张涉案款项系A公司承诺支付给辛某的工伤治疗费用。A公司为证明其上述主张，提供了唐某出具的3张收条及银行记账凭证。依据《最高人民法院关于审理民间借贷案件适用法律若干问题的规定》第十五条的规定，应由唐某、辛某就其主张对涉案款项纠纷非因民间借贷行为引起承担举证责任。本案中，唐某、辛某未能举证证明A公司曾作出过支付辛某工伤治疗费用的承诺，也未能证明A公司基于赠与、赔偿等法律关系交付争议款项，应承担举证不能的后果。"

（二）如被告确能提供证据证明债权纠纷非民间借贷行为引起的，法院依据查明的案件事实，按照基础法律关系审理

案例八：张某1、通化市A培训学校与张某2合同纠纷再审审查民事裁定书［吉林省高级人民法院（2017）吉民再44号］认为，"《最高人民法院关于印发修改后的〈民事案件案由规定〉的通知》中'适用修改后的《民事案件案由规定》时应注意的几个问题'第5条规定：'当事人起诉的法律关系与实际诉争的法律关系不一致的，人民法院结案时应当根据法庭查明的当事人之间实际存在的法律关系的性质，相应变更案件的案由。'《最高人民法院关于审理民间借贷案件适用法律若干问题的规定》第十五条第一款规定：'原告以借据、收据、欠条等债权凭证为依据提起民间借贷诉讼，被告依据基础法律关系提出抗辩或者反诉，并提供证据证明债权纠纷非民间借贷行为引起的，人民法院应当依据查明的案件事实，按照基础法律关系审理。'根据本案查明的事实，张某2与案外人李某是联合培训合同关系，张某1'出借'的57万元实际上是联合培训的预付款，故本案不是民间借贷法律关系，原审适用案由并无不当。"

案例九：王某1与漆某合同纠纷申请再审民事裁定书［重庆市高级人民法院（2016）渝民申910号］认为，"关于本案所涉法律关系性质问题。《最高人民法院关于审理民间借贷案件适用法律若干问题的规定》第十五条第一款规定：'原告以借据、收据、欠条等债权凭证为依据提起民间借贷诉讼，被告依据基础法律关系提出抗辩或者反诉，并提供证据证明债权纠纷非民间借贷行为引起的，人民法院应当依据查明的案件事实，按照基础法律关系审理。'本案中，双方当事人均认可王某1向漆某转账4万元及出具欠款2万元欠条的行为，系王某1代其兄王某2还款，并非王某1与漆某之间存在民间借贷法律关系，虽然漆某向一审法院起诉要求判令'王某1归还漆某借款2万元'，但一、二审法院依据查明的案件事实，未按民间借贷法律关系审理，而是按照基础法律关系进行审理和作出判决，符合前述法律规定。"

案例十：山西省A公司与临汾市B公司借款合同纠纷二审裁定书［山西省高级人民法院（2016）晋民终419号］认为，“关于第一个争议焦点，双方是借款合同纠纷还是合作协议纠纷。A公司起诉要求B公司偿还3008万元，其中740万元是双方进行合作业务垫付的余款，1900万元是A公司向B公司的出借款，其余为利息。但是根据原审法院查明的事实，双方签订有《煤炭合作经营协议书》，A公司是依约垫付资金，B公司依约储备原煤，A公司垫付资金用于履行该合作协议。B公司在本案诉讼前的2014年7月30日给A公司送达的说明，就该笔款项及5万吨原煤进行了说明，A公司也认可收到。A公司向B公司打款1900万元，B公司出具的是收条，A公司无证据证明该款项是出借款而不是用于合作协议的垫资。以上证据均表明，双方是合作协议纠纷而非借款合同纠纷。关于第二个争议焦点，原审法院驳回起诉是否正确。依照《最高人民法院关于审理民间借贷案件适用法律若干问题的规定》第十五条第一款之规定，即‘原告以借据、收据、欠条等债权凭证为依据提起民间借贷诉讼，被告依据基础法律关系提出抗辩或者反诉，并提供证据证明债权纠纷非民间借贷行为引起的，人民法院应当依据查明的案件事实，按照基础法律关系审理。’经原审法院释明，原审法院对此释明后，A公司仍坚持原诉讼请求。本院二审时再次释明，A公司仍然坚持原诉讼请求，故应驳回其起诉。”

案例十一：袁某与何某、刘某民间借贷纠纷再审复查与审判监督民事裁定书［湖北省高级人民法院（2016）鄂民申1380号］认为，“袁某依据何某向其出具的50万元借条主张双方存在民间借贷关系，要求何某及其妻子刘某履行还款义务。何某以该50万元系场地租赁费并非借款，武汉A公司在租赁合同中存在违约行为为由，主张该租赁费用不应退还。依据一、二审法院审理查明且双方无异议的事实，武汉A公司与何某原系合作关系，双方共同开展机动车驾驶员培训业务，本案诉争50万元借款原系武汉A公司法定代表人袁某向何某支付的武汉市东西湖马池中路训练场场地租赁费。依据《最高人民法院关于审理民间借贷案件适用法律若干问题的规定》第十五条第一款的规定，原告以借据、收据、欠条等债权凭证为依据提起民间借贷诉讼，被告依据基础法律关系提出抗辩或者反诉，并提供证据证明债权纠纷非民间借贷行为引起的，人民法院应当依据查明的案件事实，按照基础法律关系审理。因此，本案应当按照租赁合同这一基础法律关系进行审理。”

案例十二：李某与郑某、林某民间借贷纠纷申诉、申请民事裁定书［福建省高级人民法院（2015）闽民申字第2661号］认为，“李某依据诉争《借条》起诉郑某、林某要求还款，同时主张诉争《借条》系郑某于2012年7月11日向其出具,《借条》上记载的430万元款项是双方自2010年至2012年期间多笔借款的结算结果。据此，本案诉争《借条》的性质系属双方结算后的债权凭证。由于郑某、林某主张《借条》只是双方简单的汇总，没有经过结算，并提供了双方银行的往来账目证明其主张。因此，依据《最高人民法院关于审理民间借贷案件适用法律若干问题的规定》第十五条的规定，本案应依照基础法律关系进行审理，原审将本案直接认定为民间借贷关系不当。”

（三）原告以通过调解、和解或者清算形成的借据、收据、欠条等债权凭证提起民间借贷诉讼，法院不按基础法律关系审理，按民间借贷关系审理

案例十三：李某、大悟县A公司等与但某借款合同纠纷再审复查与审判监督民事裁定书［湖北省高级人民法院（2016）鄂民申1405号］认为，“经查，但某通过与大悟市场开发服务中心签订《关于大悟县市场开发服务中心滨河市场主楼续建工程的协议》方式获取湖北省大悟县城关镇一桥西南头滨河市场三楼之上续建主体工程开发权（即滨河市场三楼以上加层权），以该开发权抵偿大悟工商局所欠债务执行期间的利息。2011年9月13日，但某与李某等人签订《协议书》，约定但某以300万元价款将上述开发权转让给李某等人。其后，由A公司作为滨河市场三楼以上开发建设企业、李某作为该公司滨河项目部经理与但某进行结算，就下欠的200万元转让款向但某出具了借条，借条上盖有李某私章及A公司滨河项目部财务专用章。根据上述事实，但某与李某、A公司之间名为借贷关系，实为开发权转让关系。《最高人民法院关于审理民间借贷案件适用法律若干问题的规定》第十五条规定：‘原告以借据、收据、欠条等债权凭证为依据提起民间借贷诉讼，被告依据基础法律关系提出抗辩或者反诉，并提供证据证明债权纠纷非民间借贷行为引起的，人民法院应当依据查明的案件事实，按照基础法律关系审理。当事人通过调解、和解或者清算达成的债权债务协议，不适用前款规定。’尽管本案当事人之间系开发权转让关系（基础法律关系），但因本案所涉借条系A公司、李某经与但某结算后就其下欠的转让款所出具的借条，符合上述司法解释规定的‘当事人清算达成的债权债务协议’的要求，原判决将本案定性为借款合同纠纷并进行审理并无不当，故A公司、李某以开发权转让协议系本案借贷关系的基础法律关系作为抗辩事由，以否认基础法律关系的效力对抗履行双方之间的债权债务协议的再审事由不成立。”

案例十四：陈某1与许某、陈某2等民间借贷纠纷二审民事判决书［福建省高级人民法院（2016）闽民终441号］认为，“一审法院结合《清单》、通话和手机短信内容，以及陈某1曾两次向陈某2还款各50万元、合计100万元的事实，认

定本案三张《借条》系陈某1与许某就以往经济往来、公司欠款、合作投资等进行结算，将结算款确认为许某对陈某1的个人债务的事实，符合《最高人民法院关于适用〈中华人民共和国民事诉讼法〉的解释》第一百零八条的规定，符合事实，依法有据。根据《最高人民法院关于审理民间借贷案件适用法律若干问题的规定》第十五条第二款的规定，一审法院仅就本案三份《借条》涉及的款项进行审理，符合法律规定。综上所述，本院认为，一审判决认定事实清楚，适用法律正确。上诉人许某、陈某2关于本案《借条》项下款项未实际履行的主张不能成立，其关于本案应按实际的基础法律关系查明事实的主张，亦没有事实和法律依据，本院不予支持。”

案例十五：田某与袁某民间借贷纠纷申诉、申请再审民事裁定书［重庆市高级人民法院（2016）渝民申1280号］认为，“《最高人民法院关于审理民间借贷案件适用法律若干问题的规定》第十五条规定：‘原告以借据、收据、欠条等债权凭证为依据提起民间借贷诉讼，被告依据基础法律关系提出抗辩或者反诉，并提供证据证明债权纠纷非民间借贷行为引起的，人民法院应当依据查明的案件事实，按照基础法律关系审理。当事人通过调解、和解或者清算达成的债权债务协议，不适用前款规定。’本案中，即使如田某所称，《借条》系经双方对以前的矿洞买卖所欠款项以及以前的借款进行结算后，由田某收回之前的债权凭证后而重新出具，按照上述规定，本案也不应按照基础法律关系进行审理，故一、二审法院按照民间借贷纠纷审理本案正确。”

二、部分地方法院指导意见

（一）《四川省高级人民法院关于审理民间借贷纠纷案件若干问题的指导意见》（2016年7月27日发布）规定：

“17. 名为民间借贷实为因其他法律关系产生债务的处理

对名为民间借贷法律关系，实为合伙、房屋买卖、投资理财、股权转让等法律关系，原告以民间借贷法律关系提起诉讼的，人民法院应当向原告释明变更诉讼请求。人民法院释明后，原告仍坚持其诉讼请求的，人民法院应判决驳回原告的诉讼请求。人民法院进行释明时应注意：

（一）释明应在双方当事人都在场的情况下进行，或者将对一方释明的内容通知对方当事人；

（二）释明应明确告知当事人人民法院根据当事人提供的证据所认定的法律关系的性质；

（三）释明应当以当事人起诉所依据的事实为限，人民法院不应在当事人主张的事实之外提示其变更、修正或补充诉讼请求；

（四）人民法院应充分听取当事人对法院释明事项所发表的意见。

18. 对‘调解’、‘和解’‘清算’的理解及适用

《最高人民法院关于审理民间借贷案件适用法律若干问题的规定》第十五条第二款规定的‘调解’是指第三者（调解人）依据一定的社会规范（包括习惯、道德、法律规范等），在纠纷主体之间沟通信息，促成纠纷主体之间互相妥协和谅解而达成解决纠纷合意的行为。‘和解’是指纠纷当事人双方以平等协商、相互妥协的方式和平解决纠纷，是纠纷主体自行解决纠纷的行为。‘清算’是指当事人根据约定或者法律规定，为终结某种法律关系，而对业务、财产或者债权债务关系等进行清理、处分的行为。

原告依据当事人双方通过调解、和解或者清算达成的债权债务协议提起诉讼的，人民法院应依据债权债务协议确定双方各自的权利和义务；如被告认为债权债务协议订立时存在重大误解、显示公平等情形，可依照《中华人民共和国合同法》第五十四条的规定，请求变更或撤销。

20. 缺乏借贷合意证明的借贷事实认定

人民法院在审理民间借贷案件时应对当事人之间的借贷合意及出借款项的实际交付进行审查，原告仅能提供款项交付凭证，而被告提出双方不存在借贷关系的抗辩，并且提供相应证据证明双方之间的款项往来系基于其他法律关系产生，人民法院应对双方之间是否存在借贷合意进一步予以审查，并要求原告对支付相关款项的具体事由、前因后果及被告未出具借条的合理原因提供证据，原告提供的证据不能证明双方有借贷合意的，人民法院应当驳回其诉讼请求。

24. 劳动者与用人单位之间款项往来性质的认定

劳动者向用人单位借款，如能证明款项的用途是直接用于公司业务，且与履行劳动合同有关的，当事人可主张按劳动争议处理；如无证据证明款项用于公司业务，当事人主张法律关系为民间借贷的，人民法院应按民间借贷的相关法律规定审理。”

（二）《深圳市中级人民法院关于民间借贷纠纷案件的裁判指引》（2015 年 10 月 15 日发布）规定：

“十、出借人仅提交了款项支付凭证，没有提交其他证据证实借贷关系，借款人否认借贷关系的，应区别不同情况处理：

（一）依据本指引第八条第二款规定，可以认定借贷关系成立并生效的，按照民间借贷纠纷依法审理和裁判。

（二）借款人抗辩出借人主张的转账系偿还双方之前借款或其他债务，借款人应当对其主张提供证据证明。借款人提供相应证据证明其主张后，出借人仍应就借贷关系的成立承担举证证明责任。

（三）人民法院查明款项支付确因其他法律关系引起，可向当事人释明，由出借人变更诉讼请求和理由，人民法院可按其他法律关系继续审理；出借人坚持不变更诉由的，依法驳回出借人诉讼请求。债权人可按其他法律关系另行提起诉讼。”

（三）《安徽省高级人民法院关于审理民间借贷纠纷案件若干问题的指导意见》（皖高法〔2013〕470号）规定：

“第十条　原告依据债权凭证提起诉讼，被告提供证据证明纠纷确因其他法律关系引起并对双方基础法律关系性质或履行事实提出抗辩的，应当按照其他相应法律关系审理。”

（四）《重庆市高级人民法院关于审理民间借贷纠纷案件若干问题的指导意见》（2011年8月23日发布）规定：

“10. 出借人仅依据借据提起诉讼，如果借款人对借据的效力、金额等提出抗辩并有证据证明存在买卖、承揽、居间等基础法律关系的，应当对基础法律关系进行审理；如果借款人对借据没有异议的，可以不审查基础法律关系。”

（五）《浙江省高级人民法院关于审理民间借贷纠纷案件若干问题的指导意见》（浙高法〔2009〕8297号）规定：

“第二条　当事人之间对因买卖、承揽、股权转让等其他法律关系产生的债务，经结算后，债务人以书面借据形式对债务予以确认，债权人据此提起诉讼，而债务人或担保人对基础法律关系的效力和履行事实提出抗辩并有证据证明纠纷确因其他法律关系引起的，原则上按照基础法律关系审理，但借据仍可以作为基础合同履行的重要证据。

第十五条　债权人仅提供款项交付凭证，未提供借贷合意凭证，债务人提出双方不存在借贷关系或者其他关系抗辩的，债权人应当就双方存在借贷合意提供进一步证据。

对能够查明双方存在借贷关系的，按照民间借贷纠纷审理；查明债务属其他法律关系引起的，法院应向当事人释明，由债权人变更诉讼请求和理由后，按其他法律关系审理，债权人坚持不予变更的，判决驳回诉讼请求。判决驳回诉讼请求后，债权人可按其他法律关系另行起诉。”

032 民间借贷案件中，负有举证证明责任的当事人拒不到庭，可能会影响法院对其所主张事实的认定

——民间借贷负有举证证明责任的原告无正当理由拒不到庭，经审查现有证据无法确认案件主要事实的，法院对借贷事实不予认定

阅读提示

民间借贷案件中当事人基于各种原因，往往不愿亲自出庭，仅委托代理律师出庭。而法院认为必要时，仍会要求当事人本人到庭，就案件有关事实接受询问。此时，如果当事人拒不到庭是否会影响法院对其主张的事实的认定？最高人民法院确立该类案件的裁判规则为：负有举证证明责任的当事人拒绝到庭、拒绝接受询问或者拒绝签署保证书，待证事实又欠缺其他证据证明的，法院对其主张的事实不予认定。因此，法院要求当事人本人到庭时，当事人应到庭参加诉讼，接受法庭询问，否则将可能影响法院对事实的认定。

裁判要旨

民间借贷负有举证证明责任的原告无正当理由拒不到庭，经审查现有证据无法确认借贷行为、借贷金额、支付方式等案件主要事实的，法院对其主张的事实不予认定。

案情简介

2011 年 9 月 13 日，张某与高某、A 公司签订《借款协议》，约定高某向张某借款 114.16 万元，A 公司为上述借款承担连带保证责任。同日，高某向张某出具借据，载明：借款人高某，借款金额 114.16 万元。张某与高某、A 公司另签订一份还款明细，载明借款期间每月应偿还的本金及利息金额，其中本金合计 98 万元，利息合计 16.16 万元。

张某向银川市中级人民法院起诉，请求高某、A 公司偿还借款本金为 114.16 万元，利息为 354,277 元。案件审理中，银川市中级人民法院通知张某本人限期到庭对案件事实作出说明，并就涉案资金来源、资金走向及支付情况进行举证，张某未到庭，也未提交证据。最终银川市中级人民法院认为张某提交的证据不足以证实其向高某交付借款的事实，故判决驳回张某的诉讼请求。

张某不服银川市中级人民法院判决，上诉至宁夏回族自治区高级人民法院，请求撤销原判决并依法改判。宁夏回族自治区高级人民法院开庭审理本案，张某仍未到庭接受法庭询问。宁夏回族自治区高级人民法院认为现有证据不能认定张某已实际交付借款，故判决驳回上诉，维持原判。

裁判要点

本案出借人张某以其持有的高某签字确认的借款协议、借款借据、还款明细三份证据主张其与高某之间存在民间借贷法律关系，但法院未认定张某已经将借款支付给高某，原因在于：

第一，关于支付凭证。张某主张本案借款系以现金支付，但未提交相应现金交付凭证予以证明。高某出具的借据对高某是否收到借款没有表述，仅反映了双方具有借贷的意思表示。

第二，关于支付能力及借贷金额。张某作为负有举证证明责任的原告，无正当理由拒不到庭，拒不就涉案资金的来源、资金走向及支付情况接受法庭的询问，亦未提交其他证据证实，亦未对诉讼主张金额与还款明细所记载的借贷金额不一致的情况作出合理解释及说明。根据《最高人民法院关于审理民间借贷案件适用法律若干问题的规定》第十八条之规定，不能认定张某已实际支付案涉借款。

第三，关于交易习惯。张某主张当地、其所从事的行业、其与高某之间存在以大额现金交易习惯的事实，但未提供证据证明。

第四，关于当事人之间的关系。按照张某代理人的陈述，本案所涉交易之前及之后，双方未发生过任何交易关系，仅此一笔；按照高某的陈述，双方之间互不认识。在此背景下，114.16万元的借款在经济不发达的西北地区当属巨额借款，张某作为出借人，对该借款均以现金方式交付，未提供充分证据证实。

综上，根据张某提交的证据，不能认定本案借款协议约定的借款已经实际交付给高某，根据合同法的相关规定，自然人之间的借贷自出借人提供借款时生效，故该借款协议未生效。

实务经验总结

前事不忘，后事之师。为避免未来发生类似败诉，提出如下建议：

1. 民间借贷案件当事人常对借贷事实是否真实发生存在较大争议，法院认为必要时，会要求当事人本人到庭，就案件有关事实接受询问。此时，当事人无正当理由切勿拒绝到庭，否则将可能影响法院对事实的认定。而当事人到庭接受询问有利于结合其他证据形成证据链，证明所主张的事实。

2. 民间借贷出借人应注意留存支付凭证，大额借贷建议采取银行汇款、转账等支付方式，以便留存支付证据。出借人要求借款人出具借条、收条等凭证时，借条、收条记载内容应具有借款人已收到借款的含义。例如，今收到 ××（身份证号：××）出借的人民币 ×× 元整。

相关法律规定

《最高人民法院关于审理民间借贷案件适用法律若干问题的规定》

第十八条 根据《关于适用〈中华人民共和国民事诉讼法〉的解释》第一百七十四条第二款之规定，负有举证证明责任的原告无正当理由拒不到庭，经审查现有证据无法确认借贷行为、借贷金额、支付方式等案件主要事实，人民法院对其主张的事实不予认定。

《最高人民法院关于适用〈中华人民共和国民事诉讼法〉的解释》

第一百一十条 人民法院认为有必要的，可以要求当事人本人到庭，就案件有关事实接受询问。在询问当事人之前，可以要求其签署保证书。

保证书应当载明据实陈述、如有虚假陈述愿意接受处罚等内容。当事人应当在保证书上签名或者捺印。

负有举证证明责任的当事人拒绝到庭、拒绝接受询问或者拒绝签署保证书，待证事实又欠缺其他证据证明的，人民法院对其主张的事实不予认定。

第一百七十四条第二款 人民法院对必须到庭才能查清案件基本事实的原告，经两次传票传唤，无正当理由拒不到庭的，可以拘传。

《中华人民共和国合同法》

第二百一十条 自然人之间的借款合同，自贷款人提供借款时生效。

法院判决

以下为该案在法院审理阶段，裁判文书中“本院认为”部分就该问题的论述：

根据《中华人民共和国民事诉讼法》第六十四条、《最高人民法院关于民事诉讼证据的若干规定》第二条之规定，当事人对自己提出的诉讼请求所依据的事实有责任提供证据加以证明，没有证据或证据不足以证明其主张的，应承担举证不能的不利后果。原审中张某以其持有的高某签字确认的借款协议、借款借据、还款明细三份证据主张其与高某之间存在民间借贷法律关系，上述证据仅能够证实双方对达成借贷关系形成合意，本案的关键是借款协议所约定的借款 1,141,600 元是否已经实际支付。张某主张本案借款系以现金支付，但未提交相应现金交付凭证予以证明，故本院从支付能力、交易习惯、借贷金额大小、当事人关系等原因，综合分析张某与高某之间是否存在真实的借贷关系。

关于支付能力及借贷金额，依据双方所签订的借款协议，双方约定借款的数额为 1,141,600 元，原告张某的代理人及代其签订借款协议（张某的业务员）的陈某当庭陈述，张某从事玉石、古董生意有出借资金的能力及现金交付的交易习惯，但一、二审中张某均未出庭就涉案资金的来源、资金走向及支付情况接受法庭的询问。而且在原审中，张某作为负有举证证明责任的原告在原审限期其本人应到庭对案件事实作出说明的情况下，无正当理由拒不到庭，亦未提交其他证据证实其所从事的职业及银行资金流水等证据证实其有现金交付的能力，亦未对其起诉状中所主张的借贷金额与借款协议、还款明细所记载的借贷金额不一致的情况作出合理解释及说明。根据《最高人民法院关于审理民间借贷案件适用法律若干问题的规定》第十八条、《最高人民法院关于适用〈中华人民共和国民事诉讼法〉的解释》第一百七十四条第二款之规定，负有举证证明责任的原告无正当理由拒不到庭，经审查现有证据无法确认借贷行为、借贷金额、支付方式等案件主要事实，人民法院对其主张的事实不予认定。故不能认定涉案现金 1,141,600 元张某已实际交付。

关于交易习惯及当事人之间的关系，张某就当地、其所从事的行业或者其与高某之间存在以大额现金交易习惯的事实，未提供证据证明。按照张某代理人的陈述，本案所涉交易之前及之后，双方未发生过任何交易关系，仅此一笔；按照高某的陈述，双方之间互不认识，在此背景下，1,141,600 元的借款在经济不发达的西北地区当属巨额借款，张某作为出借人，对该借款均以现金方式交付，未提供充分证据证实。而且在原审中，张某诉状中所主张的借款本金为 1,141,600 元，利息为 354,277 元，该主张与双方签字确认的借款协议、还款明细所记载的借款本金 98 万元、利息 161,600 元的数额存在矛盾之处。根据张某提交的证据，不能认定本案借款协议约定的借款已经实际交付给高某，故该借款协议未生效。根据《中华人民共和国担保法》第五条之规定，担保合同作为借款合同的从合同，在主合同未生效的情况下，亦未生效，因此对张某依据借款协议主张由 A 公司承担担保责任的理由不能成立。

综上，本院认为，张某作为出借人，未提供充分证据证明本案借款已以现金方式实际交付给高某，其主张的借款数额与其提交的书面借款协议、借款明细所记载的内容亦存在矛盾之处，故对其所持本案借款协议、借款明细约定的借款已经实际交付给高某的主张，本院不予采信。故张某要求高某归还借款本金并支付利息的主张，缺乏事实和法律依据，上诉人张某的上诉请求不能成立，应不予支持。原审据此判决驳回张某的诉讼请求并无不当。

案件来源

上诉人张某与被上诉人高某、阿拉善盟A有限责任公司民间借贷纠纷一案二审民事判决书［宁夏回族自治区高级人民法院（2014）宁民终字第193号］

延伸阅读

一、关于民事案件负有举证证明责任的当事人无正当理由拒不到庭，待证事实又欠缺其他证据证明，法院对当事人主张的事实不予认定的案例

案例一：王某与湖南A公司、何某等民间借贷纠纷二审民事判决书［湖南省高级人民法院（2016）湘民终453号］认为，“本案中，双方争议的事实是借款凭证约定的300万元借款中是否有100万元未实际支付。……在本院明确王某作为原告应就其主张承担举证责任并通知其到庭接受询问后，王某拒绝到庭接受询问。根据《最高人民法院关于适用〈中华人民共和国民事诉讼法〉的解释》第一百一十条第三款规定，即‘负有举证责任的当事人拒绝到庭、拒绝接受询问或者拒绝签署保证书，待证事实又欠缺其他证明的，人民法院对其主张的事实不予认定’，本院对于王某主张300万元借款中有100万元是之前借款的结算余款的待证事实不予认定。本案借款出借方支付的本金只能认定为200万元，另100万元没有实际支付。”

案例二：杨某与郑某民间借贷纠纷申请再审民事裁定书［新疆维吾尔自治区高级人民法院（2015）新民申字第1604号］认为，“根据《合同法》第二百一十条的规定，自然人之间的借款合同，自出借人提供借款时生效。因此，自然人之间的借款合同属于实践性合同，除自然人之间达成借款的一致意思表示之外，还必须由出借人向借款人交付借款后，合同才生效。本案中，虽然申请人提交了由被申请人书写的借条，但被申请人认为其未实际取得该笔款项，故申请人仍应对该款项实际交付承担举证责任，在原审庭审中为查明案件事实，传唤申请人杨某本人到庭，但申请人杨某未到庭，也未提交相应的证据。根据《最高人民法院关于适用〈中华人民共和国民事诉讼法〉的解释》第一百一十条的规定，负有举证证明责任的当事人拒绝到庭、拒绝接受询问或者拒绝签署保证书，待证事实又欠缺其他证据证明的，人民法院对其主张的事实不予认定。故申请人对28.9万元借款已经实际交付应当承担举证不能的不利后果。”

案例三：朱某与周某民间借贷纠纷申诉、申请民事裁定书［江苏省高级人民法院（2016）苏民申3670号］认为，“《最高人民法院关于适用〈中华人民共和国民事诉讼法〉的解释》第一百一十条规定，人民法院认为有必要的，可以要求当事人本人到庭，就案件有关事实接受询问。负有举证证明责任的当事人拒绝到庭、拒绝接受询问或者拒绝签署保证书，待证事实又欠缺其他证据证明的，人民法院对其主张的事实不予认定。朱某无正当理由拒不到庭，致相关事实无法查清，故朱某所提供证据不足以证明其与周某之间存在真实的民间借贷关系，一、二审判决对朱某的诉讼请求予以驳回，并无不当。”

案例四：张某1与张某2物权保护纠纷二审民事判决书［云南省高级人民法院（2016）云民终263号］认为，“本案诉讼中，经一审法院通知，张某1拒不到庭配合调查和接受询问，根据《最高人民法院关于适用〈中华人民共和国民事诉讼法〉的解释》第一百一十条‘人民法院认为有必要的，可以要求当事人本人到庭，就案件有关事实接受询问。在询问当事人之前，可以要求其签署保证书。保证书应当载明据实陈述、如有虚假陈述愿意接受处罚等内容。当事人应当在保证书上签名或者捺印。负有举证证明责任的当事人拒绝到庭、拒绝接受询问或者拒绝签署保证书，待证事实又欠缺其他证据证明的，人民法院对其主张的事实不予认定’的规定，张某1拒不到庭接受询问，应承担相应的法律后果。”

案例五：邓某、杨某与被申请人熊某民间借贷纠纷再审民事判决书［四川省高级人民法院（2016）川民再101号］认为，“邓某、杨某辩称，其先后向熊某转款721,200元，已全部偿清借款。熊某辩称，双方有其他合作关系和资金往来，该721,200元不是邓某、杨某偿还的本案借款，仅有139,700元是清偿的本案借款利息。对于该争议事实的认定，首先，邓某、杨某在一审、二审、再审中均未亲自出庭，导致人民法院不能查明双方多次资金往来的性质和用途，邓某、杨某亦未提供相应证据证明其主张成立，且现有证据能够证明邓某、杨某与熊某之间除借款关系外，尚有合伙事实、代借代偿事实存在，本院依照《最高人民法院关于适用〈中华人民共和国民事诉讼法〉的解释》第一百一十条第三款‘负有举证证明责任的当事人拒绝到庭、拒绝接受询问或者拒绝签署保证书，待证事实又欠缺其他证据证明的，人民法院对其主张的事实不予认定’的规定，并结合已查明的事实，对邓某、杨某关于已偿清借款的主张不予支持。邓某、杨某仍欠熊某借款本金 530,000 元。”

案例六：文某因与被申请人南充市 A 公司乾景分公司、南充 B 公司、四川省南充市 C 公司民间借贷纠纷再审民事判决书［四川省高级人民法院（2015）川民提字第 436 号］认为，“文某作为出借人、一审原告、二审上诉人、再审申请人，在一审、二审、再审审理中均未出庭，直接影响人民法院对案件事实的调查，在本案现有证据不能证明借贷事实真实发生的情形下，依据《最高人民法院关于适用〈中华人民共和国民事诉讼法〉的解释》第一百一十条第三款‘负有举证证明责任的当事人拒绝到庭、拒绝接受询问或者拒绝签署保证书，待证事实又欠缺其他证据证明的，人民法院对其主张的事实不予认定’的规定，本院对文某主张的借款事实不予认定，符合法律规定。”

案例七：周某与蔡某、王某股权转让纠纷二审民事判决书［海南省高级人民法院（2015）琼民二终字第 39 号］认为，“根据《最高人民法院关于适用〈中华人民共和国民事诉讼法〉的解释》第一百一十条的规定，人民法院认为有必要的，可以要求当事人本人到庭，就案件有关事实接受询问。负有举证证明责任的当事人拒绝到庭、拒绝接受询问或者拒绝签署保证书，待证事实又欠缺其他证据证明的，人民法院对其主张的事实不予认定。本案第一次开庭后，法院向原告周某发出传票，要求其本人到庭参加第二次开庭，但其本人拒绝到庭。根据前述司法解释的规定，对其主张而又欠缺其他证据证明的事实应不予认定。”

案例八：鞠某与赵某、张某民间借贷纠纷一案二审民事判决书［黑龙江省高级人民法院（2015）黑高商终字第 174 号］认为，“鞠某主张的两个借贷关系中存在诸多不合常理和缺乏证据支持的情形，鞠某对此负有举证责任，但其在法院释明后仍拒不到庭，根据《最高人民法院关于适用〈中华人民共和国民诉法〉的解释》第一百一十条关于‘人民法院认为有必要的，可以要求当事人本人到庭，就案件有关事实接受询问。在询问当事人之前，可以要求其签署保证书。负有举证证明责任的当事人拒绝到庭、拒绝接受询问或者拒绝签署保证书的，待证事实又欠缺其他证据证明的，人民法院对其主张的事实不予认定’之规定，对鞠某的诉讼主张及理由不予认定。”

案例九：上诉人黄某因与被上诉人陈某民间借贷纠纷一案［海南省第二中级人民法院（2016）琼 97 民终 1551 号］认为，“《最高人民法院关于审理民间借贷案件适用法律若干问题的规定》第十八条规定：‘根据《关于适用〈中华人民共和国民事诉讼法〉的解释》第一百七十四条第二款之规定，负有举证证明责任的原告无正当理由拒不到庭，经审查现有证据无法确认借贷行为、借贷金额、支付方式等案件主要事实，人民法院对其主张的事实不予认定。’本案中，负有举证证明责任的陈某本人无正当理由拒不到庭，导致其是否用现金20万元借款给黄某的事实无法查清，故陈某应承担举证不能的法律后果。一审判决认定陈某借款70万元给黄某错误，本院予以纠正，本院确认陈某借给黄某实际借款本金是50万元。黄某上诉称涉案借款本金是50万元的理由成立，本院予以采信。”

案例十：陆某与何某、付某民间借贷纠纷二审民事判决书［新疆维吾尔自治区巴音郭楞蒙古自治州中级人民法院（2016）新28民终1861号］认为，“本院认为，本案中，被上诉人基于借贷关系成立，应当对借款合意和款项交付等要件事实付举证责任。《最高人民法院关于审理民间借贷案件适用法律若干问题的规定》第十八条规定，根据《最高人民法院关于适用〈中华人民共和国民事诉讼法〉的解释》第一百七十四条第二款之规定，负有举证证明责任的原告无正当理由拒不到庭，经审查现有证据无法确认借贷行为、借贷金额、交付方式等案件主要事实，人民法院对其主张的事实不予认定。被上诉人何某经本院传票传唤、委托其代理律师通知其出庭陈述借款能力、交付方式等主要事实进行陈述，但被上诉人何某拒不到庭陈述借款主要事实，从而导致无法查清本案基本事实，也未能提供其向上诉人陆某交付借款的证据，故上诉人陆某的上诉理由成立，本院予以支持。原审认定的事实有误，适用法律错误，应予纠正。”

案例十一：肃宁A公司、李某等买卖合同纠纷二审民事判决书［江苏省无锡市中级人民法院（2017）苏02民终344号］认为，“一审中王某、陈某1出庭陈述某崔某、王某、陈某1系B公司员工，而法院要求A公司法定代表人及B公司经办人李某1、原B公司法定代表人李某2等作为诉争交易的直接经办人员到庭接受质询，李某1、李某2均无正当理由未到庭，根据《最高人民法院关于适用〈中华人民共和国民事诉讼法〉的解释》第一百一十条关于‘负有举证证明责任的当事人拒绝到庭、拒绝接受询问或者拒绝签署保证书，待证事实又欠缺其他证据证明的，人民法院对其主张的事实不予认定’之规定，李某2、A公司应承担相应法律后果。”

案例十二：夏某与宋某1、宋某2等民间借贷纠纷二审民事判决书［江苏省淮安市中级人民法院（2017）苏08民终304号］认为，“本案中，上诉人在一、二审中主张其与被上诉人之间仅存在三笔借款，除本案借款外，另有被法院民事判决所确认的两笔借款各30,000元共计60,000元。二审中，上诉人又陈述在2011年8月23日承诺书出具之前，双方之间确实有一定的款项往来，前后陈述矛盾。而且，根据宋某1出具给被上诉人的承诺书，可以认定宋某1在2011年8月23日之前与被上诉人已发生借贷关系，并承诺将其车辆以30万元的价格作为债权担保抵押给被上诉人，可以印证双方之间发生的借款多于上诉人主张的借款次数及借款金额。被上诉人为证明双方除确认的三笔借款外，还存在其他借款，一审中提供上述承诺书及2012年3月23日宋某1、宋某2出具的6万元借条复印件一份，而上诉人代理人在二审庭审中对于承诺书出具前的上诉人借款数额及还款情况均表示不清楚，且未能举证证明之前的还款情况，经本院通知后两上诉人也未到庭接受询问，根据《最高人民法院关于适用〈中华人民共和国民事诉讼法〉的解释》第一百一十条之规定，应承担不利的法律后果。宋某1虽然于2013年5月8日向被上诉人还款50,000元，但并未能提供证据证明该还款系偿还本案的借款，上诉人主张本案借款已还款50,000元的证据不足，本院不予采信。”

案例十三：张某诉李某民间借贷纠纷二审民事判决书［云南省怒江傈僳族自治州中级人民法院（2016）云33民终149号］认为，“一、二审诉讼过程中，经合法传唤，负有举证证明责任的出借人张某本人未到庭，经审查现有证据无法确认借贷行为、借贷金额、款项来源、款项交付、当事人的经济能力、当事人财产变动情况等案件主要事实。依照《最高人民法院关于审理民间借贷案件适用法律若干问题的规定》第十八条：‘根据《关于适用〈中华人民共和国民事诉讼法〉的解释》第一百七十四条第二款之规定，负有举证证明责任的原告无正当理由拒不到庭，经审查现有证据无法确认借贷行为、借贷金额、支付方式等案件主要事实，人民法院对其主张的事实不予认定’的规定，本院对出借人张某主张的其与借款人李某之间存在人民币13万元的借贷事实不予认定。”

二、地方法院相关规定

（一）《四川省高级人民法院关于审理民间借贷纠纷案件若干问题的指导意见》（2016年7月27日生效）规定：

“22. 对原告无正当理由拒不到庭的认定

《最高人民法院关于审理民间借贷案件适用法律若干问题的规定》第十八条规定的‘原告无正当理由拒不到庭’是指原告未按传票指定的时间地点参加庭审活动的行为。存在以下情形之一的，应认定为正当理由：

（一）无法预见的自然灾害，如地震、水灾、严重积雪等，且足以影响到当事人按时到庭的；

（二）原告因死亡、丧失诉讼行为能力、重大疾病等生理变故而无法按时到庭的；

（三）原告在出庭途中发生重大交通事故，并导致其无法按时到庭的；

（四）原告受到司法机关或第三人拘禁，丧失人身自由的；

（五）其他有证据证实足以影响原告无法按时到庭的。

23. 采用传票传唤方式通知原告到庭应注意的问题

人民法院对必须到庭才能查清案件基本事实的原告，依据《最高人民法院关于适用〈中华人民共和国民事诉讼法〉的解释》第一百七十四条第二款的规定传唤原告到庭，实践中应注意：

（一）人民法院只有在审查本案的全部证据后，对借贷事实是否发生、借贷金额、支付方式等案件主要事实仍处于真伪不明状况时，方可适用《最高人民法院关于适用〈中华人民共和国民事诉讼法〉的解释》第一百七十四条第二款的规定要求原告到庭；

（二）传票上应注明法律依据和不到庭的法律后果，传票应直接交给原告或其代理人，或邮寄给原告本人亲自签收。如按原告在诉讼过程中提供的地址邮寄传票后，原告未在指定的时间到庭，亦未向法庭说明理由的，视为拒绝出庭；

（三）原告到庭后，应当按照《最高人民法院关于适用〈中华人民共和国民事诉讼法〉的解释》第一百一十条的规定签署保证书，保证书应当载明据实陈述，如有虚假陈述愿意接受处罚等内容，原告应当在保证书上签名或捺印。负有举证证明责任的原告虽然到庭，但拒绝接受询问或拒绝签署保证书的，应视为拒绝出庭。"

（二）《深圳市中级人民法院关于民间借贷纠纷案件的裁判指引》（2015 年 10 月 15 日生效）规定：

"出借人提出的事实理由不符合一般交易习惯和生活经验，人民法院可以要求出借人本人到庭陈述现金支付的原因、时间、地点、用途等具体事实和经过，并可责令出借人提交款项来源方面的证据。无正当理由拒不到庭的，应当承担不利的法律后果。出借人陈述的事实前后不一，提交的证据不能辅证款项已实际支付的，可以判决驳回出借人的诉讼请求。"

（三）《安徽省高级人民法院关于审理民间借贷纠纷案件若干问题的指导意见》（皖高法〔2013〕470 号）规定：

"第十二条　当事人为自然人的民间借贷纠纷案件，自然人本人不到庭参加诉讼无法查明事实的，应依照民事诉讼法的规定传唤当事人本人到庭。无正当理由拒不到庭的，依法承担相应的法律后果。"

（四）《浙江省高级人民法院关于审理民间借贷纠纷案件若干问题的指导意见》（浙高法〔2009〕297 号）规定：

“第十七条第一款　对于现金交付的借贷，债权人仅凭借据起诉而未提供付款凭证，债务人对款项交付提出合理异议的，法院可以要求出借人本人、法人或者其他组织的有关经办人员到庭，陈述款项现金交付的原因、时间、地点、款项来源、用途等具体事实和经过，并接受对方当事人和法庭的询问。无正当理由拒不到庭的，应承担相应后果。”

（五）《重庆市高级人民法院关于审理民间借贷纠纷案件若干问题的指导意见》（2011 年 8 月 23 日生效）规定：

“18. 人民法院应当要求借贷双方当事人本人到庭参加诉讼，查明借款的原因、用途、金额、支付方式、高利贷等事实。”

033 借款人在空白协议上签字，借贷关系是否成立？

——借款人在空白借款协议上签字，应视为其具有借款的意思表示，借贷关系成立

阅读提示

民间借贷中，借款人先在空白的借款协议上签字盖章，后由出借人补写空缺的内容并按照约定实际支付借款，该借款协议的法律效力如何？借款人是否应当承担还款责任？

裁判要旨

借款人在空白借款协议上签字，应视为借款人在对借款协议的主体和内容充分了解的基础上作出的真实的借款意思表示，因此借款人应当承担借款协议的法律后果。

案情简介

2011 年 12 月 5 日，A 公司与赵某签订借款协议，约定 A 公司向赵某出借借款 600 万元。随后，A 公司按照赵某指令支付上述借款。

借款期满后，由于赵某未按时还款，A 公司遂向常州市中级人民法院起诉，请求赵某偿还借款本息。因赵某与张某系夫妻关系，本案债务系夫妻共同债务，A 公司主张赵某与张某应当承担连带还款责任。

赵某辩称，其签订借款协议时，借款协议尚为空白，协议上的其他内容均为赵某签名后A公司擅自添增，因此本案借款协议不具有证明效力。

常州市中级人民法院认为，赵某对借款协议上签字的真实性和签约地点并无异议，仅对借款协议上的其他内容的形成时间进行抗辩，A公司与赵某之间的借款法律关系依法成立。后A公司实际支付借款，因此赵某应当承担还款责任。由于本案张某未有借款合意，且案涉借款也未用于夫妻共同生活，张某无须承担共同偿还责任。据此，常州市中级人民法院判决赵某向A公司偿还借款本息。

赵某不服，向江苏省高级人民法院提起上诉。江苏省高级人民法院认为，赵某在空白借款协议上签字，应视为其对权利的自行处分，应当对签字行为承担相应的法律后果。赵某主张其非本案实际借款人，但未提供充分证据证明。据此，江苏省高级人民法院判决驳回赵某的上诉，维持原判。

赵某仍不服，向最高人民法院申请再审。最高人民法院裁定驳回赵某的再审申请。

裁判要点

借款人在空白借款协议上签字，应视为对权利的自行处分，可以认定其具有借款的意思表示。本案中，赵某作为完全民事行为能力人，在空白的借款协议中对应身份栏签字的行为，应视为其系在清楚理解借款协议内容及出借人身份的前提下签字，亦视为其放弃对借款协议内容核实的权利，因此赵某应当对签字行为负责。而A公司作为出借人，后在借款协议上补充内容，也并未违反法律规定，合法有效。据此，赵某应当向A公司承担还款责任。

实务经验总结

前事不忘，后事之师。为避免未来发生类似败诉，提出如下建议：

当事人在与他人签订借款合同时应当仔细审核合同内容，尽量确保合同约定的内容完整、详细，条款文字无歧义，在自身充分理解合同约定内容和明确对方身份的前提下签字、盖章，从而避免日后履行合同时产生争议。

相关法律规定

《中华人民共和国民法总则》

第一百四十三条　具备下列条件的民事法律行为有效：

（一）行为人具有相应的民事行为能力；

（二）意思表示真实；

（三）不违反法律、行政法规的强制性规定，不违背公序良俗。

《中华人民共和国民法通则》

第八十五条 合同是当事人之间设立、变更、终止民事关系的协议。依法成立的合同，受法律保护。

第九十条 合法的借贷关系受法律保护。

《中华人民共和国合同法》

第一百九十六条 借款合同是借款人向贷款人借款，到期返还借款并支付利息的合同。

第一百九十七条 借款合同采用书面形式，但自然人之间借款另有约定的除外。

借款合同的内容包括借款种类、币种、用途、数额、利率、期限和还款方式等条款。

法院判决

以下为该案在法院审理阶段，裁判文书中“本院认为”部分就该问题的论述：

关于原审判决认定A公司与赵某之间存在借款关系、A公司已经完成案涉借款的交付义务是否缺乏证据证明的问题。依据原审查明的事实，从案涉借款协议的签订过程看，赵某认可借款协议的签约地点，未否认其在案涉借款协议中签字的真实性，其主张在签订协议时，除赵某签字以外其他部分均为空白，但对此并未提交充分证据予以证明。退一步而言，即使其签署的确为空白借款协议，其在协议首部和尾部借款人处签名，亦应视为其对权利的自行处分，仍应认定为具有借款的意思表示。因此，原审判决认定A公司与赵某之间存在借款关系，并不缺乏证据证明。另外，从案涉借款协议的履行情况看，借款协议落款日期的同日，A公司员工王某的手机收到发自赵某（江南银行）的短信，短信内容为“吴××62×××××××××农行城北支行”。同日及次日，A公司分别向吴某的账号打款300万元，合计600万元，并提交银行记账回执予以证明。王某亦在打款后向赵某（江南银行）分别发出短信，告知其已经汇出相关款项。赵某一审中认可其手机号码为135××××，且一直由其使用。王某手机中存储的赵某（江南银行）的手机号码同样为135××××。因此，原审判决认定A公司依据赵某指令将款项汇至吴某账户，已经完成案涉借款的交付义务，并不缺乏证据证明。

案件来源

赵某、江苏A创业投资有限公司民间借贷纠纷再审审查与审判监督民事裁定书［最高人民法院（2017）最高法民申1784号］

延伸阅读

裁判规则一：借款人在空白借款协议上签字，应视为其具有借款的意思表示，借贷关系成立。

案例一：赵某与覃某、李某民间借贷纠纷二审民事判决书［广西壮族自治区高级人民法院（2015）桂民四终字第60号］认为，"关于'赵某'签名与'李某、覃某、蒋某'签名不是同一时间形成的问题，覃某、李某、蒋某三人作为完全民事行为能力人，在空白《借款合同》中首部和尾部各自对应身份栏签字并加盖手印的行为，应该视为其系在清楚、理解合同内容及其各自身份的前提下签名捺手印，同时也表明其放弃核实债权人身份信息，其应该对各自的签章行为负责。而赵某作为债权人最后在《借款合同》上签名的行为，则视为双方已达成合意，《借款合同》一经签署则依法成立，且本案借款已经如期支付，故《借款合同》及其中各条款均已成立并生效。"

案例二：杨某与楼某民间借贷纠纷一案再审民事裁定书［浙江省高级人民法院（2015）浙民申字第87号］认为，"本案中，楼某以民间借贷为由起诉要求杨某归还借款，为支持其主张，楼某向人民法院提交了借款合同、汇款凭证及还款计划等证据。经审查，借款合同和还款计划均由杨某签名确认，真实性可予认定，与银行汇款凭证能够基本印证，足以证明杨某向楼某借款700万元之事实。杨某提出，案涉借款合同除其签名外，其余内容均系事后添加，属虚构债权债务。然而，杨某认可向徐某出具空白借款合同系用于借款，且在二审审理过程中亦确认授权徐某对外筹款700万元打至A公司账户。故杨某出具空白借款合同的行为表明其主观上具有与不特定债权人成立借款关系之意思表示，空白借款合同相关条款经被授权人徐某明确后，对杨某理当具有约束力。杨某关于案涉借款关系属虚构的主张，与事实不符，难以成立。杨某又提出案涉还款计划系其受欺诈、胁迫所出具，并非其真实意思表示。然而，杨某就此项抗辩并未提交相应证据予以证实，故其该项抗辩理由实难成立。上述还款计划足以表明杨某认可案涉债务，进一步印证了案涉债权债务关系的真实性。故杨某关于案涉借款未实际交付的主张，既与在案银行汇款凭证不符，亦与其签字确认的还款计划相悖，难以成立。杨某还提出，案涉债权债务关系因转股而清偿，并提交债权申报表、债转股协议、审计报告、资金往来表及指派函等证据材料。经审查，上述证据材料均未经楼某签字确认，庭审中楼某亦明确否认其同意债转股，在杨某未能举证证明作为案涉债务保证人的徐某有权以楼某名义同意债转股之情形下，实难认定上述证据材料对楼某具有约束力。故杨某关于本案债权已经转化为股权而归于清偿的主张，缺乏事实依据，难以成立。”

案例三：吴某 1、吴某 2 民间借贷纠纷再审审查与审判监督民事裁定书［广东省高级人民法院（2017）粤民申 1048 号］认为，“吴某 1 于 2014 年 7 月 17 日向杨某借款人民币 965,000 元，并立下《借款单》一份。2014 年 9 月 20 日，吴某 1 再次向杨某借款人民币 100,000 元，并立下《收款收据》一份。吴某 1 承认其于 2014 年 9 月 20 日向杨某借款人民币 100,000 元，但对其于 2014 年 7 月 17 日向杨某借款人民币 965,000 元予以否认。吴某 1 主张其只是在空白借款单上签名，涉案《借款单》存在多处涂改痕迹。但该借款单上除吴某 1 签名的‘吴’字及落款日期‘2014 年 7 月 17 日’的‘1’日存在重复书写加深字迹外，其余手写的借款金额、借款人签名等对借款事实有重大影响的内容均没有涂改痕迹。吴某 1 系具有完全民事行为能力的成年人，理应知晓在借款单上签名的意义，应承担相应的法律后果。吴某 1 主张其家庭没有借款的需要，杨某以现金交付 965,000 元不符合日常生活法则。但吴某 1 的账户历史明细清单显示，自 2014 年 8 月 1 日至 2015 年 5 月 29 日有 300 多笔的收支记录且其中多笔交易金额不菲，有的甚至高达 10 万元、35 万元，吴某 1 也自认其多次向杨某借款、与杨某有其他经济往来，且吴某 1 也系以生意需要为由于 2014 年 9 月 20 日向杨某借款 10 万元。杨某提供的证人证言及汇款凭证可以证明其有能力且已实际出借款项。一、二审法院据此对吴某 1 向杨某借款人民币 965,000 元的事实予以认定，并判令吴某 1 和吴某 2 还本付息，并无不当。”

案例四：沈某与江苏 A 商业银行申诉、申请民事裁定书［江苏省高级人民法院（2017）苏民申 2128 号］认为，“姓名权是指公民自由决定、使用和依照规定改变自己的姓名，并禁止他人干涉、盗用、假冒自己姓名的民事权利。本案中，沈某认为 A 商业银行未经其同意而擅自以其名义办理案涉银行卡系侵犯其姓名权。对此，沈某应当举证证明 A 商业银行存在侵害其姓名权的行为并造成相应损害后果。沈某是否收到 7802 银行卡账户的贷款已有生效判决认定，其现并无证据推翻生效判决的认定。沈某作为具有完全民事行为能力且从事经营活动的经营者，自称多次在空白借款合同、审批表、申请书、借款借据上签名、捺印，且在签字后一直未对贷款发放及使用情况予以关注，亦与常理不符。因申请书、借款借据上均载有结算户姓名‘沈某’及‘62×××02’的账号，故一、二审法院据此认定沈某知晓7802银行卡并无不当。沈某未能提供证据证明A商业银行存在假冒其姓名办理银行卡的行为，一、二审法院驳回其诉讼请求并无不当。”

案例五：伍某、黄某民间借贷纠纷再审审查与审判监督民事裁定书［广东省高级人民法院（2016）粤民申8033号］认为，“伍某提出涉案《借款合同》由预备签名的空白借款合同伪造而来，《借款合同》内容有相互矛盾之处，承诺书因被胁迫才签署。伍某为完全民事行为能力人应当知晓本人签名的法律后果，且其作为法定代表人的深圳A投资发展有限公司、深圳市B物业管理有限公司分别签署《保证担保书》为涉案债务提供了保证担保，伍某曾申请对承诺书进行笔迹鉴定，后因自身原因撤回申请，伍某对其提出的主张未能提供足够的证据予以证明，应当承担举证不能的不利后果。本案的证据已能够相互印证，证明两人存在借贷合意。”

裁判规则二：保证人在空白担保合同上签字，应视为其具有担保的意思表示，应承担担保责任。

案例六：交通银行股份有限公司武汉某支行与武汉A公司、湖北B公司金融借款合同纠纷二审民事判决书［湖北省高级人民法院（2015）鄂民二终字第00188号］认为，“A公司、B公司、夏某、叶某与交通银行某支行签订的《保证合同》，以及谢某、周某的声明均系各方当事人的真实意思表示，内容不违反法律、法规的禁止性规定，合法有效。《中华人民共和国公司法》第十六条规定，公司为他人提供担保应由公司董事会或者股东会决定，是约束公司董事、经理行为的管理性规范，不能据此对抗公司之外的善意第三人。A公司亦未举证证明交通银行某支行与C公司存在恶意串通损害其利益或其他可能导致保证无效的行为。因此，A公司关于其签订的《保证合同》未经股东会或者董事会决议因而无效的上诉理由不能成立，本院依法不予支持。A公司、B公司、夏某、谢某、叶某、周某上诉称系出于对银行工作人员的信赖在空白保证合同上签字、盖章，因此合同内容非其真实意思表示。但上述上诉人均具有完全民事行为能力，应当知晓在合同上签字盖章的法律后果，其在空白保证合同上签字的行为应推定为作出承担相应的保证责任的意思表示，故对该项上诉理由本院亦不予支持。A公司、B公司上诉称交通银行某支行将一式三份的保证合同拆分成三份不同的《保证合同》，但未提交证据予以证明，本院不予采信。”

案例七：董某与淮北市A酒厂、杨某等民间借贷纠纷二审民事判决书［安徽省高级人民法院（2015）皖民二终字第01033号］认为，“对于A酒厂提出案涉《借款担保合同》在出具时主要条款为空白的上诉理由，经查，在原审期间，原审法院依据A酒厂的申请，调取了黄某控告董某涉嫌诈骗一案中公安机关对郭勇、杨某、王某、李某、孟某、唐某、黄某的询问笔录。其中，郭勇的询问笔录并不能证明《借款担保合同》的主要条款为空白，而杨某、孟某、唐某、黄某是本案的当事人，李某曾是董某的合伙人，王某是李某的司机，与本案均有一定的利害关系，故上述人员的陈述不能单独作为认定案件事实的依据。A酒厂若要证明《借款担保合同》在出具时主要条款为空白的事实，还需提交其他证据予以印证，但A酒厂未能提交，故A酒厂关于《借款担保合同》在出具时主要条款为空白的上诉理由不能成立，本院不予采信。退一步讲，即便如A酒厂所言，《借款担保合同》在出具时主要条款为空白，但从A酒厂自愿将加盖公章的空白《借款担保合同》出具给董某的行为亦可以认定A酒厂对其将来可能承担的担保责任是有预期的。现A酒厂又以其当初出具的系空白合同为由主张其不承担担保责任，显然不能成立，本院不予支持。”

案例八：黄某与魏某、A公司等民间借贷纠纷二审民事判决书［福建省高级人民法院（2015）闽民终字第110号］认为，“A公司、B公司分别在《借款合同》《不可撤销保证书》中签字盖章，是真实有效的，应视为是对保证责任的认可，黄某依约履行了借款义务，A公司、B公司也应当依约承担相应的连带担保责任。对于其主张所签署的均为空白文书，未提供证据证明。即便其是在空白文书上签字盖章，亦应当预见到可能存在的风险，该风险应自行承担，A公司、B公司以此主张合同无效，于法无据，本院不予支持。”

案例九：上诉人马某、上诉人甘肃A公司为与被上诉人安某民间借贷纠纷一案二审民事判决书［甘肃省高级人民法院（2016）甘民终212号］认为，“上诉人马某主张借款合同、担保合同、收款账户委托书仅签了姓名，是在并没有真实理解借款合同、担保合同，以及没有全部填写收款账户委托书的情况下由安某单方面完成，其签名的合同是空白合同。被上诉人安某代理人在一审时陈述马某文化不高，所有借款内容都是安某写的，有马某签名、指印。马某对名字上的指印认可，对其他指印不予认可。经查，2015年5月12日，安某作为出借人、马某作为借款人签订《自然人借款合同》，约定乙方马某向甲方安某借款人民币31,960,000元，用于乙方资金周转，借期为三个月（自2015年5月12日至2015年8月31

日），利息为月利率3%。同日，出具借据一份，收据一份，收款账户委托书一份，上述材料中均有马某签名及指印。收款账户委托书中记载：'借款人马某现委托安某将借款31,960,000元转入户名张某开户行交通银行兰州高新支行，账号62××××13的账户中，手写部分注明本笔资金用于偿还本人所欠张某债务。'安某于2015年5月12日至5月13日分五笔向张某账户打款共计31,960,000元。马某对于其与安某建立借款合同关系的事实不予否认，但认为书证中需填写部分均为空白。既然其与安某建立了借款合同关系，安某已按借款合同、收款账户委托书履行打款义务，而马某所举现有证据不能证实其当时签名的是空白合同、借据、收据、委托书及除签名上的指印外其余指印非其本人指印，其作为完全民事行为能力人应当为其行为承担相应责任。"

案例十：A公司与吴某、刘某等追偿权纠纷二审民事判决书［福建省高级人民法院（2014）闽民终字第354号］认为，"A公司分别与吴某等当事人签订《反担保保证书》，约定吴某等对A公司的担保承担反担保责任。因吴某等在庭审中亦认可其在《委托担保服务协议书》和《反担保保证书》上的签章属实，仅抗辩前述协议订立时存在手写部分内容空白及A公司与刘某串通骗取其他当事人提供反担保的情形，但并未提供证据证明其主张，且即使手写部分内容空白，吴某等在该保证书上签字盖章，亦视为其愿意承担相应的法律责任，故吴某关于《委托担保服务协议书》和《反担保保证书》无效的抗辩不能成立，原审不予采纳并无不当。"

034 亲属之间借款未打借条，诉请偿还借款能否胜诉？

——亲属间借款未出具借条，法院应综合全案事实认定是否存在借贷关系

阅读提示

民间借贷中，借款协议、借条等债权凭证是借贷双方权利义务分配的形式体现，亦是证明民间借贷关系存在的直接证据，但实践中由于亲属关系的特殊性，亲属之间借款未签订借款协议的现象不在少数。在诉讼中，原告往往提供转款凭证和相关的证人证言对案件事实予以证明，但由于此类案件中出庭作证的证人与双方熟识，往往拒绝出庭作证，或者作出倾向性证言，对查清案件事实帮助不大。此外，亲属借贷纠纷中，被告往往会以双方系赠与法律关系进行抗辩，这也就为案件事实的查明又蒙添一层迷雾。由此，"未签订借款协议情形下的亲属借贷关系应当如何认定""亲属之间借款的举证要求是否与非亲属间借款相同"，便成为司

法实践中颇受关注的问题。

裁判要旨

亲属之间的民间借贷纠纷，虽然没有借条，但并不违反生活常理。发生争议后人民法院应当依据双方款项交付、当事人陈述以及双方日常关系往来等事实综合判断借贷事实是否存在。

案情简介

魏某与夏某系公媳关系，在夏某与魏某儿子婚姻关系存续期间，魏某曾向夏某转账 24 万元，夏某每月固定向魏某转账 2000 余元。双方未签订任何债权债务凭证。

后夏某与魏某儿子离婚诉讼期间，魏某向一审法院起诉，请求判令夏某偿还借款 24 万元。一审、二审均认定魏某与夏某存在借贷关系，判决夏某向魏某偿还借款。

2014 年，夏某向广东省高级人民法院申请再审，认为魏某与夏某并未签订任何借款协议，也未出具借条，涉案款项是魏某出于亲情自愿赠与夏某以帮助其付清房贷。夏某接受赠与后，出于孝心和感恩方才多次转账给魏某。今由于夏某与魏某儿子因抚养权归属产生纠纷，魏某捏造借款事实向法院起诉，其真实目的在于迫使夏某放弃抚养权。因此，双方并无借贷事实。

广东省高级人民法院经审理认为，夏某主张双方系赠与关系并无事实依据，据此裁定驳回夏某的再审申请。

裁判要点

本案中，魏某与夏某系公媳关系，双方借款而不出具借条不违反社会常理，庭审中魏某提交了 24 万元的转账记录，对借款形成过程时的陈述也并无矛盾之处，结合夏某每月固定向魏某转款 2000 余元的事实，法院初步认定双方存在借贷关系。夏某抗辩认为双方系赠与关系，但其对赠与事实的陈述前后矛盾，且无充分证据证明，因此法院难以采纳。综上，法院认定魏某与夏某间存在借贷关系并无不当。

实务经验总结

前事不忘，后事之师。为避免未来发生类似败诉，提出如下建议：

本书建议当事人在与其亲属借款时也应当注重证据意识。双方应在明确的借贷意思表示基础之上从事借贷行为，即使不签订借款协议或者不出具借条，也至少应当在转账时添加备注信息，以避免未来发生纠纷时产生不必要的争议。

相关法律规定

《最高人民法院关于审理民间借贷案件适用法律若干问题的规定》

第十六条 原告仅依据借据、收据、欠条等债权凭证提起民间借贷诉讼，被告抗辩已经偿还借款，被告应当对其主张提供证据证明。被告提供相应证据证明其主张后，原告仍应就借贷关系的成立承担举证证明责任。

被告抗辩借贷行为尚未实际发生并能作出合理说明，人民法院应当结合借贷金额、款项交付、当事人的经济能力、当地或者当事人之间的交易方式、交易习惯、当事人财产变动情况以及证人证言等事实和因素，综合判断查证借贷事实是否发生。

第十七条 原告仅依据金融机构的转账凭证提起民间借贷诉讼，被告抗辩转账系偿还双方之前借款或其他债务，被告应当对其主张提供证据证明。被告提供相应证据证明其主张后，原告仍应就借贷关系的成立承担举证证明责任。

法院判决

以下为该案在法院审理阶段，裁判文书中“本院认为”部分就该问题的论述：

根据夏某申请再审的请求和理由，本案争议的焦点是魏某转账给夏某的24万元的性质。本案为亲属之间的民间借贷纠纷，虽然没有借条，但魏某与夏某之间存在公媳关系，借款不出具借条并不违反生活常理。结合夏某自2008年5月起每月固定向魏某支付2000余元的事实，且夏某关于案涉24万元款项的性质的陈述前后矛盾，一审认定魏某转账给夏某的24万元为借款，二审予以维持，并无不当。夏某主张案涉24万元款项是魏某对其的赠与，一、二审认定事实错误，没有事实和法律依据，本院不予支持。

案件来源

夏某与魏某民间借贷纠纷申请再审民事裁定书［广东省高级人民法院（2014）粤高法民二申字第 401 号］

延伸阅读

与亲属之间借贷相关的案例：

案例一：常某与侯某民间借贷纠纷再审复查与审判监督民事裁定书［江苏省高级人民法院（2014）苏审三民申字第 0709 号］认为，“常某于 2012 年 4 月 21 日向侯某出具了借款金额为 15 万元的借条，该借条出具后至本案诉讼前，常某未申请撤销该借条。常某认为借条虽由其出具，但其与侯某之间并无真实的借贷关系，其无须承担还款责任。对于案涉 15 万元款项的借贷关系是否实际发生，侯某已当庭作了陈述并提供了相应提取现金的银行卡记录，侯某作为经手人亦出庭作证，因案涉借贷金额并非巨大，且借款发生在家庭成员、亲属之间，出借人对借贷合意的达成及履行作出合理解释的，应当认为其已完成举证义务。常某与侯某原系夫妻，家庭成员之间发生经济往来而不即时书面确认有合理性，双方经协商对往来款项一次性予以结算，亦不违反常理。因此，一、二审判决认定常某应承担还款责任并无不当。”

案例二：被申请人李某民间借贷纠纷二审民事裁定书［福建省高级人民法院（2014）闽民申字第 142 号］认为，“李某主张其借款 40 万元给方某，不仅提供了汇款凭证，还提供了两份证人证言，基于本案双方当事人之间是亲属关系，亲属之间借款不写书面借款凭证是符合民间习惯的；方某、张某主张 40 万元是还款，需要承担举证责任。由于其无法举证什么时候打款给李某，也无法出具借条，其抗辩不能成立。”

案例三：刘某 1 与李某、蒋某民间借贷纠纷二审民事判决书［连云港市中级人民法院（2017）苏 07 民终 258 号］认为，“本案是亲属之间的借贷，李某是蒋某的母亲，是刘某 1 的表姐，刘某 1 的父亲刘某 2 是李某的舅舅，证人耿某 1、耿某 2 是姐妹，李某是耿某 1 丈夫的姐姐。李某因病致 ××，现从事 ×× 人按摩。刘某 1 依据 2016 年 5 月 30 日的借条向法院起诉。李某提供了 2016 年 6 月 5 日的录音资料，该录音的在场人有刘某 2、李某、耿某 1、刘某 1。刘某 1 一审质证时虽然称录音不完整，但是刘某 1 抗辩时也多次采用录音内容证明对自己有利的事实。本院认为，该录音是亲属之间商议还款的重要证据，反映了亲属之间协商本案借款还款的过程，该录音比较客观真实，符合证据的三性，应予采信。录音中耿某 1 称借款本金加起来 4 万元，但随后其又提到还有 3 万元，问刘某 1 怎么说？刘某 1 回答说这钱不是自己的钱，是老人的钱，写在其名下的。由此可见，上诉人主张录音能证明本金只有 4 万元的说法不够严谨。该录音与刘某 1 所说的另外从其公公处拿 3 万元相映证。因此，一审法院认定本金 7 万元并无不当。”

案例四：上诉人马某与被上诉人赵某民间借贷纠纷二审民事判决书［锦州市中级人民法院（2016）辽 07 民终 1501 号］认为，“根据《最高人民法院关于适用〈中华人民共和国民事诉讼法〉的解释》第九十条的规定，当事人对自己提出的诉讼请求所依据的事实或者反驳对方诉讼请求所依据的事实，应当提供证据加以证明，但法律另有规定的除外。在作出判决前，当事人未能提供证据或者证据不足以证明其主张的，由负有举证证明责任的当事人承担不利的后果。本案中，上诉人主张其与被上诉人之间是委托合同关系，并非民间借贷关系。根据本案查明的事实及现有证据，上诉人对于其从被上诉人处取款 25 万元的事实并未提出异议，但上诉人认为该笔款项是被上诉人委托其投资到 A 粮食贸易有限公司的。对此事实，上诉人未能提交书面的委托协议，被上诉人对此亦不认同。同时，根据上诉人与 A 粮食贸易有限公司签订的股份合作协议书、A 粮食贸易有限公司为上诉人出具的 20 万元收据、闫某为上诉人出具的 5 万元借条、闫某为上诉人出具还款 50 万元保证书以及协议书，上述证据均指向闫某向上诉人借款 50 万元并承诺将 50 万元返还给上诉人的事实。上诉人虽然主张如果存在借贷关系，双方之间应存在书面借据。但因上诉人与被上诉人之间存在亲属关系，而亲属之间为借贷出具书面借据并非绝对，在现实生活中的确存在亲属之间借贷不出具书面借据的情形，故上诉人该项诉讼理由并不足以证明其与被上诉人之间存在委托合同关系。对于上诉人主张其将投资 25 万元的原始凭证交给被上诉人以及闫某向被上诉人汇款的诉讼理由，经本院审查，该诉讼理由并不能确认双方之间存在委托合同关系，本院对此不予采纳。关于上诉人要求追加案外人闫某的请求，因上诉人在一审中并未提出，同时案外人闫某并不属于必须共同进行诉讼的当事人，故上诉人该项请求缺乏法律依据，本院不予支持。”

案例五：刘某 1 诉孟某民间借贷纠纷案的民事判决书［威海市环翠区人民法院（2014）威环民初字第 2887 号］认为，“合法的借贷关系受法律保护。本案双方当事人争议的焦点主要是原告主张的款项是借款还是赠与。针对该焦点，本院认为，被告对于收取原告的涉案款项这一事实没有异议，但认为涉案款项系原告赠与给被告的。本院认为，赠与需有明确的意思表示，被告主张上述款项系赠与关系，作为受益方其理应对此承担举证责任，其仅以原告向其支付款项，其将该款项用于筹备婚礼及婚后购买车辆，就理所当然地认为该款项应为原告对其的赠与，证据不足，其理应承担举证不能的法律后果，而且原告主张的该两笔款项均系原告通过银行转账打到被告的账户中而非直接交付原告女儿刘某2，故本院对其主张的涉案款项系原告赠与给被告的这一事实不予采信。日常生活中，亲属之间的借贷存在不出具借条、达成口头借贷协议的情况。本案中，原告作为付出利益一方，将款项通过银行转账支付给被告，被告作为受益方无法证实其收取原告款项的合法依据，原告主张系借款，符合常理，故本院认定原、被告之间借贷关系成立。被告向原告借款，原告有权要求返还，故原告的诉讼请求，理由正当，符合法律规定，本院应予支持；被告辩称，证据不足，理由不当，本院不予支持。”

案例六：支某1与陈某、支某2民间借贷纠纷一审民事判决书［永康市人民法院（2016）浙0784民初3078号］认为，“两被告对原告将该50万元款项代为交付给两被告所购买房产的房主不予否认，现原告、被告支某2均认为是借款，而被告陈某则认为是原告赠与款。故被告陈某应对该50万元款项系赠与款承担举证责任。然而，被告陈某的证据仅有短信，而该短信的真实性尚不能确认，即使短信真实，也只表明被告支某2认为是赠与，但该款属于原告所有，被告支某2并不能代表原告将该款项赠与给自己及被告陈某；另外，被告支某2之后补写借条也符合民间亲属之间借款一般不出具借条的交易习惯，且被告陈某主张5万元汇款是借款，也未举证证明存在借条；如果该50万元是赠与款，则被告陈某主张原告向被告陈某借款5万元，则有悖日常生活经验法则。故本院认定，被告陈某亢辩称涉案50万元系赠与款，证据不足，该50万元应为被告支某2向原告的借款。综上，对原告的证据予以认定，对被告的证据不予认定。”

案例七：孔某与许某民间借贷纠纷二审民事判决书［济南市中级人民法院（2017）鲁01民终8419号］认为，“虽然许某与孔某未曾签订借款合同，但涉案款项发生时许某与孔某之间存在亲属关系，而亲属之间借款通常不出具借条，且孔某亦认可涉案款项中存在借款，故一审判决认定孔某与许某之间存在借贷关系，并无不当，本院亦予以认定。通过涉案相关证据，可以认定许某交付孔某615万元；孔某主张上诉款项中部分是借款，部分是其他款项，但不能明确区分款项的数额，亦未提交相应证据证明款项的性质，故一审判决认定上述615万元均系借款，并无不当，本院亦予以认定。许某自认已累计收到了孔某偿还给其的165万元的借款本金，故认定孔某现尚有450万元借款本金未还，一审判决许某要求孔某向其偿还450万元借款本金的请求，合法有据，本院予以维持。”

035 出借人主张以现金交付借款，如何才能胜诉？

——出借人主张以现金交付借款但无借款交付凭证，法院将综合相关因素审查借贷事实是否发生

阅读提示

民间借贷中，出借人在大多数情况下会通过银行转账的方式向借款人出借借款，当双方发生借贷纠纷时，出借人便会以借款协议和转账凭证来证明借贷事实的发生。但是在司法实践中有一种特殊情况，即出借人主张借款系以现金形式交付，但双方并无现金交付凭证，此时出借人的诉讼主张是否会得到法院支持？法院又将如何审查认定？

裁判要旨

出借人主张以现金形式交付借款但未提交转款凭证的，法院将从出借人的支付能力、交易习惯、借贷金额大小、当事人关系以及当事人陈述等方面综合审查借贷事实是否存在。

案情简介

2012 年 8 月 1 日，官某向何某出借借款 1500 万元，何某以土地使用权抵押，刘某提供连带保证担保，三方签订借款协议。同年 9 月 4 日，何某向官某支付 45 万元利息。

借款到期后，由于何某未能偿还借款本息，官某遂向宁夏回族自治区高级人民法院起诉，请求法院判令何某偿还借款本息，刘某对借款本息承担连带清偿责任。诉讼中官某称其以现金的方式向何某支付借款，并提供双方借款协议和对账单以证明借贷事实。而何某抗辩称，官某从未向自己支付过借款，双方之间并不存在借贷关系。

经审理，宁夏回族自治区高级人民法院认为，双方借款协议合法有效，本案虽无借款交付凭证，但 2012 年 9 月 4 日何某主动向官某支付 45 万元利息，且官某提供了借条及对账单等证据，能够证明其向何某实际支付了 1500 万元借款。据此，宁夏回族自治区高级人民法院对何某的抗辩不予支持。

2014 年，何某与官某均不服一审判决，向最高人民法院提起上诉。其中，何

某认为其于 9 月 4 日向官某支付利息系当地交易习惯，目的是为了及时取得借款。经审理，最高人民法院认为，官某未提供充分证据证明借款已实际交付，且其在一审和二审中所作陈述自相矛盾，故对官某的诉讼主张不予采信。据此，最高人民法院撤销一审判决，驳回官某的诉讼请求。

裁判要点

自然人之间的民间借贷具有实践性特征，出借人要求借款人偿还借款本息，则应当对双方达成借贷合意、借贷内容以及借款实际交付等事实承担证明责任。因此，在原告主张借款系以现金交付但未提交相应现金交付凭证予以证明时，应当对其具备支付能力和以现金支付的交易习惯进行举证证明，对当事人关系和借款交付的细节等予以详细陈述，法院将结合原被告提供的证据和当庭陈述综合分析双方之间是否存在真实借贷关系。本案中，官某作为出借人未提供充分证据证明本案借款已以现金方式实际交付给何某，且所作陈述亦自相矛盾，因此最高人民法院对官某的诉讼主张不予支持。

实务经验总结

前事不忘，后事之师。为避免未来发生类似败诉，提出如下建议：

对于出借人而言，以现金的方式支付借款的现象并不鲜见。在此种交易模式下，若双方未出具任何交付凭证，出借人实际上承担了更大的信用风险。发生借贷纠纷时，出借人往往很难提供直接证据证明借贷事实的存在。若借贷事实发生已久，出借人对细节描述不清，法院便更难采信出借人的诉讼主张。因此，为了避免不必要的诉讼拖累，出借人最好通过银行转账的方式交付借款，即便采用现金的支付方式也应当要求借款人出具收款凭证。

对于借款人而言，在向他人借款时应当对出借人的支付能力和现实状况充分了解，在他人涉嫌虚假诉讼时，应当及时地向法院提出抗辩，积极用法律维护自身权益。

相关法律规定

《最高人民法院关于审理民间借贷案件适用法律若干问题的规定》

第十九条 人民法院审理民间借贷纠纷案件时发现有下列情形，应当严格审查借贷发生的原因、时间、地点、款项来源、交付方式、款项流向以及借贷双方的关系、经济状况等事实，综合判断是否属于虚假民事诉讼：

（一）出借人明显不具备出借能力；

（二）出借人起诉所依据的事实和理由明显不符合常理；

（三）出借人不能提交债权凭证或者提交的债权凭证存在伪造的可能；

（四）当事人双方在一定期间内多次参加民间借贷诉讼；

（五）当事人一方或者双方无正当理由拒不到庭参加诉讼，委托代理人对借贷事实陈述不清或者陈述前后矛盾；

（六）当事人双方对借贷事实的发生没有任何争议或者诉辩明显不符合常理；

（七）借款人的配偶或合伙人、案外人的其他债权人提出有事实依据的异议；

（八）当事人在其他纠纷中存在低价转让财产的情形；

（九）当事人不正当放弃权利；

（十）其他可能存在虚假民间借贷诉讼的情形。

第二十条　经查明属于虚假民间借贷诉讼，原告申请撤诉的，人民法院不予准许，并应当根据民事诉讼法第一百一十二条之规定，判决驳回其请求。

诉讼参与人或者其他人恶意制造、参与虚假诉讼，人民法院应当依照民事诉讼法第一百一十一条、第一百一十二条和第一百一十三条之规定，依法予以罚款、拘留；构成犯罪的，应当移送有管辖权的司法机关追究刑事责任。

单位恶意制造、参与虚假诉讼的，人民法院应当对该单位进行罚款，并可以对其主要负责人或者直接责任人员予以罚款、拘留；构成犯罪的，应当移送有管辖权的司法机关追究刑事责任。

法院判决

以下为该案在法院审理阶段，裁判文书中“本院认为”部分就该问题的论述：

何某在二审庭审中陈述，其与官某签订《借款协议》，意在获取资金用于偿还赌债，故该协议应认定为无效。本院认为，借款用途不影响《借款协议》本身的法律效力，本案的关键是《借款协议》约定的借款是否已经实际支付。官某主张本案借款系以现金交付，但未提交相应现金交付凭证予以证明，故本院从支付能力、交易习惯、借贷金额大小、当事人关系以及当事人陈述的交付细节经过等方面，综合分析官某与何某之间是否存在真实借贷关系如下：

关于支付能力。官某为了证明其具有出借1500万元现金的能力，提交了案外人党某、张文娣的银行卡对账明细，并主张明细上所反映的现金取款中的1300万

元，系党某用来归还向官某的借款，但就党某与官某之间存在借贷关系，官某未提交书面证据予以证实。就另外200万元资金的来源，官某的代理人在一审代理词中陈述，系官某自有现金，而官某在二审庭审中则陈述，系向案外人郭某的借款，两次陈述之间存在矛盾。

关于交易习惯。官某就当地、其所从事的行业或者其与何某之间存在以大额现金交易习惯的事实，未提供证据证明。而且，按照官某的陈述，其长期从事现金放贷业务，因而有大量使用现金交付的习惯，而其又陈述《借款协议》之所以约定为以银行存款或汇款方式支付借款，是因为使用了其经常使用的借款协议格式条款，签字时自己未加以特别留意。官某的上述陈述，存在矛盾，故不能认定大额现金放贷的交易模式，系其长期采用的交易习惯。

关于借贷金额大小及当事人关系。按照官某和何某的一致陈述，本案所涉交易之前，双方互不认识，亦未发生过任何交易，在此背景下，1500万元的借款应属巨额借款，官某作为出借人，对该借款均以现金方式实际交付，未提供充分证据证明。

关于交付细节。从交付方式上看，官某主张在《借款协议》签订前及签订当天，以现金方式支付了全部借款，而其拟定的《借款协议》明确约定借款支付方式为银行存款或汇款，二者存在矛盾。从交付地点上看，官某在一审庭审中陈述，现金的交付地点是在其家后院，而二审庭审中，官某则陈述交付地点是在自家地下车库，二者存在矛盾。从现金的清点、搬运等细节上看，二审庭审中，就其主张从郭某处所借200万元现金于何时、何地实际取得，以及交付给何某的现金何时、何地、如何清点等细节，官某均未予陈述。就200万元一袋的现金重量，官某在二审庭审中先后陈述为八九十斤和四十斤左右，存在较大差异。

综上，本院认为，官某作为出借人，未提供充分证据证明本案借款已以现金方式实际交付给何某，其所作陈述亦存在自相矛盾的情况，故对官某所持本案《借款协议》约定的借款已经实际交付给何某的主张，本院不予采信。根据《中华人民共和国合同法》第二百一十条的规定，官某要求何某按照《借款协议》的约定，归还借款本金并支付利息，缺乏事实和法律依据，本院对此不予支持。一审判决支持官某要求何某归还借款本金1500万元并按中国人民银行同期同类贷款利率4倍支付2012年9月1日至2012年11月15日的利息错误，本院对此予以纠正。

案件来源

官某与何某、刘某民间借贷纠纷二审民事判决书［最高人民法院（2014）民一终字第194号］

延伸阅读

民间借贷以现金支付借款的相关案例：

案例一：大庆A公司与朱某民间借贷纠纷申请再审民事裁定书［最高人民法院（2015）民申字第3363号］认为，“2012年10月8日的《个人借贷担保合同》所涉借款1760万元之款项构成为：朱某向杨某账户汇款1100万元，有汇款回单为证；朱某代A公司支付给B公司500万元工程款，有B公司出具的情况说明、收据存根、银行记账凭证等为证；现金支付160万元，有朱某之妻孙某的银行卡明细对账单支取大额现金记录为证，证明朱某具有给付大额现金的能力，且有证人证明朱某将该160万元现金交付给曲某。2012年11月15日的《个人借贷担保合同》所涉借款1080万元之款项构成为：朱某向杨某账户汇款740万元，有汇款回单为证；现金支付340万元，有朱某之妻孙某的银行卡明细对账单支取大额现金记录为证，证明朱某具有给付大额现金的能力，且有证人证明朱某将该340万元现金交付给曲某。本院认为，以上两笔借款，朱某举示的证据能够形成完整证据链条，款项支付的事实清楚，且能够与借款合同及借条记载的金额相印证，证据充分。朱某已经充分举证证明其足额支付了两份借款合同载明的全部2840万元借款，A公司认为上述借款没有实际支付，未能举示相反证据予以反驳。相反，A公司举证证明其已经归还部分利息及本金，可从侧面证明A公司对其向朱某借款这一事实的认可。根据《最高人民法院关于适用〈中华人民共和国民事诉讼法〉的解释》第九十条第一款关于‘当事人对自己提出的诉讼请求所依据的事实或者反驳对方诉讼请求所依据的事实，应当提供证据加以证明，但法律另有规定的除外’的规定，A公司主张借款并未实际给付的证据不足，二审法院不予支持，并无不当。”

案例二：遵义A公司与遵义市B公司合同纠纷申诉、申请民事裁定书［最高人民法院（2016）最高法民申2832号］认为，“原判决未认定A公司向B公司支付1800万元现金是否缺乏依据。结合前述分析，在认定本案涉及合同的性质及效力的基础上，需综合考量交付1800万元现金等事项的举证责任。虽然A公司陈述杨某1、杨某2及夏某三人从个人账户取款1799万元现金后通过A公司陆续支付给B公司，但上述取款凭证的金额和日期与夏某陈述并不吻合，A公司在一、二审期间亦未提交足够证据证明 1800 万元大额现金交付的具体时间、地点和人员等事实；结合 A 公司原审中认可除涉案项目外还有其他投资项目，夏某与吴某之间亦有私人借款往来等内容，此时原判决依据《最高人民法院关于民事诉讼证据的若干规定》第二条之规定，未认定 A 公司向 B 公司交付 1800 万元现金，并不属于认定基本事实缺乏证据证明的情形，A 公司的此项再审事由，不能成立。”

案例三：张某与夏某、安徽省 A 公司民间借贷纠纷二审民事判决书［安徽省高级人民法院（2014）皖民一终字第 00142 号］认为，“张某诉称的 314 万元出借款项，虽然有夏某出具的还款承诺书和 A 公司出具的担保书证明，但夏某仅认可所借款项为 94.93 万元。而民间借贷属于实践性合同，合同的生效，不仅要有借款的合意，还要有交付借款的事实。对此，张某诉称 314 万元分三次现金一次性交付给夏某的，其中 2010 年 4 月交付 100 万元、2010 年 9 月交付 150 万元、2011 年 2 月交付 64 万元，每次都是一个人用塑料袋包装交付给夏某的，有白色的塑料袋也有黑色的塑料袋。对张某的陈述，夏某不认可。本院认为，张某对借款交付的形式一是称用塑料袋包装大额现金交付给夏某，甚至是白色塑料袋包装交付，该交付不符合人们对大额现金保管、承载和支付的谨慎注意习惯；二是上述大额现金的来源张某称部分是自己所有、部分是从朋友处筹措，但经原审法院核实张某提供的证人，证人虽皆陈述张某曾经从证人处筹措过资金，但所借资金无论数额大小都是现金交付，且没有出具借据，不符合借贷的惯例，且也不能证明所筹资金交付给了夏某。故张某所举证据不能证明 314 万元借款已交付给夏某的事实，原审判决夏某应偿还张某借款 314 万元不当，本院应予纠正。但根据还款承诺书和担保书载明的内容和夏某的自认，可以印证夏某尚欠张某款项未还，在现有证据无法证明张某交付具体借款数额的情况下，应以夏某自认的从张某处借款 100 万元为定案依据，并以夏某自认的 2010 年 3 月 1 日作为出借款项的时间。”

案例四：甘某与合肥市 A 公司、张某民间借贷纠纷一案［安徽省高级人民法院（2012）皖民二终字第 00060 号］认为，“甘某关于借款来源在一、二审中的表述相互矛盾；关于其本人有实际出借能力无直接证据；关于大额现金交付细节无法清晰表述，部分交付细节陈述明显违背生活常理；关于借条中无借款用途、无借款期限、无借款利息和无担保方式的表述，以及明知合肥 A 公司、张某出现资金困难的情况下仍然出借的解释，与双方陈述的亲疏关系不符。因此，甘某提供的证据不足以证明案涉 1210.6 万元借款以现金的方式交付张某，理应承担举证不能的不利后果。至于案涉七张借条是否系其他原因形成，甘某并未主张；张某及合肥 A 公司亦称属于其他法律关系，且甘某已经另案诉讼，故本案不做审查。”

案例五：杨某与浙江 A 公司民间借贷纠纷二审民事判决书［浙江省高级人民法院（2009）浙商外终字第 81 号］认为，“对于本案大额现金交付的借贷行为，杨某仅凭借条起诉而未提供付款凭证，债务人 A 公司又对款项交付提出合理异议，故出借人杨某应当就其与 A 公司存在 5000 余万元大额现金借贷关系及双方借贷发生的时间、款项交付情况等事实继续举证。只有在杨某对本案现金交付的相关情况予以说明，并得到合理解释，并且举证能够形成较完整的证据链，达到令人确信的程度，其请求权才能依法得到支持。但是，本案两张借条均未写明利息及还款日期，且借款数额均未精确到万元，尚有零头。对此，杨某陈述两张借条系双方对前期借款本息进行结算后重新出具的借条，A 公司同一天出具两张借条的目的是分两次归还，但杨某不能提供前期相关借条的复印件或者有关账目情况，也无法说清结算的依据。而且，杨某与 A 公司之间此前并没有经济往来，缺乏巨额现金借款的信用基础，杨某主张将 5000 余万元巨额现金出借给 A 公司，既无相关交付凭证，又无相关担保，杨某未能做出合理解释。此外，从杨某陈述的 5000 余万元款项的交付方式和过程看，既没有相应的证据支持，也有违巨额款项交付的日常交易规则。杨某陈述每次将数百万元现金装在编织袋内交付 A 公司法定代表人王某，但没有他人能够证明该款项的交付过程。此外，杨某一审陈述所有现金借款都是王某本人开车到宁波提取，二审庭审中则称既有王某去宁波提取现金，也有杨某到台州将现金借款送到 A 公司，但未向本院说明其对 5000 余万元借款交付地点为何一、二审陈述不一。另外，在当前银行汇款比现金交易更为便捷和安全的情况下，杨某与 A 公司之间大额借款的交付不通过银行转账行为实现，有违日常交易规则。而且，双方已认可的 1760.78 万元借款均通过银行汇款且最少一次仅为 50 万元，杨某现主张将 5217.4 万元借款分十五次最多一次达六七百万元通过现金直接交付给王某，既未说明为何采取现金交付方式而不通过银行汇付，又无法对现金交付相关细节及每次交付数额清楚说明，难以令人信服。综上，根据《最高人民法院关于民事诉讼证据的若干规定》第七十三条‘双方当事人对同一事实分别举出相反的证据，但都没有足够的依据否定对方证据的，人民法院应当结合案件情况，判断一方提供证据的证明力是否明显大于另一方提供证据的证明力，并对证明力较大的证据予以确认。因证据的证明力无法判断导致争议事实难以认定的，人民法院应当依据举证责任分配的规则作出裁判’的规定，本院认为杨某诉请的本案 5000 余万元现金借贷事实存在合理性怀疑，其提供的现有证据不足以证明其主张的 5000 余万元现金借款事实的实际发生。根据《最高人民法院关于民事诉讼证据的若干规定》第二条的规定，当事人对自己提出的诉讼请求所依据的事实或者反驳对方诉讼请求所依据的事实有责任提供证据加以证明。没有证据或者证据不足以证明当事人的事实主张的，由负有举证责任的当事人承担不利后果。本案中，A公司虽然并未否认借条的形式真实性，但对收到5217.4万元现金借款的事实予以否定，杨某应提供相应的其他证据对借款已交付事实予以佐证。因杨某提供的证据不足以证明其主张的已通过现金方式交付了5217.4万元大额借款的事实，故杨某应当承担举证不能的不利后果。”

案例六：黄某与吴某借款合同纠纷二审民事判决书［浙江省高级人民法院（2012）浙商外终字第51号］认为，“《中华人民共和国合同法》第二百一十条规定：‘自然人之间的借款合同，自贷款人提供借款时生效。’可见，民间借贷不同于金融借贷，其属于实践性合同。本案中，吴某对黄某提供的借条真实性并无异议，但其否认收到借条约定的500万元港币。由于案涉借款数额较大，又系在上海吴某办公室交付现金，因此案涉借条只能证明黄某与吴某之间就借款500万元港币达成合意，仅凭该借条尚不足以认定案涉借款500万元港币已交付。根据《最高人民法院关于民事诉讼证据的若干规定》第五条第一款‘在合同纠纷案件中，主张合同关系成立并生效的一方当事人对合同订立和生效的事实承担举证责任’之规定，黄某主张借条项下的500万元港币已经交付尚需提供付款凭证等证据或就借款的来源、借款目的、借款的交付情况等具体事实和经过作出合理解释。虽然黄某对此作出了相应的解释并提供了证据，但存在如下疑点：

1. 就500万元港币的来源，黄某在原一审时称系在两天前从其妻子庄某的账户上提取的。后在原审法院重审及本院二审时称先从金彩厅提取，并由其妻庄某从香港将560万元港币汇至A公司后注入金彩厅。黄某提供了庄某的存折及经香港律师楼公证的2007年12月20日香港汇丰银行本票表格一页予以证明。庄某的存折来源于香港，黄某未按规定履行相关的证明手续，亦非原件，因此真实性难以确认。对于银行本票，该本票载明的收款人为‘GALAXYCASINOCO.LTD’，不能说明A公司与金彩厅的关系，故即使上述证据予以认定，也只能证明庄某将560万元港币汇入A公司的事实，在无其他证据佐证的情况下，仅凭上述二份证据不能证明黄某从金彩厅提取500万元港币的事实。因此，黄某提供的上述证据不足以证明500万元港币的来源。

2. 就黄某与吴某的关系，黄某在重审一审及本院二审庭审时陈述，2007年12月22日之前其与吴某并无经济往来，之前与吴某仅见过一面，并不清楚吴某的职业及身份，且从澳门赌场上了解吴某的名气。可见，黄某与吴某之间关系并不密切，双方缺乏大额现金交易的信用基础。

3. 由于本案 500 万元借款系港币，而非人民币，据黄某称 500 万元港币是随身携带从澳门经杭州萧山国际机场入境后先住嵊州再赴上海，系现金在吴某办公室交付。经查，海关对旅客携带大额现钞入境规定需申报，否则会受到查处。根据现有证据，黄某入境时并未按规定申报，因此黄某携带大额现金入境的可能性较小，存在被海关查处的风险，黄某所述不尽合理。

4. 案涉借条未就借款利率进行约定，就借款目的，黄某在原审庭审时解释，为解决吴某资金周转问题，其出于巴结、图吴某的人脉，可以博彩赚钱，故作了无利率的借款。本院认为，该陈述与常理不符，也有悖日常交易习惯。

5. 就借款的交付过程，黄某称，钱是其从澳门送到吴某在上海的办公室，500 万元分十捆，50 万元一捆，面额 1000 元，放在 LV 包内随身携带，当时从澳门到杭州萧山国际机场后，由朋友陈某接到嵊州过夜，住两三天后由陈某开车送到上海吴某的公司，并提供了证人陈某的证言及嵊州宾馆有限公司总台出具的入住信息一份。从入住信息看，其显示陈某在 2007 年 12 月 20 日至 12 月 23 日入住该宾馆，当时入住人数仅为一人，仅凭该证据尚不能确认当时入住该宾馆的是黄某。且按黄某陈述其离开宾馆的时间应是 2007 年 12 月 22 日借款当天，而入住信息显示离开时间为 12 月 23 日。对于陈某的证言，就黄某所带的 LV 包里是否带钱，陈某在本院第一次二审庭审时称不清楚，在原审法院重审时称看到包里有 1000 元面额的港币。在原审法院重审庭审时吴某问，'萧山机场的时候他带包了吗'，陈某答，'不记得了'……问'萧山机场接他时他带包了吗'，答'带了'。可见陈某对主要事实的陈述前后矛盾，其证言的真实性较低。因此，黄某提供的证据尚不足以证明借款的交付过程。如果按黄某所述，涉案资金是为吴某正常资金周转，黄某弃用安全、便捷的现代资金流转方式，而采取如此烦琐、风险高的现金交付方式，亦与通常做法相悖，黄某就款项交付过程的说法难以使人信服。而对于吴某提供的证人姚某的证言，虽然姚某在本院第一次庭审时所作的陈述与其在原审法院重审时所作的陈述不尽一致，但黄某对借条系姚某所写并无异议，可见姚某系出具借条时的在场人，在无其他在场人的情况下，原审采纳其证言并无不妥。

6. 案涉借条并未约定借款期限，黄某在前后几次庭审时称'周转个把月''半年'抑或'没有'，陈述前后不一。

综上，本院认为，虽然吴某对黄某提供的借条真实性无异议，但其否认收到大额现金，因此案涉借条只能证明黄某与吴某之间具有借款合意的依据。黄某就借款的资金来源、借款的目的及借款的交付过程等提供了相应的证据并作了解释，但其提供的证据不足以证明其主张的已通过现金方式交付了 500 万元港币借款的事实，其解释亦缺乏合理性。黄某的上诉理由不能成立，本院不予支持。”

036 夫妻一方存在虚构共同债务嫌疑，由谁证明借贷事实？

——夫妻一方具有与第三人恶意串通、虚构夫妻共同债务嫌疑的，即使该方单方自认，第三人仍需对借贷事实承担证明责任

阅读提示

近年来，离婚后夫妻一方无辜背债的案件不断增多，为了有效杜绝此类案件的发生，最高人民法院于2017年发布《最高人民法院关于适用〈中华人民共和国婚姻法〉若干问题的解释（二）的补充规定》，在原《最高人民法院关于适用〈中华人民共和国婚姻法〉若干问题的解释（二）》第二十四条的基础上，增加了第二款和第三款。其中，第二款规定，夫妻一方与第三人串通，虚构债务，第三人主张权利的，人民法院不予支持。最高人民法院还同时下发《最高人民法院关于依法妥善审理涉及夫妻债务案件有关问题的通知》，强调各级法院应当结合案件的具体情况，根据相关法律规定，结合当事人之间关系及其到庭情况、借贷金额、债权凭证、款项交付、当事人的经济能力、当地或者当事人之间的交易方式、交易习惯、当事人财产变动情况以及当事人陈述、证人证言等事实和因素，综合判断债务是否发生，严禁法院仅根据借据等债权凭证就认定当事人间存在债务的简单做法。

虽然上述规定在一定程度上有利于遏制夫妻虚构共同债务案件的发生，但当事人应如何举证证明“虚假”以及法院以什么对债务的性质产生合理怀疑、以什么作为认定债务系恶债的标准却尚未明确规定。由于虚构债务的“隐蔽性”“欺骗性”较高，夫妻受害一方往往对案件事实并不知情，在诉讼中也很难提供证据抗辩虚构的借贷事实，往往因此而陷于诉讼的不利地位，最终无辜负债。为了保护受害方权益，最高人民法院于2014年将本案例作为公报案例予以公告。据此，当法院发现当事人涉嫌虚假诉讼的，即使夫妻一方自认借贷事实存在，第三人依然应当对借贷事实承担证明责任，法院还将依据当事人陈述和其他事实综合判断借贷事实的真伪，若经审理认定当事人系虚构事实企图侵吞夫妻共同财产的，法院将判决驳回原告诉讼请求，若严重妨碍司法秩序、侵犯他人财产权益，法院则将移送有关机关追究其刑事责任。

裁判要旨

夫妻一方具有和第三人恶意串通、通过虚假诉讼虚构夫妻共同债务嫌疑的，即使该方单方自认债务，第三人仍需对借贷事实承担证明责任。若第三人不能充分证明借贷事实且当事人陈述存在重大疑点和前后矛盾时，法院应认定第三人未完成举证义务，依法驳回其诉讼请求。

案情简介

赵某与项某系朋友关系，项某与何某系夫妻关系。

2007 年 7 月 20 日，项某向赵某出具《借条》一张，载明项某向赵某借款人民币 20 万元。

2009 年 6 月 18 日，项某与何某签署协议，对双方个人和共同财产予以确认，但未涉及本案诉争借款。

2010 年 7 月，项某与何某分居。后何某两次向法院起诉离婚，但均经法院调解不予离婚。

2013 年，赵某向上海市长宁区人民法院对项某提起诉讼，诉称 2007 年赵某因项某装修资金不足而向其出借现金 20 万元，由于借款到期后项某未能还款，故请求法院判令项某偿还借款本息。项某对赵某所诉事实均无异议，但项某认为，该借款是夫妻共同债务，应由项某与何某共同偿还。

由于何某与本案结果有利害关系，长宁法院追加何某为第三人，但赵某和项某对此均表示反对。何某在诉讼中否认涉案借款的真实性。在本案审理的同时，何某与项某参加第三次离婚诉讼，项某在另案中首次将本案借款作为夫妻共同债务要求何某承担共同还款责任。

经本案审理，长宁法院认为赵某与项某的借贷事实并不存在，判决驳回赵某的诉讼请求。

裁判要点

夫妻一方具有和第三人恶意串通、通过虚假诉讼虚构婚内债务嫌疑的，该方单方自认债务，并不必然免除第三人对借贷关系成立并生效的事实应承担的举证责任。

借款人配偶未参加诉讼且出借人及借款人均未明确表示放弃该配偶可能承担

的债务份额的，为查明案件事实，应依法追加与案件审理结果具有利害关系的借款人配偶作为第三人参加诉讼，以形成实质性的对抗。

出借人仅提供借据佐证借贷关系的，应深入调查辅助性事实以判断借贷合意的真实性，如举债的必要性、款项用途的合理性等。出借人无法提供证据证明借款交付事实的，应综合考虑出借人的经济状况、资金来源、交付方式、在场见证人等因素判断当事人陈述的可信度。对于大额借款仅有借据而无任何交付凭证、当事人陈述有重大疑点或矛盾之处的，应依据证据规则认定出借人未完成举证义务，判决驳回其诉讼请求。

实务经验总结

前事不忘，后事之师。为避免未来发生类似败诉，提出如下建议：

夫妻共同债务认定的诉讼关键在于举证责任的分配。根据《最高人民法院关于适用〈中华人民共和国婚姻法〉若干问题的解释（二）》第二十四条的规定，债权人就婚姻关系存续期间夫妻一方以个人名义所负债务主张权利的，法院推定该债务为夫妻共同债务，除非夫妻一方能够证明债权人与债务人明确约定为个人债务。由于该司法解释过分加重了夫妻一方的证明责任，2018 年 1 月 17 日最高人民法院出台了《最高人民法院关于审理涉及夫妻债务纠纷案件适用法律有关问题的解释》，该司法解释在《最高人民法院关于适用〈中华人民共和国婚姻法〉若干问题的解释（二）》第二十四条的基础上对夫妻共同债务的认定予以了细化。根据该规定，夫妻一方在婚姻关系存续期间以个人名义超出家庭日常生活需要所负的债务不属于夫妻共同债务，除非债权人能够证明该债务用于夫妻共同生活、共同生产经营或者基于夫妻双方共同意思表示。而对于并未超出家庭日常生活需要所负的债务，则依然适用《最高人民法院关于适用〈中华人民共和国婚姻法〉若干问题的解释（二）》第二十四条的规定。

相关法律规定

《最高人民法院关于适用〈中华人民共和国婚姻法〉若干问题的解释（二）》

第二十四条 债权人就婚姻关系存续期间夫妻一方以个人名义所负债务主张权利的，应当按夫妻共同债务处理。但夫妻一方能够证明债权人与债务人明确约定为个人债务，或者能够证明属于婚姻法第十九条第三款规定情形的除外。

夫妻一方与第三人串通，虚构债务，第三人主张权利的，人民法院不予支持。

夫妻一方在从事赌博、吸毒等违法犯罪活动中所负债务，第三人主张权利的，人民法院不予支持。

《最高人民法院关于审理涉及夫妻债务纠纷案件适用法律有关问题的解释》

第三条　夫妻一方在婚姻关系存续期间以个人名义超出家庭日常生活需要所负的债务，债权人以属于夫妻共同债务为由主张权利的，人民法院不予支持，但债权人能够证明该债务用于夫妻共同生活、共同生产经营或者基于夫妻双方共同意思表示的除外。

《最高人民法院关于审理民间借贷案件适用法律若干问题的规定》

第十九条　人民法院审理民间借贷纠纷案件时发现有下列情形，应当严格审查借贷发生的原因、时间、地点、款项来源、交付方式、款项流向以及借贷双方的关系、经济状况等事实，综合判断是否属于虚假民事诉讼：

（一）出借人明显不具备出借能力；

（二）出借人起诉所依据的事实和理由明显不符合常理；

（三）出借人不能提交债权凭证或者提交的债权凭证存在伪造的可能；

（四）当事人双方在一定期间内多次参加民间借贷诉讼；

（五）当事人一方或者双方无正当理由拒不到庭参加诉讼，委托代理人对借贷事实陈述不清或者陈述前后矛盾；

（六）当事人双方对借贷事实的发生没有任何争议或者诉辩明显不符合常理；

（七）借款人的配偶或合伙人、案外人的其他债权人提出有事实依据的异议；

（八）当事人在其他纠纷中存在低价转让财产的情形；

（九）当事人不正当放弃权利；

（十）其他可能存在虚假民间借贷诉讼的情形。

第二十条　经查明属于虚假民间借贷诉讼，原告申请撤诉的，人民法院不予准许，并应当根据民事诉讼法第一百一十二条之规定，判决驳回其请求。

诉讼参与人或者其他人恶意制造、参与虚假诉讼，人民法院应当依照民事诉讼法第一百一十一条、第一百一十二条和第一百一十三条之规定，依法予以罚款、拘留；构成犯罪的，应当移送有管辖权的司法机关追究刑事责任。

单位恶意制造、参与虚假诉讼的，人民法院应当对该单位进行罚款，并可以对其主要负责人或者直接责任人员予以罚款、拘留；构成犯罪的，应当移送有管辖权的司法机关追究刑事责任。

法院判决

以下为该案在法院审理阶段，裁判文书中“本院认为”部分就该问题的论述：

根据民事诉讼证据规则，在合同纠纷案件中，主张合同关系成立并生效的一方当事人对合同订立和生效的事实承担举证责任。同时，根据合同法的规定，自然人之间的借款合同，自贷款人提供借款时生效。故原告赵某主张其与被告项某之间存在有效的借款合同关系，其应就双方之间存在借款的合意以及涉案借款已实际交付的事实承担举证责任。现原告提供《借条》意在证明其与项某之间存在借款的合意。关于借款交付，其主张因其无使用银行卡的习惯，故家中常年放置大量现金，200,000 元系以现金形式一次性交付给项某。对于原告的上述主张，被告项某均表示认可，并称其收到借款后同样以现金形式存放，并于 2007 年 8 月 2 日以其中的 10 万元提前归还房屋贷款。被告何某则明确否认涉案借款的真实性。

本案中，首先，原告赵某在本案中虽然表示向被告项某主张还款，但项某辩称涉案借款用于两被告夫妻共同生活，应由两被告共同偿还。事实上，经法院调查，在两被告的第三次离婚诉讼中，项某也始终将本案借款作为夫妻共同债务要求何某承担相应的还款责任。基于本案处理结果与何某有法律上的利害关系，法院依法将其追加其为第三人参加诉讼。后因项某的上述抗辩，原告申请追加何某为被告。在此过程中，原告及项某一再反对何某参加本案诉讼，不仅缺乏法律依据，亦有违常理。何某作为本案被告以及利害关系人，当然有权就系争借款陈述意见并提出抗辩主张。

其次，基于两名被告目前的婚姻状况以及利益冲突，被告项某对系争借款的认可，显然亦不能当然地产生两名被告自认债务的法律效果。并且，项某称其于 2007 年 8 月 2 日用涉案借款中的 100,000 元提前归还房贷。经法院依职权调查，项某银行交易纪录却显示当天有 100,000 元存款从其名下银行账户支取，与其归还的银行贷款在时间、金额上具有对应性。此外，项某银行账户在同期存有 10 万余元存款，其购房银行贷款也享有利率的七折优惠，再以 5% 的年利率向他人借款用以冲抵该银行贷款，缺乏必要性和合理性。本案于 2013 年 3 月 7 日开庭时，项某经法院合法传唤明确表示拒绝到庭。上述事实和行为足以对项某相关陈述的真实性产生怀疑。故基于以上原因，原告赵某仍需就其与项某之间借贷关系成立并生效的事实，承担相应的举证义务。

最后，原告赵某自述其名下有多套房产，且从事经营活动，故其具有相应的现金出借能力。但其亦表示向被告项某出借 200,000 元时，其本人因购房负担着巨额银行贷款。为此，法院给予原告合理的举证期限，要求其提供相应的证据证明其资产状况和现金出借能力，并释明逾期举证的法律后果。嗣后，原告明确表示拒绝提供相应的证据。法院认为，原告明确表示放弃继续举证权利，而其提供的现有证据亦并未能证明涉案借款的交付事实以及原告本人的资金出借能力，其陈述的借款过程亦不符合常理，故应承担举证不能的法律后果。对于原告的诉讼请求，法院依法不予支持。至于项某个人对涉案借款的认可，因其与原告之间对此并无争议，其可自行向原告清偿，法院对此不予处理。

案件来源

赵某诉项某、何某民间借贷纠纷案一审民事判决书，上海市长宁区人民法院[《中华人民共和国最高人民法院公报》2014 年第 12 期]

037 以借条复印件提起诉讼能否胜诉?

——书证复印件与其他证据相互印证，亦可证明案件事实

阅读提示

书证是指以其内容来证明待证事实的有关情况的文字材料。在民间借贷案件中往往表现为借款协议、担保协议、借条、转账凭证以及利息确认书等证据材料。书证由于易修改、易造假的特性，其复印件的证明力远低于原件。但在司法实践中，由于各种原因，当事人往往仅能提供书证的复印件来证明自己的主张。在此情况下，当事人还能否证明案件事实呢?

裁判要旨

复印证据之间存在相互印证关系的，或者不同来源的复印证据之间具有印证关系，或者双方当事人各自提交的复印证据之间存在印证关系的，应当认定复印证据的效力。

案情简介

2008 年 8 月 22 日，A 公司、王某 1 与原 B 公司法定代表人郑某签订《确认书》，确认 A 公司和王某 1 尚欠郑某 2654 万元，B 公司、何某、王某 2 承担保证责任。

2009 年 7 月 9 日，郑某和周某签订《债权转让协议书》，将其享有的上述债权转让给周某。

2012 年，周某向福建省高级人民法院起诉，主张其受让郑某的债权。周某和郑某认为《确认书》载明的 2654 万元是郑某向 A 公司和王某 1 出借的借款，而 A 公司和王某 1 认为该款项是 A 公司向融泰公司借款 1250 万元的复利，并提供相应书面证据的复印件。福建省高级人民法院认为，虽然 A 公司与王某 1 提供的书面证据系复印件，但能与本案其他证据形成完整的证据链，因此在周某和郑某均无法证明借贷事实存在的情况下，A 公司和王某 1 的抗辩主张成立。据此，判决驳回周某的诉讼请求。

2013 年，周某与郑某向最高人民法院上诉。经审理，最高人民法院判决驳回上诉，维持原判。

裁判要点

书证复印件虽然证明力较低，但依然具有证据效力。若当事人提供的书证复印件能与涉案其他证据相互印证，并形成完整的证据链条，法院则应当认可复印件的证明效力。本案中，A 公司和王某 1 提交的《确认书》和《借条》虽然系复印件，但其可以与周某提交的相同证据以及《复核报告》相互印证，因此应当确认该复印件的证明效力。

实务经验总结

前事不忘，后事之师。为避免未来发生类似败诉，提出如下建议：

1. 由于书证复印件的真假难以分辨，因此对于原件无法核对的书证复印件不能单独作为定案的依据，必须在有其他证据佐证并相互印证的情况下，方能采信。

2. 虽然书证复印件具备一定的证明力，但其证明力能否达到使法官采信的程度在实践中并不是一成不变的，法官往往会依据内心自由裁量来认定该证据的证明能力。当事人提供书证复印件来证明主张，不可避免地要承担一定的法律风险。因此本书建议，在从事法律行为时应当注重证据意识，尽量收集和保留证据原件，当无法提供证据原件时也应当积极咨询律师，以避免承担不必要的法律风险。

相关法律规定

《中华人民共和国民事诉讼法》

第七十条 书证应当提交原件。物证应当提交原物。提交原件或者原物确有困难的，可以提交复制品、照片、副本、节录本。

提交外文书证，必须附有中文译本。

《最高人民法院关于民事诉讼证据的若干规定》

第六十九条 下列证据不能单独作为认定案件事实的依据：

（一）未成年人所作的与其年龄和智力状况不相当的证言；

（二）与一方当事人或者其代理人有利害关系的证人出具的证言；

（三）存有疑点的视听资料；

（四）无法与原件、原物核对的复印件、复制品；

（五）无正当理由未出庭作证的证人证言。

第七十条 一方当事人提出的下列证据，对方当事人提出异议但没有足以反驳的相反证据的，人民法院应当确认其证明力：

（一）书证原件或者与书证原件核对无误的复印件、照片、副本、节录本；

（二）物证原物或者与物证原物核对无误的复制件、照片、录像资料等；

（三）有其他证据佐证并以合法手段取得的、无疑点的视听资料或者与视听资料核对无误的复制件；

（四）一方当事人申请人民法院依照法定程序制作的对物证或者现场的勘验笔录。

《最高人民法院关于适用〈中华人民共和国民事诉讼法〉的解释》

第一百一十一条 民事诉讼法第七十条规定的提交书证原件确有困难，包括下列情形：

（一）书证原件遗失、灭失或者毁损的；

（二）原件在对方当事人控制之下，经合法通知提交而拒不提交的；

（三）原件在他人控制之下，而其有权不提交的；

（四）原件因篇幅或者体积过大而不便提交的；

（五）承担举证证明责任的当事人通过申请人民法院调查收集或者其他方式无法获得书证原件的。

前款规定情形，人民法院应当结合其他证据和案件具体情况，审查判断书证复制品等能否作为认定案件事实的根据。

法院判决

以下为该案在法院审理阶段，裁判文书中“本院认为”部分就该问题的论述：

2008年8月22日《确认书》明确约定，A公司和王某1因与郑某的经济往来及其他债务等累计尚欠郑某2654万元。郑某主张该确认书载明的2654万元是其多次以现金方式借给A公司和王某1的。但是，A公司和王某1对此予以否认并认为其从未向郑某借款。本院认为，根据法律规定，周某及郑某应当对该款项的交付事实承担举证责任。但周某及郑某未能提交该款项交付的直接证据，一审法院据此认定仅凭该确认书不足以证明案涉借款关系真实存在并无不当。周某和郑某关于一审判决未确认案涉借款关系属认定事实错误的上诉理由，缺乏证据证明，本院不予支持。

A公司和王某1除否认借款关系存在外，还进一步认为该2654万元实际是2007年8月16日《终止合作确认书》项下所涉款项依据该确认书中约定的起算时间和利息标准计算至2008年8月22日《确认书》载明的截止时间得出的复利。A公司和王某1为此提交了厦门天曜会计师事务所出具的《复核报告》、多份《确认书》和《借条》复印件等证据，其中包括2008年5月1日《借条》和2008年8月22日《确认书》复印件。周某亦提交了2008年5月1日《借条》和2008年8月22日《确认书》复印件。一审法院经审查认为，A公司、王某1与周某提交的上述两份证据在内容和形式上是一致的，在利息标准、计算时间和载明的款项数额上是一致的，与《复核报告》的计算结果亦是一致的。因此，《复核报告》、2008年5月1日《借条》和2008年8月22日《确认书》复印件能够相互印证，形成了较为完整的证据链，证明了A公司和王某1关于该2654万元系复利的主张。本院认为，A公司和王某1提交的《确认书》和《借条》虽然系复印件，但其可以与周某提交的相同证据以及《复核报告》相互印证，一审法院对上述证据予以采信并无不当。周某和郑某关于A公司和王某1提交的《确认书》和《借条》系复印件不应予采信的上诉理由不能成立。根据已经查明的事实，2007年8月16日《终止合作确认书》的签订主体是融泰公司和A公司等，2008年8月22日《确认书》的签订主体是郑某和A公司及王某1等，两确认书签订时，郑某系融泰公司的法定代表人，王某1系A公司的法定代表人。一审法院据此认定两确认书存在关联关系具有合理性，亦有相关证据支持。周某和郑某关于上述两确认书的签订主体不同、两者之间没有关联的上诉理由，不能成立。周某和郑某还上诉称《复核报告》对复利的计算存在错误且该证据本身缺乏证明力。本院认为，周某和郑某虽然不认可《复核报告》，但其亦未能提交相反的证据推翻《复核报告》，一审法院综合全案证据对《复核报告》予以采信并无不当，周某和郑某的该项上诉理由亦不能成立。

案件来源

上诉人周某、郑某与被上诉人A（厦门）石材有限公司、王某1、厦门市B实业有限公司、王某2、何某及一审第三人厦门市B公司债权纠纷二审民事判决书［最高人民法院（2013）民四终字第33号］

延伸阅读

以书证复印件提起诉讼的相关案例：

案例一：张某、A公司、B公司、雷某借款合同纠纷二审判决书［最高人民法院（2013）民四终字第25号］认为，“张某提供了银行特种转账贷方传票、汇款回单、代收结汇款便条、客户收据、原审法院生效判决等证据佐证《443号报告》和《476号报告》的结论，其中汇款凭证的时间、金额与四份验资报告及工作底稿的记载相互吻合，证明A公司出资款是由张某汇入或其他汇款人依照张某指示汇入的。尽管本案所涉的部分汇款凭证为复印件，但复印件并非单独作为定案依据的证据，而是能与其他证据相互印证形成证据链条，故原审法院对汇款凭证复印件予以采信并无不当。”

案例二：董某与A公司、毕某民间借贷纠纷二审判决书［山东省高级人民法院（2014）鲁民一终字第128号］认为，“A公司主张，董某提交的授权委托书系复印件，录像证据的取得方式不合法，当事人也未谈及借款问题，故两份证据均不能证明毕某与A公司之间存在授权关系。对此，本院认为，虽然授权委托书系复印件，不能单独作为认定案件事实之依据，但在录像证据中，A公司的法定代表人承认存在该授权委托书，从侧面印证了授权的真实性，且存在多笔借款直接汇入A公司账户的情形，董某提供的证据已经形成完整的证据链，可以证明A公司出具的授权委托书真实存在，A公司否认该授权，证据不足，本院依法不予支持。”

案例三：潍坊A公司与潍坊B公司、李某等民间借贷纠纷二审判决书［山东省高级人民法院（2016）鲁民终899号］认为，“A公司称其与三名被上诉人之间存在民间借贷法律关系，但A公司提交的借款合同系复印件，在其无法提交原件且其所提交的其他证据无法形成完整的证据链的情况下，本院对该复印件的真实性不予认可。”

038 借款协议与补充协议约定不一致，以哪份协议为准？

——合法有效的补充协议是对借款协议的细化与补充，在内容发生冲突的情况下应以补充协议为准

阅读提示

合同补充协议是对原合同未尽事宜，或者合同履行过程新发生的情况而另外进行的约定。实务中，“补充协议”约定的内容常常是对主合同的补充和变更。那么，在补充协议条款与原合同不一致或发生冲突情况下应以哪个为准？

裁判要旨

当事人签订借款协议后，发现协议内容还需补充的，可以拟定补充协议。在双方当事人意思表示真实且不违反法律和行政法规的强制性规定的情形下，当借款协议与补充协议约定内容发生冲突时，应当以补充协议为准。

案情简介

2012 年 9 月 26 日，B 公司与李某、芦某、A 公司签订《借款协议书》，约定将 B 公司向某银行的贷款中的 1.88 亿元借给股东李某、芦某，A 公司为上述债务承担保证责任。

同日，B 公司出具《关于〈借款协议书〉利息支付的补充说明》（简称《补充说明》），约定李某、芦某的借款利息先由 B 公司垫付，最终从股东分红中扣除。李某、芦某收到借款后，于 2013 年 8 月 30 日偿还借款 2000 万元，尚欠借款 1.68 亿元。

2015 年，B 公司向内蒙古自治区高级人民法院起诉，请求李某、芦某共同偿还借款本息，A 公司承担连带保证责任。李某、芦某以《补充说明》为依据抗辩其无需承担涉案借款利息。内蒙古自治区高级人民法院认为，偿还借款本息是主合同《借款协议书》约定的法定义务，《补充说明》不能作为李某、芦某不偿还借款利息的法定事由。据此，内蒙古自治区高级人民法院对李某、芦某的抗辩主张不予支持。

2016 年，李某、芦某向最高人民法院提起上诉。最高人民法院认为，《补充说明》约定内容系本案借款合同下当事人就借款利息支付方式形成的合意，在双方当事人均认可其真实性且不违反法律、法规的强制性规定的情形下，应当作为确定本案利息承担依据。据此，最高人民法院对李某、芦某该上诉请求予以支持。

裁判要点

补充协议是对主合同约定内容的补充和细化，在当事人意思表示真实且不违反法律、法规强制性规定的情况下，当补充协议与主合同约定内容不同时，应以补充协议为准。在本案中，《补充说明》系对《借款协议书》利息偿还方式的细化，即利息由 B 公司先行垫付，最终通过股东分红款抵顶的方式予以承担。上述约定内容系本案借款合同项下当事人就借款利息支付方式形成的合意，在双方当事人均认可其真实性且不违反法律和行政法规的强制性规定的情形下，应当作为确定本案利息承担方式和数额的依据。据此，B 公司关于李某、芦某应承担案涉 1.68 亿元借款利息的诉讼主张，事实依据不足，不应支持。

实务经验总结

前事不忘，后事之师。为避免未来发生类似败诉，提出如下建议：

1. 在当事人意思表示真实且不违反法律、法规强制性规定的情况下，若补充协议与主合同约定内容不同时，应当以补充协议为准。司法实践中，当事人拟定合同补充协议应当注意以下内容：一是，双方当事人的基本信息应全面具体；二是，载明拟定补充协议的原因；三是，载明协议补充的内容或变更的内容。

2. 值得注意的是，若主合同中明确约定了“不允许补充协议对主合同修改”等限制条款时，当补充合同与主合同内容约定不符时，应以主合同约定内容为准。因此，本书建议，当事人在签订补充协议前应当注意主合同中是否约定了限制补充、修改合同的条款，在拟定补充协议时也应当明确约定补充协议与原合同之间的关系，以免造成不必要的法律风险。

相关法律规定

《中华人民共和国合同法》

第七十七条　当事人协商一致，可以变更合同。

法律、行政法规规定变更合同应当办理批准、登记等手续的，依照其规定。

第七十八条 当事人对合同变更的内容约定不明确的，推定为未变更。

法院判决

以下为该案在法院审理阶段，裁判文书中“本院认为”部分就该问题的论述：

案涉2012年9月26日《借款协议书》签订当日，B公司向李某、芦某出具《补充说明》载明：“利息由鄂尔多斯市B煤炭有限公司垫付，最终依据股东会决议，从股东分红中扣除，超出股比的部分由使用资金的股东承担。”该《补充说明》系对《借款协议书》利息偿还方式的细化，即利息由B公司先行垫付，最终通过股东分红款抵顶的方式予以承担。上述约定内容系本案借款合同项下当事人就借款利息支付方式形成的合意，在双方当事人均认可其真实性且不违反法律和行政法规的强制性规定的情形下，应当作为确定本案利息承担方式和数额的依据。一审判决以偿还借款本息是《借款协议书》约定的法定义务，《补充说明》不能作为李某、芦某不履行偿还借款本息的法定事由的认定，与协议约定相悖亦缺乏法律依据，应予纠正。经本院审理查明，因至本案起诉前，B公司尚未就股东利润分配方案及具体分配数额予以决策确定，故《补充说明》约定的案涉借款利息支付的条件尚未成就。由此，B公司关于李某、芦某应承担案涉1.68亿元借款利息的诉请主张，事实依据不足，不应支持。又因《补充说明》仅对利息抵扣的范围进行了约定，并不涉及本金部分。而且，李某、芦某上诉提出的应予抵扣的6754.3万元应得红利及利息数额系其依据B公司的财务报表等单方核算形成。同时，就B公司股东利润分配问题，李某、芦某已于一审诉讼后，依据一审判决的释明，向内蒙古自治区鄂尔多斯市中级人民法院提起另案诉讼。故李某、芦某提出的关于应以分得的红利及利息6754.3万元抵偿本案借款本息的上诉请求，本案不予支持。综上，一审判决关于李某、芦某应向B公司偿还1.68亿元借款本金的认定正确，予以维持。一审判决关于李某、芦某应向B公司偿还1.68亿元借款利息的认定，事实依据不足，予以纠正。就案涉借款利息承担问题，当事人可另行通过协商或诉讼方式予以解决。

案件来源

李某与鄂尔多斯市B煤炭有限责任公司借款合同纠纷一案二审民事判决书［最高人民法院（2016）最高法民终358号］

039 法院应严格审查关联企业之间借贷关系是否真实

——当事人之间存在关联关系的情况下，法院应对借款法律关系的真实性严格审查

阅读提示

本案中，A公司起诉B公司要求其偿还借款8650万元及利息。经最高人民法院查明，A公司与B公司存在关联关系。为防止双方当事人恶意串通提起虚假诉讼，损害他人合法权益，最高人民法院认为，即使本案出借人已提供借款合同及转款凭证等证据证明诉讼主张，但法院仍应当对双方借款合意形成过程、借款时间、借款数额、资金往来情况、所有关联公司之间的转款情况、借款用途等予以严格审查。

裁判要旨

1. 在当事人之间存在关联关系的情况下，为防止其恶意串通提起虚假诉讼，损害他人合法权益，法院对其是否存在真实的借款法律关系，须严格审查。

2. 人民法院审理民事案件中发现存在虚假诉讼可能时，应当依职权调取相关证据，详细询问当事人，全面严格审查诉讼请求与相关证据之间是否存在矛盾，以及当事人诉讼中言行是否违背常理。经综合审查判断，当事人存在虚构事实、恶意串通、规避法律或国家政策以谋取非法利益，进行虚假民事诉讼情形的，应当依法予以制裁。

案情简介

2007年7月至2009年3月，A公司与B公司先后签订9份《借款合同》，约定B公司向A公司共借款8650万元及贷款利率的4倍利息，借款只限用于某国际花园房地产项目。后A公司共汇款8650万元，B公司收到汇款后立即转出7050万余元。

曲某为A公司控股股东，王某1系合同签订时B公司的控股股东D公司的控股股东和法定代表人，王某1与曲某系夫妻关系。此外，A公司的股东与B公司的控股股东、实际控制人存在其他的共同利益关系以及高管人员、普通员工混同的情况。

2010年，A公司向辽宁省高级人民法院起诉，请求B公司偿还借款。辽宁省

高级人民法院判决B公司偿还借款。后因案外人谢某提出申诉，辽宁省高级人民法院裁定再审本案，判决驳回A公司的诉讼请求。

2015年，A公司向最高人民法院提起上诉。经审理，最高人民法院认定本案属于虚假民事诉讼，判决驳回上诉，维持原判。同时，对A公司和B公司各罚款50万元。

裁判要点

关联关系是指公司控股股东、实际控制人、董事、监事、高级管理人员与其直接或间接控制的企业之间的关系，以及可能导致公司利益转移的其他关系。在当事人之间存在关联关系的情况下，为防止恶意串通提起虚假诉讼，损害他人合法权益，法院对其是否存在真实的借款法律关系，须严格审查。

本案中，A公司提起诉讼，要求B公司偿还借款8650万元及利息，虽然提供了借款合同及转款凭证，但其自述及提交的证据和其他在案证据之间存在无法消除的矛盾，当事人在诉讼前后的诸多言行如借款合意形成过程、借款时间、借款数额、资金往来情况、所有关联公司之间的转款情况、借款用途、A公司和B公司及其关联公司在诉讼和执行中的行为违背常理。由此可见，A公司未提供足够的证据证明其就案涉争议款项与B公司之间存在真实的借贷关系。而且，从调取的A公司、B公司及其关联公司账户的交易明细发现，A公司、B公司及其他关联公司之间、同一公司不同账户之间随意转款，款项用途随意填写。结合在案其他证据，法院确信，A公司诉请之债权系截取其与B公司之间的往来款项虚构而成，其以虚构债权为基础请求B公司返还8650万元借款及利息的请求不应支持。

本案双方当事人虚构债权，恶意串通，损害他人合法权益的目的明显。从A公司与B公司人员混同、银行账户同为王某1控制的事实可知，两个公司同属一人，均已失去公司法人所具有的独立人格。根据《中华人民共和国民事诉讼法》第一百一十二条规定，最高人民法院判决驳回A公司诉请，并对A公司、B公司各罚款50万元。

实务经验总结

前事不忘，后事之师。为避免未来发生类似败诉，提出如下建议：

若当事人之间恶意串通，企图通过诉讼、调解等方式侵害他人合法权益，法院除了驳回原告的诉讼请求之外，还会对双方的虚假诉讼行为予以惩戒，严重情形下，甚至追究其刑事责任。

相关法律规定

《中华人民共和国公司法》

第二百一十六条　本法下列用语的含义：

……

（四）关联关系，是指公司控股股东、实际控制人、董事、监事、高级管理人员与其直接或者间接控制的企业之间的关系，以及可能导致公司利益转移的其他关系。但是，国家控股的企业之间不仅因为同受国家控股而具有关联关系。

《中华人民共和国民事诉讼法》

第一百一十二条　当事人之间恶意串通，企图通过诉讼、调解等方式侵害他人合法权益的，人民法院应当驳回其请求，并根据情节轻重予以罚款、拘留；构成犯罪的，依法追究刑事责任。

《最高人民法院关于审理民间借贷案件适用法律若干问题的规定》

第十九条　人民法院审理民间借贷纠纷案件时发现有下列情形，应当严格审查借贷发生的原因、时间、地点、款项来源、交付方式、款项流向以及借贷双方的关系、经济状况等事实，综合判断是否属于虚假民事诉讼：

（一）出借人明显不具备出借能力；

（二）出借人起诉所依据的事实和理由明显不符合常理；

（三）出借人不能提交债权凭证或者提交的债权凭证存在伪造的可能；

（四）当事人双方在一定期间内多次参加民间借贷诉讼；

（五）当事人一方或者双方无正当理由拒不到庭参加诉讼，委托代理人对借贷事实陈述不清或者陈述前后矛盾；

（六）当事人双方对借贷事实的发生没有任何争议或者诉辩明显不符合常理；

（七）借款人的配偶或合伙人、案外人的其他债权人提出有事实依据的异议；

（八）当事人在其他纠纷中存在低价转让财产的情形；

（九）当事人不正当放弃权利；

（十）其他可能存在虚假民间借贷诉讼的情形。

第二十条　经查明属于虚假民间借贷诉讼，原告申请撤诉的，人民法院不予准许，并应当根据民事诉讼法第一百一十二条之规定，判决驳回其请求。

诉讼参与人或者其他人恶意制造、参与虚假诉讼，人民法院应当依照民事诉讼法第一百一十一条、第一百一十二条和第一百一十三条之规定，依法予以罚款、拘留；构成犯罪的，应当移送有管辖权的司法机关追究刑事责任。

单位恶意制造、参与虚假诉讼的，人民法院应当对该单位进行罚款，并可以对其主要负责人或者直接责任人员予以罚款、拘留；构成犯罪的，应当移送有管辖权的司法机关追究刑事责任。

法院判决

以下为该案在法院审理阶段，裁判文书中“本院认为”部分就该问题的论述：

一、A 公司与 B 公司是否存在关联关系的问题

《中华人民共和国公司法》第二百一十六条规定，关联关系，是指公司控股股东、实际控制人、董事、监事、高级管理人员与其直接或间接控制的企业之间的关系，以及可能导致公司利益转移的其他关系。可见，公司法所称的关联公司，既包括公司股东的相互交叉，也包括公司共同由第三人直接或者间接控制，或者股东之间、公司的实际控制人之间存在直系血亲、姻亲、共同投资等可能导致利益转移的其他关系。

本案中，曲某为 A 公司的控股股东，王某 1 是 B 公司的原法定代表人，也是案涉合同签订时 B 公司的控股股东 D 公司的控股股东和法定代表人，王某 1 与曲某系夫妻关系，说明 A 公司与 B 公司由夫妻二人控制。A 公司称两人已经离婚，却未提供民政部门的离婚登记或者人民法院的生效法律文书。虽然辽宁省高级人民法院受理本案诉讼后，B 公司的法定代表人由王某 1 变更为姜某，但王某 1 仍然是 B 公司的实际控制人。同时，A 公司股东兼法定代表人宗某、王某 2 等人，与 B 公司的实际控制人王某 1、法定代表人姜某、目前的控股股东王某 3 共同投资设立了上海 B 公司，说明 A 公司的股东与 B 公司的控股股东、实际控制人存在其他的共同利益关系。另外，沈阳 B 公司是 A 公司控股的公司，C 公司的股东是王某 1 的父亲和母亲。可见，A 公司与 B 公司之间、前述两公司与 C 公司、上海 B 公司、沈阳 B 公司之间均存在关联关系。A 公司与 B 公司及其他关联公司之间还存在人员混同的问题。首先，高管人员之间存在混同。姜某既是 A 公司的股东和董事，又是 B 公司的法定代表人，同时还参与 D 公司的清算。宗某既是 A 公司的法定代表人，又是 D 公司的工作人员，虽然 A 公司称宗某自 2008 年 5 月即从 D 公司辞职，但从上海市第一中级人民法院（2008）沪一中民三（商）终字第 426 号民事判决载明的事实看，该案 2008 年 8 月至 12 月审理期间，宗某仍以 D 公司工作人员的身份参与诉讼。王某2既是A公司的监事，又是上海B的董事，还以该公司工作人员的身份代理相关行政诉讼。王某3既是B公司的监事，又是上海B公司的董事。王某1是B公司原法定代表人、实际控制人，还曾先后代表A公司、D公司与案外第三人签订连锁加盟（特许）合同。其次，普通员工也存在混同。霍某是A公司的工作人员，在本案中作为A公司原一审诉讼的代理人，2007年2月23日代表B公司与E公司签订建设施工合同，又同时兼任上海B公司的董事。崔某是B公司的会计，2010年1月7日代B公司开立银行账户，2010年8月20日本案诉讼之后又代A公司开立银行账户。A公司当庭自述魏某系B公司的工作人员，2010年5月魏某经B公司授权办理银行账户开户，2011年9月诉讼之后又经A公司授权办理该公司在中国建设银行沈阳马路湾支行的开户，且该银行账户的联系人为魏某。刘某是A公司的工作人员，在本案原一审和执行程序中作为A公司的代理人，2009年3月17日又代B公司办理企业登记等相关事项。刘某以B公司员工名义代理本案诉讼，又受王某1的指派代理上海B公司的相关诉讼。上述事实充分说明，A公司、B公司以及其他关联公司的人员之间并未严格区分，上述人员实际上服从王某1一人的指挥，根据不同的工作任务，随时转换为不同关联公司的工作人员。A公司在上诉状中称，在2007年借款之初就派相关人员进驻B公司，监督该公司对投资款的使用并协助工作，但早在A公司所称的向B公司转入首笔借款之前5个月，霍某即参与该公司的合同签订业务。而且，从这些所谓的“派驻人员”在B公司所起的作用看，上述人员参与了该公司的合同签订、财务管理到诉讼代理的全面工作，而不仅是监督工作，A公司的辩解，不足为信。辽宁省高级人民法院关于A公司和B公司系由王某1、曲某夫妇控制之关联公司的认定，依据充分。

二、A公司和B公司争议的8650万元是否存在真实借款关系的问题

根据《最高人民法院关于适用〈中华人民共和国民事诉讼法〉的解释》第九十条的规定，当事人对自己提出的诉讼请求所依据的事实或者反驳对方诉讼请求所依据的事实，应当提供证据加以证明；当事人未能提供证据或者证据不足以证明其事实主张的，由负有举证证明责任的当事人承担不利的后果。第一百零八条第一款、第二款规定：“对负有举证证明责任的当事人提供的证据，人民法院经审查并结合相关事实，确信待证事实的存在具有高度可能性的，应当认定该事实存在。对一方当事人为反驳负有举证责任的当事人所主张的事实而提供的证据，人民法院经审查并结合相关事实，认为待证事实真伪不明的，应当认定该事实不存在。”在当事人之间存在关联关系的情况下，为防止恶意串通提起虚假诉讼，损害他人合法权益，人民法院对其是否存在真实的借款法律关系，必须严格审查。

A 公司提起诉讼，要求 B 公司偿还借款 8650 万元及利息，虽然提供了借款合同及转款凭证，但其自述及提交的证据和其他在案证据之间存在无法消除的矛盾，当事人在诉讼前后的诸多言行违背常理，主要表现为以下七个方面：

第一，从借款合意形成过程来看，借款合同存在虚假的可能。A 公司和 B 公司对借款法律关系的要约与承诺的细节事实陈述不清，尤其是作为债权人 A 公司的法定代表人、自称是合同经办人的宗某，对所有借款合同的签订时间、地点、每一合同的己方及对方经办人等细节，语焉不详。案涉借款每一笔均为大额借款，当事人对所有合同的签订细节，甚至大致情形均陈述不清，于理不合。

第二，从借款的时间上看，当事人提交的证据前后矛盾。A 公司的自述及其提交的借款合同表明，A 公司自 2007 年 7 月开始与 B 公司发生借款关系。向本院提起上诉后，其提交的自行委托形成的审计报告又载明，自 2006 年 12 月开始向 B 公司借款，但从 B 公司和 A 公司的银行账户交易明细看，在 2006 年 12 月之前，仅 A 公司 8115 账户就发生过两笔高达 1100 万元的转款。其中，2006 年 3 月 8 日以“借款”名义转入 B 公司账户 300 万元，同年 6 月 12 日转入 801 万元。

第三，从借款的数额上看，当事人的主张前后矛盾。A 公司起诉后，先主张自 2007 年 7 月起累计借款金额为 5850 万元，后在诉讼中又变更为 8650 万元，上诉时又称借款总额 1.085 亿元，主张的借款数额多次变化，但只能提供 8650 万元的借款合同。而谢某当庭提交的银行转账凭证证明，在 A 公司所称的 1.085 亿元借款之外，另有 4400 多万元的款项以“借款”名义打入 B 公司账户。对此，A 公司自认，这些多出的款项是受王某 1 的请求帮忙转款，并非真实借款。该自认说明，A 公司在相关银行凭证上填写的款项用途极其随意。从本院调取的银行账户交易明细所载金额看，A 公司以借款名义转入 B 公司账户的金额远远超出 A 公司先后主张的上述金额。此外，还有其他多笔以“借款”名义转入 B 公司账户的巨额资金，没有列入 A 公司所主张的借款数额范围。

第四，从资金往来情况看，A 公司存在单向统计账户流出资金而不统计流入资金的问题。无论是案涉借款合同载明的借款期间，还是在此之前，甚至诉讼开始以后，A 公司和 B 公司账户之间的资金往来，既有 A 公司转入 B 公司账户款项的情况，又有 B 公司转入 A 公司账户款项的情况，但 A 公司只计算己方账户转出的借方金额，而对 B 公司转入的贷方金额只字不提。

第五，从所有关联公司之间的转款情况看，存在双方或多方账户循环转款问题。如上所述，将 A 公司、B 公司、D 公司、C 公司等公司之间的账户对照检查，存在B公司将己方款项转入D公司账户过桥A公司账户后，又转回B公司账户，造成虚增借款的现象。B公司与其他关联公司之间的资金往来也存在此种情况。

第六，从借款的用途看，与合同约定相悖。借款合同第二条约定，借款限用于B国际花园房地产项目，但是案涉款项转入B公司账户后，该公司随即将大部分款项以“借款”“还款”等名义分别转给D公司和C公司，最终又流向A公司和A公司控股的沈阳B公司。至于A公司辩称，B公司将款项打入D公司是偿还对D公司借款的辩解，由于其提供的D公司和B公司之间的借款数额与两公司银行账户交易的实际数额互相矛盾，且从流向上看大部分又流回了A公司或者其控股的公司，其辩解不足为凭。

第七，从A公司和B公司及其关联公司在诉讼和执行中的行为来看，与日常经验相悖。A公司提起诉讼后，仍与B公司互相转款；B公司不断向A公司账户转入巨额款项，但在诉讼和执行程序中却未就还款金额对A公司的请求提出任何抗辩；A公司向辽宁省高级人民法院申请财产保全，B公司的股东王某3却以其所有的房产为本应是利益对立方的A公司提供担保；A公司在原一审诉讼中另外提供担保的上海市青浦区房产的所有权，竟然属于王某1任法定代表人的上海B公司；A公司和B公司当庭自认，A公司开立在中国建设银行东港支行、中国建设银行沈阳马路湾支行的银行账户都由王某1控制。

对上述矛盾和违反常理之处，A公司与B公司均未作出合理解释。由此可见，A公司没有提供足够的证据证明其就案涉争议款项与B公司之间存在真实的借贷关系。而且，从调取的A公司、B公司及其关联公司账户的交易明细发现，A公司、B公司以及其他关联公司之间、同一公司的不同账户之间随意转款，款项用途随意填写。结合在案其他证据，法院确信，A公司诉请之债权系截取其与B公司之间的往来款项虚构而成，其以虚构债权为基础请求B公司返还8650万元借款及利息的请求不应支持。据此，辽宁省高级人民法院再审判决驳回其诉讼请求并无不当。

至于A公司与B公司提起本案诉讼是否存在恶意串通损害他人合法权益的问题。第一，无论A公司，还是B公司，对B公司与一审申诉人谢某及其他债权人的债权债务关系是明知的。从案涉判决执行的过程看，A公司申请执行之后，对查封的房产不同意法院拍卖，而是继续允许该公司销售，B公司每销售一套，A公司即申请法院解封一套。在接受法院当庭询问时，A公司对B公司销售了多少查封房产，偿还了多少债务陈述不清，表明其提起本案诉讼并非为实现债权，而是通过司法程序进行保护性查封以阻止其他债权人对B公司财产的受偿。虚构债权，恶意串通，损害他人合法权益的目的明显。第二，从A公司与B公司人员混同、银行账户同为王某1控制的事实可知，两个公司同属一人，均已失去公司法人所具有的独立人格。《中华人民共和国民事诉讼法》第一百一十二条规定："当事人之间恶意串通，企图通过诉讼、调解等方式侵害他人合法权益的，人民法院应当驳回其请求，并根据情节轻重予以罚款、拘留；构成犯罪的，依法追究刑事责任。"一审申诉人谢某认为，A公司与B公司之间恶意串通提起虚假诉讼损害其合法权益的意见，以及对有关当事人和相关责任人进行制裁的请求，于法有据，应予支持。

案件来源

上海A生物科技有限公司诉辽宁B置业发展有限公司企业借贷纠纷案［最高人民法院（2015）民二终字第324号］

040 法官不能仅凭经验判断推翻已被生效判决认定的事实

——即使法官基于自由心证确信案涉现金并未实际交付，也不能仅根据经验判断便推翻已被生效判决认定的事实

阅读提示

法官的自由裁量只能在法律规定的框架下运行，而不能超越法律。本案中，最高人民法院认为，即便法官基于自由心证，内心确信案涉300万元现金不存在真实交付的事实，也不能根据经验推衍得出的结论推翻已被生效判决认定的事实。此乃本案意在维护正常交易秩序，倡导诚信守约，制裁失信违约所确立的价值取向，也是对法律事实与客观事实逻辑关系的诠释。

裁判要旨

对于已为人民法院发生法律效力的裁判所确认的事实和已为有效公证文书所证明的事实，当事人无须举证证明，但当事人有相反证据足以推翻的除外。

案情简介

2010年2月10日，姚某与A书店签订借款合同，约定A书店向姚某借款人民币2800万元。其中，300万元为现金支付。

双方的《借款合同》由公证处出具了《具有强制执行效力的债权文书公证书》和《执行证书》。2013 年 4 月 20 日，姚某依据（2012）琼州证第 1814 号《执行证书》向海口市中级人民法院申请强制执行，该院经审查认为:《执行证书》中将申请执行人为实现债权所支付的全部费用列入执行证书中，且该全部费用不明确，违反了相关法律规定。该院于 2013 年 3 月 19 日裁定对《执行证书》不予执行。在已生效的公证文书和已发生法律效力的裁判文书中，A 书店均承认借款 2800 万元。

后因 A 书店仍未偿还 2800 万元借款本金和利息的义务，姚某于 2014 年 9 月 15 日向海南省高级人民法院提起诉讼，请求判决 A 书店偿还借款本息。海南省高级人民法院认为，A 书店抗辩称 2800 万元借款中 300 万元被姚某先行扣减为利息，并未实际支付，但未能提供相应的证据推翻合同、收条、公证书以及生效的法律文书等所确认的借款本金为 2800 万元的事实。据此，判决 A 书店偿还借款 2800 万元本息。

A 书店不服，向最高人民法院提起上诉。最高人民法院判决驳回上诉，维持原判。

裁判要点

现实中，存在大量客观事实无法查清的情况。以事实为根据中的事实只应当是法律事实，而不是客观事实，即使两者契合，也应当称之为法律事实，如果两者相悖，我们应当采纳证据所证明的事实，亦即法律事实。当法的价值发生冲突时，正义与秩序则应当作为判断取舍的最高标准。

就本案诉讼而言，其本身并非为了认识案件的客观真实，而是在于解决纠纷，进而实现权利和秩序的维护。上诉人无偿占用被上诉人出借的资金长达五年之久，拒不自觉履行愿受约束且明示放弃抗辩的赋予强制执行效力的公证文书、拖延执行生效判决、出租用以抵押的房产并转移租金以恶意逃债等一系列行为，均体现了作为市场交易主体破坏交易规则的极大不诚信。没有对法律权威的敬畏，就无法用法律来规范人们的行为。本案基于公证文书、生效判决、现金收据以及当事人自愿按照 2800 万元本金履行三个季度利息债务等事实，依照高度概然规则以及证据优势规则认定现金支付行为以及否定冲抵本金的事实，正是基于上述理念产生的必然结果。

实务经验总结

前事不忘，后事之师。为避免未来发生类似败诉，提出如下建议：

没有对法律权威的敬畏，就无法用法律来规范人们的行为。根据《最高人民法院关于民事诉讼证据的若干规定》第九条的规定，已为人民法院发生法律效力的裁判所确认的事实和已为有效公证文书所证明的事实，当事人无须举证证明。但当事人有相反证据足以推翻的除外。因此，在当事人未能提供充分证据推翻已生效判决认定的事实，法院即使内心认可当事人的诉讼主张，也不能因此否认生效判决书的效力。当事人主张生效裁判认定事实错误的，应当提供充分的证据证明。

相关法律规定

《最高人民法院关于审理民间借贷案件适用法律若干问题的规定》

第九条 具有下列情形之一，可以视为具备合同法第二百一十条关于自然人之间借款合同的生效要件：

（一）以现金支付的，自借款人收到借款时；

（二）以银行转账、网上电子汇款或者通过网络贷款平台等形式支付的，自资金到达借款人账户时；

（三）以票据交付的，自借款人依法取得票据权利时；

（四）出借人将特定资金账户支配权授权给借款人的，自借款人取得对该账户实际支配权时；

（五）出借人以与借款人约定的其他方式提供借款并实际履行完成时。

第十条 除自然人之间的借款合同外，当事人主张民间借贷合同自合同成立时生效的，人民法院应予支持，但当事人另有约定或者法律、行政法规另有规定的除外。

第十六条 原告仅依据借据、收据、欠条等债权凭证提起民间借贷诉讼，被告抗辩已经偿还借款，被告应当对其主张提供证据证明。被告提供相应证据证明其主张后，原告仍应就借贷关系的成立承担举证证明责任。

被告抗辩借贷行为尚未实际发生并能作出合理说明，人民法院应当结合借贷金额、款项交付、当事人的经济能力、当地或者当事人之间的交易方式、交易习惯、当事人财产变动情况以及证人证言等事实和因素，综合判断查证借贷事实是否发生。

《最高人民法院关于民事诉讼证据的若干规定》

第九条　下列事实，当事人无需举证证明：

（一）众所周知的事实；

（二）自然规律及定理；

（三）根据法律规定或者已知事实和日常生活经验法则，能推定出的另一事实；

（四）已为人民法院发生法律效力的裁判所确认的事实；

（五）已为仲裁机构的生效裁决所确认的事实；

（六）已为有效公证文书所证明的事实。

前款（一）、（三）、（四）、（五）、（六）项，当事人有相反证据足以推翻的除外。

法院判决

以下为该案在法院审理阶段，裁判文书中“本院认为”部分就该问题的论述：

姚某依据借款合同、支付款项的银行汇款证明、A书店出具的收条、A书店支付利息的银行凭证等一系列证据材料诉请A书店偿还借款本金2800万元，并请求支付逾期利息及违约金，A书店抗辩称借款本金为2500万元，300万元现金并未实际交付。由此，双方对己方诉求或反驳对方诉求所依据的事实有责任提供证据加以证明，没有证据或证据不足以证明己方主张的，由负有举证责任的一方承担不利后果。本案双方于2010年2月10日签订借款合同中约定A书店向姚某的借款本金为2800万元，借款期限为两年，即从2010年2月10日起至2012年2月9日止，月利率为1.6%，每季度支付一次利息，日违约金为本金的万分之八。该借款合同经海南省海口市琼州公证处（2010）琼州证字第1459号《具有强制执行效力的债权文书公证书》公证。A书店明确放弃抗辩主张。A书店于2010年2月24日向姚某出具收条，对借款合同中收到姚某支付的银行转账2500万元及现金300万元进行了确认。后A书店对上述借款合同以借款2800万元为本金支付了三个季度的利息，共计403.2万元。由此，双方签订的借款合同明确了借款本金数额，A书店也以借款合同载明的本金数额实际履行了部分利息，且双方之间的借款合同均经公证处出具的有效公证文书证明，结合各证据之间的关联程度，并结合姚某的支付能力等因素，应认为姚某提交的证据已经形成完整的证据链条，能够达到高度盖然性的证明标准，可以证明其已向A书店全额支付了双方争议的涉案300万元现金。需要说明的是，关于双方借款本金2800万元的事实也已为生效的（2012）海中法民一初字第30号民事判决所确认。A书店虽然主张300万元现金未实际交付，但并未提交证据予以证明，也未能对姚某提交的上述证据提出充分的反驳证据，故双方借贷的本金应为2800万元。关于本案2800万元本金及300万元现金交付事实的认定问题，关涉法律事实与客观事实的关系，亦可表述为实体正义与程序正义问题。毋庸置疑，法官应遵循二者并重的原则，并穷尽方式追求客观事实，以期还原事实真相。但现实中存在大量客观事实无法查清的情况。所谓事实可以分为直接感觉的经验事实与逻辑推衍的理论事实。法律事实能够完全印证或者涵盖客观事实，乃裁判所追求的最理想境界。由于法律事实主要是由证据支撑和堆积起来的程序性事实，那么法律事实的真伪就取决于证据的真伪。以事实为根据中的事实只应当是法律事实，而不是客观事实，即使两者契合，也应当称之为法律事实，如果两者相悖，我们应当采纳证据所证明的事实，亦即法律事实。真实发现固然是诉讼法的一个重要目标，但并非唯一目标，在一定范围内，它必须向其他更重要目的让步。亦即对守约方的保护，对诚信原则的维护等。这也决定了应当以证据证明的法律事实为审判依据的基础所在。当法的价值发生冲突时，正义与秩序则应当作为判断取舍的最高标准。就本案诉讼而言，其本身并非为了认识案件的客观真实，而是在于解决纠纷，进而实现权利和秩序的维护。上诉人无偿占用被上诉人出借的资金长达五年之久，拒不自觉履行愿受约束且明示放弃抗辩的赋予强制执行效力的公证文书、拖延执行生效判决、出租用以抵押的房产并转移租金以恶意逃债等一系列行为，均体现了作为市场交易主体破坏交易规则的极大不诚信。没有对法律权威的敬畏，就无法用法律来规范人们的行为。本案基于公证文书、生效判决、现金收据以及当事人自愿按照2800万元本金履行三个季度利息债务等事实，依照高度概然规则以及证据优势规则认定现金支付行为以及否定冲抵本金的事实，正是基于上述理念产生的必然结果。法官的自由裁量只能在法律规定的框架下运行，而不能超越法律。本案即使法官基于自由心证，内心确信案涉300万元现金不存在真实交付的事实，也不能根据经验推衍得出的结论推翻已被生效判决认定的事实。此乃本案意在维护正常交易秩序，倡导诚信守约，制裁失信违约所确立的价值取向，也是对法律事实与客观事实逻辑关系的诠释。

案件来源

姚某与海南A书店有限公司民间借贷纠纷二审民事判决书［最高人民法院（2015）民一终字第115号］

延伸阅读

裁判规则一：已为人民法院发生法律效力的裁判所确认的事实系无须当事人举证证明事实。

案例一：沈阳A公司与张某、沈阳B公司有限公司、沈阳C公司有限公司民间借贷纠纷一案二审判决书［沈阳市中级人民法院（2017）辽01民终3978号］认为，“本院曾作出的（2016）辽01民终12074号民事判决书，现已经发生法律效力，该生效法律文书认定，‘B公司与C公司住所地一致、共用办公场所，虽然B公司与C公司均提交了审计报告，本院亦不否认审计报告的真实性，但两个公司提交的审计报告记载的事项并不吻合，故审计报告的内容未能完全真实地反应客观事实，从而使本院对审计报告对待证事实的证明力产生合理怀疑。C公司系债务人B公司的全资股东，A公司系C公司的全资股东，依据现有证据不足以证明股东与公司之间财产各自独立。虽然A公司抗辩伞某陈述的代为保管公章、进行审批的燃气公司指代不明，实际并非指A公司，但其并未举证证明案外人与B公司、A公司存在混同情况，故不能免除其责任。在综合分析考量现有证据及本案实际情况下，原审判决由上诉人承担涉案债务的连带责任，保护被上诉人的合法债权，并无不当。’一审法院据此生效判决的事实认定，C公司、A公司应对B公司的债务承担连带给付责任。经本院审查认为，《最高人民法院关于民事诉讼证据的若干规定》第九条第四项规定，已为人民法院发生法律效力的裁判所确认的事实系无须当事人举证证明事实，一审法院依据生效判决作出裁判，并无不当，本院应予维持。”

裁判规则二：当事人欲推翻生效判决认定的事实应当提供充分证据予以证明。

案例二：苏某、凌某与赵某、张某等民间借贷纠纷再审民事判决书［浙江省高级人民法院（2016）浙民再153号］认为，“苏某、凌某在原审以及再审诉讼中均主张，相关当事人于2012年6月24日签订还款协议后，赵某、张某实际上已将该协议约定的位于湖州市南浔镇便民路北侧地块、面积为8150.79平方米的土地使用权作价抵偿了960万元借款，同时还以赵某所有的位于海南省三亚市清水湾小区的商品房作价抵偿了630万元借款，二者累计超过1200万元借款本息，故本案主债务已因清偿而消灭。然而，根据另案（2013）湖浔商初字第354号民事判决认定，湖州市南浔镇便民路北侧地块土地使用权作价960万元抵偿的对象是A公司而不是薄某1。该判决已经发生法律效力，其中所确认的事实属于免证事实，本案对此可直接予以认定。苏某、凌某对该生效判决认定的事实虽然存有异议，但并没有充分的相反证据足以推翻，其在再审诉讼中提供邬某与张某于2011年3月15日签订的《湖州市南浔振兴活动房厂转让协议》以及邬某与薄某2于2012年8月17日签订的《湖州市南浔振兴活动房厂转让协议》等证据材料，只能证明湖州市南浔振兴活动房厂及其占用范围内的8150.79平方米土地使用权在相关人员中曾经发生流转，以及该厂现法定代表人系薄某2（薄某1之子）等事实，却不能形成完整的证据链证明该厂土地使用权作价960万元抵偿本案部分借款的主张，这些证据材料显然不足以推翻生效判决认定的事实，本院对其证明力不予认定。至于赵某所有位于海南省三亚市清水湾小区的商品房，并无证据证明已依照2012年6月24日还款协议约定实际作价630万元直接用于抵偿债务；根据（2013）湖浔商初字第354号生效民事判决书认定，案外人唐某于2012年8月9日曾向A公司出具借条一份，相关当事人约定将赵某、张某的630万元债务转移给唐永华，在该项债务转移关系中，所涉权利人仍然是A公司，其中载明的630万元与薄某1的债权并无关联。据上，对苏某、凌某上述所提关于本案借款已以相应财产抵偿的主张，本院不予支持。”

案例三：樊某与肖某、王某民间借贷纠纷再审民事判决书［重庆市高级人民法院（2016）渝民再62号］认为，“原审肖某提交的重庆市第五中级人民法院（2012）渝五中法民终字第04436号民事判决书系已经发生法律效力的判决文书，该判决认为：樊某与徐某、吴某签订的《借款合同》和《重庆市房地产抵押合同》，系双方当事人真实意思表示，属有效合同，当事人均应按照约定履行各自合同义务。该案所涉抵押合同，抵押人为徐某、吴某，抵押权人为樊某，抵押担保的贷款金额为20万元。而该案所涉《借款合同》，甲方徐某、吴某，乙方樊某，约定甲乙双方友好协商，就甲方向乙方借款20万元，提供住房一套进行抵押担保。据此可知，该案抵押人为主债务人，故该案抵押为债务人抵押而非第三人抵押，所担保的借款与本案王某的借款不属于同一笔借款。肖某称王某刑事案件的卷宗材料记载的事实以及徐某、王某的陈述，可以证明徐某以房屋抵押担保的借款与本案借款系同一笔借款，但该证据明显与樊某及徐某、吴某签订的《借款合同》和《重庆市房地产抵押合同》记载的内容不符，不足以推翻人民法院生效判决认定的事实。”

案例四：朱某、徐某1民间借贷纠纷二审民事判决书［杭州市中级人民法院（2016）浙01民终5194号］认为，“剩余的150,000元，虽然徐某2作证时陈述其中116,000元系朱某通过徐某1向其支付的借款本金和利息，但徐某2该部分证言与已生效的（2016）浙0109民初7864号民事判决所认定事实相矛盾，并无充足证据能够推翻该生效判决认定的事实，且徐某 1 与徐某 2 之间存在利害关系，本院对徐某 2 的证言不予采信。该 150,000 元均应认定为朱某向徐某 1 的还款。”

041 民间借贷当事人已承认的事实能否反悔？

——当事人欲推翻自认事实，应当提供充分证据证明

阅读提示

根据我国法律规定，自认是指在诉讼过程中，当事人对于已不利的事实明确表示承认。一般情况下，对方当事人无须再对自认事实举证证明，法院也可以直接确认自认事实，而无须查证。但司法实践中，会出现当事人作出自认行为后又反悔的现象，那么当事人自认行为作出后，能否反悔呢？

裁判要旨

当事人欲推翻自认事实存在，应当提供充分相反证据予以证明，否则当事人应当继续承担自认行为的法律后果。

案情简介

2010 年 5 月 31 日，A 公司承包工程路基施工项目。在实际施工中，焦某指令刘某以项目部经理焦某的身份代其履行职务。

2010 年 9 月 1 日，刘某以焦某的身份向莫某借款 180 万元并出具《借条》。其后已偿还 50 万元。

2012 年，莫某向四川省甘孜藏族自治州中级人民法院起诉，请求法院判令 A 公司偿还借款 130 万元。该院支持了莫某的诉讼主张。

2013 年，A 公司不服，向四川省高级人民法院提起上诉。四川省高级人民法院判决驳回上诉，维持原判。在一、二审中，A 公司均自认刘某系 A 公司员工。

2014 年，A 公司向最高人民法院申请再审，否定刘某系 A 公司员工的自认事实并提交相关证据。最高人民法院认为，A 公司所提供证据不足以推翻 A 公司在一、二审中的自认。最高人民法院最终裁定驳回其再审申请。

裁判要点

根据《最高人民法院关于民事诉讼证据的若干规定》第七十四条的规定：“诉讼过程中，当事人在起诉状、答辩状、陈述及其委托代理人的代理词中承认的对己方不利的事实和认可的证据，人民法院应当予以确认，但当事人反悔并有相反证据足以推翻的除外。”本案中，A公司在一、二审庭审中，已多次自认刘某是该公司员工。后A公司欲推翻其自认事实，则应当提供相反证据证明。再审期间，A公司虽然提供了众多证据力图证明刘某不是该公司员工而是项目承包人，但其提供的证据均是证明力较弱的间接证据，未能达到推翻其自认事实的法律效果。综上，法院根据A公司自认事实及其他相关证据认定刘某是公司员工、履行项目经理职责，A公司应承担还款责任。

实务经验总结

前事不忘，后事之师。为避免未来发生类似败诉，提出如下建议：

当事人在诉讼中应当谨慎承认有关事实。自认行为从成立之时起便对己方发生拘束力，对方当事人无须再对自认事实进行举证，法院也可以不再对该自认事实进行审查。原则上，自认的事实不能反悔，否则会影响对方当事人的诉讼利益，使其重新负担起已被免除的举证责任，而且会使本来已变得简化的诉讼趋于复杂。因此，除非能够提供充分的相反证据推翻自认事实，否则一旦自认，便很难撤销。

相关法律规定

《最高人民法院关于适用〈中华人民共和国民事诉讼法〉的解释》

第九十二条 一方当事人在法庭审理中，或者在起诉状、答辩状、代理词等书面材料中，对于己不利的事实明确表示承认的，另一方当事人无需举证证明。

对于涉及身份关系、国家利益、社会公共利益等应当由人民法院依职权调查的事实，不适用前款自认的规定。

自认的事实与查明的事实不符的，人民法院不予确认。

《最高人民法院关于适用〈中华人民共和国民事诉讼法〉若干问题的意见》（已失效）

75. 下列事实，当事人无需举证：

（1）一方当事人对另一方当事人陈述的案件事实和提出的诉讼请求，明确表示承认的；

（2）众所周知的事实和自然规律及定理；

（3）根据法律规定或已知事实，能推定出的另一事实；

（4）已为人民法院发生法律效力的裁判所确定的事实；

（5）已为有效公证书所证明的事实。

《最高人民法院关于民事诉讼证据的若干规定》

第七十四条　诉讼过程中，当事人在起诉状、答辩状、陈述及其委托代理人的代理词中承认的对己方不利的事实和认可的证据，人民法院应当予以确认，但当事人反悔并有相反证据足以推翻的除外。

法院判决

以下为该案在法院审理阶段，裁判文书中“本院认为”部分就该问题的论述：

关于“二审判决认定刘某对外以‘焦某’名义事实上履行项目部经理职务缺乏证据证明”是否成立的问题。A公司申请再审称，刘某实际为案涉项目的转承包人，并非该公司员工。本院认为，A公司的上述主张不能成立。第一，A公司在一、二审庭审中，已多次自认刘某是该公司员工。根据一审庭审笔录可知，A公司已在一审庭审中自认“刘某为一般工作人员”。而且，二审庭审中，A公司又再次认可刘某是该公司项目部工作人员，负责协调工作。这说明A公司已在诉讼中多次自认了刘某是该公司员工这一事实。第二，依据陈某1提供的证人证言、《承诺书》，以及陈某2提供的证人证言，不能得出“二审判决认定刘某是公司员工缺乏证据”的结论。根据《最高人民法院关于民事诉讼证据的若干规定》第七十四条“诉讼过程中，当事人在起诉状、答辩状、陈述及其委托代理人的代理词中承认的对己方不利的事实和认可的证据，人民法院应当予以确认，但当事人反悔并有相反证据足以推翻的除外”之规定可知，A公司要推翻其在一、二审中对刘某是该公司员工的自认，则需要充分证据证明。陈某1作为A公司四川分公司负责人，属于与A公司有利害关系的证人，而陈某2作为A公司的项目部安全员，亦与该公司具有利害关系。根据《最高人民法院关于民事诉讼证据的若干规定》第六十九条“下列证据不能单独作为认定案件事实的依据……（二）与一方当事人或者其代理人有利害关系的证人出具的证言”之规定，陈某1、陈某2提供的证据都不能单独作为认定“刘某不是A公司员工，而是与A公司之间为转包关系”的证据。因此，陈某1、陈某2作为A公司利害关系人单方提供的证据不足以推翻A公司在

一、二审中的自认。第三，A公司再审提交的《汇划来账回单》《收据》等与刘某是否支付工程保证金没有关联性。A公司再审提交的所谓刘某支付工程保证金的《汇划来账回单》上并未记载汇款人是刘某，而《收据》上则既无A公司公章，亦无刘某签名，无法确认其真实性。至于《中国建设银行网上银行电子回单》则只能证明A公司曾向该项目工程指挥部汇款，而不能证明该款项为刘某所交。第四，A公司再审提交的相关银行转账凭证不足以证明刘某是案涉项目分包人。虽然A公司提供的相关银行转账凭证表面显示有部分款项直接从其公司账户转至了刘某名下，但转移款项行为的本身，也只能证明A公司向刘某支付了一些款项，并不足以证明该款项就是业主拨付的项目工程款，与刘某是否为该项目承包人更无直接关联。至于从案外人账户汇入刘某名下的款项，A公司虽然主张也是付给刘某的工程款，但并没有提供同一项目工程款为何要借用其他人或公司多个账户转账的正当理由，也未说明A公司汇入案外人账户款项与案外人汇入刘某账户款项数额存在不一致之处的原因。另外，上述转账行为发生在一审诉讼前，不属于再审时新发现的证据。A公司申请再审也未说明逾期提交上述银行凭证的原因。第五，A公司申请再审提交的工资表上虽然批准一栏有刘某的签名，但在其签名上方印有“制表日期”及“A公司”字样。从该表外观形式和文义表示来看，该表是由A公司制作，具体工资数额则由刘某审批。这说明刘某是以A公司内部管理者身份对相关人员工资数额进行审批，而非以其个人名义进行审批。虽然该表没有安全员陈某2的名字，但也不能因此得出刘某是该项目实际承包人这一结论。至于业主方一审中关于刘某撤场的陈述，则应结合其具体表述探究其意思。根据A公司再审提交的业主方陈述证据可知，业主的具体陈述为“刘某是用焦某的名义进行施工的。后来，刘某不做走了，公司又派陈某1来的”。该表述证明两点：一是刘某用焦某名义施工，而焦某为A公司项目经理，也即业主方认为刘某用A公司名义施工；二是刘某走后，A公司又派其员工陈某1接手。显然，业主方的陈述并不能证明刘某是该项目的承包人。由上，A公司虽然提供了众多证据力图证明刘某不是该公司员工而是项目承包人，但其提供的证据均是证明力较弱的间接证据。根据日常生活经验可知，A公司与刘某之间如真的有工程量较大的分包或承包关系，两者之间应当会签订相关书面协议明确双方权利义务。但A公司始终未提交其与刘某之间关于案涉工程分包的书面协议，这显然与常理不合。综上，二审法院根据A公司一、二审自认及其他相关证据认定刘某是公司员工、履行项目经理职责并非缺乏证据证明。

案件来源

A 建设发展有限责任公司、莫某民间借贷纠纷申请再审民事裁定书［最高人民法院（2014）民申字第 1632 号］

延伸阅读

裁判规则一：当事人欲推翻自认事实，应当提供充分的相反证据。

案例一：刘某、冀某民间借贷纠纷再审审查与审判监督民事裁定书［最高人民法院（2017）最高法民申 4574 号］认为，“对于冀某认为刘某尚欠其 600 万元债务的事实，冀某已提供有效证据证明债权形成的事实基础，刘某亦自认尚欠冀某借款 600 万元左右的事实，刘某既无证据证明其对款项性质的自认存在重大误解，也无证据推翻其自认的事实。而且，刘某的自认事实有 2012 年 6 月 12 日刘某向 A 公司六安分公司出具的《付款委托书》《付款保证书》等证据支持。因此，原判决采信刘某的自认并不属于适用法律错误。因担保人 A 公司对冀某与刘某之间债务承担担保责任是有条件的担保，主债务是否符合担保的条件而成为有担保的债务，与主债务成立与否的判断标准和依据本就不同，故刘某认为原判决对此采用了不同的判断标准属适用法律确有错误的理由不成立。”

案例二：通化市 A 公司、白某民间借贷纠纷二审民事判决书［最高人民法院（2017）最高法民终 720 号］认为，“2012 年 12 月 27 日，刘某向白某账户汇入 3000 万元；2012 年 12 月 29 日，刘某与 A 公司签订《协议书》，约定刘某将三辆车作价 350 万元出售给 A 公司，白某承认刘某用三台车抵顶了应付给白某的 350 万借款；2012 年 12 月 27 日，白某向刘某出具收据三张，金额共计 3350 万元。而白某在原审中也认可借款本金为 3350 万元，因此原审认定借款本金数额为 3350 万元正确。虽然 2012 年 12 月 27 日，刘某先向白某账户汇入 2400 万元，白某将其中的 600 万元汇回刘某账户，此后刘某再将该 600 万元汇入白某账户，但白某承认其汇回给刘某的 600 万元系其偿还刘某此前的借款，与案涉借款无关，因此白某上诉主张本案借款本金为 2400 万元缺乏事实依据。至于案涉三辆车 350 万元应否认定为借款本金的问题。白某在一审中自认三台车抵顶刘某借款 350 万元，其之后虽反言为买卖，主张 350 万元系车辆买卖价款，并非借款本金，但并未提供证据证实，根据《最高人民法院关于民事诉讼证据的若干规定》第七十四条关于‘诉讼过程中，当事人在起诉状、答辩状、陈述及其委托代理人的代理词中承认的对己方不利的事实和认可的证据，人民法院应当予以确认，但当事人反悔并有相反证据足以推翻的除外’的规定，对白某该自认事实，一审予以确认，并无不当，白某此项上诉理由不能成立。”

裁判规则二：一方当事人作出自认后，对方当事人对该事实的证明责任免除，而非免除其自身证明责任。

案例三：黑龙江A公司、马某民间借贷纠纷二审民事裁定书［最高人民法院（2017）最高法民终7号］认为，“《最高人民法院关于适用〈中华人民共和国民事诉讼法〉的解释》第九十二条规定，一方当事人在法庭审理过程中，或者在起诉状、答辩状、代理词等书面材料中，对于已不利的事实明确表示承认的，另一方当事人无需举证证明。一方面，马某对于于已有利的事实予以认可不属于自认。在一审审理过程中，马某虽然认可借款本金数额为8500万元，该数额少于其一审诉讼请求主张的11,792万元。从表面上看，马某的认可于其不利，但根据前述分析，在马某所举证据不足以证明其交付借款本金的数额时，马某认可统计情况表所载明的借款本金为8500万元，实际上对其是有利的。因此，马某认可借款本金8500万元，不属于自认。另一方面，一审判决以马某的自认为由免除马某所负的举证责任属于适用法律不当。根据上述司法解释规定，一方自认的法律效果，是免除对方的举证责任。本案中，借款本金实际交付这一问题的举证责任应由马某负担，而热力公司对该问题不应承担举证责任，亦无从免除。因此，一审判决以马某对借款本金为8500万元予以认可为由，免除了其对借款交付本金数额的举证责任，直接认定马某实际交付借款本金为8500万元不当。马某实际交付借款本金的数额应进一步查明。”

裁判规则三：当事人的自认事实应当在诉讼文件中有明确记载。

案例四：山西A公司、于某等民间借贷纠纷申请再审民事裁定书［最高人民法院（2015）民申字第3116号］认为，“关于石某是否曾在一审庭审中自认预先扣除利息的问题。经查A公司和于某在本院审查期间提交的一审庭审笔录复印件，其中并无石某作此自认的记载。于某以该庭审笔录仅末页有其签名，而前4页没有其签名为由，主张该庭审笔录是伪造的，依据不足。另外，A公司和于某提交的二审上诉状中仅有‘上诉人在一审庭审中已经如实陈述了借款被预先扣除利息的事实，但一审法院依旧认定借款本金为200万元’的内容，而并未提及石某自认预先扣除利息。因此，A公司和于某申请再审称石某已自认预先扣除21万元利息，原判认定事实错误的理由，不能成立。”

裁判规则四：自认是对当事人自身权利的处分，不影响其他共同诉讼人的诉讼权利。

案例五：刘某与邹某、牟某等民间借贷纠纷二审民事判决书［山东省高级人民法院（2014）鲁民一终字第 155 号］认为，“本案的原审被告王某，其身份是被告，而非证人，其不能同时拥有被告和证人的双重身份，其自认行为是对自身权利的处分，不能证明上诉人对被上诉人的诉讼请求的认可，原审判决依据同为被告的王某自认行为认定上诉人与被上诉人之间存在债权债务关系，是对案件事实的错误认定。”

裁判规则五：自认表示应当明确，且应与对方当事人的事实陈述一致。

案例六：陈某民间借贷纠纷审判监督民事判决书［浙江省高级人民法院（2015）浙商提字第 8 号］认为，“《最高人民法院关于民事诉讼证据的若干规定》第八条第一款作了明确规定，诉讼过程中，一方当事人对另一方当事人陈述的案件事实明确表示承认的，另一方无须举证。自认的表示应当是明确的，且应与对方当事人的事实陈述一致。经审查双方提交的多份笔录，陈某的陈述系主要针对对账单本身文义和 2007 年 3 月 29 日 1000 万元借款之构成所作的说明，未明确涉及双方所有款项往来的结算问题。有的陈述还直接强调除对账单载明外还有其他欠款本金。更重要的是，A 公司一方也不认为对账单是双方最终的结算，本案不符合双方对该事实陈述一致这一自认的本质。例如，2008 年 12 月 25 日笔录中，A 公司及汪某明确陈述对账单不是完全的结算；本案再审庭审中，A 公司及汪某明确表示，清单是陈某单方作出解释，A 公司、汪某从未认可过；再审中本院询问对账单出具的时间时，A 公司一方表示不能确定；关联案件（2015）浙商提字第 9 号案再审中，本院询问‘清单是不是双方对借款的结算’时，A 公司一方回答：‘问过汪某，汪某认为不是结算，不然会有双方签字，举证是为了证明关联账户的情况。’‘该清单是汪某无意找到的，对账是不存在的，即便当时清单是陈某的意思表示，汪某是否认可，还需要进行核对账目过程，再有签字确认，这才是完整的对账。’因此，A 公司、汪某提出的陈某的诉讼行为构成自认、陈某关于对账清单的解释与借条矛盾的理由不能成立。”

042 被告自认借款事实，为何原告依然败诉？

——夫妻一方涉嫌虚假诉讼损害另一方利益，即使其单方自认债务，原告亦应当对借款事实承担证明责任

阅读提示

自认是指当事人一方对他方所主张的不利于自己的事实在有关诉讼文书上或

言词辩论中承认为真实的声明或作出不予争执的表示。一般情况下，自认具有免除对方当事人的举证责任的法律效力，反映了对当事人的拘束力。但在特殊情况下，考虑到当事人自认可能会侵犯他人、社会利益，即使当事人一方自认，法院也依然要求另一方对该事实进行举证。本案例便颇具代表性，载于《最高人民法院公报》2014 年第 12 期。该案法院认为，当夫妻一方涉嫌与第三人恶意串通、通过虚假诉讼虚构婚内债务，其单方自认债务，并不免除原告对借款事实的举证责任。自认债务的夫妻一方可自行向原告偿还债务，法院不予处理。

裁判要旨

夫妻一方具有和第三人恶意串通、通过虚假诉讼虚构婚内债务嫌疑的，该夫妻一方单方自认债务，并不必然免除"出借人"对借贷关系成立并生效的事实应承担的举证责任。

案情简介

赵某与项某系朋友关系，项某与何某系夫妻关系。

2007 年 7 月 20 日，项某向赵某出具《借条》一张，载明项某向赵某借款人民币 20 万元。

2009 年 6 月 18 日，项某与何某签署协议，对双方个人和共同财产予以确认，但未涉及本案诉争借款。

2010 年 7 月，项某与何某分居。后何某两次向法院起诉离婚，但均经法院调解不予离婚。

2013 年，赵某向上海市长宁区人民法院对项某提起诉讼，诉称 2007 年赵某因项某装修资金不足而向其出借现金 20 万元，由于借款到期后项某未能还款，故请求法院判令项某偿还借款本息。项某对赵某所诉事实均无异议，但项某认为，该借款是夫妻共同债务，应由项某与何某共同偿还。

由于何某与本案结果有利害关系，长宁区人民法院追加何某为第三人，但赵某和项某对此均表示反对。何某在诉讼中否认涉案借款的真实性。后赵某申请追加何某为被告。

在本案审理的同时，何某与项某参加第三次离婚诉讼，项某在另案中首次将本案借款作为夫妻共同债务要求何某承担共同还款责任。

经本案审理，长宁区人民法院认为，赵某与项某的借贷事实并不存在，判决驳回赵某的诉讼请求。

裁判要点

在涉嫌虚假诉讼的情况下，为防止当事人自认事实侵犯他人利益，即使当事人一方自认，法院也依然要求另一方对该事实进行举证。本案中，两名被告系夫妻关系，基于其目前的婚姻状况以及利益冲突，被告项某对系争借款的认可，显然亦不能当然地产生两名被告自认债务的法律效果。并且，本案诸多事实和行为足以对项某相关陈述的真实性产生怀疑。故基于以上原因，原告赵某仍需就其与项某之间借贷关系成立并生效的事实，承担相应的举证义务。为此，法院给予原告合理的举证期限，要求其提供相应的证据证明其资产状况和现金出借能力，并释明逾期举证的法律后果。嗣后，原告明确表示拒绝提供相应的证据。原告明确表示放弃继续举证权利，而其提供的现有证据亦并未能证明涉案借款的交付事实以及原告本人的资金出借能力，其陈述的借款过程亦不符合常理，故应承担举证不能的法律后果。对于原告的诉讼请求，法院依法不予支持。至于项某个人对涉案借款的认可，因其与原告之间对此并无争议，其可自行向原告清偿，法院对此不予处理。

实务经验总结

前事不忘，后事之师。为避免未来发生类似败诉，提出如下建议：

1. 当事人在民事诉讼中应当遵循诚实信用原则，提起虚假诉讼并不可取。提起虚假诉讼，将被法院处以罚款、拘留，甚至承担刑事责任。

2. 对于一方当事人的自认，一般情况下，对方当事人无须举证，法院也无须查证，但并非绝对。对于可能损害国家利益、社会公共利益或者他人合法权益的事实，即使当事人一方自认，法院依然应当查明案件事实。本案中夫妻一方自认涉案债务系夫妻债务，但案件诸多疑点表明原告与夫妻一方之间可能存在恶意串通、虚假诉讼之嫌，因此为了保护夫妻另一方的合法权益，法院对原告的举证责任不予免除。

相关法律规定

《最高人民法院关于民事诉讼证据的若干规定》

第十五条　《民事诉讼法》第六十四条规定的“人民法院认为审理案件需要的

证据”，是指以下情形：

（一）涉及可能有损国家利益、社会公共利益或者他人合法权益的事实；

（二）涉及依职权追加当事人、中止诉讼、终结诉讼、回避等与实体争议无关的程序事项。

第七十四条 诉讼过程中，当事人在起诉状、答辩状、陈述及其委托代理人的代理词中承认的对己方不利的事实和认可的证据，人民法院应当予以确认，但当事人反悔并有相反证据足以推翻的除外。

《最高人民法院关于适用〈中华人民共和国民事诉讼法〉的解释》

第九十二条 一方当事人在法庭审理中，或者在起诉状、答辩状、代理词等书面材料中，对于己不利的事实明确表示承认的，另一方当事人无需举证证明。

对于涉及身份关系、国家利益、社会公共利益等应当由人民法院依职权调查的事实，不适用前款自认的规定。

自认的事实与查明的事实不符的，人民法院不予确认。

《最高人民法院关于适用〈中华人民共和国民事诉讼法〉若干问题的意见》（已失效）

75. 下列事实，当事人无需举证：

（1）一方当事人对另一方当事人陈述的案件事实和提出的诉讼请求，明确表示承认的；

（2）众所周知的事实和自然规律及定理；

（3）根据法律规定或已知事实，能推定出的另一事实；

（4）已为人民法院发生法律效力的裁判所确定的事实；

（5）已为有效公证书所证明的事实。

《最高人民法院、最高人民检察院关于办理虚假诉讼刑事案件适用法律若干问题的解释》（法释〔2018〕17号）

第一条 采取伪造证据、虚假陈述等手段，实施下列行为之一，捏造民事法律关系，虚构民事纠纷，向人民法院提起民事诉讼的，应当认定为刑法第三百零七条之一第一款规定的“以捏造的事实提起民事诉讼”：

（一）与夫妻一方恶意串通，捏造夫妻共同债务的；

……

法院判决

以下为该案在法院审理阶段，裁判文书中“本院认为”部分就该问题的论述：

首先，原告赵某在本案中虽然表示向被告项某主张还款，但项某辩称涉案借款用于两名被告夫妻共同生活，应由两名被告共同偿还。事实上，经法院调查，在两名被告的第三次离婚诉讼中，项某也始终将本案借款作为夫妻共同债务要求何某承担相应的还款责任。基于本案处理结果与何某有法律上的利害关系，法院依法将其追加其为第三人参加诉讼。后因项某的上述抗辩，原告申请追加何某为被告。在此过程中，原告及项某一再反对何某参加本案诉讼，不仅缺乏法律依据，亦有违常理。何某作为本案被告以及利害关系人，当然有权就系争借款陈述意见提出抗辩主张。

其次，基于两名被告目前的婚姻状况以及利益冲突，被告项某对系争借款的认可，显然亦不能当然地产生两名被告自认债务的法律效果。并且，项某称其于2007年8月2日用涉案借款中的100,000元提前归还房贷。然而，经法院依职权调查，项某银行交易纪录却显示当天有100,000元存款从其名下银行账户支取，与其归还的银行贷款在时间、金额上具有对应性。此外，项某银行账户在同期存有十几万元存款，其购房银行贷款也享有利率的七折优惠，再以5%的年利率向他人借款用以冲抵该银行贷款，缺乏必要性和合理性。本案于2013年3月7日开庭时，项某经法院合法传唤明确表示拒绝到庭。上述事实和行为足以对项某相关陈述的真实性产生怀疑。故基于以上原因，原告赵某仍需就其与项某之间借贷关系成立并生效的事实，承担相应的举证义务。

最后，原告赵某自述其名下有多套房产，且从事经营活动，故其具有相应的现金出借能力。但其亦表示向被告项某出借200,000元时，其本人因购房负担着巨额银行贷款。为此，法院给予原告合理的举证期限，要求其提供相应的证据证明其资产状况和现金出借能力，并释明逾期举证的法律后果。嗣后，原告明确表示拒绝提供相应的证据。法院认为，原告明确表示放弃继续举证权利，而其提供的现有证据亦并未能证明涉案借款的交付事实以及原告本人的资金出借能力，其陈述的借款过程亦不符合常理，故应承担举证不能的法律后果。对于原告的诉讼请求，法院依法不予支持。至于项某个人对涉案借款的认可，因其与原告之间对此并无争议，其可自行向原告清偿，法院对此不予处理。

案件来源

赵某诉项某、何某民间借贷纠纷案一审民事判决书［《中华人民共和国最高人民法院公报》2014 年第 12 期］

延伸阅读

裁判规则：被告自认借贷事实，但涉嫌恶意串通损害他人利益的，原告的举证责任并不免除，法院依然应当对案件事实进行审查。

案例一：陆某 1 与李某、陆某 2 民间借贷纠纷二审民事判决书［湖北省高级人民法院（2016）鄂民终 258 号］认为，“全面审核陆某 1、陆某 2 在原一、二审及此次一、二审过程中的观点可知，本案诉讼前，陆某 2 已起诉与李某离婚，而陆某 2 与陆某 1 系兄弟关系，对借条出具的时间、借款的原因、涉案款项的资金来源、借款用途的陈述前后不一，存在矛盾。陆某 1 作为原告提起本案诉讼，其对借贷事实的发生，负有相应的举证责任。陆某 1 主张其已出借款项 1000 万元，陆某 2 对此予以认可，而李某否认借贷行为的发生，并指出陆某 1、陆某 2 的陈述及证据存在诸多疑点。在此情形下，陆某 1 负有进一步举证的责任，其应提交补强证据以佐证借贷事实的发生。本案证据显示，陆某 1 确于 2008 年 5 月 12 日至 9 月 2 日向陆某 2 转款 1000 万元，但现有证据尚不足以证明该转账款项系陆某 1 向陆某 2 实际出借的借款。陆某 1 未能提供充分证据支持其主张，导致待认定的款项是否为实际出借的事实真伪不明，应当承担相应的法律后果，依照《最高人民法院关于适用〈中华人民共和国民事诉讼法〉的解释》第一百零八条第二款的规定，应当认定该借款事实不存在。本院对陆某 1 在本案中依据借条而提出的诉讼请求不予支持。”

案例二：陆某、施某等与舒某民间借贷纠纷再审复查与审判监督民事裁定书［广西壮族自治区高级人民法院（2016）桂民申 1649 号］认为，“施某主张其与陆某之间存在有效的借款合同关系，应就双方之间存在借款的合意以及涉案借款已实际交付的事实承担举证责任。因涉案借条的落款时间与施某、陆某所称的实际借款时间不符且时间相距近九年，也没有证据证实借条载明的款项已实际交付给陆某，二审判决陆某承担清偿责任主要系基于陆某在诉讼过程中对己方不利事实的自认，并未认定涉案债务真实发生。基于陆某与舒某的婚姻状况和利益冲突、施某的举证情况以及舒某对借款真实性有异议，陆某对诉争借款的认可不能当然地产生陆某与舒某二人共同自认债务的法律效果。所以，从举证责任的分配来看，相对于舒某而言，施某未能举证证明涉案借款已实际交付给陆某的事实，舒某无须承担陆某所自认的本案债务，也无须就是否个人债务问题承担举证责任。当事人应当在法院指定的举证期限届满前提交证据，陆某主张二审法院依职权将举证责任分配给自己，应向其释明并给予合理的举证时间，缺乏事实和法律依据。”

案例三：何某与金某、徐某民间借贷纠纷一审民事判决书［徐州市泉山区人民法院（2016）苏 0311 民初 305 号］认为，“本案中，原告何某主张本案所涉共计 323,000 元款项为两被告夫妻关系存续期间的共同债务，要求两被告进行偿还。被告金某系原告之子、被告徐某与原告曾系婆媳关系，且两名被告已经离婚；基于原、被告目前的婚姻状况以及利益冲突，被告金某在审理中对原告何某主张的借款全部予以认可显然不能产生两名被告自认债务的法律效果，原告何某对其主张的借贷关系成立并生效的事实仍应承担举证责任。”

案例四：陈某 1 与陈某 2、余某民间借贷纠纷二审民事判决书［丽水市中级人民法院（2016）浙 11 民终 1361 号］认为，“本案的争议焦点在于案涉债务是否属于被上诉人陈某 2 与余某的夫妻共同债务。在本案诉讼中，上诉人陈某 1 据以主张前述债务系两名被上诉人夫妻共同债务的依据为被上诉人陈某 2 出具的借据中所载的‘我 2011 年 2 月 27 日向陈某 1 借款人民币壹拾伍万元……’之内容，但该借据系被上诉人陈某 2 在所谓的借款发生数年后出具，并非原始借款凭证。原判综合考虑两名被上诉人在 2012 年 12 月 1 日即已签署离婚协议书，两人之间存在利益冲突、除案涉借据外，上诉人陈某 1 未能提供款项交付凭证佐证案涉借据所载内容等实际情况，认定被上诉人陈某 2 对于案涉债务包括债务发生时间的自认，不能当然地产生两名被上诉人共同自认债务的法律后果，有其依据，本院予以确认。另外，依据被上诉人陈某 2 所出具的借据，案涉债务发生于两名被上诉人婚后的第二日，而被上诉人陈某 2 陈述在借取款项后即交给了案外人汇兑外币，同时在婚后几天其也即出国到波兰务工，被上诉人余某则一直在国内居住到 2012 年 7 月方才出国，至两名被上诉人于 2012 年 12 月 1 日签署离婚协议时，两名被上诉人在婚后的绝大部分时间里实际上分居两地，依据现有证据，即使案涉借款客观存在，亦不能认定该借款为两名被上诉人因共同生活需要所负的债务。因此，原判认定被上诉人余某对案涉债务不负还款责任，并无不当，本院予以确认。”

第五章　民间借贷合同的履行

043　以物抵债协议属于诺成性还是实践性合同？

——借款合同到期后当事人将借款本息转化为已付购房款而签订的房屋买卖合同为有效合同

阅读提示

关于以物抵债协议属于诺成性合同还是实践性合同的问题，司法实践中存在不同的认识，最高人民法院的裁判观点亦存在变化。2012年，最高人民法院以公报案例的形式确认以物抵债协议的性质为实践性合同，而2017年最高人民法院发布的第15批指导性案例之案例72已经将以物抵债协议确认为诺成性合同。由于是指导性案例，此后法院审判类似案件时应参照适用。

裁判要旨

借款合同双方当事人经协商一致，终止借款合同关系，建立商品房买卖合同关系，将借款本金及利息转化为已付购房款并经对账清算的，不属于《中华人民共和国物权法》第一百八十六条规定禁止的情形，该商品房买卖合同的订立目的，亦不属于《最高人民法院关于审理民间借贷案件适用法律若干问题的规定》第二十四条规定的“作为民间借贷合同的担保”。在不存在《中华人民共和国合同法》第五十二条规定情形的情况下，该商品房买卖合同具有法律效力。

对转化为已付购房款的借款本金及利息数额，人民法院应当结合借款合同等证据予以审查，以防止当事人将超出法律规定保护限额的高额利息转化为已付购房款。

案情简介

汤某等四人与A公司于2013年先后签订多份借款合同，取得对A公司合计2.6亿元借款的债权。为担保该借款合同履行，四人与A公司分别签订多份商品房预售合同，并办理了备案登记。

上述债权到期后，双方经对账确认A公司尚欠汤某等四人借款本息361,398,017.78元。随后双方重新签订商品房买卖合同，约定A公司将其名下房屋出售给汤某等四人，上述欠款本息转为已付购房款，剩余购房款待办理完毕产权转移登记后支付给A公司。双方对账表显示，借款利息分别按照月利率3%和4%、逾期利率10%计算，并计算复利。

汤某等四人向新疆维吾尔自治区高级人民法院起诉称：A公司应按约于2014年9月30日向四人交付房屋，但A公司至今拒不履行房屋交付义务。故请求判令：A公司向汤某等四人支付违约金6000万元，以及主张权利过程中的损失41.63万元。新疆维吾尔自治区高级人民法院判决：A公司向汤某等四人支付违约金9,275,057.23元，支付律师费416,300元。

A公司不服新疆维吾尔自治区高级人民法院判决，以商品房买卖合同系借款合同的担保，具有流质性质，且欠款金额包含高利等为由，提起上诉。最高人民法院认为，案涉商品房买卖合同有效，但A公司未按照约定时间交付房屋的行为，不应视为违约。故判决撤销新疆维吾尔自治区高级人民法院判决，驳回汤某等四人的诉讼请求。

裁判要点

本案最高人民法院未支持汤某等四人请求A公司支付违约金的原因在于：

第一，双方签订的商品房买卖合同未违反法律、行政法规的强制性规定，合法有效。该商品房买卖合同并非为双方之间的借款合同履行提供担保，不属于《最高人民法院关于审理民间借贷案件适用法律若干问题的规定》第二十四条规定的情形，而是借款合同到期A公司难以清偿债务时，双方协商通过将A公司所有的商品房出售给汤某等四位债权人的方式，实现双方权利义务平衡的一种交易安排。当事人的上述交易安排，并未违反法律、行政法规的强制性规定，亦不属于《中华人民共和国物权法》第一百八十六条规定禁止的流质情形。

第二，A公司的交房义务以汤某等支付首期购房款为前提，在汤某等四人尚未足额支付首期购房款的情形下，A公司未按照约定时间交付房屋，不应视为违约。最高人民法院认为，“在当事人将该欠款转化为已付购房款，并请求司法确认和保护购房者合同权利时，人民法院对基于借款合同的实际履行而形成的借款本金及利息数额应当予以审查，以避免当事人通过签订《商品房买卖合同》等方式，将违法高息合法化。”而由于法律保护的借款利率明显低于双方当事人经对账确认的借款利率（月利率3%和4%、逾期利率10%），故应当认定汤某等四人尚未足额支付商品房买卖合同约定的首期购房款。

实务经验总结

前事不忘，后事之师。为避免未来发生类似败诉，提出如下建议：

1. 本案值得关注的焦点是最高人民法院以指导性案例的形式确认了以物抵债协议属于诺成性合同，改变了此前最高人民法院将以物抵债协议认定为实践性合同的观点。因此，在不存在《中华人民共和国合同法》第五十二条规定情形的情况下，以物抵债协议自成立即生效，而非自物权变化时生效。

2. 法院对民间借贷中签订以物抵债协议前的借款利率采取主动审查的态度。即如果借款利率高于法定标准，法院将按法定利率标准确认原借款本息转化而来的物品购买价款。因此，出借人应关注该情形下其并未完成价款支付义务，权利可能会受到限制，并可能会因此而承担违约责任。

相关法律规定

《中华人民共和国合同法》

第三十二条 当事人采用合同书形式订立合同的，自双方当事人签字或者盖章时合同成立。

第四十四条 依法成立的合同，自成立时生效。

法律、行政法规规定应当办理批准、登记等手续生效的，依照其规定。

第五十二条 有下列情形之一的，合同无效：

（一）一方以欺诈、胁迫的手段订立合同，损害国家利益；

（二）恶意串通，损害国家、集体或者第三人利益；

（三）以合法形式掩盖非法目的；

（四）损害社会公共利益；

（五）违反法律、行政法规的强制性规定。

《中华人民共和国物权法》

第一百八十六条　抵押权人在债务履行期届满前，不得与抵押人约定债务人不履行到期债务时抵押财产归债权人所有。

《最高人民法院关于审理民间借贷案件适用法律若干问题的规定》

第二十四条　当事人以签订买卖合同作为民间借贷合同的担保，借款到期后借款人不能还款，出借人请求履行买卖合同的，人民法院应当按照民间借贷法律关系审理，并向当事人释明变更诉讼请求。当事人拒绝变更的，人民法院裁定驳回起诉。

按照民间借贷法律关系审理作出的判决生效后，借款人不履行生效判决确定的金钱债务，出借人可以申请拍卖买卖合同标的物，以偿还债务。就拍卖所得的价款与应偿还借款本息之间的差额，借款人或者出借人有权主张返还或补偿。

法院判决

以下为该案在法院审理阶段，裁判文书中“本院认为”部分就该问题的论述：

一、案涉《商品房买卖合同》和《预售商品房补充协议》的法律效力

本案中，双方当事人对《商品房买卖合同》的真实性均无异议，《预售商品房补充协议》的真实性亦依法可以确认，根据《中华人民共和国合同法》第三十二条、第四十四条第一款的规定，《商品房买卖合同》和《预售商品房补充协议》均已依法成立。该两份合同签订前，A公司与汤某等四人之间确实存在借款合同关系，且为履行借款合同，双方签订了《补充协议》，并依据该补充协议的约定，签订了相应的《商品房预售合同》，办理了预购商品房预告登记。但根据《预售商品房补充协议》的约定内容及双方于2014年6月18日、7月10日对账情况，双方于2014年6月18日签订的《商品房买卖合同》，系在A公司长期拖欠借款利息，已确定无能力偿还借款本金及利息的情况下，双方经协商同意，借款期限提前到期，并将对账确认的借款本息转为购房款，将双方之间的借款合同关系转变为商品房买卖合同关系，对房屋交付、尾款支付、违约责任等权利义务内容亦作出了约定。本院认为，民事法律关系的产生、变更、消灭，除基于法律特别规定，需要通过法律关系参与主体的意思表示一致形成。而民事交易活动过程中，当事人的意思表示发生变化的情况并不鲜见，该意思表示的变化，除为法律特别规定所禁止外，均应予以准许。由于《商品房买卖合同》和《预售商品房补充协议》签订时，双方之间的部分借款已经到期，其余部分借款双方当事人一致同意提前到期。在此情况下，双方经协商一致终止借款合同关系，订立《商品房买卖合同》，建立商品房买卖合同关系，将对账确认的借款本息转变为已付购房款。该商品房买卖合同并非为双方之间的借款合同履行提供担保，而是借款合同到期A公司难以清偿债务时，双方协商通过将A公司所有的商品房出售给汤某等四位债权人的方式，实现双方权利义务平衡的一种交易安排。《商品房买卖合同》及与其相关的《预售商品房补充协议》《承诺书》的内容均表明，汤某等四人具有实际向A公司购买案涉房屋的真实意愿，A公司亦具有向汤某等四人出售该房屋的真实意愿。当事人的上述交易安排，并未违反法律、行政法规的强制性规定，亦不属于《中华人民共和国物权法》第一百八十六条规定禁止的情形。尽管案涉购房款的支付源于当事人之间曾经存在的借款合同关系，但尊重当事人嗣后形成的变更法律关系性质的一致意思表示，是贯彻合同自由原则的题中应有之意。借此，对A公司所持根据《中华人民共和国合同法》第五十二条第三项之规定，本案《商品房买卖合同》《预售商品房补充协议》应认定为无效的主张，本院依法亦不予采信。A公司虽然主张双方之间部分借款关系涉嫌犯罪，现正在公安机关处理过程中，但就该主张，A公司未提供证据证明，对其该项事实主张，本院难以采信。A公司据此申请本案延期审理，亦不符合《中华人民共和国民事诉讼法》第一百四十六条之规定，对其申请，本院依法不予准许。A公司主张案涉房产的实际价值为8亿元，远高于《商品房买卖合同》约定的买卖价格，因而显失公平，侵犯了A公司其他债权人权益。就案涉《商品房买卖合同》签订时存在显失公平的事实，A公司于二审中提交的16份证据，不足以证明其所持主张，就该事实A公司亦未提供其他证据予以证明。而且，若A公司认为该交易价格显失公平，根据《中华人民共和国合同法》第五十四条之规定，应依法行使撤销权，现A公司仅以价格显失公平为由主张合同无效，缺乏事实和法律依据，本院对此不予采信。

关于A公司主张，根据《最高人民法院关于审理民间借贷案件适用法律若干问题的规定》第二十四条的规定，本案属于当事人以签订买卖合同作为民间借贷合同担保的情形，应当按照民间借贷法律关系审理的问题。本院认为，本案作为二审案件，原则上不适用上述司法解释的规定。而且依前所述，案涉《商品房买卖合同》是在借款到期后，双方当事人经协商对账后签订的，目的在于将双方之前的借款本金及利息转变为购房款，由原出借人向借款人购买标的房屋，而并非为借款合同提供担保，故本案情形亦不属于上述司法解释第二十四条规定的适用情形。A公司所持本案应按照民间借贷法律关系予以审理的上诉理由，缺乏事实和法律依据，本院对此不予采信。

二、A 公司是否应当向汤某等四人支付违约金 9,275,057.23 元及律师费 416,300 元

在确认《商品房买卖合同》和《预售商品房补充协议》真实有效的情况下，原则上应当按照合同约定确定双方当事人之间的权利义务关系。但在本案中，双方当事人均认可该商品房买卖合同系在双方原借款合同关系基础上达成的，且 A 公司提出双方在合同中确认的欠款数额，包含汤某等四人计算的高额利息。鉴于双方当事人均认可对账确认的欠款数额包含借款本金及利息，在当事人将该欠款转化为已付购房款，并请求司法确认和保护购房者合同权利时，人民法院对基于借款合同的实际履行而形成的借款本金及利息数额应当予以审查，以避免当事人通过签订《商品房买卖合同》等方式，将违法高息合法化。

二审中，经询问双方当事人，均认可《预售商品房补充协议》中确认的汤某等四人已付房款 361,398,017.78 元，系根据汤某等四人一审中提交的两份对账单显示的借款本息余额合计 351,398,017.78 元，加上王某承担的 A 公司对案外人李某的债务 1,000 万元所得。经查，汤某等四人于一审提交的 2014 年 6 月 18 日《甘 A 客户对账表》和 2014 年 7 月 10 日《甘 A 利息明细表》载明，双方之间借款利息系分别按照月利率 3%、3.5% 和 4%，逾期利率 10% 计算，并计算复利。以此计算，上述对账表及明细表所计算的借款利息的利率，已经超出法律规定的民间借贷利率保护上限。对双方当事人通过上述对账确认的欠款数额，本院依法不能予以确认。由于法律保护的借款利率明显低于双方当事人上述对账确认的借款利率，故应当认为汤某等四人作为《商品房买卖合同》的购房人，尚未足额支付合同约定的 361,398,017.78 元首期购房款。本院认为，虽然《商品房买卖合同》和《预售商品房补充协议》明确约定了 A 公司交付房屋的时间为 2014 年 9 月 30 日，但应当认为，该交房义务系以汤某等四人支付首期购房款 361,398,017.78 元为履行前提。在汤某等四人尚未足额支付首期购房款 361,398,017.78 元的情况下，A 公司未按照约定时间交付房屋，不应视为违约。鉴于此，汤某等四人以 A 公司逾期交付房屋构成违约为事实依据，要求 A 公司支付违约金及律师费，缺乏事实和法律依据。一审判决仅依据双方合同约定和对账确定的金额，认定汤某等四人已经依约履行支付首期购房款义务，A 公司逾期交付房屋构成违约，并据此判令 A 公司承担支付违约金及律师费的违约责任错误，本院对此予以纠正。

案件来源

汤某、刘某、马某、王某诉新疆鄂尔多斯 A 房地产开发有限公司商品房买卖

合同纠纷案二审判决书［最高人民法院（2015）民一终字第180号］；汤某、刘某、马某、王某与新疆鄂尔多斯A房地产开发有限公司商品房买卖合同纠纷一审民事判决书［新疆维吾尔自治区高级人民法院（2015）新民一初字第2号］

延伸阅读

根据合同的成立是否须交付标的物的角度，合同分为诺成性合同与实践性合同。前者是指当事人各方意思表示一致即成立的合同；后者是指除双方当事人的意思表示一致以外，尚需交付标的物才能成立的合同。

关于以物抵债协议属于诺成性合同还是实践性合同的问题，司法实践中存在不同的认识，最高人民法院的裁判观点亦存在变化。2012年最高人民法院以公报案例的形式确认以物抵债协议的性质为实践性合同，而2017年最高人民法院发布的第15批指导性案例之案例72已经将以物抵债协议确认为诺成性合同。由于是指导性案例，此后法院审判类似案件时应参照适用。

一、认定以物抵债协议为诺成性合同的案例（案例一——案例三）

案例一：深圳市A公司与深圳市B公司普通破产债权确认纠纷一案再审民事裁定书［最高人民法院（2016）最高法民申3384号］认为，"据原判决查明的事实，B公司与A公司于2007年7月3日签订案涉合同，约定对于B公司在深圳市蛇口渔业二村A2地块宗地号K704-17地段土地上兴建的楼宇，A公司自愿购买其第五层，建筑面积为1,023.16平方米，第六层至第十层建筑面积为4,538.7平方米，合计5,561.86平方米；双方同意上述楼宇单价为4,000元/平方米，合计13,672,000元整；B公司以该面积楼房抵付A公司的所欠钢材款13,672,000元，如B公司在土地证下发后十日内将欠款及原钢材购销合同的违约金付清，A公司同意B公司将楼收回；B公司无权单方终止合同，将楼宇出售他人，出售之款不足以还清A公司之款时，A公司可向B公司追索。上述合同系当事人双方真实意思表示，且未违反法律和行政法规的强制性规定，原判决认定合同有效并无不当。案涉合同签订后，因案涉房屋未进行竣工验收、未办理初始登记手续，尚未具备过户登记至A公司名下的条件，在B公司于2013年6月3日被深圳市中级人民法院受理破产清算时，上述案涉合同尚未履行完毕，案涉房屋的所有权并未转移登记至A公司名下，A公司对案涉房屋并不享有物权，该公司有关B公司已经认可案涉房屋归A公司所有的主张没有事实和法律依据。"

案例二：通州A公司与内蒙古B公司建设工程施工合同纠纷二审民事判决书

[最高人民法院（2016）最高法民终484号]认为，“以物抵债，系债务清偿的方式之一，是当事人之间对于如何清偿债务作出的安排，故对以物抵债协议的效力、履行等问题的认定，应以尊重当事人的意思自治为基本原则。一般而言，除当事人明确约定外，当事人于债务清偿期届满后签订的以物抵债协议，并不以债权人现实地受领抵债物，或取得抵债物所有权、使用权等财产权利，为成立或生效要件。只要双方当事人的意思表示真实，合同内容不违反法律、行政法规的强制性规定，合同即为有效。本案中，B公司与A公司呼和浩特分公司第二工程处2012年1月13日签订的《房屋抵顶工程款协议书》，是双方当事人的真实意思表示，不存在违反法律、行政法规规定的情形，故该协议书有效。”

案例三：甘肃省某供销总公司与兰州市某区人民政府、兰州市某区某乡人民政府以资抵债协议纠纷上诉案[最高人民法院（2007）民二终字第148号]认为，“本案的纠纷是因履行《产权整体移交协议书》及《补充协议》而发生的。某供销公司与某乡政府之间签订的《产权整体移交协议书》及《补充协议》，具有以资抵债的性质，双方意思表示真实，协议内容不违反国家法律的强制性规定，应为有效合同。供销公司认为该协议是无效协议的上诉主张，没有法律依据，本院不予支持。双方签订上述合同后，某乡政府便将焊材厂及其技术交付给供销公司，某供销公司已实际接管、经营焊材厂。某供销公司以协议没有公证、企业工商登记手续没有变更为由否认合同的效力，本院亦不予支持”。

二、认定以物抵债协议为实践性合同的案例（案例四——案例六）

案例四：某市国土资源局某分局与A公司、B公司、C公司债权人代位权纠纷案[最高人民法院（2011）民提字第210号]认为，“本院认为，B公司与A公司双方协议以土地作价清偿的约定构成了代物清偿法律关系。依据民法基本原理，代物清偿作为清偿债务的方法之一，是以他种给付代替原定给付的清偿，以债权人等有受领权的人现实地受领给付为生效条件，在新债务未履行前，原债务并不消灭，当新债务履行后，原债务同时消灭。本案中，B公司与A公司虽然签订了《债权债务清算协议书》并约定‘以地抵债’的代物清偿方式了结双方债务，但由于该代物清偿协议并未实际履行，因此双方原来的3481.55万元金钱债务并未消灭，A公司仍对B公司负有3481.55万元的金钱债务。据此，A公司是B公司的债务人，进而是某市国土资源局某分局的次债务人。根据《中华人民共和国合同法》第七十三条以及《合同法解释（一）》第十一条、第十三条之规定，因为B公司既未向某市国土资源局某分局承担注册资金不实的赔偿责任，又未以诉讼或者仲裁方式向A公司主张已到期债权，致使债权人某市国土资源局某分局的债权未能实现，已经构成《中华人民共和国合同法》第七十三条规定的‘债务人怠于行使其到期债权，对债权人造成损害’。因此，某市国土资源局某分局有权代位行使B公司基于《债权债务清算协议书》而对A公司享有的合法金钱债权，但该代位权的行使范围应以其对B公司的债权即注册资金不实的21,441,941元范围为限。”

案例五：丁某与无锡市A公司破产债权确认纠纷申诉、申请民事裁定书［江苏省高级人民法院（2016）苏民申6514号］认为，“案涉借款到期后，丁某与A公司又签订2013年10月30日协议，约定在A公司未还款的情况下，将借款本息转为购房款，用于网签备案涉案商品房。该约定实际表明案涉借款到期后，双方达成了以物抵债协议。债务清偿期届满后达成的以物抵债协议系实践性合同，在未实际履行、物权未转移的情况下，以物抵债的行为尚未完成，协议处于成立未生效的状态，当事人可以选择不履行，双方仍应按原有法律关系确定权利义务。本案中，案涉2套房屋办理的网签登记不产生物权转移的效力，房屋所有权仍属于A公司。现A公司已进入破产重整程序，丁某申报债权称要求拿房，A公司管理人对该申报债权不予确认，不同意按商品房买卖合同确认丁某债权，表明A公司已不同意以案涉2套房屋抵偿借款债务，丁某与A公司之间的权利义务应按照原有的民间借贷关系来确定。一审中，法院已向丁某释明其与A公司之间系民间借贷法律关系，丁某仍坚持按商品房买卖关系主张权利，故一、二审判决驳回其诉讼请求，并无不当。”

案例六：彭某、张某与南通A公司确认合同有效纠纷再审复查与审判监督民事裁定书［江苏省高级人民法院（2015）苏审二商申字第00243号］认为，“案涉借款到期后，彭某和吴某与A公司又签订2012年8月22日的《协议书》，约定在A公司到期不还款的情况下将上述十四套房屋抵偿A公司所欠借款，并于2012年12月6日，彭某及张某和A公司就其中的九套房屋重新签订了《商品房买卖合同》。该行为表明债务清偿期届满后双方达成了以物抵债协议。债务清偿期届满后达成的以物抵债协议系实践性合同，在未实际履行、物权未转移的情况下，以物抵债的行为尚未完成。本案中，虽然案涉九套房屋办理了预告登记，但预告登记并不产生物权转移的效力，房屋所有权仍属于A公司。A公司已进入破产重整程序，彭某与其丈夫张某申报债权称其要求拿房，A公司管理人对该申报债权不予确认，不同意将九套房屋交付给彭某，表明A公司已不同意以案涉九套房屋抵偿借款债务，彭某与A公司之间的权利义务应按照原有的民间借贷关系来确定。A公司已进入重整程序，彭某、张某关于要求拿房的申报债权被否认后，其可以提起诉讼要求确认债权，如其所列诉讼请求为要求确认案涉九套房屋所有权归其所有，人民法院应向其释明按照原民间借贷关系主张权利，如彭某、张某不变更诉讼请求的，应当驳回其诉讼请求。因在当事人选择不履行具有实践性的以物抵债协议的情况下，当事人的权利义务处理不涉及商品房买卖合同效力问题，彭某、张某认为一、二审法院应支持其确认该合同有效之诉讼请求的申请再审理由，不能成立。”

044 以物抵债协议未履行，债权人能否请求偿还原债务？

——以物抵债协议中未约定原债务消灭，若新债务届期不履行，债权人有权请求履行原债务

阅读提示

基于我国市场经济的深入发展，近年来因债权债务关系而产生的纠纷日益增多。其中，因以物抵债而引发的纠纷较为普遍。与其他纠纷相比，由于我国现行法律中对以物抵债没有明文规定，以物抵债纠纷的处理在司法实践中争议较大。本案对以物抵债纠纷中常见的新债清偿与债的更改的裁判规则进行了剖析。

裁判要旨

债务清偿期届满后，债权人与债务人在以物抵债协议中未约定消灭原债务，法院认定双方当事人系另行增加一种清偿债务的履行方式，原金钱给付债务并未消灭；若新债务届期不履行，致使以物抵债协议目的不能实现的，债权人仍有权请求债务人履行旧债务。

案情简介

2005年6月28日，A公司与B集团签订《建设工程施工合同》，约定A公司将财富大厦工程发包给B集团。

2012年1月13日，A公司与B集团签订《房屋抵顶工程款协议书》，约定将财富大厦A座9层抵顶A公司工程欠款。但A公司未办理房屋所有权首次登记及任何所有权变更登记。

2012年，B集团向内蒙古自治区高级人民法院起诉，请求A公司支付工程欠款。A公司反诉请求B集团提供竣工资料以及支付占用房屋租金。内蒙古自治区

高级人民法院认为B集团本诉请求及A公司反诉请求部分成立，判决A公司支付工程欠款。

A公司不服内蒙古自治区高级人民法院判决，向最高人民法院提起上诉，主张财富大厦A座9层已经抵顶部分工程款。最高人民法院认为,《房屋抵顶工程款协议书》属新债清偿，且未实际履行，所以对于涉案房屋抵顶工程款项之事实不予认定。据此，最高人民法院对A公司该项主张不予支持。

裁判要点

以物抵债属于诺成性合同，自成立时生效。当事人于债务清偿期届满后达成的以物抵债协议，若当事人未明确消灭旧债的合意，以物抵债协议性质一般应为新债清偿。双方当事人仅是另行增加一种清偿债务的履行方式，若新债务届期不履行，致使以物抵债协议目的不能实现的，债权人依然可以请求债务人履行旧债务。由于本案中A公司既未将财富大厦A座9层交付B集团实际占有使用，亦未办理所有权变更登记，致使以物抵债协议目的不能实现。据此，B集团请求A公司直接给付工程欠款应予支持。

实务经验总结

前事不忘，后事之师。为避免未来发生类似败诉，提出如下建议：

1. 对于以物抵债，我国尚无法律明文规定，司法实践中争议较大，因此当事人在签订以物抵债协议时应当关注最高人民法院相关的裁判规则。通过本案，我们可以明确，债务清偿期届满后债权人与债务人达成的以物抵债协议，若约定消灭原有的金钱给付债务，则构成债的更改，即成立新债务，债权人则不得再向债务人请求其履行旧债务；若债权人与债务人未约定消灭原有的金钱给付债务，法院则认定系双方当事人另行增加一种清偿债务的履行方式，而非原金钱给付债务的消灭，若新债务届期不履行，致使以物抵债协议目的不能实现，债权人可请求债务人继续履行旧有债务。

2. 以物抵债协议构成债的更改时，若债务人将该物出卖给第三人且第三人依法取得所有权或者该物因不可抗力而毁损灭失，则债权人可能会承担债务人履行不能的风险。但是债的更改也可能会使债权人受益，如在以房抵债中，房屋的价值可能会不断上涨。

3. 以物抵债协议构成新债清偿时，旧债务和新债务系处于衔接并存的状态，旧债务于新债务履行之前不消灭；在新债务合法有效并得以履行完毕后，因完成了债务清偿义务，旧债务才归于消灭。此约定系基于保护债权之理念而设立，债权人的债权实现得到了较高程度的保障。

4. 当事人约定以房屋抵顶债务时，为了避免不必要的损失，债权人应当要求债务人及时办理房屋变更登记。否则，即使债权人实际占有并使用该房屋，该房屋所有权依然未实际转移，债务人依然有可能将该房屋出卖给第三人。

相关法律规定

《中华人民共和国物权法》

第九条第一款 不动产物权的设立、变更、转让和消灭，经依法登记，发生效力；未经登记，不发生效力，但法律另有规定的除外。

法院判决

以下为该案在法院审理阶段，裁判文书中“本院认为”部分就该问题的论述：

首先，以物抵债，系债务清偿的方式之一，是当事人之间对于如何清偿债务作出的安排，故对以物抵债协议的效力、履行等问题的认定，应以尊重当事人的意思自治为基本原则。一般而言，除当事人明确约定外，当事人于债务清偿期届满后签订的以物抵债协议，并不以债权人现实地受领抵债物，或取得抵债物所有权、使用权等财产权利，为成立或生效要件。只要双方当事人的意思表示真实，合同内容不违反法律、行政法规的强制性规定，合同即为有效。本案中，A公司与B集团呼和浩特分公司第二工程处2012年1月13日签订的《房屋抵顶工程款协议书》，是双方当事人的真实意思表示，不存在违反法律、行政法规规定的情形，故该协议书有效。

其次，当事人于债务清偿期届满后达成的以物抵债协议，可能构成债的更改，即成立新债务，同时消灭旧债务；亦可能属于新债清偿，即成立新债务，与旧债务并存。基于保护债权的理念，债的更改一般需有当事人明确消灭旧债的合意，否则，当事人于债务清偿期届满后达成的以物抵债协议，性质一般应为新债清偿。换言之，债务清偿期届满后，债权人与债务人所签订的以物抵债协议，如未约定消灭原有的金钱给付债务，应认定系双方当事人另行增加一种清偿债务的履行方式，而非原金钱给付债务的消灭。本案中，双方当事人签订了《房屋抵顶工程款协议书》，但并未约定因此而消灭相应金额的工程款债务，故该协议在性质上应属于新债清偿协议。

再次，所谓清偿，是指依照债之本旨实现债务内容的给付行为，其本意在于按约履行。若债务人未实际履行以物抵债协议，则债权人与债务人之间的旧债务并未消灭。也就是说，在新债清偿，旧债务于新债务履行之前不消灭，旧债务和新债务处于衔接并存的状态；在新债务合法有效并得以履行完毕后，因完成了债务清偿义务，旧债务才归于消灭。据此，本案中，仅凭当事人签订《房屋抵顶工程款协议书》的事实，尚不足以认定该协议书约定的财富大厦A座9层房屋抵顶工程款应计入已付工程款，从而消灭相应金额的工程款债务，是否应计为已付工程款并在欠付工程款金额中予以相应扣除，还应根据该协议书的实际履行情况加以判定。对此，一方面，《中华人民共和国物权法》第九条第一款规定："不动产物权的设立、变更、转让和消灭，经依法登记，发生效力；未经登记，不发生效力，但法律另有规定的除外。"据此，除法律另有规定的以外，房屋所有权的转移，于依法办理房屋所有权转移登记之日发生效力。而本案中，《房屋抵顶工程款协议书》签订后，财富大厦A座9层房屋的所有权并未登记在B集团名下，故B集团未取得财富大厦A座9层房屋的所有权。另一方面，A公司已经于2010年年底将涉案房屋投入使用，故B集团在事实上已交付了包括财富大厦A座9层在内的房屋。A公司并无充分证据推翻这一事实，也没有证据证明财富大厦A座9层目前在B集团的实际控制或使用中，故亦不能认定财富大厦A座9层房屋实际交付给了B集团。可见，财富大厦A座9层房屋既未交付B集团实际占有使用，亦未办理所有权转移登记于B集团名下，A公司并未履行《房屋抵顶工程款协议书》约定的义务，故B集团对于该协议书约定的拟以房抵顶的相应工程款债权并未消灭。

最后，当事人应当遵循诚实信用原则，按照约定全面履行自己的义务，这是合同履行所应遵循的基本原则，也是人民法院处理合同履行纠纷时所应秉承的基本理念。据此，债务人于债务已届清偿期时，应依约按时足额清偿债务。在债权人与债务人达成以物抵债协议、新债务与旧债务并存时，确定债权人应通过主张新债务抑或旧债务履行以实现债权，亦应以此作为出发点和立足点。若新债务届期不履行，致使以物抵债协议目的不能实现的，债权人有权请求债务人履行旧债务；而且，该请求权的行使，并不以以物抵债协议无效、被撤销或者被解除为前提。本案中，涉案工程于2010年年底已交付，A公司即应依约及时结算并支付工程款，但A公司却未能依约履行该义务。相反，就其所欠的部分工程款，A公司试图通过以部分房屋抵顶的方式加以履行，遂经与B集团协商后签订了《房屋抵顶工程款协议书》。对此，A公司亦应按照该协议书的约定积极履行相应义务。但在《房屋抵顶工程款协议书》签订后，A公司就曾欲变更协议约定的抵债房屋的位置，在未得到B集团同意的情况下，A公司既未及时主动向B集团交付约定的抵债房屋，也未恢复对旧债务的履行即向B集团支付相应的工程欠款。B集团提起本案诉讼向A公司主张工程款债权后，双方仍就如何履行《房屋抵顶工程款协议书》以抵顶相应工程款进行过协商，但亦未达成一致。而从涉案《房屋抵顶工程款协议书》的约定看，B集团签订该协议，意为接受A公司交付的财富大厦A座9层房屋，取得房屋所有权，或者占有使用该房屋，从而实现其相应的工程款债权。虽然该协议书未明确约定履行期限，但自协议签订之日至今已四年多，A公司的工程款债务早已届清偿期，A公司却仍未向B集团交付该协议书所约定的房屋，亦无法为其办理房屋所有权登记。综上所述，A公司并未履行《房屋抵顶工程款协议书》约定的义务，其行为有违诚实信用原则，B集团签订《房屋抵顶工程款协议书》的目的无法实现。在这种情况下，B集团提起本案诉讼，请求A公司直接给付工程欠款，符合法律规定的精神以及本案实际，应予支持。

案件来源

B集团有限公司与内蒙古A房地产有限责任公司建设工程施工合同纠纷案[最高人民法院（2016）最高法民终字484号]

延伸阅读

一、以物抵债协议的性质分析

以物抵债系债务清偿的方式之一，是当事人之间对于如何清偿债务作出的安排。长期以来，我国对以物抵债协议的性质一直存在争议，主要分为两种观点：

第一种观点认为，以物抵债协议系实践性合同。最高人民法院民一庭在《债务清偿期届满后当事人间达成以物抵债协议但未履行物权转移手续，该协议效力如何确定》一文中认为，“基于代物清偿的要物性，代物清偿的成立仅有当事人合意尚不足够，必须履行物权转移手续。因此，债务清偿期届满后当事人达成以物抵债协议，在尚未办理物权转移手续前，债务人反悔不履行抵债协议，债权人要求继续履行抵债协议或要求确认所抵之物的所有权归自己的，我们认为人民法院应不予支持。但人民法院可以释明，让当事人变更诉请要求继续履行原债权债务关系。经释明，当事人要求继续履行原债权债务合同的，人民法院应当继续审理。”据此，若当事人间约定以物抵债协议，当在未办理物权转移手续之前，清偿行为尚不成立，故当事人要求履行抵债协议或根据抵债协议主张所有权的，人民法院应不予支持。

第二种观点认为，以物抵债协议系诺成性合同。当事人在债务已届清偿期后约定以物抵债，该约定为双方真实意思表示，法律上对此没有禁止性规定，故应认定以物抵债已经成立并合法有效。但当事人不能直接依据债权请求法院履行以物抵债协议。此观点也系本案中最高人民法院的观点，即“对以物抵债协议的效力、履行等问题的认定，应以尊重当事人的意思自治为基本原则。一般而言，除当事人有明确约定外，当事人于债务清偿期届满后签订的以物抵债协议，并不以债权人现实地受领抵债物，或取得抵债物所有权、使用权等财产权利，为成立或生效要件。只要双方当事人的意思表示真实，合同内容不违反法律、行政法规的强制性规定，合同即为有效”。

综上，我们可以明显看出，对于以物抵债协议性质的观点，最高人民法院存在前后不一致的情况。对此，本书认为，最高人民法院两种观点的表述存在时间上的先后：2014 年最高人民法院在《民事审判指导与参考 · 指导性案例》中认为以物抵债协议系实践性合同，而在“B 集团有限公司与内蒙古 A 房地产有限责任公司建设工程施工合同纠纷案”中认为，以物抵债协议系诺成性合同，且该案已入选 2017 年《最高人民法院公报案例》当中。根据民法中从新之理念，我们更倾向于第二种观点。

二、相关案例

裁判规则一：以物抵债协议未约定消灭原有的金钱给付债务的，应认定属于当事人另行增加的一种清偿债务的履行方式，而非原债务的消灭。

案例一：周某与山东 A 公司等建设工程施工合同纠纷一审民事判决书［山东省青州市人民法院（2017）鲁 0781 民初 2083 号］认为，“首先，被告 A 公司就被告 B 公司向其抵顶工程款的银通大厦 1601 号、1602 号、1603 号、1604 号、1633 号、1634 号、1635 号、1636 号房屋与原告协商抵顶其欠原告劳务费 2,278,550 元，为此原告与被告 B 公司签订上述房屋的商品房买卖合同八份，该八份商品房买卖合同系双方当事人的真实意思表示，不违反法律、行政法规的强制性规定，合法有效。其次，当事人于债务清偿期届满后达成的以物抵债协议，可能构成债的更改，即成立新债务，同时消灭旧债务；亦可能属于新债清偿，即成立新债务，与旧债务并存。基于保护债权的理念，债的更改一般需要有当事人明确消灭旧债的合意，否则，当事人于债务清偿期届满后达成的以物抵债协议，性质一般应为新债清偿。换言之，债务清偿期届满后，债权人与债务人所签订的以物抵债协议，如未约定消灭原有的金钱给付债务，应认定系双方当事人另行增加的一种清偿债务的履行方式，而非原金钱给付债务的消灭。最后，所谓清偿，是指以债之本旨实现债务内容的给付行为，其本意在于按约履行。若债务人未实际履行以物抵债协议，则债权人与债务人之间的旧债务并未消灭。也就是说，在新债清偿，旧债务于新债务履行之前不消灭，旧债务和新债务处于衔接并存的状态；在新债务合法有效并得以履行完毕后，因完成了债务清偿义务，旧债务才归于消灭。本案中，被告A公司同意以被告B公司抵顶给其工程款的银通大厦1601号、1602号、1603号、1604号、1633号、1634号、1635号、1636号房屋折抵其欠原告的劳务费2,278,550元在性质上应属于新债清偿协议。为此，被告B公司与原告签订商品房买卖合同八份，但上述房屋至今未交付原告，亦未办理房屋所有权登记手续，故被告A公司欠原告的2,278,550元劳务费并未消灭。原告要求被告A公司支付该劳务费的诉讼请求，本院予以支持。被告A公司关于其欠原告的劳务费因原告与被告B公司签订商品房买卖合同而履行完毕的答辩意见，本院不予采纳。”

裁判规则二：以物抵债协议构成新债清偿的，原债务的保证依然有效。

案例二：张某、沧州某房地产开发有限公司企业借贷纠纷再审民事判决书［最高人民法院（2016）最高法民再294号］认为，“当事方在《债权抵顶协议书》中并未明确约定《保证担保借款合同》项下的债务消灭；《债权抵顶协议书》中出现的‘抵顶’等表述虽有消灭原债务的意思，但其实现有赖于协议的实际履行。因此，本案的新债清偿约定只是改变了原有债务的履行方式，增加了债权实现的途径与可能。设立新债虽然是为了消灭旧债，但在协议未实际履行、旧债未消灭的情况下，原有债务的从属保证亦不应免除。”

045 债务人拒绝履行以物抵债协议，债权人能否请求继续履行？

——债务人拒绝履行以物抵债协议的，债权人有权请求继续履行

阅读提示

基于我国市场经济的深入发展，近年来因债权债务关系而产生的纠纷日益增多。其中，因以物抵债而引发的纠纷较为普遍。与其他纠纷相比，由于我国现行法律中对以物抵债没有明文规定，以物抵债纠纷的处理在司法实践中争议较大。本文将通过一篇最高人民法院的案例，对以物抵债纠纷中债务人拒绝履行以物抵债协议的问题进行剖析。

裁判要旨

当事人约定将基于借款所形成的债权债务关系转化为以物抵债协议中的权利义务关系，当债务人不履行以物抵债协议时，债权人可以请求债务人继续履行。

案情简介

2011 年 4 月至 2012 年 6 月，杜某向殷某多次出借借款。2012 年 9 月 6 日，双方签订以房抵债协议，由殷某以其所有的房屋抵偿该借款本息。

2012 年 9 月 16 日，涉案房屋共有人殷某、王某、房屋承租人闫某 1 与杜某签订协议书，将房屋租赁关系的出租人变更为杜某。

2012 年 10 月 16 日，山东省枣庄市中级人民法院在另案审理中裁定保全涉案房屋。2013 年，山东省高级人民法院另案判决殷某偿还闫某 2 借款。判决生效后，殷某未履行判决。闫某 2 遂向山东省枣庄市中级人民法院申请执行殷某名下房产。

2014 年，杜某以案外人身份向山东省枣庄市中级人民法院提出书面异议。山东省枣庄市中级人民法院裁定驳回杜某的异议。杜某遂于 2014 年 7 月 24 日向山东省枣庄市中级人民法院提起案外人执行异议之诉。

山东省枣庄市中级人民法院认为，杜某请求殷某转移涉案房屋所有权，应受法律保护，具有阻止执行的效力。据此，山东省枣庄市中级人民法院判决，终止闫某 2 对涉案房屋的强制执行。

2014 年，闫某 2 不服山东省枣庄市中级人民法院判决，向山东省高级人民法院提起上诉。山东省高级人民法院认为，杜某对涉案房屋享有的权益能够排除强制执行。据此，山东省高级人民法院判决，驳回闫某 2 上诉，维持原判。

2016 年，闫某 2 不服山东省高级人民法院判决，向最高人民法院申请再审。经最高人民法院审理后，裁定驳回闫某 2 的再审申请。

裁判要点

当事人为抵销债务而签订以物抵债协议，协议自成立时生效。当双方明确约定将债权人的债权转化为以物抵债协议标的物的对价时，双方之间基于借款所形成的债权债务关系已转化为以物抵债协议中的买卖关系。本案中，由于杜某与殷某在以物抵债协议中明确约定将杜某对殷某的债权转化为房屋转让的对价，因此杜某与殷某之间的债权债务关系转化为房屋买卖关系，杜某有权利要求殷某继续履行以物抵债协议。而对于闫某 2“在未办理物权转移手续前债务人不履行以物抵债协议，债权人不得要求继续履行”的主张，最高人民法院不予支持。

实务经验总结

前事不忘，后事之师。为避免未来发生类似败诉，提出如下建议：

1. 对于以物抵债，我国尚无法律明文规定，司法实践中争议较大，因此当事人在签订以物抵债协议时应当关注最高人民法院相关的裁判规则。

2. 以物抵债协议当事人约定将债权人的债权转化为以物抵债协议标的物的对价时，债务人有义务继续履行以物抵债协议，当债务人拒绝履行时，债权人有权要求债务人继续履行，并享有案外人排除强制执行的权利。

3. 当事人约定以房屋抵顶债务时，为了避免不必要的损失，债权人应当要求债务人及时办理房屋变更登记，否则，即使债权人实际占有并使用该房屋，该房屋所有权依然未实际转移。

相关法律规定

《最高人民法院关于适用〈中华人民共和国民事诉讼法〉的解释》

第三百一十一条　案外人或者申请执行人提起执行异议之诉的，案外人应当就其对执行标的享有足以排除强制执行的民事权益承担举证证明责任。

法院判决

以下为该案在法院审理阶段，裁判文书中“本院认为”部分就该问题的论述：

本案系案外人执行异议之诉，根据《最高人民法院关于适用〈中华人民共和国民事诉讼法〉的解释》第三百一十一条的规定，杜某是否对执行标的享有足以排除强制执行的民事权益是本案审查的核心问题。根据原审法院查明的事实，2011年4月至2012年6月，杜某与殷某之间形成借款关系。其后，双方于2012年9月6日签订以房抵债协议，由殷某以其所有的位于枣庄市薛城区燕山路东侧384号的楼房北数第二间（上下共三层）抵偿该借款本金及利息。根据协议约定，协议生效，杜某对殷某的债权转化为房屋转让的对价，双方之间基于借款所形成的债权债务关系已被以房抵债协议中的权利义务关系取代。闫某2关于杜某与殷某之间系代物清偿关系以及在未办理物权转移手续前债务人不履行以物抵债协议的债权人不得要求继续履行抵债协议或要求确认所抵之物归自己但可以要求履行原债权债务合同的主张，与当事人的约定不符，亦无法律依据，本院不予采信。

殷某、房屋共有人王某与杜某、房屋承租人闫某1于2012年9月16日签订协议书，将房屋租赁关系的出租人由殷某、王某变更为杜某，殷某亦将其已经预收的租金返还给杜某。至此，杜某已实现对房屋的合法占有、使用、收益。虽然房屋所有权尚未变更登记至杜某名下，但未变更登记是因一审法院2012年10月16日对房屋查封所致，杜某对此并无过错。原审法院认定杜某对涉案房屋享有足以排除强制执行的民事权益，判决停止对涉案房屋的强制执行，并无不当。闫某2所主张的其与殷某之间的录音证据不足以证明涉案房屋被查封时房屋尚未抵债转让的事实，其关于未办理过户登记是由杜某的过错导致、杜某在强制执行阶段才提出执行异议不符合常理属于明显的捏造进而损害闫某2合法权益的申请再审理由，缺乏证据证明，亦无法律依据，本院不予采信。关于闫某2主张的其与殷某进行谈话形成的《谈话笔录》能够证明执行异议之诉实际上是殷某虚构以房抵债协议等证据材料策划的虚假诉讼问题，由于殷某并未出庭作证，而《谈话笔录》作为书面证言不符合《中华人民共和国民事诉讼法》第七十三条的情形，该谈话笔录不能作为认定案件事实的根据。

案件来源

闫某2、杜某案外人执行异议之诉再审审查与审判监督民事裁定书［最高人民法院（2017）最高法民申2480号］

延伸阅读

裁判规则一：债务人拒不履行以物抵债协议的，应当承担违约责任。

案例一：汤某、刘某、马某、王某与新疆鄂尔多斯A公司商品房买卖合同纠纷一审民事判决书［新疆维吾尔自治区高级人民法院（2015）新民一初字第2号］认为，“双方当事人对在签订《商品房买卖合同》前存在借贷关系均不持异议。被告在对还款期限届满部分债务无力偿还借款本息的情况下，双方就借款期限未届满的部分债务确定于2014年6月18日提前到期，并于2014年7月10日对借款本息进行核算确认后，将借款本息数额转为购房款，用于原告购买被告开发的紫荆公馆部分房产，购房单价以被告提供的《紫荆公馆一号综合写字楼销售房源表》进行计算，并约定折抵后剩余38,601,982.22元房款待被告给原告办理完毕全部标的物房屋产权证书及土地使用权证书后的30日内一次性支付。《商品房买卖合同》签订后，被告未偿还借款和利息。可见，双方借贷关系通过协商一致予以解除，其基于借贷关系而发生的债权债务因设立新的商品买卖合同法律关系而归于消灭。因此，双方当事人之间系商品房买卖法律关系。被告认为双方之间系名为商品房买卖实为民间借贷法律关系的抗辩理由与事实不符，本院不予采纳。

综上，双方签订的《商品房买卖合同》和《预售商品房补充协议》系双方真实意思表示，不违反我国法律、法规的强制性规定，属合法有效。双方之间系商品房买卖合同的法律关系。合同相对人应按约定忠实履行各自合同义务。履行合同不符合约定的，应当承担违约责任。”

裁判规则二：债务人拒绝履行以物抵债协议的，债权人不得请求其继续履行。

案例二：于某与淮安市A公司商品房销售合同纠纷申诉、申请民事裁定书［江苏省高级人民法院（2017）苏民申1593号］认为，“首先，‘以物抵债’是指债务人与债权人约定以债务人或经第三人同意的第三人所有的财产折价归债权人所有，用以清偿债务的行为。本案中，现有证据表明，A公司欠B公司工程款，因此将涉案两套房屋抵给B公司以抵偿部分工程款；而B公司又欠于某建材款，故将涉案两套房屋抵给于某以抵偿建材款。虽然于某与A公司签订的补充协议中，表述的是‘工程队把此房转卖给于某’，但实质上，于某与B公司之间仍是以涉案房屋抵偿建材款，并非真正意义上的房屋买卖关系。故本案仍属‘以物抵债’。其次，《中华人民共和国物权法》第九条第一款规定，不动产物权的设立、变更、转让和消灭，经依法登记，发生效力；未经登记，不发生效力，但法律另有规定的除外。本案中，涉案两套房屋的产权并未经登记变更到王某名下，故王某并非涉案房屋的所有权人。再次，于某一审起诉时未将王某作为本案被告，诉讼过程中亦未申请追加王某为第三人，且王某并非本案必要共同被告，故一、二审法院未追加王某参与诉讼，程序并无不当。最后，债务清偿期届满后当事人达成以物抵债协议，在尚未办理物权转移手续前，债务人反悔不履行抵债协议，债权人要求继续履行抵债协议或要求确认所抵之物的所有权归自己的，人民法院应驳回其诉讼请求。因此，一、二审判决驳回于某的诉讼请求，并无不当。”

案例三：张某1与张某2、李某所有权确认纠纷一审民事判决书［江苏省东海县人民法院（2017）苏0722民初7387号］认为，“本案原告张某1向本院提起诉讼，要求确认诉争房屋归其所有，其向本院提起诉讼的请求权基础为原、被告之间存在债权债务关系，两名被告将183平方米土地抵充所欠原告债务。案件审理过程中，原告张某1并未提交借据、转账凭证、以房抵债协议书等证据证实原、被告之间存在债权债务关系，并达成以房抵债协议。原告仅提供了证人证言，但其提供的证人证言不能证实其主张，故原告对此应当承担举证不能的责任。原、被告系亲属关系，即便原告主张是事实，原、被告之间达成以房抵债协议，根据相关规定，债务清偿期届满后当事人达成以物抵债协议，在尚未办理物权转移手续前，债务人反悔不履行抵债协议，债权人要求继续履行抵债协议或要求确认所抵之物的所有权归自己的，人民法院应当驳回其诉讼请求。本案原、被告至今并未进行有效登记，涉案土地登记人为被告李某，原告的主张不足以产生物权变更效力，故本院对原告诉讼请求不予支持。”

裁判规则三：签订以房抵债协议后未办理房产变更登记的，债权人未取得房屋所有权。

案例四：夏某与陈某1、陈某2等第三人撤销之诉二审民事判决书［江苏省宿迁市中级人民法院（2017）苏13民终4617号］认为，“不动产物权的设立、变更、转让和消灭，经依法登记，发生效力；未经登记，不发生效力。虽然夏某与陈某2、郑某签订房屋转让协议，但并未办理涉案房屋权属转移手续，涉案房屋未发生物权变更效力。夏某称其于2014年实际占有涉案房屋，并申请证人陈某出庭作证，但该证据不足以证实其主张。夏某又称其在案外人吴某之后占有涉案房屋，但其未能提供证据证实自己的主张。同时，一审法院在执行过程中，经调查涉案房屋并非由夏某占有，故而向陈某2、郑某作出公告要求其将室内财产进行腾空、搬离。因此，陈某2、郑某并未将涉案房屋实际交付给夏某，夏某并不能以实际占有为由对涉案房屋主张权利。因陈某2、郑某未能向夏某偿还借款，遂签订房屋转让协议，以涉案房屋抵偿所借款项，但涉案房屋未实际交付夏某，亦未办理权属转移手续，之后陈某2、郑某又与陈某1签订房屋买卖协议，对于夏某主张确认其为涉案房屋实际所有权人的请求，不予支持。对于夏某主张撤销江苏省宿迁市宿豫区人民法院（2016）苏1311民初1077号判决的请求，本院亦不予支持。”

046 股东未足额缴纳出资，公司能否主张以股东借款抵销？

——股东未足额缴纳出资的，股东对公司的债权并不当然抵销

阅读提示

市场经济的发展，促进了市场法律关系的多元。在民间借贷领域中，由于门槛低，融资快等特点，公司通过半借贷、半股权进行融资已屡见不鲜。在此种融资方式下，公司与出借人往往出现两种法律关系，即股权投资与民间借贷。然而

在司法实践中，部分公司为抵销债务，通过扩大公司注册资本的方式，希望能将出借人的借款转化为股权投资。但是在公司增资的情况下，能否直接要求将借款转为股权投资呢？

裁判要旨

对公司享有借贷债权的股东未按照股东会决议足额缴纳出资的，公司或已按期足额缴纳出资的股东可以要求其足额缴纳出资，并按照相关约定承担违约责任，而非直接抵销借款。

案情简介

2009 年 9 月 22 日，李某向 A 公司汇款 1000 万元，双方约定资金中 360 万元为注册资金，640 万元为借款。

2010 年 6 月 8 日，A 公司召开第一次股东会，并形成股东会决议，确定李某持股 10%，股本金 360 万元。

后 A 公司注册资金增至 6200 万元，李某持股 10%，其出资额于 2011 年 4 月 14 日增至 620 万元，借款金额为 280 万元。

2010 年至 2012 年，A 公司归还李某借款共计 150 万元。

2012 年 4 月 18 日，A 公司召开股东会，确定全体股东最低投资额为 9000 万元，李某持股 10%，最低投资额为 900 万元。

2013 年，李某向昌吉回族自治州中级人民法院起诉，请求 A 公司偿还借款本息。A 公司抗辩称，根据 2012 年 4 月 18 日股东会会议纪要，李某的出资额应达到 900 万元，2009 年的借款已经全部转化为股本金，因此双方并非借款关系。昌吉回族自治州中级人民法院认为，双方之间形成的是借款合同的债权债务关系，判决 A 公司向李某偿还借款本息。

A 公司不服，向新疆维吾尔自治区高级人民法院提起上诉。新疆维吾尔自治区高级人民法院认为李某的出资行为实为对 A 公司的自愿增资，并非民间借贷。据此，新疆维吾尔自治区高级人民法院撤销一审判决，驳回李某的诉讼请求。

2014 年，李某向最高人民法院申请再审，最高人民法院裁定提审本案。最高人民法院认为，股东会议纪要的约定并不必然成为直接抵扣李某借款的依据，且 A 公司陆续归还李某借款，也以实际行动表明借款事实存在。据此，最高人民法院撤销二审判决，维持一审判决。

裁判要点

本案中，李某与A公司之间为民间借贷而非股权投资法律关系，案涉股东会议纪要的约定并不必然成为直接抵扣李某借款的依据。

第一，案涉股东会会议纪要中的最低投资额并不等同于公司的注册资本。有限责任公司增资前首先应当由股东会对增资作出特别决议；其次公司应当依法修改章程中有关注册资本及股本认缴出资的条款；最后增资后应依法向公司登记机关办理变更登记。若股东会议通过后，股东仍不按照规定缴纳出资，应当向公司足额缴纳并向已按期足额缴纳出资的股东承担违约责任。本案中，A公司未按照2012年4月18日股东会会议纪要实际履行，也未办理工商变更登记。

第二，如果李某确实未按照股东会决议缴纳出资，公司或其他已经足额缴纳增资的股东可以要求李某缴纳出资款项，并按照相关约定承担违约责任，而非直接抵销借款。

第三，2012年4月18日股东会议纪要通过后，A公司仍陆续归还李某借款共计50万元，表明A公司认可双方的民间借贷关系。

实务经验总结

前事不忘，后事之师。为避免未来发生类似败诉，提出如下建议：

1. 公司增加注册资本，应当依照《中华人民共和国公司法》第四十三条、第一百七十八条第一款和第一百七十九条第二款的规定履行增资程序。增资前首先由股东会对增资作出特别决议，其次公司应当依法修改章程中有关注册资本及股本认缴出资的条款，最后应依法向公司登记机关办理变更登记。

2. 根据《中华人民共和国公司法》第二十八条第二款的规定，当股东会决议通过后，如果股东不按照规定缴纳出资的，除应当向公司足额缴纳外，还应当向已按期足额缴纳出资的股东承担违约责任。

相关法律规定

《中华人民共和国公司法》

第二十八条 股东应当按期足额缴纳公司章程中规定的各自所认缴的出资额。股东以货币出资的，应当将货币出资足额存入有限责任公司在银行开设的账户；以非货币财产出资的，应当依法办理其财产权的转移手续。

股东不按照前款规定缴纳出资的，除应当向公司足额缴纳外，还应当向已按期足额缴纳出资的股东承担违约责任。

第四十三条第二款 股东会会议作出修改公司章程、增加或者减少注册资本的决议，以及公司合并、分立、解散或者变更公司形式的决议，必须经代表三分之二以上表决权的股东通过。

第一百七十八条第一款 有限责任公司增加注册资本时，股东认缴新增资本的出资，依照本法设立有限责任公司缴纳出资的有关规定执行。

第一百七十九条第二款 公司增加或者减少注册资本，应当依法向公司登记机关办理变更登记。

《中华人民共和国合同法》

第九十九条 当事人互负到期债务，该债务的标的物种类、品质相同的，任何一方可以将自己的债务与对方的债务抵销，但依照法律规定或者按照合同性质不得抵销的除外。

当事人主张抵销的，应当通知对方。通知自到达对方时生效。抵销不得附条件或者附期限。

法院判决

以下为该案在法院审理阶段，裁判文书中“本院认为”部分就该问题的论述：

股东会议纪要的约定并不必然成为直接抵扣李某借款的依据。

第一，案涉股东会会议纪要中的最低投资额并不等同于公司的注册资本。公司以股东投资行为为基础而设立，有限责任公司的注册资本为在公司登记机关登记的全体股东认缴的出资额，股东亦应按期足额缴纳公司章程中规定的各自所认缴的出资额。增资是公司为扩大经营规模、拓展业务、提高公司资信度，依法增加注册资本的行为。有限责任公司增加注册资本时，股东认缴新增资本的出资，按照公司法设立有限责任公司缴纳出资有关规定执行。增资前首先由股东会对增资作出特别决议，其次公司应当依法修改章程中有关注册资本及股本认缴出资的条款，最后增资后应依法向公司登记机关办理变更登记。

根据A公司工商档案记载，A公司注册资本为6200万元，李某完成出资620万元义务并占有A公司10%股份。A公司并未按照2012年4月18日股东会会议纪要实际履行，也未办理工商变更登记。根据A公司章程，亦未对股东出资情况进行变更。

第二，股东会决议通过后，如果股东不按照规定缴纳出资的，除应当向公司足额缴纳外，还应当向已按期足额缴纳出资的股东承担违约责任。作为公司或其他已经足额缴纳增资的股东而言，可以要求李某缴纳出资款项，并按照相关约定承担违约责任，而非直接抵销借款。

另外，就本案2012年4月18日股东会议纪要通过后，2012年6月11日、2012年8月27日及2012年9月29日，A公司陆续归还李某借款20万元、20万元、10万元，共计50万元。表明A公司以实际行动认可李某在A公司账户除620万元股东款项之外为借款。

综上，A公司仅根据该会议纪要认为双方争议的款项系李某向A公司的出资款，证据不足。

案件来源

李某与新疆A玻璃有限公司民间借贷纠纷再审民事判决书［最高人民法院（2015）民提字第4号］

延伸阅读

裁判规则一：公司为获取资金而向他人融资的，属于民间借贷。

案例一：上诉人李某、甘肃A公司、林某与被上诉人屈某借款合同纠纷二审判决书［甘肃省高级人民法院（2016）甘民终45号］认为，“上诉人李某和被上诉人屈某主张为借款关系；上诉人A公司和林某主张系李某和屈某对成立A公司的投资款。经查，本案中工商登记显示，甘肃A高新建筑材料有限公司成立于2011年8月4日，注册资本为1000万元，企业类型为有限责任公司，股东为林某和高某。林某为法定代表人出资700万，高某出资300万元。李某和屈某不是A公司注册股东，A公司也没有给李某和屈某签发出资证明书。林某与李某和屈某之间并未就实际出资人身份及分红问题进行约定。根据《最高人民法院关于适用〈中华人民共和国公司法〉若干问题的规定（三）》第二十四条第一款的规定：‘有限责任公司的实际出资人与名义出资人订立合同，约定由实际出资人出资并享有投资权益，以名义出资人为名义股东，实际出资人与名义股东对该合同效力发生争议的，如无合同法第五十二条规定的情形，人民法院应当认定该合同有效。’所以，李某和屈某也不符合A公司实际出资人的身份。林某和A公司客观上收取并占有使用了李某400万元和屈某50万元的款项，并出具了收据，虽然收据写明收款事由为投资砖厂用，但是林某和A公司并没有按照收据所载款项用途给李某和屈某股东身份，李某和屈某并未因出资而成为A公司股东。关于上诉人A公司和林某主张李某丈夫邹某参与公司经营管理及李某与A公司签订了《岗位承包责任书》以股东身份参与公司管理的问题。公司股东身份是法定的，一种是公司章程和工商登记上注明的注册股东；另一种是当事人约定分红方式和比例，一方实际出资（隐名股东），另一方作为名义股东。本案中李某及其丈夫邹某参与过A公司的管理经营的事实并不能证明李某的股东身份。根据《最高人民法院关于审理民间借贷纠纷适用法律问题的若干规定》第一条的规定，所谓民间借贷是指自然人、法人、其他组织之间及其相互之间进行资金融通的行为。所以，本案实质是林某以发起成立A公司为由向李某和屈某融资。李某和屈某给林某提供了450万元款项，林某和A公司出具收据，李某、屈某与林某之间的借款关系即告成立，故上诉人林某和A公司上诉主张案涉款项为投资款的上诉请求和理由不能成立。"

裁判规则二：当事人主张向公司支付的款项属于股东出资款的，应当承担举证证明责任。

案例二：郑某1与沈阳A公司、郑某2民间借贷纠纷二审判决书［最高人民法院（2015）民一终字第313号］认为，"郑某2主张为股东出资款，并提供了证人证言及其他证据。但其提交的证人证言和其他证据仅能证明郑某1在2007年就是浙江B公司的隐名股东，不能证明争议的3600万元即郑某1支付浙江B公司的股东出资款。郑某2、沈阳A公司所提供的证据不足以反驳案涉欠条、欠据所证明的事实。郑某2、沈阳A公司该项上诉理由证据不足，不予支持。"

裁判规则三：合伙协议设定保底收益条款的，不符合合作投资的基本特征，应认定为借贷关系。

案例三：熊某、湛江市A公司与陈某民间借贷纠纷二审判决书［江西省高级人民法院（2015）赣民一终字第33号］认为，"欧阳某1、唐某、陈某、何某、欧阳某2、刘某六人在2007年8月5日签订的《合伙投资协议书》中约定：经各方协商，就广东省湛江市房地产开发项目达成如下协议：'一、股东及股份：由熊某牵头，安某占湛江房地产开发项目的百分之二十二点五的股份。安某以百分制进行分配：欧阳某1 125%、唐某25%、陈某20%、何某15%、欧阳某2 210%、刘某5%。二、投资股本及利润分配：1. 第一期投资为人民币400万元，各股东按各自的股份比例进资。2. 后续投资，经股东会确认后，各股东须在通知之日起七天内到位。如未按时到位按比例减持项目股份。3. 投资股本按月息3%计算，各股东计提利息及报销相关费用后，按所占股份比例分配盈利（或承担亏损）。陈某按照该协议约定出资了 80 万元。’综合考量《合伙投资协议书》的内容，实质包含两个方面的法律关系：从各方约定投资比例及利润分配或亏损承担的内容来看，各方之间成立合作投资法律关系；从投资股本 3% 月息的保底条款来看，因预先设定利息，不符合合作投资的基本特征，而符合借贷法律关系的特征，因而就投资款而言，名为投资实为借贷，应认定为民间借贷关系。因本案所涉合作开发项目并未开工建设，不存在投资回报的问题，原审法院将《合伙投资协议书》中的约定视为投资回报并认定‘双方同意将原告投资成本及回报一同转化为借款’属于定性错误，应予纠正。因此，本案投资款应当依照民间借贷的相关法律规定予以认定和处理。”

047 民间借贷被告能否主张抵销债务？抵销须满足什么条件？

——民间借贷诉讼中被告以其享有对原告的债权主张双方债务抵销的，应举证证明享有债权的事实

阅读提示

民间借贷纠纷中，当事人之间经济往来往往较为频繁，当事人之间互负债务的现象也较为常见。那么当事人之间互负债务能否当然抵销呢？如果可以抵销，那么当事人应当如何举证？

裁判要旨

原告向法院提起民间借贷诉讼，被告以其享有对原告的债权主张双方债务抵销的，被告应当对其享有债权的事实进行举证。在双方债务均已到期，并且债务标的物种类、品质相同且不违反法律规定的情况下，双方债务可以抵销。

案情简介

2010 年至 2012 年，于某共向 A 公司出借借款 25,400,000 元，支付酒款、车款 512,028.4 元。A 公司已偿还于某借款本金为 14,568,284 元。

2011 年，A 公司向于某出借借款 99,000 元。闫某 1、闫某 2、闫某 3（闫某 1 是于某的丈夫，闫某 2、闫某 3 是闫某 1 的亲属）与 A 公司签订购房合同，约定 A 公司出卖 3 套住房和 2 个车库，购房款共计 3,135,799 元。

2014 年，于某向徐州市中级人民法院起诉，请求法院判令 A 公司偿还欠付债务。徐州市中级人民法院对于某的诉讼主张予以支持。

2015 年，A 公司不服一审判决，向江苏省高级人民法院提起上诉，主张其对于某享有的 99,000 元以及尚未收到的房款债权应与于某享有的上述债权抵销。江苏省高级人民法院认为，在 A 公司提供的 99,000 元借条和转账支票能证明案件事实的情况下，其主张该笔借款与于某的借款相互抵销，符合法律规定，应予支持。A 公司主张于某是购房合同的实际主体，主张其用购房款 3,135,799 元抵偿给于某，但该房屋并未登记在于某名下，于某与闫某 1 财产独立，因此 A 公司的诉讼主张缺乏证据证明，不能成立。

裁判要点

当事人互负到期债务，该债务的标的物种类、品质相同的，在不违反法律规定的情况下，任何一方均可以将自己的债务与对方的债务抵销。本案中，A 公司主张该笔借款与于某的借款相互抵销，符合法律规定。A 公司主张其用 3 套住房和 2 个车库作价 3,135,799 元抵偿给于某，但上述 3 套房屋并未登记在于某名下，且于某提供证据证明其与闫某 1 财产独立，在 A 公司未能进一步提供证据的情况下，法院对该诉讼主张不予支持。

实务经验总结

前事不忘，后事之师。为避免未来发生类似败诉，提出如下建议：

《中华人民共和国合同法》第九十九条规定："当事人互负到期债务，该债务的标的物种类、品质相同的，任何一方可以将自己的债务与对方的债务抵销，但依照法律规定或者按照合同性质不得抵销的除外。当事人主张抵销的，应当通知对方。通知自到达对方时生效。抵销不得附条件或者附期限。"

根据上述规定，债权债务的抵销应符合以下条件：（1）双方当事人之间互负债务、互享债权；（2）相互抵销的债务是同种类的给付；（3）双方债务必须都已届清偿期且不属于不能抵销的债务。

相关法律规定

《中华人民共和国合同法》

第九十九条　当事人互负到期债务，该债务的标的物种类、品质相同的，任何一方可以将自己的债务与对方的债务抵销，但依照法律规定或者按照合同性质不得抵销的除外。

当事人主张抵销的，应当通知对方。通知自到达对方时生效。抵销不得附条件或者附期限。

第一百条 当事人互负债务，标的物种类、品质不相同的，经双方协商一致，也可以抵销。

法院判决

以下为该案在法院审理阶段，裁判文书中“本院认为”部分就该问题的论述：

A公司在一审中已举证借条和转账支票存根，证明其于2011年1月21日出借给于某99,000元，于某对该份证据真实性亦无异议。依据《中华人民共和国合同法》第九十九条的规定，当事人互负到期债务，该债务的标的物种类、品质相同的，任何一方可以将自己的债务与对方的债务抵销，但依照法律规定或者按照合同性质不得抵销的除外。本案A公司主张该笔借款与于某的借款相互抵销，符合法律规定，其上诉理由成立。于某虽称A公司还欠付其他钱，其主张在后续诉讼中扣除该笔款项，然其尚未起诉，A公司是否还欠其钱及具体数额尚未确定，故其辩解理由本院不予采信，且本案判决该笔借款予以冲抵并不损害于某的合法权益。综上，对A公司关于在其偿还于某借款的总额中扣除该笔借款99,000元的上诉请求，本院予以支持。A公司应当偿还于某的借款本金为11,343,744.4元–99,000元=11,244,744.4元。

关于争议焦点三，A公司主张于某的购房款3,135,799元应在本案中予以冲抵能否成立的问题。

本院认为，A公司主张其用3套住房和2个车库作价3,135,799元抵偿给了于某，然而于某并不认可，上述3套房屋亦未登记在于某名下，A公司该上诉理由缺乏证据证明，不能成立。至于A公司称闫某1将购房款交给于某，而于某并未转交给他，这仅有闫某1的陈述，而于某辩称其与闫某1之间另有其他经济往来，故对此，A公司仍应另行诉讼解决，本案亦不予理涉。

案件来源

于某与徐州A房地产开发有限公司民间借贷纠纷二审民事判决书［江苏省高级人民法院（2015）苏民终字第00278号］

048 债权人免除债务的承诺能否撤销？

——完全民事行为能力的债权人在意思表示真实的情况下作出的免除债务的承诺不可撤销

阅读提示

免除是指债权人放弃部分或全部债权的单方法律行为，自通知到达债务人时起生效。那么司法实践中，债权人作出的免除债务的承诺是否可以撤销？

裁判要旨

完全民事行为能力的债权人在意思表示真实的情况下向债务人作出债务免除的意思表示时，即产生债务消灭的法律后果，债务免除的意思表示不得撤销。

案情简介

刘某与廖某、冷某是结拜姐妹，许某系廖某的前夫。刘某累计借款 44 万元给廖某，尚欠 42 万元未还。刘某累计向冷某借款 11 万元。2007 年 3 月初，刘某委托冷某向廖某催讨欠款，抵偿刘某借冷某的借款 11 万元，并签订免除债务承诺书。2007 年 3 月 9 日，刘某再次作出承诺，认可廖某的 42 万元债务以 15 万元清偿。冷某将免除债务承诺书和借条交给廖某，廖某支付 5 万元现金给冷某。

2007 年 7 月 23 日，刘某向永兴县人民法院起诉，请求撤销免除债务承诺。永兴县人民法院认为，刘某与冷某、廖某达成的两份承诺是双方的真实意思表示，双方的行为不存在瑕疵，也不违反法律、社会公共利益，因此本案免除债务的承诺不能撤销，判决驳回刘某的诉讼请求。

2009 年，永兴县人民法院重审认为，承诺不是刘某的真实意思表示，以 15 万元的承诺抵偿 42 万元的借款显失公平，依法应予撤销。

2012 年，廖某、许某、冷某向郴州市中级人民法院上诉，郴州市中级人民法院判决驳回上诉，维持原判。

2013 年，廖某、许某、冷某向湖南省高级人民法院申请再审。湖南省高级人民法院认为，刘某作出的两份承诺不存在重大误解和显失公平，其意思表示真实，内容合法，符合法律规定，依法不得撤销。

裁判要点

《中华人民共和国合同法》第一百零五条规定:“债权人免除债务人部分或者全部债务的，合同的权利义务部分或者全部终止。”根据本条规定，免除是指债权人放弃部分或全部债权，债权人单方作出意思表示从而使债务部分或全部消灭的一种制度。债务一经免除，债即终止。本案中，刘某是完全民事行为能力人，对自己享有的债权有处分权利，刘某以《承诺》的方式向廖某作出免除部分债务的意思表示，其内容具体明确，是其真实意愿，不违反法律或社会公共利益，且已实际履行，其单方法律行为已经产生了部分债务消灭的效果，依法不得撤销。

实务经验总结

前事不忘，后事之师。为避免未来发生类似败诉，提出如下建议:

根据我国法律的规定，民事行为撤销的理由主要包括重大误解和显失公平，此外还包括欺诈、胁迫、乘人之危等。在民间借贷领域，由于借款关系较为简单，对于相关事物的判断也并不复杂，当事人作出意思表示不需要丰富的社会经验和技巧。完全民事行为能力当事人是能够正确理解自己行为性质和法律后果，应该能预见自己的行为造成的法律后果，如果法律允许当事人对自己行为造成后果随意改正、弥补，那么就很有可能使当事人不再对自己的行为负责。因此，在当事人无证据证明案件中存在可撤销事实时，当事人作出的意思表示不可撤销。在本案中，刘某在知晓廖某应偿还 42 万元借款的情况下同意以 15 万元借款冲抵，是刘某真实意思表示，以 15 万元冲抵 42 万元利益确实是失衡，但是是在其同意的情况下实施的，仅凭结果对刘某不利这一点，法院并不能认定本案存在显失公平的情形。

相关法律规定

《中华人民共和国民法总则》

第一百四十七条 基于重大误解实施的民事法律行为，行为人有权请求人民法院或者仲裁机构予以撤销。

第一百四十八条 一方以欺诈手段，使对方在违背真实意思的情况下实施的民事法律行为，受欺诈方有权请求人民法院或者仲裁机构予以撤销。

第一百四十九条 第三人实施欺诈行为，使一方在违背真实意思的情况下实施的民事法律行为，对方知道或者应当知道该欺诈行为的，受欺诈方有权请求人民法院或者仲裁机构予以撤销。

第一百五十条 一方或者第三人以胁迫手段，使对方在违背真实意思的情况下实施的民事法律行为，受胁迫方有权请求人民法院或者仲裁机构予以撤销。

第一百五十一条 一方利用对方处于危困状态、缺乏判断能力等情形，致使民事法律行为成立时显失公平的，受损害方有权请求人民法院或者仲裁机构予以撤销。

第一百五十二条 有下列情形之一的，撤销权消灭：

（一）当事人自知道或者应当知道撤销事由之日起一年内、重大误解的当事人自知道或者应当知道撤销事由之日起三个月内没有行使撤销权；

（二）当事人受胁迫，自胁迫行为终止之日起一年内没有行使撤销权；

（三）当事人知道撤销事由后明确表示或者以自己的行为表明放弃撤销权。

当事人自民事法律行为发生之日起五年内没有行使撤销权的，撤销权消灭。

《中华人民共和国民法通则》

第五十九条 下列民事行为，一方有权请求人民法院或者仲裁机关予以变更或者撤销：

（一）行为人对行为内容有重大误解的；

（二）显失公平的。

被撤销的民事行为从行为开始起无效。

《中华人民共和国合同法》

第一百零五条 债权人免除债务人部分或者全部债务的，合同的权利义务部分或者全部终止。

法院判决

以下为该案在法院审理阶段，裁判文书中“本院认为”部分就该问题的论述：

根据《中华人民共和国民法通则》第五十九条的规定，民事行为撤销的理由有两点，一是重大误解，二是显失公平。所谓重大误解是指行为人因对行为的性质、对方当事人、标的物的品种、质量、规格和数量等的错误认识，使行为的后果与自己的意思相悖，并造成较大损失。在本案中，因双方是一种简单的借款关系，对于相关事物的判断很简单，不需要丰富的社会经验和技巧，刘某先后两次出具承诺，其意思表示明确，现有证据不能证明是存在重大误解的行为。至于是否显失公平，刘某作为具有完全民事行为能力人，是能够正确理解自己行为性质和法律后果，能够正确独立表达自己意思的成年公民，应该能预见自己的行为造成的法律后果。2007年3月5日、3月9日作出的承诺是刘某真实的意思表示，刘某是在知晓42万元债权情况下作出的承诺，并于2007年3月9日再次确认42万元债务已全部清结，视为其对债务人廖某债务的免除，这是刘某对廖某的债权的处分行为。冷某作为受托人向双方履行告知、通知义务，刘某无证据证实廖某、冷某处于优势或欺诈、胁迫刘某达成承诺。刘某在知晓廖某应偿还42万元借款的情况下同意以15万元借款冲抵，是刘某真实意思表示，以15万元冲抵42万元利益确实是失衡，但是在其同意的情况下实施的。对于一个正常的公民来说，人们有权期待他对自己的行为负责，如果法律允许随意修正当事人对自己行为造成后果的改正、弥补，那么就有可能不再对自己的行为负责。不存在利用优势或欺诈、胁迫而自由表示的同意，仅凭结果对一方不利这一点，不能认定显失公平。刘某同意以15万元借款冲抵42万元借款是对自己部分债权的放弃，这种自愿不存在缺陷。《中华人民共和国合同法》第一百零五条规定："债权人免除债务人部分或者全部债务的，合同的权利义务部分或者全部终止。"根据本条的规定，免除是指债权人放弃部分或全部债权，对债务人为一方意思表示从而使债务部分或全部消灭的一种制度。债务一经免除，债即终止。本案债权人刘某两次出具《承诺》，同意免除廖某部分债务，符合法律规定的免除。刘某是完全民事行为能力人，对自己享有的债权有处分权利，刘某以《承诺》的方式两次向廖某作出免除部分债务的意思表示，其内容具体明确，是其真实意愿，不违反法律或社会公共利益，且已实际履行，其单方法律行为已经产生了部分债务消灭的效果，依法不得撤销。

案件来源

廖某、许某、冷某因与刘某民间借贷纠纷民事再审判决书［湖南省高级人民法院（2013）湘高法民再终字第267号］

049 借款合同约定两个还款条件，未同时满足出借人也能请求还款吗？

——借款协议约定两个任意性还款条件，只要其中任一条件成就，借款方就应承担还款责任

阅读提示

民间借贷中，双方当事人未明确约定还款时间，但约定在满足某条件时便应

还款的现象较为常见。此种情况下，借款人仅需在条件成就时还款即可。但本案中，借款合同附加两个还款条件，是否两个条件均需成就，出借人方可要求借款人还款？

裁判要旨

借款合同中分别附加消极条件或者积极条件作为还款责任的两个任意性条件，只要其中一个成就，债务人即应还款。

案情简介

2015 年，A 公司向 B 公司出具 35 万元的借据，并约定两个还款条件：（1）若 C 公司与 D 公司的消防工程合同实际无法成立，A 公司应无条件归还 B 公司借款 35 万元。（2）如徐某（D 公司负责人）采用现金方式支付刘某（A 公司法定代表人）居间费用 70 万元时，刘某应在收到该笔款项当日内归还 35 万元给 B 公司。

后因消防工程合同未成立，B 公司向厦门市同安区人民法院诉请 A 公司返还借款 35 万元及利息。

厦门市同安区人民法院认为，本案借款协议附加 A 公司承担还款责任两个任意性条件，只要满足其中任一条件，A 公司就应承担还款责任，并非两个约定条件同时具备，A 公司方承担还款责任。据此，该院对 A 公司还款条件未成就的抗辩主张不予支持。

裁判要点

《中华人民共和国合同法》第四十五条第一款规定：“当事人对合同的效力可以约定附条件。附生效条件的合同，自条件成就时生效。附解除条件的合同，自条件成就时失效。”因此，所谓附条件的合同，是指当事人在合同中特别规定一定的条件，以条件是否成就作为合同的效力的发生或消灭的根据。若双方在合同中约定两项附加条件，且在任意一项条件成就时借款人便应还款，无须在两项还款条件均成就时，出借人才能请求借款人还款。本案《借据》中约定的“该借款如徐某采用现金方式支付刘某‘C（福建）科技有限公司消防工程居间合同’700,000 元整时，刘某应在收到该笔款项的当日内归还 350,000 元给 B 公司”，与《借据》中关于“C 公司与 D 公司的消防工程合同实际无法成立，A 公司应无条件归还 B 公司借款 350,000 元”的约定实为 A 公司承担还款责任的两个任意性条件，即只要满足其中任一条件，A 公司就应承担还款责任，并非两个约定条件同时具备，A 公司方承担还款责任。

实务经验总结

前事不忘，后事之师。为避免未来发生类似败诉，提出如下建议：

在附条件的合同中，所附条件具有限制合同条款效力的作用，但当事人在合同中附条件应当符合以下要求：条件必须是将来发生的事实；条件是不确定的事实；条件是由当事人议定的而不是法定的；条件必须合法；条件不得与合同的主要内容相矛盾。

同时，由于附条件的合同的生效或者失效取决于所附条件的成就或者不成就，并且所附条件事先是不确定的，因此任何一方均不得以违反诚实信用原则的方法恶意地促成条件的成就或者阻止条件的成就。否则，当事人不正当地阻止条件成就的，视为条件已成就；不正当地促成条件成就的，视为条件未成就。

相关法律规定

《中华人民共和国合同法》

第四十五条 当事人对合同的效力可以约定附条件。附生效条件的合同，自条件成就时生效。附解除条件的合同，自条件成就时失效。

当事人为自己的利益不正当地阻止条件成就的，视为条件已成就；不正当地促成条件成就的，视为条件不成就。

第四十六条 当事人对合同的效力可以约定附期限。附生效期限的合同，自期限届至时生效。附终止期限的合同，自期限届满时失效。

法院判决

以下为该案在法院审理阶段，裁判文书中“本院认为”部分就该问题的论述：

原告 B 公司与被告 A 公司签订的《借据》系双方当事人的真实意思表示，内容未违反法律法规的禁止性规定，合法、有效，当事人均应恪守。B 公司已按照合同约定，将借款本金 350,000 元交付 A 公司。A 公司作为借款人，应按照《借据》约定履行还款义务，现本案的争议焦点为:《借据》约定的还款条件是否已经成就。B 公司认为，其已提供证据证明 C 公司与 D 公司之间的《建设工程合同》至 2015 年 4 月 30 日止“实际无法成立”，A 公司应按照《借据》约定于 2015 年 4 月 30 日偿还借款350,000元，现还款期限届满，A公司依法应承担还款责任及支付逾期还款利息的义务。A公司则主张，《建设工程合同》已实际成立并履行，且徐某未支付《工程居间合同》项下的居间费700,000元给刘某，《借据》约定的还款条件尚未具备。本院认为，《借据》中约定“若C公司与D公司的消防工程合同实际无法成立，A公司应无条件归还B公司借款350,000元”，现A公司主张《建设工程合同》已实际成立并履行，根据《最高人民法院关于民事诉讼证据的若干规定》第五条的规定，A公司作为主张合同关系成立一方负有证明责任，否则应按《借据》约定承担如期还款的义务。B公司庭审中提供《建设工程合同》《民事调解书》《法律文书生效通知书》《强制执行申请书》《受理执行案件通知书》《情况说明》，初步证明《建设工程合同》未满足《借据》约定的四个条件，即符合《借据》载明的“消防工程合同实际无法成立”，但A公司未能完成证明责任，应当承担举证不能的不利后果。故B公司诉求其偿还借款350,000元并支付逾期还款利息，于法有据，本院予以支持。至于《借据》中约定的“该借款如徐某采用现金方式支付刘某‘C（福建）科技有限公司消防工程居间合同’700,000元整时，刘某应在收到该笔款项的当日内归还350,000元给B公司”，这与《借据》中关于“C公司与D公司的消防工程合同实际无法成立，A公司应无条件归还B公司借款350,000元”的约定实为A公司承担还款责任的两个任意性条件，即只要满足其中任一条件，A公司就应承担还款责任，并非两个约定条件同时具备，A公司方承担还款责任。A公司辩称徐某未支付刘某佣金700,000元，《借据》约定的还款条件未成就，缺乏事实和法律依据，本院不予采纳。双方未约定利息标准，B公司主张自A公司逾期还款后即2015年5月1日起按照中国人民银行贷款基准利率支付利息，未违反法律规定，可予准许。

案件来源

厦门B科技有限公司与厦门市A金属制品有限公司借款合同纠纷案一审民事判决书［厦门市同安区人民法院（2015）同民初字第2575号］

延伸阅读

裁判规则：合同所附条件在不违反法律的强制性规定和不损害国家、集体或他人的合法权益的情况下，当事人应当遵守。

案例一：柯某与茂名市A公司、茂名市B公司、茂名市C公司与黄某民间借贷纠纷审判监督民事判决书［最高人民法院（2015）民提字第211号］认为，“尽管《合同书》中没有直接使用‘附条件’这样的文字对双方之间的关系加以概括，也没有从相反的角度约定如果柯某不完成土地使用权过户黄某即有权不进行股权过户，但将全部条款综合起来解释《合同书》文字所具有的客观意思，应认定具有这种实际效果，即土地使用权过户给D公司，构成黄某向柯某履行股权过户义务的停止条件。双方对合同条款在签订合同时的动机不一致，以及事后理解意思不一致，应当以该条款所能被受约束方感知的意思为准。柯某作为受限制一方，应当能够明确感知此意思，其没有不清楚合同全部条款的意义及其中所隐含的制约条件的理由。柯某即使一开始就不想履行该土地使用权转让给B公司及过户到D公司的义务，但此只能是其内心真意的保留，不能以之否定《合同书》的文字意思。在签订《合同书》时，黄某虽然应当知道柯某没有将土地使用权直接给予黄某作为其退出公司的补偿的意思，但其不应当知道柯某自始即没有使A公司受土地使用权转让合同条款约束的意思。故本案土地使用权转让作为股权过户的附带条件，应已因双方通过《合同书》所表达的意思一致而成立。

本案合同所附条件不是影响整个合同效力的条件，而只是制约柯某请求黄某向其过户股权这一具体合同义务的条件。这种附条件的民事行为目前在法律上没有一般性明文规定，但与《最高人民法院关于贯彻执行〈中华人民共和国民法通则〉若干问题的意见》第八十四条关于‘财产已经交付，但当事人约定财产所有权转移附条件的，在所附条件成就时，财产所有权方为转移’的类似规定精神相符。同时，该民事行为附条件的约定不违反法律的强制性规定，亦无证据表明该约定损害国家、集体或他人的合法权益。柯某接受合同条款，也并非在意志自由受到限制的情况下所为，根据合同自由的原则，该约定应为合法有效，双方应当按照《中华人民共和国合同法》第八条和第六十条的规定，按照约定全面履行合同。

综上，黄某关于土地使用权过户到D公司名下是其办理股权过户的前提条件的理由成立。原审判决认定柯某取得股权只需要支付《欠条》项下的款项，没有认定土地使用权过户给D公司构成黄某变更股权的前提条件，因此导致判决确定的民事责任与当事人之间的约定不符，依照《最高人民法院关于适用〈中华人民共和国民事诉讼法〉的解释》第三百九十条第二项的规定，属于适用法律错误，应予纠正。”

案例二：张某、乌鲁木齐A公司、周某、邓某与赵某与新疆B公司民间借贷纠纷二审民事判决书［最高人民法院（2016）最高法民终241号］认为，“《中华人民共和国民法通则》第六十二条规定，民事法律行为可以附条件，附条件的民事法律行为在符合所附条件时生效。'赵某以 B 公司的分红偿还借款'的约定系附条件的法律行为，即 B 公司有分红时，赵某以分红偿还借款。双方均认可 B 公司目前尚未分红，因此赵某偿还借款的条件尚未成就。B 公司对赵某的诉讼请求应予驳回。B 公司有权待约定条件成就时，另行主张权利。一审判决认为赵某应提交 B 公司有利润分红而不分红、阻却付款条件成就的证据，举证责任分配失当，并且赵某对 B 公司为何未进行利润分配的证据并不掌控。"

第六章　民间借贷的利率和利息

050 民间借贷可以请求法院保护的年利率上限为 24% 吗？

——民间借贷双方约定的利率未超过年利率 24% 的，出借人可以向法院请求借款人按照约定的利率支付利息

阅读提示

根据 10 个判例实证研究，结合司法解释的相关规定，本书整理出法院针对民间借贷约定利率的不同情形分三种情况进行保护：约定利率未超过年利率 24% 的，出借人可以向法院请求按约定利率支付利息；约定利率超过年利率 24% 但未超过 36% 的，出借人不得向法院请求支付超过年利率 24% 部分的利息，但借款人已支付的，借款人不得请求返还；借贷双方约定的利率超过年利率 36% 的，超过部分的利息约定无效。借款人可以请求出借人返还其已支付的超过年利率 36% 部分的利息。

裁判要旨

借贷双方约定的利率未超过年利率 24%，出借人请求借款人按照约定的利率支付利息的，人民法院应予支持。

案情简介

2014 年 1 月，甲方 A 公司、B 公司和 C 公司与乙方 D 公司签订《借款合同》，约定乙方向甲方借款 6000 万元，三个甲方主体各出借 2000 万元。双方约定借款期限为 6 个月，自 2014 年 1 月 22 日起至 2014 年 7 月 21 日止，乙方向甲方的借款按月付息，年利率为 22%。

合同签订后，A 公司、B 公司和 C 公司已全部按照《借款合同》的约定履行了出借 6000 万元的义务。D 公司已分别支付 A 公司、B 公司和 C 公司 2014 年 1 月

27日至2014年5月28日四个月的借款利息1,454,437.44元，共计4,363,312.32元。

A公司、B公司、C公司向云南省高级人民法院提起诉讼，请求判令：D公司偿还借款本金6000万元，并从2014年4月28日起按合同约定年利率22%支付借款利息至还款之日止，截至2015年11月28日，被告拖欠借款利息2090万元。以上本息总计金额8090万元。

云南省高级人民法院判决D公司分别向A公司、B公司、C公司各归还借款本金2000万元（共计6000万元）及利息，利息自2014年5月28日起按年利率22%计算至款项还清之日止。

裁判要点

根据《最高人民法院关于审理民间借贷案件适用法律若干问题的规定》第二十六条第一款之规定，"借贷双方约定的利率未超过年利率24%，出借人请求借款人按照约定的利率支付利息的，人民法院应予支持。"本案中《借款合同》约定的年利率22%未超过法律规定的最高限额，故法院判决D公司应按照约定支付借期内的利息，D公司因此败诉。

实务经验总结

前事不忘，后事之师。为避免未来发生类似败诉，提出如下建议：

民间借贷约定利率不超过年利率24%的，借款人应当按约定及时支付利息，否则出借人有权向法院请求支付。根据《最高人民法院关于审理民间借贷案件适用法律若干问题的规定》第二十六条的规定，法律保护的民间借贷利率上限是年利率24%，故出借人可以请求法院裁判借款人按不超过年利率24%的利息约定支付利息。

相关法律规定

《最高人民法院关于审理民间借贷案件适用法律若干问题的规定》

第二十六条　借贷双方约定的利率未超过年利率24%，出借人请求借款人按照约定的利率支付利息的，人民法院应予支持。

借贷双方约定的利率超过年利率36%，超过部分的利息约定无效。借款人请求出借人返还已支付的超过年利率36%部分的利息的，人民法院应予支持。

法院判决

以下为该案在法院审理阶段，裁判文书中“本院认为”部分就该问题的论述：

《中华人民共和国合同法》第一百九十六条规定：“借款合同是借款人向贷款人借款，到期返还借款并支付利息的合同。”《最高人民法院关于审理民间借贷案件适用法律若干问题的规定》第二十六条第一款规定：“借贷双方约定的利率未超过年利率24%，出借人请求借款人按照约定的利率支付利息的，人民法院应予支持。”第二十九条规定：“借贷双方对逾期利率有约定的，从其约定，但以不超过年利率24%为限。未约定逾期利率或者约定不明的，人民法院可以区分不同情况处理：(一)既未约定借期内的利率，也未约定逾期利率，出借人主张借款人自逾期还款之日起按照年利率6%支付资金占用期间利息的，人民法院应予支持；(二)约定了借期内的利率但未约定逾期利率，出借人主张借款人自逾期还款之日起按照借期内的利率支付资金占用期间利息的，人民法院应予支持。”本案中，三个原告与被告之间签订的《借款合同》为当事人真实意思表示，内容不违反法律法规的强制性规定，为有效合同，双方当事人形成民间借贷法律关系，且均应按照合同约定全面履行各自义务。三个原告已经按照合同约定履行了出借6000万元款项的义务，而被告作为借款人仅归还了四个月借款利息，至今没有归还借款本金和支付剩余的借款利息。合同中约定的年利率22%并未超过法律规定的最高限额，被告应按照约定支付借期内的利息。

案件来源

四川省A劳务有限责任公司、四川B建筑劳务有限公司等与云南C置业有限公司民间借贷纠纷一审民事判决书［云南省高级人民法院（2015）云高民一初字第38号］

延伸阅读

本书检索了十个相关判例，整理发现法院针对民间借贷约定利率的不同情形分三种情况进行保护，具体如下。

一、约定利率未超过年利率24%，出借人可以向法院请求按约定利率支付利息

案例一：华北石油A公司与三亚B公司、赵某企业借贷纠纷二审民事判决书［河北省高级人民法院（2016）冀民终731号）认为，“双方在协议中约定了三亚B公司按年息 30% 向华北石油公司支付利息，但华北石油 A 公司在原审庭审中变更诉讼请求为按年利率 24% 计算利息，《最高人民法院关于审理民间借贷案件适用法律若干问题的规定》第二十六条第一款规定：‘借贷双方约定的利率未超过年利率 24%，出借人请求借款人按照约定的利率支付利息的，人民法院应予支持。’故华北石油 A 公司该项请求符合法律规定，应予支持。”

案例二：原告大连 A 公司与被告黑龙江省 B 实验农场民间借贷纠纷一案民事判决书［黑龙江省高级人民法院（2016）黑民初 38 号］认为，“依据《最高人民法院关于审理民间借贷案件适用法律若干问题的规定》第二十六条第一款的规定，借贷双方约定的利率未超过年利率 24%，出借人请求借款人按照约定的利率支付利息的，人民法院应予支持。本案中，双方关于按月利率 2% 支付利息的约定并不违反法律法规及司法解释的强制性规定，合法有效，对 A 公司关于 B 农场应按双方约定利率给付利息的诉讼请求，本院予以支持。”

案例三：吉林 A 公司与张某、冷某、黑龙江省 B 公司借款合同纠纷一审民事判决书［吉林省高级人民法院（2016）吉民初 2 号］认为，“本案借款合同约定，借款利率按照每月 1% 执行，直至借款人本金结清之日止。从起息日（即借款发放之日）开始按日计息，日利率 = 年利率 /360，每满 90 日支付相应利息，未按照合同约定的结息日付息，则自次日起计收复利。前述利息标准，不超过《最高人民法院关于审理民间借贷案件适用法律若干问题的规定》第二十六条第一款关于年利率 24% 的规定，合法有效，张某应按借款合同约定，给付汇鑫公司的借款利息。”

二、约定利率超过年利率 24% 但未超过 36% 的，出借人不得向法院请求支付超过年利率 24% 部分的利息，但借款人已支付的，借款人不得请求返还

案例四：米某 1 与米某 2、靖边县 A 公司民间借贷纠纷申诉、申请民事裁定书［最高人民法院（2016）最高法民申 3597 号］认为，“根据本案的还款事实，2013 年 8 月 31 日之前米某 2 的还款按月息 3 分计息，年利率为 36%，二审法院对该利息数额的认定，有事实依据。按照《最高人民法院关于审理民间借贷案件适用法律若干问题的规定》第二十六条的规定，这部分利息米某 2 已履行完毕，视为自然债务，本院不予干预，双方在此基础上将借据本金确认为 1500 万元有事实和法律依据。”

案例五：上海 A 公司、中国民生银行股份有限公司某分行等金融借款合同纠纷申请再审民事裁定书［最高人民法院（2015）民申字第 3538 号］认为，“尤其是，2015 年 9 月 1 日实施的《最高人民法院关于审理民间借贷案件适用法律若干问题的规定》第二十六条对前述规定作出了更加细化的解释，即年利率超出 24%

未超出 36% 的部分，借款人已经支付的不得请求返还，借款人尚未支付的出借人不得请求给付。”

案例六：林某与鹰潭市 A 公司、汪某民间借贷纠纷二审民事判决书［江西省高级人民法院（2016）赣民终 402 号］认为，“综上，扣除 1200 万元，A 公司向林某的实际借款本金应为 8800 万元。结合《借款合同》约定的月息 2%、《居间合同》约定的报酬（实为利息）月息 1% 以及 A 公司自认月息为 3% 等案件事实，本院认为林某与 A 公司之间的借款利率为月利率 3%。《最高人民法院关于审理民间借贷案件适用法律若干问题的规定》第二十六条第二款规定：‘借贷双方约定的利率超过年利率 36%，超过部分的利息约定无效。借款人请求出借人返还已支付的超过年利率 36% 部分的利息的，人民法院应予支持’。按照上述规定，借款人已支付的未超过年利率 36% 的部分，应视为当事人自愿履行的自然之债，人民法院不予干预。”

案例七：上诉人林某与被上诉人许某、李某及原审被告甘肃 A 织造有限公司、甘肃 B 贸易有限责任公司借款合同纠纷一案二审民事判决书［甘肃省高级人民法院（2016）甘民终 211 号］认为，“林某与许某约定 895,000 元借款借期内利息为 537,000 元（1,432,000 元 -895,000 元），双方约定的利率超过年利率 24%，许某主张按年利率的 24% 计算利息符合法律规定，该部分借款利息为 186,552.33 元（按年利率的 24% 从合同约定的借款日 2014 年 12 月 25 日起至 2015 年 11 月 27 日止）。综上，林某应向许某偿还借款本金 2,345,000 元，利息 269,885.66 元。”

案例八：占某与何某、魏某民间借贷纠纷二审民事判决书［江西省高级人民法院（2016）赣民终 277 号］认为，“魏某于 2011 年 10 月 16 日出具给占某的借条中明确了月息 3 分，2012 年 12 月 16 日魏某又在该借条上加注：具欠到占某利息壹佰叁拾壹万元正……根据《最高人民法院关于审理民间借贷案件适用法律若干问题的规定》第二十六条第一款的规定，本院依法将占某与魏某约定的月息 3 分调整至年利率 24%。”

三、借贷双方约定的利率超过年利率 36%，超过部分的利息约定无效。借款人可以请求出借人返还其已支付的超过年利率 36% 部分的利息

案例九：青海 A 公司与青海 B 公司合同纠纷二审民事判决书［最高人民法院（2016）最高法民终 234 号］认为，“本案《借款协议》中约定的利息为本金的月 3.5%，年化利率为 42%；约定的滞纳金为借款本金的日 1%，年化利率为 365%，同时还约定了本金部分 20% 的违约金。上述利息、逾期付款滞纳金及违约金的约定超过了《最高人民法院关于审理民间借贷案件适用法律若干问题的规定》中关于民间借贷利率上限的规定，超出部分，应认定无效，人民法院不予保护，其余部分，应认定有效，债务人A公司应当依约履行还本付息的合同义务。”

案例十：罗某、王某1等与江西A有限公司、王某2民间借贷纠纷二审民事判决书［江西省高级人民法院（2016）赣民终263号］认为，“根据《最高人民法院关于审理民间借贷案件适用法律若干问题的规定》第二十六条‘借贷双方约定的利率未超过年利率24%，出借人请求借款人按照约定的利率支付利息的，人民法院应予支持。借贷双方约定的利率超过年利率36%，超过部分的利息约定无效。借款人请求出借人返还已支付的超过年利率36%部分的利息的，人民法院应予支持’之规定可知，对于民间借贷利率的规制采取的上限是年利率24%，分情形提供适度的法律保护：年利率24%以下之民间借贷利率可申请司法强制执行；超过年利率36%的部分认定为无效；年利率24%—36%的民间借贷利率拥有债权保持力但无执行力。对于借款人已支付的利息未超过年利率36%的部分，人民法院应予支持，如利息约定超过年利率36%，超过部分的利息约定无效，借款人已支付的超过年利率36%部分的利息，借款人有权主张返还或者抵充尚欠借款本息。”

051 民间借贷未约定逾期利率，能否请求债务人支付逾期利息？

——民间借贷约定了借期内利率但未约定逾期利率的，出借人可以主张按借期内利率支付逾期利息

阅读提示

本书检索到11个相关判例，结合司法解释规定，法院对逾期利率区分以下不同情况进行处理：

1. 借贷双方对逾期利率有约定的，从其约定，但以不超过年利率24%为限；

2. 既未约定借期内的利率，也未约定逾期利率，出借人可以主张借款人自逾期还款之日起按照年利率6%支付资金占用期间利息；

3. 约定了借期内利率但未约定逾期利率，出借人可以主张自逾期还款之日起按照借期内的利率支付资金占用期间利息。

裁判要旨

借款合同中约定了借期内利率，但未约定逾期利率的，出借人可以主张借款

人自逾期还款之日起按照借期内利率支付资金占用期间利息。

案情简介

2012年8月20日，李某与A公司签订《借款合同》和《借款补充协议》，约定：李某向A公司出借1亿元；借款期限自李某实际交付款项之日起至2013年8月25日止；借款利率为月利率2%；如A公司后续资金仍有不足部分，李某有义务另行向A公司出借；任何一方违反合同之约定应向守约方赔付合同金额20%的违约金。

合同签订后，李某共计向A公司借款126,581,909元，A公司向李某偿付本息共计6000万元。

李某向甘肃省高级人民法院提起诉讼，请求判令：A公司偿还李某借款本金105,858,025元；A公司依照合同约定向李某支付直至借款本金实际偿还之日的利息以及违约金，利息暂计算至2015年8月31日为43,401,790元。

甘肃省高级人民法院组织双方当事人对借款本金及利息进行了核算，双方共同确认：借款本金103,730,635元，自2013年12月26日起至2015年8月31日止的利息41,838,022元。李某明确表示放弃对违约金的主张。甘肃省高级人民法院判决：A公司偿还李某借款本金103,730,635元，利息41,838,022元；2015年8月31日之后的利息按借款月利率2%计算至实际履行之日；如果未按判决指定的期间履行给付金钱义务，应当按照《中华人民共和国民事诉讼法》第二百五十三条之规定，加倍支付迟延履行期间的债务利息。

A公司不服甘肃省高级人民法院判决，向最高人民法院提起上诉。最高人民法院判决驳回上诉，维持原判。

裁判要点

首先，约定了借期内利率未约定逾期利率的，按借款期内利率支付逾期利息。《最高人民法院关于审理民间借贷案件适用法律若干问题的规定》第二十九条第二款第二项规定："约定了借期内的利率但未约定逾期利率，出借人主张借款人自逾期还款之日起按照借期内的利率支付资金占用期间利息的，人民法院应予支持。"本案中双方在《借款合同》中仅约定了借期内利率，但未约定逾期利率，因此最高人民法院根据上述规定认定在2015年8月31日后A公司应当按照《借款合同》约定利率计算利息。

其次，根据民事诉讼法的相关规定，未按判决书指定的时间履行给付金钱义务，应当加倍支付迟延履行期间的债务利息，包含一般债务利息和加倍部分利息，加倍部分利息需按日万分之一点七五的利率支付。

因此，A公司如果不按时履行生效法律文书确定的义务，不仅需要按2%的利息支付迟延履行期间利息，还应按日万分之一点七五的利率支付加倍利息。A公司主张“如果A公司不履行生效法律文书确定的义务，依法应当承担的不利后果是支付迟延履行期间债务利息，非参照双方借款合同约定的月利率2%计算利息”，“原判决存在双重赔付标准”，最高人民法院不予支持。

实务经验总结

前事不忘，后事之师。为避免未来发生类似败诉，提出如下建议：

1. 民间借贷双方可以在合同中约定高于借期内利率的逾期利率，以督促借款人及时还本付息，但以不超过年利率24%为限，超过部分法院不予支持。

2. 民间借贷合同未约定逾期利率，出借人仍可请求按照借期内利率支付逾期利息；如果未约定借期内利率，仍可请求按年利率6%支付利息。

3. 借款人败诉后应及时按判决指定期间给付资金。否则，不仅要支付逾期利息，还要按日万分之一点七五的利率支付加倍利息。

相关法律规定

《最高人民法院关于审理民间借贷案件适用法律若干问题的规定》

第二十九条 借贷双方对逾期利率有约定的，从其约定，但以不超过年利率24%为限。

未约定逾期利率或者约定不明的，人民法院可以区分不同情况处理：

（一）既未约定借期内的利率，也未约定逾期利率，出借人主张借款人自逾期还款之日起按照年利率6%支付资金占用期间利息的，人民法院应予支持；

（二）约定了借期内的利率但未约定逾期利率，出借人主张借款人自逾期还款之日起按照借期内的利率支付资金占用期间利息的，人民法院应予支持。

《中华人民共和国民事诉讼法》

第二百五十三条 被执行人未按判决、裁定和其他法律文书指定的期间履行给付金钱义务的，应当加倍支付迟延履行期间的债务利息。被执行人未按判决、裁定和其他法律文书指定的期间履行其他义务的，应当支付迟延履行金。

《最高人民法院关于执行程序中计算迟延履行期间的债务利息适用法律若干问题的解释》

第一条 根据民事诉讼法第二百五十三条规定加倍计算之后的迟延履行期间的债务利息，包括迟延履行期间的一般债务利息和加倍部分债务利息。

迟延履行期间的一般债务利息，根据生效法律文书确定的方法计算；生效法律文书未确定给付该利息的，不予计算。

加倍部分债务利息的计算方法为：加倍部分债务利息＝债务人尚未清偿的生效法律文书确定的除一般债务利息之外的金钱债务 × 日万分之一点七五 × 迟延履行期间。

法院判决

以下为该案在法院审理阶段，裁判文书中“本院认为”部分就该问题的论述：

关于原判决按照月息2%计算2015年8月31日之后的利息是否正确的问题。《最高人民法院关于审理民间借贷案件适用法律若干问题的规定》第二十九条第二款规定，未约定逾期利率或者约定不明的，人民法院可以区分不同情况处理：（1）既未约定借期内的利率，也未约定逾期利率，出借人主张借款人自逾期还款之日起按照年利率6%支付资金占用期间利息的，人民法院应予支持；（2）约定了借期内的利率但未约定逾期利率，出借人主张借款人自逾期还款之日起按照借期内的利率支付资金占用期间利息的，人民法院应予支持。本案中，双方在《借款合同》中仅约定了借期内利率，但未约定逾期利率，原判决根据李某的主张认定在2015年8月31日后按照《借款合同》约定利率即月息2%计算利息，并无不当。关于原判决是否存在双重赔付标准的问题。《中华人民共和国民事诉讼法》第二百五十三条规定，被执行人未按判决、裁定和其他法律文书指定的期间履行给付金钱义务的，应当加倍支付迟延履行期间的债务利息。《最高人民法院关于执行程序中计算迟延履行期间的债务利息适用法律若干问题的解释》第一条规定，根据民事诉讼法第二百五十三条规定加倍计算之后的迟延履行期间的债务利息，包括迟延履行期间的一般债务利息和加倍部分债务利息。加倍部分债务利息的计算方法为：加倍部分债务利息＝债务人尚未清偿的生效法律文书确定的除一般债务利息之外的金钱债务 × 日万分之一点七五 × 迟延履行期间。原判决符合相关法律规定，不存在A公司所称双重赔付标准的问题。其该项上诉主张，无法律依据，本院不予支持。

案件来源

甘肃A房地产开发有限公司与李某民间借贷纠纷二审民事判决书［最高人民法院（2016）最高法民终289号］

延伸阅读

本书检索到11个相关判例，结合司法解释规定，法院对逾期利率区分以下不同情况进行处理。

一、借贷双方对逾期利率有约定的，从其约定，但以不超过年利率24%为限

案例一：汉中市A公司与汉中B典当公司典当纠纷二审民事判决书［陕西省高级人民法院（2016）陕民终688号］认为，“典当期限届满后，一审法院按月息2%的标准确定A公司应向B典当公司支付的逾期利息，符合《民间借贷规定》的规定，判决结果适当，本院予以维持。”

案例二：刘某1与刘某2及邵某民间借贷纠纷一案二审民事判决书［黑龙江省高级人民法院（2016）黑民终534号］认为，“案涉《借款合同》约定的逾期利率标准为日百分之三，但《最高人民法院关于审理民间借贷案件适用法律若干问题的规定》第二十九条第一款规定，‘借贷双方对逾期利率有约定的，从其约定，但以不超过年利率24%为限’，故一审法院据此判令刘某2及邵某按年利率24%的标准支付逾期利息并无不当，本院对此予以维持。”

案例三：上诉人西宁A公司、青海B公司与被上诉人西宁C公司民间借贷纠纷一案二审民事判决书［青海省高级人民法院（2016）青民终128号］认为，“对逾期还款的利率，双方在《借款合同》中约定，在年利率21%的基础上再上浮100%。该约定明显超出了《最高人民法院关于审理民间借贷案件适用法律若干问题的规定》24%的上限，一审法院在年利率24%以内计算，符合有关法律的规定。上诉人A公司主张该逾期利息是因被上诉人不起诉造成的，属于扩大的损失，据此主张予以核减的上诉请求，因无事实和法律依据，依法不予支持。”

案例四：陈某与西双版纳A公司民间借贷纠纷二审民事判决书［云南省高级人民法院（2016）云民终481号］认为，“依照《最高人民法院关于审理民间借贷案件适用法律若干问题的规定》第二十九条第一款‘借贷双方对逾期利率有约定的，从其约定，但以不得超过年利率24%为限’以及第二款第二项‘约定了借期内的利率但未约定逾期利率，出借人主张借款人自逾期还款之日起按照借期内的利率支付资金占用期间利息的，人民法院应予支持’的规定，现陈某主张自2012

年4月27日至2014年10月24日，按照年利率36%计算逾期利息。本院认为，其中2012年4月26日借款1000万元与5月8日借款1000万元借期内利率可以按照月息3%计算，逾期利息应按照年利率24%计算。”

二、既未约定借期内的利率，也未约定逾期利率，出借人可以主张借款人自逾期还款之日起按照年利率6%支付资金占用期间利息

案例五：王某与李某、林某等民间借贷纠纷申诉、申请民事裁定书［最高人民法院（2016）最高法民申47号］认为，“合同约定的借款期限内的利息，与合同期满后未偿还借款而产生的逾期利息，不是同一概念。前者为当事人约定的利息，当事人可以约定，也可以不约定，不约定或者约定不明确的，视为不支付利息；后者为法定利息，是对逾期不还借款违约行为造成损害的补偿，是强制性的法律规定，只要逾期还款，逾期利息即依法产生，并要偿付给出借人。根据《中华人民共和国合同法》第二百零七条和《最高人民法院关于贯彻执行〈中华人民共和国民法通则〉若干问题的意见（试行）》第一百二十三条的规定，即使没有约定利息，借款人不按照合同的约定归还借款的，仍应当支付相应的逾期利息。因此，一审法院根据借条和还款计划的约定，在借款人没有按照还款计划约定的2013年9月底前还清欠款的情形下，判决一审被告林某从2013年10月1日起支付逾期利息，二审予以维持是正确的。”

案例六：A集团有限公司、湖南B公司与湖南省益阳市人民政府合同纠纷一审民事判决书［湖南省高级人民法院（2016）湘民初25号］认为，“由于双方并没有约定逾期利率标准，根据《最高人民法院关于审理民间借贷案件适用法律若干问题的规定》第二十九条第二款第一项关于‘未约定逾期利率或者约定不明的，人民法院可以区分不同情况处理:（一）既未约定借期内的利率，也未约定逾期利率，出借人主张借款人自逾期还款之日起按照年利率6%支付资金占用期间利息的，人民法院应予支持’的规定，A公司、B公司主张按年利率6%的标准计算资金占用费，符合法律规定，本院予以支持。”

案例七：上诉人徐某与被上诉人隋某民间借贷纠纷一案民事判决书［黑龙江省高级人民法院（2016）黑民终328号］认为，“按照《最高人民法院关于审理民间借贷案件适用法律若干问题的规定》第二十九条第二款第一项的规定，既未约定借期内的利率，也未约定逾期利率，出借人主张借款人自逾期还款之日起按照年利率6%支付资金占用期间利息的，人民法院应予支持。上述法律规定是根据近年来中国人民银行发布的一年期的基准利率大致为6%的情况，考虑到同期同类贷款利率种类较多，计算复杂，为统一裁判标准，按照年利率6%计算利息。本案所涉借（欠）据既未约定借期内的利率，也未约定逾期利率，隋某主张从借款之日起按银行同期贷款利率给付利息，一审法院按照上述法律规定判决徐某自隋某起诉之日起向隋某给付年利率 6% 支付资金占用期间的利息符合法律规定，本院予以维持。”

案例八：杨某与唐某、赖某民间借贷纠纷二审民事判决书［江西省高级人民法院（2016）赣民终 147 号］认为，“虽然双方借条中未约定借款利息，但根据《最高人民法院关于审理民间借贷案件适用法律若干问题的规定》第二十九条第二款第一项之规定，对于唐某逾期还款之日起的利息，则应当按照年利率 6% 支付给杨某。因双方《借条》中并未约定借款期限，因此唐某应当从杨某起诉之日即 2014 年 10 月 10 日起按照年利率 6% 向杨某支付利息。”

案例九：张某与单某民间借贷纠纷一审民事判决书［河南省济源市人民法院（2015）湨民初字第 2176 号］认为，“但双方在借款时没有约定借款利息，利息的计算应依照《最高人民法院关于审理民间借贷案件适用法律若干问题的规定》第二十九条第二款第一项的规定按年利率 6% 从起诉之日起计算逾期利息。”

三、约定了借期内利率但未约定逾期利率，出借人可以主张自逾期还款之日起按照借期内的利率支付资金占用期间利息

案例十：上诉人甘肃 A 公司、苏某、甘肃 B 公司与被上诉人张某民间借贷纠纷二审民事判决书［甘肃省高级人民法院（2016）甘民终 395 号］认为，“关于 A 公司是否应支付逾期利息的问题。本院认为，本案诉争《借款合同》中，张某与 A 公司仅约定了借期内的利率标准，对于逾期利率并未约定。张某向一审法院提出的诉讼请求之一就是按照借期内利率标准计付逾期利息，一审判决依照《最高人民法院关于审理民间借贷案件适用法律若干问题的规定》第二十九条第二款第二项之规定支持张某该项诉请正确，本院予以维持。A 公司、苏某以未续签借款合同为由拒绝支付逾期利息既缺乏法律依据，又有违公平有偿原则，故其该项上诉主张本院不予支持。”

案例十一：四川省 A 公司、四川 B 公司等与云南 C 公司民间借贷纠纷一审民事判决书［云南省高级人民法院（2015）云高民一初字第 38 号］认为，“至于逾期利息，双方当事人在《借款合同》中并未约定逾期利率，原告主张按照借期内的利率计算逾期利息的诉讼请求符合上述法律规定。对于三名原告关于借款本金、借期内利息和逾期利息的诉讼请求，本院予以支持。”

052 逾期利息、违约金之和的司法保护上限为年利率 24%

——民间借贷出借人可请求法院保护的逾期利息、违约金之和的上限为年利率 24%

阅读提示

民间借贷当事人在合同中既约定了逾期利息，又约定了违约金，出借人能否一并向法院主张？可以主张的上限是多少？对此，2015 年《最高人民法院关于审理民间借贷案件适用法律若干问题的规定》第三十条已明确：“……出借人可以选择主张逾期利息、违约金或者其他费用，也可以一并主张，但总计超过年利率 24% 的部分，人民法院不予支持。”

裁判要旨

民间借贷出借人可请求法院保护的逾期利息、违约金之和的上限为年利率 24%。

案情简介

2013 年 9 月，A 基金、兴业银行某分行与 B 公司签订《委托贷款合同》，约定 A 基金委托兴业银行某分行向 B 公司发放贷款 6.3 亿元，第一期发放 4 亿元，第二期发放 2.3 亿元，每期借款发放前提为 B 公司按约办理完成担保手续；前三年的年利率为 16%，第四年为 18%；借款人未按期归还本金及利息的，从逾期之日起上浮 50% 计收罚息；借款人违约需承担违约责任。

兴业银行某分行与 B 公司签订五份《抵押合同》，约定：如 B 公司隐瞒抵押物权属的真实情况、不配合办理登记手续，应按照主合同项下债务本金的 20% 向 A 基金支付违约金。

第一期担保手续办理完成后，2013 年 12 月，A 基金通过兴业银行某分行发放了 4 亿元贷款，由于 B 公司未按约办理第二期担保手续，未发放第二期借款，B 公司于 2014 年 3 月 21 日向 A 基金支付利息 1600 万元。

A 基金向湖北省高级人民法院提起诉讼，请求判令：终止《委托贷款合同》；B 公司向其偿还本金 4 亿元及利息，并支付违约金 1.26 亿元。

湖北省高级人民法院判决：解除《委托贷款合同》；B 公司向 A 基金偿还本金 4 亿元并赔偿利息损失（以本金为基数，自 2014 年 3 月 22 日起至 9 月 9 日止按年息 16% 计付，自 9 月 10 日起至判决确定的给付之日止按年息 24% 计付）。未支持

A 基金请求支付违约金的诉讼请求。

A 基金不服湖北省高级人民法院判决，上诉至最高人民法院，请求 B 公司承担违约金 1.26 亿元，最高人民法院亦未支持该项请求。

裁判要点

根据《最高人民法院关于审理民间借贷案件适用法律若干问题的规定》第三十条之规定:“出借人与借款人既约定了逾期利率，又约定了违约金或者其他费用，出借人可以选择主张逾期利息、违约金或者其他费用，也可以一并主张，但总计超过年利率 24% 的部分，人民法院不予支持。”因此，A 基金主张在年利率 24% 的逾期利息基础上再给付 1.26 亿元违约金，最高人民法院不予支持。

值得注意的是，最高人民法院认为，虽然《最高人民法院关于认真学习贯彻适用〈最高人民法院关于审理民间借贷案件适用法律若干问题的规定〉的通知》规定，“本《规定》施行后，尚未审结的一审、二审、再审案件，适用《规定》施行前的司法解释进行审理，不适用本《规定》”，但是对该规定施行前的民间借贷中逾期利息和违约金等明显过高的，在当事人主张约定的违约金过高请求予以适当减少的情况下，也可以参照《最高人民法院关于审理民间借贷案件适用法律若干问题的规定》确定的年利率司法保护上限进行调整。

实务经验总结

前事不忘，后事之师。为避免未来发生类似败诉，提出如下建议:

1. 民间借贷约定的逾期利息、违约金之和不应超过年利率 24%，超过部分不能请求法院保护。

2. 企业间可以通过直接借贷方式相互拆借资金，无须再通过银行委托贷款。委托贷款是在企业间不能直接借贷的特定历史背景下产生的，2015 年《最高人民法院关于审理民间借贷案件适用法律若干问题的规定》已完全肯定企业间相互拆借资金行为的合法性。而且，本书认为，当事人委托银行向第三方贷款的关系实质是民间借贷关系，受相关民间借贷的法律、法规和司法解释的规制。因此，委托贷款的实践价值已明显降低，直接借贷不仅可以提升效率，还可以省去向银行支付的手续费。

相关法律规定

《最高人民法院关于审理民间借贷案件适用法律若干问题的规定》

第十一条 法人之间、其他组织之间以及它们相互之间为生产、经营需要订立的民间借贷合同，除存在合同法第五十二条、本规定第十四条规定的情形外，当事人主张民间借贷合同有效的，人民法院应予支持。

第二十六条 借贷双方约定的利率未超过年利率 24%，出借人请求借款人按照约定的利率支付利息的，人民法院应予支持。

借贷双方约定的利率超过年利率 36%，超过部分的利息约定无效。借款人请求出借人返还已支付的超过年利率 36% 部分的利息的，人民法院应予支持。

第三十条 出借人与借款人既约定了逾期利率，又约定了违约金或者其他费用，出借人可以选择主张逾期利息、违约金或者其他费用，也可以一并主张，但总计超过年利率 24% 的部分，人民法院不予支持。

《中华人民共和国合同法》

第一百一十四条 当事人可以约定一方违约时应当根据违约情况向对方支付一定数额的违约金，也可以约定因违约产生的损失赔偿额的计算方法。

约定的违约金低于造成的损失的，当事人可以请求人民法院或者仲裁机构予以增加；约定的违约金过分高于造成的损失的，当事人可以请求人民法院或者仲裁机构予以适当减少。

当事人就迟延履行约定违约金的，违约方支付违约金后，还应当履行债务。

《最高人民法院关于适用〈中华人民共和国合同法〉若干问题的解释（二）》

第二十七条 当事人通过反诉或者抗辩的方式，请求人民法院依照合同法第一百一十四条第二款的规定调整违约金的，人民法院应予支持。

第二十九条 当事人主张约定的违约金过高请求予以适当减少的，人民法院应当以实际损失为基础，兼顾合同的履行情况、当事人的过错程度以及预期利益等综合因素，根据公平原则和诚实信用原则予以衡量，并作出裁决。

当事人约定的违约金超过造成损失的百分之三十的，一般可以认定为合同法第一百一十四条第二款规定的“过分高于造成的损失”。

法院判决

以下为该案在法院审理阶段，裁判文书中“本院认为”部分就该问题的论述：

关于违约利息和违约金的问题。B 房地产公司上诉主张，原审判决确定的利息按24%年利率计算过高，自2014年9月10日起至本案判决确定的给付之日止的利息损失应当按年息16%计算，A基金上诉主张B房地产公司还应按约承担1.26亿元的违约金。本院认为，首先，A基金在原审中诉讼主张2014年3月22日至6月21日的年利率按16%计算、自2014年6月22日起的年利率按24%计算，并要求B房地产公司支付1.26亿元的违约金。原审判决基于弥补A基金因解除合同所遭受实际损失的考量，判令B房地产公司自本案原审受理之次日起即2014年9月10日至本案判决确定的给付之日止赔偿的利息损失按照年息24%计算，对A基金关于1.26亿元违约金的诉讼请求未予支持。原审判决关于利息损失计算起止日期及利率标准虽与A基金不一致，但A基金对此并未提出上诉请求，应视为其对相关权利的放弃。因B房地产公司对案涉《委托贷款合同》的解除应承担违约责任，原审判决判定的逾期利息按年利率24%计算也是违约责任承担的一种方式，原审判决综合合同约定的违约金、罚息等因素酌定B房地产公司按照年利率24%承担利息损失，并不明显高于市场融资成本，对B房地产公司并无不公。因此，B房地产公司关于利息损失的年利率标准应按16%计算的上诉主张，本院不予支持。其次，《最高人民法院关于适用〈中华人民共和国合同法〉若干问题的解释（二）》第二十七条规定："当事人通过反诉或者抗辩的方式，请求人民法院依照合同法第一百一十四条第二款的规定调整违约金的，人民法院应予支持。"第二十九条第一款规定："当事人主张约定的违约金过高请求予以适当减少的，人民法院应当以实际损失为基础，兼顾合同的履行情况、当事人的过错程度以及预期利益等综合因素，根据公平原则和诚实信用原则予以衡量，并作出裁决。"《最高人民法院关于审理民间借贷案件适用法律若干问题的规定》第三十条规定："出借人与借款人既约定了逾期利率，又约定了违约金或者其他费用，出借人可以选择主张逾期利息、违约金或者其他费用，也可以一并主张，但总计超过年利率24%的部分，人民法院不予支持。"《最高人民法院关于认真学习贯彻适用〈最高人民法院关于审理民间借贷案件适用法律若干问题的规定〉的通知》第三条第三项规定，"本《规定》施行后，尚未审结的一审、二审、再审案件，适用《规定》施行前的司法解释进行审理，不适用本《规定》"。虽然按照《最高人民法院关于认真学习贯彻适用〈最高人民法院关于审理民间借贷案件适用法律若干问题的规定〉的通知》第三条第三项的规定，本案A基金与B房地产公司之间的民间借贷关于利息、违约金等问题不应适用《最高人民法院关于审理民间借贷案件适用法律若干问题的规定》，此前相关法律、法规和司法解释也并未对出借人是否可以就逾期利息和违约金同时主张及二者的限额进行限制，但根据《最高人民法院关于适用〈中华人民共和国合同法〉若干问题的解释（二）》第二十七条、第二十九条的规定的精神，对《最高人民法院关于审理民间借贷案件适用法律若干问题的规定》施行前的民间借贷中逾期利息和违约金等明显过高的，在当事人主张约定的违约金过高请求予以适当减少的情况下，也可以参照《最高人民法院关于审理民间借贷案件适用法律若干问题的规定》确定的年利率24%司法保护上限进行调整。A基金在原审判决年利率24%逾期利息基础上另外依照合同约定主张1.26亿元违约金，该主张实质上是要求逾期罚息和固定违约金并行。本案中，A基金因B房地产公司违约遭受的损失主要是利息损失，因A基金并未提供证据证明其实际损失超过原审判决确定逾期利息，故对其关于B房地产公司应当在原审判决确定的逾期利息基础上再给付1.26亿元违约金的上诉请求，本院不予支持。

案件来源

北京A投资基金与武汉B世纪房地产开发有限公司、B投资集团有限公司等合同纠纷二审民事判决书［最高人民法院（2016）最高法民终124号］

延伸阅读

与民间借贷逾期利息、违约金保护相关的五个判例：

案例一：A公司与B公司、兰某等合同纠纷二审民事判决书［最高人民法院（2016）最高法民终554号］认为，“依照上述约定进行核算，A公司、B公司、兰某均在二审庭审中确认B公司已归还的重组收益与A公司起诉主张的利息、罚息、复利和违约金总计不超过年利率24%。基于原审法院发送受理案件通知书的时间节点为2015年9月6日，原审法院参照当时已施行的《最高人民法院关于审理民间借贷案件适用法律若干问题的规定》第二十六条第一款借贷双方约定的利率未超过年利率24%，出借人请求借款人按照约定的利率支付利息的，人民法院应予支持的规定，对A公司主张的没有超过年利率24%的涉案债务的利息、罚息、复利及违约金予以支持，并无不当。”

案例二：青海A公司与青海B公司合同纠纷二审民事判决书［最高人民法院（2016）最高法民终234号］认为，“本案《借款协议》中约定的利息为本金的月3.5%，年化利率为42%；约定的滞纳金为借款本金的日1%，年化利率为365%，同时还约定了本金部分20%的违约金。上述利息、逾期付款滞纳金及违约金的约定超过了《最高人民法院关于审理民间借贷案件适用法律若干问题的规定》中关于民间借贷利率上限的规定，超出部分，应认定无效，人民法院不予保护，其余部分，应认定有效，债务人 B 公司应当依约履行还本付息的合同义务。”

案例三：A 公司与 B 公司、C 公司等债权转让合同纠纷二审民事判决书［最高人民法院（2016）最高法民终 493 号］认为，“根据《借款合同》第 12.5 条中的约定，如 C 公司未能按期偿还本金及利息，应承担‘贷款利率加收 60% 罚息利率计收利息’的罚息责任，即 25.44%［15.9% +（15.9% × 60%）］。A 公司诉请 C 公司按合同约定年利率 15.9%，上浮 60%，并支付相应违约金计算借款利息。原审判决根据《中华人民共和国合同法》第一百一十四条关于违约金调整的相关规定，将逾期还款利率调整为按年 24% 计算，减轻了 C 公司的还款负担，适用法律并无不当。”

案例四：林某与鹰潭市 A 公司、汪某民间借贷纠纷二审民事判决书［江西省高级人民法院（2016）赣民终 402 号］认为，“依照双方《借款合同》之约定，除利息外，逾期还款还需承担违约金，违约金按日千分之二付息。根据《最高人民法院关于审理民间借贷案件适用法律若干问题的规定》第三十条关于‘出借人与借款人既约定了逾期利率，又约定了违约金或者其他费用，出借人可以选择主张逾期利息、违约金或者其他费用，也可以一并主张，但总计超过年利率 24% 的部分，人民法院不予支持’之规定，《借款合同》约定的利息及日千分之二的违约金超过了上述法律规定的限度，本院不予支持，应按照年利率 24% 计算。因此，A 公司应当自 2016 年 1 月 16 日起，向林某支付 8125.61 万元本金及相应利息，利息以 8125.61 万元本金为基数，按照年利率 24% 支付至本金清偿之日止。”

案例五：吉林省 A 公司与吉林市 B 公司及吉林省 C 公司、刘某、王某追偿权纠纷二审民事判决书［吉林省高级人民法院（2016）吉民终 355 号］认为，“如约定违约金和利息之和超过以年利率 24% 计算的利息的，应属约定违约金过高。本案中，委托保证合同既约定了 A 公司偿付代偿款按照中国人民银行同期同类贷款基准利率上浮 50% 计算的逾期利息，又约定了主债务合同本金 20% 的违约金。以中小企业担保公司代偿日 2015 年 6 月 19 日中国人民银行同期同类贷款基本利率上浮 50% 计算，加上代偿款 20% 的违约金，至本判决作出之日，已经实际超过以年利率 24% 计算的利息。因此，结合 A 公司的违约情况，并参照前述违约年利率 24% 的规定，根据公平原则将违约金适当减少为以代偿款为本金、以年利率 24% 为标准计算较为合理，本院据此予以调整。”

053 民间借贷对利息没有约定或约定不明，出借人能否请求支付利息？

——借贷双方未约定利息，无权主张支付借期内利息

阅读提示

民间借贷对利息没有约定或约定不明，出借人能否请求支付借期内利息？最高人民法院根据借贷主体的不同，确立了如下裁判规则：

裁判规则一：无论为何种借贷主体，只要借贷双方没有约定利息，出借人均无权向法院主张支付借期内利息（延伸阅读部分案例一、案例二）；

裁判规则二：自然人之间借贷对利息约定不明，出借人无权向法院主张支付借期内利息（延伸阅读部分案例三）；

裁判规则三：除自然人之间借贷外，借贷利息约定不明，出借人主张利息的，法院结合合同内容、当地或者当事人的交易方式、交易习惯、市场利率等因素确定借期内利息（延伸阅读部分案例四——案例六）。

值得注意的是，民间借贷当事人未约定逾期利息，出借人仍有权向法院请求借款人支付逾期利息。

裁判要旨

借贷双方没有约定利息，出借人主张支付借期内利息的，法院不予支持。

案情简介

2014 年 9 月 20 日，李某、A 公司共同向吕某出具欠条一张，载明：李某、A 公司欠吕某 350 万元，按月息 5 分计息。后吕某将上述 350 万元债权转让给刘某。

同日，李某、A 公司共同向刘某出具借条一张，载明：李某、A 公司借到刘某现金 200 万元。借条未约定利息。

刘某向鄂州市中级人民法院起诉，请求判令：李某、A 公司偿还借款 550 万元及利息。鄂州市中级人民法院判决：李某、A 公司偿还刘某本金 200 万元；偿还刘某本金 350 万元及相应利息。

李某、A 公司不服鄂州市中级人民法院判决，上诉至湖北省高级人民法院。

湖北省高级人民法院判决驳回上诉，维持原判。李某不服湖北省高级人民法院判决，向最高人民法院申请再审。最高人民法院裁定驳回再审申请。

裁判要点

本案550万元借款分为两部分，200万元借款由于未约定利息，最高人民法院认定该笔借款不予计息，未支持刘某请求支付该笔借款利息的诉求；350万元借款约定了利息，最高人民法院支持了刘某请求支付该笔借款利息的诉求，但对利息按法定限额予以调整。

最高人民法院认为，“李某向刘某出具借条，载明李某向刘某借款200万元。双方当事人对于借款事实本身并无争议，由于该借条中未约定利息，原审法院根据《中华人民共和国合同法》第二百一十一条认定该笔借款不予计息，并无不当。”

实务经验总结

前事不忘，后事之师。为避免未来发生类似败诉，提出如下建议：

1. 民间借贷出借人如欲实现获取利息的交易目的，应在借款凭证中明确约定借期利率、利息起算时间、借款期限、利息支付时间等。如未约定利息，出借人无权向法院请求借款人支付借期内利息。

2. 根据相关规定，出借人有权向法院请求借款人支付的利率限额为年利率24%。

3. 民间借贷当事人未约定逾期利息，出借人仍有权向法院请求借款人支付逾期利息。

相关法律规定

《最高人民法院关于审理民间借贷案件适用法律若干问题的规定》

第二十五条 借贷双方没有约定利息，出借人主张支付借期内利息的，人民法院不予支持。

自然人之间借贷对利息约定不明，出借人主张支付利息的，人民法院不予支持。除自然人之间借贷的外，借贷双方对借贷利息约定不明，出借人主张利息的，人民法院应当结合民间借贷合同的内容，并根据当地或者当事人的交易方式、交易习惯、市场利率等因素确定利息。

第二十六条 借贷双方约定的利率未超过年利率24%，出借人请求借款人按照约定的利率支付利息的，人民法院应予支持。

借贷双方约定的利率超过年利率36%，超过部分的利息约定无效。借款人请求出借人返还已支付的超过年利率36%部分的利息的，人民法院应予支持。

《中华人民共和国合同法》

第二百一十一条 自然人之间的借款合同对支付利息没有约定或者约定不明确的，视为不支付利息。

自然人之间的借款合同约定支付利息的，借款的利率不得违反国家有关限制借款利率的规定。

法院判决

以下为该案在法院审理阶段，裁判文书中“本院认为”部分就该问题的论述：

本案为民间借贷纠纷，争议焦点为李某、A公司所欠刘某借款本金及利息数额。李某、A公司欠付刘某借款包括两个部分：一是李某于2014年9月20日向刘某借款200万元。李某向刘某出具借条，载明李某向刘某借款200万元。双方当事人对于借款事实本身并无争议，由于该借条中未约定利息，原审法院根据《中华人民共和国合同法》第二百一十一条认定该笔借款不予计息，并无不当。二是李某、A公司于2014年9月20日与吕某经结算后签字确认李某、A公司还欠下吕某350万元，后吕某将该笔350万元债权转让给刘某。李某、A公司于2014年9月20日向吕某出具欠条，载明截至2014年9月15日，李某累计欠吕某960万元，已还410万元，石子以200万元结算，还欠下350万元，此前手续全部作废，欠款按月息5分计算。该欠条上有李某签字捺印，A公司盖章，并有徐某、刘某二人作为见证人签字捺印。欠条内容清楚明确，李某虽然主张960万元借款中包括高息，属于高利贷，但并未举出充分证据证明，李某、A公司提交了一份利息计算底稿，但底稿上并无任何当事人签名，无法确定底稿形成过程，本院不予认可。原审法院查明吕某于2014年12月10日向李某发出《债权转让通知书》，并于2015年1月23日通过特快专递方式邮寄到李某担任法定代表人的A公司。吕某已经履行债权转让通知义务，债权转让行为合法有效。原审查明吕某出借款项大部分汇入李某个人账户，不能认定为李某职务行为，李某虽然主张借款用于公司经营，但并未举出相反证据，本院不予认可。李某、A公司欠付刘某两笔借款共计550万元。原审法院予以确认，并对于其中350万元借款按中国人民银行同期贷款利率4倍分段计算利息，并无不当。

案件来源

刘某与李某、鄂州市A有限责任公司民间借贷纠纷申诉、申请民事裁定书［最高人民法院（2016）最高法民申824号］

延伸阅读

一、借贷双方没有约定利息，出借人无权向法院主张支付利息（案例一、案例二）

案例一：吴某与长春A公司民间借贷纠纷申请再审民事裁定书［最高人民法院（2016）最高法民申651号］认为，“考虑到本案吴某与A公司法定代表人王某之夫刘某之间存在亲属关系、双方此前存在房地产联合开发关系以及刘某代表A公司与吴某之间形成了常年的、多笔的、大额金钱往来以及吴某没有充分证据证明双方之间约定利息等事实，原判决对吴某主张的自2010年4月15日起至起诉之日止的利息未予支持的认定并无不妥。”

案例二：张某与哈尔滨A公司民间借贷纠纷申诉、申请民事裁定书［最高人民法院（2016）最高法民申661号］认为，“张某申请再审称其作为保证人代A公司偿还了2011年7月13日借款合同项下借款本息，A公司应自代偿之日起支付张某代偿款项的利息。经审查，关于张某承担保证责任后A公司应否支付代偿款项的利息问题，张某与A公司并未作出约定，张某要求A公司支付代偿款项的利息没有合同依据，原审判决不予支持，并无不当。”

二、自然人之间借贷对利息约定不明，出借人无权向法院主张支付利息（案例三）

案例三：陈某与王某、浙江A公司再审复查与审判监督民事裁定书［浙江省高级人民法院（2016）浙民申1174号］认为，“本案争议焦点为案涉25.5万元款项的性质认定问题。借据是当事人之间借贷关系最直接、最有力的证据。案涉借据仅载明借款月利率按协定价格执行，未就该协定价格作具体书面约定。王某主张月利率为7.5%，但对此未能提交充分证据予以证明。而且，其实际收取案涉两笔款项共计25.5万元的具体金额和间隔时间，也不能印证其主张。根据《最高人民法院关于审理民间借贷案件适用法律若干问题的规定》第二十五条第二款的规定，自然人之间借贷对利息约定不明，出借人主张支付利息的，人民法院不予支持。本案出借人为王某，借款人为郦某，均为自然人。因此，二审认定案涉借款并未约定利息、案涉25.5万元款项应认定为归还本金，事实认定清楚，法律适用正确。”

三、除自然人之间借贷外，借贷利息约定不明，出借人主张利息的，法院结合合同内容、当地或者当事人的交易方式、交易习惯、市场利率等因素确定利息

（案例四——案例六）

案例四：梁某与南通A公司民间借贷纠纷申请再审民事裁定书［最高人民法院（2016）最高法民申1363号］认为，“关于利率的问题。根据原审查明的事实，由于有些收据载明月息为5分，但有些未载明利息，且沪泰公司有还款的情形，故一审、二审判决酌定利率，这属于自由裁量的范畴。同时，梁某提出按同期银行贷款利率4倍计息的主张，没有事实和法律依据，不能予以支持。”

案例五：云南A学院与昆明B公司民间借贷纠纷申诉、申请民事裁定书［最高人民法院（2016）最高法民申2324号］认为，“本案中，双方当事人在《解除合作关系协议书》中未明确约定B公司偿还2300万元借款的期限，现A学院诉请B公司偿还借款并支付自2011年7月14日该协议书签订至借款实际还清之日的利息。虽然《解除合作关系协议书》约定B公司收到拆迁补偿款后须按年度优先偿还A学院借款利息，但鉴于自该协议书签订至二审判决作出已近5年，而拆迁并未完成，且协议书并未免除B公司支付借款利息的义务，二审法院结合本案实际情况，确定还款合理期限为30日，借款利息从该期限届满之日后开始计付，并无不当。”

案例六：张某与浙江B分公司与浙江C公司民间借贷纠纷申请再审民事裁定书［最高人民法院（2016）最高法民申768号］认为，“关于一、二审法院判决C公司支付张某案涉借款利息是否正确的问题。本案中，B分公司向张某出具的借条中记载的借款数额为300万元，但对利息未作约定，而张某实际汇入款项为288万元。对此，张某主张因双方口头约定利息为2%，故其将利息预先予以扣除。由于300万元以月息2%计算2个月的利息正好是12万元，一、二审法院根据本案的相关证据，结合民间借贷关系中出借人的出借目的、民间借贷隐性利率的特点及借贷双方的交易习惯，采信张某的主张并认定该笔借款的利息为2%并无不当。”

054 自然人之间借贷利息约定不明，能否请求支付利息？

——自然人之间借贷利息约定不明，出借人主张利息的，人民法院不予支持

阅读提示

根据《中华人民共和国合同法》第二百一十一条和《最高人民法院关于审理民间借贷案件适用法律若干问题的规定》第二十五条的规定，自然人之间借贷利息约定不明的，人民法院不予支持。对于“利息约定不明”的具体情形法律并未明确规定，但根据相关判例可知，“利息约定不明”主要包括以下三种情形：

（1）在借贷双方对利息没有书面证据证明的情况下，出借人主张有利息约定但均没有充分证据证明其主张，而借款人抗辩无利息约定（详见延伸阅读裁判规则二）。

（2）在借贷双方对利息没有书面证据证明情况下，出借人主张双方系口头约定，但没有充分证据证明其主张，而借款人抗辩无利息约定（详见延伸阅读裁判规则三）。

（3）出借人主张双方在借款协议中已约定利息，但该约定表述无法直接判断系利息约定，且无其他证据佐证（详见延伸阅读裁判规则四）。

裁判要旨

自然人之间对借贷利息约定不明，出借人主张利息的，人民法院不予支持。

案情简介

2012年6月24日，郦某向王某借款200万元，由A公司、陈某1及陈某2提供连带责任保证，约定借款月利率按协定价格执行。

后王某于2013年10月8日诉至玉环县人民法院，要求对该笔款进行确认，玉环县人民法院经审理作出相应判决。但陈某1认为该判决有误，损害其民事权益，遂向玉环县人民法院提起第三人撤销之诉。双方争议焦点之一即涉案借款利息应如何确定。玉环县人民法院认为，根据双方约定利息按协定价格执行，因此按月利率1.5%计算利息，多余部分折抵本金。

陈某1不服，向台州市中级人民法院提起上诉。台州市中级人民法院认为，借款月利率按协定价格执行，但该协定价格具体是多少，双方当事人未作书面约定，因此本案双方利息约定不明，对债权人的利息请求不予支持。

王某不服，向浙江省高级人民法院申请再审。浙江省高级人民法院裁定驳回其再审申请。

裁判要点

《最高人民法院关于审理民间借贷案件适用法律若干问题的规定》第二十五条第二款规定："自然人之间借贷对利息约定不明，出借人主张支付利息的，人民法院不予支持……"本案中，出借人为王某，借款人为郦某，均为自然人。案涉借据仅载明借款月利率按协定价格执行，未就该协定价格作具体书面约定。王某主张月利率为7.5%，但对此未能提交充分证据予以证明。而且，其实际收取案涉两笔款项共计 25.5 万元的具体金额和间隔时间，也不能印证其主张。因此，法院认定案涉借款利息约定不明，对王某关于利息的主张不予支持。

实务经验总结

前事不忘，后事之师。为避免未来发生类似败诉，提出如下建议：

当事人从事民间借贷行为应当注意规范性，在双方对利息进行约定时，应当在借款协议、借条等债权凭证中对借款利率、利息起算时间、借款期限等进行明确记载，以避免不必要的法律风险。

相关法律规定

《中华人民共和国合同法》

第二百一十一条第一款 自然人之间的借款合同对支付利息没有约定或者约定不明确的，视为不支付利息。

《最高人民法院关于审理民间借贷案件适用法律若干问题的规定》

第二十五条 借贷双方没有约定利息，出借人主张支付借期内利息的，人民法院不予支持。

自然人之间借贷对利息约定不明，出借人主张支付利息的，人民法院不予支持。除自然人之间借贷的外，借贷双方对借贷利息约定不明，出借人主张利息的，人民法院应当结合民间借贷合同的内容，并根据当地或者当事人的交易方式、交易习惯、市场利率等因素确定利息。

第二十六条 借贷双方约定的利率未超过年利率 24%，出借人请求借款人按照约定的利率支付利息的，人民法院应予支持。

借贷双方约定的利率超过年利率 36%，超过部分的利息约定无效。借款人请求出借人返还已支付的超过年利率 36% 部分的利息的，人民法院应予支持。

法院判决

以下为该案在法院审理阶段，裁判文书中“本院认为”部分就该问题的论述：

本案争议焦点为案涉 25.5 万元款项的性质认定问题。借据是当事人之间借贷关系最直接、最有力的证据。案涉借据仅载明借款月利率按协定价格执行，未就该协定价格作具体书面约定。王某主张月利率为 7.5%，但对此未能提交充分证据予以证明。而且，其实际收取案涉两笔款项共计 25.5 万元的具体金额和间隔时间，也不能印证其主张。根据《最高人民法院关于审理民间借贷案件适用法律若干问题的规定》第二十五条第二款的规定，自然人之间借贷对利息约定不明，出借人主张支付利息的，人民法院不予支持。本案出借人为王某，借款人为郦某，均为自然人。因此，二审认定案涉借款并未约定利息、案涉25.5万元款项应认定为归还本金，事实认定清楚，法律适用正确。

案件来源

陈某1与王某、浙江A电器股份有限公司再审复查与审判监督民事裁定书［浙江省高级人民法院（2016）浙民申1174号］

延伸阅读

裁判规则一：自然人之间借贷利息约定不明，出借人主张利息的，人民法院不予支持

案例一：夏某与余某民间借贷纠纷再审民事判决书［宁夏回族自治区高级人民法院（2018）宁民再34号］认为，“夏某向余某分三次借款金额为60万元，原审法院对此认定正确，应予维持。根据《中华人民共和国合同法》第二百一十一条第一款‘自然人之间的借款合同对支付利息没有约定或者约定不明确的，视为不支付利息’及《最高人民法院关于审理民间借贷案件适用法律若干问题的规定》第二十五条第二款‘自然人之间借贷对利息约定不明，出借人主张支付利息的，人民法院不予支持’的规定，因双方当事人在三份《借款协议》中对于利息的约定不明，视为不支付利息，原审法院对余某主张的借款期内的利息请求不予支持正确。”

裁判规则二：在借贷双方对利息没有书面证据证明的情况下，出借人主张有利息约定但均没有充分证据证明其主张，而借款人抗辩无利息约定的，视为“利息约定不明”。

案例二：吉林市A公司与金某、沈某不当得利纠纷再审审查民事裁定书［吉林省高级人民法院（2017）吉民申3355号］认为，“《最高人民法院关于审理民间借贷案件适用法律若干问题的规定》第二十五条规定：‘借贷双方没有约定利息，出借人主张支付借期内利息的，人民法院不予支持。自然人之间借贷对利息约定不明，出借人主张支付利息的，人民法院不予支持。除自然人之间借贷的外，借贷双方对借贷利息约定不明，出借人主张利息的，人民法院应当结合民间借贷合同的内容，并根据当地或者当事人的交易方式、交易习惯、市场利率等因素确定利息。’据此，对借贷双方均为自然人的民间借贷关系中未约定利息或约定不明的情形下，人民法院应当认定为无利息约定。但在借贷双方中仅有一方为自然人时，利息有无约定及明确与否属事实认定问题。在借贷双方对利息没有书面证据证明的情况下，出借人主张有利息约定但均没有充分证据证明其主张，而借款人抗辩无利息约定。这种情形即属于利息约定不明。对于利息约定不明的，人民法院应一律不予认定。”

裁判规则三：在借贷双方对利息没有书面证据证明的情况下，出借人主张双方系口头约定，但没有充分证据证明其主张，而借款人抗辩无利息约定的，视为“利息约定不明”。

案例三：仲某与杜某、永吉A公司民间借贷纠纷再审审查民事裁定书［吉林省高级人民法院（2016）吉民申378号］认为，“《中华人民共和国合同法》第二百一十一条第一款规定，自然人之间的借款合同对支付利息没有约定或者约定不明确的，视为不支付利息。本案案涉借款合同中，未体现利息的约定，当事人及证人对口头约定利息问题的陈述又不一致。仲某诉讼请求借款利息按中国人民银行同期贷款利息四倍计算，仲某提供的证人赵某证实仲某与杜某约定利率月息为三分五，杜某述称双方口头说过利息，但没说利率多少。对此，一审庭审中，法庭问仲某，被告杜某说口头约定利息？仲某答对。问口头约定利息是多少？答没有约定利息。即仲某自身在诉讼中的主张前后亦不一致。综上，原审认定仲某与杜某间的借款合同对利息约定不明，视为不支付利息，并无不当。”

案例四：汪某、王某民间借贷纠纷再审审查与审判监督民事裁定书［贵州省高级人民法院（2017）黔民申578号］认为，“经审查，汪某与王某借款产生于2011年，2013年12月8日王某向汪某出具一张借条，载明‘今借到汪某人民币贰拾万元（200,000元）’，该借条未约定利息。基于此，二审法院认定王某在向汪某借款时至2013年12月8日，双方约定了利息，但2013年12月8日双方重新协商并另行写了借条，在借条上未约定利息和还款期限，汪某也未提供证据证明在重新签订借条后双方约定了利息，故根据《最高人民法院关于审理民间借贷案件适用法律若干问题的规定》第二十五条第二款‘自然人之间借贷对利息约定不明，出借人主张支付利息的，人民法院不予支持。除自然人之间借贷的外，借贷双方对借贷利息约定不明，出借人主张利息的，人民法院应当结合民间借贷合同的内容，并根据当地或者当事人的交易方式、交易习惯、市场利率等因素确定利息’的规定，对汪某诉请支付利息的主张未予支持。本院认为，根据《中华人民共和国合同法》第二百一十一条第一款‘自然人之间的借款合同对支付利息没有约定或者约定不明确的，视为不支付利息’的规定，二审法院对该问题的认定和处理符合本案查明的事实及法律规定，并无不当。申请人主张2013年双方重新书写借条时对月息2.5%是口头约定的，缺乏充分证据证明，本院不予采纳。”

案例五：张某、吕某民间借贷纠纷二审民事判决书［江西省高级人民法院（2017）赣民终477号］认为，“借条原件上并未载明利息约定，且现有的证据也不能证明借贷双方就借款利息达成一致的口头约定。现已查明，在借款本金已经全部归还的情况下，根据《中华人民共和国合同法》第二百一十一条第一款‘自然人之间的借款合同对支付利息没有约定或者约定不明确的，视为不支付利息’以及《最高人民法院关于审理民间借贷案件适用法律若干问题的规定》第二十五条‘借贷双方没有约定利息，出借人主张支付借期内利息的，人民法院不予支持。自然人之间借贷对利息约定不明，出借人主张支付利息的，人民法院不予支持’之规定，吕某要求支付借款利息的主张没有事实与法律依据，不应予以支持。”

案例六：罗某、杨某民间借贷纠纷再审审查与审判监督民事裁定书［贵州省高级人民法院（2017）黔民申969号］认为，“根据《中华人民共和国合同法》第二百一十一条第一款‘自然人之间的借款合同对支付利息没有约定或者约定不明确的，视为不支付利息’、《最高人民法院关于审理民间借贷案件适用法律若干问题的规定》第二十五条第二款‘自然人之间借款对利息约定不明，出借人主张支付利息的，人民法院不予支持……’之规定，杨某出具给罗某的借款上未约定借款利息、还款期限和逾期利息，一审中提供的电话录音资料也无法证明双方之间对利息有明确的约定，且证明了杨某一方表达了只愿归还本金的意思表示。二审法院认定杨某支付给罗某的95,000元视为归还借款本金，判决杨某偿还罗某借款本金105,000元并无不当，本案判决并不存在《最高人民法院关于适用〈中华人民共和国民事诉讼法〉的解释》第三百九十条‘有下列情形之一，导致判决、裁定结果错误的，应当认定为民事诉讼法第二百条第六项规定的原判决、裁定适用法律确有错误：（一）适用的法律与案件性质明显不符的；（二）确定民事责任明显违背当事人约定或者法律规定的；（三）适用已经失效或者尚未施行的法律的；（四）违反法律溯及力规定的；（五）违反法律适用规则的；（六）明显违背立法原意的’规定的适用法律确有错误的情形。罗某的该项再审申请理由不成立，本院不予采纳。”

裁判规则四：出借人主张双方在借款协议中已约定利息，但该约定表述无法直接判断系利息约定，且无其他证据佐证的，视为“利息约定不明”。

案例七：马某、陈某民间借贷纠纷再审审查与审判监督民事裁定书［云南省高级人民法院（2017）云民申124号］认为，“《中华人民共和国合同法》第二百一十一条规定‘自然人之间的借款合同对支付利息没有约定或者约定不明确的，视为不支付利息……’;《最高人民法院关于审理民间借贷案件适用法律若干问题的规定》第二十五条规定，‘借贷双方没有约定利息，出借人主张支付借期内利息的，人民法院不予支持。自然人之间借贷对利息约定不明，出借人主张支付利息的，人民法院不予支持。除自然人之间借贷的外，借贷双方对借贷利息约定不明，出借人主张利息的，人民法院应当结合民间借贷合同的内容，并根据当地或者当事人的交易方式、交易习惯、市场利率等因素确定利息’。本案涉诉的借条表述为：‘每月还伍仟元’‘每月还壹万捌仟元正’，从字面上不能确定此内容是对利息的约定，根据前述法律及司法解释的规定，此情形应视为利息约定不明，申请人要求支付利息的诉讼请求不能得到支持。”

055 民间借贷预先在本金中扣除利息，应将实际出借金额认定为本金数额

——民间借贷预先在本金中扣除利息，应将实际出借金额认定为本金数额

阅读提示

民间借贷出借人将全部或部分利息预先从本金中扣除，俗称“贴水贷款”“抽头”，这种做法将导致出借人实际出借金额低于借款凭证记载的本金。那么该情形下如何认定借款本金？最高人民法院对此确立的裁判规则为：预先在本金中扣除利息的，应当将实际出借的金额认定为本金，并以此计算利息。

裁判要旨

民间借贷预先在本金中扣除利息的，应当将实际出借的金额认定为本金。

案情简介

2012年11月，高某与龚某同去刘某处，高某与刘某签订《贷款协议》，约定高某向刘某借款1亿元，借款期限为6个月，月利率为2%。

协议签订后，龚某在该协议背面向高某书写借据一份，载明：今借到高某人民币壹亿元整，期限陆个月，按月结息，月息2%。借款人龚某。龚某在其签名处

捺了手印。

刘某将该笔借款扣除了前三个月的利息计 600 万元后，按照高某的要求通过银行向龚某指定的 A 公司账户转账 9400 万元。

高某向陕西省高级人民法院提起诉讼，请求判令：龚某偿还所借高某借款本金 1 亿元及利息。陕西省高级人民法院判决：龚某清偿高某借款本金 9400 万元人民币及利息。后最高人民法院二审判决维持陕西省高级人民法院的判决。

裁判要点

本案龚某向高某出具的借据载明的借款本金为 1 亿元，但出借人实际履行出借义务时预先扣除了三个月的利息 600 万元。根据《中华人民共和国合同法》第二百条的规定，“借款的利息不得预先在本金中扣除。利息预先在本金中扣除的，应当按照实际借款数额返还借款并计算利息。”法院最终认定本案的借款本金为 9400 万元，未支持高某请求偿还 1 亿元借款本金的诉求。

实务经验总结

前事不忘，后事之师。为避免未来发生类似败诉，提出如下建议：

民间借贷出借人不得将利息预先在本金中扣除，否则将影响本金及利息数额的认定。出借人将利息预先在本金中扣除后，仍主张按借款凭证记载的本金偿还借款及利息的，法院将以实际出借金额计算本金及利息。

相关法律规定

《最高人民法院关于审理民间借贷案件适用法律若干问题的规定》

第二十七条　借据、收据、欠条等债权凭证载明的借款金额，一般认定为本金。预先在本金中扣除利息的，人民法院应当将按实际出借的金额认定为本金。

《中华人民共和国合同法》

第二百条　借款的利息不得预先在本金中扣除。利息预先在本金中扣除的，应当按照实际借款数额返还借款并计算利息。

法院判决

以下为该案在法院审理阶段，裁判文书中“本院认为”部分就该问题的论述：

关于龚某上诉请求从9400万元借款本金中扣减100万元的理由是否成立的问题。2012年11月2日，龚某在高某与刘某签订的《贷款协议》背面向高某书写“今借到高某人民币壹亿元整，期限陆个月，按月结息，月息2%。借款人龚某”的借据内容，证明了由高某出面向刘某借款1亿元再由高某转借给龚某使用，系三方合意。由此，龚某与高某之间民间借贷法律关系成立；一审中，高某向法庭提供的刘某在借款协议签订的当天两次通过中国农业银行股份有限公司榆林分行兴达路支行向A公司账户26×××82转账9400万元的转账凭证，龚某及其子李某在高某和杨某于2014年4月17日向高某出具的内容为“龚某因公司资金周转困难于2012年11月2日……以高某向刘某贷款用于高某的公司周转为理由，刘某给高某贷款，再由高某转贷给龚某。上述贷款协议达成后，刘某已直接向龚某的个人（公司）账号转了款……”的《承诺书》书上签名并留下身份证号码，龚某于2014年4月15日向“杨行长”杨某出具的“因我欠我亲戚高某的钱，故将北京三里屯商铺暂抵押给高某，请配合履行相关手续”的委托书，以及龚某上诉书中自认收到A公司转付的借款9300万元等证据形成了完整的证据链，不但能够直接证明刘某已通过转借的方式将其出借给高某的1亿元借款在扣除600万元利息后已向A公司转款9400万元，且能够印证A公司在本案中系代理龚某收取款项。据此，可以确认高某与龚某双方之间约定的借款义务已实际履行完毕。原审法院根据上述事实，从双方约定的借款1亿元中剔除预先扣除的600万元利息，认定高某实际向龚某支付的借款本金为9400万元，并据此判决龚某偿还高某借款本金9400万元及约定利息，认定事实清楚，证据充分。龚某上诉请求从该借款本金中扣减100万元的理由，缺乏事实根据，应予驳回。

案件来源

高某与龚某民间借贷纠纷二审民事判决书［最高人民法院（2016）最高法民终204号］

延伸阅读

一、预先在本金中扣除利息的，法院将实际出借的金额认定为本金

案例一：王某与李某、密山市A公司民间借贷纠纷申诉、申请民事裁定书［最高人民法院（2016）最高法民申3277号］认为，“原一、二审判决按照李某主张的利率标准及借款时预扣利息的交易方式，将借据中记载的借款数额予以调整，

重新确定借款本金，并以实际借款本金数额为基数，按照法律予以保护的利息标准及利息与本金的偿还顺序认定案涉欠款数额，有事实和法律依据，并无不当。”

案例二：邱某、赵某与肖某、林某民间借贷纠纷申诉、申请民事裁定书［最高人民法院（2016）最高法民申1330号］认为，“邱某、赵某仅提供2369万元银行转款凭据，没有证据表明双方之间存在其他形式的支付情形。自转款后的短期内，肖某已还款630万元，二审判决据此认定2012年2月21日的借款证明包含高额利息，并认定本案实际借款数额为邱某、赵某实际转账支付的2369万元具有事实依据。”

案例三：刘某与贾某民间借贷纠纷申诉、申请民事裁定书［最高人民法院（2016）最高法民申921号］认为，“原审法院已查明，两份借款合同实际支付的金额为1320万元，其依据查明的事实并依据《中华人民共和国合同法》第二百条‘借款的利息不得预先在本金中扣除。利息预先在本金中扣除的，应当按照实际借款数额返还借款并计算利息’的规定，认定贾某应当向刘某返还借款数额为实际付款的数额1320万元，利息按同期银行贷款利率的四倍计算的责任承担，亦事实清楚，依法有据，并无不当。”

案例四：陶某与徐某、舒某、合肥A公司、安徽B公司、安徽C公司、刘某、合肥某学院民间借贷纠纷申请再审民事裁定书［最高人民法院（2016）最高法民申字395号］认为，“刘某等人提供的账册虽然记载了案涉借款金额为8177.7万元，但同时亦记载了陶某等五人发放借款时预先扣除了利息。二审法院根据《中华人民共和国合同法》第二百条‘借款的利息不得预先在本金中扣除。利息预先在本金中扣除的，应当按照实际借款数额返还借款并计算利息’的规定，将预先扣除的利息从借款本金中予以扣减，并无不当。”

二、债务人主张借款本金预先扣除了利息，应承担举证责任

案例五：胡某与萍乡市A公司、萍乡市B公司等民间借贷纠纷申诉、申请民事裁定书［最高人民法院（2016）最高法民申1129号］认为，“原审中，就本案借款合同的履行，胡某提供了三份证据证明，其一是银行转款凭证，证明2013年11月6日，自案外人陈某的银行账户转款500万元至B公司账户；其二是一审审理中，陈某出具的证明，证明陈某认可该500万元系受胡某的委托支付给B公司；其三是B公司向胡某出具的收款收据，证明B公司确认收到了本案的500万元借款。上述证据中，虽然B公司出具的收款收据中注明的款项是购房款，但是根据胡某与B公司签订的借款合同第五条的约定，即为保证胡某的资金安全，B公司同意将其所有的房产以协议价格卖给胡某，当B公司不能按期偿还胡某借款本息时，胡某所购房产视为其合法资产。据此，胡某主张上述收款收据中的款项是本案借款合理。胡某提交的证据能够形成证据链证明其与B公司之间的借款事实已经发生，原审判决认定本案借款合同已经实际履行有事实依据。A公司主张B公司在收到借款的同日又转给陈某的40万元属于胡某预先收取的利息，应当提供证据证明。在A公司未能提交证据证明该40万元与本案借款有关联的情形下，原审判决未予认定该款为胡某预先扣除的利息并无不当。"

056 民间借贷未约定利息但借款人自愿支付利息能否请求出借人返还?

——借款人自愿支付利息超过年利率36%的部分，可以请求出借人返还

阅读提示

民间借贷没有约定利息但借款人自愿支付，或者自愿支付超过约定利率的利息，借款人能否请求出借人返还支付的利息？该类案件的裁判规则为：如果未超过年利率36%，借款人不得请求出借人返还；如果超过年利率36%，借款人可以请求出借人返还超过年利率36%部分的利息。

裁判要旨

超过约定的利率自愿支付的利息超过年利率36%，借款人可以请求出借人返还超过年利率36%部分的利息，返还部分可折抵相应本金。

案情简介

2015年5月19日，A公司与B公司签订人民币借款合同，约定A公司向B公司借款4000万元，月利率为3%。

合同签订后，B公司支付A公司4000万元借款本金。同日，A公司支付B公司利息36万元。截至2015年7月23日，A公司向B公司支付1976万元。

B公司向甘肃省高级人民法院提起诉讼称，截至诉讼时，A公司向B公司共计支付了三个月的利息360万元，偿还了本金1652万元，剩余本金2348万元，请求判令A公司偿还借款本金2348万元及利息。

甘肃省高级人民法院判决A公司给付B公司借款本金2245.66万元及利息。

裁判要点

本案双方对 A 公司已支付 2012 万元的事实均认可，争议分歧在于，B 公司主张 2012 万元中的 360 万元系支付利息，1652 万元系偿还借款本金，而 A 公司认为，合同履行过程中存在预先偿还借款利息的情况，应从本金中扣除。

第一，A 公司于借款发放当日支付 B 公司 36 万元利息，根据《最高人民法院关于审理民间借贷案件适用法律若干问题的规定》第二十七条“预先在本金中扣除利息的，人民法院应当将实际出借的金额认定为本金”的规定，法院认定 B 公司实际出借金额为 3964 万元（4000 万元 -36 万元）。

第二，A 公司截至 2015 年 7 月 23 日共偿还 1976 万元。根据《最高人民法院关于适用〈中华人民共和国合同法〉若干问题的解释（二）》第二十一条之规定，A 公司已支付的 1976 万元应优先抵扣利息，剩余部分抵扣本金。根据《最高人民法院关于审理民间借贷案件适用法律若干问题的规定》第三十一条之规定，A 公司支付的利息包含超过约定的利率自愿支付的利息，超过年利率 36% 的部分，B 公司应当返还，返回部分折抵未偿还本金。据此计算，截至 2015 年 7 月 23 日，A 公司所付款项中，按年利率 36% 计算的利息应为 257.66 万元（3964 万元 ×3%÷30 天 ×65 天），其余 1718.34 万元用于偿付本金。因此，最终法院认定 A 公司未偿还本金为 2245.66 万元（3964 万元 -1718.34 万元）。

实务经验总结

前事不忘，后事之师。为避免未来发生类似败诉，提出如下建议：

1. 民间借贷未约定利息，借款人可以不支付借期内的利息。

2. 未约定利息但借款人自愿支付，或者自愿支付超过约定利率的利息，如果未超过年利率 36%，借款人不得请求出借人返还；如果超过年利率 36%，借款人可以请求出借人返还超过年利率 36% 部分的利息。

3. 民间借贷出借人不应预先在本金中扣除利息，该情形下法院将实际支付的金额认定为本金。借款人在资金出借当日返还出借人利息，仍然视同预先在本金中扣除利息。

相关法律规定

《最高人民法院关于审理民间借贷案件适用法律若干问题的规定》

第二十七条 借据、收据、欠条等债权凭证载明的借款金额，一般认定为本金。预先在本金中扣除利息的，人民法院应当将实际出借的金额认定为本金。

第三十一条 没有约定利息但借款人自愿支付，或者超过约定的利率自愿支付利息或违约金，且没有损害国家、集体和第三人利益，借款人又以不当得利为由要求出借人返还的，人民法院不予支持，但借款人要求返还超过年利率36%部分的利息除外。

《最高人民法院关于适用〈中华人民共和国合同法〉若干问题的解释（二）》

第二十一条 债务人除主债务之外还应当支付利息和费用，当其给付不足以清偿全部债务时，并且当事人没有约定的，人民法院应当按照下列顺序抵充：

（一）实现债权的有关费用；

（二）利息；

（三）主债务。

法院判决

以下为该案在法院审理阶段，裁判文书中“本院认为”部分就该问题的论述：

双方对于已支付2012万元的事实均认可，争议分歧在于，B公司主张2012万元中的360万元系支付2015年8月18日之前的利息，1652万元系偿还借款本金，而A公司认为合同履行过程中存在预先偿还借款利息的情况，应从本金中扣除。对此，A公司于借款发放当日支付的36万元利息，根据《最高人民法院关于审理民间借贷案件适用法律若干问题的规定》第二十七条“预先在本金中扣除利息的，人民法院应当将实际出借的金额认定为本金”的规定，B公司实际出借金额应为3964万元。此后，A公司截至2015年7月23日支付1976万元，随后再未偿还借款本息。根据《最高人民法院关于适用〈中华人民共和国合同法〉若干问题的解释（二）》第二十一条之规定，A公司已支付的1976万元应优先支付利息，剩余部分抵扣本金。根据《最高人民法院关于审理民间借贷案件适用法律若干问题的规定》第三十一条之规定，A公司提前支付的利息，属于超过约定的利率自愿支付的利息，超过年利率36%的部分，B公司应当返还。据此计算，截至2015年7月23日，A公司所付款项中，3964万元×3%÷30天×65天=257.66万元应计算为A公司支付的截至2015年7月23日的利息，其余1718.34元用于偿付本金。

2015 年 7 月 23 日之后的利息，根据《最高人民法院关于审理民间借贷案件适用法律若干问题的规定》第二十九条之规定，应以 3964 万元 -1718.34 万元 =2245.66 万元为本金，以年利率 24% 为标准计算。

案件来源

原告兰州市安宁区 B 公司与被告甘肃 A 公司、鞍山 C 公司、薛某借款合同纠纷一审民事判决书［甘肃省高级人民法院（2015）甘民二初字第 37 号］

延伸阅读

关于民间借贷当事人没有约定利息但借款人自愿支付，或者自愿支付超过约定利率的利息，借款人能否请求出借人返还的案例：

一、如果未超过年利率 36%，借款人不得请求出借人返还

案例一：武汉 A 公司、湖北 B 公司民间借贷纠纷二审民事判决书［湖北省高级人民法院（2016）鄂民终 1048 号］认为，“B 公司在 2006 年 12 月 19 日至 2010 年 4 月 2 日，先后通过 B 公司、C 公司、D 公司、E 公司等企业向 A 公司出借本金 1.655 亿元。A 公司对上述借款有及时还款付息的义务。A 公司在 2006 年 12 月 4 日至 2012 年 4 月 20 日先后偿还 B 公司借款本金 6500 万元，借款利息 17,486,536.02 元。前述付息标准未超过法定利率标准，根据《最高人民法院关于审理民间借贷案件适用法律若干问题的规定》第三十一条之规定，应予确认。”

案例二：纪某与江苏 A 公司、戴某等民间借贷纠纷二审民事判决书［扬州市中级人民法院（2016）苏 10 民终 2805 号］认为，“戴某在 2010 年 7 月 15 日至 2010 年 12 月 14 日分五笔向纪某借款共计 700 万元，而纪某主张 2011 年 2 月 18 日戴某支付利息 100 万元。根据《最高人民法院关于审理民间借贷案件适用法律若干问题的规定》第三十一条之规定：‘没有约定利息但借款人自愿支付，或者超过约定的利率自愿支付利息或违约金，且没有损害国家、集体和第三人利益，借款人又以不当得利为由要求出借人返还的，人民法院不予支持，但借款人要求返还超过年利率 36% 部分的利息除外。’戴某 2015 年 1 月 8 日签订分期还款协议时未扣减上述 100 万元还款，足以说明上述 100 万元应为借款人戴某自愿支付上述五笔款项在 2011 年 2 月 18 日之前的利息，该笔利息既未超过年利率 36%，也未损害国家、集体和第三人利益。故上诉人 A 公司有关 2011 年 2 月 18 日还款 100 万元应抵扣相应的本金或利息的上诉理由，本院不予支持。”

案例三：厉某与杭州 A 中心、俞某等民间借贷纠纷二审民事判决书［杭州市中级人民法院（2016）浙 01 民终 5145 号］认为，“根据《最高人民法院关于审理民间借贷案件适用法律若干问题的规定》第三十一条的规定，上诉人已经向被上诉人依约自愿支付月利率 3% 的利息，并未损害国家、集体和第三人利益，A 中心从事项目的性质与案涉借款利息约定无关，故上诉人要求对已支付的利息超过银行贷款利率四倍以上的部分抵作借款本金本院不予支持。”

案例四：广州市 A 公司与广州市 B 公司民间借贷纠纷二审民事裁定书［广州市中级人民法院（2016）粤 01 民终 11555 号］认为，“虽然双方未签订书面借款合同，上诉人向被上诉人出具的收款收据没有约定利息支付及标准，但 B 公司已实际自愿向 A 公司支付利息，原审法院根据《最高人民法院关于审理民间借贷案件适用法律若干问题的规定》第三十一条的规定，认定 A 公司收取 B 公司利息，合理合法。”

二、如果超过年利率 36%，借款人可以请求出借人返还超过年利率 36% 部分的利息

案例五：武汉 A 公司、武汉 B 公司民间借贷纠纷二审民事判决书［武汉市中级人民法院（2016）鄂 01 民终 7755 号］认为，“B 公司与 A 公司签订的《借款合同》合法有效，应受法律保护。双方在合同中虽然未约定借款利息，但实际履行中可看出是按月息 4 分支付利息（借款时即按 4 分月息扣除 80 万元，后多次按月支付 80 万元），并且合同中约定了逾期还款的违约金，因该违约金约定过高，根据《最高人民法院关于审理民间借贷案件适用法律若干问题的规定》第三十一条‘没有约定利息但借款人自愿支付，或者超过约定的利率自愿支付利息或违约金，且没有损害国家、集体和第三人利益，借款人又以不当得利为由要求出借人返还的，人民法院不予支持，但借款人要求返还超过年利率 36% 部分的利息除外’的规定，一审法院对 A 公司已偿还款项超过年利率 36% 的部分予以抵扣本金，符合上述司法解释的规定，A 公司要求对已偿还款项超过年利率 24% 部分抵扣本金无法律依据，其请求应予驳回。”

案例六：夏某与丁某、贾某民间借贷纠纷二审民事判决书［武汉市中级人民法院（2016）鄂 01 民终 5402 号］认为，“根据《最高人民法院关于审理民间借贷案件适用法律若干问题的规定》第三十一条的规定，没有约定利息但借款人自愿支付，或者超过约定的利率自愿支付利息或违约金，且没有损害国家、集体和第三人利益，借款人又以不当得利为由要求出借人返还的，人民法院不予支持，但借款人要求返还超过年利率 36% 部分的利息除外。丁某的第四笔借款中，虽然双方没有约定利息，但按丁某一审中提交的《夏某还本付息日记账》中载明的内容，丁某于2014年8月20日还款35,000元，于2014年9月19日、2014年10月21日、2014年11月21日各还款52,500元系偿还2014年8月20日150万借款项下的利息，应当视为丁某自愿支付的利息，一审法院认定丁某已偿还款项中超过年利率36%的部分冲抵本金并无不当。”

案例七：黄某与马某、孔某等民间借贷纠纷二审民事判决书［杭州市中级人民法院（2016）浙01民终4188号］认为，“《最高人民法院关于审理民间借贷案件适用法律若干问题的规定》第三十一条规定：‘没有约定利息但借款人自愿支付，或者超过约定的利率自愿支付利息或违约金，且没有损害国家、集体和第三人利益，借款人又以不当得利为由要求出借人返还的，人民法院不予支持，但借款人要求返还超过年利率36%部分的利息除外。’马某在2014年8月至2015年8月每月向黄某支付2800元，应视为其自愿向黄某支付利息及逾期还款违约金，依据上述规定，其支付的款项中超过年利率36%的部分应当抵充本金。”

057 逾期利息已达到年利率24%，出借人还能否主张律师费用？

——即使借款人应支付的逾期利息和违约金已达到年利率24%，出借人仍有权向借款人主张借款合同中约定的律师费用

阅读提示

民间借贷中，出借人为了降低交易风险，习惯在借款合同中约定借款人应当承担出借人实现债权而支付的律师费用。2015年9月1日《最高人民法院关于审理民间借贷案件适用法律若干问题的规定》施行之前，司法实务上对类似约定通常予以支持。但在该规定施行后，各地法院的裁判规则出现了分歧，其根源在于对该规定的第三十条的“其他费用”是否包括律师费用的理解不同。一种裁判规则认为律师费属于“其他费用”，因此当借款人应当支付的逾期利息和违约金达到年利率24%时，则出借人无权再向借款人主张承担律师费用；而另一种裁判规则与此截然相反。那么第三十条中的“其他费用”究竟应作何理解？律师费是否可以与逾期利息或者违约金并存？

案情简介

罗某、邓某为A公司股东，罗某为A公司法定代表人。

2012年7月20日至2013年7月8日，舒某共向罗某、邓某、A公司出借借款4200万元。

2016年3月31日，A公司与舒某签订《还款协议》，约定上述借款实际借款人为A公司，股东为连带保证人；若借款人违约，则出借人为主张债权实现而支付的诉讼费、差旅费、律师费、房产备案登记费、过户费等费用均由借款人及保证人承担。

2016年8月12日，舒某与四川典扬律师事务所签订《委托代理合同》，经协商一审律师代理费为人民币80万元。

舒某向眉山市中级人民法院起诉，请求法院判令A公司、罗某、邓某连带清偿借款本息及本案律师费用。眉山市中级人民法院认为，舒某的诉讼请求部分成立，但依据民间借贷规定第三十条，本案逾期利息已达年利率24%，故对舒某关于被告承担律师费用的主张不予支持。

舒某不服，向四川省高级人民法院提起上诉，继续主张A公司、罗某、邓某应连带承担本案律师费用。四川省高级人民法院认为，《最高人民法院关于审理民间借贷案件适用法律若干问题的规定》第三十条中的“其他费用”是指双方在借贷过程中产生的必要费用，不包括出借人为实现债权所产生的必需费用。据此，四川省高级人民法院支持舒某关于A公司、罗某、邓某承担律师费用的上诉请求，撤销一审判决。

裁判要点

《最高人民法院关于审理民间借贷案件适用法律若干问题的规定》第三十条规定：“出借人与借款人既约定了逾期利率，又约定了违约金或者其他费用，出借人可以选择主张逾期利息、违约金或者其他费用，也可以一并主张，但总计超过年利率24%的部分，人民法院不予支持。”该规定中的“其他费用”是指双方在借贷过程中产生的必要费用，律师费用系出借人为追索借款、实现债权所支付的成本，不属于“其他费用”。而且，若将出借人为实现债权所支出的合理费用并入“其他费用”而设定上限，实则是将借款人的违约风险部分转移给了出借人，并不利于维护守约方之权益。具体到本案中，在借贷双方明确约定律师费用由违约方承担的情况下，舒某关于A公司、罗某、邓某应承担本案舒某支付的80万元律师费的诉讼主张合乎法律之规定，应当予以支持。

实务经验总结

前事不忘，后事之师。为避免未来发生类似败诉，提出如下建议：

《最高人民法院关于审理民间借贷案件适用法律若干问题的规定》第三十条的“其他费用”是否包括律师费用，各地法院的裁判规则存在分歧，主要有以下两种观点：

一种裁判规则认为，根据《最高人民法院关于审理民间借贷案件适用法律若干问题的规定》第三十条的规定，应将律师费用归入与逾期利息、违约金同类的“其他费用”中，受到总计不得超过年利率 24% 的限制。此裁判规则之目的在于减轻借款人的还款压力，提高其还款能力，从而减少民间融资成本过高现象的出现。

另一种裁判规则与此相反，认为《最高人民法院关于审理民间借贷案件适用法律若干问题的规定》第三十条中的“其他费用”是指“借款人为获得借款支付的成本”，而律师费显然不能归到此范围之中，其与诉讼费、保全费、执行费等皆应属于出借人为实现债权而支付的成本。

本书认为，如果将出借人为实现债权所支出的合理费用并入“其他费用”并设定上限，实则变相降低了违约方的违约成本，不利于维护守约方权益，有违公平公正原则，干预当事人意思自治。因此，第二种裁判规则更加合理。

相关法律规定

《最高人民法院关于审理民间借贷案件适用法律若干问题的规定》

第三十条　出借人与借款人既约定了逾期利率，又约定了违约金或者其他费用，出借人可以选择主张逾期利息、违约金或者其他费用，也可以一并主张，但总计超过年利率 24% 的部分，人民法院不予支持。

法院判决

以下为该案在法院审理阶段，裁判文书中“本院认为”部分就该问题的论述：

双方签订的《还款协议》第七条明确约定借款人应承担出借人为实现债权所产生的所有费用，包括诉讼费、差旅费、律师费等，该约定未违反法律、行政法规的强制性规定，应对双方具有约束力。舒某为实现债权，与四川典扬律师事务所签订了《委托代理合同》，约定代理费用为 80 万元，且舒某提交了 80 万元的律师代理费发票，表明80万元律师代理费已实际发生。故，A公司、罗某、邓某应根据双方合同约定承担舒某为实现债权产生的80万元律师费。《最高人民法院关于审理民间借贷案件适用法律若干问题的规定》第三十条规定“出借人与借款人既约定了逾期利率，又约定了违约金或者其他费用，出借人可以选择主张逾期利息、违约金或者其他费用，也可以一并主张，但总计超过年利率24%的部分，人民法院不予支持”。该条规定的“其他费用”是指双方在借贷过程中产生的服务费、咨询费、中介费、管理费等费用，不应包括出借人为实现债权所产生的必需费用。如将实现债权所产生的律师费用包含在年利率24%以内，对出借人有失公平。一审法院依据《最高人民法院关于审理民间借贷案件适用法律若干问题的规定》第三十条的规定判决驳回舒某关于律师费80万元的诉求，属适用法律不当，本院予以纠正。

案件来源

舒某、仁寿县A房地产开发有限公司民间借贷纠纷二审民事判决书［四川省高级人民法院（2017）川民终699号］

延伸阅读

裁判规则一：律师费用不属于《最高人民法院关于审理民间借贷案件适用法律若干问题的规定》第三十条中的“其他费用”，即使借款人应承担的逾期利息、违约金已达到年利率24%，出借人仍可依约向借款人主张律师费用。

案例一：林某与西宁A公司、王某民间借贷纠纷二审民事判决书［上海市高级人民法院（2017）沪民终387号］认为，“《最高人民法院关于审理民间借贷案件适用法律若干问题的规定》第三十条中的‘逾期利息、违约金或者其他费用’，本质上属于借款人为获得借款付出的成本，应当由借款人支付。一般来说，出借人不得以服务费、咨询费、管理费等其他名目的费用来规避法律对利率的上限规定，借款人的借款成本主要应当通过利息来实现，而律师费并不属于与利息、违约金相类似性质的款项，其既不具有出借资金计算利息的获利性，也不具有逾期还款违约金的惩罚性，律师费是由于借款人未按期还款导致出借人寻求司法途径主张债权而支出的成本性费用，可以与年利率24%的利息或违约金并存。而且，本案中当事人对于律师费的承担有合同约定及《执行和解协议》的确认，应予恪守。”

案例二：西宁A公司、段某与甘肃B公司借款合同纠纷二审判决书［青海省高级人民法院（2017）青民终 174 号］认为，“本院认为，《最高人民法院关于审理民间借贷案件适用法律若干问题的规定》第三十条规定的‘其他费用’，其实质属于借款人为获得借款支付的成本。双方在合同约定的本金及其利息、罚息、逾期利息、违约金、实现债权的费用（包括但不限于诉讼费、保全费、执行费、律师费、差旅费等），是段某不履行合同义务，A 公司为实现债权而支付的成本，与借款人为获得借款成本的性质不同。A 公司根据与委托诉讼代理方签订的《委托代理协议》主张该部分费用，有合同和事实依据，段某应负担本案律师费 50,000 元。”

案例三：新余市分宜县 A 公司与邓某、贾某小额借款合同纠纷二审判决书［江西省高级人民法院（2016）赣民终 341 号］认为，“从法条文义来看，结合《最高人民法院关于审理民间借贷案件适用法律若干问题的规定》第三十条‘出借人与借款人既约定了逾期利率，又约定了违约金或者其他费用，出借人可以选择主张逾期利息、违约金或者其他费用，也可以一并主张，但总计超过年利率 24% 的部分，人民法院不予支持’的规定与第二十六条、第二十九条对借款利率上限的规定可知，出借人与借款人的约定不得超限的各种费用，应属于借款人为获得借款所支付的成本，包括双方约定的逾期利息、逾期未付违约金、服务费、咨询费、管理费等在借款时就约定由借款人承担的费用；而不应包括出借人为追索借款、实现债权所支付的成本。如将出借人为实现债权所支出的合理费用并入‘其他费用’而设定上限，不利于维护守约方权益。可见，律师代理费不属于《最高人民法院关于审理民间借贷案件适用法律若干问题的规定》第三十条的其他费用，A 公司有权向邓某主张双方在借款合同中已约定的合理律师费用。本案律师费用 16.4 万元，未超出《江西省律师收费管理办法》规定的收费标准，本院予以支持。”

案例四：贵州 A 公司、龚某 1、龚某 2 等与徐某民间借贷纠纷二审民事判决书［重庆市高级人民法院（2016）渝民终 356 号］认为，“《最高人民法院关于审理民间借贷案件适用法律若干问题的规定》第三十条中的‘其他费用’主要是指出借人和借款人在借款合同中约定借款人应向出借人支付服务费、咨询费、管理费等‘其他费用’。这些其他费用虽然名目不同，但其实质上仍属于借款人为获得借款支付的成本，是出借人为了规避法律关于利息上限的规定而设定的，性质类似于借贷关系中的利息。律师费是出借人为了实现债权而产生的费用，独立于借贷关系之外，不应归入前述《最高人民法院关于审理民间借贷案件适用法律若干问题的规定》中提到的‘其他费用’。因此，依照本案双方当事人签订的《借款合同》约定，因 A 房地产公司违约致使徐某采取诉讼方式实现债权的，A 房地产公司应承担徐某为实现债权而支付的律师费。A 房地产公司、龚某 1、龚某 2、叶某、

B 房地产公司、C 公司关于其不应承担徐某因本案支出的 50 万元律师费的主张不能成立，本院不予支持。”

案例五：湖北 A 公司与伍某、肖某民间借贷纠纷再审复查与审判监督民事裁定书［湖北省高级人民法院（2016）鄂民申 1169 号］认为，“《最高人民法院关于审理民间借贷案件适用法律若干问题的规定》第三十条规定：‘出借人与借款人既约定了逾期利率，又约定了违约金或者其他费用，出借人可以选择主张逾期利息、违约金或者其他费用，也可以一并主张，但总计超过年利率 24% 的部分，人民法院不予支持。’该条司法解释仅适用逾期利息、违约金和其他费用并存的情况，并不涉及借款期限内的借款利息；且该条解释将‘其他费用’与逾期利息、违约金并存，系指与逾期利息、违约金等具有同等目的的、为借款人获取借款支付的成本。债权人因借款人不履行还款义务进行诉讼支付的律师费系债权人实现债权的费用，显然不是借款人为获取借款支付的成本，不属于上述司法解释规定的‘其他费用’，故 A 公司主张将本案借款利息、逾期利息与律师费一并计算而适用《最高人民法院关于审理民间借贷案件适用法律若干问题的规定》第三十条没有法律依据，其提出的此项再审事由不成立。”

裁判规则二：律师费用属于《最高人民法院关于审理民间借贷案件适用法律若干问题的规定》第三十条中的“其他费用”，借款人应承担的逾期利息、违约金已达到年利率 24% 的，出借人不得再向借款人主张律师费用。

案例六：柳某、张某民间借贷纠纷二审判决书［贵州省高级人民法院（2016）黔民终 612 号］认为，“张某与贵州 A 分所律师签订了授权委托书且代理律师履行了代理义务，为此张某向律师事务所支付了 20,000 元的律师代理费。依照约定，柳某应支付张某因委托律师而产生的 20,000 元律师代理费，但鉴于张某在本案中既主张了逾期利息按照 2% 月利率计算，又主张了 20,000 元律师代理费，根据《最高人民法院关于审理民间借贷案件适用法律若干问题的规定》第三十条‘出借人与借款人既约定了逾期利率，又约定了违约金或者其他费用，出借人可以选择主张逾期利息、违约金或者其他费用，也可以一并主张，但总计超过年利率 24% 的部分，人民法院不予支持’之规定，张某请求按照月利率 2% 支付利息，已达到年利率 24%，张某同时主张柳某支付 20,000 元律师代理费与其主张的利息总计超过了年利率 24%，故对张某请求的律师代理费本院不予支持。”

案例七：贵州 A 公司与张某民间借贷纠纷一案二审民事判决书［贵州省高级人民法院（2016）黔民终 712 号］认为，“至于本案《借款合同》中虽然约定了借款人未按时足额偿还贷款本金、支付利息的，应承担贷款人为实现债权支付的诉讼费、保全费、律师费等其他费用，但根据《最高人民法院关于审理民间借贷案件适用法律若干问题的规定》第三十条关于‘出借人与借款人既约定了逾期利率，又约定了违约金或者其他费用，出借人可以选择主张逾期利息、违约金或者其他费用，也可以一并主张，但总计超过年利率 24% 的部分，人民法院不予支持’之规定，一审已支持了出借人按月息 2% 计算逾期利息的主张，故本院对超出年利率 24% 的部分即涉案律师代理费 160,000 元不予支持。”

案例八：黔东南州 A 公司与何某民间借贷纠纷二审民事判决书［贵州省高级人民法院（2016）黔民终 412 号］认为，“双方所签订《借贷合同》第十八条约定：‘因订立和履行本合同及实现债权可能产生的全部费用（包括且不仅限于诉讼费、律师费、差旅费及逾期应支付中介方的服务费等）均由违约方承担’，因何某未能按照合同约定偿还借款本息，属于违约行为，故其应当承担 A 公司因此而支出适当的律师费。根据《最高人民法院关于审理民间借贷案件适用法律若干问题的规定》第三十条‘出借人与借款人既约定了逾期利率，又约定了违约金或者其他费用，出借人可以选择主张逾期利息、违约金或者其他费用，也可以一并主张，但总计超过年利率 24% 的部分，人民法院不予支持’之规定，A 公司所主张的律师代理费属于利息之外的其他费用，故利息与律师费的总和超过借款年利率 24% 的部分，不应予以支持。至于律师与委托人之间的委托合同，其效力亦不因本案是否支持律师费而受影响。本案一审已经判决何某按照年利率 24% 向 A 公司支付利息，故何某不应再承担律师费，对一审法院的该项判决，本院予以纠正。”

058 口头约定利息是否等同于利息约定不明？主张利息能否获得支持？

——自然人之间口头约定利息并不当然视为利息约定不明

阅读提示

民间借贷中，当事人对利息约定不规范的现象广泛存在，最具代表性的便是口头约定利息。口头约定利息的显著特点是双方未在借款协议或者借条中对利息作出明确约定，因此给法院在判断当事人是否约定利息、约定利率多少带来困难。此外，根据《中华人民共和国合同法》第二百一十一条及《最高人民法院关于审理民间借贷案件适用法律若干问题的规定》第二十五条的规定，当自然人之间利息约定不明时，法院将不会支持出借人支付利息的诉请。不可否认，自然人之间口头约定利息从表现形式来看确实存在约定不明的特征，那么是否当然得出自然人口头约定利息即视为利息约定不明的结论?

裁判要旨

自然人之间口头约定利息的，并不当然视为利息约定不明。出借人应当提供相应证据证明双方口头约定利息，法院将依据双方的借款和还款金额、双方关系、交易习惯等事实和相关证据综合认定。若出借人关于双方系口头约定利息的事实依据不足，法院将认定双方利息约定不明，对出借人支付利息的诉请不予支持。

案情简介

2011 年 4 月 13 日，白某与杜某、常某签订《借款合同》，约定白某向杜某、常某出借借款 1500 万元，双方未约定利息。后白某向杜某、常某实际支付 1447.5 万元。

2011 年 5 月 16 日至 7 月 15 日，杜某、常某连续三个月向白某分别支付 52.5 万元。

2013 年 1 月 8 日，杜某出具《协议书》，明确杜某、常某尚欠利息 152 万元。该《协议书》没有白某签字。

后因杜某、常某借款到期而未偿清借款，白某向法院提出还款诉请。

本案经两级法院审理后，杜某、常某对支付利息的判决结果不服，于 2014 年向最高人民法院申请再审。最高人民法院认为，本案《借款合同》中虽未明确约定利息，但在相关证据可以相互印证的情况下，出借人主张双方系口头约定利息具有充分的事实和法律依据，法院应当予以支持。

裁判要点

本案中，虽然白某与杜某、常某于 2011 年 4 月 13 日签订的《借款合同》并未约定利息。但根据白某按照《借款合同》约定发放 1500 万元借款本金时预先扣除 52.5 万元，杜某、常某在收到 1447.5 万元借款本金后不仅未提出异议，反而于 2011 年 5 月 16 日至 7 月 15 日连续三个月继续向白某分别支付 52.5 万元以及杜某在 2013 年 1 月 8 日《协议书》上签字，承认对本案借款已归还部分利息，尚欠利息 152 万元等事实来看，白某主张双方口头约定利息具有高度的盖然性，而并非利息约定不明之情形，因此杜某、常某应当偿还剩余借款利息。

实务经验总结

前事不忘，后事之师。为避免未来发生类似败诉，提出如下建议：

当事人在从事民间借贷行为时应当签订规范的书面文件，至少应当明确记载双方已达成一致的必备内容，包括当事人信息、借款金额、借款时间、利率以及利息起算时间等。

相关法律规定

《中华人民共和国合同法》

第二百一十一条第一款　自然人之间的借款合同对支付利息没有约定或者约定不明确的，视为不支付利息。

《最高人民法院关于审理民间借贷案件适用法律若干问题的规定》

第二十五条　借贷双方没有约定利息，出借人主张支付借期内利息的，人民法院不予支持。

自然人之间借贷对利息约定不明，出借人主张支付利息的，人民法院不予支持。除自然人之间借贷的外，借贷双方对借贷利息约定不明，出借人主张利息的，人民法院应当结合民间借贷合同的内容，并根据当地或者当事人的交易方式、交易习惯、市场利率等因素确定利息。

第二十六条　借贷双方约定的利率未超过年利率24%，出借人请求借款人按照约定的利率支付利息的，人民法院应予支持。

借贷双方约定的利率超过年利率36%，超过部分的利息约定无效。借款人请求出借人返还已支付的超过年利率36%部分的利息的，人民法院应予支持。

法院判决

以下为该案在法院审理阶段，裁判文书中“本院认为”部分就该问题的论述：

关于二审判决认定杜某、常某应对涉案借款支付利息是否正确的问题。从白某与杜某、常某于2011年4月13日签订的《借款合同》来看，双方并未约定利息。但根据二审查明的案件事实，白某按照《借款合同》约定发放1500万元借款本金时，预先扣除了52.5万元。对此，白某称系按照双方口头约定月利率3.5%计付的利息。而杜某、常某在收到1447.5万元借款本金后不仅未提出异议，反而于2011年5月16日至7月15日连续三个月继续向白某分别支付52.5万元。况且，杜某在2013年1月8日《协议书》上签字，承认对本案借款已归还部分利息，尚欠利息152万元。该协议书虽然没有白某签字，但《协议书》内容可以证明杜某、常某偿还借款利息和尚欠利息的事实。上述事实相互印证，可以证明白某所述双方之间借款存在口头约定利息的事实。鉴于双方约定的月利率3.5%超过中国人民银行同类贷款利率的四倍，二审判决将之调整为杜某、常某应按中国人民银行同类贷款利率的四倍向白某承担支付利息的责任，并无不当。杜某、常某申请再审双方借款未约定利息不仅与民间借贷常理不符，而且缺乏事实和法律依据，不能成立。

案件来源

白某与杜某、常某民间借贷纠纷申请再审民事裁定书［最高人民法院（2014）民申字第1997号］

延伸阅读

裁判规则一：自然人之间口头约定利息的，并不当然视为利息约定不明。出借人应当提供相应证据证明双方口头约定利息，法院将依据双方的借款和还款金额、担保范围、双方关系、交易习惯、相关证人证言等事实和证据综合认定。

案例一：王某与唐某、陆某等民间借贷纠纷再审复查与审判监督民事裁定书［江苏省高级人民法院（2016）苏民申3422号］认为，"王某在一审中变更诉讼请求符合法律规定，其在本案中增加诉请要求债务人及保证人支付利息，程序上并无不当。一审法院向债务人陆某进行调查并形成调查笔录，陆某称口头约定利息为月息2.5%且保证人唐某在场，该口头约定的利息数额，得到王某的确认。因此，该口头约定利息系债权人王某与债务人陆某一致确认的事实，二审判决确认该事实，亦无不当。就利息的计算方法，二审判决依据中国人民银行同期贷款利率的四倍调整计算标准，符合法律规定。"

案例二：卢某、王某等民间借贷纠纷再审复查与审判监督民事裁定书［福建省高级人民法院（2015）闽民申字第2085号］认为，"本案双方争议的焦点在于一、二审认定双方口头约定诉争借款月利率为4%是否有误。虽然双方当事人在《借条》上未约定利息，但一、二审根据同日王某支付给卢某的款项并非借条上载明的200万元而是192万元，差额8万元，以及此后卢某自2011年12月至2013年2月，除个别月份外，每月基本向王某支付8万元之事实，结合大额民间借贷的一般实践及证据高度盖然性原则，认定双方口头约定诉争借款月利率为4%，并无不当。王某与卢某非亲非故，因此卢某主张本案巨额借款没有约定利息，不符合常理。而且，其在本院审查期间，也承认双方有约定资金占用费，而资金占用费与借款利息并无实质区别，因此卢某主张双方没有口头约定利息，理由不能成立。”

案例三：邓某与曾某、廖某等民间借贷纠纷二审民事判决书［湖南省高级人民法院（2015）湘高法民三终字第168号］认为，“根据本案事实，原审法院以2013年7月25日、12月7日两份借条确定借贷关系，有事实和法律依据。邓某通过银行转账的方式履行出借义务，该借款合同依法成立并生效，曾某、张某应当承担返还借款本金和利息的民事责任。本案中，虽然双方当事人未在借条中约定借款利息，但在2014年7月29日办理抵押登记时，曾某签订的《房产抵押合同》约定有利息，确认了借贷双方口头约定利息的事实。原审法院依据本案事实、合同约定以及法律的相关规定确定借款人应当返还的借款本金和利息的金额，并无不当。上诉人上诉提出本案利息以银行同期贷款利率四倍计算不当的上诉理由，与本案事实不符，本院依法予以驳回。”

案例四：李某与罗某、张某民间借贷纠纷二审民事判决书［安徽省高级人民法院（2015）皖民一终字第00182号］认为，“虽然李某与罗某在借条上未约定借款利息，罗某原审答辩也称双方没有利息约定，但罗某自2013年5月24日起每月均给付18万元，该数额与李某诉称的借款按照月利率3.6%计算数额相吻合，足以印证李某关于出借款项时与罗某口头约定利息的陈述属实。故原审判决认定双方未约定借款利息不当，本院予以纠正。李某主张按月利率2%计息，并不违反法律规定，应予支持。根据《最高人民法院关于适用〈中华人民共和国合同法〉若干问题的解释（二）》第二十一条的规定，债务人除主债务之外还应当支付利息和费用，当其给付不足以清偿全部债务时，并且当事人没有约定的，人民法院应当按照下列顺序抵充：（1）实现债权的有关费用；（2）利息；（3）主债务。因此，罗某所还款项按照先还利息再充抵本金的方法计算，至2014年4月16日归还60万元时，下欠本金为230.49493万元。”

裁判规则二：自然人之间的借贷关系中，若出借人关于双方系口头约定利息的事实依据不足，法院将认定双方利息约定不明，对出借人支付利息的诉请不予支持。

案例五：彭某、白某民间借贷纠纷二审民事判决书［四川省高级人民法院（2016）川民终976号］认为，“本案中，白某向胡某主张归还的借款为两笔，分别为2013年8月9日的300万元借款和2014年12月8日的86万元借款。该300万元借款的支付有相关银行转账凭证和《借条》《收条》为证，应当认定为胡某的该借款实际发生。该86万元借款虽然没有相关银行转账凭证，彭某对该笔借款实际发生予以否认，但有胡某出具的《借条》《收条》及其后的签字认可证实实际发生，白某亦能够对该笔借款进行现金交付的时间、地点、款项来源作出合理说明，应当认定该86万元借款实际发生。综上，本案中胡某向白某实际借款金额为386万元。对案涉借款是否约定利息，白某主张双方口头约定利息为月息5%，彭某则主张没有约定利息，胡某签字认可的《关于本人和白某借款事实的情况说明》则明确载明案涉300万元借款口头约定的利息为月息5%，且从胡某在该300万元借款期限届满前按月支付的利息金额看，双方亦是按月息5%支付利息。因此，应当认定案涉300万元借款约定利息为月息5%。白某虽主张案涉86万元借款亦口头约定利息为月息5%，但没有其他证据证实，应当认定该86万元借款没有约定利息。依照《中华人民共和国合同法》第二百一十一条关于'自然人之间的借款合同对支付利息没有约定或者约定不明确的，视为不支付利息。自然人之间的借款合同约定支付利息的，借款的利率不得违反国家有关限制借款利率的规定'的规定，案涉86万元借款视为不支付利息，300万元借款利率不得违反国家有关限制借款利率的规定。"

案例六：张某、袁某民间借贷纠纷再审审查与审判监督民事裁定书[最高人民法院（2017）最高法民申1395号]认为，"本案再审审查期间，张某提交了2014年8月21日与赵某、袁某和案外人马某的电话录音，以及袁某于2013年6月21日向张某出具的《借据》，认为足以证明张某和袁某之间存在口头约定利息的事实，原审认定双方之间在借期内不存在利息约定，属事实认定错误。本院认为，张某提交的电话录音的内容，不能直接得出结论认为袁某明确认可与张某之间的借款存在口头约定的利息。袁某于2013年6月21日向张某出具的《借据》是否约定了利息，为其他借款关系，与本案2014年4月30日的借款并无关联。张某认为有新的证据足以推翻原判决的再审申请理由不能成立，本院不予支持。"

案例七：叶某与刘某、熊某民间借贷纠纷申诉、申请民事裁定书[福建省高级人民法院（2016）闽民申1627号]认为，"本案双方对刘某向叶某借款200万元的事实并无争议，争议焦点在于双方有无就诉争借款口头约定利息。叶某主张诉争借款有口头约定月利息5分，对此其应承担相应的举证责任。虽然刘某自2011年11月起陆续向叶某账户汇款直到2015年1月，但仅凭刘某汇款的事实不足以证明其所汇款项为利息。2012年3月26日之前，刘某虽然累计向叶某汇款20万元，但原审中刘某主张案涉借条仅为其向叶某借款200万元事实的确认，并非双方债权债务的结算，且该借条内容也仅体现刘某收到叶某借款200万元，故刘某在书写借条时对之前所汇款项未予扣除亦符合常理。证人黄某虽然证明双方就本案诉争借款存在口头约定利息，但其关于2012年3月26日刘某、叶某在场的陈述与刘某提供的出入境记录互相矛盾，况且黄某的证言亦无其他证据印证，原审未予采信并无不当。叶某在一审期间对黄某交给赖某的钻石价值5.2万元并无异议，其在原审中也未提交证据证明该钻石的实际价值，故其关于原审认定涉案钻石价值错误的主张不能成立。因叶某在原审提交的证据不足以证明双方曾口头约定利息，故原审依据《中华人民共和国合同法》第二百一十一条的规定认定本案诉争借款未约定利息，并对叶某要求刘某支付利息及将钻石价值抵扣利息的主张不予支持并无不当。”

059 金融机构贷款利率能否超过年24%?

——金融机构的贷款利率、逾期还款利率不应超过年利率24%

阅读提示

经国务院批准，中国人民银行决定，自2013年7月20日起，全面放开金融机构贷款利率管制。但本案例中，法院认为放开金融机构贷款利率上限目的绝非放任金融机构牟取高利，金融机构与民间借贷相比贷款利率应受到更为严格限制。

裁判要旨

金融机构发放贷款的贷款利率、逾期利率不应超过民间借贷利率法定上限，即年利率24%。准金融机构亦应适用同一标准。

案情简介

2012年10月13日，万某向某银行某分行申请20万元贷款装修，约定贷款月利率为1.65%，逾期利息按借款利率上浮30%计算。之后，万某按约偿还了部分本息，但自2014年6月开始出现未按约还款的情况。

2015年，因万某连续10个月存在逾期还款情形，银行将万某诉至上海市浦东新区人民法院，请求法院判令万某偿还余款6万余元，并主张按1.65%月利率上浮30%即2.145%计算逾期月利率。浦东新区人民法院对银行的部分诉讼请求予以支持。

2016年，万某向上海市第一中级人民法院提起上诉。上海市第一中级人民法院认为某银行与万某关于逾期利率的约定过高，应调整为按本案借款月利率1.65%上浮20%，即1.98%计算。

裁判要点

第一，虽然中国人民银行已全面放开金融机构贷款利率管制，并没规定金融机构贷款利率的上下限，交由金融机构自主确定，但此举旨在推进利率市场化改革，通过市场竞争提高金融机构的经营能力和服务水平，促进金融资源的优化配置。也即放开金融机构贷款利率上限的目的绝非放任金融机构牟取高利。

第二，借款年利率24%以上即高利。金融机构与从事民间借贷行为的自然人、法人和其他组织同为平等的民事主体，其从事借款等民事活动亦应当遵循公平原则，不得损害社会公共利益、扰乱社会经济秩序。

第三，贷款利率的定价与其风险密切相关，金融机构贷款风险低于民间借贷，就此而言，金融机构的贷款收益不应高于民间借贷。

综上，金融机构与准金融机构发放贷款中收取贷款利率、逾期利率应不超过民间借贷利率法定上限，即年利率24%。本案中，某银行要求万某按照月利率2.145%偿还，逾期利率的约定过高，已经超出24%年利率，因此法院将本案借款月利率调整为1.98%计算。

实务经验总结

前事不忘，后事之师。为避免未来发生类似败诉，提出如下建议：

《最高人民法院关于审理民间借贷案件适用法律若干问题的规定》第二十六条、第二十九条对民间借贷借款利率、逾期利率作出限定，约定年利率超出24%的，法院不予支持。虽然金融机构发放贷款并不适用上述规定，但相较于民间借贷，金融机构贷款利率应受到更为严格限制。因此，金融机构在发放贷款中收取的贷款利率、逾期还款利率不应超过民间借贷利率法定上限，即年利率24%。准金融机构亦应适用同一标准。

相关法律规定

《最高人民法院关于审理民间借贷案件适用法律若干问题的规定》

第二十六条 借贷双方约定的利率未超过年利率24%，出借人请求借款人按照约定的利率支付利息的，人民法院应予支持。

借贷双方约定的利率超过年利率36%，超过部分的利息约定无效。借款人请求出借人返还已支付的超过年利率36%部分的利息的，人民法院应予支持。

第二十九条　借贷双方对逾期利率有约定的，从其约定，但以不超过年利率24%为限。

未约定逾期利率或者约定不明的，人民法院可以区分不同情况处理：

（一）既未约定借期内的利率，也未约定逾期利率，出借人主张借款人自逾期还款之日起按照年利率6%支付资金占用期间利息的，人民法院应予支持；

（二）约定了借期内的利率但未约定逾期利率，出借人主张借款人自逾期还款之日起按照借期内的利率支付资金占用期间利息的，人民法院应予支持。

法院判决

以下为该案在法院审理阶段，裁判文书中“本院认为”部分就该问题的论述：

对于逾期利息，某银行要求万某按照月利率2.145%偿还。本院认为，根据《最高人民法院关于人民法院审理借贷案件的若干意见》（现已失效）第六条的规定，民间借贷的利率可以适当高于银行的利率，但最高不得超过银行同类贷款利率的四倍（包含利率本数）；超出此限度的，超出部分的利息不予保护。《最高人民法院关于审理民间借贷案件适用法律若干问题的规定》第二十六条、第二十九条亦对民间借贷的借款利率、逾期利率作出限定，约定年利率超出24%的，人民法院不予支持。虽然金融机构发放贷款并不适用上述规定，然而，相较于民间借贷，金融机构的贷款利率应受到更为严格的限制。首先，虽然中国人民银行已全面放开金融机构贷款利率管制，并不规定金融机构贷款利率的上下限，交由金融机构自主确定，但此举旨在推进利率市场化改革，通过市场竞争提高金融机构的经营能力和服务水平，促进金融资源的优化配置。也即放开金融机构贷款利率上限的目的绝非放任金融机构牟取高利。其次，法律之所以介入民事主体之间的合同约定，限制民间借贷的利率，一方面是出于资金优化配置的考量，防止资金脱离实体经济；另一方面则是为了限制高利行为，防范社会危机。通常意义上，借款年利率24%以上即高利。金融机构与从事民间借贷行为的自然人、法人和其他组织同为平等的民事主体，其从事借款等民事活动亦应当遵循公平原则，不得损害社会公共利益、扰乱社会经济秩序。再次，金融机构贷款风险低于民间借贷，从资金来源上看，金融机构是法律认可的吸收公众存款的机构，其用于贷款的资金来源较为稳定；从风险管控上看，金融机构除收取高额利息外，尚有其他措施保障借款人履行还款义务，如事前严格审查借款人资质，事后将违约信息上报至征信系统等。贷款利率的定价与其风险密切相关，就此而言，金融机构的贷款收益不应高于民间借贷。最后，本案所涉贷款虽然为无抵押贷款，某银行面临较高风险，但万某贷款的用途为装修。对于消费型信贷，商业银行作为经监管部门批准设立、担负经济调节职责的金融企业，亦不应当收取过高利息。综合以上分析，本院认为，某银行与万某关于逾期利率的约定过高，应调整为按本案借款月利率 1.65% 上浮 20%，即 1.98% 计算。一审法院关于逾期利息的判决有所不当，本院予以纠正，某银行之前依照其约定利率计收的逾期利息中过高部分应抵扣其他欠款。

案件来源

万某诉某银行（中国）有限公司某分行金融借款合同纠纷一案二审民事判决书［上海市第一中级人民法院（2016）沪 01 民终 11384 号］

第七章　民间借贷的担保

060　以签订买卖合同作为民间借贷合同的担保，出借人不能请求履行买卖合同

阅读提示

以签订买卖合同作为民间借贷合同的担保，借款人不能按期还款，出借人能否请求履行买卖合同？司法实践中对该问题的裁判观点不一，有的裁判文书认为可以请求履行，有的裁判文书认为不能请求履行。

针对该问题，《最高人民法院关于审理民间借贷案件适用法律若干问题的规定》已明确规定："当事人以签订买卖合同作为民间借贷合同的担保，借款到期后借款人不能还款，出借人请求履行买卖合同的，人民法院应当按照民间借贷法律关系审理，并向当事人释明变更诉讼请求。当事人拒绝变更的，人民法院裁定驳回起诉。"

裁判要旨

以签订买卖合同作为民间借贷合同的担保，双方真实的法律关系是民间借贷关系。出借人向借款人支付的款项实为借款，并非买卖合同价款，出借人并未履行买卖合同的价款支付义务。故借款到期后借款人不能还款的，出借人无权请求履行买卖合同。

案情简介

2006 年 12 月，郑某与 A 公司签订《商品房买卖合同》，约定郑某向 A 公司购买案涉商铺，价款 300 万元。后郑某支付了款项，A 公司向郑某出具《收据》，载明收到购房款 300 万元，双方办理了房屋预售备案登记。

郑某与 A 公司就上述 300 万元款项又签订了一份《借款合同》，约定：如 A

公司未能按期还款，双方另行协商还款时间，A 公司每月支付资金占用费 15 万元；如 A 公司未按时还清借款，又不按月支付资金占用费，A 公司应按《商品房买卖合同》约定协助将案涉商铺登记到郑某名下。

2008 年 6 月，余某与 A 公司签订《商品房买卖合同》，约定：余某向 A 公司购买案涉商铺，价款为 1523.2 万元。合同签订后，A 公司将该商铺交付余某，并向余某出具《收据》，载明收到购房款 1523.2 万元。

余某向北海市中级人民法院提起诉讼，请求：确认郑某与 A 公司签订《商品房买卖合同》无效；确认余某与 A 公司签订的《商品房买卖合同》合法有效；A 公司协助余某办理 B 大厦 105 号商铺房产登记手续。郑某提起反诉，请求：确认郑某与 A 公司签订的《商品房买卖合同》合法有效；A 公司将 B 大厦 105 号商铺登记到郑某名下，并交付房产。

北海市中级人民法院认为，因郑某签订的商品房买卖合同在先并办理了备案登记手续，对涉案房屋的请求权享有物权的效力，判决余某、郑某与 A 公司签订的《商品房买卖合同》均合法有效；A 公司将商铺交付给郑某，在完善初始登记后将权属权证办理至郑某名下。

余某不服北海市中级人民法院判决，向广西壮族自治区高级人民法院提起上诉。广西壮族自治区高级人民法院认为郑某支付的 300 万元实为履行出借义务，其与 A 公司签订的《商品房买卖合同》因未支付购房款而没有实际履行，且办理的房屋预售备案登记不产生物权效力。判决：余某、郑某与 A 公司签订的《商品房买卖合同》均合法有效；A 公司在完善初始登记后将权属权证办理至余某名下。

郑某不服广西壮族自治区高级人民法院判决，向最高人民法院申请再审。最高人民法院裁定驳回再审申请。

裁判要点

郑某与 A 公司之间的真实法律关系是民间借贷，《商品房买卖合同》只是作为《借款合同》的担保。郑某支付给 A 公司的款项为借款，并非购房款，故其未履行《商品房买卖合同》的价款支付义务，《商品房买卖合同》并未实际履行，因此郑某不能主张履行《商品房买卖合同》。

此外，虽然郑某与 A 公司签订的《商品房买卖合同》办理了商品房预售合同登记备案，但是商品房预售合同登记备案是国家对不动产交易的一种行政管理方式，并非《中华人民共和国物权法》第二十条规定的预告登记，不产生登记请求权的物权效力。

实务经验总结

前事不忘，后事之师。为避免未来发生类似败诉，提出如下建议：

1. 当事人欲以不动产为借贷合同设立担保物权的，应按物权法的规定办理抵押登记手续。以签订买卖合同作为民间借贷合同的担保，不会产生抵押权效力，也无权请求履行买卖合同。

2. 虽然以签订买卖合同作为民间借贷合同的担保，不能请求履行买卖合同，但是出借人仍可以基于借贷合同主张还本付息。

3. 在商品房预售交易中，买受人应及时办理预告登记，以保障物权的实现。仅办理商品房预售合同登记备案不产生物权效力，不能对抗第三人。

相关法律规定

《最高人民法院关于审理民间借贷案件适用法律若干问题的规定》

第二十四条 当事人以签订买卖合同作为民间借贷合同的担保，借款到期后借款人不能还款，出借人请求履行买卖合同的，人民法院应当按照民间借贷法律关系审理，并向当事人释明变更诉讼请求。当事人拒绝变更的，人民法院裁定驳回起诉。

按照民间借贷法律关系审理作出的判决生效后，借款人不履行生效判决确定的金钱债务，出借人可以申请拍卖买卖合同标的物，以偿还债务。就拍卖所得的价款与应偿还借款本息之间的差额，借款人或者出借人有权主张返还或补偿。

《中华人民共和国物权法》

第二十条 当事人签订买卖房屋或者其他不动产物权的协议，为保障将来实现物权，按照约定可以向登记机构申请预告登记。预告登记后，未经预告登记的权利人同意，处分该不动产的，不发生物权效力。

预告登记后，债权消灭或者自能够进行不动产登记之日起三个月内未申请登记的，预告登记失效。

第一百八十条 债务人或者第三人有权处分的下列财产可以抵押：

（一）建筑物和其他土地附着物；

（二）建设用地使用权；

（三）以招标、拍卖、公开协商等方式取得的荒地等土地承包经营权；

（四）生产设备、原材料、半成品、产品；

（五）正在建造的建筑物、船舶、航空器；

（六）交通运输工具；

（七）法律、行政法规未禁止抵押的其他财产。

抵押人可以将前款所列财产一并抵押。

第一百八十七条 以本法第一百八十条第一款第一项至第三项规定的财产或者第五项规定的正在建造的建筑物抵押的，应当办理抵押登记。抵押权自登记时设立。

《中华人民共和国城市房地产管理法》

第四十五条 商品房预售，应当符合下列条件：

（一）已交付全部土地使用权出让金，取得土地使用权证书；

（二）持有建设工程规划许可证；

（三）按提供预售的商品房计算，投入开发建设的资金达到工程建设总投资的百分之二十五以上，并已经确定施工进度和竣工交付日期；

（四）向县级以上人民政府房产管理部门办理预售登记，取得商品房预售许可证明。

商品房预售人应当按照国家有关规定将预售合同报县级以上人民政府房产管理部门和土地管理部门登记备案。

商品房预售所得款项，必须用于有关的工程建设。

法院判决

以下为该案在法院审理阶段，裁判文书中“本院认为”部分就该问题的论述：

原判决认定郑某与A公司签订的《商品房买卖合同》因郑某未支付购房款而没有实际履行的事实是否缺乏证据证明？

本案原判决综合2006年郑某与A公司签订的《商品房买卖合同》《借款合同》、2013年郑某向A公司发出的《告知函》及A公司的《复函》等证据认定，郑某与A公司签订的《商品房买卖合同》为合法有效合同，但郑某与A公司签订的《商品房买卖合同》因郑某未支付购房款而没有实际履行。郑某主张其与A公司之间存在房屋买卖法律关系，并据此诉请A公司履行《商品房买卖合同》，由其取得诉争商铺的所有权。对此，应当甄别郑某与A公司之间真实的意思表示是为借款行为提供担保，还是通过支付对价获得房屋所有权。从双方签订的《借款合同》的约定看，郑某向A公司支付的300万元实为履行借款合同的出借义务，双方签订的《商品房买卖合同》所约定的105号商铺，只是用作借款合同的担保物。上述合同约定的内容可以证明，双方的《商品房买卖合同》并非为了实现房屋买卖，真实的意思是作为《借款合同》的担保。简言之，郑某与A公司之间真实法律关系是民间借贷，《商品房买卖合同》只是作为借贷担保的一种方式。《最高人民法院关于审理民间借贷案件适用法律若干问题的规定》第二十四条第一款规定，当事人以签订买卖合同作为民间借贷合同的担保，借款到期后借款人不能还款，出借人请求履行买卖合同的，人民法院应当按照民间借贷法律关系审理，并向当事人释明变更诉讼请求。当事人拒绝变更的，人民法院裁定驳回起诉。虽然郑某与A公司签订《商品房买卖合同》在《借款合同》之前，A公司也在《借款合同》签订前向郑某出具过收到郑某支付A大厦商铺105号购房款300万元的《收据》，但郑某向A公司支付的300万元实为借款，并非购房款，双方在签订《商品房买卖合同》后郑某并未依照该合同约定向A公司支付购房款。故郑某关于原判决认定其未支付购房款等事实缺乏证据的主张，本院不予支持。

案件来源

余某与郑某、北海A投资咨询服务有限责任公司房屋买卖合同纠纷申请再审民事裁定书［最高人民法院（2016）最高法民申1234号］

延伸阅读

以下为6个相关判例。其中，4个判例支持以买卖合同作为借款合同担保的，应按借贷关系审理，出借人可以根据借款合同主张借款人还款；《最高人民法院关于审理民间借贷案件适用法律若干问题的规定》公布前的1个最高人民法院判例认为，出借人可以请求履行买卖合同（案例一）；另有1个判例认为，借款合同到期后签订的以房抵债协议不属于以买卖合同作为借款合同担保的情形（案例六）。

案例一：朱某与山西A公司商品房买卖合同纠纷案［最高人民法院公报2014年第12期，最高人民法院（2011）民提字第344号］认为，"从本案十四份《商品房买卖合同》和《借款协议》约定的内容看，案涉《商品房买卖合同》与《借款协议》属于并立又有联系的两个合同。案涉《商品房买卖合同》与《借款协议》之间的联系表现在以下两个方面：其一是案涉《商品房买卖合同》与《借款协议》涉及的款项为同一笔款项；其二是《借款协议》约定以签订商品房买卖合同的方式为《借款协议》所借款项提供担保，双方当事人实际上是用之前签订的十四份《商品房买卖合同》为之后签订的《借款协议》提供担保。同时《借款协议》为案涉《商品房买卖合同》的履行附设了解除条件，即借款到期，A 公司还清借款，案涉《商品房买卖合同》不再履行，借款到期，A 公司不能偿还借款，则履行案涉《商品房买卖合同》。……综上，案涉十四份《商品房买卖合同》和《借款协议》均为依法成立并生效的合同。《借款协议》约定的商品房买卖合同的解除条件未成就，故应当继续履行案涉十四份《商品房买卖合同》。"

案例二：马某与刘某、赵某民间借贷纠纷申诉、申请民事裁定书［最高人民法院（2016）最高法民申 2669 号］认为，"刘某与马某于 2014 年 1 月 6 日签订《矿产转让协议》，约定将刘某所有的铁矿转让给马某且马某于同年 1 月 10 之前一次性给付刘某转让款 1500 万元。在马某实际未转款的情况下，刘某于同年 1 月 10 日给马某出具《收据》承认收到马某现金 1500 万元，收款事由为购买燕青铁矿使用权。原审判决结合 2014 年 8 月 10 日刘某、赵某给相关部门出具的《关于燕青铁矿虚假转让情况说明》、刘某在一审中对上述情况说明的真实性未提出异议且仅主张与本案无关以及刘某与赵某之间亦有资金往来，特别是刘某在实际未收款的情况下出具收到马某 1500 万元的《收据》等事实，认定《矿产转让协议》只是为借款提供担保，并非真实的转让意思表示是合理的，据此认定刘某应与赵某共同承担还款责任符合法律规定。刘某并未提供证据证明《关于燕青铁矿虚假转让情况说明》系伪证，其有关认定事实的主要证据系伪造的主张依法不成立。在赵某未偿还全部借款的情况下，刘某、赵某均应向马某偿还本金及利息。"

案例三：胡某与萍乡市 A 公司、萍乡市 B 公司等民间借贷纠纷申诉、申请民事裁定书［最高人民法院（2016）最高法民申 1129 号］认为，"原审中，就本案借款合同的履行，胡某提供了三份证据证明，其一是银行转款凭证，证明 2013 年 11 月 6 日，自案外人陈某的银行账户转款 500 万元至 B 公司账户；其二是一审审理中，陈某出具的证明，证明陈某认可该 500 万元系受胡某的委托支付给 B 公司；其三是 B 公司向胡某出具的收款收据，证明 B 公司确认收到了本案的 500 万元借款。上述证据中，虽然 B 公司出具的收款收据中注明的款项是购房款，但是根据胡某与 B 公司签订的借款合同第五条的约定，即为保证胡某的资金安全，B 公司同意将其所有的房产以协议价格卖给胡某，当 B 公司不能按期偿还胡某借款本息时，胡某所购房产视为其合法资产。据此，胡某主张上述收款收据中的款项是本案借款合理。胡某提交的证据能够形成证据链证明其与 B 公司之间的借款事实已经发生，原审判决认定本案借款合同已经实际履行有事实依据。"

案例四：袁某与潍坊 A 公司、林某等民间借贷纠纷申诉、申请民事裁定书［最高人民法院（2016）最高法民申1095号］认为，“A公司与高某之间签订的《借款协议》，各方并无争议，争议的是案涉《汽车销售合同》《约定》与《借款协议》之间的相互关系及法律效力。二审法院认为，《汽车销售合同》系《借款协议》的担保合同，而A公司认为《汽车销售合同》系附生效条件之合同。无论《汽车销售合同》属于何种性质的合同以及与《借款协议》之间的关系如何，袁某基于合法有效的《借款协议》向A公司主张还款权利，并无不妥。作为合同相对方的高某并未依据《汽车销售合同》向A公司主张交付汽车或者抵偿借款，也无证据证明该合同已经实际履行，因此袁某依据合法有效的《借款协议》向A公司主张权利，原审法院依照当事人的诉讼请求以民间借贷之案由进行审理和认定，并无不当。A公司关于二审法院对《汽车销售合同》法律性质认定错误以及本案应为合同纠纷而非民间借贷纠纷的申请，本院不予采信。”

案例五：张某、贺某与株洲A公司房屋买卖合同纠纷二审民事判决书［湖南省高级人民法院（2016）湘民终808号］认为，“经查，双方签订的《株洲市商品房（预）销售合同》的由来是因A公司欠张某、贺某借款本息未归还，该事实有双方签订的多份借款、担保及结算协议予以佐证，虽然双方最终在《债务清算结算书》及预售合同中约定张某、贺某所购房屋面积、价格、付款方式等房屋买卖合同的必备条款，并约定其中的1亿元购房款直接以A公司所签张某、贺某的借款中予以抵扣，从表面看，上述内容符合商品房买卖合同的特征，但因该商品房买卖法律关系赖以存在的基础法律关系为双方之间的借款关系，故该行为实为双方之间对借贷履行的保证，系物的担保，房屋买卖合同标注的房屋实为担保物。……原审法院在审查上述事实后，依据《最高人民法院关于审理民间借贷案件适用法律若干问题的规定》第二十四条第一款‘当事人以签订买卖合同作为民间借贷合同的担保，借款到期后借款人不能还款，出借人请求履行买卖合同的，人民法院应当按照民间借贷法律关系审理，并向当事人释明变更诉讼请求。当事人拒绝变更的，人民法院裁定驳回起诉’之规定，在审理过程中向张某、贺某行使释明权，征询其是否变更诉讼请求，并在张某、贺某明确不改变诉讼请求的情形下驳回其诉讼请求并无不当。”

案例六：汤某、刘某、马某、王某诉新疆鄂尔多斯A公司商品房买卖合同纠纷案二审判决书［最高人民法院（2015）民一终字第180号］认为，“关于A公司主张，根据《最高人民法院关于审理民间借贷案件适用法律若干问题的规定》第二十四条的规定，本案属于当事人以签订买卖合同作为民间借贷合同担保的情形，应当按照民间借贷法律关系审理的问题。本院认为，本案作为二审案件，原则上不适用上述司法解释的规定。而且，依前所述，案涉《商品房买卖合同》是在借款到期后，双方当事人经协商对账后签订的，目的在于将双方之前的借款本金及利息转变为购房款，由原出借人向借款人购买标的房屋，而并非为借款合同提供担保，故本案情形亦不属于上述司法解释第二十四条规定的适用情形。A公司所持本案应按照民间借贷法律关系予以审理的上诉理由，缺乏事实和法律依据，本院对此不予采信。”

061 以签订买卖合同作为民间借贷合同的担保，出借人对买卖标的物是否享有优先受偿权？

阅读提示

《最高人民法院关于审理民间借贷案件适用法律若干问题的规定》实施后，针对以签订买卖合同作为民间借贷合同的担保，借款人不履行生效判决确定的金钱债务，出借人对买卖标的物的拍卖价款是否享有优先受偿权的问题，已出现了两种裁判观点：一种观点认为，出借人对买卖标的物的拍卖价款享有优先受偿权；另一种观点认为，出借人对买卖标的物的拍卖价款不享有优先受偿权。

裁判要旨

当事人以签订买卖合同作为民间借贷合同担保，在借款人不履行生效判决确定的金钱债务时，虽然《最高人民法院关于审理民间借贷案件适用法律若干问题的规定》赋予出借人申请拍卖买卖合同标的物以偿还债务的权利，但并未赋予出借人优先受偿权。

案情简介

2014年9月，钟某向曾某、肖某借款时，曾某、肖某要求钟某提供担保。经双方协商，以钟某名下的兴国县保育院凤凰校区资产进行抵押担保。后双方到相关部门咨询抵押担保的登记手续，因相关部门对此不予登记，钟某、曾某、肖某签订了《借款协议》以及《兴国县保育院整体转让协议》（经兴国县公证处公证）。

《借款协议》约定：借款金额为1500万元；担保方式为钟某自愿将夫妻共有的兴国县保育院整体资产作为抵押，双方签订《兴国县保育院整体转让协议》，并经县公证处公证。若钟某到期不能还清借款本息，钟某将兴国县保育院整体资产过户到曾某、肖某名下。

因钟某向多人借款，资不抵债，部分债权人先后向法院起诉。曾某、肖某在获知兴国县保育院凤凰校区的资产被查封后，于 2015 年 1 月向赣州市中级人民法院提起诉讼，并申请财产保全，查封了兴国县保育院凤凰校区的诉争房产。第三人黄某等 103 名债权人提起确认《兴国县保育院整体转让协议》无效之诉。

赣州市中级人民法院判决：钟某、严某（系夫妻关系）共同返还曾某、肖某借款本金 1500 万元及利息；确认《兴国县保育院整体转让协议》系一种非典型担保，该担保合法有效；在钟某、严某不履行本案债务的前提下，曾某、肖某可以申请拍卖《兴国县保育院整体转让协议》标的物，并就拍卖所得的价款优先受偿；驳回第三人黄某等 103 人的诉讼请求。

钟某、严某不服赣州市中级人民法院判决，向江西省高级人民法院提起上诉。江西省高级人民法院认为，曾某、肖某对《兴国县保育院整体转让协议》中的财产不享有优先受偿权，判决钟某、严某共同返还曾某、肖某借款本金 1500 万元及利息。

曾某、肖某不服江西省高级人民法院判决，向江西省高级人民法院申请再审。江西省高级人民法院裁定驳回再审申请。

裁判要点

第一，《借款协议》约定双方担保方式为抵押担保，但抵押物并未办理抵押登记，抵押权并未设立，不享有优先受偿权；第二，根据《最高人民法院关于审理民间借贷案件适用法律若干问题的规定》第二十四条的规定，以签订买卖合同作为民间借贷合同担保，借款人不履行生效判决确定的金钱债务，出借人可以申请拍卖买卖合同标的物以偿还债务。但是该条款并没有规定当借款不能实现时，可以优先受偿买卖合同的标的物。因此，法院认定曾某、肖某对兴国县保育院不享有优先受偿权。

实务经验总结

前事不忘，后事之师。为避免未来发生类似败诉，提出如下建议：

最可靠的不动产担保是按物权法规定签订担保合同并办理抵押登记手续。目前，针对签订买卖合同作为民间借贷合同的担保，出借人对买卖标的物是否享有优先受偿权，司法实践中存在争议。本书认为，即使出借人对买卖标的物的执行价款享有优先受偿权，由于该优先受偿权系基于合同产生，根据物权优先于债权的原则，不可能优先于已办理抵押登记的抵押物权。因此，一旦债务人失去清偿能力，办理了抵押登记的债权人在所有债权人中优先受偿。

相关法律规定

《最高人民法院关于审理民间借贷案件适用法律若干问题的规定》

第二十四条 当事人以签订买卖合同作为民间借贷合同的担保，借款到期后借款人不能还款，出借人请求履行买卖合同的，人民法院应当按照民间借贷法律关系审理，并向当事人释明变更诉讼请求。当事人拒绝变更的，人民法院裁定驳回起诉。

按照民间借贷法律关系审理作出的判决生效后，借款人不履行生效判决确定的金钱债务，出借人可以申请拍卖买卖合同标的物，以偿还债务。就拍卖所得的价款与应偿还借款本息之间的差额，借款人或者出借人有权主张返还或补偿。

《中华人民共和国物权法》

第一百八十条 债务人或者第三人有权处分的下列财产可以抵押：

（一）建筑物和其他土地附着物；

（二）建设用地使用权；

（三）以招标、拍卖、公开协商等方式取得的荒地等土地承包经营权；

（四）生产设备、原材料、半成品、产品；

（五）正在建造的建筑物、船舶、航空器；

（六）交通运输工具；

（七）法律、行政法规未禁止抵押的其他财产。

抵押人可以将前款所列财产一并抵押。

第一百八十七条 以本法第一百八十条第一款第一项至第三项规定的财产或者第五项规定的正在建造的建筑物抵押的，应当办理抵押登记。抵押权自登记时设立。

法院判决

以下为该案在法院审理阶段，裁判文书中“本院认为”部分就该问题的论述：

《最高人民法院关于审理民间借贷案件适用法律若干问题的规定》第二十四条规定：“当事人以签订买卖合同作为民间借贷合同的担保，借款到期后借款人不能还款，出借人请求履行买卖合同的，人民法院应当按照民间借贷法律关系审理，并向当事人释明变更诉讼请求。当事人拒绝变更的，人民法院裁定驳回起诉。按照民间借贷法律关系审理作出的判决生效后，借款人不履行生效判决确定的金钱债务，出借人可以申请拍卖买卖合同的标的物，以偿还债务。就拍卖所得的价款与应偿还借款本息之间的差额，借款人或者出借人有权主张返还或补偿。”本案不符合上述条款的情形，该条款并没有规定当借款不能实现时，可以优先受偿买卖合同的标的物。因此，曾某、肖某可依据借款合同要求钟某、严某归还借款本金及利息，但不能直接受让兴国县保育院的整体资产。只有在钟某、严某不履行还款义务时，才能申请拍卖相关标的物以偿还债务。故二审认定曾某、肖某对兴国县保育院不享有优先受偿权，适用法律并无不妥。

案件来源

曾某、肖某等与钟某、严某借款合同纠纷再审复查与审判监督民事裁定书［江西省高级人民法院（2016）赣民申482号］；钟某、严某与曾某、肖某、黄某等103人借款合同纠纷二审民事判决书［江西省高级人民法院（2016）赣民终30号］

延伸阅读

《最高人民法院关于审理民间借贷案件适用法律若干问题的规定》第二十四条规定：“当事人以签订买卖合同作为民间借贷合同的担保，借款到期后借款人不能还款，出借人请求履行买卖合同的，人民法院应当按照民间借贷法律关系审理，并向当事人释明变更诉讼请求。当事人拒绝变更的，人民法院裁定驳回起诉。按照民间借贷法律关系审理作出的判决生效后，借款人不履行生效判决确定的金钱债务，出借人可以申请拍卖买卖合同标的物，以偿还债务。就拍卖所得的价款与应偿还借款本息之间的差额，借款人或者出借人有权主张返还或补偿。”

该规定第二款在实践中已出现争议：出借人申请拍卖买卖合同标的物，对拍卖价款是否享有优先受偿权？一种裁判观点认为，出借人对买卖标的物的拍卖价款享有优先受偿权；另一种裁判观点认为，出借人对买卖标的物的拍卖价款不享有优先受偿权。

一、认定以签订买卖合同作为借贷合同的担保，出借人对买卖标的物的拍卖价款享有优先受偿权

案例一：上诉人张某与被上诉人邵某民间借贷纠纷二审民事判决书［运城市

中级人民法院（2016）晋 08 民终 2733 号］认为，“依照《最高人民法院关于审理民间借贷案件适用法律若干问题的规定》第二十四条第二款‘按照民间借贷法律关系审理作出判决后，借款人不履行生效判决确定的金钱债务，出借人可以申请拍卖买卖合同标的物，以偿还债务。就拍卖所得的价款与应偿还借款本息之间的差额，借款人或者出借人有权主张返还或补偿’之规定，一审法院判决山西某房地产开发有限公司某分公司对张某的借款承担连带清偿责任于法无据，应予纠正。依照《最高人民法院关于审理民间借贷案件适用法律若干问题的解释》第二十四条第二款、《中华人民共和国民事诉讼法》第一百七十条第一款第一项、第二项，《最高人民法院关于适用〈中华人民共和国民事诉讼法〉的解释》第九十条之规定，判决如下：……上诉人张某如不归还陆某借款及利息，被上诉人陆某可以申请拍卖上诉人山西某房地产开发有限公司某分公司开发的位于临猗县双塔北路与峨嵋大道交汇处西南角猗顿温泉花园第 3 幢 4 单元 901 号、1001 号，第 2 幢 1 单元 501 号、第 2 幢 2 单元 301 号四座房屋并优先受偿。”

案例二：内蒙古 A 公司与张某及原审被告扈某民间借贷纠纷二审民事判决书［巴彦淖尔市中级人民法院（2016）内 08 民终 979 号］，一审法院判决：“如果扈某未按该判决指定的期间履行给付金钱义务，张某有权要求以担保物［杭锦后旗陕坝镇 ×× 家园（1）× 号楼 × 单元 × 楼 × 号（西户）、（2）× 号楼 × 单元 × 楼 × 号（西户）、（3）× 号楼 × 单元 × 楼 × 号（西户）、（4）× 号楼 × 单元 × 楼 × 号（西户）、（5）× 号楼 × 单元 × 楼 × 号（西户）、（6）× 号楼 × 单元 × 号（东户）、（7）× 号楼 × 单元 × 楼 × 号（东户）、（8）× 号楼 × 单元 × 楼 × 号（东户）、（9）× 号楼 × 单元 × 楼 × 号（东户），共 9 套］拍卖、变卖后所得价款优先受偿。”巴彦淖尔市中级人民法院认为，“关于上诉人 A 公司与被上诉人张某是否形成让与担保关系问题。让与担保，是指债务人或者第三人为担保债务人的债务，将担保标的物的所有权等权利转移于担保权人，而使担保权人在不超过担保之目的范围内，于债务清偿后，担保标的物应返还于债务人或者第三人，债务不履行时，担保权人得就该标的物优先受偿的非典型担保物权。本案中，根据 2011 年 9 月 15 日被上诉人张某与扈某签订的《借款协议书》内容看，双方达成以涉案住房九套作为借款抵押物的合意，随后，上诉人 A 公司按照扈某的要求，与被上诉人张某签订了九份《×× 家园预售认购书》，并将扈某持有的房款收据名字变更为被上诉人张某，上诉人 A 公司虽然与被上诉人张某就涉案房屋签订认购书，但实际上双方并不存在真实的房屋买卖关系，签订认购书的目的是以上诉人 A 公司的房屋为扈某的债务作担保，即以买卖的形式为借贷之债提供担保，该行为符合让与担保的法律特征，原审法院认定上诉人A公司与被上诉人张某形成让与担保关系并无不当。”巴彦淖尔市中级人民法院判决：“驳回上诉，维持原判。”

二、认定以签订买卖合同作为借贷合同的担保，出借人对买卖标的物的拍卖价款不享有优先受偿权

案例三：方某与南通A公司、陈某民间借贷纠纷二审民事判决书［南通市中级人民法院（2016）苏06民终1543号］认为，“A公司、陈某向方某出具借条，双方形成民间借贷关系，该借贷关系的建立并不违反法律规定，应为合法有效。方某出借款项后，A公司、陈某应按约履行还款责任。案涉借条中虽明确各方签订商品房买卖合同作为民间借贷债权的担保，但该担保属于变相的流质契约，违反了我国担保法和物权法的规定，为无效约定。对于买卖合同标的物，出借人方某仅可以在执行阶段申请强制执行，而不能在判决中赋予其申请拍卖案涉七套房屋的权利。具体而言，《最高人民法院关于审理民间借贷案件适用法律若干问题的规定》第二十四条第二款规定，按照民间借贷法律关系审理作出的判决生效后，借款人不履行生效判决确定的金钱债务，出借人可以申请拍卖买卖合同标的物，以偿还债务。本案中，各方当事人签订商品房买卖合同以担保民间借贷债权的实现，方某依据上述法律规定，请求在判决主文中明确借款人如不履行生效判决确定的金钱债务，其可以申请拍卖买卖合同标的物。但上述法律条款并未明确赋予出借人优先受偿权，仅规定了借款人的一般清偿责任。出借人方某虽然不能根据买卖合同对于案涉七套商品房主张债权请求权，但在本案判决生效后，A公司、陈某不履行生效判决确定的金钱债务的情况下，当然有权申请对包括上述商品房在内的借款人的财产强制执行，就所得价款受偿。该项权利无须在判决主文中予以明确，在执行过程中可以根据其他法律规定行使。而且，因案涉金钱债务仅是普通债权，在买卖合同标的物上同时附有其他优先权利时，其他优先债权依法应优先受偿。如在判决主文中明确表述出借人享有该项权利，将有可能妨碍其他权利的行使。故对于方某该项诉求，不予支持。原审中，方某虽在庭审辩论环节明确其主张的法律依据即上述法律规定，但未在诉讼请求中明确要求在判决主文中赋予其该项权利，原审驳回其要求对案涉商品房买卖合同标的物享有抵押担保权的主张，判决结果并无不当。”

三、认为以签订买卖合同作为借贷合同的担保，出借人可以对买卖标的物申请强制执行，但未明确出借人是否享有优先受偿权

案例四：黑龙江A公司与周某、程某、马某民间借贷纠纷二审民事判决书

［哈尔滨市中级人民法院（2016）黑01民终3536号］认为，“根据各方当事人在一、二审期间的举证及庭审调查情况，可以确定周某向程某、马某借款以及A公司以商品房买卖形式签订五份《商品房买卖合同书》为案涉借款提供担保的事实。鉴于A公司与程某、马某并未就五套房产签订抵押合同，形成抵押担保合意，亦无办理抵押登记的具体行为，原审认定双方属于一种非典型担保正确。‘非典型担保’虽然不属于《担保法》和《物权法》明确规定的担保形式，但其并不符合《合同法》规定的合同无效的情形，亦不违反《物权法》第十五条所确立的原因行为与物权变动行为相区分原则。依契约自由原则，应承认该种非典型担保合同的效力。根据《最高人民法院关于审理民间借贷案件适用法律若干问题的规定》第二十四条第二款的规定，A公司在周某不履行生效判决偿还借款义务时，程某、马某可以依本判决申请强制执行买卖合同标的物，故原审判决A公司承担责任并无不当。”

案例五：李某与唐山市A公司民间借贷纠纷一审民事判决书［唐山市中级人民法院（2016）冀02民初65号］认为，“并且原告已申请人民法院对上述房产采取保全措施，可以依据《最高人民法院关于审理民间借贷案件适用法律若干问题的规定》第二十四条第二款，关于‘按照民间借贷法律关系审理作出生效判决后，借款人不履行生效判决确定的金钱债务，出借人可以申请拍卖买卖合同标的物，以偿还债务。就拍卖所得的价款与应偿还借款本息之间的差额，借款人或出借人由其主张返还或补偿’的规定，对上述房产依法进行处分。”

案例六：袁某与江某、朱某民间借贷纠纷案申请上诉民事判决书［牡丹江市中级人民法院（2016）黑10民终1163号］认为，“上诉人袁某与被上诉人江永祥签订该协议的真实目的是给民间借贷合同提供担保，而非真正实现买卖房屋的目标，双方之间所形成的是让与担保。根据《最高人民法院关于审理民间借贷案件适用法律若干问题的规定》第二十四条第二款的规定：‘按照民间借贷法律关系审理作出的判决生效后，借款人不履行生效判决确定的金钱债务，出借人可以申请拍卖买卖合同标的物，以偿还债务……’本案中，上诉人与被上诉人为债权债务关系设定让与担保，系其真实意思表示，并不违反法律的强制性规定，其效力应予认定。如果被上诉人朱某不履行本判决确定的金钱债务，上诉人袁某可以申请强制执行买卖标的物。”

案例七：刘某与廊坊A公司、王某民间借贷纠纷二审民事判决书［廊坊市中级人民法院（2016）冀10民终2404号］认为，“一审法院判决：一、王某与A公司于判决生效后十日内共同返还刘某借款500万元；支付2012年11月30日至

2012 年 12 月 30 日的利息 10 万元，支付自 2014 年 1 月 3 日至 2014 年 8 月 8 日的利息 336,121 元；二、王某与 A 公司于判决生效后十日内共同支付刘某上述借款本金 500 万元自 2014 年 9 月 30 日起至付清之日止的利息，利息标准为年利率 24%；三、如果判决生效后十日内不履行生效判决，刘某可以申请拍卖案涉房屋偿还本息；……A 公司与刘某等四人签订的《补充协议》对于案涉房屋系担保物性质约定明确，《商品房买卖合同》的签订与房屋物权网签行为均系对以上担保物约定的实际履行，不应视为案涉房屋的买卖交易；在《商品房买卖合同》签订后刘某未实际给付购房款的情况下，A 公司即对房屋进行物权网签的事实，亦能作为案涉房屋系担保物的判断依据。因此，A 公司上诉认为案涉房屋不属于担保物的观点，违反诚实信用原则，与客观事实不符，本院不予支持。……判决如下：驳回上诉，维持原判。”

案例八：孙某等诉袁某民间借贷纠纷二审民事判决书［辽源市中级人民法院（2016）吉 04 民终 160 号］认为，“综上，原审法院依照《中华人民共和国民法通则》第四条，《中华人民共和国合同法》第二百零五条、第二百零六条，《中华人民共和国民事诉讼法》第一百五十二条，《最高人民法院关于民事诉讼证据的若干规定》第二条、第二十五条，《最高人民法院关于审理民间借贷案件适用法律若干问题的规定》第二十四条之规定，判决如下：一、被告李某、孙某于判决生效后立即共同偿付原告袁某借款本金 139 万元及利息（从 2015 年 9 月 1 日开始至本判决生效时止，按照年利率 6% 计算），二被告相互承担连带偿付责任；二、被告李某、孙某于判决生效后立即共同给付原告袁某尚欠的利息 15 万元，二被告相互承担连带给付责任；三、如果被告李某、孙某不履行上述第一项、第二项判决，原告袁某可依据判决，依法申请强制执行吉 D20910 号客车（宇通牌 ZK6930H，发动机号码 J61YC800197，车架号 LYYTCTD6X8102695）；……袁某与李某、孙某之间系民间借贷关系，双方签订的《公路客运车辆买卖协议》中价值 560 万元的买卖价款，袁某并未实际给付，其买卖客运车辆的约定，目的在于担保借贷合同的履行。因此，袁某诉讼请求第二项‘依法确认原被告之间为借贷而签订的《公路客运车辆买卖协议》构成合法有效的担保合同’是成立的，根据《最高人民法院关于审理民间借贷案件适用法律若干问题的规定》第二十四条第二款的规定，在借款人不履行生效判决确定的金钱债务，出借人可以申请拍卖买卖合同标的物，以偿还债务。原审判决主文第三项系袁某诉讼请求第二项的必然法律后果，虽有表述瑕疵，但基本意思并无不当。综上所述，上诉人李某、孙某所举证据不能支持其上诉主张，其上诉理由不能成立，本院不予支持。原审判决认定事实清楚，适用法律正确，审判程序合法。”

062 签订股权转让协议作为民间借贷的担保是否有效？

——当事人签订股权转让协议作为民间借贷担保的，系让与担保，法院应按民间借贷法律关系审理

阅读提示

《最高人民法院关于审理民间借贷案件适用法律若干问题的规定》第二十四条第一款规定：“当事人以签订买卖合同作为民间借贷合同的担保，借款到期后借款人不能还款，出借人请求履行买卖合同的，人民法院应当按照民间借贷法律关系审理，并向当事人释明变更诉讼请求。当事人拒绝变更的，人民法院裁定驳回起诉。”该规定系对民间借贷中让与担保的规定，股权转让合同是否属于该规定中“买卖合同”的范畴？

裁判要旨

当事人主张双方系名为股权转让实为民间借贷的，法院将依据双方的利息约定、拟转让股权的份额确定、拟转让股权的交付方式、股权转让的价金、回购权的约定和合同的履行方式等内容进行综合分析判断。对于名为股权转让实为民间借贷的，应按民间借贷法律关系处理。

案情简介

2012 年 6 月 21 日，刘某 1 与李某、刘某 2、张某签订《股权转让合同》，约定李某将其在 A 公司持有的 5% 股权转让给刘某 1，刘某 1 支付股权转让价款 2 亿元，李某有权在 2 年内对转让股权回购，回购期间内李某仍保有该 5% 股权，回购期限届满后若没有回购所转让的股权，则股权归刘某 1 所有。刘某 1 有权在回购期间内收取利息。刘某 2、张某对上述债务承担保证责任。

合同签订后，刘某 1 向李某支付 2 亿元。李某向刘某 1 支付利息 73,877,500 元。在合同约定的两年期限内，李某未主张行使合同约定的回购权，在两年期限届满后，双方亦未办理 A 公司相关股权的工商变更登记。

2015 年，刘某 1 陕西省高级人民法院起诉，请求法院解除刘某 1 与李某签订

的《股权转让合同》，判令李某返还股权转让价款及利息，刘某 2、张某承担连带责任。陕西省高级人民法院认为，本案名为股权转让，实为民间借贷。刘某 1 与李某应按民间借贷法律关系履行各自义务，刘某 2、张某应承担连带保证责任。

2016 年，李某不服一审判决，向最高人民法院提起上诉。经审理，最高人民法院判决驳回上诉，维持原判。

2017 年，李某向最高人民法院申请再审。最高人民法院裁定驳回其再审申请。

裁判要点

当事人以签订股权转让协议作为民间借款资金的担保，当事人约定，在出借人向借款人出借本金以取得利息，履行期限届满后，若借款人不能清偿本息，则应当向出借人交付相应份额的股权的，系当事人以签订股权转让协议作为民间借款资金的担保，双方的真实意思表示是进行民间借贷，而非股权转让，因此法院应当按民间借贷法律关系审理。对于上述情形，法院将通过双方交易目的以及约定回购权的行使方式、行使条件等客观事实综合分析后进行认定。

本案中，当事人签订的《股权转让合同》中虽然表面上是对李某向刘某 1 转让股权事宜进行约定，但合同中关于利息的约定、股权份额确定、股权的交付方式、股权转让的价金、回购权的约定和合同的履行方式等内容皆不符合股权转让的特征。实际上，李某和刘某 1 签订《股权转让合同》并非要进行股权转让，而是一方以获得借贷资金、另一方以出借资金获得利息为目的，将股权作为借款的担保，在李某不能按照约定支付本金及利息时，刘某 1 即可获得该股权。因此，本案《股权转让合同》名为股权转让，实为民间借贷，法院按民间借贷法律关系审理并无不当。

实务经验总结

前事不忘，后事之师。为避免未来发生类似败诉，提出如下建议：

当事人签订的股权转让合同应当具备转让股权的合同目的，即作为出让人，合同目的系转让其所有的股权以取得股权的对价；作为受让人，合同目的系支付股权对价，以取得相应的股权，享有目标公司资产收益、参与重大决策和选择管理者等股东权利。

当事人约定，在出借人向借款人出借本金以取得利息，履行期限届满后，若借款人不能清偿本息，则应当向出借人交付相应份额的股权的，当事人的行为不具备股权转让法律关系的特征，系以签订股权转让合同作为民间借款资金的担保，民间借贷才是双方真正的法律关系。

因此，在名为股权转让，实为民间借贷的法律关系中，由于股权转让协议属于担保性质，协议的真实意思不是进行股权转让，出借人并不享有公司的经营权和决策权。

相关法律规定

《最高人民法院关于审理民间借贷案件适用法律若干问题的规定》

第二十四条 当事人以签订买卖合同作为民间借贷合同的担保，借款到期后借款人不能还款，出借人请求履行买卖合同的，人民法院应当按照民间借贷法律关系审理，并向当事人释明变更诉讼请求。当事人拒绝变更的，人民法院裁定驳回起诉。

按照民间借贷法律关系审理作出的判决生效后，借款人不履行生效判决确定的金钱债务，出借人可以申请拍卖买卖合同标的物，以偿还债务。就拍卖所得的价款与应偿还借款本息之间的差额，借款人或者出借人有权主张返还或补偿。

案件来源

李某、刘某1民间借贷纠纷再审审查与审判监督民事裁定书［最高人民法院（2017）最高法民申4274号］

063 出借人能否请求P2P平台承担担保责任?

——网络贷款平台通过网页明示为借贷提供担保，出借人可以请求其承担担保责任

阅读提示

P2P网络借贷是指借贷双方基于第三方提供的互联网平台完成借贷的交易模式。P2P借贷平台是否应对借款人的债务承担担保责任?《最高人民法院关于审理民间借贷案件适用法律若干问题的规定》第二十二条明确:（1）网络贷款平台的提供者仅提供媒介服务，出借人不能请求其承担担保责任;（2）网络贷款平台的提供者通过网页、广告或者其他媒介明示或者有其他证据证明其为借贷提供担保，

出借人可以请求网络贷款平台的提供者承担担保责任。

裁判要旨

网络贷款平台的提供者通过网页、广告或者其他媒介明示或者有其他证据证明其为借贷提供担保，出借人可以请求网络贷款平台的提供者承担担保责任。

案情简介

李某在A公司的网站平台上进行理财。经该平台介绍，李某将资金出借给第三人。

A公司的网站明确载明："如借款人逾期未还款，第三方担保机构将会及时代偿本息，100%保障资金安全无忧。"

还款期限届满后，李某未收到本金及利息。李某向北京市海淀区人民法院起诉，请求：A公司偿还借款本金及利息。庭审中，A公司同意承担担保责任。北京市海淀区人民法院判决支持了李某的诉讼请求。

A公司不服北京市海淀区人民法院判决，上诉至北京市第一中级人民法院。北京市第一中级人民法院判决驳回上诉，维持原判。

裁判要点

A公司在网络贷款平台上声明："如借款人逾期未还款，第三方担保机构将会及时代偿本息，100%保障资金安全无忧。"根据《最高人民法院关于审理民间借贷案件适用法律若干问题的规定》第二十二条第二款之规定："网络贷款平台的提供者通过网页、广告或者其他媒介明示或者有其他证据证明其为借贷提供担保，出借人请求网络贷款平台的提供者承担担保责任的，人民法院应予支持。"因此，法院认定A公司对李某的借款承担保证责任。A公司认为其作为居间平台仅为李某提供相应的居间服务，不应承担保证责任，法院不予支持。

实务经验总结

前事不忘，后事之师。为避免未来发生类似败诉，提出如下建议：

网络贷款平台不能在网页等媒介上明示其为借贷提供担保，否则出借人可以请求网络贷款平台的提供者承担担保责任。

相关法律规定

《最高人民法院关于审理民间借贷案件适用法律若干问题的规定》

第二十二条 借贷双方通过网络贷款平台形成借贷关系，网络贷款平台的提供者仅提供媒介服务，当事人请求其承担担保责任的，人民法院不予支持。

网络贷款平台的提供者通过网页、广告或者其他媒介明示或者有其他证据证明其为借贷提供担保，出借人请求网络贷款平台的提供者承担担保责任的，人民法院应予支持。

《中华人民共和国担保法》

第十七条 当事人在保证合同中约定，债务人不能履行债务时，由保证人承担保证责任的，为一般保证。

一般保证的保证人在主合同纠纷未经审判或者仲裁，并就债务人财产依法强制执行仍不能履行债务前，对债权人可以拒绝承担保证责任。

有下列情形之一的，保证人不得行使前款规定的权利：

（一）债务人住所变更，致使债权人要求其履行债务发生重大困难的；

（二）人民法院受理债务人破产案件，中止执行程序的；

（三）保证人以书面形式放弃前款规定的权利的。

法院判决

以下为该案在法院审理阶段，裁判文书中“本院认为”部分就该问题的论述：

一审法院认为，本案争议焦点为A公司是否对李某出借的款项承担担保责任。李某认为，A公司已经在其网站上明确承诺若借款人逾期未还款，第三方担保机构将会及时代偿本息，100%保障资金安全无忧，现借款人逾期还款，A公司应当承担担保责任。A公司则认为，其作为居间平台仅为李某提供相应的居间服务，只有出借人在其网站上选择担保标，A公司才兑现代偿本息的承诺，但其并未提交相应证据证明这一陈述，因此该院对其抗辩不予采信。本案中，李某作为出借人通过A公司提供的网络平台与该平台提供的借款人形成借贷关系，A公司作为平台的提供者在其网站上声明：如借款人逾期未还款，第三方担保机构将会及时代偿本息，100%保障资金安全无忧。该声明很容易对出借人的投资决策和意思表示产生影响，因此足以使出借人认为该平台为其债权提供保证，亦应认定出借人李某与A公司就保证合同达成合意。因此，该院认为，根据庭审查明的事实，可以确认李某与A公司之间存在保证合同关系，该保证合同关系系双方当事人的真实意思表示，亦未违反法律及行政法规的强制性规定，应当认定为合法有效。诉讼中，双方当事人均确认李某通过A公司向第三人出借款项时，不能直接确认实际借款人的真实身份信息情况，实际借款人的身份情况系由A公司进行审查。在此情形下，李某在借款未能得到及时偿还时起诉要求A公司按照承诺履行保证义务并无不当。综上，一审判决认定事实清楚，适用法律正确，处理结果并无不当，应予维持。

案件来源

A金融服务外包（北京）有限公司与李某保证合同纠纷二审民事判决书［北京市第一中级人民法院（2017）京01民终160号］

延伸阅读

一、网络贷款平台的提供者仅提供媒介服务，当事人无权请求其承担担保责任

案例一：李某与上海A公司、上海B公司等借款合同纠纷一审民事判决书［上海市黄浦区人民法院（2015）黄浦民五（商）初字第9829号］认为，“原告李某与被告A公司签署的《投资咨询服务协议》系双方当事人真实意思表示，合法成立并生效，对双方当事人均具有约束力。现原告主张因被告A公司向原告介绍了缺乏诚信的公司作为借款人、给原告造成损失，故应承担连带担保责任，而根据《投资咨询服务协议》之约定，被告A公司明确对借款人清偿本息不予承担连带担保责任，故本院认为原告该项主张缺乏相关的法律依据和事实依据，不予支持。”

二、有证据证明网络贷款平台的提供者为借贷提供担保的，网络贷款平台的提供者应承担担保责任

案例二：张某与南京A公司保证合同纠纷二审民事判决书［南京市中级人民法院（2016）苏01民终5077号］认为，“A公司通过网络平台联系借款人和出借人成立借款关系，并承诺对借款人的还款责任向出借人承担连带保证责任系其真实意思表示，且不违反法律的强制性规定，应合法有效。案涉借款人借取款项后未按约还本付息，出借人张某要求A公司承担保证责任符合各方约定，应予以支持。《网络借贷散标服务协议》约定A公司向张某垫付资金，张某接受的行为即视为双方进行了债权转让，并未约定以签订书面债权转让协议为A公司承担保证责任的前提条件，A公司关于未签订债权转让协议故不承担保证责任的抗辩主张不能成立，本院不予支持。关于担保的范围问题，《网络借贷散标服务协议》约定‘信用借款逾期后第八天由A公司垫付本金和利息’，A信贷公司网页的‘安全保险’

一栏中亦载明‘若借款人出现风险导致无法偿还借款，A 信贷公司平台将立刻启动代偿程序……A 信贷公司将按照约定的代偿范围（代偿本金或代偿本金以及利息），将代偿金转入投资人账户’。上述约定均明确 A 公司担保的范围包括本金和利息，A 公司关于未约定代偿范围的上诉意见亦不能成立。”

案例三：原告付某诉南京 A 公司合同纠纷一审民事判决书［南京市雨花台区人民法院（2016）苏 0114 民初 239 号］认为，“被告 A 公司在其经营的网络平台上给投资者提供的安全保障中承诺：若借款人出现风险导致无法偿还借款，信贷平台将立刻启动代偿程序，抵押标在 24 小时内进入代偿程序，信贷平台将根据问题标的具体情况与投资人签署债权转让协议，信贷平台将按照约定的代偿范围（代偿本金或代偿本金以及利息），将代偿金转入投资人账户。另外，原告付某与被告 A 公司签订的《网络借贷散标服务协议》亦约定：如案外人张某未按合同约定支付到期应还款项，被告 A 公司按标的性质进行垫付程序，抵押借款标逾期后 24 小时内由被告 A 公司垫付本金和借款利息，债权自动转让为被告 A 公司所有。被告 A 公司承诺在案外人张某无法偿还借款时启动代偿程序，系对案外人张某的债务进行担保，因对保证方式约定不明，被告 A 公司应当对案外人张某的债务承担连带保证责任，但被告 A 公司在原告付某起诉后，已经偿还 6835.7 元，应当从本金中扣除，故被告 A 公司应当偿还原告付某本金 193,164.3 元及利息 21,400 元。”

案例四：郑某与宁波 A 公司合同纠纷一审民事判决书［宁波市鄞州区人民法院（2015）甬鄞商初字第 2410 号］认为，“被告作为网络贷款平台的提供者，通过网页向公众明示其为通过该网络平台发生的借贷提供‘全额本息赔付’担保，应视为被告承诺为原告与不特定债务人之间的借贷关系提供保证担保，当事人对保证方式没有约定的，应按照连带责任保证承担保证责任，现原告作为出借人请求被告按约承担担保责任，本院予以支持。”

064 民间借贷第三人只在借条上签字但未表明保证人身份也可能被认定为保证人

——在借条上签字的第三人未表明保证人身份但通过其他事实可以推定其为保证人的，出借人可以请求其承担保证责任

阅读提示

民间借贷中有时出借人会要求第三人作为保证人或者见证人在借款凭证上签

字，然而有时第三人只是签署了姓名但未表明具体身份。此时，如果发生争议，出借人能否请求第三人承担保证责任？《最高人民法院关于审理民间借贷案件适用法律若干问题的规定》明确，第三人在借款凭证上签字或者盖章，但未表明其保证人身份的，如果通过其他事实能够推定其为保证人，出借人可以请求第三人对借款承担保证责任；如果通过其他事实不能推定其为保证人，出借人无权请求第三人对借款承担保证责任。

裁判要旨

第三人在借条上签字，但未表明保证人身份，通过其他事实可以推定其为保证人的，出借人可以向法院请求其承担保证责任。

案情简介

2014 年 1 月，徐某出具借条一份，载明：今借到李庆来 17 万元。仲某在借条上日期的下方签名。后徐某向李某交付借条时，李某对仲某是担保人还是借款人提出疑问，徐某即在仲某签名前添加“担保人”。

李某要求徐某、仲某还款 17 万元未果，向泰州市姜堰区人民法院提起诉讼，请求徐某、仲某偿还借款 17 万元。仲某答辩称，其签名是同意见证，而不是同意担保，借条上的“担保人”是未经其同意添加的，请求驳回李某的诉讼请求。泰州市姜堰区人民法院判决：徐某返还李某借款；仲某承担连带清偿责任；仲某承担保证责任后有权向徐某追偿。

仲某不服泰州市姜堰区人民法院判决，上诉至泰州市中级人民法院，请求撤销原判决。泰州市中级人民法院判决：驳回上诉，维持原判。

仲某不服泰州市中级人民法院判决，向江苏省高级人民法院申请再审。江苏省高级人民法院裁定驳回其再审申请。

裁判要点

本案中，虽然仲某只在借条上签署了姓名，借条上的“担保人”字样是借款人徐某事后添加，但现有事实也能够推定仲某为保证人。根据《最高人民法院关于审理民间借贷案件适用法律若干问题的规定》第二十一条的规定，他人在借据、收据、欠条等债权凭证或借款合同上仅签字或者盖章，而未表明其保证人身份或者承担保证责任时，如通过其他事实能推定他人为保证人的，仍应承担保证责任。

因此，仲某仍应对本案借款承担保证责任。

法院认为，“从仲某就其在涉案借条上签字过程的相关陈述内容来看，借款人徐某与出借人李某的妻子吕某共同找到仲某要求其在借条上签字时，系要求仲某作为涉案借款的担保人来进行签名的。即借款人徐某及出借人李某关于仲某签名身份要求的意思表示是明确的。此种情形下，如仲某不愿意作为涉案借款的担保人，则其完全可以拒绝签字，或者即便签字也可以同时标注其他身份，以表明自己不愿意作为涉案借款担保人的意思表示。然而仲某却直接在借条上签署姓名，而未标注任何其他身份。上述签字过程，可以表明仲某系作为涉案借款的担保人在借条上签字的。因此，即便该借条上的‘担保人’字样系借款人徐某事后添加的，但也不能据此即认定该添加行为违背了仲某的真实意思表示。”

实务经验总结

前事不忘，后事之师。为避免未来发生类似败诉，提出如下建议：

1. 民间借贷的见证人是在场鉴证双方实施借款行为的证人，起着证明借贷关系存在的作用。见证人在借条、欠条等债权凭证上签字，一定要在签名前冠以“见证人”字样，否则容易引起争议。如果签字人只签署姓名而其他证据可以推定签字人为保证人的，出借人仍然可以请求其承担保证责任。

2. 民间借贷的保证人，是为债务人履行债务提供担保的人。保证人在借条、欠条等债权凭证上签字，也一定要在签名前冠以“保证人”字样，否则也可能引发争议，如果保证人在“借款人”字样后面签名，可能会引发争议。

相关法律规定

《最高人民法院关于审理民间借贷案件适用法律若干问题的规定》

第二十一条 他人在借据、收据、欠条等债权凭证或者借款合同上签字或者盖章，但未表明其保证人身份或者承担保证责任，或者通过其他事实不能推定其为保证人，出借人请求其承担保证责任的，人民法院不予支持。

《中华人民共和国担保法》

第十九条 当事人对保证方式没有约定或者约定不明确的，按照连带责任保证承担保证责任。

法院判决

以下为该案在法院审理阶段，裁判文书中"本院认为"部分就该问题的论述：

《最高人民法院关于审理民间借贷案件适用法律若干问题的规定》第二十一条规定，他人在借据、收据、欠条等债权凭证或者借款合同上签字或者盖章，但未表明其保证人身份或者承担保证责任，或者通过其他事实不能推定其为保证人，出借人请求其承担保证责任的，人民法院不予支持。根据上述规定，当他人在借据、收据、欠条等债权凭证或借款合同上，仅签字或者盖章，而未表明其保证人身份或者承担保证责任时，如通过其他事实能推定该他人为保证人的，则仍应由其承担保证责任。本案中，从仲某就其在涉案借条上签字过程的相关陈述内容来看，借款人徐某与出借人李某的妻子吕某共同找到仲某要求其在借条上签字时，系要求仲某作为涉案借款的担保人来进行签名的。即借款人徐某及出借人李某关于仲某签名身份要求的意思表示是明确的。此种情形下，如仲某不愿作为涉案借款的担保人，则其完全可以拒绝签字，或者即便签字也可以同时标注其他身份，以表明自己不愿意作为涉案借款担保人的意思表示。然而，仲某却直接在借条上签署姓名，而未标注其他任何身份。上述签字过程可以表明仲某系作为涉案借款的担保人在借条上签字的。因此，即便该借条上的"担保人"字样系借款人徐某事后添加，但也不能据此即认定该添加行为违背了仲某的真实意思表示。综上，现有事实能够推定仲某系涉案借款的保证人，故仍应由其承担相应保证责任。

案件来源

李某与仲某、徐某民间借贷纠纷再审复查与审判监督民事裁定书［江苏省高级人民法院（2016）苏民申 3096 号］

延伸阅读

一、他人在借据、收据、欠条等债权凭证或者借款合同上签字或者盖章，但未表明其保证人身份或者承担保证责任的相关案例

（一）通过其他事实能够推定签字人为保证人，法院应认定其为保证人

案例一：陶某与孔某、崔某等民间借贷纠纷申诉、申请民事裁定书［最高人民法院（2015）民申字第 2928 号］认为，"一、二审法院将孔某认定为共同借款人不当，虽然孔某在 2010 年 2 月 11 日《借条》的借款人落款处签字，但综合本案

证据分析，孔某应为案涉借款的保证人。（一）陶某与崔某系朋友关系，与孔某并不熟悉，除案涉借款外，陶某还给崔某借款300余万元，双方间存在多次借款的经历。（二）《借条》出具后，收款人为崔某一人，崔某认可这是其个人借款，且一审庭审时陶某亦陈述‘单独借给崔某我不同意，要有共同借款人，就找孔某担保’。（三）2010年8月10日，孔某及A建筑公司出具《承诺书》，承诺的是‘本公司付给崔某的工程款必须打入陶某本人账户。如果在此期间由于监督支配不利，造成陶某经济损失一切后果由本人及本公司承担’；由此可以看出孔某承担的是监督还款责任，而非还款责任。（四）2012年2月5日，崔某出具《还款承诺书》，承诺其于2012年3月1日至2012年6月11日，将包括案涉130万元借款在内共计358万元欠款全部还清，并没有孔某共同还款的意思表示。（五）2012年9月18日，崔某向A公司出具的《特别授权委托书》，载明‘因本人工程施工周转借陶某人民币448万元，至今未还。本人特别授权陶某全权处置本人承建平罗御景安家小区33#38#43#楼工程的工程款以冲抵以上借款’，与2010年8月10日孔某及A建筑公司出具的《承诺书》内容相互印证。（六）2013年1月8日，崔某向A公司发函称，‘恳请公司将我公司在安家公司施工的工程款或抵顶房地产直接转给陶某用于协调帮助偿还所欠陶某欠款，在公司结算之前给陶某解决130万元现金或房产，并且本人保证没给陶某还清欠款之前，不从公司拿一分钱。’虽然该函孔某亦署名，但从该函孔某署名的位置及相关内容看应是崔某出具，孔某是基于崔某工程款的划转和使用与其相关而签名。至于该函‘本协议生效后，执行完毕，本人和孔某向陶某借款130万元借条随即作废’的内容，其重点是强调有二人签字的《借条》作废，并非体现孔某与陶某为共同借款人的意思表示。”

（二）通过其他事实不能推定签字人为保证人的，法院应认定出借人不能要求其承担保证责任

案例二：赵某与贾某、王某、袁某民间借贷再审审查民事裁定书［内蒙古自治区高级人民法院（2016）内民申212号］认为，“根据《最高人民法院关于民间借贷案件适用法律若干问题的规定》第二十一条的规定，他人在借据、收据、欠条等债券凭证或者借款合同上签字或者盖章，但未标明其保证人身份或者承担保证责任，或者通过其他事实不能推定其为保证人，出借人请求其承担保证责任的，人民法院不予支持。本案中袁某虽然在借据上签字，但赵某并未提供其他证据证明袁某有过为该笔借款担保的意思表示，现袁某及借款人均否认保证担保的事实，本案其他事实亦不能推定袁某为保证人。在此情况下，原审法院对赵某请求袁某承担担保责任的主张不予支持并无不当。”

二、杜万华就《最高人民法院关于审理民间借贷案件适用法律若干问题的规定》答记者问（2015年8月6日，节选）

问：民间借贷纠纷中，经常会有其他人在借条、欠条或者收据上签名，并容易引发纠纷。请问，本《规定》是如何规范这一问题的？

答：经过调研，我们发现，审判实践中存在相当多的纠纷是由于在他人出具的借条或者欠条上签名而引发对民事责任承担的争执，进而引发矛盾形成诉讼。应当看到，传统的民间借贷更多地存在于熟人社会中，基于亲属、朋友、同事或者其他社会关系，他人或者作为借款人的保证人，或者作为借贷的见证人，或者作为中间人，或者出于其他原因而在借据上签字。然而，他人的签字是否意味着其应当承担保证责任，则存有争议。

正是由于民间借贷实践中，第三人在债权凭证或者借款合同中签字盖章的法律意义具有多种可能性，所以本司法解释才作出明确规定，包括三层意思：第一，仅有他人签名或者盖章的，不足以认定保证人身份，他人也就不承担保证责任。所谓"仅有"，是指既未在借款凭证或借款合同中表明保证人身份，也未在其中约定保证条款并指向签字或盖章人，同时也无其他证据证明该签字或盖章人为保证人。第二，只有在"通过其他事实不能推定其为保证人"的情况下，才能作出他人非为保证人的判断。第三，仅有第三人在其中签字或者盖章，但其中表明了签字或者盖章人是保证人，或者通过其他条款或事实能够推定出其为保证人的，则应当对借款承担担保责任。

三、地方高级人民法院指导意见

《四川省高级人民法院关于审理民间借贷纠纷案件若干问题的指导意见》（2016年7月27日发布）规定：

"26. 第三人在借据、收据、欠条等债权凭证或者借款合同上签字或者盖章，但未表明其保证人身份或者承担保证责任的，出借人在诉讼中应当提供与前述合同缔约过程、交易习惯、履行过程相关的证据，用于证明行为人签字盖章具有提供保证责任的意思表示。如出借人不能证明第三人在债权凭据或借款合同中的签字盖章有承担保证责任的意思表示，人民法院应当驳回出借人主张第三人承担保证责任的请求。"

065 董事长私刻公司公章向他人提供担保是否有效？

——公司负责人私刻公章与善意相对人签订合同，构成表见代理

阅读提示

公章作为公司处理内外部事务的印鉴，是公司意志在形式上的体现。在经营往来中，持有盖有公司公章的法律文件，一般会被视为公司的代理人。在司法实践中，是否加盖公司公章是判断民事法律行为是否成立、生效的重要标准。因此，公章对公司而言具有重要意义，若被他人滥用，则会给公司带来巨大损失。但是实践中，个别公司往往会忽视公章的重要性，疏于对公章使用的管理，而最终导致纠纷的产生。

裁判要旨

公司负责人私刻公司印章与善意相对人签订保证合同，构成对公司的表见代理，公司应当承担保证责任。

案情简介

2010 年前后，游某向翁某出借款项共计 245 万元，约定 A 公司、B 公司为上述借款提供保证担保。

2014 年 4 月 30 日，游某、翁某签订《协议书》，约定借款偿还时间和以物抵债的偿还方式。A 公司、B 公司亦作为保证人在《协议书》上盖章。之后，经游某多次催还，翁某仍拒不偿还借款本息。

2015 年，游某向福建省龙岩市中级人民法院起诉。福建省龙岩市中级人民法院判决翁某偿还借款本息，A 公司、B 公司对上述债务承担连带保证责任。

一审结束后，B 公司向武平县公安局报案称，该公司董事长翁某涉嫌伪造公章。翁某投案自首。

2015 年，B 公司向福建省高级人民法院提起上诉，以翁某私自伪造 B 公司印章、B 公司对保证事项不知情为由主张其不应承担保证责任。福建省高级人民法院认为，翁某伪造 B 公司印章，虽有报案，但无定论。游某作为善意第三人有理由相信翁某作为董事长有权代表 B 公司对外担保，B 公司应当对涉案借款承担连带保证责任。据此，福建省高级人民法院驳回上诉，维持原判。

二审结束后，武平县人民法院作出刑事判决，对翁某私刻B公司印章的事实予以确认。

2016年，B公司向最高人民法院申请再审。最高人民法院认为，翁某的行为构成表见代理，B公司应对翁某的涉案债务承担担保责任。据此，最高人民法院裁定驳回B公司再审申请。

裁判要点

根据合同法的规定，构成表见代理应符合两项条件：代理人有具备代理权的权利外观；相对人相信其具有代理权且善意无过失。本案中，翁某既是B公司的董事长也是公司股东，且在签订涉案担保合同时持有B公司的公章，因此翁某具备使出借人游某产生合理信赖的代理权外观。虽然刑事判决认定该公章为翁某私刻，但游某在缔约过程中不负有对公章真实性进行实质审查的义务，因此游某在缔约过程中并无过失。综上，最高人民法院认为翁某的行为构成表见代理，B公司应承担担保责任。

实务经验总结

前事不忘，后事之师。为避免未来发生类似败诉，提出如下建议：

1. 在日常经营中，公章对于公司意义重大，公司应当加强对公章使用的管理。不应随意滥用，疏忽管理。在保证公司治理结构完整的同时，尽量加强决策权及管理权的集中，降低公司因表见代理和出现决策僵局的风险，避免陷入不必要的诉讼拖累。

2. 在诉讼中，公司应当注意，表见代理的构成要件只有两个，一是代理人具备代理外观，二是相对人相信其具有代理权且善意无过失。因此，公章是否真实并不是公司在诉讼中应当据理力争的争议焦点。公司真正应当关注和针对的焦点在于相对人是否善意且无过失，是否存在与代理人恶意串通的情形，并对此提供相应的证据证明。比如，在公司出现重大人事变更或者公司公章丢失、作废的情形下，公司应当及时向社会公告，在知晓代理行为正在发生时，还应当及时通知相对人，若此时相对人依然与无权代理人签订合同，即构成过失。

3. 在交易往来中，相对人即使与代理人的关系密切，也应秉持正当合理的谨慎态度，对代理人是否具备代理权进行必要的审查。具体而言，相对人除应当尽到一般的注意义务之外，如代理人是否持有公司公章或者相关法律文件、交易程序是否合理、被代理人经济状况等，还应当关注被代理人近年来公告的重大变动事项，甚至在条件允许的情况下可以亲自向被代理人核实审查。

4. 在诉讼中，相对人也应当紧密围绕表见代理的两个构成要件进行举证抗辩，即代理人具备代理权的权利外观，相对人在缔约过程中善意且无过失。

5. 当事人应当注意引用法律是否准确恰当。本案二审中，福建省高级人民法院认为翁某系B公司董事长，符合法定代表人身份，有权代表公司对外签订合同，因此根据《中华人民共和国合同法》第五十条以及《最高人民法院关于适用〈中华人民共和国担保法〉若干问题的解释》第十一条关于越权代表的规定进行审判。而再审中，最高人民法院对福建省高级人民法院的法律适用予以纠正，其认为翁某虽系该公司的董事长，但并非法定代表人，因此应依照《中华人民共和国合同法》第四十九条关于表见代理的规定进行审理。虽然两次裁判的结果并无实质差异，但法律是法院审判的重要依据，法律适用的恰当也很可能是当事人胜诉的关键一步。

相关法律规定

《中华人民共和国合同法》

第四十九条 行为人没有代理权、超越代理权或者代理权终止后以被代理人名义订立合同，相对人有理由相信行为人有代理权的，该代理行为有效。

第五十条 法人或者其他组织的法定代表人、负责人超越权限订立的合同，除相对人知道或者应当知道其超越权限的以外，该代表行为有效。

《最高人民法院关于适用〈中华人民共和国担保法〉若干问题的解释》

第十一条 法人或者其他组织的法定代表人、负责人超越权限订立的担保合同，除相对人知道或者应当知道其超越权限的以外，该代表行为有效。

《中华人民共和国公司法》

第十三条 公司法定代表人依照公司章程的规定，由董事长、执行董事或者经理担任，并依法登记。公司法定代表人变更，应当办理变更登记。

法院判决

以下为该案在法院审理阶段，裁判文书中“本院认为”部分就该问题的论述：

1. 关于B公司应否对翁某以其名义作出的担保行为承担责任的问题。经查明，翁某在借条、协议书、借款担保协议书上加盖B公司印章时系该公司的董事长，但并非公司法定代表人。故二审判决依据《中华人民共和国合同法》第五十条和《最高人民法院关于适用〈中华人民共和国担保法〉若干问题的解释》第十一条的规定认定翁某有权代表公司对外签订合同适用法律不当，应予纠正。B公司是否应当承担合同义务，应当判断翁某的行为是否符合《中华人民共和国合同法》第四十九条关于表见代理的规定。《中华人民共和国合同法》第四十九条规定："行为人没有代理权、超越代理权或者代理权终止后以被代理人名义订立合同，相对人有理由相信行为人有代理权的，该代理行为有效"。根据上述规定，构成表见代理必须符合两个条件：一是代理人表现出了其具有代理权的外观；二是相对人相信其具有代理权且善意无过失。虽然2006年修订后的《中华人民共和国公司法》第十三条规定公司法定代表人可以由董事长、执行董事或者经理担任，但从实践情况看，在公司设有董事长的情况下，由董事长担任公司法定代表人的情况是普遍现象。并且，董事长虽然不一定同时担任公司法定代表人，但根据公司法的有关规定，其相较于公司其他管理人员显然享有更大的权力，故其对外实施的行为更能引起交易相对人的合理信赖。同时，翁某还是B公司的股东，且在签订涉案担保合同时持有B公司的公章，尽管刑事判决已经认定该公章为翁某私刻，但结合翁某在B公司所任特殊职务以及股东身份等权利外观，已经足以让交易相对人游某产生合理信赖，让其负有对公章真实性进行实质审查的义务。对于相对人要求过于严苛，不利于保护交易安全。综上，本院认为，翁某的行为已构成表见代理，B公司应对翁某的涉案债务承担担保责任。B公司关于翁某并非B公司法定代表人并存在私刻公章行为，故其不应承担担保责任等主张不能成立。由于翁某提交的武平县人民检察院武检公诉刑诉［2016］49号起诉书和武平县人民法院（2016）闽0824刑初54号刑事判决等证据并不足以推翻二审判决，不符合《中华人民共和国民事诉讼法》第二百条第一项关于新证据的规定，本院不予采信。

2. 关于B公司未经股东会决议为翁某的涉案债务提供担保的效力应如何认定的问题。本院认为，《中华人民共和国公司法》第十六条第二款规定并非效力性强制性规定，违反该规定不必然导致合同无效。有限责任公司通常股东人数少，管理层与股东并未实质性分离，股东对公司重大事项仍有一定影响力，且有限责任公司等闭合性公司并不涉及众多股民利益保护、证券市场秩序等公共利益问题，违反上述规定并不会导致公共利益受损。据此，B公司未经股东会决议为翁某的涉案债务提供的担保应认定为有效。B公司的该项主张不能成立。

案件来源

游某与福建省B房地产开发有限公司、翁某等民间借贷纠纷申诉、申请民事裁定书［最高人民法院（2016）最高法民申733号］

延伸阅读

裁判规则一：公司高管为公司生产经营而以自己名义与善意相对人签订合同的，合同后果由公司承担。

案例一：罗某与湖南A公司、吴某民间借贷纠纷二审判决书［湖南省高级人民法院（2016）湘民终475号］认为，“A公司是否应当向罗某偿还300万元借款本息，取决于吴某的行为是否构成表见代理。本案中，根据查明的事实，吴某与罗某签订涉案《投资合同》时的身份系A公司建安一分公司的经理，同时系涉案项目的项目经理。虽然本案并无证据表明A公司授权吴某以其名义对外借款，但本案借款发生在涉案工程项目施工期间，且双方在合同中明确约定300万元款项系用于涉案项目的开发，吴某在其出具的收据上亦加盖了‘湖南A建设工程有限公司白沙矿区棚户区改造联平新城项目经理部’的印章，以上事实和行为客观上足以使罗某有理由相信吴某有权代表A公司对外借款用于涉案项目的建设。在无相反证据的情况下，应当认定吴某的行为构成表见代理，该行为对A公司产生法律效力。根据《中华人民共和国合同法》第四十九条的规定，罗某有权向A公司主张权利，要求A公司偿还300万元借款本息。一审判决A公司承担责任并无不当。A公司提出不是合同相对人，吴某的行为亦不构成表见代理，不应承担偿还责任的上诉理由无事实与法律依据，本院不予支持”。

裁判规则二：相对人明知代理人为无权代理仍与其签订合同的，不构成表见代理。

案例二：无锡市锡山区A公司、王某民间借贷纠纷再审裁定书［最高人民法院（2015）民提字第32号］认为，“吴某的身份及与王某之间的信贷往来关系，不足以认定吴某的行为对王某构成表见代理。（一）认定吴某的行为对王某构成表见代理不符合法律关于A公司业务范围的规定。A公司是小额贷款公司，其业务范围不包括对外融资借款，王某对此应当明知。按照苏政办发（2007）142号江苏省人民政府办公厅《关于开展农村小额贷款组织试点工作的意见（试行）》的规定，小额贷款公司属于‘只贷不存的非金融机构，即只能依靠其资本金发放贷款，而不能吸收公众存款’。故，发放贷款是A公司的业务范围，而对外融资借款则不属于其业务经营事项范围。既然A公司都没有对外融资借款的权利，作为其员工的吴某当然更没有此权利。王某是做资金生意的，经常从事资金的借与贷业务，所以其对小额贷款公司的业务范围应当清楚，对于A公司不能对外融资借款而只能依靠资本金发放贷款的性质应当明知，对于吴某在公司只能贷不能借的职权也应当十分清楚。王某在庭审中表示，是吴某和他协商说A公司短期资金紧张，需要借款一周左右，他没有见过A公司其他人，他因与吴某有过信贷往来，信任吴某才将钱借给A公司。这种说法显然不符合法律规定。（二）认定吴某的行为对王某构成表见代理不符合王某与A公司已有的交易做法。根据王某和吴某在庭审中的陈述，王某曾通过吴某向A公司借过款。证据显示，王某于2011年7月4日向A公司借款65万元时，不仅与A公司签订了书面借款合同，加盖了A公司合同专用章，而且约定了借款数额、利率、借款期限等，并签订了最高额抵押担保合同，相关手续非常完备。以前借款只有65万元都签订了书面合同，对相关问题做出明确约定，现在涉案款项2500万元之巨却没有要求签订书面合同，各种事项都处于模糊状态，该种做法显然不符合王某与A公司已有的交易做法。此外，对于做资金生意的王某而言，在8月4日交付A公司1500万元，A公司没有归还也没有支付利息的情况下，又在8月19日再支付1000万元。不仅如此，在此之后，王某却仍向A公司支付前述65万元借款的利息。也就是说，在A公司欠其2500万元本息而且到期未还的情况下，王某却仍在支付A公司借给其的65万元的利息。王某的这些行为显然不符合常理，也与其主张相悖。（三）认定吴某的行为构成表见代理不符合吴某给王某介绍'过桥资金'的通常做法。根据吴某陈述，其给王某介绍过3次'过桥资金'，均是由王某与实际用款人协商后，由王某代实际用款人偿还借款。该陈述一方面表明，王某对吴某在A公司的工作性质及权限十分清楚，对吴某介绍'过桥资金'的通常操作方式'仅限于介绍'也清楚。另一方面表明，吴某给王某介绍'过桥资金'是由王某与实际用款人协商，并由王某代实际用款人还款，而与实际用款人的债权人无关。庭审中，吴某关于A公司贷款到期后催还程序的说明，即'财务先给出到期的本金和利息，经过正常的催讨后，客户必须以借款人的名义将款项汇至A公司，这是公司的规定'，亦能证明这一点。本案中，吴某是王某方的关键证据来源方，吴某的上述陈述说明其与王某关于本案'过桥资金'使用的磋商，按照惯例，不可能属于由实际用款人B公司的债权人A公司向王某借款而替实际用款人偿还欠款的情况。"

裁判规则三：公司负责人以公司名义与善意相对人签订合同，该行为对公司有效。公章是否伪造，不影响合同效力。

案例三：李某与海南A公司、海南B公司等企业借贷纠纷二审判决书［最高人民法院（2016）最高法民终271号］认为，“一方面，A公司未提交任何证据证明涉案签章是伪造的，而根据李某在一审诉讼中提交的担保借款合同、汇款凭证等证据，以及A公司原法定代表人徐某在本案一审诉讼中的陈述，已足以认定A公司与李某之间存在诉争的借贷法律关系；另一方面，根据《中华人民共和国合同法》第五十条关于‘法人或者其他组织的法定代表人、负责人超越权限订立的合同，除相对人知道或者应当知道其超越权限的以外，该代表行为有效’的规定，印章的真伪，并不能决定法定代表人代表行为的法律效力，除非相对人知道或者应当知道法定代表人超越权限。因此，一审法院对于A公司提出的鉴定申请不予准许并无不当。”

案例四：福建省A建筑工程有限公司黑龙江省分公司、宿某等民间借贷纠纷申请再审民事裁定书［最高人民法院（2016）最高法民申319号］认为，“双方当事人对于宿某提供的借据的真实性没有异议，于某与章某对于向宿某出具的借据表示认可。黑龙江A分公司认为主要证据系伪造的，主要是指借据上面的该公司印章是于某与章某私刻后加盖的，且该二人已因涉嫌伪造公司印章罪被公安机关立案侦查。本院认为，申请人黑龙江A分公司主张的于某、章某涉嫌伪造公司印章罪，尚在公安机关刑事侦查过程中，并未认定构成刑事犯罪，且再审申请人并没有充分的证据能够证明本案原判决认定基本事实的主要证据即借据系伪造的。于某、章某作为黑龙江A分公司的前后两任负责人，向宿某出具借据，属于代表该公司的行为，宿某有理由相信其借款的对象是黑龙江A分公司，结合宿某向该公司支付款项的事实，本院认为，原判决认定宿某与黑龙江A分公司之间存在真实的借款关系，证据充分。至于借据上的印章是否由于某、章某私刻，以及于某、章某是否构成伪造公司印章罪，不影响原判决关于黑龙江A分公司系案涉民间借贷主体的认定。再审申请人黑龙江A分公司此项再审理由亦不成立，本院不予采信。”

裁判规则四：被代理人主张相对人为恶意的，应当举证证明。

案例五：襄阳A公司、汪某民间借贷纠纷再审审查与审判监督民事裁定书［最高人民法院（2017）最高法民申3735号］认为，“A化工公司应否承担保证责任的关键在于汪某是否属于善意相对人，而判断是否存在保证欺诈，汪某对保证欺诈是否知道或应当知道，应当结合法律规定、交易性质以及具体交易情境予以综合判定。《中华人民共和国担保法》第三十条规定，有下列情形之一的，保证人不承担民事责任：（1）主合同当事人双方串通，骗取保证人提供保证的；（2）主合同债权人采取欺诈、胁迫等手段，使保证人在违背真实意思的情况下提供保证的。

《最高人民法院关于适用〈中华人民共和国担保法〉若干问题的解释》第四十条规定，主合同债务人采取欺诈、胁迫等手段，使保证人在违背真实意思的情况下提供保证的，债权人知道或者应当知道欺诈、胁迫事实的，按照担保法第三十条的规定处理。A 化工公司申请再审认为其不应承担本案担保责任，就应举证证明汪某为非善意债权人。A 化工公司现法定代表人李某与黄某因 A 化工公司股权转让问题提起多个诉讼，除本案诉讼外，另有股权诉讼和关于该公司法定代表人工商变更登记的行政诉讼等发生。A 化工公司既没有通知汪某法定代表人变更的情况，亦没有要求解除抵押合同，也未举证证实汪某作为相对人，已实际知晓 A 化工公司的股权转让和法定代表人变更等内部事项，而且签订案涉合同时黄某持有 A 化工公司公章，虽然黄某自认该公章系自己私刻的，但结合当时黄某的权利外观，已足以让交易相对人汪某产生合理信赖。综合本案的交易过程和事实，A 化工公司并未充分举证汪某与黄某、A 化工公司的借贷担保行为属于保证欺诈行为，也没有充分证据证实汪某属于非善意债权人，应当承担举证不力的法律后果，故 A 化工公司应承担保证责任。原审判决认定事实并无不当，适用法律也无不妥，A 化工公司的申请再审理由不能成立。”

案例六：濮阳 A 公司、张某民间借贷纠纷再审判决书［最高人民法院（2016）最高法民再 232 号］认为，“A 公司除作为担保人在案涉三份借据或借款合同上加盖公章外，还分别就三笔借款作为担保人与出借人张某签订担保合同并加盖公章。以上公章印文经原审法院委托司法鉴定，鉴定结论表明案涉借据、借款合同、担保协议上的‘濮阳 A 公司’印文与 A 公司提供的相关样本的印文系同一枚印章盖印形成，再审审理期间 A 公司亦不否认借据、借款合同、担保协议上加盖的其公章的真实性，故原审法院据此认定案涉担保的作出不违背 A 公司的真实意愿并无不妥。A 公司提交的 2010 年 5 月 12 日河南 B 公司［2010］39 号文件，可以证明 2010 年 5 月 12 日后，毕某调任河南 B 化工事业部，不再担任 A 公司总经理职务。但该事实本身并不足以证明案涉相关协议上加盖的 A 公司公章系由毕某盗取 A 公司公章后加盖形成，亦缺乏其他证据证明债权人张某在借款事实发生时对毕某不再担任 A 公司总经理的事实知情或者应当知情。A 公司以案涉担保协议的签订不构成表见代表为由，主张案涉担保协议违背 A 公司真实意愿，与事实不符，不能成立。”

066 借款人擅自变更借款用途，保证人并不当然免责

阅读提示

实践中，一些借款人收到借款后，擅自变更了双方约定的借款用途，此时能否免除保证人的保证责任？

裁判要旨

借款人擅自变更借款用途系借款人自主利用资金之行为，出借人并无监管之义务。在保证人未明确约定借款用途不得变更的情形下，借款人擅自变更借款用途，保证担保依然有效。

案情简介

2012 年 4 月 17 日，A 公司与张某签订《保证借款合同》，约定张某向 A 公司出借 400 万元借款，B 公司、C 公司、D 公司为保证人。2012 年 12 月 17 日，闵某与 A 公司签订《民间保证借款合同》，约定闵某向 A 公司出借 400 万元借款，借款用途为生产经营，保证人为 C 公司、B 公司、E 公司、D 公司、付某 1、付某 2、付某 3、张某、宋某。同日，A 公司将该 400 万元借款汇回张某配偶陈某的账户，偿还张某的借款。

E 公司、D 公司、张某以付某 1、张某、闵某串通进行合同诈骗为由，向平原县公安局经侦大队进行举报，经侦大队未予立案。

2014 年，闵某向德州市中级人民法院起诉，主张 C 公司、B 公司、E 公司、D 公司、付某 1、付某 2、付某 3 等承担连带保证责任。德州市中级人民法院后将案件移送至公安机关，公安机关以本案不构成刑事犯罪为由，将案卷退回德州市中级人民法院。经审理，德州市中级人民法院判决 C 公司、B 公司、E 公司、D 公司等保证人承担保证责任。

2015 年，D 公司向山东省高级人民法院上诉，主张借贷双方恶意串通，借款人擅自变更借款用途，D 公司不应承担保证责任。山东省高级人民法院对 D 公司主张不予支持，判决驳回上诉，维持原判。

D 公司不服二审判决，向最高人民法院申请再审。最高人民法院裁定驳回其再审申请。

裁判要点

对借款如何使用是借款人自主利用资金之行为，借款人单方改变借款用途，出借人未参与协商，不属于借贷双方私自协商变更主合同之情形，保证人仍应对债权人承担保证责任。本案中，借款合同上载明借款用途为生产经营，A 公司却将其用于偿还其所欠他人借款，违反了借款用途之约定。但如何使用借款系 A 公司自主利用资金之行为，出借人并无审查监管之义务，而保证人自当承担借款人无力偿还借款之风险。本案借款双方并未对变更借款用途协商，因此也不属于出借人闵某与借款人 A 公司恶意串通损害 D 公司的利益之情形，故 A 公司改变借款用途，不能免除借款人的还款义务，亦不能免除担保人 D 公司的担保责任。

实务经验总结

前事不忘，后事之师。为避免未来发生类似败诉，提出如下建议：

借款人擅自变更借款用途，会加大借款不能还本付息的风险，增加保证人承担保证责任的风险。对于此种情况下保证人应否承担保证责任，司法实践中主要有以下四种情形：

1. 借款人未经保证人同意，擅自改变借款用途的，保证人的保证责任不能免除。出借人将借款实际支付给借款人后，借款人即有权自行支配，出借人对借款人如何使用资金并无监管义务，在出借人未对借款用途变更参与协商的情况下，保证人应当承担保证责任。

2. 借款人未经保证人同意，擅自改变借款用途的，如果出借人已在保证合同中明确承诺监督借款人专款专用，且未尽监督义务而造成借款被挪作他用的，保证人可以免除保证责任。

3. 未经保证人同意，出借人与借款人协商变更借款用途或者有证据证明出借人与借款人有变更借款用途的共同意思表示的，保证人不承担保证责任。

4. 第三人向出借人保证将监督借款人专款专用的，在履行了监督支付专款专用的义务后，不再承担责任。若因第三人未尽监督义务造成借款损失的，应当对损失的借款承担补充赔偿责任。

综上可以看出，在不同情形下，保证人的责任承担是不同的，因此为了维护自身正当的法律权益，保证人在作出保证承诺之前应当严谨审慎地审查合同条款，尽可能为保护自身利益设置合理的规避风险措施。

相关法律规定

《中华人民共和国担保法》

第二十四条 债权人与债务人协议变更主合同的，应当取得保证人的书面同意，未经保证人书面同意的，保证人不再承担保证责任。保证合同另有约定的，按照约定。

第三十条 有下列情形之一的，保证人不承担民事责任：

（一）主合同当事人双方串通，骗取保证人提供保证的；

（二）主合同债权人采取欺诈、胁迫等手段，使保证人在违背真实意思的情况下提供保证的。

第三十一条 保证人承担保证责任后，有权向债务人追偿。

《中华人民共和国合同法》

第一百九十九条 订立借款合同，借款人应当按照贷款人的要求提供与借款有关的业务活动和财务状况的真实情况。

第二百零三条 借款人未按照约定的借款用途使用借款的，贷款人可以停止发放借款、提前收回借款或者解除合同。

《最高人民法院关于适用〈中华人民共和国担保法〉若干问题的解释》

第二十六条 第三人向债权人保证监督支付专款专用的，在履行了监督支付专款专用的义务后，不再承担责任。未尽监督义务造成资金流失的，应当对流失的资金承担补充赔偿责任。

第三十条 保证期间，债权人与债务人对主合同数量、价款、币种、利率等内容作了变动，未经保证人同意的，如果减轻债务人的债务的，保证人仍应当对变更后的合同承担保证责任；如果加重债务人的债务的，保证人对加重的部分不承担保证责任。

债权人与债务人对主合同履行期限作了变动，未经保证人书面同意的，保证期间为原合同约定的或者法律规定的期间。

债权人与债务人协议变动主合同内容，但并未实际履行的，保证人仍应当承担保证责任。

第三十九条 主合同当事人双方协议以新贷偿还旧贷，除保证人知道或者应当知道的外，保证人不承担民事责任。

新贷与旧贷系同一保证人的，不适用前款的规定。

《最高人民法院关于审理民间借贷案件适用法律若干问题的规定》

第十九条　人民法院审理民间借贷纠纷案件时发现有下列情形，应当严格审查借贷发生的原因、时间、地点、款项来源、交付方式、款项流向以及借贷双方的关系、经济状况等事实，综合判断是否属于虚假民事诉讼：

（一）出借人明显不具备出借能力；

（二）出借人起诉所依据的事实和理由明显不符合常理；

（三）出借人不能提交债权凭证或者提交的债权凭证存在伪造的可能；

（四）当事人双方在一定期间内多次参加民间借贷诉讼；

（五）当事人一方或者双方无正当理由拒不到庭参加诉讼，委托代理人对借贷事实陈述不清或者陈述前后矛盾；

（六）当事人双方对借贷事实的发生没有任何争议或者诉辩明显不符合常理；

（七）借款人的配偶或合伙人、案外人的其他债权人提出有事实依据的异议；

（八）当事人在其他纠纷中存在低价转让财产的情形；

（九）当事人不正当放弃权利；

（十）其他可能存在虚假民间借贷诉讼的情形。

《辽宁省高级人民法院关于当前商事审判中适用法律若干问题的指导意见》（2005年1月26日　辽高法〔2005〕29号）

5. 贷款的实际用途与主合同约定的贷款用途不一致，未经保证人同意的，保证人是否承担保证责任问题

在贷款的实际用途发生变更的情况下，不能一概免除保证人的保证责任，应区分不同情况予以认定。

（1）主合同双方当事人协商变更贷款用途，未经保证人同意的，保证人不承担保证责任。主合同当事人协商变更贷款用途，是一种变更主合同内容的行为。根据《担保法》及其司法解释规定的精神，主合同内容发生非根本性变更，如果未加重保证人的责任，无需征得保证人的同意，保证人仍然要依其对债权人的承诺承担保证责任。但是如果主合同的内容发生了根本性的变更，则必须征得保证人的同意，否则保证人不承担保证责任。借款合同当事人约定变更贷款用途，是对合同必要条款的重大变更，或者可以说是对合同内容的根本性变更。因为贷款用途的改变，违背了保证人的意志，因此，如果贷款银行与借款人协商改变贷款用途，未经保证人同意，保证人不再承担保证责任。

（2）贷款用途由借款人单方改变，未经保证人同意的，保证人不能免除保证责任。贷款银行一旦将贷款发放到借款人账户中，借款人即有权自行支配，贷款

人并无监督义务。借款人单方改变贷款用途，因贷款银行并未参与协商，故不构成主合同当事人协商变更主合同的内容。此种情况下保证人仍应对债权人承担保证责任。

（3）在借款人单方改变贷款用途的情况下，如果债权人已在保证合同中明确承诺监督借款人专款专用，且未尽监督义务造成贷款被挪作他用的，保证人可以免于承担保证责任。实践中，主合同往往会约定贷款人对贷款用途进行监督，甚至人民银行的内部规章也严格要求贷款银行应在贷款前做好审查，款项贷出以后，应监督借款人是否按合同约定的用途使用贷款。合同中的这些条款，因其只是一种权利，内部规定是履行职务上的职责要求，不能理解为民事义务内容。所以，虽然借款人单方改变贷款用途出现风险，与贷款人履行监督职责不力有关，但保证人也并不能因此免除保证责任。对贷款银行因怠于行使权利造成贷款损失的行为，应由银行监管部门进行处理。

（4）虽然没有贷款人与借款人共同协商的书面证据，但可以推定贷款人与借款人有变更贷款用途的共同意思表示的，保证人不承担保证责任。如，合同约定的贷款用途是购买固定资产，但是贷款人在明知借款人提供的是股票账号或期货账号时，却将贷款直接打入该账号的，可以推定贷款人与借款人有共同改变贷款用途的意思表示。

法院判决

以下为该案在法院审理阶段，裁判文书中“本院认为”部分就该问题的论述：

1. 关于案涉借款是否系虚假的问题。该问题又涉及以下几个方面问题。

（1）案涉借款是否实际交付。经查明，2012 年 12 月 17 日，闵某与 A 公司签订《民间保证借款合同》，合同约定：出借方为闵某，借款方为巨峰环保建材公司，保证人为 C 公司、B 公司、E 公司、D 公司、付某 1、付某 2、付某 3、张某、宋某，借款本金 400 万元，借款用途为生产经营，借款利率为月息 2%，借款期限为 2012 年 12 月 17 日至 2013 年 3 月 16 日。该合同签订当日，闵某通过其德州银行 6229370100001×××59 账户汇入 A 公司及付某指定的孙某在德州银行的 6229370100019×××10 账户。后 A 公司、B 公司、C 公司、E 公司、D 公司、付某 1、付某 2、付某 3、案外人宋某出具收到条，载明：“A 公司已收到闵某出借的 400 万元，该款汇入孙某德州银行 6229370100019×××10 的账户内。”上述事实均证明，在签订《民间保证借款合同》的当日，闵某即将其德州银行账户中的 400

万元款项汇入A公司指定的银行账户，已履行了交付出借款项的义务。基于此，一审法院认定闵某已经履行了交付出借款项的义务，理据充分，并无不当，本院予以确认。至于案涉闵某所出借款项借自张某之妻陈某，系闵某出借款项的具体筹措方式，该筹措方式并不能否定闵某已履行《民间保证借款合同》所约定的支付出借款项的事实。故D公司以案涉借款系循环打款、案涉借款并未实际交付的再审申请理由，与事实不符，本院不予采信。

（2）闵某与A公司是否存在恶意串通损害D公司利益的情形。《中华人民共和国民事诉讼法》第六十四条第一款规定，当事人对自己提出的主张，有责任提供证据证明。《最高人民法院关于适用〈中华人民共和国民事诉讼法〉若干问题的解释》第九十一条规定，主张法律关系存在的当事人，应当对产生该法律关系的基本事实承担举证证明责任；主张法律关系变更、消灭或者权利受到妨害的当事人，应当对该法律关系变更、消灭或者权利受到妨害的基本事实承担举证证明责任。在案涉《民间保证借款合同》客观真实及出借人已履行出借义务支付了所出借款项的情况下，D公司主张闵某与A公司存在恶意串通损害其利益的情形，应承担举证证明责任。但是，从本案D公司所提供的证据来看，并无证据证明闵某与A公司存在恶意串通损害其利益的情形，具体详述如下：其一，案涉借款存在循环转款行为不能证明闵某与A公司有恶意串通损害他人利益的行为。案涉借款借自陈某仅仅说明闵某所出借款项的来源；而闵某交付款项后，收款人孙某将该款项又转出给他人，则说明了孙某对该款项的具体使用，这符合民间借贷款项来源及去处的惯例，D公司以此款项的实际使用情况主张闵某与A公司系恶意串通，理据不足。一、二审法院未予支持该主张，并无不当。其二，关于案涉《民间保证借款合同》中并无D公司法定代表人付某4签字的问题。经查明，《民间保证借款合同》上盖有D公司公章及该公司财务负责人宋某的签名。上述事实足以证明，D公司在《民间保证借款合同》中作为保证人提供担保系其真实意思表示。D公司仅以其法定代表人未签名即主张闵某与A公司系恶意串通损害其利益，与事实不符，故对此主张，一、二审法院未予支持，并无不当。其三，关于A公司并未按约定借款用途使用借款的问题。虽然借款合同上载明借款用途为生产经营，而A公司实际用于偿还其所欠他人的借款，这仅仅系主债务人A公司使用借款的问题，该实际改变借款用途的行为并不能证明闵某与A公司恶意串通损害D公司的利益。相反，作为为A公司借款提供担保的理性经济人，D公司既应对其所担保债务人的负债情况尽审慎审查义务，亦应为保护自身利益设置合理的规避风险措施，还可以选择不为A公司提供担保。但是，就本案D公司所提供的担保情况而言，其对主债务人A公司的资产情况及实际经营情况并未审慎调查，而是选择了在《民间保证借款合同》上加盖公章并由其公司财务负责人宋某签名提供担保，故在A公司不能清偿欠款时，一、二审法院依据债权人闵某的诉请，判决其承担相应的保证责任，并无不当。综合上述几个方面分析，D公司关于闵某与A公司存在恶意串通损害其利益的再审申请理由，理据不足，本院不予采信。

2. 关于能否适用《最高人民法院关于适用〈中华人民共和国担保法〉若干问题的解释》第二十六条规定，免除D公司的担保责任问题。

对此，《最高人民法院关于适用〈中华人民共和国担保法〉若干问题的解释》第二十六条规定，借款人、出借人之外的负有监督款项使用的第三人未履行监督义务应承担的责任问题，同本案处理的情形并无关联。本案并不存在对借款进行监督使用的出借人、借款人之外的第三人。而对于借款合同当事人而言，虽然借款合同约定了借款用途，但是对于借款人A公司改变借款用途此节事实而言，系A公司利用资金的行为，并非作为出借人的闵某所能掌控，故即使A公司改变了借款用途，该种行为不能免除借款人的还款义务，亦不能免除担保人D公司的担保责任。

案件来源

山东D股份有限公司、闵某等民间借贷纠纷申请再审民事裁定书［最高人民法院（2015）民申字第3150号］

延伸阅读

裁判规则一：出借人明知借款人改变借款用途仍发放借款的，违背了保证人提供保证时的真实意思，保证责任免除。

案例一：中国A（集团）总公司与北京B信托投资公司清算组、北京C企业有限公司借款合同纠纷再审判决书［最高人民法院（2010）民提字第87号］认为，“在履行本案第四、五、六、七、八份《外汇贷款合同》时，借款人C公司向B公司发出了划款《委托书》，指示B公司将上述合同项下的款项分别付给澳门新通利有限公司港币1250万元、首都实业公司港币750万元、北京成基房地产发展有限公司500万美元、中国农业银行北京分行国际业务部500万美元（受益人为上海利达行房地产顾问有限公司北京分公司）、中国农业银行北京分行国际业务部700万美元（C公司在1994年4月1日的《委托书》中，指示B公司将该笔700

万美元付给北京利达玫瑰园别墅有限公司，开户银行：中国建行北京分行东四支行）、香港国陆发展有限公司 280 万美元、中国农业银行北京分行国际业务部 520 万美元（上海利达行房地产顾问有限公司北京分公司）。上述《委托书》的‘付款指示’表明，C 公司请求将上述款项直接付给房地产公司及境外，显然与《外汇贷款合同》约定的‘只限使用在购买原材料聚乙烯’不符，B 公司本应秉承诚实信用原则和按合同约定履行尽职调查，进而知道或应当知道 C 公司改变了贷款用途，但其并没有停止发放上述贷款，事后亦未向 C 公司提出异议。对于上述改变贷款用途的行为，B 公司亦没有告知保证人 A 公司并征得其同意，其市场风险明显超出了保证人的预先设定，亦违背了 A 公司提供保证时的真实意思，对 A 公司构成了欺诈。本院依据 1994 年 4 月 15 日颁布实施的《关于审理经济合同纠纷案件有关保证的若干问题的规定》第十九条的规定，应认定光大公司为上述五份《外汇贷款合同》提供的担保无效。申请人光大公司关于其不应对该部分贷款资金的清偿承担保证责任的诉讼请求，理由充分，本院予以支持。”

裁判规则二：保证人主张出借人与借款人恶意串通、骗取保证人提供保证的，应当承担举证证明责任。

案例二：尹某、郭某等与马某、朱某民间借贷纠纷申请再审民事裁定书［最高人民法院（2014）民申字第 615 号］认为，“再审申请人主张，《保证借款合同》约定‘所借之款用于购买手机’，A公司将案涉借款用于支付银行到期承兑款，故马某与A公司存在恶意串通、骗取保证人提供保证。对于该申请理由，本院不予采信，主要理由在于：首先，‘到期承兑款’是不是A公司购买手机产生的款项，本案没有证据证明，故无法作出A公司未将自马某所借之案涉款项用于购买手机的明确判断。其次，退一步而言，即使A公司没有将案涉借款用于《保证借款合同》约定的用途，也不能认定马某明知A公司的借款用途，为了达到骗取尹某等人为借款提供保证的目的而与A公司串通虚构借款用途。最后，无论是购买手机还是其他业务往来的银行承兑款，资金用途都是企业的日常经营周转使用，该用途均非出借人马某所能够左右。因此，本案不存在《中华人民共和国担保法》第三十条规定的主合同当事人双方串通骗取保证人提供保证，保证人不承担民事责任的情形，再审申请人的该申请事由依据不足，本院不予采纳。”

裁判规则三：约定借款用途，不影响民间借贷合同的效力。

案例三：山东A公司、王某民间借贷纠纷二审判决书［最高人民法院（2016）最高法民终 731 号］认为，“民间借贷中约定该借款用途，不违反行业习惯。A公司上诉虽称，约定借款用途违反行业习惯。但其并未举证证明民间借贷领域存在该交易习惯。反之，《合同法》第二百零三条规定，借款人未按照约定的借款用途使用借款的，贷款人可以停止发放借款、提前收回借款或者解除合同。可见，约定借款用途的目的是确保出借资金的安全。就此而言，民间借贷亦应如此。因此，约定借款用途，并不违反民间借贷行业习惯。"

案例四：官某与何某、刘某民间借贷纠纷二审判决书［最高人民法院（2014）民一终字第194号］认为，"何某在二审庭审中陈述，其与官某签订《借款协议》，意在获取资金用于偿还赌债，故该协议应认定为无效。本院认为，借款用途不影响《借款协议》本身的法律效力，本案的关键是《借款协议》约定的借款是否已经实际支付。"

案例五：杨某、晋某与李某民间借贷纠纷二审民事判决书二审判决书［云南省高级人民法院（2014）云高民一终字第220号］认为，"尽管《借条》记载了该借条所涉款项用于支付A公司与B云南分公司和唐某因修建世纪金源医院项目解除施工合同及相关补充协议的补偿款，但依照《中华人民共和国合同法》第一百九十六条之规定，借款的用途不影响借贷关系的成立，且上述《借条》亦记载出借人为李某、借款人为杨某和晋某，故本院对上诉人杨某、晋某提出的《借条》反映的是公司之间的债务的主张依法不予采信。"

067 担保未设立，担保人竟还需承担责任？

——因债权人和担保人的过错导致担保未设立，担保人亦应承担赔偿责任

阅读提示

本案担保的内容为股权质押，当事人本约定担保人应先将可转让的股票注入债权人股票交易账户。但担保人既未按照约定将股票交付，也未办理股票质押登记，在股权质押并未有效设立时，担保人是否应当承担责任？如果承担，应当承担多少？最高人民法院认为，本案中债权人在质押尚未生效时未拒绝放款，即存在过错，酌定担保人承担债务人无力清偿债务的一半民事责任。

裁判要旨

1. 依法可以转让的股票出质的，出质人与质权人应当订立书面合同，并向证券登记机构办理出质登记。股票质押自登记之日起设立。

2. 债权人、担保人股票质权未设定均有过错的，担保人亦应承担赔偿责任。

案情简介

2012 年，郑某向陈某出借借款 2500 万元，并签订《借款合同》，约定 A 公司以价值 2500 万元的可交易股票为上述债务作质押担保，并先期将股票注入郑某账户。

《借款合同》签订后，A 公司未按约定将股票注入郑某账户也未办理股票质押登记。借款到期后，陈某未偿还借款。

2014 年，郑某向福建省高级人民法院起诉，请求法院判令陈某偿还借款本息，A 公司对上述债务承担连带清偿责任。

福建省高级人民法院认为，本案质押担保尚未设立，债权人郑某与质押人 A 公司均存在过错，据此判决陈某偿还借款本息，A 公司对上述债务不能清偿部分承担二分之一的赔偿责任。

2015 年，陈某与 A 公司不服福建省高级人民法院判决，向最高人民法院提起上诉。经审理，最高人民法院对“A 公司对案涉债务不能清偿部分承担二分之一的赔偿责任”的判决结果予以维持。

裁判要点

质押人以依法可以转让的股票出质的，出质人与质权人应当订立书面合同，并向证券登记机构办理出质登记，质权自登记之日起设立。若因债权人、担保人的过错，导致质权未设立，担保人也应当承担赔偿责任。本案中，A 公司名下的股票并未按照规定办理登记也未按照约定将股票注入郑某股票交易账户。故《借款合同》约定的股票质权并未设立，郑某起诉要求 A 公司对债务承担连带清偿责任的主张没有合同和法律依据，法院因此不予支持。同时，股票质权未能设定，应归责于 A 公司未办理出质登记。但根据约定，A 公司应先期将股票注入郑某账户作为质押物，因此郑某在 A 公司将股票注入郑某账户之前，享有拒绝放款的权利，但郑某依然向借款人出借存在过错。在郑某和担保人 A 公司均有过错的情况下，法院酌定判决 A 公司对案涉债务不能清偿部分承担二分之一的赔偿责任合法合理。

实务经验总结

前事不忘，后事之师。为避免未来发生类似败诉，提出如下建议：

债权人接受担保人提供担保，应按相关规定办理登记手续，如房产抵押中，抵押当事人应当向房地产登记机构办理抵押登记；股票质押的，应当向证券登记机构办理出质登记等。在担保设立过程中，应当督促担保人按照法定程序履行担保行为，当担保人不积极履行担保行为时，债权人应当催促债务人另行提供担保。若担保人未依照法定程序履行担保义务而导致担保未设立且债权人消极不作为，法院往往会认定债权人和担保人均存在过错。在此种情况下，当债务人无力还款时，担保人依然需要承担相应的民事责任。

相关法律规定

《中华人民共和国担保法》

第六十四条 出质人和质权人应当以书面形式订立质押合同。

质押合同自质物移交于质权人占有时生效。

第七十八条 以依法可以转让的股票出质的，出质人与质权人应当订立书面合同，并向证券登记机构办理出质登记。质押合同自登记之日起生效。

股票出质后，不得转让，但经出质人与质权人协商同意的可以转让。出质人转让股票所得的价款应当向质权人提前清偿所担保的债权或者向与质权人约定的第三人提存。

以有限责任公司的股份出质的，适用公司法股份转让的有关规定。质押合同自股份出质记载于股东名册之日起生效。

《中华人民共和国物权法》

第二百二十六条 以基金份额、股权出质的，当事人应当订立书面合同。以基金份额、证券登记结算机构登记的股权出质的，质权自证券登记结算机构办理出质登记时设立；以其他股权出质的，质权自工商行政管理部门办理出质登记时设立。

基金份额、股权出质后，不得转让，但经出质人与质权人协商同意的除外。出质人转让基金份额、股权所得的价款，应当向质权人提前清偿债务或者提存。

《最高人民法院关于适用〈中华人民共和国担保法〉若干问题的解释》

第七条 主合同有效而担保合同无效，债权人无过错的，担保人与债务人对主合同债权人的经济损失，承担连带赔偿责任；债权人、担保人有过错的，担保人承担民事责任的部分，不应超过债务人不能清偿部分的二分之一。

第八十六条　债务人或者第三人未按质押合同约定的时间移交质物的，因此给质权人造成损失的，出质人应当根据其过错承担赔偿责任。

法院判决

以下为该案在法院审理阶段，裁判文书中“本院认为”部分就该问题的论述：

《借款合同》中约定A公司以其拥有的可交易股票为案涉借款提供质押担保，但根据查明的事实，A公司名下的股票并未按照规定办理登记，亦未按照约定将股票注入郑某股票交易账户，福建省高级人民法院根据《中华人民共和国担保法》第七十八条、第六十四条的规定，认定《借款合同》约定的股票质权并未设定，质押合同未生效，并根据查明的案涉事实，认定对案涉借款未能及时收回所造成的损失，郑某和担保人A公司均有过错，依照《最高人民法院关于适用〈中华人民共和国担保法〉若干问题的解释》第八十六条并参照第七条的规定酌定A公司对案涉债务不能清偿部分承担二分之一的赔偿责任，均是正确的。A公司虽然提起上诉，但经本院传票传唤，无正当理由拒不到庭应诉，本院依法按A公司自动撤回上诉处理。

案件来源

郑某与陈某、A公司民间借贷纠纷二审民事判决书［最高人民法院（2014）民四终字第42号］

延伸阅读

裁判规则一：以基金份额、证券登记结算机构登记的股权出质的，质权自证券登记结算机构办理出质登记时设立。

案例一：上海A公司与海南B公司、北京C公司借款合同纠纷一审判决书［海南省高级人民法院（2015）琼民二初字第11号］认为，“本案三方约定由达义公司以其持有的民生金融租赁股份有限公司股权为B公司借款提供质押担保，但该质押并未办理出质登记。根据《中华人民共和国物权法》第二百二十六条第一款‘以基金份额、股权出质的，当事人应当订立书面合同。以基金份额、证券登记结算机构登记的股权出质的，质权自证券登记结算机构办理出质登记时设立；以其他股权出质的，质权自工商行政管理部门办理出质登记时设立’之规定，本案质权因未办理出质登记而尚未设立，故A公司请求C公司连带偿还借款本金及利息的诉讼请求，没有法律依据，应不予支持”。

案例二：宋某与杨某、何某、云南A公司、昆明B公司民间借贷纠纷一审民事判决书［云南省高级人民法院（2013）云高民一初字第12号］认为，“《中华人民共和国物权法》第二百二十六条第一款规定：‘以基金份额、股权出质的，当事人应当订立书面合同。以基金份额、证券登记结算机构登记的股权出质的，质权自证券登记结算机构办理出质登记时设立；以其他股权出质的，质权自工商行政管理部门办理出质登记时设立。’本案中，《借款合同》第六条虽然约定以杨某、何某、杨某、李某及A公司的相关股权进行质押担保，但从现有证据看，仅杨某、何某的股权质押担保经过了工商管理部门的登记，其余出质人（包括A公司）的股权质押担保均未经工商管理部门的登记。因此，除杨某、何某提供的股权质押担保生效外，其余出质人提供的股权质押担保均未生效，B公司不承担质押担保责任。由于出质人杨某、何某与质权人宋某协商一致，于2010年6月1日解除了该股权质押，杨某、何某也无须承担质押担保责任。”

裁判规则二：因债权人、担保人过错导致担保未设立，担保人亦应承担相应的民事责任。

案例三：中国银行股份有限公司大连某支行、库伦旗A公司金融借款合同纠纷二审民事判决书［最高人民法院（2017）最高法民终436号］认为，“《最高人民法院关于适用〈中华人民共和国担保法〉若干问题的解释》（以下简称担保法司法解释）第五十六条第二款规定：‘法律规定登记生效的抵押合同签订后，抵押人违背诚实信用原则拒绝办理抵押登记致使债权人受到损失的，抵押人应当承担赔偿责任。’《担保法司法解释》第七条规定：‘主合同有效而担保合同无效，债权人无过错的，担保人与债务人对主合同债权人的经济损失，承担连带赔偿责任；债权人、担保人有过错的，担保人承担民事责任的部分，不应超过债务人不能清偿部分的二分之一。’本案中，抵押合同二和抵押合同三均成立但未生效，各方均存在过错，C公司、D公司构成缔约过失。但是相对而言，抵押人C公司、D公司在办理抵押登记过程中处于被催促的地位。依据《担保法司法解释》第五十六条第二款的规定并结合《担保法司法解释》第七条规定的精神，C公司、D公司对未办理抵押登记应当承担次要责任。综上，依据担保法司法解释的相关规定并根据双方对于办理抵押登记中的地位及作用，本院酌定该支行对因抵押合同二、抵押合同三中未办理抵押登记所造成的损失自身均承担75%的责任，C公司在担保最高债权额范围内对抵押合同二中约定的192686平方米国有土地使用权折价、拍卖、变卖所得价款的25%对E公司的债务承担赔偿责任，D公司在担保最高债权额范围内对抵押合同三中约定的144828.4平方米国有土地使用权及83272.65平方米在建工程折价、拍卖、变卖所得价款的25%对E公司的债务承担赔偿责任。”

案例四：郭某、河北A公司与鹤岗市某区人民政府、鸡西B公司合同纠纷二审民事判决书［最高人民法院（2016）最高法民终623号］认为，“《最高人民法院关于适用〈中华人民共和国担保法〉若干问题的解释》第七条规定：‘主合同有效而担保合同无效，债权人无过错的，担保人与债务人对主合同债权人的经济损失，承担连带赔偿责任；债权人、担保人有过错的，担保人承担民事责任的部分，不应超过债务人不能清偿部分的二分之一。’本案中，案涉100万吨焦化项目的受让人应向项目转让人支付5100万元转让款，主合同有效。某区政府作为国家机关，明知其不能提供保证担保，而故意违反《中华人民共和国担保法》第八条的规定为案涉5100万元转让款提供保证担保，显然存在过错。各方当事人在一审中均确认，郭某、A公司、某区政府已按《项目转让委托协议》《项目转让协议》的约定，将案涉100万吨焦化项目所涉全部资料及资产交付给鸡西B公司，而鸡西B公司未按约定给付转让价款。一审法院依据上述规定判决某区政府对鸡西B公司不能清偿的5100万元转让款及相应利息承担二分之一给付责任，具有事实和法律依据。”

068 出借人能否排除他人对让与担保物的强制执行？

——出借人对让与担保标的不享有物权，不足以排除第三人申请的强制执行

阅读提示

借款人以签订“房屋买卖合同”作为担保向他人借款的被称为让与担保，当第三人向法院申请强制执行该房屋时，出借人往往会基于该“房屋买卖合同”主张其为房屋买受人并提起案外人执行异议，那么出借人可否排除强制执行？房屋买受人排除强制执行需要哪些条件？

裁判要旨

当事人以签订房屋买卖合同作为民间借贷合同的担保，双方实为民间借贷法律关系而非房屋买卖法律关系，出借人对买卖合同下的房屋不享有物权，因此不

享有排除强制执行的实体权利。

案情简介

蒋某与吕某系夫妻关系，单某与A公司法定代表人胡某系夫妻关系。

2010年3月18日，中信信托公司和A公司签订《贷款合同》和《抵押合同》，约定中信信托公司向A公司贷款，A公司以其拥有的部分房产（包括涉案房屋）及国有出让土地使用权向中信信托公司提供抵押担保。

2011年，A公司与蒋某签订《商品房购销合同》，约定A公司将其开发的涉案房屋出售给蒋某，每平方米12,000元，共计8,707,920元。后补充约定，合同约定价格和实际成交的差额部分系A公司自愿作为折扣让与蒋某。

2011年9月，蒋某向单某转款1420万元，并称该款为购房款。2012年6月，蒋某向A公司转账2,625,030元，并称该款为税款。蒋某向单某转账后，单某又多次向蒋某汇款。

后因A房产公司未按中信信托公司要求还款，中信信托公司于2012年7月20日向江苏省高级人民法院申请执行。2014年4月9日，江苏省高级人民法院裁定拍卖A公司名下的国有土地使用权及其地上建筑物。

2014年6月13日，蒋某对执行标的提出书面异议，江苏省高级人民法院裁定驳回异议。蒋某不服，向江苏省高级人民法院提起诉讼。江苏省高级人民法院认为蒋某不属于房屋购买人，不享有物权期待权，故判决驳回其诉讼请求。

2016年，蒋某不服，向最高人民法院提起上诉。经审理，最高人民法院判决驳回上诉，维持原判。

裁判要点

1. 法律关系的性质界定，应由当事人的真实意思与合同的真实权利义务关系来决定。本案中，A公司与蒋某的真实意思是建立借款关系，双方签订的商品房买卖合同及补充协议仅仅是作为债务履行的一种非典型担保。

2. 认定案外人享有足以排除强制执行的民事权益的前提在于案外人与被执行人之间的房屋买卖合同有效，并已合法占有该不动产、支付全部价款或者已按照合同约定支付部分价款，且将剩余价款按照人民法院的要求交付执行、非因买受人自身原因未办理过户登记。本案中，A公司与蒋某之间不具备房屋买卖关系，蒋某并不属于买受人，因此其主张享有排除强制执行的实体权利不能成立，对其主张停止执行的诉讼请求应当予以驳回。

实务经验总结

前事不忘，后事之师。为避免未来发生类似败诉，提出如下建议：

1. 根据相关法律规定，在案外人执行异议之诉中，案外人与被执行人之间的房屋买卖合同有效是认定案外人享有足以排除强制执行的民事权益的前提，全款或者剩余款项交付执行、合法占有、对未过户没有过错是认定案外人享有足以排除强制执行的民事权益的关键。然而让与担保中的房屋买卖合同仅是作为借款的非典型担保，出借人仅对借款人享有债权，对房屋并不享有物权期待权，因此出借人并不能基于“房屋买卖合同”而强制排除执行。

2. 由于民间借贷中非典型担保的保障程度很低、诉讼的风险较高，因此本书建议当事人在为债务履行提供出借人接受不动产担保时，应当签订正式的抵押协议，并去抵押登记机关办理抵押登记。

相关法律规定

《中华人民共和国合同法》

第二百八十六条　发包人未按照约定支付价款的，承包人可以催告发包人在合理期限内支付价款。发包人逾期不支付的，除按照建设工程的性质不宜折价、拍卖的以外，承包人可以与发包人协议将该工程折价，也可以申请人民法院将该工程依法拍卖。建设工程的价款就该工程折价或者拍卖的价款优先受偿。

《中华人民共和国民事诉讼法》

第二百二十七条　执行过程中，案外人对执行标的提出书面异议的，人民法院应当自收到书面异议之日起十五日内审查，理由成立的，裁定中止对该标的的执行；理由不成立的，裁定驳回。案外人、当事人对裁定不服，认为原判决、裁定错误的，依照审判监督程序办理；与原判决、裁定无关的，可以自裁定送达之日起十五日内向人民法院提起诉讼。

《最高人民法院关于适用〈中华人民共和国民事诉讼法〉的解释》

第三百零四条　根据民事诉讼法第二百二十七条规定，案外人、当事人对执行异议裁定不服，自裁定送达之日起十五日内向人民法院提起执行异议之诉的，由执行法院管辖。

第四百六十五条　案外人对执行标的提出的异议，经审查，按照下列情形分别处理：

（一）案外人对执行标的不享有足以排除强制执行的权益的，裁定驳回其异议；

（二）案外人对执行标的享有足以排除强制执行的权益的，裁定中止执行。

驳回案外人执行异议裁定送达案外人之日起十五日内，人民法院不得对执行标的进行处分。

《最高人民法院关于建设工程价款优先受偿权问题的批复》

一、人民法院在审理房地产纠纷案件和办理执行案件中，应当依照《中华人民共和国合同法》第二百八十六条的规定，认定建筑工程的承包人的优先受偿权优于抵押权和其他债权。

二、消费者交付购买商品房的全部或者大部分款项后，承包人就该商品房享有的工程价款优先受偿权不得对抗买受人。

《最高人民法院关于人民法院民事执行中查封、扣押、冻结财产的规定》

第十七条 被执行人将其所有的需要办理过户登记的财产出卖给第三人，第三人已经支付部分或者全部价款并实际占有该财产，但尚未办理产权过户登记手续的，人民法院可以查封、扣押、冻结；第三人已经支付全部价款并实际占有，但未办理过户登记手续的，如果第三人对此没有过错，人民法院不得查封、扣押、冻结。

《最高人民法院关于人民法院办理执行异议和复议案件若干问题的规定》

第二十八条 金钱债权执行中，买受人对登记在被执行人名下的不动产提出异议，符合下列情形且其权利能够排除执行的，人民法院应予支持：

（一）在人民法院查封之前已签订合法有效的书面买卖合同；

（二）在人民法院查封之前已合法占有该不动产；

（三）已支付全部价款，或者已按照合同约定支付部分价款且将剩余价款按照人民法院的要求交付执行；

（四）非因买受人自身原因未办理过户登记。

《最高人民法院关于审理民间借贷案件适用法律若干问题的规定》

第二十四条第一款 当事人以签订买卖合同作为民间借贷合同的担保，借款到期后借款人不能还款，出借人请求履行买卖合同的，人民法院应当按照民间借贷法律关系审理，并向当事人释明变更诉讼请求。当事人拒绝变更的，人民法院裁定驳回起诉。

法院判决

以下为该案在法院审理阶段，裁判文书中“本院认为”部分就该问题的论述：

根据一审及二审期间查明的事实，蒋某主张排除强制执行的理由是其与A房产公司之间存在合法有效的房屋买卖关系，该关系依法应受到法律保护。对此，蒋某提供了其与A房产公司签订的购销合同、补充协议、转账证明、房屋预售网签备案以及房屋交付确认书等证据，以证明双方房屋买卖的真实性、合法性。本院认为，尽管蒋某提供的有关证据能够证明其与A房产公司之间存在形式上的房屋买卖关系，但双方之间存在真实房屋买卖关系的证据，尚有不足。主要理由为：第一，A房产公司作为诉争房屋出卖人，认为其与蒋某等人之间的买卖关系意思表示虚假，双方并不存在真实的房屋买卖关系。一审法院调取的朱某、周某涉嫌非法吸收公众存款罪、集资诈骗罪的相关证明材料显示，在本案诉讼前，朱某在公安机关的讯问笔录中即承认通过胡某的妻子单某以抵押案涉别墅的形式借款1500万元，实际只借得1420万元之事实（扣除首月利息80万元）。对此，胡某并无异议，并认为抵押和网签的别墅均是为担保朱某债务，蒋某等人借出的款项已转给朱某，A房产公司与蒋某并非房屋买卖关系而只是借贷担保关系。第二，购房价格背离市场行情，不合常理。蒋某所购房屋备案网签合同价款为8,707,920元，但双方补充协议实际认可的价格却为402万元，每平方米单价仅为5539.78元。根据一审法院对房屋价格的调查情况及各方的陈述，涉案别墅的市场均价在每平方米2万元以上，蒋某等人也自认当时的市场价格在每平方米1万元左右。据此，蒋某的房屋购买价格严重背离市场行情，有违常理。第三，单某与蒋某之间存在回款事实。朱某、胡某对蒋某等人的借款事实在本案诉讼中虽没有证据证明，但该二人之前均陈述通过胡某妻子单某借款1420万元，并通过单某以每月80万元对出借人支付利息，这与单某账户的对外付款情况相互印证。对此，蒋某等人虽然对单某转给甲、李某转给甲的款项不予认可，因单某未提供相应的委托转款指示，尚依法有据，但其对单某直接向蒋某账户汇入两笔80万元共计160万元款项的性质，解释为A房产公司对其的优惠返款，不仅前后表述不一，未提供相应的证据，而且与未约定情况下蒋某等人主动缴纳房屋税款的事实相矛盾。一审法院认定该160万元系借款利息，有一定可信性。第四，蒋某虽然取得房屋的销售发票和房屋交付确认书，但结合A房产公司资金链断裂有关债务无法及时偿还、房屋未经竣工验收及涉案房屋于2012年8月即被中信信托公司查封之情况，蒋某取得房屋销售发票和房屋确认书，实有以房屋买卖形式担保债权实现或阻止法院执行的目的。

故难以证明双方存在真实房屋买卖关系之事实。本院认为，依据《最高人民法院关于适用〈中华人民共和国民事诉讼法〉的解释》第一百零八条的规定，蒋某主张其与A房产公司存在房屋买卖关系，证据不足；其据此主张排除强制执行，无事实和法律依据。中信信托公司主张蒋某不是真实的房屋购买人，不享有排除强制执行的实体权利，本院予以采信；如蒋某与A房产公司存有纠纷，其应另寻法律途径解决。至于蒋某上诉提出作为执行依据的公证债权文书是否合法和有效的问题，因不属于案外人执行异议之诉的审理范围，一审法院未予审理，并无不当。

案件来源

蒋某、中信信托有限责任公司等二审民事判决书［最高人民法院（2016）最高法民终374号］

延伸阅读

裁判规则一：让与担保的出借人提起的案外人执行异议不足以排除人民法院的强制执行。

案例一：李某、A公司二审判决书［四川省高级人民法院（2017）川民终387号］认为，“由于本案是李某基于商品房买卖而对案涉房产享有所有权提起的执行异议之诉，经本院审查认为，李某与B公司签订一系列《商品房买卖合同》只是为民间借贷提供担保，李某与B公司之间并不具有房屋买卖的真实意思表示，且双方签订的一系列《商品房买卖合同》只进行了网上签约，并未在房地产管理部门进行备案登记；而申请执行人A公司作为案涉房屋的施工方，主张的建设工程价款具有法定的优先受偿效力，李某不能基于案涉《商品房买卖合同》获得法律对购房者期待权的保护，其对案涉房屋不享有优先于A公司建设工程价款优先受偿权的权利，不足以排除人民法院的强制执行。”

裁判规则二：执行异议之诉中，第三人在尚未办理涉案房屋产权变更登记的情形下，必须满足支付全部价款并实际占有使用且对未办理过户手续没有过错的条件，才能产生阻却执行措施的结果。

案例二：A公司与B公司等执行异议纠纷二审判决书［最高人民法院（2014）民一终字第154号］认为，“双方当事人二审中有关本案适用法律的争议集中在一审法院对该司法解释具体条款的理解与适用是否正确上。《最高人民法院关于人民法院民事执行中查封、扣押、冻结财产的规定》为现行有效的司法解释，该司法解释第十七条规定的目的在于保护无过错的买房人，通过赋予其优于普通债权的权利层级保护方式，实现对买房人利益的优先保护，属于基于特殊价值取向对于特殊债权给予的保护。蕴含其中的价值取向在于：在同是债权的情况下，购房人的债权因为是先履行的债权而应当得到优先保护；无过错的买受人对物权的期待权应当得到特殊保护。该条司法解释对于无过错购房人的保护，并非以购房用途系自住为条件，故不能因刘某、乐某所购房屋为只能用于经营的酒店式公寓而排除对上述司法解释第十七条的适用。因此，一审法院以此为据审查刘某、乐某有无阻却执行的实体权利，适用法律并无不当。……B 公司与 C 公司之间是否具有正式的房屋交接手续，并不能成为认定刘某、乐某是否实际占有案涉房屋的标准。与 B 公司和 C 公司之间的房屋交接手续相比，刘某、乐某作为签订了合法购房合同并支付了全部价款的购房人，对于其所购房屋行使使用、收益权的行为，更能够体现其对案涉房屋的实际占有和支配的债的先履行行为。A 公司在刘某、乐某与开发商 B 公司签订了合法的商品房买卖合同、支付了全部购房款，并通过与 C 公司签订《租赁及委托经营管理合同》的方式，行使了对案涉房屋的使用、收益权的情况下，主张其没有实际占有案涉房屋的观点不能成立。一审法院适用《最高人民法院关于人民法院民事执行中查封、扣押、冻结财产的规定》第十七条的规定，认定本案中的购房者已经实际占有房屋的观点并无不当。”

案例三：方某、蔡某等民间借贷纠纷、案外人执行异议之诉二审判决书［最高人民法院（2014）民一终字第 174 号］认为，“根据《最高人民法院关于人民法院民事执行中查封、扣押、冻结财产的规定》第十七条‘被执行人将其所有的需要办理过户登记的财产出卖给第三人，第三人已经支付部分或者全部价款并实际占有该财产，但尚未办理产权过户登记手续的，人民法院可以查封、扣押、冻结；第三人已经支付全部价款并实际占有，但未办理过户登记手续的，如果第三人对此没有过错，人民法院不得查封、扣押、冻结’之规定，方某在尚未办理涉案房屋产权变更登记的情形下，必须满足支付全部价款并实际占有使用且对未办理过户手续没有过错的条件，才能产生阻却执行措施的结果。根据本案查明的事实，方某与繁荣公司签订《房产认购协议书》，但并未支付全部价款，也并未实际入住诉争房产。在此情况下，其主张对诉争房产享有的实体权利足以阻却执行措施，缺乏相应的事实和法律依据，本院不予支持。”

案例四：唐山 A 公司、庞某执行异议之诉二审判决书［河北省高级人民法院（2016）冀民终 447 号］认为，“杨某与 A 公司分公司签订了《借款合同》，并且双方约定的是以 A 公司分公司盛景丽园小区 9 号楼共 6 层作为抵押担保，非本案的涉案标的。并且，因杨某未办理抵押登记手续，杨某对该抵押物也不享有抵押权，其享有的是普通债权，因此庞某享有的权利应优先于杨某享有的债权。庞某提交的证据，能够证明在法院查封之前庞某已与A公司分公司签订了合法有效的商品房买卖合同，合法占有了该不动产，已按合同约定支付了大部分的购房款。而未办理过户登记，也无证据证明是因买受人庞某的自身原因。依照《最高人民法院关于人民法院办理执行异议和复议案件若干问题的规定》第二十八条‘金钱债权执行中，买受人对登记在被执行人名下的不动产提出异议，符合下列情形且其权利能够排除执行的，人民法院应予支持：（一）在人民法院查封之前已签订合法有效的书面买卖合同；（二）在人民法院查封之前已合法占有该不动产；（三）已支付全部价款，或者已按照合同约定支付部分价款且将剩余价款按照人民法院的要求交付执行；（四）非因买受人自身原因未办理过户登记’的规定，张家口中级人民法院认定庞某对涉案的房屋享有物权期待权可以排除杨某申请的强制执行并无不当。”

069 借款人死亡，保证人可以向谁追偿？

——借款人死亡，保证人的保证责任并不免除，但有权向继承人追偿

阅读提示

《中华人民共和国担保法》第三十一条规定，保证人承担保证责任后，有权向债务人追偿。那么，在民间借贷中，当借款人死亡时，保证人承担保证责任后可向谁追偿？

裁判要旨

出借人要求连带保证人承担还款责任，保证人无权拒绝。若借款人死亡但有继承人继承其遗产，保证人在承担还款责任后仍有权向借款人遗产的继承人主张权利。

案情简介

2010年，张某向王某1出借借款600万元，A公司为上述借款提供连带保证。

借款到期后，王某1一直未偿还借款，张某遂向临汾市中级人民法院提起诉

讼，请求法院判令王某1偿还借款本息，A公司承担连带保证。诉讼中，A公司抗辩称借款双方互相串通骗取A公司担保，但由于A公司并未提供充分证据证明，临汾市中级人民法院对其抗辩不予采信。经审理，临汾市中级人民法院判决王某1和A公司连带偿还借款。一审判决生效后，王某1离世。

A公司向山西省高级人民法院提起上诉。一审法院在向王某1的法定继承人送达上诉状时，上述法定继承人明确表示放弃继承。由于本案借款人死亡，山西省高级人民法院经审理后撤销一审判决，判决A公司承担还款责任，但其有权在王某1的遗产范围内追偿。

2016年，A公司向最高人民法院申请再审。再审期间，A公司提供另案判决书作为证据，拟证明王某1的法定继承人在另案中以继承人身份参加诉讼并继承王某1生前债权的事实，其主张上述法定继承人意在逃避债务，致使A公司承担债务的范围扩大，并使其追偿权无法实现。

最高人民法院对上述事实予以认可，但认为A公司作为连带保证责任人在承担责任时并无顺位要求，因此判决A公司承担还款责任并无不当。据此，最高人民法院维持二审判决。

裁判要点

连带保证人承担保证责任并无顺位要求，债权人既可以要求债务人履行债务，也可以要求保证人承担保证责任，因此当借款人死亡且没有继承人时，出借人要求连带保证人承担还款责任，保证人无权拒绝，但其可以在借款人的遗产范围内主张追偿。若借款人死亡但有继承人继承其遗产，此时出借人要求保证人承担还款责任也并未加重保证人的民事责任，保证人在承担还款责任后仍有权向借款人遗产的继承人主张权利。

实务经验总结

前事不忘，后事之师。为避免未来发生类似败诉，提出如下建议：

借款人死亡，其还款义务随之消灭，但是出借人与连带保证人之间的保证担保关系依然存在，出借人依然有权要求连带保证人承担责任。同样，借款人的还款义务消灭，但其生前所负的债务仍客观存在，根据继承法的规定，借款人的继承人仍应在其继承的财产范围内清偿债务。

因此，对于连带保证人而言，当其承担保证责任后，依然有权向借款人的继承人行使追偿权，但追偿的范围应当在已继承遗产的范围之内。实践中，为了尽可能减少损失，保证人至少应当调查了解借款人的继承人范围及继承份额、遗产范围。

相关法律规定

《中华人民共和国继承法》

第三条 遗产是公民死亡时遗留的个人合法财产，包括：

（一）公民的收入；

（二）公民的房屋、储蓄和生活用品；

（三）公民的林木、牲畜和家禽；

（四）公民的文物、图书资料；

（五）法律允许公民所有的生产资料；

（六）公民的著作权、专利权中的财产权利；

（七）公民的其他合法财产。

第三十三条 继承遗产应当清偿被继承人依法应当缴纳的税款和债务，缴纳税款和清偿债务以他的遗产实际价值为限。超过遗产实际价值部分，继承人自愿偿还的不在此限。

继承人放弃继承的，对被继承人依法应当缴纳的税款和债务可以不负偿还责任。

第三十四条 执行遗赠不得妨碍清偿遗赠人依法应当缴纳的税款和债务。

《中华人民共和国担保法》

第三十一条 保证人承担保证责任后，有权向债务人追偿。

法院判决

以下为该案在法院审理阶段，裁判文书中“本院认为”部分就该问题的论述：

再审申请人A公司提交的新的证据为临汾市中级人民法院2014年11月4日作出的（2013）临民初字第145号民事判决书，用以证明王某1的法定继承人王某2、李某虽然在本案中放弃继承并表示不参加诉讼，但却在另案中以继承人身份参加诉讼并事实上继承了王某1生前的债权。A公司提交的证据能够证明其主张的上述事实，本院予以确认。但A公司提交的上述新证据不能证明二审法院判决结果错误。第一，由于王某1在一审判决作出后病故，一审法院在A公司提起上诉后，于2014年12月31日依法向王某1的法定继承人王某2、李某、王某3、王某4送达上诉状，并对上述继承人明确表示放弃继承且不参加涉及王某1任何诉讼的意思表示作出明确记载。王某2、李某、王某3、王某4不属于A公司所称"应当参加诉讼的当事人，因不能归责于本人或其诉讼代理人的事由，未参加原审诉讼"的情形。二审法院未将王某2、李某、王某3及王某4列为当事人并无不当。第二，因A公司对王某1生前借款提供连带责任保证，而连带责任保证人承担责任并无顺位要求，债权人既可以要求债务人履行债务，也可以要求保证人承担保证责任。故在王某1已经病故且没有继承人参加本案诉讼的情况下，二审法院判决由A公司承担还款责任，并没有加重A公司的民事责任。第三，由于在本案诉讼时，王某1遗产范围尚不明确，二审法院在判决A公司承担还款责任的同时，为其保留了在王某1遗产范围内进行追偿的权利，没有损害连带责任保证人A公司的实体权利。A公司在偿还相应欠款本息后，可另行向已继承王某1遗产的继承人主张权利。

案件来源

山西A公司与张某民间借贷纠纷审判监督民事判决书［最高人民法院（2016）最高法民再427号］

070 保证人未在借款协议上签字，竟然要承担保证责任？

——保证人未在借款协议上表明保证人身份，仅在担保附属协议上签字的，保证责任并不当然免除

阅读提示

当事人在担保附属协议上签字，且提供保证担保的意思表示真实，保证人则不得仅以未在借款协议担保方一栏签字或者未签订正式的保证合同为由主张不承担保证责任。

裁判要旨

保证人承担保证责任的前提是要有明确承担保证责任的意思表示，因此在当事人未明确表示承担保证责任的情况下，法院往往会对当事人的保证人身份予以否认。但值得注意的是，保证合同虽然需要签订书面格式，但这种书面格式并不局限于借款协议和担保合同，相反，只要有证据能够证明当事人有作出保证意思

表示的能力、对保证事项充分知悉且明确作出承担保证责任的表示，即使保证人仅在借款合同的附属协议上签字，保证人依然应当承担保证责任。

案情简介

2011年11月7日，A公司向B公司汇款1000万元。2012年4月17日，苏某因与C公司存在债权债务关系，苏某、C公司经与A公司协商，A公司将其持有的对B公司的债权1000余万元转让给苏某，以抵顶C公司所欠苏某的债务。

2012年4月18日，苏某与郭某签订《债权转让协议书》，约定苏某将其持有的对B公司的债权转让给郭某。

2012年4月23日，郭某与B公司、D公司、孙某重新签订《借款协议书》，对其与B公司之间因债权转让而取得的1000万元债权重新进行了约定，并增加了D公司和孙某提供担保。然而，张某虽然以担保单位D公司实际控制人的身份在该协议上签字，但并未表明担保人身份，而是在之后的补充协议《担保人基本情况表》中签字。

郭某向淄博市淄川区人民法院起诉，要求B公司偿还借款，D公司、孙某、张某承担连带保证责任。淄博市淄川区人民法院将案件移送至淄博市中级人民法院。

淄博市中级人民法院对本案债权转让事实均予以确认，但认为张某不在《借款协议书》的担保方签字，而是单独填写一份《担保人基本情况表》，与常理不符。对郭某要求张某承担担保责任的诉讼请求不予支持。

2015年，郭某向山东省高级人民法院上诉。山东省高级人民法院认为张某另行签署的《担保人基本情况表》构成了完整的担保合同。D公司和孙某签署的《担保人基本情况表》可进一步佐证张某签订的《担保人基本情况表》是对《借款协议书》中担保条款的补充。据此，山东省高级人民法院判决张某应当承担连带保证责任。

裁判要点

保证责任承担的前提是保证人具有承担保证责任的意思表示，而意思表示具备多样性，即使保证人未在担保协议或者借款协议上签字或者明确表示承担保证责任，但只要保证人具备保证能力且与其他当事人对保证责任的承担的意思达成一致，保证人就应当承担保证责任。本案中，张某虽然未在《借款协议书》的担保方中签字，但张某另行签署的《担保人基本情况表》，不论从主体上还是从内容上都构成了完整的担保合同。同时，依据郭某在二审中提交的D公司和孙某签署的《担保人基本情况表》，可进一步佐证《担保人基本情况表》是对《借款协议书》中担保条款的补充。原审关于“在《借款协议书》中有明确的担保方，被上诉人张某不在《借款协议书》的担保方签字，而是单独填写一份《担保人基本情况表》，与常理不符”的观点不能成立。因此，张某应为涉案借款承担担保责任。

实务经验总结

前事不忘，后事之师。为避免未来发生类似败诉，提出如下建议：

保证人未在主要合同上表明保证人身份，仅在补充协议作出保证的意思表示，并不必然导致保证合同不成立或者无效。根据《中华人民共和国担保法》第十三条的规定，保证合同应当是书面形式，但此种书面形式并不一定指保证人需要在借款协议或者保证合同上作出保证的意思表示，即使是在附属协议上签字，只要保证人具备保证资格、作出真实的保证意思表示并与其他当事人对附属协议上的内容达成一致，保证人即应当承担保证责任。

但仅在附属协议上作出保证意思表示，依然可能面临不确定的法律风险。本案中，若郭某未在二审中提交D公司和孙某签署的《担保人基本情况表》来佐证《担保人基本情况表》是对《借款协议书》中担保条款的补充，那么即使有证据证明张某另行签署的《担保人基本情况表》真实有效，郭某仍需对《担保人基本情况表》和《借款协议书》的关系予以证明。假设郭某与张某经济交往频繁，郭某在诉讼中则可能面临巨大的举证困难，甚至会因此陷入诉讼中的不利地位。因此，本书建议，即使保证意思表示无特定的客观形式，但为了避免不必要的法律风险，合同形式规范是重要的防范方式。

相关法律规定

《中华人民共和国合同法》

第十二条　合同的内容由当事人约定，一般包括以下条款：

（一）当事人的名称或者姓名和住所；

（二）标的；

（三）数量；

（四）质量；

（五）价款或者报酬；

（六）履行期限、地点和方式；

（七）违约责任；

（八）解决争议的方法。

当事人可以参照各类合同的示范文本订立合同。

《中华人民共和国担保法》

第十三条 保证人与债权人应当以书面形式订立保证合同。

第十五条 保证合同应当包括以下内容：

（一）被保证的主债权种类、数额；

（二）债务人履行债务的期限；

（三）保证的方式；

（四）保证担保的范围；

（五）保证的期间；

（六）双方认为需要约定的其他事项。

保证合同不完全具备前款规定内容的，可以补正。

法院判决

以下为该案在法院审理阶段，裁判文书中“本院认为”部分就该问题的论述：

张某虽然未在《借款协议书》的担保方中签字，但张某另行签署的《担保人基本情况表》，不论从主体上还是从内容上都构成了完整的担保合同。同时，依据郭某在二审中提交的D公司和孙某签署的《担保人基本情况表》，可进一步佐证《担保人基本情况表》是对《借款协议书》中担保条款的补充。原审关于“在《借款协议书》中有明确的担保方，被上诉人张某不在《借款协议书》的担保方签字，而是单独填写一份《担保人基本情况表》，与常理不符”的观点不能成立，本院予以纠正。D公司、孙某、张某关于其均是在空白《借款协议书》和《担保人基本情况表》上签字盖章的主张，因其不能提供证据加以证明，且与本案证据所证明的事实不符，与正常资金往来的常理亦不符，对其抗辩理由本院不予支持。张某应为涉案借款承担担保责任。

案件来源

郭某与山东D集团有限公司、山东B科技股份有限公司等民间借贷纠纷二审民事判决书［山东省高级人民法院（2014）鲁民一终字第142号］

071 以学校财产设立抵押是否有效?

——以不能抵押财产设立抵押担保的特殊情形与责任承担

阅读提示

抵押担保是司法实践中常见的担保方式，然而并不是所有的财产均可以设立抵押担保，以不能抵押财产设立的抵押担保合同应当无效。在以土地使用权进行抵押担保中，存在这样一种特殊情况，即该土地的性质属于可以抵押担保情形，但土地上的建筑和配套设施依据法律不能抵押担保，那么在此情况下抵押担保合同是否无效?如果无效，责任应如何承担?

裁判要旨

以建筑物抵押的，该建筑物占用范围内的建设用地使用权一并抵押。以建设用地使用权抵押的，该土地上的建筑物一并抵押。当土地使用权属于合法抵押财产，而该土地上的建筑物或者配套设施属于不可抵押财产时，抵押担保合同无效。

在担保合同无效的情况下，债权人无过错的，担保人与债务人对主合同债权人的经济损失，承担连带赔偿责任，债权人、担保人有过错的，担保人承担民事责任的部分，不应超过债务人不能清偿部分的二分之一。

案情简介

1998 年 12 月 20 日，东莞市国土资源局将某宗土地出让给 A 公司。该宗土地的总体规划是建设学校及配套设施项目，其上已建设有学校建筑设施。

2012 年 2 月 17 日，郑某与李某签订借款合同，约定李某向郑某提供最大金额为 7000 万元的借款合同，A 公司承诺以上述土地的一部分为上述借款提供最高额抵押担保。2006 年 3 月 9 日，东莞市人民政府颁发《国有土地使用权证》载明该涉案土地用途为商业。

2013 年，李某向汕头市中级人民法院起诉，请求判令郑某偿还借款本息，A 公司承担担保责任。双方争议焦点之一是本案抵押担保是否有效。汕头市中级人民法院认为，A 公司辩称涉案土地属于学校的教育设施不得抵押，应当举证证明案涉土地与配套设施是否均属于教育设施，由于 A 公司证据不足，汕头市中级人民法院对 A 公司的抗辩不予支持。

A公司不服，向广东省高级人民法院提起上诉。经审理，广东省高级人民法院判决驳回上诉，维持原判。

2017年，A公司向最高人民法院申请再审。最高人民法院认为，案涉土地的登记用途为“商业”，但案涉地块上建有教育公益设施。依据房地一体原则，涉案土地上为教育设施，故土地亦不能作为抵押物。李某作为债权人对案涉土地的实际情况未予查明便在该土地上设立抵押担保，其对于抵押担保合同无效具有一定的过错。A公司明知案涉土地上建有教育公益设施仍然与李某签订抵押担保合同，亦存在过错。因此，最高人民法院判决A公司应承担郑某不能清偿李某债务不超过二分之一的责任。

裁判要点

学校类教育公益设施，系法律规定不得抵押的设施。本案中，虽然案涉土地的登记用途为“商业”，但案涉地块上已建有教育公益设施。依据房地一体原则，涉案土地上为教育设施，故土地亦不能作为抵押物。因此，案涉两份抵押担保合同因违反了法律强制性规定而无效。

主合同有效而担保合同无效，债权人无过错的，担保人与债务人对主合同债权人的经济损失，承担连带赔偿责任；债权人、担保人有过错的，担保人承担民事责任的部分，不应超过债务人不能清偿部分的二分之一。本案中，李某作为债权人，明知A公司为从事投资办学的公司，对案涉土地的实际情况未予查明便在该土地上设立抵押担保，其对于案涉抵押担保合同因违反强制性法律规定而无效具有一定的过错。A公司明知案涉土地上建有教育公益设施仍然与李某签订了两份抵押担保合同，亦存在过错。因此，本案中，A公司应承担郑某不能清偿李某债务不超过二分之一的责任。

实务经验总结

前事不忘，后事之师。为避免未来发生类似败诉，提出如下建议：

1. 抵押是司法实践中常见的担保方式，但是，并非所有的财产都可以进行抵押。

依据我国法律的规定，下列财产不得抵押：（1）土地所有权；（2）耕地、宅基地、自留地、自留山等集体所有的土地使用权，但以招标、拍卖、公开协商等方式取得的荒地等土地承包经营权可以设定抵押；（3）学校、幼儿园、医院等以公益为目的的事业单位、社会团体的教育设施、医疗卫生设施和其他社会公益设施；

（4）所有权、使用权不明或者有争议的财产；（5）依法被查封、扣押、监管的财产；（6）依法不得抵押的其他财产。

以乡镇、村企业的厂房等建筑物抵押的，其占用范围内的建设用地使用权应一并抵押。值得注意的是，根据《全国人民代表大会常务委员会关于授权国务院在北京市大兴区等232个试点县（市、区）、天津市蓟县等59个试点县（市、区）行政区域分别暂时调整实施有关法律规定的决定》《全国人民代表大会常务委员会关于延长授权国务院在北京市大兴区等二百三十二个试点县（市、区）、天津市蓟州区等五十九个试点县（市、区）行政区域分别暂时调整实施有关法律规定期限的决定》，依照物权法等法律规定不得抵押的集体所有的耕地使用权和宅基地使用权，在部分试点地区开展抵押贷款。

2. 担保合同无效，各方当事人应根据过错程度承担相应的责任。

根据《最高人民法院关于适用〈中华人民共和国担保法〉若干问题的解释》第七条的规定，担保合同无效并非表示担保人可以就此免责，也并不代表债权人可以当然要求保证人对主债务未获清偿的部分承担连带责任，而是应当结合双方当事人的过错程度，确定不同的责任分担方式。具体而言：（1）在债权人对于担保合同无效没有过错时，债权人可主张担保人对未获清偿的债务承担连带责任；（2）在债权人、担保人均有过错时，债权人仅得要求担保人承担不超过主债务未获清偿部分二分之一的按份责任。

相关法律规定

《中华人民共和国物权法》

第一百八十二条　以建筑物抵押的，该建筑物占用范围内的建设用地使用权一并抵押。以建设用地使用权抵押的，该土地上的建筑物一并抵押。

抵押人未依照前款规定一并抵押的，未抵押的财产视为一并抵押。

第一百八十三条　乡镇、村企业的建设用地使用权不得单独抵押。以乡镇、村企业的厂房等建筑物抵押的，其占用范围内的建设用地使用权一并抵押。

第一百八十四条　下列财产不得抵押：

（一）土地所有权；

（二）耕地、宅基地、自留地、自留山等集体所有的土地使用权，但法律规定可以抵押的除外；

（三）学校、幼儿园、医院等以公益为目的的事业单位、社会团体的教育设施、医疗卫生设施和其他社会公益设施；

（四）所有权、使用权不明或者有争议的财产；

（五）依法被查封、扣押、监管的财产；

（六）法律、行政法规规定不得抵押的其他财产。

第一百八十五条 设立抵押权，当事人应当采取书面形式订立抵押合同。

抵押合同一般包括下列条款：

（一）被担保债权的种类和数额；

（二）债务人履行债务的期限；

（三）抵押财产的名称、数量、质量、状况、所在地、所有权归属或者使用权归属；

（四）担保的范围。

《中华人民共和国担保法》

第三十七条 下列财产不得抵押：

（一）土地所有权；

（二）耕地、宅基地、自留地、自留山等集体所有的土地使用权，但本法第三十四条第（五）项、第三十六条第三款规定的除外；

（三）学校、幼儿园、医院等以公益为目的的事业单位、社会团体的教育设施、医疗卫生设施和其他社会公益设施；

（四）所有权、使用权不明或者有争议的财产；

（五）依法被查封、扣押、监管的财产；

（六）依法不得抵押的其他财产。

《最高人民法院关于适用〈中华人民共和国担保法〉若干问题的解释》

第七条 主合同有效而担保合同无效，债权人无过错的，担保人与债务人对主合同债权人的经济损失，承担连带赔偿责任；债权人、担保人有过错的，担保人承担民事责任的部分，不应超过债务人不能清偿部分的二分之一。

法院判决

以下为该案在法院审理阶段，裁判文书中“本院认为”部分就该问题的论述：

关于案涉两份抵押担保合同效力的问题。1998年，东莞市国土资源局与A公司签订了《国有土地使用权出让合同》，该合同出让宗地的总体规划是建设学校及配套设施项目，宗地图显示其上已建有东莞市××学校及相关配套设施。原判决以A公司未证明出让宗地与案涉土地之间的关系，进而未证明案涉土地上建成的是否为教育设施为由，认定涉案抵押合同有效。根据本院再审查明的事实，案涉土地是宗地的一部分，即《国有土地使用权出让合同》所附第一张宗地图绘制的土地。案涉土地作为东莞市××学校校园的一个部分，上盖建筑物应当认定为教育设施。依据《中华人民共和国民办教育促进法》第三条“民办教育事业属于公益性事业”及第五条“民办学校与公办学校具有同等的法律地位”之规定，东莞市××学校作为民办学校，应认定为公益性事业单位。依据《中华人民共和国担保法》第三十七条第三项及《中华人民共和国物权法》第一百八十四条第三项“下列财产不得抵押：……（三）学校、幼儿园、医院等以公益为目的的事业单位、社会团体的教育设施、医疗卫生设施和其他社会公益设施”之规定，案涉土地属于学校类教育公益设施，系法律规定不得抵押的设施。以该土地使用权设定的抵押因违反上述法律强制性规定，当属无效。虽然案涉土地的登记用途为“商业”，但案涉地块上建有教育公益设施已是事实。依据《中华人民共和国物权法》第一百八十二条规定的房地一体原则，涉案土地上为教育设施，故土地亦不能作为抵押物。因此，案涉两份抵押担保合同因违反了法律强制性规定而无效。李某主张案涉抵押担保合同应认定为有效的理由均不能成立。原判决认定案涉抵押担保合同有效，属认定事实不清、适用法律错误，本院予以纠正。

关于A公司应否承担责任以及应承担何种责任的问题。《个人借款合同》约定，李某在2012年2月17日前向郑某提供最大金额为7000万元的借款。李某实际于2012年2月17日至2012年2月20日向郑某分多笔汇款7000万元。A公司主张，李某因违约放贷，其遭受的损失应由其自行承担。本院认为，李某虽存在未完全依照《个人借款合同》的约定放款的情形，但郑某予以接收且未提出异议。而且，A公司在李某放款之后，仍然与其签署《抵押担保合同》，表明A公司对李某的上述放款行为亦不持异议。因此，A公司认为李某违约放贷、应免除A公司的责任之主张，缺乏事实及法律依据，本院不予支持。《最高人民法院关于适用〈中华人民共和国担保法〉若干问题的解释》第七条规定：“主合同有效而担保合同无效，债权人无过错的，担保人与债务人对主合同债权人的经济损失，承担连带赔偿责任；债权人、担保人有过错的，担保人承担民事责任的部分，不应超过债务人不能清偿部分的二分之一。”本案中，李某作为债权人，明知A公司为从事投资办学的公司，对案涉土地的实际情况未予查明便在该土地上设立抵押担保，其对于案涉抵押担保合同因违反强制性法律规定而无效具有一定的过错。A公司明知案涉土地上建有教育公益设施仍然与李某签订了两份抵押担保合同，亦存在过错。

因此，本案中，A 公司应承担郑某不能清偿李某债务部分不超过二分之一的责任。原判决判令 A 公司在案涉土地的价值范围内对郑某的相关债务承担连带赔偿责任错误，应予纠正。

案件来源

李某与东莞市 A 投资发展有限公司、郑某借款合同纠纷申诉、申请民事判决书［最高人民法院（2016）最高法民再 335 号］

072 已办理抵押预告登记，能否主张优先受偿权？

——预告登记转为抵押登记前，债权人不享有优先受偿权

阅读提示

根据我国法律的规定，签订买卖房屋或者其他不动产物权协议，为保障将来实现物权，按照约定可以向登记机构申请预告登记，预告登记后，未经预告登记的权利人同意，处分该不动产的，不发生物权变动效力。司法实践中，当事人往往仅进行了预告登记，而未进行抵押权登记，那么此时债权人向法院申请对被抵押财产优先受偿，能否得到法院的支持？

裁判要旨

预告登记并不导致不动产物权设立或变动，其目的系保障将来抵押权的实现，权利人享有请求抵押人履行抵押登记义务，并使抵押权成立的请求权，故抵押预告登记有别于抵押权设立登记，债权人以抵押预告登记主张被抵押财产的优先受偿权，法院应不予支持。

案情简介

2013 年，余某、王某为按揭购买开发公司预售商品房与某银行扬子江支行签订抵押借款合同，办理抵押预购商品房的预告登记。商品房开发商为上述借款提供连带责任保证。

2017 年，因余某、王某拖欠还款，某银行扬子江支行向安庆市迎江区人民法院起诉，请求法院判令余某、王某偿还借款，商品房开发商承担连带保证责任，

并对预告抵押房产主张优先受偿权。

安庆市迎江区人民法院认为，本案双方借贷关系合法有效，余某、王某应当偿还借款，开发商承担连带保证责任。因本案双方仅办理抵押预告登记，并不导致不动产物权的设立或变动，因此银行基于抵押预告登记主张行使优先受偿权，法院不予支持。

裁判要点

预告登记只是在法律上对预告登记权利人将来实现请求物权变动权利赋予一定保障性，并不导致不动产物权设立或变动。在不办理抵押权登记情况下，以抵押权设立条件已成就，即认为抵押权已成立，实际上是以司法认定取代了物权法认定，于法无据。因此，在预告登记转为正式的抵押登记之前，债权人不享有优先受偿权。本案中，某银行扬子江支行由于尚未取得涉案房产抵押权，因此不具有优先受偿权，但其可以依抵押借款合同约定就抵押预告登记办理为抵押权本登记，向余某、王某另行提出主张。

实务经验总结

前事不忘，后事之师。为避免未来发生类似败诉，提出如下建议：

司法实践中，双方办理抵押预告登记后，抵押人故意拖延，拒不履行办理抵押权登记义务的现象也较为常见。此时债权人可以依据预告登记行使请求权向法院起诉，要求抵押人履行抵押登记义务，若抵押人不履行生效判决，法院可以依据当事人申请要求不动产登记机构协助执行办理抵押权登记手续，债权人据此拥有正式抵押权，可以行使优先受偿权。本书建议，在当事人权益受到他人侵犯时，应当积极主动地使用法律武器来维护自身合法权益，并咨询专业律师以避免不必要的法律风险。

相关法律规定

《中华人民共和国物权法》

第二十条 当事人签订买卖房屋或者其他不动产物权的协议，为保障将来实现物权，按照约定可以向登记机构申请预告登记。预告登记后，未经预告登记的权利人同意，处分该不动产的，不发生物权效力。

预告登记后，债权消灭或者自能够进行不动产登记之日起三个月内未申请登记的，预告登记失效。

《中华人民共和国担保法》

第四十一条 当事人以本法第四十二条规定的财产抵押的，应当办理抵押物登记，抵押合同自登记之日起生效。

第四十二条 办理抵押物登记的部门如下：

（一）以无地上定着物的土地使用权抵押的，为核发土地使用权证书的土地管理部门；

（二）以城市房地产或者乡（镇）、村企业的厂房等建筑物抵押的，为县级以上地方人民政府规定的部门；

（三）以林木抵押的，为县级以上林木主管部门；

（四）以航空器、船舶、车辆抵押的，为运输工具的登记部门；

（五）以企业的设备和其他动产抵押的，为财产所在地的工商行政管理部门。

法院判决

以下为该案在法院审理阶段，裁判文书中“本院认为”部分就该问题的论述：

依法成立的合同，除法律、行政法规规定应当办理批准、登记等手续生效的外，自成立时生效。余某、王某与某银行扬子江支行签订的《个人住房（商业用房）抵押借款合同》系双方当事人真实意思表示，内容不违反法律、行政法规强制性规定，也无其他无效情形，合同合法有效。某银行扬子江支行履行了贷款义务后，余某、王某应当依约履行还本付息的义务。现余某、王某未能按期偿还本息，某银行扬子江支行有权依据合同约定宣布借款立即到期，要求借款人偿还全部本息及因追偿借款本息产生的合理费用。故对原告要求余某、王某偿还借款本金815410.74元以及截至2017年3月16日止的利息11144.9元的诉讼请求，依法应予支持。某银行扬子江支行诉请两名被告给付律师代理费8000元，符合合同约定，费用合理，应予支持。后续利息应当按照合同约定在中国人民银行规定的同期同档次贷款基准利率基础上上浮10%予以计付。

A公司与某银行安庆分行签订的《个人商用房贷款合作协议书》合法有效，应予认定。根据合同约定，A公司的保证范围为借款本息及债务人支付的相关费用，保证期间至购房人所购房产的抵押他项权利证书交付时止。现涉案房产尚未办理抵押权本登记，A公司应对余某、王某的借款本息及支付的律师代理费8000元承担连带保证责任。

某银行扬子江支行诉称涉案房产办理了抵押权预告登记，故有权就处置涉案房产所得的价款优先受偿。本院认为，根据《中华人民共和国物权法》第二十条的规定，签订买卖房屋或者其他不动产物权协议，为保障将来实现物权，按照约定可以向登记机构申请预告登记，预告登记后，未经预告的登记权利人同意，处分该不动产的，不发生物权变动效力。从此条可看出，预告登记，是为了保障将来物权的实现，按照约定向登记机构申请办理的登记。预告登记后，并不导致不动产物权的设立或变动，只是在法律上对预告登记权利人将来实现请求物权变动的权利赋予一定的保障性。抵押权预告登记设立的目的是保障将来实现抵押权，权利人所享有的是请求抵押人履行抵押登记义务，并使抵押权成立的请求权。故抵押预告登记有别于抵押权设立登记。

《中华人民共和国物权法》第一百八十条第一款第五项规定，正在建造的建筑物可以抵押。第一百八十七条规定，以正在建造的建筑物抵押的，应当办理抵押登记。抵押权自登记时设立。有观点认为，依据上述法律规定，正在建造中的房屋可以进行抵押，抵押权自登记时设立，且法律未限定抵押登记的形式。因此，无论是抵押预告登记还是正式的抵押登记，只要当事人在登记机构办理了以抵押为意思表示的登记，其抵押权就有效设立，当债务人不能清偿到期债务时，债权人对抵押物享有优先受偿权。

本院认为，预购商品房与在建建筑物抵押两者并不相同。第一，在建建筑物的抵押是开发商为工程融资之需要将在建建筑物进行抵押，这也是物权法规定在建建筑物可以设定抵押的目的所在。预购商品房的抵押是购房人为购房之需要，将预购的商品房进行抵押，从立法目的来看，预购商品房抵押并不被在建建筑物抵押所包含。第二，在建建筑物建成后，根据《中华人民共和国物权法》第三十条之规定即因事实行为而自动取得所有权，此时所有权的取得无赖于首次登记。首次登记是为了所有权转移登记而设立，而非在建建筑物取得所有权的依据。因此，法律赋予在建建筑物抵押权本登记，而非预告登记正是基于在建建筑物所有权因事实行为可自动取得的法律属性。而预购商品房所有权只能依据所有权转让的法律行为而取得。这也是相关法律法规赋予预购商品房抵押预告登记的而非本登记的法理所在。第三，无论根据原《房屋登记办法》还是根据现行的《不动产登记暂行条例实施细则》均将在建建筑物抵押规定在“抵押登记”一节，将预购商品房抵押规定在“预告登记”一节，足以表明在建建筑物的抵押和预购商品房的抵押适用两种不同的登记制度，前者是“权利登记”，后者是非权利登记的“其他登记”，由此产生了不同的法律效果。在此情形下，仍将预购商品房的抵押预告登记等同于在建建筑物抵押登记，并赋予抵押权人优先受偿权，于法相悖。

还有观点认为，在具备办理正式抵押权登记的条件下，商品房预购人故意拖延，不履行办理抵押权登记义务，是不正当阻止抵押登记条件成就，视为抵押权登记条件已成就，在此情形下可以赋予抵押权预告登记的优先受偿权。此种观点实际上违背了物权法定原则，抵押权登记是抵押权成立的法定要件，即使预购人故意不履行办理所有权登记及抵押权登记义务，阻止抵押登记的设立，也只是视为办理抵押权登记的条件已成就，银行可以据此行使请求权，要求购房人履行相关义务，法院可以据此判决购房人履行义务，购房人不履行生效判决的，法院可以依据当事人申请要求不动产登记机构协助执行办理抵押权登记手续，银行据此拥有正式抵押权，行使优先受偿权。如果不通过上述程序，在不办理抵押权登记的情况下，即以抵押权设立条件已成就，就认为抵押权已成立，实际上是以司法认定取代了物权法定，于法无据。

综上所述，本案中某银行扬子江支行尚未取得涉案房产的抵押权，不具有优先受偿权。但其可以依照抵押借款合同的约定就抵押预告登记办理为抵押权本登记，向两名被告另行提出主张。

案件来源

某银行股份有限公司安庆扬子江支行与余某、王某金融借款合同纠纷一审民事判决书［安庆市迎江区人民法院（2017）皖0802民初692号］

073 受托人低价处置抵押财产，应承担赔偿责任

——受托人恶意低价处分委托人财产的，应当对委托人的损失承担赔偿责任

阅读提示

受人之托，忠人之事。借款人无偿委托第三人办理房屋抵押登记，并由该第三人取得借款人不动产的出售权，在债务期限届满时第三人未经借款人同意，根据债权人指示以极低价格出售涉案房屋，以偿还借款人所欠债务。此种情况下第三人是否还应当承担赔偿责任？

裁判要旨

1. 民间借贷中的出借人为了避免抵押担保手续的烦琐和不可预知风险，要求借款人委托第三人办理房屋抵押登记手续和处分房屋，虽然该委托合同目的系保障出借人债权实现，但借款人与受托人之间依然受委托合同制约，对于双方的法律关系应当按委托合同的相关法律规定审理。

2. 委托合同是委托人和受托人约定，由受托人处理委托人事务的合同。受托人在授权范围内依法实施的法律行为，对外法律后果由委托人承担。无偿委托合同中，受托人因故意或者重大过失给委托人造成损失，委托人可以要求其赔偿损失。

案情简介

2011 年 11 月 4 日，周某 1、周某 2 及其妻子惠某作为借款人，与出借人孙某签订《抵押借款协议书》，载明借款金额为 45 万元，借款人以涉案房屋为上述债务提供抵押担保。经孙某介绍，周某 1、周某 2 与王某签订《委托书》，约定周某 1、周某 2 委托王某代为办理涉案房产的抵押登记手续及处分事宜。当日，三方就《抵押借款协议》和《委托书》及相关事宜办理公证。

借款到期后，因周某 1 等人未能归还借款，王某在未经周某 1 等人同意的情况下，根据孙某的要求和指示价格出售涉案房屋。王某将该房屋以 50 万元价格出售给薛某，并办理房屋过户登记。薛某知情后，自愿补偿周某 1 等人 30 万元。

2014 年，周某 1、周某 2 向上海市长宁区人民法院起诉，请求判令王某赔偿经济损失 30 万元。经审理，上海市长宁区人民法院判决王某赔偿周某 1 等人 10 万元。

2015 年，王某不服一审判决，向上海市第一中级人民法院提起上诉。上海市第一中级人民法院判决驳回上诉，维持原判。

裁判要点

根据合同法的相关规定，受托人应当按照委托人的指示处理委托事务。无偿委托合同中，因受托人的故意或者重大过失给委托人造成损失的，委托人可以要求赔偿损失。

本案中，孙某为避免抵押权实现过程中的烦琐与不可控之因，要求借款人周某 1、周某 2 委托王某办理抵押登记手续和处分房屋等事宜。该委托合同虽系保证债权的实现，但王某与借款人仍应当受委托合同法律规范的调整。王某作为受托人在出售该房时仅注重孙某的债权实现，却完全无视委托人周某1、周某2的利益以超低价格进行出售。虽然周某1、周某2签署了《委托书》和《委托书风险声明书》，但这也仅是赋予受托人行使权利的范围及表明委托人愿意承担一定的风险，并不能以此为依据成为受托人可以有违法律规定、恣意实施严重侵害委托人财产利益的借口。综上可见，王某的过错明显，应当承担相应的赔偿责任。

法院最终综合周某1、周某2在本案中自身不守信、防范风险意识缺失的过错以及房屋买受人已自愿补偿部分房款事实，判决王某赔偿周某1、周某2经济损失10万元。

实务经验总结

前事不忘，后事之师。为避免未来发生类似败诉，提出如下建议：

1. 为实现抵押担保功能，借款人按出借人要求与第三人签订委托处置房产合同，三方之间存在两个不同的法律关系，即出借人与借款人之间的民间借贷法律关系，以及借款人与第三人的委托合同关系，合同当事人均应受到对应法律关系的制约，应依据诚实信用原则全面、适当地履行义务。

2. 当事人应当有防范风险的意识，在发现对方违约后，应当采取适当措施防止损失的扩大。本案中，在借款人明知涉案房屋存在被低价出卖风险的情况下，事先既未采取与王某约定房屋出售价格或确定售价的方式等措施防范风险，事后在其未能还款的情况下也未主动了解售房进展或单方解除对王某的委托以控制损失，故借款人对本案发生也存在一定的过错。本书建议，当事人在从事法律行为时切忌抱有侥幸和放任心理，而应当积极主动地防范风险发生，必要时也可以咨询律师建议，从而避免产生不必要的法律风险。

相关法律规定

《中华人民共和国合同法》

第三百九十六条 委托合同是委托人和受托人约定，由受托人处理委托人事务的合同。

第三百九十七条 委托人可以特别委托受托人处理一项或者数项事务，也可以概括委托受托人处理一切事务。

第三百九十九条 受托人应当按照委托人的指示处理委托事务。需要变更委托人指示的，应当经委托人同意；因情况紧急，难以和委托人取得联系的，受托人应当妥善处理委托事务，但事后应当将该情况及时报告委托人。

第四百零一条　受托人应当按照委托人的要求，报告委托事务的处理情况。委托合同终止时，受托人应当报告委托事务的结果。

第四百零六条　有偿的委托合同，因受托人的过错给委托人造成损失的，委托人可以要求赔偿损失。无偿的委托合同，因受托人的故意或者重大过失给委托人造成损失的，委托人可以要求赔偿损失。

受托人超越权限给委托人造成损失的，应当赔偿损失。

法院判决

以下为该案在法院审理阶段，裁判文书中“本院认为”部分就该问题的论述：

本院认为，案外人孙某出借钱款给周某1、周某2时，双方签订了《抵押借款协议书》，明确借款人周某1、周某2用××路房屋为借款及利息提供抵押担保，故孙某的债权完全可以通过抵押权实现得以保障。但孙某为避免抵押权实现过程中的烦琐与不可控之因，而联络王某，以王某与周某1、周某2签订并公证《委托书》和《委托书风险声明书》的方式，以确保其对抵押物的随意处置。既然债权人会同王某以与债务人建立委托合同的方式保证债权的实现，则王某应当受委托合同法律规范的调整。合同法就委托合同法律关系规定：受托人应当按照委托人的指示处理委托事务。无偿委托合同，因受托人的故意或者重大过失给委托人造成损失的，委托人可以要求赔偿损失。本案中，王某认可在出售××路房屋时是应了债权人孙某的要求，而未征询委托人周某1、周某2的意见。事实上王某作为受托人在出售该房时也仅注重孙某的债权实现，完全无视委托人周某1、周某2的利益，以超低价格进行出售。虽然周某1、周某2签署了《委托书》和《委托书风险声明书》，但这也仅是赋予受托人行使权利的范围及表明委托人愿意承担一定的风险，并不能以此为依据成为受托人可以有违法律规定、恣意实施严重侵害委托人财产利益的借口。因此，王某作为委托合同的受托人，过错显而易见。周某1、周某2据此要求王某承担相应的赔偿责任，有一定的依据与理由。即使在之前已审结的房屋买卖合同案中，房屋买受人自愿补偿了周某1、周某230万元，但并不因此而应当免除王某的过错责任。原审法院考虑到周某1、周某2在本次事件中自身不守信、防范风险意识缺失的过错，也充分考虑了房屋买受人已自愿补偿部分房款的事实，判令王某按评估价酌情赔偿周某1、周某2经济损失，于法无悖，无明显不当。

案件来源

王某诉周某2等委托合同纠纷一案二审民事判决书［上海市第一中级人民法院（2014）沪一中民一（民）终字第3045号］

延伸阅读

裁判规则一：有偿的委托中，因受托人的过错给委托人造成损失的，委托人可以要求其赔偿损失。

案例一：李某1与某银行委托合同纠纷申诉、申请民事判决书［最高人民法院（2016）最高法民再303号］认为，“合同法第四百零六条规定，有偿的委托合同，因受托人的过错给委托人造成损失的，委托人可以要求赔偿损失。无偿的委托合同，因受托人的故意或者重大过失给委托人造成损失的，委托人可以要求赔偿损失。受托人超越权限给委托人造成损失的，应当赔偿损失。本案中，李某1与某银行签订的是有偿委托合同，某银行依据该委托合同向唐某发放了300万元贷款，唐某未归还贷款，因土地抵押登记虚假，致李某1亦无法实现债权，造成损失。如果某银行在履行委托合同的过程中有过错，且该过错与李某1的损失之间有因果关系，某银行应对李某1的损失承担相应的赔偿责任。

某银行未按照规范办理土地抵押登记及未按照约定办理土地保险，与李某1的损失发生有因果关系，但形成李某1损失的主要原因系李某2等三人为贷款诈骗而虚构抵押物，致李某1未能通过处置抵押物实现债权。《委托贷款协议》中明确约定了抵押物，且约定李某1自行对担保的合法性和可靠性等进行审查，并承担相应责任。李某1本人在签订《委托贷款协议》前未发现抵押物系虚构，对其损失亦应承担相应的责任，某银行未能按照规范办理土地抵押登记，按照其过错程度，对李某1的损失应承担20%的赔偿责任。”

案例二：A公司、B公司委托合同纠纷再审审查与审判监督民事裁定书［最高人民法院（2017）最高法民申1050号］认为，“本案双方当事人之间系有偿的委托合同关系，根据《中华人民共和国合同法》第四百零六条第一款的规定，有偿的委托合同，因受托人的过错给委托人造成损失的，委托人可以要求赔偿损失。无偿的委托合同，因受托人的故意或者重大过失给委托人造成损失的，委托人可以要求赔偿损失。案涉货物在C公司仓库部分灭失虽然发生在B公司履行《仓储保管协议》约定的监督管理义务期间，但导致该部分货物灭失的主要原因在于涉及刑事诈骗所引发的哄抢事件，该事件也已超出B公司正常履行监管义务所能预见的范围。一、二审法院综合本案相关事实，认定B公司未能对保障案涉货物安全采取充分必要保障措施，故对于案涉货物灭失也存在一定过错，并据此酌定其对于C公司在（2012）宝民二（商）初字第1719号民事判决项下不能清偿部分承担20%的补充清偿责任，符合《中华人民共和国合同法》第四百零六条第一款的规定，亦不存在自由裁量权不当行使的情形，本院予以维持。”

裁判规则二：无偿委托中，在受托人故意或者重大过失给委托人造成损失的情形下，委托人可以要求其赔偿损失。

案例三：北京A公司与上海B公司委托合同纠纷审判监督民事裁定书［上海市高级人民法院（2017）沪民申1147号］认为，“A公司与上海B公司通过涉案《协议书》将应由双方共同处理的旅游者投诉赔偿事宜约定由上海B公司出面处理，性质应为委托，且系无偿委托，该法律关系有别于双方基于《委托合作协议书》产生的合作关系，二审法院对本案所涉法律关系的性质认定并无不当。在无偿委托情形下，A公司只有证明上海B公司在处理旅游者投诉赔偿事宜过程中存在故意或重大过失造成其损失，才能要求上海B公司承担赔偿责任。”

案例四：张某与何某民间借贷纠纷一审民事判决书［仙桃市人民法院（2017）鄂9004民初2045号］认为，“《中华人民共和国合同法》第四百零六条第一款规定：‘有偿的委托合同，因受托人的过错给委托人造成损失的，委托人可以要求赔偿损失。无偿的委托合同，因受托人故意或者重大过失给委托人造成损失的，委托人可以要求赔偿损失’。本案中，原、被告并未约定委托报酬，何某也未在委托活动中实际获取利益，可以认定原、被告之间形成无偿委托合同关系；且何某在发现何某有诈骗嫌疑时，第一时间采取保全证据措施，及时向公安机关报案，最大限度地维护了委托人的权益，何某作为受托人已经尽到自身义务，对张某的损失，何某并无故意或重大过失，不应承担向张某赔偿损失的民事责任。”

案例五：杨某、马某民间借贷纠纷二审民事判决书［沧州市中级人民法院（2017）冀09民终2095号］认为，“本案中被上诉人在给上诉人交付款项时，明知该款并非与上诉人之间的个人借贷，而是投资理财且上诉人向被上诉人出具的借条应为受托投资理财产品，故本案应为民间委托理财合同纠纷。被上诉人与上诉人之间的委托理财合同是双方真实意思表示，双方均认为涉案款项购买的是易胜百白银理财产品，故涉案委托理财合同依法成立并生效。本案中，受托人杨某在处理委托事务时将涉案理财合同以自己的名义与北京A公司签订，导致北京A

公司将委托人马某投资款投向非法集资，上诉人杨某未尽到谨慎注意义务，存在重大过失，从而给委托人马某造成经济损失。《中华人民共和国合同法》第四百零六条第一款规定，有偿的委托合同，因受托人的过错给委托人造成损失的，委托人可以要求赔偿损失。无偿的委托合同，因受托人的故意或者重大过失给委托人造成损失的，委托人可以要求赔偿损失。依据上述法律规定，受托人杨某应赔偿委托人马某的损失。”

裁判规则三：当事人主张委托人存在过错的应当提供证据证明。

案例六：黑龙江A公司、北京B公司委托合同纠纷再审民事判决书［最高人民法院（2018）最高法民再3号］认为，“根据合同法第四百零六条的规定，有偿的委托合同，因受托人的过错给委托人造成损失的，委托人可以要求赔偿损失。本案中，没有充分有效的证据证明B公司在履行案涉协议过程中，存在违背诚信原则及损害A公司利益的行为，A公司主张的购买奶牛差价损失与其主张的B公司对国际奶牛市场价格存在判断失误等行为之间亦不存在因果关系，且A公司向案外人购买的奶牛品质、产地等与委托B公司购买的奶牛不尽一致，A公司所主张的差价损失缺乏充分的事实和法律依据，原审判决未予支持，并无不当。”

074 房屋抵押合同已办理公证并赋予强制执行效力，抵押权是否设立？能否申请执行？

——公证机构对未办理抵押登记的房屋出具强制执行证书，因抵押权未设立，债权人无法申请强制执行

阅读提示

本案中，当事人签订房屋抵押担保合同，并向公证处办理公证和赋予强制执行效力，但未办理抵押登记，后因债务人到期未还款，债权人欲申请强制执行，债务人提出抵押权未设立的抗辩，在此情况下法院会支持哪一方主张？已经公证并被赋予强制执行力的抵押担保合同，在未办理抵押登记的情况下还能否申请强制执行？若无法强制执行，债权人还可通过哪些方式保障债权的实现？

裁判要旨

当事人以房产抵押的，应当办理抵押登记，抵押权自登记时设立。公证机构出具的执行证书将未办理抵押登记的房屋作为被执行财产的，由于抵押权未设立，

执行证书载明内容系与事实不符，应当认定无效。

案情简介

2013年，赵某出借75万元给耿某，高某以其房产为上述债务提供抵押担保。三方办理公证，并赋予强制执行效力。

2014年，公证处出具强制执行书，载明赵某可持执行证书向法院申请强制执行。

2016年，赵某向朝阳区人民法院申请强制执行。朝阳区人民法院经审理裁定不予执行。

2017年，赵某向北京市第三中级人民法院申请复议。北京市第三中级人民法院驳回赵某的复议申请。

裁判要点

当事人以房产抵押的，应当办理抵押登记，抵押权自登记时设立。本案中，高某虽然在《借款合同》中约定以涉案房屋为借款提供抵押担保，但该房屋一直未办理抵押登记，房屋抵押未产生物权效力。本案执行证书在抵押权未成立的情况下，仍将高某以抵押人的身份列为被执行人，与事实不符。

实务经验总结

前事不忘，后事之师。为避免未来发生类似败诉，提出如下建议：

1. 当事人签订不动产抵押合同后应当及时办理抵押登记，否则抵押物权并未设立，影响抵押权的实现。

2. 房屋抵押未办理抵押登记，抵押权并未设立。但抵押合同依然有效，对当事人依然有拘束力。根据最高人民法院的裁判观点，债权人依然可以基于抵押担保合同主张抵押人在抵押物价值的范围内对债务承担连带清偿责任，但债权人不能就抵押物主张优先受偿。

相关法律规定

《中华人民共和国物权法》

第九条　不动产物权的设立、变更、转让和消灭，经依法登记，发生效力；

未经登记，不发生效力，但法律另有规定的除外。

依法属于国家所有的自然资源，所有权可以不登记。

第十五条 当事人之间订立有关设立、变更、转让和消灭不动产物权的合同，除法律另有规定或者合同另有约定外，自合同成立时生效；未办理物权登记的，不影响合同效力。

第一百八十七条 以本法第一百八十条第一款第一项至第三项规定的财产或者第五项规定的正在建造的建筑物抵押的，应当办理抵押登记。抵押权自登记时设立。

《中华人民共和国合同法》

第一百零七条 当事人一方不履行合同义务或者履行合同义务不符合约定的，应当承担继续履行、采取补救措施或者赔偿损失等违约责任。

法院判决

以下为该案在法院审理阶段，裁判文书中“本院认为”部分就该问题的论述：

本院认为，当事人以房产抵押的，应当办理抵押登记，抵押权自登记时设立。本案中，高某虽然在《借款合同》中约定以涉案房屋为借款提供抵押担保，但该房屋一直未办理抵押登记，房屋抵押未产生物权效力。本案执行证书在抵押权未成立的情况下，仍将高某以抵押人的身份列为被执行人，与事实不符。朝阳区人民法院裁定对执行证书中涉及高某的部分不予执行，符合法律规定，应予维持。赵某主张高某是以保证人身份提供担保，但未提供相应证据予以证明，对该主张本院不予支持；其提出的高某对房屋未办理抵押登记导致抵押权未成立有过错，应与耿某承担连带赔偿责任等理由，不属于本案异议复议审查范围，可通过其他法律途径解决。

案件来源

赵某等与耿某等执行裁定书［北京市第三中级人民法院（2017）京 03 执复 45 号］

延伸阅读

认定抵押合同未办理抵押登记，抵押人也要承担连带清偿责任的相关案例：

案例一：侯某与商都县 A 公司、韩某等民间借贷纠纷申诉、申请民事裁定书

[最高人民法院（2015）民申字第3299号]认为，“二、关于A公司是否应在抵押担保的土地使用权范围内承担连带清偿责任的问题。原判决认定，案涉《借款协议》《借条》签订之时，韩某为A公司法定代表人，A公司对此并未提出异议。韩某在《借款协议》《借条》上签字。《借款协议》《借条》均约定以A公司所有的商都县商张公路北侧（工业园区）80004平方米工业用地的国有土地使用证作为抵押，应视为A公司与侯某达成了以上述土地使用权作为借款抵押担保的合意。当事人之间签订的抵押合同已经成立并生效，原审法院判令A公司在其担保的土地使用权范围内对案涉债务承担连带清偿责任并无不当。

至于A公司主张土地使用证交付情况未查清，其在二审中另行提交一份土地使用证，以证明债权人持有的土地使用证存在真假不明的问题。如前所述，抵押合同于《借款协议》和《借条》签订之时已经成立并生效，土地使用证是否交付，如何交付，并不能影响抵押合同的效力。

三、关于原审适用法律是否错误的问题。根据《中华人民共和国物权法》第十五条之规定，当事人之间订立有关设立、变更、转让和消灭不动产物权的合同，除法律另有规定或者合同另有约定外，自合同成立时生效；未办理物权登记的，不影响合同效力。同时，根据《中华人民共和国物权法》第一百八十七条的规定，以土地使用权进行抵押的，应当办理抵押登记，抵押权自抵押登记时设立。原审认为抵押合同成立，抵押权并未设立，侯某可以主张A公司在土地使用权范围内对债务承担连带清偿责任，但不能就土地使用权主张优先受偿，适用法律并无不当。A公司主张原审存在适用法律错误的情形，缺乏依据，本院不予支持。”

案例二：新疆石河子某银行与刘某、步某借款合同纠纷申诉、申请民事裁定书[最高人民法院（2015）民申字第2354号]认为：“《中华人民共和国担保法》第四十一条规定：当事人以该法第四十二条规定的城市房产、土地使用权等财产抵押的，应当办理抵押物登记，抵押合同自登记之日起生效。据此，刘某与合作银行之间关于先前的贷款还清后不办理注销登记，抵押房产继续为20万元贷款提供担保的约定尽管是双方的真实意思表示，但并不能发生双方所希望的法律后果，案涉抵押合同并不能为该20万元贷款依法设定抵押权。《中华人民共和国担保法》关于不动产担保物权的设定必须履行登记手续的规定，系为贯彻公示原则以保护善意第三人的利益和交易安全，对公示原则的违反尚不构成为法律秩序和法律的基本价值所不容的行为，故对于未履行登记手续的抵押合同，其法律效力并非确定无效。为救济其法律效力的瑕疵，除可以通过补办登记手续这种方式加以补正使其发生法律效力外，还可以通过解释上的转换这一方式，将其转换为有效的担保行为，以节约交易成本，促进交易发展。根据民法基本原理，法律行为的转换是指原有行为如果具备替代行为的要件，并且可以认为当事人如果知道原有行为不生效力或无效将希望替代行为生效的，可以将原有行为转换为替代行为而生效。其制度旨在不拘泥于法律行为的外观，而是在尊重当事人的真实意思的基础上，对交易做出新的评价，用一种适当的行为去替换当事人所选择的不适当的行为，以平衡当事人之间的利益。

就本案而言，以此前的抵押登记继续为案涉 20 万元贷款提供担保，是刘某和合作银行缔约时的真实意思表示，且在案涉贷款的催收环节和本案诉讼的初期阶段，刘某亦未以其提供的房产担保不生效为由进行过抗辩。由此不难得出结论，如果合作银行和刘某在案涉 20 万元借款合同和担保合同签订之时，就知道这种以在先的抵押登记担保在后发生的另一笔债权并不能产生法律效力，在不办理登记以节约抵押登记费用的情况下，双方会选择由刘某提供保证这一合法有效的担保方式，以保证贷款合同的顺利履行。相反，若仅机械适用法律认定本案房产抵押因未登记就不发生任何法律效力，则刘某不承担担保责任的结果将会明显背离一般社会大众的公平认知，亦显然有违诚实信用原则。因此，根据本案的实际情况，本院将案涉 20 万元的抵押担保合同转换为连带责任保证合同。由于抵押担保是以物的价值为限承担有限责任，而保证则是以保证人的全部责任财产承担无限责任，故在理论上存在将抵押担保转化为保证担保会增加刘某责任范围的可能性，但在本案中，该 31××36、32××31 号房产原先是作为 1998 年 4 月 9 日的 25 万元贷款的抵押担保，依经验法则判断，该房产的价值显然应该大于 25 万元，在担保方式转换后刘某所应承担的 20 万元本息的保证责任并未超出其所提供的担保物的价值，故本院对担保方式转换后刘某的保证责任范围不再予以限定。”

075 借款合同与担保合同约定不一致，借款合同是否失效?

——借款合同与担保合同约定不一致，法院应当审查合同签订目的、合同签订内容以及合同签订主体，并结合双方当事人的陈述综合进行判断

阅读提示

借款合同与抵押合同具有主从属性，抵押合同作为从合同从属于主合同借款合同。本案中，担保人认为《抵押借款合同》与《借款合同》的合同主体约定不一致，《抵押借款合同》存在合同必要条款，其与《借款合同》不存在主从关系，

从而主张《抵押借款合同》是对《借款合同》的变更或废止，但未得到法院支持。

裁判要旨

借款合同与担保合同约定不一致，法院对借款合同与担保合同的关系进行认定时，应当审查涉案合同签订目的、签订内容以及签订主体，并结合双方当事人的陈述综合进行判断，不能简单以外在表现不一致为由而认定其中一份合同无效。

案情简介

2013 年 3 月 14 日，孔某向李某出借借款 2000 万元，宁夏 A 公司、宁夏 B 公司、C 公司、D 贸易公司、D 地产、姜某、朱某承担保证或者抵押责任，三方签订《借款合同》。孔某没有签字。

同日，孔某与李某、抵押人 C 公司基于上述借款另行签订《抵押借款合同》。

2014 年 6 月 18 日，孔某向甘肃省高级人民法院提起诉讼，诉请法院判令李某偿还借款本息，担保人承担担保责任。

被告抗辩称《借款合同》因《抵押借款合同》的签订而无效，保证人无须承担保证责任。甘肃省高级人民法院认为，抵押权具有从属性，从属于主债权的存在而存在，所以两份合同之间应为主从合同关系。两份合同依法成立并生效。

D 地产公司、C 公司、D 贸易公司不服，向最高人民法院提起上诉，主张《抵押借款合同》与《借款合同》的合同主体不一致，《抵押借款合同》是对《借款合同》的变更或废止。最高人民法院经审理，对上诉人的主张不予支持。

裁判要点

法院审查借款合同与担保合同的关系时，应当对涉案合同签订目的、合同签订内容以及合同签订主体进行分析并结合双方当事人的陈述进行综合判断。本案中，《抵押借款合同》是孔某、李某及 C 公司为履行《借款合同》另行签订的一份物权担保合同。对该合同的签订目的、签订内容、签订主体综合进行分析可知《抵押借款合同》是对《借款合同》所涉借款债权提供抵押担保的从合同，不属于独立合同。据此，保证人 D 地产公司不能以《抵押借款合同》变更或废止《借款合同》为由而免除保证责任。

实务经验总结

前事不忘，后事之师。为避免未来发生类似败诉，提出如下建议：

在司法实践中，由于当事人书写错误、格式不规范及其他原因，借款合同与担保合同的约定往往会出现偏差，当事人主张担保合同系对借款合同的变更时，应当提供相应证据予以证明。法院应对合同签订目的、签订内容及签订主体进行综合分析和判断，不能简单以内容约定不一致为由否定借款合同与担保合同之间的主从合同关系。

相关法律规定

《中华人民共和国担保法》

第三十三条 本法所称抵押，是指债务人或者第三人不转移对本法第三十四条所列财产的占有，将该财产作为债权的担保。债务人不履行债务时，债权人有权依照本法规定以该财产折价或者以拍卖、变卖该财产的价款优先受偿。

前款规定的债务人或者第三人为抵押人，债权人为抵押权人，提供担保的财产为抵押物。

第三十八条 抵押人和抵押权人应当以书面形式订立抵押合同。

第三十九条 抵押合同应当包括以下内容：

（一）被担保的主债权种类、数额；

（二）债务人履行债务的期限；

（三）抵押物的名称、数量、质量、状况、所在地、所有权权属或者使用权权属；

（四）抵押担保的范围；

（五）当事人认为需要约定的其他事项。

抵押合同不完全具备前款规定内容的，可以补正。

法院判决

以下为该案在法院审理阶段，裁判文书中“本院认为”部分就该问题的论述：

关于《借款合同》是否生效的问题。诉争《借款合同》是包含自然人之间的借款合同、保证合同与抵押合同的复合合同。依据《中华人民共和国合同法》第二百一十条关于“自然人之间的借款合同，自贷款人提供借款时生效”的规定，自然人之间的借款合同属于实践性合同，只有在贷款人实际提供借款时才发生法律效力。诉争《借款合同》第九条虽然约定了该合同经签字或盖章后发生法律效力，但合同的效力系法律对当事人之间合意的评价，并非直接源于当事人的意志，而是源于法律的赋予，故已经成立的合同只有具备法定生效要件才能生效。本案出借人孔某虽然未在《借款合同》上签字，但其已按《借款合同》的约定履行了出借款项的义务，对此，本案各方当事人均无异议，故应依据《中华人民共和国合同法》第二百一十条的规定认定孔某与李某之间的借款合同关系依法成立并生效。《借款合同》中涉及的保证合同与抵押合同属于诺成性合同，双方当事人意思表示一致合同即告成立，且依法成立的合同，自成立时生效。诉争《借款合同》第九条所约定的签字盖章生效条件与诺成性合同成立生效的法定条件并不相悖。但是，本案不能机械地认为孔某没有签字则保证合同和抵押合同不生效。《借款合同》上列明的保证人及抵押人均在合同上签字盖章，作出了明确的担保意思表示；孔某作为债权人、被保证人和抵押权人，其以实际行动履行了出借款项的义务，取得了C公司提供抵押物的他项权利证书并起诉主张担保债权，其行为足以表明签订《借款合同》是孔某的真实意思表示，故应认定《借款合同》中的保证合同与抵押合同是各方当事人真实一致的意思表示，保证合同与抵押合同依法成立并生效。综上，本案一审判决认定《借款合同》应为有效合同，结论并无不当。

关于《借款合同》与《抵押借款合同》的关系问题。《抵押借款合同》是孔某、李某及C公司为履行《借款合同》有关抵押担保的约定，基于办理房屋抵押他项权利证书应对债权文书进行公证的需要而另行签订的一份物权担保合同。对于该合同的签订目的，本案各方当事人在二审中意见一致，这表明《抵押借款合同》的签订目的不是对《借款合同》作出变更。从合同内容看，《抵押借款合同》未对《借款合同》中有关抵押担保的约定作出变更，D地产上诉主张《抵押借款合同》约定《借款合同》自签订《抵押借款合同》后自行作废，与事实不符。从合同主体看，《借款合同》所约定的抵押担保关系发生在孔某、李某及C公司之间，则《抵押借款合同》的主体当然只限于上述三方当事人，而不会涉及D地产等其他保证人，故不能以《抵押借款合同》的主体与《借款合同》的主体不同为由，认定《抵押借款合同》是对《借款合同》的变更或废止。综合以上分析，本院认为，《抵押借款合同》是对《借款合同》所涉借款债权提供抵押担保的从合同，不属于独立合同，保证人D地产不能以《抵押借款合同》变更或废止《借款合同》为由而免除保证责任。

案件来源

孔某与宁夏D房地产开发有限公司、李某民间借贷纠纷二审民事判决书［最高人民法院（2014）民一终字第278号］

076 银行保证金是否属于金钱质押？金钱质权应当如何设立？

——金钱质权设立应当具备“金钱特定化”和“移交占有”两项要件

阅读提示

金钱作为特殊动产与一般的动产质押不同。根据《最高人民法院关于适用〈中华人民共和国担保法〉若干问题的解释》第八十五条的规定，“债务人或者第三人将其金钱以特户、封金、保证金等形式特定化后，移交债权人占有作为债权的担保，债务人不履行债务时，债权人可以以该金钱优先受偿。”因此，当事人以金钱设立质权，其表现形式有三，即“特户”“封金”“保证金”，同时在设立过程中还应当符合“金钱特定化”和“移交占有”两项要件。

裁判要旨

金钱质押作为特殊的动产质押，不同于不动产抵押和权利质押，应当符合金钱特定化和移交债权人占有两个要件，以使金钱既不与出质人其他财产相混同，又能独立于质权人的财产。

案情简介

2011年12月6日，A公司与郑某签订《借款合同》，约定郑某向A公司出借借款8000万元。同日，A公司与B银行某分行签订《汇票承兑合同》，汇票金额合计为8000万元。后A公司在B银行某分行开立针对汇票的保证金专用账户并存入汇票金额100%的保证金，保证金金额为8000万元整。

因A公司在《借款合同》约定的还款日期未还款，C公司向郑某承诺为上述借款提供保证担保。2012年，郑某为收回剩余借款4000万元以A公司、C公司为被告向廊坊市中级人民法院提起诉讼。廊坊市中级人民法院于2012年5月28日裁定冻结A公司在B银行某分行中的保证金8000万元。

2013年11月1日，B银行某分行以A公司、郑某为被告向廊坊市中级人民法院提起案外人执行异议之诉，请求法院解除对银行保证金的查封，确认其对该保证金享有优先受偿权。双方争议焦点之一为保证金是不是金钱设立的质权。法院以双方在《汇票承兑合同》中未有B银行某分行对该保证金享有优先受偿权的表述，认定保证金不具有金钱质押性质，而是信誉保证，据此对B银行某分行的该项诉讼主张不予支持。

B银行某分行不服一审判决，向河北省高级人民法院提起上诉。河北省高级人民法院判决驳回上诉，维持原判。

2015年，B银行某分行向最高人民法院申请再审。最高人民法院认为，本案金钱质押已经设立，B银行某分行对案涉4000万元保证金享有质权。原审法院适用法律错误，最高人民法院予以纠正。

裁判要点

《最高人民法院关于适用〈中华人民共和国担保法〉若干问题的解释》第八十五条规定："债务人或者第三人将其金钱以特户、封金、保证金等形式特定化后，移交债权人占有作为债权的担保，债务人不履行债务时，债权人可以以该金钱优先受偿。"根据上述司法解释的规定，金钱作为一种特殊的动产，具备金钱特定化和移交债权人占有两个要件后，可以用于质押。具体到本案，第一，案涉4000万元资金已经通过存入保证金专用账户的形式予以特定化。双方当事人按照《汇票承兑合同》的约定开立了保证金专用账户，用途均与保证金有关，不同于一般结算账户。因此，本案符合金钱以保证金形式特定化的要求。第二，B银行某分行能够对该保证金专用账户进行实际控制和管理，实现了移交占有。案涉保证金专用账户开立于B银行某分行的下属支行，A公司在按照《汇票承兑合同》约定存入保证金之后，B银行某分行对该账户进行了冻结，使A公司作为保证金专户内资金的所有权人，不能自由使用账户资金，实质上丧失了对保证金账户的控制权和管理权。此外，双方约定，在A公司未能在汇票到期日前足额交付全部汇票金额的情况下，B银行某分行有权直接扣划保证金专用账户内的资金。据此，应当认定，B银行某分行实质上取得了案涉保证金专用账户的控制权，此种控制权移交符合动产交付占有的本质要求。综上所述，本案金钱质押已经设立，B银行某分行对案涉4000万元保证金享有质权。

实务经验总结

前事不忘，后事之师。为避免未来发生类似败诉，提出如下建议：

金钱作为特殊的动产，可以设定质押。但基于金钱的特殊性（详见延伸阅读案例一），将其以特户、保证金等形式进行质押，应当符合《最高人民法院关于适用〈中华人民共和国担保法〉若干问题的解释》第八十五条规定的条件，即将其“特定化”和“移交债权人占有”，使其既不与出质人的其他财产相混同，又能区别于质权人的财产，成为一种独立的质押财产存在。

相关法律规定

《中华人民共和国物权法》

第二百一十条 设立质权，当事人应当采取书面形式订立质权合同。

质权合同一般包括下列条款：

（一）被担保债权的种类和数额；

（二）债务人履行债务的期限；

（三）质押财产的名称、数量、质量、状况；

（四）担保的范围；

（五）质押财产交付的时间。

第二百一十二条 质权自出质人交付质押财产时设立。

《最高人民法院关于适用〈中华人民共和国担保法〉若干问题的解释》

第八十五条 债务人或者第三人将其金钱以特户、封金、保证金等形式特定化后，移交债权人占有作为债权的担保，债务人不履行债务时，债权人可以以该金钱优先受偿。

法院判决

以下为该案在法院审理阶段，裁判文书中“本院认为”部分就该问题的论述：

《中华人民共和国物权法》第二百一十条规定：“设立质权，当事人应当采取书面形式订立质权合同。质权合同一般包括下列条款：（一）被担保债权的种类和数额；（二）债务人履行债务的期限；（三）质押财产的名称、数量、质量、状况；（四）担保的范围；（五）质押财产交付的时间。”第二百一十二条规定：“质权自出质人交付质押财产时设立。”《最高人民法院关于适用〈中华人民共和国担保法〉

若干问题的解释》第八十五条规定:“债务人或者第三人将其金钱以特户、封金、保证金等形式特定化后，移交债权人占有作为债权的担保，债务人不履行债务时，债权人可以以该金钱优先受偿。”根据上述法律及司法解释的规定，金钱作为一种特殊的动产，具备一定形式要件后，可以用于质押。具体到本案，B银行某分行对案涉4000万元是否享有质权，应当从B银行某分行与A公司之间是否存在质押合同关系以及质权是否有效设立两个方面进行审查。

（1）B银行某分行与A公司之间是否存在质押合同关系。B银行某分行与A公司签订的《汇票承兑合同》第二条第2.2款约定：A公司于汇票承兑前，在B银行某分行开立针对合同项下汇票的保证金专用账户（账号为10××××23）并存入汇票金额100%的保证金，保证金金额为8000万元。A公司同意将上述保证金及其产生的利息作为履行合同的担保，并授权B银行某分行在因合同需要时办理上述保证金的冻结、扣划等手续；第五条第5.7款约定：A公司应于合同项下汇票到期日之前将汇票金额足额存入B银行某分行指定账户。若A公司未能在汇票到期日前足额交付全部汇票金额，则B银行某分行有权将合同第二条第2.2款的保证金账户和A公司其他存款账户中的款项直接用于支付到期汇票或偿还B银行某分行对持票人的垫款以及相应利息和手续费，同时对A公司尚未支付的汇票金额按照日万分之五计收罚息。上述约定表明，B银行某分行与A公司之间协商一致，达成以下合意，即A公司向B银行某分行缴存100%比例保证金作为案涉承兑汇票业务的担保，如A公司未按期足额交付全部汇票金额，则B银行某分行有权以该保证金直接支付到期承兑汇票或偿还B银行某分行对持票人的垫款，也即B银行某分行对案涉保证金享有优先受偿权。上述合意具备质押合同的一般要件，符合《最高人民法院关于适用〈中华人民共和国担保法〉若干问题的解释》第八十五条关于金钱质押的规定。原审法院仅以双方在《汇票承兑合同》中未有B银行某分行对该保证金享有优先受偿权的表述即认定双方并无以保证金设立质押的意思表示、保证金不具有金钱质押性质，有所不当，本院予以纠正。

（2）本案质权是否有效设立。根据《中华人民共和国物权法》第二百一十二条“质权自出质人交付质押财产时设立”的规定，交付行为应被视为设立动产质权的生效条件。金钱质押作为特殊的动产质押，依照《最高人民法院关于适用〈中华人民共和国担保法〉若干问题的解释》第八十五条的规定，生效条件包括金钱特定化和移交债权人占有两个方面。具体到本案，首先，案涉4000万元资金已经通过存入保证金专用账户的形式予以特定化。保证金特定化的实质意义在于使特定数额金钱从出质人财产中划分出来，成为一种独立的存在，使其不与出质人其他财产相混同，同时使转移占有后的金钱也能独立于质权人的财产，避免特定数额的金钱因占有即所有的特征混同于质权人和出质人的一般财产中。具体到保证金账户的特定化，就是要求该账户区别于出质人的一般结算账户，使该账户资金独立于出质人的其他财产。本案中，双方当事人按照《汇票承兑合同》的约定开立了账号为10××23的保证金专用账户，用途均与保证金有关，不同于A公司在B银行某分行开立的账号为10××25的一般结算账户。A公司按照《汇票承兑合同》约定的额度比例向该账户缴存了保证金，B银行某分行向A公司出具了《保证金冻结通知书》，对保证金账户进行了冻结。因此，本案符合金钱以保证金形式特定化的要求。其次，B银行某分行能够对该保证金专用账户进行实际控制和管理，实现了移交占有。本案中，案涉保证金专用账户开立于B银行某分行的下属支行，A公司在按照《汇票承兑合同》约定存入保证金之后，大连银行某分行对该账户进行了冻结，使A公司作为保证金专户内资金的所有权人，不能自由使用账户资金，实质上丧失了对保证金账户的控制权和管理权。而B银行某分行依据《汇票承兑合同》第五条第5.7款的规定，在A公司未能在汇票到期日前足额交付全部汇票金额的情况下，有权将保证金账户中的款项直接用于支付到期汇票或者偿还B银行某分行对持票人的垫款，即B银行某分行有权直接扣划保证金专用账户内的资金。据此，应当认定，B银行某分行实质上取得了案涉保证金专用账户的控制权，此种控制权移交符合动产交付占有的本质要求。

综合以上分析可以认定，本案金钱质押已经设立，B银行某分行对案涉4000万元保证金享有质权。B银行某分行该项再审主张和理由，有事实和法律依据，本院予以支持。原审法院认定本案保证金账户存款性质属于信誉保证，不属于金钱质押，适用法律错误，本院予以纠正。

案件来源

B银行股份有限公司某分行、抚顺市A建材有限公司等案外人执行异议之诉民事判决书［最高人民法院（2015）民提字第174号］

延伸阅读

裁判规则：金钱可以设立质权，但应当符合“金钱特定化”和“移交债权人占有”两个要件，以使金钱既不与出质人其他财产相混同，又能独立于质权人的财产。

案例一：某市农村信用合作联社与赵某、穆棱市A公司、徐某案外人执行异议纠纷一案的民事裁定书［黑龙江省高级人民法院（2016）黑民申634号］认为，“《最高人民法院关于适用〈中华人民共和国担保法〉若干问题的解释》第八十五条中的所谓‘特定化’是指所涉金钱专款专用，只用于为合同约定的债务提供担保，不得用于其他用途。A公司账户内的保证金余额根据双方合作业务量的变化而不断变动，不符合法律规定的‘特定化’要件，尤其是保证金仍在被执行人A公司名下的银行账户中，而不是存在农村信用社自身名下的账户中，不符合法律‘移交债权人占有’的规定。根据《最高人民法院关于人民法院能否对信用证开证保证金采取冻结和扣划措施问题的规定》以及最高人民法院、中国人民银行联合下发的《关于依法规范人民法院执行和金融机构协助执行的通知》的规定，人民法院对银行信用证开证保证金、银行承兑汇票保证金不能执行扣划，对银行其他业务类型的保证金能否扣划，目前尚无明确的法律依据。本案中，农村信用社没有将资金存放在自己名下的专用账户中，因而没有达到法律规定的‘特定化’及‘转移占有’的质押担保生效要件。不向质权人转移质物的占有以完成公示要件，不但质押可能无法成立，也将无法对抗善意第三人。因此，不能实现对抗第三人的质押担保效力。鉴于出质人A公司没有将该保证金移交或交付质押权人农村信用社占有，并以此占有作为公示效力，因而不能作为对抗第三人的要件。金钱作为特殊的动产，它的一些法律特性将影响到法律规定并导致和一般的交易产生差异，也导致风险的移转与一般的动产质押不同。理由如下：

第一，金钱作为流通之物，它必然具备通过交付即完成所有权转移的特点。这一点和一般的动产交付不转移所有权给质押权人不同，否则即成为类似于《担保法》和《物权法》禁止的流质契约。为此，就需要对金钱作为特殊形式动产的质押进行‘特定化’，以使金钱从种类物中区别出来，并在其被出质的过程中只转移占有而并不导致所有权也转移给质押权人。

第二，金钱作为流通的种类物，遵守后手权利优于前手的原则。这意味着，在一般情形下，金钱一旦通过交付，后手持有该金钱的人就不受前手在该金钱权利上因各种瑕疵导致的任何抗辩理由的影响，因为该金钱一经混同即无法识别。但经过特定化之后的金钱却仍受该抗辩的影响，因为该金钱仍能识别。

第三，是占有形式的不同，金钱作为特殊形式的动产质押，和一般的动产质押有区别的地方就在于它是无形的。权利质押必然具备权利证书和文件，存单质押也是因为可以公示占有的文件。其他动产质押更是有可见的动产作为出质的标的物并转移占有以作公示，从而产生对抗第三人的效力。

综上，金钱质押之所以要求‘特定化’，实际也是和‘转移占有’这个法律上的对抗要件有关系的，金钱作为种类物需要经过‘特定化’才能成为质押项下的‘质物’，从而完成可见的或可识别的以及可被转移占有的转换，完成质押权人的公示要件以对抗第三人。即使将客户的保证金转入特定的保证金账户，如果该账户内的资金未能做到‘特定化’，那么占有该资金因而可能主张自己有质押权的农村信用社，也有很大可能会丧失优先权。与这个和金钱质物占有以及特定化相关的问题是，在金钱质押问题上只有完成‘特定化’之后才能完成质物占有。金钱质物必定是占有在先而特定化在后，因而金钱质权在交付或转移占有之后，只有再经特定化后质权才告成立。这一点和一般动产质权成立的时间点是不一样的。由于金钱的所有权往往与占有合为一体，金钱占有的取得通常即为所有权的取得，故以金钱提供债权的担保而移转其占有，所有权亦随同移转时，与质权的设定不移转所有权的性质不符。但是如果能加以特定，使之成为特定物，则仍可为质权之标的物，作为特定化质物的特定金钱仍然应当以转移到质权人账户中为占有改变之标识。因此，保证金账户应由农村信用社以自身名义开立，以满足‘移交债权人占有’要求，才能做到定分止争。”

案例二：某银行安徽分行诉张某、安徽A公司执行异议之诉纠纷案［安徽省高级人民法院（2013）皖民二终字第00261号］认为，“本案中，第一，金钱以保证金形式特定化。A公司于2009年4月3日在某银行安徽分行开户，且与《贷款担保业务合作协议》约定的账号一致，即双方当事人已经按照协议约定为出质金钱开立了担保保证金专户。保证金专户开立后，账户内转入的资金为A公司根据每次担保贷款额度的一定比例向该账户缴存的保证金；账户内转出的资金为某银行安徽分行对保证金的退还和扣划，该账户未作日常结算使用，故符合《最高人民法院关于适用〈中华人民共和国担保法〉若干问题的解释》第八十五条规定的金钱以特户等形式特定化的要求。第二，特定化金钱已移交债权人占有。占有是指对物进行控制和管理的事实状态。案涉保证金账户开立在某银行安徽分行，A公司作为担保保证金专户内资金的所有权人，本应享有自由支取的权利，但《贷款担保业务合作协议》约定，未经某银行安徽分行同意，A公司不得动用担保保证金专户内的资金。同时，《贷款担保业务合作协议》约定在担保的贷款到期未获清偿时，某银行安徽分行有权直接扣划担保保证金专户内的资金，某银行安徽分行作为债权人取得了案涉保证金账户的控制权，实际控制和管理该账户，此种控制权移交符合出质金钱移交债权人占有的要求。据此，应当认定双方当事人已就案涉保证金账户内的资金设立质权。”

案例三：张某、某发展银行股份有限公司某分行、辽宁A公司二审案件判决书［辽宁省高级人民法院（2017）辽民终874号］认为，“本案为执行申请人提起的执行异议之诉，二审争议的焦点为A公司在某银行某分行71××14账户内1000万元保证金是否符合法律规定的质押要求，是否具有排除强制执行效力。《最高人民法院关于适用〈中华人民共和国担保法〉若干问题的解释》第八十五条规定‘债务人或者第三人将其金钱以特户、封金、保证金等形式特定化后，移交债权人占有作为债权的担保，债务人不履行债务时，债权人可以以该金钱优先受偿’。A公司（甲方）与某银行某分行（乙方）于2013年7月24日签订第一份《担保合作协议》，第五条约定：甲方与乙方建立贷款担保协作关系。甲方应在乙方设立担保保证金专用账户，并签署保证金质押合同。保证金被告专户管理，专款专用，未经乙方允许，在担保期间内甲方不得擅自提取。第七条约定：甲方担保乙方的授信业务，在乙方缴存保证金，甲方担保的任何一个主债务人违约，主债务履行期限届满之日起经过30日，该笔债务的主债务人仍没有全部清偿的或根据借款合同之约定乙方宣布贷款提前到期的，乙方可直接扣划保证金归还债务人所欠本息，扣划的范围包括甲方缴存在乙方的全部保证金及其利息。扣划保证金后，甲方应在一个月内补足。还约定：本协议合作期为2013年7月24日到2014年7月24日。2013年10月24日，A公司在某银行某分行开立账号为71××14的保证金账户，并存入定期存款1000万元。2014年5月13日，A公司与某银行某分行签订了《保证金最高额质押合同》，约定：1.本合同所担保的主合同为债务人与债权人在2014年5月12日至2015年5月11日的期间内连续签署的一系列合同。2.主合同项下债务人为：出质人通过出具《同意担保函》所确认的所有债务人。3.本合同项下的质物为以保证金形式特定化的金钱，具体描述为人民币1000万元。4.出质人在本合同第三条第1款所述的保证金专户为：户名：A公司，账号：71××14。2014年6月27日，A公司与某银行某分行签订第二份《担保合作协议》，约定双方继续进行担保合作，A公司缴存保证金1000万元，合作期限为2014年6月27日至2015年5月12日。通过上述《担保合作协议》和《保证金最高额质押合同》的签订，以及A公司向案涉保证金账户存入的1000万元钱款，可以认定某银行某分行与A公司之间建立了以专户专款保证金为质押的担保法律关系。双方的质押担保系列法律行为符合《最高人民法院关于适用〈中华人民共和国担保法〉若干问题的解释》第八十五条关于第三人提供的保证资金专款专用特定化及交由质权人占有等规定，合法有效。张某上诉提出，金钱不能作为动产质押物，动产质押必须是有体可移动物，实现担保物权必须经过折价或者拍卖、变卖程序取得的价款，而非质物本身，否则违反《物权法》《担保法》中关于流质禁止之规定，本案以金钱质押违法无效的主张，缺乏事实和法律依据，不予支持。”

案例四：刘某、某农商行申请执行人执行异议之诉再审审查与审判监督民事裁定书［最高人民法院（2017）最高法民申3538号］认为，“金钱作为特殊的动产，可以设定质押。基于金钱的特殊性，将其以特户、保证金等形式进行质押，应当符合《最高人民法院关于适用〈中华人民共和国担保法〉若干问题的解释》第八十五条规定的条件，即将其‘特定化’和‘移交债权人占有’，使其既不与出质人的其他财产相混同，又能区别于质权人的财产，成为一种独立的存在。从本案查明的事实看，根据《信贷业务担保合作协议书》的约定，A公司（原某县万达融资担保有限责任公司）在某农商行开立保证金账户，该账户的存款余额即为担保保证金，未经某农商行书面同意，A公司不得支取和划转保证金，某农商行在未受偿的情况下有权直接扣划保证金用于偿还被担保人的到期债务。该协议签订后，A公司依约在某农商行开立820××××4012账户（以下简称4012账户），并存入保证金，2018账户系4012账户的延续，在2018账户开立后，4012账户余留的保证金已转入该账户。上述事实表明，A公司在某农商行处开立银行账户并存入保证金，已使该账户内的金钱完成‘特定化’。在A公司将保证金存入保证金账户后，某农商行可根据协议约定实际占有并控制该账户内的保证金，实现‘移交债权人占有’。此时，2018账户内的保证金已具备设立金钱质权的法定要件。根据本案已查明的事实，2018账户内的保证金均用于代偿协议书项下担保贷款的本息，并未用于日常结算，刘某主张2018账户款项用于个人业务结算，缺乏事实依据。因此，某农商行与A公司之间的质押合同合法有效，某农商行对2018账户内的保证金依法享有质权。此外，经某农商行同意，由2018账户转出1180万元另行设立存单质押，并不影响2018账户具备保证金账户属性的认定。”

案例五：上诉人某银行股份有限公司与被上诉人马某以及原审第三人胡某、兰州新区A公司二审民事判决书［甘肃省高级人民法院（2017）甘民终139号］认为，“《物权法》第二百一十二条规定：‘质权自出质人交付质押财产时设立。’《最高人民法院关于适用〈中华人民共和国担保法〉若干问题的解释》第八十五条规定，债务人或者第三人将其金钱以特户、封金、保证金等形式特定化后，移交债权人占有作为债权的担保，债务人不履行债务时，债权人可以以该金钱优先受偿。依照上述法律和司法解释的规定，金钱作为一种特殊的动产，可以用于质押。金钱质押作为特殊的动产质押，不同于不动产抵押和权利质押，还应当符合金钱特定化和移交债权人占有两个要件，以使金钱既不与出质人其他财产相混同，又能独立于质权人的财产。本案中，第一，金钱以保证金形式特定化。A公司于2015年2月17日在某银行开户，并存入保证金1000万元，即双方当事人已经按照协议约定为出质金钱开立了担保保证金专户。该保证金账户明确为'不进不出'，即未作日常结算使用，故符合《最高人民法院关于适用〈中华人民共和国担保法〉若干问题的解释》第八十五条规定的金钱以特户等形式特定化的要求。第二，特定化金钱已移交债权人占有。占有是指对物进行控制和管理的事实状态。案涉保证金账户开立在某银行，A公司作为保证金专户内资金的所有权人，本应享有自由支取的权利，但《担保合作协议》约定未经某银行同意，A公司不得动用保证金专户内的资金。同时，《担保合作协议》约定在担保的贷款到期未获清偿时，某银行有权直接扣划担保保证金专户内的资金，即某银行取得了案涉保证金账户的控制权，实际控制和管理该账户，此种控制权移交符合出质金钱移交债权人占有的要求。据此，应当认定双方已就案涉保证金账户内的资金设立质权。"

077 保证金账户资金余额发生变化，是否影响金钱质权的设立？

——当事人为出质的金钱开立保证金专门账户，在符合"金钱特定化"和"移交占有"两项要件的情况下，账户资金余额发生浮动，并不影响金钱质权的设立

阅读提示

《最高人民法院关于适用〈中华人民共和国担保法〉若干问题的解释》第八十五条规定："债务人或者第三人将其金钱以特户、封金、保证金等形式特定化后，移交债权人占有作为债权的担保，债务人不履行债务时，债权人可以以该金钱优先受偿。"据此可知，当事人以金钱设立质权的要件之一是"金钱特定化"。那么，假如保证金专门账户中的资金出现浮动是否会影响"金钱特定化"的法定要求？

裁判要旨

当事人依约为出质的金钱开立保证金专门账户，且质权人取得对该专门账户的占有控制权，符合金钱特定化和移交占有的要求，即使该账户内资金余额发生

浮动，也不影响该金钱质权的设立。

案情简介

2009 年 4 月 7 日，某银行某分行与 A 公司签订《贷款担保业务合作协议》，约定 A 公司向某银行某分行提供连带责任保证，A 公司在某银行某分行开立担保保证金专户，未经某银行某分行同意，A 公司不得动用保证金专户内的资金。

2011 年 12 月 19 日，合肥市中级人民法院在审理张某诉安徽省 B 公司、A 公司等民间借贷纠纷一案过程中，根据张某的申请，对 A 公司上述保证金账户内的部分资金进行保全。某银行某分行作为案外人提出执行异议，2012 年 11 月 2 日，合肥市中级人民法院裁定驳回异议。随后，某银行某分行向合肥市中级人民法院提起诉讼。合肥市中级人民法院认为，案涉账户资金浮动，不符合金钱特定化要求，因此某银行某分行对案涉保证金账户内的资金不享有质权，判决驳回某银行某分行的诉讼请求。

2013 年 11 月 19 日，某银行某分行不服一审判决，向安徽省高级人民法院提起上诉。安徽省高级人民法院经审理，认定某银行某分行对 A 公司保证金账户资金享有质权，判决撤销一审判决。

2014 年，张某不服二审判决，向最高人民法院申请再审。最高人民法院裁定驳回其再审申请。

裁判要点

保证金以专门账户形式特定化并不等于固定化。当事人为出质的金钱开立保证金专门账户中的资金发生浮动，若仍符合金钱作为质权的特定化和移交占有的要求，金钱质权依然设立。本案中，保证金专户开立后，账户内转入的资金为 A 公司根据每次担保贷款额度的一定比例向该账户缴存的保证金；账户内转出的资金为某银行某分行对保证金的退还和扣划，该账户未作日常结算使用。虽然账户内资金根据业务发生情况处于浮动状态，但均与保证金业务相对应，除缴存的保证金外，支出的款项均用于保证金的退还和扣划，未用于非保证金业务的日常结算。即某银行某分行可以控制该账户，A 公司对该账户内的资金使用受到限制，故该账户资金浮动仍符合金钱作为质权的特定化和移交占有的要求，不影响该金钱质权的设立。

实务经验总结

前事不忘，后事之师。为避免未来发生类似败诉，提出如下建议：

《最高人民法院关于适用〈中华人民共和国担保法〉若干问题的解释》第八十五条规定，金钱质权应当具备“特定化”和“移交债权人占有”两项要件。但“特定化”不等于“固定化”。司法实践中，保证金账户中的资金往往会因为担保业务的开展而产生变动，在满足质权的特定化和移交占有两项要求情况下，金钱质权的设立并不受到影响。但是，若保证金账户资金与其他资金混同，在不可能特定化的情况下，不符合金钱质权的设立要件，金钱质权不能设立。

相关法律规定

《中华人民共和国物权法》

第二百一十二条 质权自出质人交付质押财产时设立。

《最高人民法院关于适用〈中华人民共和国担保法〉若干问题的解释》

第八十五条 债务人或者第三人将其金钱以特户、封金、保证金等形式特定化后，移交债权人占有作为债权的担保，债务人不履行债务时，债权人可以以该金钱优先受偿。

法院判决

以下为该案在法院审理阶段，裁判文书中“本院认为”部分就该问题的论述：

一、某银行某分行与A公司是否存在质押关系

《中华人民共和国物权法》第二百一十条规定：“设立质权，当事人应当采取书面形式订立质权合同。质权合同一般包括下列条款：（一）被担保债权的种类和数额；（二）债务人履行债务的期限；（三）质押财产的名称、数量、质量、状况；（四）担保的范围；（五）质押财产交付的时间。”本案中，某银行某分行与A公司之间虽然没有单独订立带有“质押”字样的合同，但依据该协议第四条、第六条、第八条约定的条款内容，某银行某分行与A公司之间协商一致，对以下事项达成合意：A公司为担保业务所缴存的保证金设立担保保证金专户，A公司按照贷款额度的一定比例缴存保证金；某银行某分行作为开户行对A公司存入该账户的保证金取得控制权，未经同意，A公司不能自由使用该账户内的资金；A公司未履行保证责任，某银行某分行有权从该账户中扣划相应的款项。该合意明确约定了所担保债权的种类和数量、债务履行期限、质物数量和移交时间、担保范围、质权行使条件，具备《中华人民共和国物权法》第二百一十条规定的质押合同的一般条款，故应认定某银行某分行与A公司之间订立了书面质押合同。

二、案涉质权是否设立

《中华人民共和国物权法》第二百一十二条规定："质权自出质人交付质押财产时设立。"《最高人民法院关于适用〈中华人民共和国担保法〉若干问题的解释》第八十五条规定，债务人或者第三人将其金钱以特户、封金、保证金等形式特定化后，移交债权人占有作为债权的担保，债务人不履行债务时，债权人可以以该金钱优先受偿。依照上述法律和司法解释的规定，金钱作为一种特殊的动产，可以用于质押。金钱质押作为特殊的动产质押，不同于不动产抵押和权利质押，还应当符合金钱特定化和移交债权人占有两个要件，以使金钱既不与出质人其他财产相混同，又能独立于质权人的财产。

本案中，第一，金钱以保证金形式特定化。A公司于2009年4月3日在某银行某分行开户，且与《贷款担保业务合作协议》约定的账号一致，即双方当事人已经按照协议约定为出质金钱开立了担保保证金专户。保证金专户开立后，账户内转入的资金为A公司根据每次担保贷款额度的一定比例向该账户缴存保证金；账户内转出的资金为某银行某分行对保证金的退还和扣划，该账户未作日常结算使用，故符合《最高人民法院关于适用〈中华人民共和国担保法〉若干问题的解释》第八十五条规定的金钱以特户等形式特定化的要求。第二，特定化金钱已移交债权人占有。占有是指对物进行控制和管理的事实状态。案涉保证金账户开立在某银行某分行，A公司作为担保保证金专户内资金的所有权人，本应享有自由支取的权利，但《贷款担保业务合作协议》约定未经某银行某分行同意，A公司不得动用担保保证金专户内的资金。同时，《贷款担保业务合作协议》约定在担保的贷款到期未获清偿时，某银行某分行有权直接扣划担保保证金专户内的资金，某银行某分行作为债权人取得了案涉保证金账户的控制权，实际控制和管理该账户，此种控制权移交符合出质金钱移交债权人占有的要求。据此，应当认定双方当事人已就案涉保证金账户内的资金设立质权。

关于账户资金浮动是否影响金钱特定化的问题。保证金以专门账户形式特定化并不等于固定化。案涉账户在使用过程中，随着担保业务的开展，保证金账户的资金余额是浮动的。担保公司开展新的贷款担保业务时，需要按照约定存入一定比例的保证金，必然导致账户资金的增加；在担保公司担保的贷款到期未获清偿时，扣划保证金账户内的资金，必然导致账户资金的减少。虽然账户内资金根据业务发生情况处于浮动状态，但均与保证金业务相对应，除缴存的保证金外，支出的款项均用于保证金的退还和扣划，未用于非保证金业务的日常结算。即某银行某分行可以控制该账户，A公司对该账户内的资金使用受到限制，故该账户资金浮动仍符合金钱作为质权的特定化和移交占有的要求，不影响该金钱质权的设立。

案件来源

指导案例54号：中国某银行安徽省分行诉张某、安徽A融资担保集团有限公司执行异议之诉纠纷案［安徽省高级人民法院（2013）皖民二终字第00261号］

延伸阅读

裁判规则一：当事人依约为出质的金钱开立保证金专门账户，且质权人取得对该专门账户的占有控制权，符合金钱特定化和移交占有的要求，即使该账户内资金余额发生浮动，也不影响该金钱质权的设立。

案例一：江苏A公司与某银行股份有限公司某分行案外人执行异议之诉二审民事判决书［重庆市高级人民法院（2016）渝民终190号］认为，"某银行某分行对尾号0211账户内的资金享有优先受偿权。事实及理由：首先，根据《中华人民共和国物权法》第二百一十条的规定，质权合同一般包含以下条款：被担保债权的种类和数额；债务人履行债务的期限；质押财产的名称、数量、质量、状况；担保的范围；质押财产交付的时间。本案中，某银行某分行与B公司虽然没有单独签订带有'质押'字样的合同，但双方于2010年1月12日签订了《个人购房贷款项目合作协议》。根据该协议，某银行某分行与B公司就以下事项达成合意：B公司为住房按揭贷款业务在农行某分行开设保证金专户，并按某银行某分行发放购房贷款余额的2%缴存保证金；在B公司承担连带责任保证期间，购房人未按期还本付息的，某银行某分行有权直接从保证金账户中扣划相应款项。该合意具备了《中华人民共和国物权法》第二百一十条规定的质押合同的一般条款，故应认定某银行某分行与B公司直接订立了书面质押合同。其次，根据《最高人民法院关于适用〈中华人民共和国担保法〉若干问题的解释》第八十五条的规定，债务人或者第三人将其金钱以特户、封金、保证金等形式特定化后，移交债权人占有作为债权的担保，债务人不履行债务时，债权人可以以该金钱优先受偿。因此，金钱作为一种动产，可以用于质押。本案中，B公司在某银行某分行开设尾号为0211的保证金账户，账户内转入的资金为某银行某分行在向B公司发放住房贷款时按每笔贷款的2%存入，转出的资金为扣划未及时还贷的购房者的应还贷本息。

除此之外，该账户并未用于日常结算，符合《最高人民法院关于适用〈中华人民共和国担保法〉若干问题的解释》第八十五条规定的以保证金等形式特定化的要求。并且，根据某银行某分行与B公司签订的《个人购房贷款项目合作协议》，当购房人未按借款合同约定按期还本付息时，某银行某分行有权从该保证金账户中直接扣划。因此，可认定某银行某分行取得了B公司在某银行某分行开设的尾号为0211保证金账户的控制权，此种控制权移交符合出质金钱移交债权人占有的要求。故某银行某分行与B公司已就尾号为0211保证金账户内的资金设立质权。最后，保证金以专门账户形式特定化并不等于固定化。本案中，尾号为0211保证金账户在使用过程中，随着住房贷款的发放与扣划未按时还贷人的应还贷本息，该账户的资金余额是浮动的。但无论增加与减少，均与住房贷款的发放与扣划相对应，并未用于非保证金业务的日常结算。因此，虽然该账户资金是浮动的，但仍然符合金钱作为质权的特定化和移交占有的要求，不影响该金钱质权的设立。”

案例二：某银行股份有限公司某分行与A公司、江苏B公司等金融借款合同纠纷申诉、申请民事裁定书［江苏省高级人民法院（2016）苏民申6597号］认为，“（一）《中华人民共和国物权法》（以下简称《物权法》）第二百一十条第一款规定：‘设立质权，当事人应当采取书面形式订立质权合同。’保证金质押双方应当订立书面的保证金质押合同，并就被担保债权的种类和数额、债务履行期限、质押财产状况、担保范围等作出约定。某银行某分行与A公司签订的《担保合作协议》约定了担保债权的种类和数量、债务履行期限、质物数量和移交时间、担保范围、质权行使条件等，具备质押合同的一般条款，二审判决认定某银行某分行与A公司订立了书面质押合同并无不当。

（二）金钱作为特殊动产，可以用于质押，但应符合金钱特定化和移交债权人占有两个要件，以使金钱既不与出质人其他财产混同，又能独立于质权人的财产。A公司于2008年2月28日在某银行某支行开立保证金账户，该账户系A公司在某银行系统内开立的唯一保证金账户，且无证据证明其与某银行某支行另存在其他保证金合同关系。A公司亦向诉争账户内缴存保证金，故A公司主张诉争账户并非《担保合作协议》约定的保证金账户缺乏依据。诉争账户虽然登记在A公司名下，但账户内资金的转入、转出，均系因保证金的缴存或退还、扣划而发生，并需经银行同意，A公司不享有自由支取的权利，已符合金钱特定化的要求。《担保合作协议》约定，A公司未按保证合同的约定履行其担保义务时，某银行某分行有权从A公司在某银行开立的保证金账户扣划资金。诉争账户系开立于某银行某支行，而某银行某分行与某银行某支行间存在管理关系，某银行某分行作为债权人已取得了诉争账户的控制权，实际控制和管理该账户。故二审判决认定案涉金钱以保证金形式特定化及已移交债权人占有亦无不当。

（三）保证金以专门账户形式特定化并不等于固定化。诉争账户在使用过程中，随着担保业务的开展，保证金账户的资金余额是浮动的。A公司开展新的贷款担保业务时，需要按照约定存入一定比例的保证金，必然会导致账户资金的增加；在A公司担保的贷款到期未获清偿时，扣划保证金账户内的资金，必然会导致账户资金的减少。虽然账户内资金根据业务发生情况处于浮动状态，但均与保证金业务相对应，未用于非保证金业务的日常结算。A公司对诉争账户的资金使用受到限制，故二审判决认定该账户的资金浮动仍符合金钱作为质权的特定化和转移占有的要求，不影响该金钱质权的设立也无不当，A公司主张仅145万元为质押保证金的理由不能成立。”

裁判规则二：若保证金账户资金与其他资金混同，在不可能特定化的情况下，不符合金钱质权的设立要件，金钱质权不能设立。

案例三：A公司、匡某二审民事判决书［武汉市中级人民法院（2018）鄂01民终936号］认为，“本案争议的主要焦点是A公司是否享有案涉账户内款项的质权，能否足以排除人民法院对存款的强制执行。对此，一审法院认为，根据《中华人民共和国物权法》第五条‘物权的种类和内容，由法律规定’、第六条‘不动产物权的设立、变更、转让和消灭，应当依照法律规定登记。动产物权的设立和转让，应当依照法律规定交付’、第二百一十条‘设立质权，当事人应当采取书面形式订立质权合同。质权合同一般包括下列条款：（一）被担保债权的种类和数额；（二）债务人履行债务的期限；（三）质押财产的名称、数量、质量、状况；（四）担保的范围；（五）质押财产交付的时间’、第二百一十二条‘质权自出质人交付质押财产时设立’的规定，物权的合法成立，除基于当事人根据合同自由原则达成合意外，还应遵循物权法定和物权公示原则，具备物权合法成立的基本要件。A公司在本案中主张对案涉存款享有质权和优先受偿权，应当举证证明其与B公司签订的《存款资产收益权转让合同》以及《存款质押合同》合法有效，B公司1000万元定期存款符合设立动产质押的法律规定。对于两份合同的效力问题，一审法院认为，《中华人民共和国合同法》第五十二条规定：‘有下列情形之一的，合同无效……（五）违反法律、行政法规的强制性规定。’《最高人民法院关于适用〈中华人民共和国合同法〉若干问题的解释（二）》第十四条规定：‘合同法第五十二条第（五）项规定的“强制性规定”是指效力性强制性规定。’上述规定对无效合同的范围作出了明确界定。案涉《存款资产收益权转让合同》及《存款质押合同》，系当事人在平等、自愿基础上签订，双方意思表示真实，不违反法律、行政法规的效力性强制性规定，具有法律约束力。匡某主张上述合同未到相关管理部门备案，双方实质上为企业间非法借贷关系，并据此对合同提出无效抗辩，没有事实和法律依据，法院不予采纳。关于A公司对账户存款主张的质权是否合法成立问题，一审法院认为，B公司与A公司主张的质物是账户内的存款，属于金钱质权的性质，根据《最高人民法院关于适用〈中华人民共和国担保法〉若干问题的解释》第八十五条‘债务人或者第三人将其金钱以特户、封金、保证金等形式特定化后，移交债权人占有作为债权的担保，债务人不履行债务时，债权人可以以该金钱优先受偿’的规定，金钱质权设立条件应包括金钱特定化和金钱移交债权人占有两个方面。金钱属于特殊种类物，其归属适用‘占有即所有’原则，金钱作为特殊的质押动产，必须形式上特定化，并移交质权人占有。金钱存放银行账户作为质押财产时，应当将质押金钱置于专门账户，并应对任何第三人能显示出设立质押的外观，以区分该金钱是出质人交付的普通存款还是质押财产。本案中，存款账户是以12开头账户，属于平安银行的一般性定期存款账户，该账户的标识不能显示其中存款具有金钱质押特性的外观，平安银行也未以任何公示的方式使公众知晓其具有质押状态的特殊性，未达到物权公示的效果。此外，B公司将存款存入平安银行武汉分行后，该银行开具了《单位定期存款开户证实书》，双方形成了储蓄存款合同关系，账户内存款的所有权在合同成立后已转移银行，B公司作为存款人，其对银行享有的权利是存款利益的给付请求权，属于债权性质，此时存款账户中的金钱已与银行的其他金钱混同，不可能再次经过特定化后与银行的其他金钱相分离，无法满足将金钱移交A公司占有的要求。综上，A公司对案涉存款主张的质权，不符合法律规定的金钱质权成立的要件，该质权未能合法成立。《中华人民共和国物权法》第二百二十三条规定：‘债务人或者第三人有权处分的下列权利可以出质……（二）债券、存款单……’B公司将存款交付平安银行武汉分行后，该行开具了《单位定期存款开户证实书》，双方已形成储蓄存款合同关系，B公司存款后向A公司提供质押担保，质权的客体应为定期存款的收益权，双方应认定为权利质押关系，权利凭证是存款单等存款证明书，而B公司设定质押时已将存款收益权转让给A公司，A公司也未收到平安银行武汉分行和B公司交付的存款权利凭证，根据《中华人民共和国物权法》第二百二十四条‘以汇票、支票、本票、债券、存款单、仓单、提单出质的，当事人应当订立书面合同，质权自权利凭证交付质权人时设立；没有权利凭证的，质权自有关部门办理出质登记时设立’的规定，A公司对存款收益权利的质权未能合法设立。”

裁判规则三：保证金账户内资金应当专款专用、专账专用，若用于非保证金业务的结算，则不符合金钱质权“特定化”的设立要件，金钱质权并未设立。

案例四：原告某银行某分行诉被告庞某、A公司案外人执行异议之诉民事判决书［大庆市龙凤区人民法院（2017）黑0603民初606号］认为，“根据《最高人民法院关于适用〈中华人民共和国担保法〉若干问题的解释》第八十五条的规定，‘债务人或者第三人将其金钱以特户、封金、保证金等形式特定化后，移交债权人占有作为债权的担保，债务人不履行债务时，债权人可以以该金钱优先受偿。’即债务人的金钱质押生效条件包括金钱特定化和移交债权人占有两个方面。就特定化而言，判定该账户是否特定化的根本标准是审查其是否符合保证金专户的特有属性，即专款专用、专账专用。从该账户明细看，确有A公司存款及原告扣划记录，但在2014年10月13日，由A公司存入170,000元，此时案涉账户内尚有300多万元余额，原告随即扣划了一笔168,170元。经询，原、被告双方均认同该笔扣划系由于借款人李某退房，经原告与A公司商议，由A公司于2014年10月13日存入170,000元。所以该170,000元并非保证金，原告扣划的168,170元系该借款人尚欠的全部本息，而由于A公司对借款人承担连带保证责任，原告向A公司对退房款进行了结算，其做法不是保证金专户所应具备的功能和所应完成的任务，由此确定该账户没有特定化，金钱质权没有设立。”

078 合同约定担保数额50元，法院认定为50万元，借款合同存在笔误的解释规则

——担保债权的数额前后记载矛盾，且当事人提出异议的，人民法院将按照合同所使用的词句、有关条款、目的、交易习惯以及诚实信用原则，综合确定担保债权数额

阅读提示

由于民间借贷规范性不强，司法实践中，借款协议或者担保合同书写错误的现象较为常见，诉讼中当事人也是各执一词。本案中，借贷双方在借款协议上约定借款数额为50万元，但保证金额仅为50元，诉讼中保证人主张仅在50元范围内承担保证责任，借贷双方认为“50元”系“50万元”的书写笔误，保证人应当承担50万元范围内的保证责任。那么，法院将认定哪个数额为担保数额？

裁判要旨

担保债权的数额前后记载存在矛盾，且当事人对此存在争议，法院应根据《中华人民共和国合同法》第一百二十五条的规定，从保证人是否参与借贷合同的订立过程、对借贷数额是否知晓及保证人提供保证担保的目的，并结合诚实信用原则综合判定保证人担保债权的真实数额。

案情简介

2008年5月26日，王某与程某签订借款协议，约定王某向程某借款50万元，茅某承担保证责任，协议上记载茅某的担保金额为50元。到期后，王某未归还借款本息，茅某亦未承担保证责任。

2008年10月9日，程某向桐乡市人民法院起诉，请求法院判令王某与茅某偿还上述债务。双方争议的焦点是茅某担保的金额是50万元还是50元。桐乡市人民法院认为，担保金额为50元不符合常理，系"50万元"的笔误，因此对茅某只承担50元保证责任的主张不予支持。

茅某不服一审判决，向嘉兴市中级人民法院提起上诉。嘉兴市中级人民法院判决驳回上诉，维持原判。

2010年，茅某向浙江省高级人民法院申请再审。浙江省高级人民法院维持二审判决。

裁判要点

《中华人民共和国合同法》第一百二十五条第一款规定："当事人对合同条款的理解有争议的，应当按照合同所使用的词句、合同的有关条款、合同的目的、交易习惯以及诚实信用原则，确定该条款的真实意思。"本案中，茅某在签订借款协议前，参与了王某向程某借款50万元的协商，对王某借款50万元的事实知情，茅某在担保人栏内同意担保的真实意思应为对王某的50万元借款提供担保。如果茅某仅仅为其中的50元提供，该担保本身则无实际意义，而程某要求茅某提供担保也是为保证其50万元债权不致落空，故50元不应认定为系茅某的真实意思表示，否则有违民事活动的诚实信用原则，也不符合茅某同意为王某提供担保的真实目的。故茅某在担保人栏内虽然写有为王某50元担保，其真实意思应为50万元。

实务经验总结

前事不忘，后事之师。为避免未来发生类似败诉，提出如下建议：

在民间借贷中，除保证金额书写错误外，往往还存在利息书写错误（详见裁判规则一）、诉状中被告名称书写错误（详见裁判规则二）、补充协议上的金额或者日期书写错误（详见裁判规则三）等。当事人主张书写错误，除法院应当主动结合全案进行审查外，当事人还应当提供相应证据予以证明，否则法院也难以对当事人“笔误”的主张予以支持（详见裁判规则四）。此外，若当事人明知书写错误，且之后双方经多次协议，未对该“笔误”进行任何形式的更正，那么当事人应当对该过失承担责任（详见裁判规则五）。

相关法律规定

《中华人民共和国合同法》

第一百二十五条第一款 当事人对合同条款的理解有争议的，应当按照合同所使用的词句、合同的有关条款、合同的目的、交易习惯以及诚实信用原则，确定该条款的真实意思。

法院判决

以下为该案在法院审理阶段，裁判文书中“本院认为”部分就该问题的论述：

本案中，各方当事人对王某向程某借款50万元，借款发生前三方一起进行过协商的事实均无异议，本院予以确认。争议在于茅某在担保人栏内签署的“本人同意担保三个月50元整”的意见，是否为茅某的真实意思表示，茅某在本案中的担保保证范围应如何确定。《中华人民共和国合同法》第一百二十五条第一款规定：“当事人对合同条款的理解有争议的，应当按照合同所使用的词句、合同的有关条款、合同的目的、交易习惯以及诚实信用原则，确定该条款的真实意思。”所谓合同解释是指法官基于当事人的诉讼请求，依照法定职权和程序，对合同内容进行分析说明以及填补合同漏洞的行为。合同解释的目的是为公正裁判提供合理的支持，探求真意、补充漏洞乃至修正解释只是解释的手段。本案中，茅某在签订借款协议前，参与了王某向程某借款50万元的协商，对王某借款50万元的事实知情，茅某在担保人栏内同意担保的真实意思应为对王某的50万元借款提供担保，如果茅某仅仅为其中的50元提供担保，该担保本身则无实际意义，而程某要求茅某提供担保也是为保证其50万元债权不致落空，故50元不应认定为系茅某的真实意思表示，否则有违民事活动的诚实信用原则，也不符合茅某同意为王某提供担保的真实目的，故一、二审法院认定茅某在担保人栏内虽然写有为王某50元担保，其真实意思为50万元正确。茅某的再审理由不能成立。

案件来源

茅某与程某民间借贷纠纷再审案［浙江省高级人民法院（2010）浙商提字第20号］

延伸阅读

裁判规则一：当事人利息约定确系存在笔误的，人民法院应当按双方真实意思表示进行审理。

案例一：蒋某与周某民间借贷纠纷一审民事判决书［常州市钟楼区人民法院（2015）钟民初字第2411号］认为，“原、被告之间的借贷关系合法有效，受法律保护。被告未及时归还借款本息，是造成本起纠纷的直接原因。借条上虽然有笔误，但借贷事实有借条为证，故原告要求被告归还借款本金50,000元的诉讼请求，本院依法予以支持。关于原告主张的利息按照月息一厘计算的诉请，借条上载有‘一年后连本带利伍万陆仟元整’，双方对于利息金额有所约定，可见借条本身所载‘月息一分’亦系当时书写时的笔误，利息应当为月息一厘，原告关于借款利息的主张有事实依据，不超过法定标准，本院依法予以支持。”

案例二：A公司、上海B公司、毛某与邹某、上海C公司与李某民间借贷纠纷二审民事判决书［最高人民法院（2014）民一终字第109号］认为，“首先，李某称双方口头约定为月息6%或6.5%，并提供了邹某签字确认的三份计息凭证。其中，两份凭证所记载的计息方法充分佐证李某的有关利率的陈述，虽然有一份凭证内容与李某的主张不能吻合，李某解释为笔误，邹某等不予认可，但结合三份计息凭证及实际借款、还款金额等事实足以证明本案借款存在利息。其次，自2009年9月7日至2012年6月28日，邹某通过A公司、陈某等汇款755,228,810元。上述还款转账凭证用途也有的记载为付息。也说明双方之间存在关于利息的约定。同时，按照审计报告认定的应收本金应为2亿余元，与《确认书》所记载的欠款数额3.35亿元相比，也可以认证双方借款存在关于利息的约定。再次，本案借款数额巨大，明显不属于因生活必须所发生的普通的民间借贷，应属于出于商业目的的借款性质，出借人不收取利息不符合商业交往惯例。因此，应当认定本案中李某与邹某存在口头的利息约定。C公司关于主债务不应计付利息或即使有计付利息也不溯及全部债务的主张不予支持。最后，根据一审法院查明的事实及二审庭审辩论情况看，李某提供的计息清单中关于月利率有的约定为 6%，远远高于同类银行贷款利率的四倍。根据民间借贷利率超过同类银行贷款利率四倍部分不受法律保护的规定，应以同期同类银行贷款利率的四倍作为计算本案借款利息的标准。高于四倍计息标准的部分不予保护。对于还款部分除明确载明还款指向的外，应当按照借款时间发生的先后顺序，先借的先偿还，且先还息。按照上述方法认定还款情况，符合金融借贷及《合同法》司法解释的相关规定，对双方均为公平。"

裁判规则二：诉状中被告名称确系书写错误，人民法院应当按当事人真实意思表示予以确定。

案例三：霍某与六安市 A 公司、汤某等民间借贷纠纷申诉、申请民事裁定书［最高人民法院（2016）最高法民申 2559 号］认为，"霍某于 2014 年 4 月 14 日起诉时提交的民事诉状中将 A 公司列为被告，但在诉讼请求中只请求 A 公司法定代表人李某承担担保责任。显然，霍某起诉的被告主体与请求承担责任的主体存在矛盾之处。对此，霍某的解释是笔误，诉状中诉讼请求第二项'被告李某'后打印时遗漏了'的公司'字样，应为'被告李某的公司'；A 公司认为，这是霍某放弃对 A 公司的请求，只要求公司法定代表人李某承担责任。本院认为，原审中各方当事人对 A 公司法定代表人李某在涉案借条上书写'同意担保'字样并签名、加盖公司印章为涉案借款提供担保的事实并无异议，而霍某在起诉状中明确将 A 公司列为被告向法院提起本案诉讼，且所述理由及事实均指向 A 公司担保的涉案借款 200 万元，虽然霍某诉讼请求中只请求 A 公司法定代表人李某对上述债务承担连带清偿责任，但是，从意思表示受领的角度看，鉴于之前签订担保条款时签字人是李某并加盖了 A 公司公章，其法律意义对于李某和 A 公司而言应是明确的，即向 A 公司主张权利，不应理解为只请求李某承担责任，而不请求 A 公司承担责任。霍某一审中提交的系'笔误'的《补充说明》，该解释符合常理，二审予以采信并据此认定霍某真实意思表示即向 A 公司主张权利，并无不当。"

裁判规则三：补充协议上的金额或者日期确系书写错误的，人民法院应当按双方真实意思表示进行审理。

案例四：叶某、卢某与吴某、天津市 A 公司民间借贷纠纷申请再审民事裁定书［最高人民法院（2015）民申字第 1814 号］认为，"虽《借款补充协议》第一条中有'经结算截止到 2010 年 1 月 19 日止'之字样，但根据其后'乙方尚欠甲方人民币 5800 万元，具体见欠条'的表述，及《欠条》出具时间为 2012 年 1 月

19 日，结算数额共计 5800 万元等事实，可知‘2010 年 1 月 19 日’为‘2012 年 1 月 19 日’之笔误，A 公司据此主张不应承担担保责任，缺乏事实和法律依据，本院不予支持。”

案例五：李某、陈某 1 与陈某 2、林某民间借贷纠纷再审民事判决书［福建省高级人民法院（2015）闽民再终字第 28 号］认为，“李某、陈某 1 主张，陈某 1 对 2011 年 5 月 30 日《补充协议》上金额笔误的修正，与陈某 2 对利息笔误的修正性质完全一致，并非陈某 1 擅自涂改。同时，该修改与 2011 年 5 月 30 日《借款协议》及《补充协议》关于‘按照全部借款额计算资金的使用利息’的约定是相互吻合的。”

裁判规则四：若当事人明知书写错误，且之后双方经多次协议，未对该“笔误”进行任何形式的更正，那么当事人应当对该过失承担责任。

案例六：嘉峪关市 A 公司与兰州市七里河区 B 公司、原审被告刘某民间借贷纠纷二审民事判决书［甘肃省高级人民法院（2015）甘民二终字第 7 号］认为，“王某与 A 公司签订的借款协议中，约定的利息应认定为月息千分之三。主要理由是：从合同内容上看，第三条明确约定‘本协议项下借款利息约定为千分之三，按月支付’，虽然 B 公司认为属于笔误，应是百分之三，但协议签订后直至诉讼之前，双方经多次协议，均未对该‘笔误’进行任何形式的更正。虽然，按千分之三计算月息，得出的利息标准甚至低于人民银行的贷款标准，的确有违民间借贷惯例，但 B 公司作为专业的经营性小额贷款公司，应明知借贷利息条款在借款协议中的重要性，却怠于审查和补正，故理应对其在‘笔误’上审查和补正的过失承担责任。”

裁判规则五：当事人主张书写错误的，应当提供证据予以证明。

案例七：上海 B 公司与缪某民间借贷纠纷二审民事判决书［上海市高级人民法院（2011）沪高民二（商）终字第 89 号］认为，“缪某认为，2008 年 6 月 11 日的对账单载明 A 公司代收钱某的款项包括本金 53.6122 万元、利息 115.1789 万元，合计 168.7911 万元，其中 77 万元未向其支付，留在 A 公司作为 120 万元借款的一部分。A 公司则认为，前述对账单上存在笔误，其账面反映实际仅收到本息共 137.3622 万元并全部向缪某支付。本院认为，A 公司、缪某均确认对账单的真实性，该对账单上载明的本金 53.6122 万元中的 50 万元的去向也由清单、司法鉴定意见书予以证明，利息 115.1789 万元也注明对应的时间为 2006 年 1 月至 9 月。A 公司提出前述数字存在笔误，但未提供证据予以证明。而且，审计反映 A 公司账目不完整，故 A 公司主张以实际入账金额为准依据不足，本院不予采信。”

第八章　刑民交叉案件的处理

079 公司向员工筹集资金是否合法、有效，是否可能转化为非法集资犯罪？

——公司向员工等特定人员筹集资金用于生产经营系合法的借贷关系

阅读提示

公司向员工等特定人员筹集资金用于生产经营属于合法的民间借贷关系，但是也要警惕该等行为向非法集资犯罪转化的风险。

裁判要旨

公司向公司员工及家属等特定人员的集资，目的是用于公司的生产经营，系合法的借贷关系。

案情简介

范某和郑某系夫妻关系，范某为A公司股东。2011—2013年，因公司经营需要，A公司针对职工以及部分职工亲属进行集资，范某、郑某参加了该集资活动，向A公司先后支付人民币共计511.7万元。

2014年9月，范某、郑某分别与郎某签订了债权转让协议，将其对A公司享有的债权即本金511.7万元及从2013年8月至2014年8月共计13个月的利息转让给郎某，并于2014年9月15日通过特快专递向A公司寄送了债权转让通知书。

郎某向新乡市中级人民法院提起诉讼，请求判令：A公司给付本金511.7万元及利息99.7815万元。A公司称因该款系集资款，故该债权不合法。新乡市中级人民法院认为，根据当前证据无法证明本案集资款属于非法集资，该款属于名为集资实为借贷性质，双方的借贷关系合法有效。判决A公司向郎某偿还借款本金

511.7 万元、利息 99.7815 万元。

A 公司不服新乡市中级人民法院判决，向河南省高级人民法院提起上诉。河南省高级人民法院判决驳回上诉，维持原判。

A 公司不服河南省高级人民法院判决，向最高人民法院申请再审。最高人民法院裁定驳回再审申请。

裁判要点

本案 A 公司的败诉原因在于公司向员工及家属筹集资金形成的关系是合法的借贷关系，该集资行为既未面向社会公众，亦未向社会公开宣传，不构成非法集资。A 公司主张涉案款项属于非法集资，不属于民间借贷关系，债权无效，法院不予支持。

实务经验总结

前事不忘，后事之师。为避免未来发生类似败诉，提出如下建议：

1. 公司向员工及家属等特定人员筹集资金的行为受法律保护，公司不能以该行为构成非法集资为由赖账。

2. 虽然法律允许公司向员工及家属等特定人员筹集资金，但也要警惕该等行为向非法集资犯罪转化的风险。根据《最高人民法院、最高人民检察院、公安部关于办理非法集资刑事案件适用法律若干问题的意见》，以下情形应当认定为向社会公众吸收资金：在向亲友或者单位内部人员吸收资金的过程中，明知亲友或者单位内部人员向不特定对象吸收资金而予以放任的；以吸收资金为目的，将社会人员吸收为单位内部人员，并向其吸收资金的。

相关法律规定

《最高人民法院关于审理民间借贷案件适用法律若干问题的规定》

第五条 人民法院立案后，发现民间借贷行为本身涉嫌非法集资犯罪的，应当裁定驳回起诉，并将涉嫌非法集资犯罪的线索、材料移送公安或者检察机关。

公安或者检察机关不予立案，或者立案侦查后撤销案件，或者检察机关作出不起诉决定，或者经人民法院生效判决认定不构成非法集资犯罪，当事人又以同一事实向人民法院提起诉讼的，人民法院应予受理。

第十二条 法人或者其他组织在本单位内部通过借款形式向职工筹集资金，

用于本单位生产、经营，且不存在合同法第五十二条、本规定第十四条规定的情形，当事人主张民间借贷合同有效的，人民法院应予支持。

《最高人民法院关于审理非法集资刑事案件具体应用法律若干问题的解释》

第一条 违反国家金融管理法律规定，向社会公众（包括单位和个人）吸收资金的行为，同时具备下列四个条件的，除刑法另有规定的以外，应当认定为刑法第一百七十六条规定的“非法吸收公众存款或者变相吸收公众存款”：

（一）未经有关部门依法批准或者借用合法经营的形式吸收资金；

（二）通过媒体、推介会、传单、手机短信等途径向社会公开宣传；

（三）承诺在一定期限内以货币、实物、股权等方式还本付息或者给付回报；

（四）向社会公众即社会不特定对象吸收资金。

未向社会公开宣传，在亲友或者单位内部针对特定对象吸收资金的，不属于非法吸收或者变相吸收公众存款。

《最高人民法院、最高人民检察院、公安部关于办理非法集资刑事案件适用法律若干问题的意见》

三、关于“社会公众”的认定问题

下列情形不属于《最高人民法院关于审理非法集资刑事案件具体应用法律若干问题的解释》第一条第二款规定的“针对特定对象吸收资金”的行为，应当认定为向社会公众吸收资金：

（一）在向亲友或者单位内部人员吸收资金的过程中，明知亲友或者单位内部人员向不特定对象吸收资金而予以放任的；

（二）以吸收资金为目的，将社会人员吸收为单位内部人员，并向其吸收资金的。

法院判决

以下为该案在法院审理阶段，裁判文书中“本院认为”部分就该问题的论述：

关于涉案款项的性质问题。根据原审查明的事实，涉案款项是A公司向公司员工及家属等特定人员的集资款，目的是用于公司的生产经营，约定了借款时间、借款利率、借款期限，且有A公司出具给范某、郑某的集资单为依据。截止到目前，尚无证据证明该行为属于非法集资。据此，原审法院认定前述款项名为集资实为借贷，A公司与范某、郑某之间形成合法的借贷关系，并无不当。A公司申请再审主张涉案款项属于非法集资的理由，不能成立，本院不予支持。

案件来源

辉县市A纺织有限公司与郎某民间借贷纠纷申请再审民事裁定书［最高人民法院（2016）最高法民申1208号］

延伸阅读

一、公司向员工等特定人员筹集资金受法律保护，系合法的借贷关系

案例一：刘某与徐州市某单位借款合同纠纷二审民事裁定书［徐州市中级人民法院（2016）苏03民终字第3403号］认为，“2015年6月23日最高人民法院通过的《最高人民法院关于审理民间借贷案件适用法律若干问题的规定》第十二条规定：‘法人或者其他组织在本单位内部通过借款形式向职工筹集资金，用于本单位生产、经营，且不存在合同法第五十二条、本规定第十四条规定的情形，当事人主张民间借贷合同有效的，人民法院应予支持。’根据该司法解释的规定，法人或其他组织在单位内部借款形成的纠纷亦属于人民法院民事案件受案范围。原审法院于2016年5月16日受理本案，应当对本案进行实体审理，原审法院认为本案不属于平等民事主体之间的纠纷，因此不属于人民法院的受案范围，属于适用法律不当，应予纠正。”

案例二：申某与熊某及海南A公司民间借贷纠纷民事再审裁定书［海口市中级人民法院（2016）琼01民申25号］认为，“根据《最高人民法院关于审理民间借贷案件适用法律若干问题的规定》第十二条之规定：法人或者其他组织在本单位内部通过借款形式向职工筹集资金，用于本单位生产、经营，且不存在合同法第五十二条，本规定第十四条规定的情形，当事人主张民间借贷合同有效的，人民法院应予支持。本案中，A公司的法定代表人申某在公司资金紧张的情况下，向熊某通过借款形式为公司的生产、经营活动垫资的事实，有申某与熊某签字、A公司盖章担保的借款合同在案佐证，双方对该借款合同的真实性和关联性没有异议。申某对该合同的合法性持有异议，认为该合同系在熊某的逼迫下签订的，因申某未提交相应的被迫签订该合同的证据，对于申某所持的该异议，本院不予采纳。熊某主张与申某签字签订的借款合同合法有效，本院予以支持。”

案例三：海南省某国有企业与李某企业债权转股权合同纠纷民事判决书［海南省第二中级人民法院（2015）海南二中民二终字第45号］认为，“《中华人民共和国民法通则》第一百零八条规定‘债务应当清偿’及《最高人民法院关于审理民间借贷案件适用法律若干问题的规定》第十二条规定‘法人或者其他组织在本单位内部通过借款形式向职工筹集资金，用于本单位生产、经营，且不存在合同法第五十二条、本规定第十四条规定的情形，当事人主张民间借贷合同有效的，人民法院应予支持’。被上诉人 2003 年交付给上诉人的 109,000 元投资款，实际上是企业向职工的借贷行为。因此，被上诉人请求返还 109,000 元及利息，于法有据，本院予以支持。”

二、公司向员工筹集资金的行为也可能转化为非法集资犯罪

案例四：武汉 A 公司、萧某民间借贷纠纷二审民事裁定书［武汉市中级人民法院（2017）鄂 01 民终 240 号］认为，“A 公司违反国家金融管理法律规定，与申某等众多人员签订借款合同，对外吸收资金，且 A 公司在吸收资金过程中，明知单位员工及员工亲友向不特定对象吸收资金而未予阻止，明知吸收资金的信息向社会公众扩散而予以放任。经人民法院审查，其行为基本符合非法集资类犯罪的构成要件。故一审法院裁定驳回起诉，将本案移送公安机关，符合《最高人民法院关于审理民间借贷案件适用法律若干问题的规定》第五条的规定，本院依法予以确认。”

080 民间借贷涉嫌非法集资犯罪，出借人能否诉请借款人承担民事责任？

——民间借贷行为本身涉嫌非法集资犯罪，出借人提起民事诉讼请求借款人承担责任的，法院应当裁定驳回起诉

阅读提示

民间借贷案件有时会与非法吸收公众存款、集资诈骗案件交织在一起，该类案件中出借人能否提起民事诉讼请求借款人还款？最高人民法院确立审理这类案件的重点在于判断借贷行为本身是否涉嫌犯罪，即如果民间借贷行为本身涉嫌非法集资犯罪，裁定驳回起诉；如果民间借贷行为本身不涉嫌非法集资犯罪，不能裁定驳回起诉。

裁判要旨

出借人提起民间借贷诉讼，请求借款人偿还借款，法院审理发现民间借贷行为本身涉嫌非法集资犯罪的，应当裁定驳回起诉。

案情简介

王某向江西省高级人民法院起诉称：2011 年 12 月至 2014 年 1 月，江西 A 公司共向林某及王某借款人民币 7200 万元，江西 A 公司以某国有土地使用权为所借的 6000 万元提供抵押担保；2015 年 7 月，林某将其对江西 A 公司享有的全部债权转让给王某。请求判决：江西 A 公司归还借款本金 7200 万元及利息；王某对已抵押的国有土地使用权享有优先受偿权。

因江西 A 公司涉嫌非法吸收公众存款犯罪，浙江省丽水市公安局对其立案侦查。

江西省高级人民法院裁定驳回王某对江西 A 公司的起诉。王某不服江西省高级人民法院裁定，上诉至最高人民法院。最高人民法院裁定驳回上诉，维持原裁定。

裁判要点

公安部门已经对江西 A 公司涉嫌非法集资犯罪进行立案侦查，且王某与江西 A 公司之间本金 7200 万元民间借贷行为本身涉嫌非法集资犯罪，根据《最高人民法院、最高人民检察院、公安部关于办理非法集资刑事案件适用法律若干问题的意见》关于“人民法院在审理民事案件或者执行过程中，发现有非法集资犯罪嫌疑的，应当裁定驳回起诉或者中止执行，并及时将有关材料移送公安机关或者检察机关”的规定，法院裁定驳回王某的起诉。

实务经验总结

前事不忘，后事之师。为避免未来发生类似败诉，提出如下建议：

1. 民间借贷行为涉嫌非法集资犯罪时，出借人不能直接向法院提起民事诉讼，请求借款人偿还借款，否则法院会裁定驳回起诉。根据《最高人民法院、最高人民检察院、公安部关于办理非法集资刑事案件适用法律若干问题的意见》的规定，非法集资刑事案件查封、扣押、冻结的涉案财物，一般应在诉讼终结后，返还集资参与人。值得注意的是，如果涉案财物不足以全部返还，将按照集资参与人的集资额比例返还。

2. 根据《最高人民法院关于审理非法集资刑事案件具体应用法律若干问题的解释》，“非法吸收公众存款或者变相吸收公众存款”需要同时满足四个条件：（1）未经批准或者借用合法经营的形式吸收资金；（2）向社会公开宣传；（3）承诺还本付息或者给付回报；（4）向社会不特定对象吸收资金。故如果借款人的筹资行为满足上述条件，持有资金的当事人不应向其出借资金，否则很可能血本无归。

相关法律规定

《最高人民法院关于审理民间借贷案件适用法律若干问题的规定》

第五条 人民法院立案后，发现民间借贷行为本身涉嫌非法集资犯罪的，应当裁定驳回起诉，并将涉嫌非法集资犯罪的线索、材料移送公安或者检察机关。

公安或者检察机关不予立案，或者立案侦查后撤销案件，或者检察机关作出不起诉决定，或者经人民法院生效判决认定不构成非法集资犯罪，当事人又以同一事实向人民法院提起诉讼的，人民法院应予受理。

《最高人民法院、最高人民检察院、公安部关于办理非法集资刑事案件适用法律若干问题的意见》

五、关于涉案财物的追缴和处置问题

向社会公众非法吸收的资金属于违法所得。以吸收的资金向集资参与人支付的利息、分红等回报，以及向帮助吸收资金人员支付的代理费、好处费、返点费、佣金、提成等费用，应当依法追缴。集资参与人本金尚未归还的，所支付的回报可予折抵本金。

将非法吸收的资金及其转换财物用于清偿债务或者转让给他人，有下列情形之一的，应当依法追缴：

（一）他人明知是上述资金及财物而收取的；

（二）他人无偿取得上述资金及财物的；

（三）他人以明显低于市场的价格取得上述资金及财物的；

（四）他人取得上述资金及财物系源于非法债务或者违法犯罪活动的；

（五）其他依法应当追缴的情形。

查封、扣押、冻结的易贬值及保管、养护成本较高的涉案财物，可以在诉讼终结前依照有关规定变卖、拍卖。所得价款由查封、扣押、冻结机关予以保管，待诉讼终结后一并处置。

查封、扣押、冻结的涉案财物，一般应在诉讼终结后，返还集资参与人。涉案财物不足全部返还的，按照集资参与人的集资额比例返还。

七、关于涉及民事案件的处理问题

对于公安机关、人民检察院、人民法院正在侦查、起诉、审理的非法集资刑事案件，有关单位或者个人就同一事实向人民法院提起民事诉讼或者申请执行涉案财物的，人民法院应当不予受理，并将有关材料移送公安机关或者检察机关。

人民法院在审理民事案件或者执行过程中，发现有非法集资犯罪嫌疑的，应当裁定驳回起诉或者中止执行，并及时将有关材料移送公安机关或者检察机关。

公安机关、人民检察院、人民法院在侦查、起诉、审理非法集资刑事案件中，发现与人民法院正在审理的民事案件属同一事实，或者被申请执行的财物属于涉案财物的，应当及时通报相关人民法院。人民法院经审查认为确属涉嫌犯罪的，依照前款规定处理。

《最高人民法院关于在审理经济纠纷案件中涉及经济犯罪嫌疑若干问题的规定》

第十条 人民法院在审理经济纠纷案件中，发现与本案有牵连，但与本案不是同一法律关系的经济犯罪嫌疑线索、材料，应将犯罪嫌疑线索、材料移送有关公安机关或检察机关查处，经济纠纷案件继续审理。

第十一条 人民法院作为经济纠纷受理的案件，经审理认为不属经济纠纷案件而有经济犯罪嫌疑的，应当裁定驳回起诉，将有关材料移送公安机关或检察机关。

《最高人民法院关于适用〈中华人民共和国刑事诉讼法〉的解释》

第一百三十八条 被害人因人身权利受到犯罪侵犯或者财物被犯罪分子毁坏而遭受物质损失的，有权在刑事诉讼过程中提起附带民事诉讼；被害人死亡或者丧失行为能力的，其法定代理人、近亲属有权提起附带民事诉讼。

因受到犯罪侵犯，提起附带民事诉讼或者单独提起民事诉讼要求赔偿精神损失的，人民法院不予受理。

第一百三十九条 被告人非法占有、处置被害人财产的，应当依法予以追缴或者责令退赔。被害人提起附带民事诉讼的，人民法院不予受理。追缴、退赔的情况，可以作为量刑情节考虑。

法院判决

以下为该案在法院审理阶段，裁判文书中“本院认为”部分就该问题的论述：

2016年1月28日，浙江省丽水市公安局已经对江西A公司涉嫌非法吸收公众存款进行立案侦查，根据《最高人民法院、最高人民检察院、公安部关于办理非法集资刑事案件适用法律若干问题的意见》关于“对于公安机关、人民检察院、人民法院正在侦查、起诉、审理的非法集资刑事案件，有关单位或者个人就同一事实向人民法院提起民事诉讼或者申请执行涉案财物的，人民法院应当不予受理，并将有关材料移送公安机关或者检察机关。人民法院在审理民事案件或者执行过程中，发现有非法集资犯罪嫌疑的，应当裁定驳回起诉或者中止执行，并及时将有关材料移送公安机关或者检察机关”的规定，王某关于撤销一审裁定、将本案交由江西省高级人民法院审理的上诉请求不能支持。

案件来源

王某与江西 A 房地产开发有限公司民间借贷纠纷二审民事裁定书［最高人民法院（2015）民一终字第 402 号］

延伸阅读

一、出借人提起民间借贷诉讼请求借款人偿还借款，法院审理发现民间借贷行为本身涉嫌非法集资犯罪，裁定驳回起诉（案例一、案例二）

案例一：赵某 1 与赵某 2、刘某民间借贷纠纷二审民事裁定书［最高人民法院（2016）最高法民终 138 号］认为，“从一审起诉的情况看，赵某 1 主张刘某承担借款还款责任，赵某 2 对借款承担连带保证责任。因刘某涉嫌非法吸收公众存款罪，已被公安机关立案侦查，根据《最高人民法院、最高人民检察院和公安部关于办理非法集资刑事案件适用法律若干问题的意见》第七条第二款关于‘人民法院在审理民事案件或者执行过程中，发现有非法集资犯罪嫌疑的，应当裁定驳回起诉或者中止执行，并及时将有关材料移送公安机关或者检察机关’的规定，赵某 1 对刘某的起诉应予驳回。”

案例二：汤某与江苏 A 公司、宿迁某超市、宿迁市某中心民间借贷纠纷再审审查民事裁定书［最高人民法院（2012）民申字第 1133 号］认为，“‘先刑后民’还是‘刑民并行’的关键在于所涉民事纠纷与刑事犯罪是否属于同一法律关系。从本案审理过程中所发现的线索和公安机关出具的证明材料来看，A 公司、某超市及魏某个人可能涉嫌非法集资、非法吸收公众存款等犯罪行为，汤某也曾向公安机关报案，认为本案魏某的借款行为涉嫌经济犯罪。因此，本案中所涉及的民间借贷行为与犯罪行为的具体事实之间是重合的，即 A 公司、某超市及魏某个人向汤某借款既是在民间借贷纠纷中应认定的事实，也是在 A 公司、某超市和魏某所涉嫌的犯罪行为中应认定的事实。据此，可以认定本案所涉的经济纠纷与犯罪行为属于同一法律关系。宿迁市宿城区人民检察院出具的《关于犯罪嫌疑人魏某涉嫌虚报注册资本、信用卡诈骗、非法吸收公众存款一案的情况说明》，可以证明魏某涉嫌虚报注册资本、信用卡诈骗、非法吸收公众存款犯罪，已由宿迁市公安局宿城分局立案侦查终结，并于2012年3月16日移送该院审查起诉。由于本案所涉的经济纠纷与犯罪行为都涉及同样的事实认定，属于同一法律关系。一、二审法院为了保证事实认定的一致，对涉案行为的性质作出准确的判断，根据《最高人民法院关于在审理经济纠纷案件中涉及经济犯罪嫌疑若干问题的规定》第十一条的规定，裁定驳回汤某的起诉，将有关材料移送公安机关，适用法律正确。”

二、出借人提起民间借贷诉讼请求借款人偿还借款，法院审理发现民间借贷行为本身不涉嫌非法集资犯罪，不能裁定驳回起诉（案例三、案例四）

案例三：哈尔滨A公司与王某、B公司等民间借贷纠纷二审民事裁定书［最高人民法院（2016）最高法民终784号］认为，“关于本案的性质以及本案与刑事案件的关系。因公安机关已经就A公司涉嫌非法吸收公众存款罪进行立案侦查，A公司向集资参与人的借贷行为，虽然在形式上表现为民间借贷法律关系，但是同时又因涉嫌非法吸收公众存款罪而在刑事诉讼程序中进行处理。如果此时集资参与人与A公司就所谓民间借贷纠纷提起民事诉讼，因该民间借贷行为本身涉嫌刑事犯罪，按照上述司法解释规定，人民法院应当裁定驳回起诉。但是，本案系A公司以王某、B公司、C公司为被告提起的民间借贷纠纷诉讼。在本案中，A公司是出借人，而非借款人、集资人，王某等三名被告是借款人、保证人，目前没有充分证据证明A公司与王某等三名被告之间的借款行为、保证行为涉嫌构成刑事犯罪。因此，法释〔2015〕18号司法解释第五条规定的情形与本案的民间借贷纠纷不同，在没有相关证据证明本案的民间借贷行为涉嫌刑事犯罪的前提下，不能适用法释〔2015〕18号第五条规定对本案裁定驳回起诉。”

案例四：牛某与王某1、王某2、延某、鲁某民间借贷纠纷二审民事判决书［陕西省高级人民法院（2016）陕民终168号］认为，“关于本案是否应驳回王某1的起诉，将案件移送侦查机关的问题。《最高人民法院关于审理民间借贷案件适用法律若干问题的规定》第六条规定：‘人民法院立案后，发现与民间借贷纠纷案件虽有关联但不是同一事实的涉嫌非法集资等犯罪的线索、材料的，人民法院应当继续审理民间借贷纠纷案件，并将涉嫌非法集资等犯罪的线索、材料移送公安或者检察机关。’而本案牛某提供担保的王某1与王某2之间的民间借贷并未被公安、检察机关纳入王某2涉嫌集资诈骗的犯罪事实。故本案民间借贷纠纷依法应当继续审理。牛某关于本案应驳回王某1的起诉，将案件移送侦查机关的理由，没有依据，不能成立。”后牛某不服上述判决，向最高人民法院申请再审，最高人民法院作出（2016）最高法民申3534号裁定书，驳回其再审申请。

三、部分地方高级人民法院规定

（一）《四川省高级人民法院关于审理民间借贷纠纷案件若干问题的指导意见》（2016 年 7 月 27 日发布）规定：

“10. 民间借贷民刑交叉案件的移送

人民法院发现民间借贷行为本身涉嫌非法集资犯罪，应裁定驳回起诉，并将线索、材料移送给公安或检察机关。人民法院移送线索、材料时应注意：

（一）应制作专门的《涉嫌犯罪线索移送函》，并附上民事案件起诉状、案件线索涉及的相关材料；

（二）应当制作移送回执，要求公安或检察机关在接到移送材料后，在移送回执上签字或盖章；

（三）《涉嫌犯罪线索移送函》中应载明建议公安或检察机关在一定期限内将是否立案的情况通知移送案件的人民法院；

（四）公安或检察机关审查后予以立案的，人民法院应将已经查封、扣押、冻结的涉案财物移送公安或检察机关，由公安或检察机关变更查封、扣押、冻结手续。

……

借款人因借贷行为被生效判决认定为有罪，出借人以民间借贷纠纷为由起诉要求借款人承担民事赔偿责任的，在刑事判决未涉及追赃或者虽涉及追赃但出借人未获全部退赔的情况下，对出借人起诉要求借款人承担民事责任的，人民法院不应受理。”

（二）《江苏省高级人民法院关于民间借贷、借款、担保合同案件涉及经济犯罪若干问题的纪要》（江苏省高级人民法院审判委员会会议纪要〔2016〕2 号）规定：

“一、民间借贷、借款、担保行为本身涉嫌集资诈骗、非法吸收公众存款、贷款诈骗、骗取贷款、合同诈骗等经济犯罪，债权人起诉主债务人，或者单独起诉一般保证人的，人民法院应当不予受理。已经受理的，应当裁定驳回起诉，并将涉嫌犯罪的线索、材料移送公安或者检察机关。

……

四、人民法院立案后，发现借款行为与公安、检察机关正在处理的非法集资犯罪案件属于同一批次的，应当移送公安、检察机关。

……”

（三）《北京市高级人民法院关于审理民间借贷案件若干问题的会议纪要》（2013 年 12 月 27 日发布）规定：

“第二十三条　人民法院在审理中，发现民间借贷行为涉嫌非法集资、非法吸收公众存款、贩毒、洗钱、传销等犯罪，或者当事人一方主张涉嫌犯罪，要求移送的，依照最高人民法院《关于在审理经济纠纷案件中涉及经济犯罪嫌疑若干问题的规定》第十条、第十一条、第十二条的规定，根据具体情况分别处理：

1. 案件存在明显的犯罪嫌疑，可以全案移送的，裁定驳回起诉，退还案件受理费，将有关材料移送公安机关或者检察机关；

2. 当事人一方主张涉嫌犯罪但没有提供证据证明，或者其他当事人虽有犯罪嫌疑但与民间借贷纠纷案件没有必然关联或者不属同一法律关系的，经与公安机关或检察机关联系后，案件继续审理。但有关犯罪嫌疑的线索、材料可以移送公安机关或者检察机关；

3. 案件的审理，必须以刑事案件的审理结果为依据的，裁定中止诉讼。”

081 民间借贷借款人涉嫌犯罪，出借人能否诉请担保人承担民事责任？

——民间借贷借款人涉嫌犯罪，出借人仍有权诉请担保人承担民事责任

阅读提示

民间借贷借款人涉嫌犯罪或者已被生效判决认定构成犯罪，出借人能否提起诉讼请求担保人承担民事责任？《最高人民法院关于审理民间借贷案件适用法律若干问题的规定》出台前，法院对该类案例的裁判观点不一，甚至有高级人民法院出台意见规定该情形下出借人起诉担保人的，应驳回起诉。而该司法解释已明确：借款人涉嫌犯罪或者生效判决认定其有罪，出借人起诉请求担保人承担民事责任的，法院应予受理。部分高级人民法院、中级人民法院针对该问题出台的规定，详见延伸阅读部分。

裁判要旨

借款人涉嫌刑事犯罪，不能否定出借人与担保人之间存在的民事关系，出借人起诉请求担保人承担民事责任的，法院应予受理。

案情简介

赵某1向安徽省高级人民法院提起诉讼称：2014年3月，刘某与赵某1签订《借款合同》，约定刘某向赵某1借款1亿元，赵某2为借款提供连带担保责任。刘某仍欠赵某1借款本金5880万元，且已连续几个月没有支付借款利息，故请求判令：赵某2为借款代为偿还刘某所借本金5880万元及利息。

刘某因涉嫌非法吸收公众存款罪已被公安机关立案侦查，公安机关已将本案借款列入刘某涉嫌非法吸收公众存款罪的涉案数额。

安徽省高级人民法院裁定驳回赵某1的起诉。赵某1不服安徽省高级人民法院裁定，上诉至最高人民法院。最高人民法院裁定：撤销安徽省高级人民法院裁定；赵某1诉赵某2民间借贷纠纷一案由安徽省高级人民法院审理。

裁判要点

借款人涉嫌非法集资犯罪，出借人诉请借款人偿还借款的，法院会裁定驳回起诉，但出借人仍可诉请担保人承担偿还责任。最高人民法院认为，“刘某涉嫌刑事犯罪，并不能否定赵某1与赵某2之间存在的民事关系，一审法院根据《最高人民法院、最高人民检察院和公安部关于办理非法集资刑事案件适用法律若干问题的意见》第七条第二款的规定，一并驳回赵某1对赵某2的起诉不当。至于案件进入诉讼程序后，是否应该裁定中止审理，应由受理法院视情形决定。”

实务经验总结

前事不忘，后事之师。为避免未来发生类似败诉，提出如下建议：

借款人涉嫌犯罪或者生效判决认定其有罪，出借人仍有权诉请担保人承担民事责任。担保人以借款人涉嫌犯罪为由主张应驳回出借人的起诉，法院不会支持。该规则尤其适用于借贷行为本身涉嫌非法集资类犯罪的案件，此时出借人诉请借款人偿还借款会被法院驳回起诉，案件进入刑事程序，但是出借人可以诉请担保人承担民事责任。

相关法律规定

《最高人民法院、最高人民检察院、公安部关于办理非法集资刑事案件适用法律若干问题的意见》

七、关于涉及民事案件的处理问题

对于公安机关、人民检察院、人民法院正在侦查、起诉、审理的非法集资刑事案件，有关单位或者个人就同一事实向人民法院提起民事诉讼或者申请执行涉案财物的，人民法院应当不予受理，并将有关材料移送公安机关或者检察机关。

人民法院在审理民事案件或者执行过程中，发现有非法集资犯罪嫌疑的，应当裁定驳回起诉或者中止执行，并及时将有关材料移送公安机关或者检察机关。

……

《最高人民法院关于审理民间借贷案件适用法律若干问题的规定》

第八条 借款人涉嫌犯罪或者生效判决认定其有罪，出借人起诉请求担保人承担民事责任的，人民法院应予受理。

第十三条 借款人或者出借人的借贷行为涉嫌犯罪，或者已经生效的判决认定构成犯罪，当事人提起民事诉讼的，民间借贷合同并不当然无效。人民法院应当根据合同法第五十二条、本规定第十四条之规定，认定民间借贷合同的效力。

担保人以借款人或者出借人的借贷行为涉嫌犯罪或者已经生效的判决认定构成犯罪为由，主张不承担民事责任的，人民法院应当依据民间借贷合同与担保合同的效力、当事人的过错程度，依法确定担保人的民事责任。

《中华人民共和国担保法》

第五条 担保合同是主合同的从合同，主合同无效，担保合同无效。担保合同另有约定的，按照约定。

担保合同被确认无效后，债务人、担保人、债权人有过错的，应当根据其过错各自承担相应的民事责任。

《中华人民共和国民事诉讼法》

第一百一十九条 起诉必须符合下列条件：

……

（四）属于人民法院受理民事诉讼的范围和受诉人民法院管辖。

法院判决

以下为该案在法院审理阶段，裁判文书中“本院认为”部分就该问题的论述：

从一审起诉的情况看，赵某1主张刘某承担借款还款责任，赵某2对借款承担连带保证责任。因刘某涉嫌非法吸收公众存款罪，已被公安机关立案侦查，根据《最高人民法院、最高人民检察院和公安部关于办理非法集资刑事案件适用法律若干问题的意见》第七条第二款关于“人民法院在审理民事案件或者执行过程中，发现有非法集资犯罪嫌疑的，应当裁定驳回起诉或者中止执行，并及时将有关材料移送公安机关或者检察机关”的规定，赵某1对刘某的起诉应予驳回。但是，刘某涉嫌刑事犯罪，并不能否定赵某1与赵某2之间存在的民事关系，一审法院根据《最高人民法院、最高人民检察院和公安部关于办理非法集资刑事案件适用法律若干问题的意见》第七条第二款的规定，一并驳回赵某1对赵某2的起诉不当。至于案件进入诉讼程序后，是否应该裁定中止审理，应由受理法院视情形决定。

案件来源

赵某1与赵某2、刘某民间借贷纠纷二审民事裁定书［最高人民法院（2016）最高法民终138号］

延伸阅读

一、与借款人涉嫌犯罪或已认定构成犯罪，出借人起诉担保人相关的判例

案例一：江山市A公司与雷某及江西B公司、吴某、俞某民间借贷纠纷申请再审民事裁定书［最高人民法院（2016）最高法民申425号］认为，“对于借款人是否涉嫌犯罪的认定，不影响担保责任的认定与承担。在由第三人提供担保的民间借贷中，就法律关系而言，存在出借人与借款人之间的借款关系以及出借人与第三方的担保关系两种法律关系，而借款人涉嫌犯罪或者被生效判决认定有罪，并不涉及担保法律关系。刑事案件的犯罪嫌疑人或犯罪人仅与民间借贷纠纷中的借款人重合，而出借人要求担保人承担担保责任的案件，其责任主体与刑事案件的责任主体并不一致。因此，借款人涉嫌或构成刑事犯罪时，出借人起诉担保人的，应适用‘民刑分离’的原则。A公司关于本案程序违法的主张缺乏依据，本院不予支持。”

案例二：牛某、王某等民间借贷纠纷申诉、申请民事裁定书［最高人民法院（2016）最高法民申3534号］认为，“对于借款人是否涉嫌犯罪的认定，不影响担保责任的认定与承担。对于牛某主张担保合同无效的观点，本院不予采信。”

二、部分地方法院规定

（一）《四川省高级人民法院关于审理民间借贷纠纷案件若干问题的指导意见》（2016年7月27日发布）规定：

“借款人因借贷行为涉嫌犯罪，出借人单独起诉借款人的，人民法院不予受理；出借人单独起诉担保人的，人民法院应予受理；出借人同时起诉担保人和借款人的，人民法院应告知出借人将借款人涉嫌犯罪的线索、材料移交给公安或者检察机关。出借人坚持起诉借款人和担保人，且符合《中华人民共和国民事诉讼法》第一百一十九条规定的受理条件的，人民法院应予受理。人民法院受理后，应裁定驳回出借人对借款人的起诉，并将线索、材料移送公安或检察机关；人民法院应继续审理出借人对担保人的诉求。”

（二）《江苏省高级人民法院关于民间借贷、借款、担保合同案件涉及经济犯罪若干问题的纪要》（江苏省高级人民法院审判委员会会议纪要〔2016〕2号）规定：

“一、民间借贷、借款、担保行为本身涉嫌集资诈骗、非法吸收公众存款、贷款诈骗、骗取贷款、合同诈骗等经济犯罪，债权人起诉主债务人，或者单独起诉一般保证人的，人民法院应当不予受理。已经受理的，应当裁定驳回起诉，并将涉嫌犯罪的线索、材料移送公安或者检察机关。

二、民间借贷、借款、担保行为本身涉嫌集资诈骗、非法吸收公众存款、贷款诈骗、骗取贷款、合同诈骗等经济犯罪的，债权人单独起诉连带保证人、抵押人、出质人的，无论刑事案件是否审理终结，人民法院均应受理。

刑事案件尚未审理终结前，债权人单独起诉连带保证人、抵押人、出质人，符合下列情形之一的，人民法院应当裁定中止诉讼，待刑事诉讼程序终结后恢复审理：

（一）涉嫌刑事犯罪系集资诈骗、非法吸收公众存款等涉众型犯罪的；

（二）主债务人因涉嫌犯罪被相关部门接管清盘的或者被宣告破产的；

（三）刑事案件的事实认定可能对借款合同与担保合同效力、当事人过错程度等认定产生影响的。

三、民间借贷、借款、担保行为本身涉嫌集资诈骗、非法吸收公众存款、贷款诈骗、骗取贷款、合同诈骗等经济犯罪，债权人起诉担保人的，主合同、担保合同不因行为涉嫌或构成犯罪而当然无效。主合同、担保合同的效力应当根据《中华人民共和国合同法》、《中华人民共和国担保法》、《最高人民法院关于审理民间借贷案件适用法律若干问题的规定》等相关规定予以认定。

四、人民法院立案后，发现借款行为与公安、检察机关正在处理的非法集资犯罪案件属于同一批次的，应当移送公安、检察机关。

公安或者检察机关已经通知债权人申报债权，债权人拒不申报，导致该起案件没有纳入公安或者检察机关侦查范围的，人民法院应当裁定中止审理，并向债权人释明，刑事程序终结后，其向担保人等其他当事人主张债权的数额，应当扣减其如申报债权所应获得清退份额。”

（三）《深圳市中级人民法院关于民间借贷纠纷案件的裁判指引》（2015 年 10 月 15 日通过）规定：

“七、民间借贷债务有保证人的，借款人涉嫌犯罪并不必然导致主合同及保证合同无效，人民法院应当在依法认定主合同效力的前提下，根据担保法及相关司法解释的规定，确定保证人的责任。”

（四）《关于民间借贷刑民交叉问题的意见》（江苏高级人民法院审委会会议纪要〔2014〕4 号）规定：

“（二）人民法院在审理或执行民事案件过程中，发现当事人有非法集资犯罪嫌疑的，或者对相关公安机关、检察机关的通报或移送建议，经审查认为确属涉嫌犯罪的，应当裁定驳回起诉或中止执行，并及时将有关材料移送公安机关或者检察机关。

……

（四）借款人因涉嫌非法集资犯罪被侦查机关立案侦查，出借人起诉担保人要求承担保证责任的，按照上述三项的规定处理。

（五）借款人的借款行为已经被人民法院生效判决认定构成非法集资犯罪，出借人起诉保证人要求承担保证责任的，人民法院应当认定相应的借款合同和担保合同无效，并依据《中华人民共和国担保法》第五条的规定确定担保人的民事责任。”①

082 民间借贷案件事实必须以未审结的刑事案件审理结果为依据的，应裁定中止诉讼

——民间借贷案件事实必须以未审结的刑事案件审理结果为依据，应裁定中止诉讼

阅读提示

民间借贷的案件事实与未审结的刑事案件存在事实重合，法院如何处理？最高人民法院对此确立的裁判规则为：如果民间借贷的基本案件事实必须以未审结的刑事案件审理结果为依据，法院应裁定中止诉讼，待刑事案件审结后再恢复审

① 注：该规定与《最高人民法院关于审理民间借贷案件适用法律若干问题的规定》冲突。

理；如果民间借贷的基本案件事实无须以未审结的刑事案件审理结果为依据，法院应继续审理。当然，如果民间借贷行为本身涉嫌非法集资犯罪，法院应裁定驳回起诉，并将涉嫌非法集资犯罪的线索、材料移送公安或者检察机关。

裁判要旨

民间借贷基本案件事实必须以尚未审结的刑事案件审理结果为依据，法院应当裁定中止本案诉讼。

案情简介

2013 年 7 月 2 日，A 公司向赵某出具借条一张，载明：今向赵某借到 300 万元整；月息按 2 分 5 厘计算；借期三个月；如到期不归还，愿承担每日 1‰的违约金。A 公司在借条借款人处加盖公章。赵某通过银行转账的方式按借条约定将 280 万元打入 A 公司指定的账户。

A 公司总经理王某涉嫌合同诈骗犯罪，已被公安机关立案侦查。

赵某诉至济宁市中级人民法院，请求判令：A 公司返还借款本金 280 万元及利息、违约金。济宁市中级人民法院判决 A 公司偿还赵某借款本金 280 万元及利息。

A 公司不服济宁市中级人民法院判决，上诉至山东省高级人民法院，向山东省高级人民法院申请调取王某涉嫌犯罪的刑事卷宗，申请对借条上 A 公司公章的真伪及形成时间进行鉴定。山东省高级人民法院对 A 公司的申请未予准许，判决驳回上诉，维持原判。

A 公司不服山东省高级人民法院判决，向最高人民法院申请再审。最高人民法院认为原审法院未予调取王某涉嫌犯罪案件与本案相关的证据，并且在刑事案件审理结果出来之前作出一、二审民事判决，是不当的，故裁定指令山东省高级人民法院再审本案。

裁判要点

本案赵某与 A 公司的民间借贷纠纷与 A 公司总经理王某涉嫌合同诈骗罪的案件事实重合，民间借贷的案件事实必须以合同诈骗刑事案件的审理结果为依据，而王某涉嫌合同诈骗犯罪案件尚未审结，故该民间借贷案件应当中止审理。最终，最高人民法院认为该案在刑事案件审理结果出来之前作出一、二审民事判决，是不当的，指定山东省高级人民法院再审。

最高人民法院认为，“本案民事纠纷和王某涉嫌合同诈骗犯罪存在案件事实重合。为防止民事判决与刑事判决矛盾，民事纠纷案件审理中有关合同签订履行事实认定、合同效力认定、责任划分等问题应以涉嫌犯罪案件的审理结果为依据，在涉嫌犯罪案件审结前，应当中止民事纠纷案件的审理。”

实务经验总结

前事不忘，后事之师。为避免未来发生类似败诉，提出如下建议：

出借人提起民间借贷诉讼，但案件事实需以未审结的刑事案件为依据的，法院会裁定中止诉讼，待刑事案件审结后再恢复民间借贷案件的审理。但并不意味着这种情形下不应提起民事诉讼，相反，应当及时提起诉讼以起到诉讼时效中断的效果。

相关法律规定

《最高人民法院关于审理民间借贷案件适用法律若干问题的规定》

第七条　民间借贷的基本案件事实必须以刑事案件审理结果为依据，而该刑事案件尚未审结的，人民法院应当裁定中止诉讼。

《最高人民法院关于在审理经济纠纷案件中涉及经济犯罪嫌疑若干问题的规定》

第一条　同一公民、法人或其他经济组织因不同的法律事实，分别涉及经济纠纷和经济犯罪嫌疑的，经济纠纷案件和经济犯罪嫌疑案件应当分开审理。

第十条　人民法院在审理经济纠纷案件中，发现与本案有牵连，但与本案不是同一法律关系的经济犯罪嫌疑线索、材料，应将犯罪嫌疑线索、材料移送有关公安机关或检察机关查处，经济纠纷案件继续审理。

《中华人民共和国刑法》

第二百二十四条　有下列情形之一，以非法占有为目的，在签订、履行合同过程中，骗取对方当事人财物，数额较大的，处三年以下有期徒刑或者拘役，并处或者单处罚金；数额巨大或者有其他严重情节的，处三年以上十年以下有期徒刑，并处罚金；数额特别巨大或者有其他特别严重情节的，处十年以上有期徒刑或者无期徒刑，并处罚金或者没收财产：

（一）以虚构的单位或者冒用他人名义签订合同的；

（二）以伪造、变造、作废的票据或者其他虚假的产权证明作担保的；

（三）没有实际履行能力，以先履行小额合同或者部分履行合同的方法，诱骗对方当事人继续签订和履行合同的；

（四）收受对方当事人给付的货物、货款、预付款或者担保财产后逃匿的；

（五）以其他方法骗取对方当事人财物的。

法院判决

以下为该案在法院审理阶段，裁判文书中“本院认为”部分就该问题的论述：

本案民事纠纷和王某涉嫌合同诈骗犯罪存在案件事实重合。为防止民事判决与刑事判决矛盾，民事纠纷案件审理中有关合同签订履行事实认定、合同效力认定、责任划分等问题应以涉嫌犯罪案件的审理结果为依据，在涉嫌犯罪案件审结前，应当中止民事纠纷案件的审理。在本案纠纷审理中，A置地公司申请法庭调取王某涉嫌犯罪案件与本案相关的证据，但原审法院以“因本案并不以刑事案件处理结果为依据”为由未予调取，并且在刑事案件审理结果出来之前作出一、二审民事判决，是不当的。

案件来源

赵某与曲阜市A置地有限公司民间借贷纠纷申诉、申请民事裁定书［最高人民法院（2016）最高法民申字793号］

延伸阅读

一、案件事实无须以尚未审结的刑事案件审理结果为依据，无须中止诉讼

案例一：于某与齐齐哈尔A公司民间借贷纠纷申诉、申请民事裁定书［最高人民法院（2016）最高法民申770号］认为，“一般情况下，民事纠纷与刑事犯罪基于同一事实，刑事案件的认定事实及处理结果会对民事案件的审理结果造成实质性影响的，民事案件应当中止诉讼。本案中，因于某有理由相信黄某有代理A公司对外借款的权利，无论A公司是否授权黄某借款，A公司均应当承担责任。因此，本案的审理无需以刑事案件的审理结果为依据，无需中止诉讼。”

案例二：阳朔A公司与王某等民间借贷纠纷申请再审民事裁定书［最高人民法院（2016）最高法民申206号］认为，“是否应当中止审理本案的问题。《最高人民法院关于在审理经济纠纷案件中涉及经济犯罪嫌疑若干问题的规定》第一条规定：‘同一公民、法人或其他经济组织因不同的法律事实，分别涉及经济纠纷和经济犯罪嫌疑的，经济纠纷案件和经济犯罪嫌疑案件应当分开审理。’第十条规定：

‘人民法院在审理经济纠纷案件中，发现与本案有牵连，但与本案不是同一法律关系的经济犯罪嫌疑线索、材料，应将犯罪嫌疑线索、材料移送有关公安机关或检察机关查处，经济纠纷案件继续审理。’根据以上规定，民事案件移送公安机关或检察机关的前提是基于同一法律事实或同一法律关系，若不属于上述两种情况，则经济纠纷案件继续审理。本案属于民间借款纠纷，涉案的主体是王某、B公司、丁某、A公司、C公司、陈某，由于广西D公司的控告，丁某因涉嫌伪造企业印章被公安机关立案侦查。但丁某涉嫌伪造企业印章的事实，与其以A公司名义向王某签订借款合同的事实，并非同一法律事实，也非基于同一法律关系，故本案并不以该刑事案件的审理结果为依据，不符合中止审理的情形。公安机关对丁某涉嫌伪造印章行为的立案侦查，并不影响王某要求A公司承担本案归还借款的民事责任。”

二、杜万华就《最高人民法院关于审理民间借贷案件适用法律若干问题的规定》答记者问（2015年8月6日，节选）

“问：民间借贷因涉嫌非法集资而触犯刑事法律的现象是非常普遍的，在此类案件中，当事人既有向公安机关报案要求追究犯罪嫌疑人的刑事责任，也有向人民法院提起民事诉讼，请问《规定》如何协调刑事与民事的关系？

答：民间借贷的司法解释确实涉及民刑交叉的问题，在审判实践中，存在着大量的民间借贷纠纷案件往往都与非法吸收公共存款罪，还有集资诈骗罪等刑事案件交错。在这种情况之下，如何来协调处理刑事案件和民事案件是我们当前处理民间借贷纠纷中比较重要的一个问题。

在2014年3月，最高人民法院、最高人民检察院和公安部曾经共同颁布了《关于办理非法集资刑事案件适用法律若干问题的意见》。按照这个《意见》，人民法院在审理民事案件中如果发现有非法集资的犯罪，应当要将案件移送公安机关或者检察机关。这一次我们制定司法解释的时候，实际上就对这个问题进行了重申，也就是重新把它规定到我们民事司法解释里面来。之所以如此规定，是因为非法集资案件涉及不特定的多数人的利益，在处理上应当坚持一体化解决的原则，防止有的受害人获得足额清偿而有的受害人却根本不能得到补偿的现象发生。因此，只要是涉及非法集资犯罪的案件，民事案件审理中发现了就要移送。法院就不再审理了，这是一种处理方式。

第二类处理方式，如果在审理民间借贷案件的过程中，涉及非法集资等犯罪的线索与材料，在这样一种情况下怎么办？比如有人非法集资，把非法集资来的钱又转贷给他人，后者转贷会形成民间借贷的案件，对这类案件怎么办？我们新的司法解释第六条做了规定，涉及非法集资线索的材料，我们应当要移送到公安机关或者是检察机关，但是对于后面的民间借贷的那部分案件还要继续审理。

第三类情况，在审理非法集资的案件过程中，可能会涉及担保人的担保责任问题，我们在审理案件中不因为一部分当事人的非法集资犯罪就认定整个合同无效，担保人的担保责任也没了，这是不行的。遇到这种情况，只要当事人要起诉担保人，对这类案件，人民法院是应当予以受理的。

第四种情况，如果民间借贷的案件审理过程中，案件的基本事实需要刑事案件查清以后才能继续审理的，这类案件就应当中止审理，因为犯罪事实的行为可能涉及民间借贷案件的基本事实，基本案件事实可能涉及主体、权利义务的确定等，这一类我们要先刑后民，先把刑事案件结案了，我们民事案件才能恢复审理。”

三、部分地方高级人民法院规定

（一）《四川省高级人民法院关于审理民间借贷纠纷案件若干问题的指导意见》（2016 年 7 月 27 日发布）规定：

“11. 借款人的借贷行为涉嫌犯罪或生效判决认定有罪，民间借贷案件的处理

借款人因借贷行为涉嫌犯罪，出借人单独起诉借款人的，人民法院不予受理；出借人单独起诉担保人的，人民法院应予受理；出借人同时起诉担保人和借款人的，人民法院应告知出借人将借款人涉嫌犯罪的线索、材料移交给公安或者检察机关。出借人坚持起诉借款人和担保人，且符合《中华人民共和国民事诉讼法》第一百一十九条规定的受理条件的，人民法院应予受理。人民法院受理后，应裁定驳回出借人对借款人的起诉，并将线索、材料移送公安或检察机关；人民法院应继续审理出借人对担保人的诉求。

案件进入诉讼程序后，如因借款人涉嫌犯罪导致民间借贷案件基本事实无法查清，或担保人是否涉嫌犯罪需以借款人涉嫌犯罪一案的审理结果为依据，人民法院可以裁定中止审理民间借贷案件……”

（二）《江苏省高级人民法院关于民间借贷、借款、担保合同案件涉及经济犯罪若干问题的纪要》（江苏省高级人民法院审判委员会会议纪要〔2016〕2 号）规定：

“二、民间借贷、借款、担保行为本身涉嫌集资诈骗、非法吸收公众存款、贷款诈骗、骗取贷款、合同诈骗等经济犯罪的，债权人单独起诉连带保证人、抵押人、出质人的，无论刑事案件是否审理终结，人民法院均应受理。

刑事案件尚未审理终结前，债权人单独起诉连带保证人、抵押人、出质人，符合下列情形之一的，人民法院应当裁定中止诉讼，待刑事诉讼程序终结后恢复审理：

（一）涉嫌刑事犯罪系集资诈骗、非法吸收公众存款等涉众型犯罪的；

（二）主债务人因涉嫌犯罪被相关部门接管清盘的或者被宣告破产的；

（三）刑事案件的事实认定可能对借款合同与担保合同效力、当事人过错程度等认定产生影响的。”

（三）《北京市高级人民法院关于审理民间借贷案件若干问题的会议纪要》（2013 年 12 月 27 日发布）规定：

“第二十三条　人民法院在审理中，发现民间借贷行为涉嫌非法集资、非法吸收公众存款、贩毒、洗钱、传销等犯罪，或者当事人一方主张涉嫌犯罪，要求移送的，依照最高人民法院《关于在审理经济纠纷案件中涉及经济犯罪嫌疑若干问题的规定》第十条、第十一条、第十二条的规定，根据具体情况分别处理：

1. 案件存在明显的犯罪嫌疑，可以全案移送的，裁定驳回起诉，退还案件受理费，将有关材料移送公安机关或者检察机关；

2. 当事人一方主张涉嫌犯罪但没有提供证据证明，或者其他当事人虽有犯罪嫌疑但与民间借贷纠纷案件没有必然关联或者不属同一法律关系的，经与公安机关或检察机关联系后，案件继续审理。但有关犯罪嫌疑的线索、材料可以移送公安机关或者检察机关；

3. 案件的审理，必须以刑事案件的审理结果为依据的，裁定中止诉讼。”

083 审理民间借贷案件发现不是同一事实的犯罪线索，应继续审理

——法院审理民间借贷案件发现虽然有关联但不是同一事实的犯罪线索、材料的，应当继续审理民间借贷案件

阅读提示

法院审理民间借贷案件时发现涉嫌犯罪的线索、材料，必然会驳回出借人的起诉吗？最高人民法院认为，涉嫌犯罪的线索、材料与民间借贷案件有关联但不是同一事实的，应当继续审理民间借贷案件，并将涉嫌犯罪的线索、材料移送公安或者检察机关。

裁判要旨

法院立案后，发现与民间借贷纠纷案件虽然有关联但不是同一事实的涉嫌非法集资等犯罪的线索、材料的，应当继续审理民间借贷纠纷案件。

案情简介

陈某向三明市中级人民法院起诉称：2013 年 12 月，陈某 1 与 A 公司签订《借款协议书》，约定 A 公司向陈某 1 借款 1000 万元，陈某 2、B 公司作为担保方在协议上签字、盖章。陈某 1 按照 A 公司的要求将该款项转入陈某 2 账户，A 公司出具收据。2014 年 4 月，A 公司归还 400 万元，尚欠 600 万元及逾期利息。故请求判令：A 公司偿还借款 600 万元及利息；陈某 2、B 公司承担连带责任。

沙县公安局出具函件载明：2014 年 9 月，陈某 2 因涉嫌非法吸收公众存款罪被该局立案侦查。2014 年 11 月，国际刑警组织对陈某 2 发布红色通报，现在逃。

三明市中级人民法院认为，本案涉嫌经济犯罪应移送公安机关处理，故裁定驳回陈某 1 的起诉。

陈某 1 不服三明市中级人民法院裁定，上诉至福建省高级人民法院。福建省高级人民法院裁定：撤销福建省三明市中级人民法院裁定；指令三明市中级人民法院对本案进行审理。

裁判要点

本案借款合同载明的出借人为陈某 1，借款人为 A 公司，担保人为陈某 2 和 B 公司。虽然担保人陈某 2 涉嫌非法吸收公众存款罪被公安机关立案侦查，但 A 公司作为借款人向陈某 1 借款与陈某 2 涉嫌非法吸收公众存款罪并非同一事实，只能认定二者有关联。参照《最高人民法院关于审理民间借贷案件适用法律若干问题的规定》第六条的规定，法院应继续审理陈某 1 以出借人身份对借款人 A 公司及担保人陈某 2、B 公司提起的民事诉讼。因此，福建省高级人民法院最终认定三明市中级人民法院裁定驳回陈某 1 的起诉，法律依据不足，故指令三明市中级人民法院对本案重新进行审理。

实务经验总结

前事不忘，后事之师。为避免未来发生类似败诉，提出如下建议：

（1）民间借贷案件与涉嫌犯罪事实有关联但不是同一事实，法院应当继续审理。此时，债务人主张应当驳回债权人起诉的，法院不予支持。

（2）根据《最高人民法院关于审理民间借贷案件适用法律若干问题的规定》的规定，民间借贷行为本身涉及非法集资犯罪的，法院应当驳回起诉。

相关法律规定

《最高人民法院关于审理民间借贷案件适用法律若干问题的规定》

第六条　人民法院立案后，发现与民间借贷纠纷案件虽有关联但不是同一事实的涉嫌非法集资等犯罪的线索、材料的，人民法院应当继续审理民间借贷纠纷案件，并将涉嫌非法集资等犯罪的线索、材料移送公安或者检察机关。

《最高人民法院关于在审理经济纠纷案件中涉及经济犯罪嫌疑若干问题的规定》

第一条　同一公民、法人或其他经济组织因不同的法律事实，分别涉及经济纠纷和经济犯罪嫌疑的，经济纠纷案件和经济犯罪嫌疑案件应当分开审理。

第十条　人民法院在审理经济纠纷案件中，发现与本案有牵连，但与本案不是同一法律关系的经济犯罪嫌疑线索、材料，应将犯罪嫌疑线索、材料移送有关公安机关或检察机关查处，经济纠纷案件继续审理。

法院判决

以下为该案在法院审理阶段，裁判文书中“本院认为”部分就该问题的论述：

本案为民间借贷纠纷。从陈某1提交的2013年12月24日的《借款协议书》看，借款合同的出借方为陈某1，借款方为A公司，担保方为陈某2和B公司。A公司指定由陈某2的账户接受案涉借款，但“借款收据”表明借款目的是A公司经营需要。虽然沙县公安局于2014年9月16日对陈某2涉嫌非法吸收公众存款罪案立案侦查，但A公司作为借款主体向陈某1借款与陈某2涉嫌非法吸收公众存款并非同一事实，只能认定有关联。参照《最高人民法院关于审理民间借贷案件适用法律若干问题的规定》第六条、第八条所体现的法律精神，沙县公安局对陈某2涉嫌非法吸收公众存款罪立案侦查对本案不产生影响，人民法院应继续审理陈某1以出借人身份对借款人A公司及担保人陈某2、B公司提起的民事诉讼。原审裁定驳回陈某1的起诉，法律依据不足，也不利于保护民间借贷债权人的合法权益。

案件来源

陈某1与福建A工贸实业有限公司、陈某2等民间借贷纠纷二审民事裁定书［福建省高级人民法院（2016）闽民终272号］

延伸阅读

一、法院审理民间借贷案件发现不是同一事实的犯罪线索与材料，认定应继续审理的判例

案例一：杨某1、杨某2与熊某、桑植县A公司合同纠纷申请再审民事裁定书［重庆市高级人民法院（2016）渝民申737号］认为，“《最高人民法院关于审理民间借贷案件适用法律若干问题的规定》第六条规定：‘人民法院立案后，发现与民间借贷纠纷案件虽有关联但不是同一事实的涉嫌非法集资等犯罪的线索、材料的，人民法院应当继续审理民间借贷纠纷案件，并将涉嫌非法集资等犯罪的线索、材料移送公安或者检察机关。’本案中，费某收取20万元工程保证金的行为即使涉嫌合同诈骗，但该行为本身与本案的合同纠纷不属于同一法律关系，且本案20万元工程保证金的返还已由杨某1、杨某2自愿承担，故根据上述规定，本案应当继续审理。因此，本案并不适用‘先刑后民’原则。杨某1、杨某2向熊某出具借条承担20万元工程保证金及利息的还款义务，是杨某1、杨某2的真实意思表示，熊某亦予以同意，杨某1、杨某2并未举证证明其系受熊某胁迫出具借条，故其出具借条合法有效。”

案例二：周某与魏某1、魏某2民间借贷纠纷二审民事裁定书［济南市中级人民法院（2017）鲁01民终885号］认为，“《最高人民法院关于审理民间借贷案件适用法律若干问题的规定》第六条规定：‘人民法院立案后，发现与民间借贷纠纷案件虽有关联但不是同一事实的涉嫌非法集资等犯罪的线索、材料的，人民法院应当继续审理民间借贷纠纷案件，并将涉案非法集资等犯罪的线索、材料移送公安或者检察机关。’本案中，虽然周某出借给魏某1等人的款项来源涉嫌非法吸收公众存款犯罪，但该犯罪行为与本案民间借贷纠纷系不同的法律关系和事实，人民法院应当继续审理本案民间借贷纠纷，并将有关犯罪线索、材料移送公安机关或检察机关。一审法院以本案争议标的包含在刑事案件为由裁定驳回起诉，适用法律不当，本院予以纠正。”

案例三：孙某与林某、孙某、石某民间借贷纠纷一案的民事判决书［海南省第二中级人民法院（2016）琼97民终1315号］认为，“根据《最高人民法院关于审理民间借贷案件适用法律若干问题的规定》第六条‘人民法院立案后，发现与民间借贷纠纷案件虽有关联但不是同一事实的涉嫌非法集资等犯罪的线索、材料的，人民法院应当继续审理民间借贷纠纷案件，并将涉嫌非法集资等犯罪的线索、材料移送公安或者检察机关’的规定，因本借贷纠纷与杜某、朱某夫妇涉嫌非法集资犯罪不是同一事实，故不应中止审理。”

案例四：陈某与重庆市A公司民间借贷纠纷二审民事判决书［重庆市第一中级人民法院（2016）渝01民终6485号］认为，“《最高人民法院关于审理民间借贷案件适用法律若干问题的规定》第六条的规定，人民法院立案后，发现与民间借贷纠纷案件虽有关联但不是同一事实的涉嫌非法集资等犯罪的线索、材料的，人民法院应当继续审理民间借贷纠纷案件，并将涉嫌非法集资等犯罪的线索、材料移送公安或者检察机关。本案借款人为魏某、周某，而合川区人民法院将魏某可能涉嫌犯罪的材料移送公安机关后，对其余民事纠纷进行审理并不违反前述规定。因此，A公司关于一审法院应裁定驳回陈某起诉的意见不能成立，不予采纳。”

二、杜万华就《最高人民法院关于审理民间借贷案件适用法律若干问题的规定》答记者问（2015年8月6日，节选）

“问：民间借贷因涉嫌非法集资而触犯刑事法律的现象是非常普遍的，在此类案件中，当事人既有向公安机关报案要求追究犯罪嫌疑人的刑事责任，也有向人民法院提起民事诉讼，请问《规定》如何协调刑事与民事的关系？

答：民间借贷的司法解释确实涉及民刑交叉的问题，在审判实践中，存在大量的民间借贷纠纷案件往往都与非法吸收公共存款罪，还有集资诈骗罪等刑事案件交错。在这种情况下，如何来协调处理刑事案件和民事案件是我们当前处理民间借贷纠纷中比较重要的一个问题。

2014年3月，最高人民法院、最高人民检察院和公安部曾经共同颁布了《关于办理非法集资刑事案件适用法律若干问题的意见》。按照这个《意见》，人民法院在审理民事案件中如果发现有非法集资的犯罪，应当将案件移送公安机关或者检察机关。这次我们制定司法解释的时候，实际上就对这个问题进行了重申，也就是重新把它规定到我们民事司法解释里面来。之所以如此规定，是因为非法集资案件涉及不特定的多数人的利益，在处理上应当坚持一体化解决的原则，防止有的受害人获得足额清偿而有的受害人却根本不能得到补偿的现象发生。因此，只要是涉及非法集资犯罪的案件，民事案件审理中发现了就要移送。法院就不再审理了，这是一种处理方式。

第二类处理方式，如果在审理民间借贷案件的过程中，涉及非法集资等犯罪的线索与材料，在这样一种情况下怎么办？比如有人非法集资，把非法集资来的钱又转贷给他人，后者转贷会形成民间借贷的案件，对这类案件怎么办？我们新的司法解释第六条做了规定，涉及非法集资线索的材料，我们应当要移送到公安机关或者是检察机关，但是对于后面的民间借贷的那部分案件还要继续审理。

第三类情况，在审理非法集资的案件过程中，可能会涉及担保人的担保责任问题，我们在审理案件中不因为一部分当事人的非法集资犯罪就认定整个合同无效，担保人的担保责任也没了，这是不行的。遇到这种情况，只要当事人要起诉担保人，对这类案件，人民法院是应当予以受理的。

第四种情况，如果民间借贷的案件审理过程中，案件的基本事实需要刑事案件查清以后才能继续审理的，这类案件就应当中止审理，因为犯罪事实的行为可能涉及民间借贷案件的基本事实，基本案件事实可能涉及主体、权利义务的确定等，这一类我们要先刑后民，先把刑事案件结案了，我们民事案件才能恢复审理。"

三、部分地方高级人民法院规定

（一）《四川省高级人民法院关于审理民间借贷纠纷案件若干问题的指导意见》（2016 年 7 月 27 日发布）规定：

"9. 民间借贷案件中有关联但不是同一事实的认定及处理

借款人或者出借人的行为涉嫌刑事犯罪，该行为与民间借贷有牵连，却又不是同一事实的，对于民间借贷纠纷，人民法院应当继续审理，对于犯罪线索材料，人民法院应当移送给公安或检察机关，或告知当事人向公安或检察机关控告或者报案。

存在以下情形之一的，应认定为有关联但不是同一事实：

（一）借款人为筹集到借款而私刻某单位公章，并以私刻的公章在担保人一栏中盖章的；

（二）借款人涉嫌非法集资等刑事犯罪，但民间借贷纠纷所涉借款不在非法集资等刑事犯罪范围内的；

（三）借款人涉嫌非法集资等刑事犯罪，虽然非法集资金额包含民间借贷纠纷所涉借款，但出借人单独起诉不涉嫌犯罪的担保人的；

（四）其他与民间借贷有关联但不是同一事实的情形。"

（二）《北京市高级人民法院关于审理民间借贷案件若干问题的会议纪要》（2013 年 12 月 27 日发布）规定：

"第二十三条　人民法院在审理中，发现民间借贷行为涉嫌非法集资、非法吸收公众存款、贩毒、洗钱、传销等犯罪，或者当事人一方主张涉嫌犯罪，要求移送的，依照最高人民法院《关于在审理经济纠纷案件中涉及经济犯罪嫌疑若干问题的规定》第十条、第十一条、第十二条的规定，根据具体情况分别处理：

1. 案件存在明显的犯罪嫌疑，可以全案移送的，裁定驳回起诉，退还案件受理费，将有关材料移送公安机关或者检察机关；

2. 当事人一方主张涉嫌犯罪但没有提供证据证明，或者其他当事人虽有犯罪嫌疑但与民间借贷纠纷案件没有必然关联或者不属同一法律关系的，经与公安机关或检察机关联系后，案件继续审理。但有关犯罪嫌疑的线索、材料可以移送公安机关或者检察机关；

3. 案件的审理，必须以刑事案件的审理结果为依据的，裁定中止诉讼。”

084 民间借贷出借人、借款人涉嫌犯罪的，是否影响借贷合同的效力？

——民间借贷借款人的借贷行为涉嫌犯罪的，借贷合同、担保合同不当然无效

阅读提示

民间借贷出借人、借款人的借贷行为涉嫌犯罪或已被认定为犯罪，借贷合同、担保合同是否因此而无效？最高人民法院认为，该情形下借贷合同、担保合同并不当然无效，应根据合同法、《最高人民法院关于审理民间借贷案件适用法律若干问题的规定》相关规定判断合同效力。

裁判要旨

民间借贷借款人的借贷行为涉嫌犯罪，借贷合同、担保合同并不当然无效。

案情简介

2013 年 5 月，叶某与洪某签订《借款合同》和《房地产抵押合同》，约定：叶某向洪某借款，月利息为 2%，借款期限为一年，叶某以其名下房产作抵押，如逾期还款，应承担违约责任。A 股份、A 集团和叶某向洪某出具《保证函》，对叶某的债务承担连带责任。合同签订后，洪某先后向叶某支付借款本金 9000 万元。

2014 年 7 月，叶某与洪某签订《补充协议》，约定：将借款期限延至 2014 年 8 月，叶某向洪某支付补偿金：2014 年 5 月至 2014 年 6 月的补偿金为 180 万元，

2014 年 6 月后的补偿金为 270 万元 / 月。A 集团、叶某向洪某出具《保证函》，对延期还款的债务承担连带责任。

洪某向福建省高级人民法院提起诉讼，请求判令：叶某偿还借款 9000 万元及利息、补偿金、违约金；叶某、A 股份、A 集团承担连带责任保证；洪某有权对抵押物优先受偿。A 股份答辩称，叶某涉嫌犯罪，本案应当中止审理。福建省高级人民法院判决：叶某向洪某偿还借款 9000 万元及利息；洪某有权就抵押房产优先受偿；叶某、A 股份、A 集团就抵押房产不足清偿部分承担连带责任。

A 集团不服福建省高级人民法院判决，向最高人民法院提起上诉称，洪某系长期从事放贷和高利贷转贷业务，应当认定本案借款合同无效。最高人民法院判决驳回上诉，维持原判。

裁判要点

本案担保人 A 集团上诉理由之一为：洪某与叶某之间的借款合同及该公司所作担保行为无效。对此，法院认为，第一，借款人叶某是否涉嫌犯罪，并不影响洪某与叶某民间借贷合同的效力，且现有证据不足以认定叶某涉嫌犯罪；第二，A 集团虽然主张洪某属于长期、经常性放贷，并有高利转贷等行为，但并未提供相应的证据予以证实。因此，最高人民法院对于 A 集团的主张不予支持。

实务经验总结

前事不忘，后事之师。为避免未来发生类似败诉，提出如下建议：

1. 民间借贷借款人、出借人的借贷行为涉嫌犯罪或已被认定构成犯罪，借款合同、担保合同并不当然无效，此时借贷当事人主张合同无效的，法院可根据合同法、《最高人民法院关于审理民间借贷案件适用法律若干问题的规定》的规定认定合同效力。

2. 根据《最高人民法院关于审理民间借贷案件适用法律若干问题的规定》的规定，如果出借人起诉借款人偿还借款，法院发现民间借贷行为本身涉嫌非法集资犯罪的，应当裁定驳回起诉，此时案件将进入刑事程序。但是该情形下出借人仍可提起民事诉讼请求担保人承担责任，借款合同、担保合同并不因民间借贷行为本身涉嫌非法集资犯罪而无效。

相关法律规定

《最高人民法院关于审理民间借贷案件适用法律若干问题的规定》

第十三条　借款人或者出借人的借贷行为涉嫌犯罪，或者已经生效的判决认定构成犯罪，当事人提起民事诉讼的，民间借贷合同并不当然无效。人民法院应当根据合同法第五十二条、本规定第十四条之规定，认定民间借贷合同的效力。

担保人以借款人或者出借人的借贷行为涉嫌犯罪或者已经生效的判决认定构成犯罪为由，主张不承担民事责任的，人民法院应当依据民间借贷合同与担保合同的效力、当事人的过错程度，依法确定担保人的民事责任。

第十四条　具有下列情形之一，人民法院应当认定民间借贷合同无效：

（一）套取金融机构信贷资金又高利转贷给借款人，且借款人事先知道或者应当知道的；

（二）以向其他企业借贷或者向本单位职工集资取得的资金又转贷给借款人牟利，且借款人事先知道或者应当知道的；

（三）出借人事先知道或者应当知道借款人借款用于违法犯罪活动仍然提供借款的；

（四）违背社会公序良俗的；

（五）其他违反法律、行政法规效力性强制性规定的。

《中华人民共和国合同法》

第五十二条　有下列情形之一的，合同无效：

（一）一方以欺诈、胁迫的手段订立合同，损害国家利益；

（二）恶意串通，损害国家、集体或者第三人利益；

（三）以合法形式掩盖非法目的；

（四）损害社会公共利益；

（五）违反法律、行政法规的强制性规定。

《中华人民共和国担保法》

第五条　担保合同是主合同的从合同，主合同无效，担保合同无效。担保合同另有约定的，按照约定。

担保合同被确认无效后，债务人、担保人、债权人有过错的，应当根据其过错各自承担相应的民事责任。

法院判决

以下为该案在法院审理阶段，裁判文书中“本院认为”部分就该问题的论述：

根据一审、二审查明的事实，洪某具有一定的经济能力，其以自有资金与叶某发生资金使用关系，双方意思表示真实。合同签订后，洪某已按约出借款项，叶某也支付了部分利息，合同成立并实际履行，并不存在以欺诈、胁迫手段损害他人利益、以合法形式掩盖非法目的方式损害社会公共利益及违反法律、行政法规强制性规定的情形，双方的借贷关系依法应受法律保护。A集团虽然主张洪某属于长期、经常性放贷，并有高利转贷等行为，但并未提供相应的证据予以证实，其所举部分相关材料虽然证明洪某与他人发生若干借贷纠纷，但难以证明洪某属专门以放贷为业或有高额非法获利。同时，叶某是否涉嫌集资犯罪，并不影响洪某与叶某民间借贷合同的效力。据此，本院认为，A集团主张洪某与叶某之间的借款合同及该公司所作担保行为无效，均无事实和法律依据。

案件来源

洪某与A电力集团有限公司、叶某等民间借贷纠纷二审民事判决书［最高人民法院（2016）最高法民终158号］

延伸阅读

一、借款人或者出借人的借贷行为涉嫌犯罪或已被认定为犯罪，法院认定借贷合同、担保并不当然无效

案例一：吴某与雷某与江西A公司、江山市B公司、俞某借款合同纠纷申请再审民事裁定书［最高人民法院（2016）最高法民申458号］认为，“借款人或者出借人的借贷行为涉嫌犯罪，或者已经生效的判决认定构成犯罪，当事人提起诉讼的，民间借贷合同并不当然无效。本案中民间借贷合同是双方当事人真实的意思表示，合法有效。借款人依据民间借贷合同主张民事权利，依法应当得到保护。吴某关于一、二审存在程序违法的主张缺乏依据，本院不予支持。”

案例二：牛某、王某等民间借贷纠纷申诉、申请民事裁定书［最高人民法院（2016）最高法民申3534号］认为，“对于借款人是否涉嫌犯罪的认定，不影响担保责任的认定与承担。对于牛某主张担保合同无效的观点，本院不予采信。”

二、杜万华就《最高人民法院关于审理民间借贷案件适用法律若干问题的规定》答记者问（2015年8月6日，节选）

“问：民间借贷因涉嫌非法集资而触犯刑事法律的现象是非常普遍的，在此类案件中，当事人既向公安机关报案要求追究犯罪嫌疑人的刑事责任，也向人民法院提起民事诉讼，请问《规定》如何协调刑事与民事的关系？

答：民间借贷的司法解释确实涉及民刑交叉的问题，在审判实践中，存在大量的民间借贷纠纷案件往往都与非法吸收公共存款罪，还有集资诈骗罪等刑事案件交错。在这种情况下，如何来协调处理刑事案件和民事案件是我们当前处理民间借贷纠纷中比较重要的一个问题。

2014年3月，最高人民法院、最高人民检察院和公安部曾经共同颁布了《关于办理非法集资刑事案件适用法律若干问题的意见》。按照这个《意见》，人民法院在审理民事案件中如果发现有非法集资的犯罪，应当将案件移送公安机关或者检察机关。这次我们制定司法解释的时候，实际上就对这个问题进行了重申，也就是重新把它规定到我们民事司法解释里面来。之所以如此规定，是因为非法集资案件涉及不特定的多数人的利益，在处理上应当坚持一体化解决的原则，防止有的受害人获得足额清偿而有的受害人却根本不能得到补偿的现象发生。因此，只要是涉及非法集资犯罪的案件，民事案件审理中发现了就要移送。法院就不再审理了，这是一种处理方式。

第二类处理方式，如果在审理民间借贷案件的过程中，涉及非法集资等犯罪的线索与材料，在这样一种情况下怎么办？比如有人非法集资，把非法集资来的钱又转贷给他人，后者转贷会形成民间借贷的案件，对这类案件怎么办？我们新的司法解释第六条做了规定，涉及非法集资线索的材料，我们应当移送到公安机关或者是检察机关，但是对于后面的民间借贷的那部分案件还要继续审理。

第三类情况，在审理非法集资的案件过程中，可能会涉及担保人的担保责任问题，我们在审理案件中不因为一部分当事人的非法集资犯罪就认定整个合同无效，担保人的担保责任也没了，这是不行的。遇到这种情况，只要当事人要起诉担保人，对这类案件，人民法院是应当予以受理的。

第四种情况，如果民间借贷的案件审理过程中，案件的基本事实需要刑事案件查清以后才能继续审理的，这类案件就应当中止审理，因为犯罪事实的行为可能涉及民间借贷案件的基本事实，基本案件事实可能涉及主体、权利义务的确定等，这一类我们要先刑后民，先把刑事案件结案了，我们民事案件才能恢复审理。”

三、部分地方高级人民法院指导意见

（一）《四川省高级人民法院关于审理民间借贷纠纷案件若干问题的指导意见》（2016 年 7 月 27 日发布）规定：

“15. 涉嫌犯罪的民间借贷合同效力的认定

借贷双方合谋以签订借款合同的形式实施犯罪行为的，应认定双方当事人存在《中华人民共和国合同法》第五十二条规定‘以合法形式掩盖非法目的’的行为，双方签订的借款合同无效；如实施犯罪行为仅是合同一方的目的而非双方的共同目的，不属于《中华人民共和国合同法》第五十二条规定‘以合法形式掩盖非法目的’的行为，合同相对方请求确认借款合同有效的，人民法院应予支持。”

（二）《江苏省高级人民法院关于民间借贷、借款、担保合同案件涉及经济犯罪若干问题的纪要》（2016 年 4 月 28 日发布）规定：

“三、民间借贷、借款、担保行为本身涉嫌集资诈骗、非法吸收公众存款、贷款诈骗、骗取贷款、合同诈骗等经济犯罪，债权人起诉担保人的，主合同、担保合同不因行为涉嫌或构成犯罪而当然无效。主合同、担保合同的效力应当根据《中华人民共和国合同法》、《中华人民共和国担保法》、《最高人民法院关于审理民间借贷案件适用法律若干问题的规定》等相关规定予以认定。”

085 如何区分民间借贷与诈骗犯罪行为？

——当事人以民间借贷为名，虚构事实、隐瞒真相，骗取他人巨大数额资金的，构成诈骗罪

阅读提示

2018 年 8 月，最高人民法院发布《关于依法妥善审理民间借贷案件的通知》。该通知中明确要求各级法院在审理民间借贷纠纷案件中，要加强对民间借贷行为与诈骗等犯罪行为的甄别，对于民间借贷行为本身涉及违法犯罪的，应当裁定驳回起诉，并将涉嫌犯罪的线索、材料移送公安机关或检察机关。刑事判决认定出借人构成“套路贷”诈骗等犯罪的，人民法院对已按普通民间借贷纠纷作出的生效判决，应当及时通过审判监督程序予以纠正。

因此，如何区分民间借贷与诈骗罪便在实务中具有重要意义。本文引用案例系当事人以民间借贷为名骗取他人数额巨大资金的诈骗罪案例，以此为参照，旨在对民间借贷与诈骗罪之间的关系进行梳理。

裁判要旨

诈骗罪是指以非法占有为目的，用虚构事实或者隐瞒真相的方法，骗取数额较大的公私财物的行为。当事人为骗取他人财产，假借民间借贷名义，虚构事实、隐瞒真相，应当以诈骗罪论处。

案情简介

2013 年 3 月，杨某向德阳市土地收购储备中心转款人民币 400 万元，后以误转为由收回该笔款项。同年 5 月，杨某使用实际已收回的该笔转账凭证，并以购买土地、补缴土地出让金的名义，骗取袁某资金人民币 63.4 万余元。

2013 年 12 月至 2014 年 8 月，杨某用伪造的购房合同、缴款收据，以补交购房款、办理房产过户手续的名义多次骗取胡某、刘某某资金，共计人民币 1540.4 万元。

2014 年 10 月下旬，杨某用伪造的建筑工程施工居间合同、转款凭证等资料，以缴纳工程保证金的名义骗取黄某资金人民币 140 万元。

2014 年 11 月下旬，杨某用伪造的德阳市国土资源局和德阳市卫生局的批文，以其控制的德阳市友好投资公司注册资金需要增资为由，骗取兰某、苏某资金人民币 349 万元。

2015 年，德阳市中级人民法院依法审理杨某犯诈骗罪一案。法院认为，被告人杨某以非法占有为目的，采用虚构事实、隐瞒真相的方法，骗取他人资金共计人民币 2092.8 万余元，数额特别巨大，其行为已构成诈骗罪。杨某在缓刑考验期限内犯新罪，法院判决撤销缓刑，数罪并罚，决定执行无期徒刑，剥夺政治权利终身，并处没收个人全部财产。

杨某不服一审判决，向四川省高级人民法院提起上诉，辩称其不具备非法占有借款目的，杨某向本案被害人已出具借条，因此其行为系民间借贷。四川省高级人民法院经审理，对杨某上诉意见不予支持，裁定驳回上诉、维持原判。

裁判要点

杨某以非法占有为目的，采用虚构事实、隐瞒真相的方法，骗取他人资金共计人民币 2134.8 万余元，数额特别巨大，其行为已构成诈骗罪。杨某故意编造客观上不存在的事实，骗取被害人的信任，或者掩盖事实真相，使被害人产生错误认识，以无效的转账凭证、虚构的商品房买卖协议及补充协议、虚构的建筑工程施工居间合同、伪造的德阳市国土资源局批文及德阳市卫生局批准书等，骗取本案被害人资金供其使用，因此杨某提出本案行为系民间借贷的辩护意见不能成立。

实务经验总结

前事不忘，后事之师。为避免未来发生类似败诉，提出如下建议：

诈骗犯罪行为与民间借贷行为的区分关键在于行为人是否具备非法占有之目的。考察行为人的主观目的，应当从行为人实施的具体客观行为事实方面进行综合判断。具体到个案，应当根据涉案金额是否明显超出民间借贷的范围、行为人与出借人的相互关系、借款原因是否虚构或者隐瞒真相、不能按期归还的目的是否在于侵吞以及行为人借款时是否存在还款能力等多方面综合考虑，根据主客观因素进行整体判断。此外，若行为人之前已有过多次拖欠、逃避借款等不诚信之行为，其构成诈骗罪的犯罪嫌疑程度便会较高。

虽然司法实践中会出现犯罪人向被害人出具借条并承认借款关系，甚至承诺还款并有少量还款行为的现象，但若其是为了敷衍被害人，为日后行骗作铺垫，或者为了防止被害人报案，掩饰犯罪、逃避打击，则行为人并无偿还借款的真实意愿，应当认定其构成诈骗罪。此外，民间借贷纠纷中虽然也会出现借款人虚构生活、经济困难等事实而获得他人借款的现象，但其目的在于借款而非诈骗，与诈骗罪中的虚构事实、隐瞒真相的恶劣程度依然存在差异。

相关法律规定

《中华人民共和国刑法》

第二百六十六条 诈骗公私财物，数额较大的，处三年以下有期徒刑、拘役或者管制，并处或者单处罚金；数额巨大或者有其他严重情节的，处三年以上十年以下有期徒刑，并处罚金；数额特别巨大或者有其他特别严重情节的，处十年以上有期徒刑或者无期徒刑，并处罚金或者没收财产。本法另有规定的，依照规定。

《最高人民法院、最高人民检察院关于办理诈骗刑事案件具体应用法律若干问题的解释》

第一条 诈骗公私财物价值三千元至一万元以上、三万元至十万元以上、五十万元以上的，应当分别认定为刑法第二百六十六条规定的“数额较大”、“数额巨大”、“数额特别巨大”。

各省、自治区、直辖市高级人民法院、人民检察院可以结合本地区经济社会发展状况，在前款规定的数额幅度内，共同研究确定本地区执行的具体数额标准，报最高人民法院、最高人民检察院备案。

第二条 诈骗公私财物达到本解释第一条规定的数额标准，具有下列情形之一的，可以依照刑法第二百六十六条的规定酌情从严惩处：

（一）通过发送短信、拨打电话或者利用互联网、广播电视、报刊杂志等发布虚假信息，对不特定多数人实施诈骗的；

（二）诈骗救灾、抢险、防汛、优抚、扶贫、移民、救济、医疗款物的；

（三）以赈灾募捐名义实施诈骗的；

（四）诈骗残疾人、老年人或者丧失劳动能力人的财物的；

（五）造成被害人自杀、精神失常或者其他严重后果的。

诈骗数额接近本解释第一条规定的“数额巨大”、“数额特别巨大”的标准，并具有前款规定的情形之一或者属于诈骗集团首要分子的，应当分别认定为刑法第二百六十六条规定的“其他严重情节”、“其他特别严重情节”。

第三条 诈骗公私财物虽已达到本解释第一条规定的“数额较大”的标准，但具有下列情形之一，且行为人认罪、悔罪的，可以根据刑法第三十七条、刑事诉讼法第一百四十二条的规定不起诉或者免予刑事处罚：

（一）具有法定从宽处罚情节的；

（二）一审宣判前全部退赃、退赔的；

（三）没有参与分赃或者获赃较少且不是主犯的；

（四）被害人谅解的；

（五）其他情节轻微、危害不大的。

第四条 诈骗近亲属的财物，近亲属谅解的，一般可不按犯罪处理。

诈骗近亲属的财物，确有追究刑事责任必要的，具体处理也应酌情从宽。

第五条 诈骗未遂，以数额巨大的财物为诈骗目标的，或者具有其他严重情节的，应当定罪处罚。

利用发送短信、拨打电话、互联网等电信技术手段对不特定多数人实施诈骗，诈骗数额难以查证，但具有下列情形之一的，应当认定为刑法第二百六十六条规定的“其他严重情节”，以诈骗罪（未遂）定罪处罚：

（一）发送诈骗信息五千条以上的；

（二）拨打诈骗电话五百人次以上的；

（三）诈骗手段恶劣、危害严重的。

实施前款规定行为，数量达到前款第（一）、（二）项规定标准十倍以上的，或者诈骗手段特别恶劣、危害特别严重的，应当认定为刑法第二百六十六条规定的“其他特别严重情节”，以诈骗罪（未遂）定罪处罚。

第六条 诈骗既有既遂，又有未遂，分别达到不同量刑幅度的，依照处罚较重的规定处罚；达到同一量刑幅度的，以诈骗罪既遂处罚。

第七条 明知他人实施诈骗犯罪，为其提供信用卡、手机卡、通讯工具、通讯传输通道、网络技术支持、费用结算等帮助的，以共同犯罪论处。

第八条 冒充国家机关工作人员进行诈骗，同时构成诈骗罪和招摇撞骗罪的，依照处罚较重的规定定罪处罚。

第九条 案发后查封、扣押、冻结在案的诈骗财物及其孳息，权属明确的，应当发还被害人；权属不明确的，可按被骗款物占查封、扣押、冻结在案的财物及其孳息总额的比例发还被害人，但已获退赔的应予扣除。

第十条 行为人已将诈骗财物用于清偿债务或者转让给他人，具有下列情形之一的，应当依法追缴：

（一）对方明知是诈骗财物而收取的；

（二）对方无偿取得诈骗财物的；

（三）对方以明显低于市场的价格取得诈骗财物的；

（四）对方取得诈骗财物系源于非法债务或者违法犯罪活动的。

他人善意取得诈骗财物的，不予追缴。

《最高人民法院关于依法妥善审理民间借贷案件的通知》

二、严格区分民间借贷行为与诈骗等犯罪行为。人民法院在审理民间借贷纠纷案件中，要切实提高对“套路贷”诈骗等犯罪行为的警觉，加强对民间借贷行为与诈骗等犯罪行为的甄别，发现涉嫌违法犯罪线索、材料的，要及时按照《最高人民法院关于在审理经济纠纷案件中涉及经济犯罪嫌疑若干问题的规定》和《最高人民法院关于审理民间借贷案件适用法律若干问题的规定》依法处理。民间借贷行为本身涉及违法犯罪的，应当裁定驳回起诉，并将涉嫌犯罪的线索、材料移送公安机关或检察机关，切实防范犯罪分子将非法行为合法化，利用民事判决堂而皇之侵占被害人财产。刑事判决认定出借人构成“套路贷”诈骗等犯罪的，人民法院对已按普通民间借贷纠纷作出的生效判决，应当及时通过审判监督程序予以纠正。

法院判决

以下为该案在法院审理阶段，裁判文书中“本院认为”部分就该问题的论述：

上诉人（原审被告人）杨某以非法占有为目的，采用虚构事实、隐瞒真相的方法骗取他人资金，共计人民币2134.8万余元，数额特别巨大，其行为已构成诈骗罪。杨某在缓刑考验期限内再犯新罪，应当撤销缓刑，数罪并罚。杨某到案后能够如实供述自己的犯罪事实，系坦白。杨某故意编造客观上不存在的事实，骗取被害人的信任，或者掩盖事实真相，使被害人产生错误认识，以无效的转账凭证、虚构的商品房买卖协议及补充协议、虚构的建筑工程施工居间合同、伪造的德阳市国土资源局批文及德阳市卫生局批准书等，骗取本案被害人资金供其使用，杨某提出“上诉人没有虚构事实，也没有使用伪造的商品房购买协议等资料，信用良好是胡某、刘某某借钱的根本原因，没有诈骗故意，也没有使用诈骗手段，从未想过非法占有”的上诉理由，以及二审庭审中辩解称“第二笔胡某、刘某某的资金应属于民间借贷”，辩护人提出“原判决将杨某向袁某、胡某、刘某某和兰某、苏某的借款行为认定为诈骗，是定性错误，杨某不存在虚构事实或者隐瞒真相，一审法院认定借款属于诈骗，系定性错误，属于民间借贷”的辩护意见不能成立。杨某将骗取的资金除一部分用于归还其他被骗人的部分资金外，其余均供其自己消费使用，杨某提出“一直依约还款付息”的上诉理由亦不能成立。杨某虽然“支付了建医院的保证金、租金、装修费用，购买医疗设备、救护车等”，但那只是所骗资金的很小一部分，不至于造成“不得不陆续向民间借贷，利息越来越高，最后完全是被债务推着走的”局面，杨某提出“一审认定事实有误，并未充分考虑本案的实际情况”的上诉理由亦不能成立。司法会计鉴定证实，从2013年5月15日杨某收到袁某转款700万元起，至2013年12月19日止，杨某共收到袁某转款1560.189万元，还款1594.7333万元（其中有98万元系明确退给袁某的其他款项，应从中减除），因此杨某该次涉案金额尚有63.4557万元未归还。2014年4月18日至案发，杨某收到刘某某资金842万元，杨某支付刘某某资金779.6万元，尚有62.4万元未归还；2013年12月13日至案发，杨某收到胡某资金2020万元，杨某支付胡某资金500万元，尚有1520万元未归还，共计有1582.4万元未归还。2014年10月21日至12月12日，杨某收到黄某资金240.55万元，杨某支付黄某资金100万元，尚有140余万元未归还。截至2014年12月12日，杨某收到兰某、苏某共计资金500万元，杨某未付兰某资金，未还款金额为：500万元-10万元（收款当天支付的利息）-141万元（两辆汽车变卖款）＝349万元。二审庭审中，杨某辩解称“第一笔袁某的资金已经还清”，辩护人提出“原判对杨某的涉案金额认定有误”的辩护意见亦不能成立。杨某自愿将轿车抵押给被害人兰某、苏某，在不能还清被害人资金时，被害人有权采取合理方式对轿车作出处理，且处理结果经公安机关查证为141万元，杨某在二审庭审中提出“车辆应由中间机构评估处理”的辩解不能成立。杨某虽是几家公司的法人代表，但纳税证明、纳税申报表证实，东大医院纳税情况为2012年缴纳印花税60元，2013年未纳税，2014年缴纳印花税111.80元；德阳友好投资有限公司2010年1月至2014年12月未进行纳税申报，缴纳税收零元；德阳东美医疗美容整形门诊部截至2015年6月的净利润为-3,985,208.63元。德阳拾光医疗投资公司财务报表证实，至2015年6月，该公司的净利润为-9648.49元。辩护人提出“从借款履约能力看，杨某是多家公司的法人代表，具有还款能力；从借款用途看，杨某没有恶意处分借款，或携款潜逃；从还款情况看，杨某一直在积极偿还，没有逃避还款义务，杨某不具有非法占有借款的目的，不构成诈骗罪，而系民间借贷，相关金额不应计入犯罪金额”的辩护意见亦不能成立。杨某在合同诈骗缓刑期间又犯诈骗罪，金额特别巨大，主观恶性深，本案被害人胡某虽然书面对杨某表示谅解，但杨某没有实际退赔被害人的损失，不足以对其从轻处罚。检察员的出庭意见正确，本院予以采纳。原判认定事实和适用法律正确，定性准确，量刑适当，审判程序合法。

案件来源

杨某诈骗案二审刑事裁定书［四川省高级人民法院（2016）川刑终143号］

延伸阅读

以民间借贷为名骗取他人借款构成诈骗罪的相关案例：

案例一：唐某集资诈骗案二审刑事判决书［湖南省高级人民法院（2016）湘刑终168号］认为，“唐某上诉及其辩护人辩护提出‘不具有非法占有的目的，没有使用诈骗方法，借款行为应定性为民间借贷’的上诉理由和辩护意见。经查：多名被害人的陈述表明，唐某向集资参与人以生产需要资金为由，通过口口相传的方式大量集资；司法会计鉴定、证人证言和唐某、贺某的供述表明，唐某集资款主要去向用于还本付息以维持资金链的运转，且有抽逃、转移资金和吞食、撕毁集资参与人的借条的行为，足以认定唐某使用诈骗方法非法集资。因此，该上诉理由不能成立，对该辩护意见不予采纳。

……

唐某上诉及其辩护人辩护提出‘没有非法占有贷款的故意’的上诉理由和辩护意见。经查：唐某隐瞒没有归还能力的事实，编造虚假的贷款事由，以他人的名义贷款，获取贷款后用于偿还其他债务，导致贷款无法返还，应当认定唐某具有非法占有贷款的故意。因此，该上诉理由不能成立，对该辩护意见不予采纳。

唐某上诉及其辩护人辩护提出‘是安仁县农村信用合作社没有要求四位借款人偿还借款，没有要求提供抵押、担保手续等管理漏洞和制度缺陷导致贷款无法归还，不构成贷款诈骗罪’的上诉理由和辩护意见。经查：负责审批、发放贷款的袁某涛、何某斌的证言表明，因在贷款审批时，唐某珠等四人是帮唐某贷款，故贷款到期后，安仁县农村信用合作社曾向唐某催收贷款，是因唐某拒不归还贷款而导致贷款无法归还；从贷款去向来看，贷款审批手续完成后，唐某立即将所取得的贷款用于归还个人欠款，而没有按贷款用途使用。因此，该上诉理由不能成立，对该辩护意见不予采纳。”

案例二：吴某诈骗二审裁定书［上海市高级人民法院（2017）沪刑终103号］认为，“关于诈骗潘某一节的事实：经查，被害人潘某的陈述、证人杨某等人的证言、司法会计鉴定意见、相关房屋买卖合同、二手车交易协议证实：（1）吴某向潘某谎称其拥有本市真华路××××弄11、12、27号三套房产，因急需用钱愿意以每套800万元低价出售给潘某，并与潘某签订三份虚假的房屋买卖合同，从潘某处骗得1380万元的购房款。（2）当潘某发现被骗后，想通过借款给吴某，从吴某处获得法拉利轿车和迈凯伦汽车的实际处置权，以挽回损失，便出资以朋友杨某和自己的名义分别借款1000万元和650万元（共计1650万元）给吴某。而吴某明知上述法拉利轿车和迈凯伦汽车系租赁和骗借所得，所有权为他人，其根本无权处置的情况下，仍通过签订虚假的二手车交易协议书，继续从潘某处骗得钱款。（3）司法鉴定补充意见书证实，潘某支付给吴某共计3030万元，吴某先后返还资金1816万元。至案发仍有1214万元未归还。（4）涉案的迈凯伦汽车系向某公司租赁，法拉利轿车系刘某所有。案发后，公安机关将车辆依法发还。

本院认为，吴某虚构低价买房，故意隐瞒车辆不能由其处置的事实，骗取被害人钱款，具有非法占有的主观故意，原判以其未归还的钱款认定诈骗数额并无不当。上诉人及辩护人提出吴某与潘某之间系民事法律关系，且已还清的辩解与事实不符，本院不予采信。

关于诈骗孙某一节的事实：经查，（1）被害人孙某、马某陈述称，吴某向孙某称其能低价购买大华商品房，为此孙某托吴某和其朋友马某购买低价房屋，并先后支付2000余万元购房款。后因无法购买房产，吴某先后退回部分购房款，尚欠1390万元。（2）吴某在侦查阶段的供述、证人陈某的证言、微信聊天记录、伪造的上海某集团收据等证据证实，吴某向孙某谎称能低价购房，从被害人处骗得购房款。其让司机陈某伪造某集团的购房收据330万元交给被害人马某，还指使陈某冒用他人名义与孙某微信聊天，确认从孙某处收取购房款1130万元。

本院认为，吴某以低价购房为诱饵，骗取孙某等人的房款不仅有被害人的陈述和被告人的供述相印证，还有相关微信聊天记录和伪造的收据相佐证。原判从有利于被告人的原则出发，就低认定1100万元并无不当。上诉人及其辩护人称该款系赌博款的辩解与事实不符，本院不予采信。

关于诈骗曹某一节的事实：经查，（1）被害人曹某陈述称，吴某称其是某集团下属A公司的副总经理，可以帮忙买到内部低价房产，曹某便支付500余万元购房款。之后，曹某发现吴某提供的房产收件收据号是虚假的，且购买的房屋产权不属于大华集团，便要求吴退款。（2）吴某出具的书面材料、上海市房地产登记簿、银行支票等证据证实，涉案的房产属于上海华绣投资有限公司所有，吴某出具的一张580万元的支票遭银行退票。（3）合作协议证实，吴某与曹某共同投资涉案房产，吴某收到曹某投资款530万元。

本院认为，吴某无论以低价购房为由，还是以合作开发洗车房为由，将其无权处分的房产虚假出售给他人，非法占有他人钱款，该行为已构成诈骗罪。原判根据司法会计鉴定意见和补充鉴定意见所反映的事实即在合作协议签订之后双方再无资金往来，以合作协议中双方约定并确认的530万元作为诈骗数额并无不当。上诉人及其辩护人的意见与事实不符，本院不予采信。

关于诈骗张某一节的事实：经查，被害人张某的陈述、微信聊天记录证实，吴某向张某谎称华平股份定向增发，其能帮助张某投资，让张某出资50万元。司法会计鉴定意见及相关银行凭证证实，张某汇入吴某账户50万元，吴某陆续返还6万元。其余钱款用于归还欠款。

本院认为，上述证据证实，张某误以为吴某帮助其投资，才交付钱款，并非将钱款出借给吴某。况且，吴某获得钱款后也未用于所谓的购买股份投资，而是归还欠款，进一步印证吴某主观上具有非法占有的故意。吴某及其辩护人称双方系民间借贷的辩解与事实不符，本院不予采信。

关于诈骗黄某一节的事实：经查，（1）被害人黄某的陈述、购房证明等证据证实，吴某向黄某谎称其能低价购买上海西郊庄园的别墅，为此黄某支付给吴某511万元购房款。（2）黄某的陈述、兰博基尼汽车产品销售合同、相关收据证实，吴某向黄某谎称能帮助其购买兰博基尼汽车，为此黄某支付吴某300万元购车款。（3）司法会计鉴定意见、补充鉴定意见及相关转账凭证证实，黄某向吴某支付购房款511万元和购车款300万元。吴某将上述款项并未用于购房和买车，而是转入他人账户。（4）吴某在侦查阶段供述，其欠黄某900万余元。

本院认为，吴某以帮助黄某低价购房和购买豪车为诱饵，从黄某处骗得800余万元，并将该款用于个人还款，该行为符合诈骗罪的构成要件。吴某及其辩护人称与黄某系合作伙伴关系，所欠钱款系民间借贷的辩解与事实不符，本院不予采信。

关于诈骗王某、余某的事实：经查，（1）被害人王某、余某的陈述、车辆转押协议证实，吴某以需要资金周转为由，将其从汽车租赁公司和他人处租借的汽车擅自处分，转押给两名被害人，并取得借款。（2）查获的借据、收条证实，吴某向王某、余某出具的收条写明获得借款各500万元。（3）被害人王某的陈述、司法会计鉴定意见证实，王某通过银行转账向吴某支付450万元，另50万元为现金支付，余某通过银行向吴某转账分别为170万元和195万元，共计365万元。同时，吴某在向二人借款期间已有巨额欠款。

本院认为，上诉人吴某在巨额欠款，无偿还能力的情况下，仍故意将他人的车辆作无效转押，诱骗两名被害人出借资金，其具有非法占有借款的主观故意。原判以银行实际转账金额分别就低认定诈骗王某450万元和余某365万元并无不当。上诉人吴某及其辩护人称两名被害人系高利贷者，并通过他人统一放贷的辩解无证据印证，且与查明的事实不符，本院不予采信。

关于刘某一节的事实：经查，（1）被害人刘某的陈述、证人潘某的证言、二手车交易协议书证实，吴某从刘某处借得法拉利轿车一辆后，便找各种借口不予归还，同时擅自处分，将该车抵押给潘某，继续从潘某处骗得钱款。（2）借车及偿还协议、证人陈某的证言、房产证、银行支票等证据证实，吴某让其司机陈某伪造房产证，开具无效支票抵押给刘某，用于支付约定的2300万元车辆押金。（3）被害人陈述、收据、相关银行转账等证据证实，吴某向刘某谎称其将自己额度下购买的法拉利轿车抵押给刘某。吴某在支付400余万元预订车费后，取消预订，并将预订款全部取回。（4）涉案的法拉利轿车相关发票、销售合同，发还清单证实，涉案的法拉利轿车系刘某购买的新车，车价为2163.5万元。案发后，公安机关将车辆发还。

本院认为，吴某在借得被害人的车辆后不仅拒不返还，还向所有人隐瞒其擅自将车辆抵押给他人的事实，并用伪造的房产证和无法兑现的支票抵押给被害人，企图非法占有车辆，其行为符合诈骗罪的构成要件，原判决认定吴某诈骗刘某2100余万元并无不当。”

案例三：杨某诈骗罪二审刑事裁定书［新疆维吾尔自治区高级人民法院（2017）新刑终199号］认为，“上诉人杨某以皮山县人民医院医疗设备采购项目为名，使用伪造的招标文件、合同、银行账单骗取被害人高某人民币4,536,450元，用于店面资金周转及归还个人债务；杨某以帮助被害人席某购买公务员集资房、经济适用房为名骗取席某人民币180,000元。杨某上述行为构成诈骗罪，且属于数额特别巨大。

关于杨某提出的‘其借高某钱款属于民间借贷法律关系，不具有骗取高某钱财用于个人店面资金周转及归还个人债务的故意。其向高某出具了借款借据’的上诉理由及其辩护人提出的‘杨某先后向高某出具了九张借据，且与高某向杨某转账记录相符，双方形成民间借贷关系’的辩护意见。出具借据并不是排除诈骗罪的理由，应根据杨某的实际行为进行认定，故对该诉辩理由不予采纳。

关于杨某提出的‘王某1是皮山县医院医疗设备采购项目的实际操作人，骗取其300多万元’的上诉理由及其辩护人提出‘高某与杨某的聊天短信、王某1与杨某的通话记录可以证明杨某不是和田皮山医院项目的实际实施人’的辩护理由。经查，现有证据无法明确证实王某1是‘和田皮山县医院医疗设备采购项目’的实际操作人；杨某称王某1骗取其300多万元，亦没有证据证实，故对该诉辩理由不予采纳。

关于杨某提出的‘其从2009年起甚至更早时就从事医疗器械、药品、疫苗生意，不能因其未能提供任何疫苗等生意证据来印证其骗取高某钱财用于个人店面资金周转及归还个人债务’的上诉理由及其辩护人提出的‘杨某向侦查机关和公诉机关提交了其经营药店、门诊、化妆品生意证据及相关生意往来企业、人员情况的线索，侦查机关和公诉机关未对此进行调查核实’的辩护意见。经查，相关证据线索虽不排除杨某有从事医疗器械、药品、化妆品生意的事实，但该事实并不能否认杨某以皮山县人民医院医疗设备采购项目为名，使用伪造的招标文件、合同、银行账单骗取高某投资钱款，并将钱款用于其他用途的犯罪事实，故对该诉辩理由不予采纳。

关于杨某提出的‘其与席某之间属于民间借贷行为，不存在以非法占有为目的，虚构事实或隐瞒真相购买公务员房及经济适用房骗取席某18万元用于个人店面资金周转及归还个人债务的故意’的上诉理由及其辩护人提出的‘杨某未向席某承诺要为其购买公务员房及经济适用房，席某提供的银行汇款票据上是席某自已署名，没有杨某确定为席某买房的事实。二者系民间借贷'的辩护意见。经查，杨某与席某的通话记录证实杨某收了席某 18 万元用于购买房产事宜，席某亦提供了向杨某汇款 18 万元的银行汇款凭证，故对该诉辩理由不予采纳。

关于杨某的辩护人提出的'本案中杨某不存在故意隐瞒事实，非法占有他人财物为目的；原判未对高某与杨某何时开始进行和田皮山医院项目做出确定'的辩护意见。经查，现有证据无法证实高某对杨某给其看的招标文件、合同、银行账单系伪造的事实是明知的；原判根据杨某与高某签订的皮山县医院项目利润分配协议中的项目时间及杨某与高某商定将之前的生意投资款挪用到皮山县医院医疗设备项目的情况，以高某与杨某 2014 年 12 月至 2015 年 11 月期间的资金往来计算涉案金额并无不妥，故对该辩护理由不予采纳。"

案例四：廖某犯合同诈骗一案的二审裁定书［西藏自治区高级人民法院（2016）藏刑终 32 号］认为，"上诉人廖某以非法占有为目的，隐瞒西藏 A 公司在经开区的项目用地已被收回的真相，与被害人李某签订施工合同，骗取被害人工程保证金，其行为已构成合同诈骗罪，且数额特别巨大，依法应予惩处。

关于上诉人廖某及其辩护人提出'开发区无权收回土地，收取李某的 50 万元是借款，50 万元工程保证金的条子是伪造，自己不存在诈骗行为'的上诉理由及辩护意见。经查，在案证据证实廖某从李某处收取的是工程保证金，且其在项目用地已被收回、履行工程施工合同的基础性条件已经丧失的情况下，仍与被害人签订施工合同，收取保证金并实际控制保证金，直至案发也未能归还保证金，具有非法占有他人钱款的主观故意。故该上诉理由及辩护意见不予采纳，予以驳回。

关于上诉人廖某及其辩护人提出的'收回土地时李某在场，李某知道土地收回，70 万元属于民间借贷'的上诉理由及辩护意见。经查，证人黄某、赵某的证言与被害人李某的陈述相互印证，且证实经开区在通知廖某收回项目用地时李某不在现场，其在不知项目用地被收回的情况下向廖某分多次交纳保证金。故该上诉理由及辩护意见不予采纳，予以驳回。

关于上诉人廖某及其辩护人提出'A 公司获得经开区颁发的项目用地规划许可证后，其曾通过该公司建设银行账户给经开区支付土地款，不存在诈骗'的上诉理由及辩护意见。经查，A 公司在建设银行的活期明细证明 2009 年 11 月 4 日至 2015 年 9 月 7 日，A 公司 ××× 账号没有资金转入经开区。故该上诉理由及辩护意见不予采纳，予以驳回。"

086 如何认定“套路贷”？常见类型有哪些？

——当事人涉嫌“套路贷”犯罪的，应当裁定驳回起诉，并对虚假诉讼行为予以处罚

阅读提示

近年来，“套路贷”诈骗性犯罪开始出现，即通过“虚增债务”“伪造证据”“恶意制造违约”“收取高额费用”等方式非法侵占财物。个别案件中，放贷人甚至通过虚增债权债务、制造银行流水痕迹、故意失联制造违约等方式获得具有较高证明效力的借条、银行转账记录，借而提起诉讼，而被告难以提供与之相当的证据抗辩，导致放贷人的非法利益通过民间借贷诉讼得以兑现。为严厉打击犯罪和维护金融秩序，2018 年 8 月 1 日，最高人民法院发布《关于依法妥善审理民间借贷案件的通知》。该通知明确指出，法院在审查民间借贷案件中应当加大对借贷事实和证据的审查力度，并严格区分民间借贷行为与诈骗等犯罪行为。在此背景下，本书即以最高人民法院 2017 年一个判例作为范例对“套路贷”相关问题进行剖析。

裁判要旨

出借人强迫借款人签订借款协议，又通过循环转账，将款项转给借款人后又回到出借人控制的账户的方式，制造借款已实际交付的假象，并借此提起民事诉讼，意图使其非法利益合法化，该行为涉嫌刑事犯罪，法院应裁定驳回起诉，同时对虚假诉讼行为进行处罚。

案情简介

2012 年 2 月至 2014 年 5 月，王某在斯某已汇款支付赌债人民币 3.3637 亿元的情况下，为进一步敲诈斯某钱财和公司房产，先后逼迫斯某与汤某签下两份 1.5 亿元借款协议，并利用其实际控制的银行账户，制造虚假银行流水。后王某将款项转给斯某，再由斯某转回到出借人控制的账户。

2014 年，王某唆使汤某持借款协议向上海市第二中级人民法院起诉。上海市第二中级人民法院经审理认为，汤某等人涉嫌虚假诉讼，其真实目的在于以查封公司房产及股权为要挟对斯某进行敲诈勒索，据此裁定驳回起诉。

2016年，汤某不服，向上海市高级人民法院上诉。上海市高级人民法院裁定驳回上诉，维持原判。

2017年，汤某不服，向最高人民法院申请再审。最高人民法院经审理认定汤某等人涉嫌刑事犯罪，裁定驳回其再审申请，并要求原审法院对其虚假诉讼行为予以处罚。

裁判要点

"套路贷"诈骗犯罪设局者具备知识型犯罪特征，善于通过虚增债权债务、制造银行流水痕迹、故意失联制造违约等方式，形成证据链条闭环，并借助民事诉讼程序实现非法目的。人民法院在审理民间借贷案件中若发现有违法犯罪嫌疑的，除应当对借据、收据、欠条等债权凭证及银行流水等款项交付凭证进行审查外，还应结合款项来源、交易习惯、经济能力、财产变化情况、当事人关系以及当事人陈述等因素综合判断借贷的真实情况。若涉及违法犯罪，法院应当裁定驳回起诉，并将涉嫌犯罪的线索、材料移送公安机关或检察机关。

本案中，王某在斯某已汇款支付赌债人民币3.3637亿元的情况下，逼迫斯某与汤某签下两份1.5亿元借款协议，并利用其实际控制的银行账户，制造虚假银行流水，唆使汤某持借款协议向法院提起虚假诉讼，以为进一步敲诈斯某钱财和公司房产。最高人民法院认为该案涉嫌刑事犯罪，原审法院裁定驳回汤某的起诉并无不当，并应当对汤某的虚假诉讼行为进行处罚。

实务经验总结

前事不忘，后事之师。为避免未来发生类似败诉，提出如下建议：

1. 司法实践中，"套路贷"类型的诈骗犯罪主要包括以下几种：（1）以民间借贷为诱饵，诱骗被害人签订虚高借款金额的借条，并以银行走账方式虚构债务骗取被害人钱款（详见延伸阅读裁判规则一）。（2）诱骗被害人办理抵押借款，又以"违约金""保证金""行业操作惯例"等名义侵吞被害人财产（详见延伸阅读裁判规则二）。（3）以中介形式将被害人介绍给出资团伙，后者通过空放、银行走流水，诱使被害人写下虚高借条，再通过暴力索债、非法拘禁，勒索被害人财产（详见延伸阅读裁判规则三）。

2. 经案例梳理可知，司法实践中尽管很多借款人称遭遇"套路贷"，但难获法院支持。判决书中给出的理由包括：未发现合同存在法律规定的无效情形、借款人未因涉嫌“套路贷”犯罪被立案调查或被追究刑事责任、借款人未能提供充分证据证明借款属于“套路贷”等（详见延伸阅读裁判规则四）。

3. 当事人从事民间借贷行为应当严谨审慎，若发现出借人存在诈骗犯罪嫌疑的，应当及时咨询律师，向有关司法机关报案，以避免不必要的损失。

相关法律规定

《中华人民共和国刑法》

第二百六十六条 诈骗公私财物，数额较大的，处三年以下有期徒刑、拘役或者管制，并处或者单处罚金；数额巨大或者有其他严重情节的，处三年以上十年以下有期徒刑，并处罚金；数额特别巨大或者有其他特别严重情节的，处十年以上有期徒刑或者无期徒刑，并处罚金或者没收财产。本法另有规定的，依照规定。

《最高人民法院关于在审理经济纠纷案件中涉及经济犯罪嫌疑若干问题的规定》

第十一条 人民法院作为经济纠纷受理的案件，经审理认为不属经济纠纷案件而有经济犯罪嫌疑的，应当裁定驳回起诉，将有关材料移送公安机关或检察机关。

《最高人民法院关于审理民间借贷案件适用法律若干问题的规定》

第十九条 人民法院审理民间借贷纠纷案件时发现有下列情形，应当严格审查借贷发生的原因、时间、地点、款项来源、交付方式、款项流向以及借贷双方的关系、经济状况等事实，综合判断是否属于虚假民事诉讼：

（一）出借人明显不具备出借能力；

（二）出借人起诉所依据的事实和理由明显不符合常理；

（三）出借人不能提交债权凭证或者提交的债权凭证存在伪造的可能；

（四）当事人双方在一定期间内多次参加民间借贷诉讼；

（五）当事人一方或者双方无正当理由拒不到庭参加诉讼，委托代理人对借贷事实陈述不清或者陈述前后矛盾；

（六）当事人双方对借贷事实的发生没有任何争议或者诉辩明显不符合常理；

（七）借款人的配偶或合伙人、案外人的其他债权人提出有事实依据的异议；

（八）当事人在其他纠纷中存在低价转让财产的情形；

（九）当事人不正当放弃权利；

（十）其他可能存在虚假民间借贷诉讼的情形。

第二十条 经查明属于虚假民间借贷诉讼，原告申请撤诉的，人民法院不予准许，并应当根据民事诉讼法第一百一十二条之规定，判决驳回其请求。

诉讼参与人或者其他人恶意制造、参与虚假诉讼，人民法院应当依照民事诉讼法第一百一十一条、第一百一十二条和第一百一十三条之规定，依法予以罚款、拘留；构成犯罪的，应当移送有管辖权的司法机关追究刑事责任。

单位恶意制造、参与虚假诉讼的，人民法院应当对该单位进行罚款，并可以对其主要负责人或者直接责任人员予以罚款、拘留；构成犯罪的，应当移送有管辖权的司法机关追究刑事责任。

法院判决

以下为该案在法院审理阶段，裁判文书中“本院认为”部分就该问题的论述：

本案的争议焦点在于再审申请人汤某的权利能否得到民事救济的问题。上海市公安局2016年11月11日移送上海市人民检察院第一分院审查起诉的《起诉意见书》载明（第7页）（案号为：沪公诉字（2016）3号）：“经依法侦查查明……三、王某等人涉嫌虚假诉讼的犯罪事实，2012年2月至2014年5月，犯罪嫌疑人王某在被害人（斯某）已汇款支付赌债人民币3.3637亿元的情况下，为进一步敲诈被害人斯某钱财和公司房产，先后逼迫被害人与汤某签下两份1.5亿元借款协议……王某利用其实际控制的银行账户，制造虚假银行流水，并唆使汤某持上述三份借款协议向上海市第二中级人民法院提起虚假诉讼的方式，以查封被害人公司房产及股权为要挟，于2014年11月前后敲诈被害人斯某两处房产，其中一处公司房产（富绅国际商铺、办公楼，估价1.7亿元）斯某被逼以7100万元的低价‘转让’至王某指定的个人名下，另一处公司房产（富绅中心，估价1.99亿元）斯某被逼网签至王某指定的公司名下。……以下为王某利用其实际控制的银行账户制造虚假流水过程：2012年6月5日，汤某与斯某、上海吉富绅置业集团有限公司的1.5亿元借款合同指定斯某收款5000万元，指定韩某收款1亿元。实际上，王某从其控制与关联的银行账户凑齐1.5亿元，其中5000万元经汤某银行账户汇至被害人斯某银行账户，后在斯某收到该5000万元的当天，该5000万元即又转回至王某实际控制的严某银行账户内；另1亿元经汤某账户汇至韩某账户，后在韩某收到该1亿元的当天，王某即指示韩某将该1亿元转至王某指定的银行账户。”

从上述事实来看，本案涉嫌刑事犯罪，原审法院依据《最高人民法院关于在审理经济纠纷案件中涉及经济犯罪嫌疑若干问题的规定》第十一条的规定裁定驳回汤某的起诉并无不当。同时，原审法院应当对再审申请人汤某的虚假诉讼行为进行处罚。

案件来源

汤某、上海A公司民间借贷纠纷再审审查与审判监督民事裁定书［最高人民法院（2017）最高法民申54号］

延伸阅读

一、认定“套路贷”的相关司法案例

裁判规则一：以民间借贷为诱饵，诱骗被害人签订虚高借款金额的借条，并以银行走账方式虚构债务骗取被害人钱款，构成诈骗犯罪。

案例一：邵某1等三人诈骗一审刑事判决书［上海市闵行区人民法院（2017）沪0112刑初1773号］认为，“被告人邵某1、李某、邵某2同他人以非法占有为目的，采用虚构事实、隐瞒真相的方法，骗取被害人人民币153万余元，数额特别巨大，其行为均已构成诈骗罪，且属共同犯罪。被告人邵某1、李某、邵某2到案后能如实供述自己的罪行，依法可以从轻处罚。公诉机关的指控成立，本院予以确认。被告人邵某2及其辩护人提出的关于未参与预谋系从犯的辩解、辩护意见，经查，尽管被告人邵某2参与预谋的过程，仅有被告人李某予以供述，但被害人金某的陈述证实，被告人邵某2参与了主要的诈骗过程，而该陈述能够与被告人李某的供述相互印证，另被告人邵某2事后亦参与了分赃，据此足以认定被告人邵某2在共同犯罪中的作用并非次要、辅助，故对上述辩解、辩护意见，本院不予采信、采纳，然鉴于被告人邵某2的具体行为、地位与邵某1、李某有所区别，本院在量刑中予以体现。关于被告人邵某1、李某的辩护人分别提出的邵某1、李某系从犯的辩护意见，经查，被告人邵某1、李某不仅参与了诈骗预谋，而且邵某1为制造银行流水痕迹提供了主要资金，李某直接出面实施主要诈骗活动，事后两名被告人亦均参与分赃，在共同犯罪中的作用均非次要、辅助，故对上述辩护意见，本院不予采纳。关于被告人李某的辩护人提出的在将被害人的房屋抵押之前被告人的行为属民间借贷的辩护意见，本院认为，被告人邵某1、李某、邵某2等人通过多次出借小额款项，获取被害人信任，之后则编造不需要被害人偿还虚高部分借款的事由，骗取被害人签订虚高借款合同、房产抵押合同，继而制造银行流水痕迹，在实际提取大部分钱款后，却又迫使被害人归还银行流水所显示的债务。综合分析上述行为过程，可以确定被告人先前多次出借小额款项的行为属于整个诈骗犯罪过程的组成部分，而被告人的诈骗行为完全符合‘套路贷’的构成特征，与民间借贷有着本质区别。因此，除被害人实际收到的本金外，双方约定的利息并不受法律保护，不应自犯罪数额中扣除。故上述辩护意见于法无据，本院不予采纳。”

案例二：瞿某、应某等诈骗一审刑事判决书［上海市宝山区人民法院（2017）沪0113刑初1232号］认为，“第一节犯罪事实中，被告人唐某以银行走账方式虚构债务，又将该债权转让给应某处‘平账’，被告人应某亦在明知唐某虚构借款的情况下予以‘平账’后向范某催讨债务，应认定两名被告人对犯罪金额15万元有共同的犯罪故意和犯罪行为。本节犯罪因意志以外的原因而没能收回虚构的‘空放’钱款，属于实施诈骗犯罪的过程中因意志以外的原因而未得逞，系犯罪未遂。

第二节犯罪事实中，被告人唐某主观上明知瞿某以‘空放’走账虚假放贷16万元给杭某的行为，对于瞿某从杭某处实际取得上述诈骗金额具有概括性故意并放任此结果发生，应当在16万元犯罪金额的范围认定唐某与瞿某承担共同诈骗的刑事责任，且犯罪既遂。

被告人瞿某伙同应某，以‘套路贷’手法诱骗杭某借款并签下巨额借条，以办理抵押贷款为由欺骗杭某从家中偷出房产证配合过户，最终导致杭某对房产失去所有权，犯罪数额特别巨大，且犯罪既遂；被告人应某作为事中参与者，协助瞿某实施诈骗，与瞿某承担共同责任。”

案例三：朱某、李某等诈骗一审刑事判决书［上海市黄浦区人民法院（2017）沪0101刑初919号］认为，“A公司和B公司将被害人的虚高借款转让给朱某团伙后，由朱某团伙对被害人继续实施诈骗行为，包括以各种名义骗取被害人签订虚高借款合同、制造银行流水痕迹、以各种借口单方面认定被害人违约并要求偿还虚高借款，在被害人无力偿还的情况下通过讨债或者利用其制造的明显不利于被害人的证据提起民事诉讼等手段向被害人及其亲属施压，以实现侵占被害人合法财产的目的。A公司及B公司的相关人员和朱某团伙的上述行为从整体上具有共同的犯罪故意和犯罪行为，具有概括的诈骗故意，属于承继的共犯，依法应承担共同诈骗的责任，而不因其分案处理而将犯罪金额分段计算。公诉机关指控各名被告人的犯罪数额正确，但针对被告人袁某、吴某诈骗数额巨大及被告人程某诈骗数额特别巨大的指控应予调整。各名辩护人认为本案不构成犯罪集团、本案应以朱某团伙实际参与的金额认定犯罪数额，李某、孙某的借款金额有误以及被告人的有关催讨行为不构成犯罪等相关辩护意见，无事实和法律依据，本院对此均不予采信。”

裁判规则二：诱骗被害人办理抵押借款，又以“违约金”“保证金”“行业操作惯例”等名义侵吞被害人财产，构成诈骗犯罪。

案例四：陆某、俞某等诈骗一审刑事判决书［上海市黄浦区人民法院（2017）沪 0101 刑初 892 号］认为，“被告人陆某、俞某、刘某、苏某等以民间借贷为诱饵，实际以‘违约金’‘保证金’‘行业操作惯例’等名义诱骗被害人签订虚高借款金额的借条，骗取多名被害人钱款的事实，不仅有被害人的陈述、证人证言、相关书证等证据证实，且与各名被告人的供述相佐证，被告人陆某、俞某、刘某、苏某的行为符合诈骗罪的特征。被告人陆某、俞某、刘某、苏某组成较为严密和固定的犯罪组织，有预谋、有计划地实施‘套路贷’犯罪，应当认定为犯罪集团。对于辩护人关于被告人陆某、俞某部分不构成犯罪及本案不属犯罪集团性质诈骗的辩护意见，本院不予采纳。”

案例五：何某、张某诈骗二审刑事裁定书［上海市第二中级人民法院（2018）沪 02 刑终 165 号］认为，“经查，被害人黄某 1 的陈述，证人黄某 2、沈某、朱某等人的证言及相关书证等证据证实，上诉人张某伙同他人以‘210 万元保证金’名义诱骗被害人黄某 1 签订 330 万元的虚高抵押借款合同，并办理相关房屋抵押登记、公证等，后又指使他人冒充出借方工作人员，伪造盖有出借方印鉴的保证金合同交由被害人签订，以此非法占有被害人部分借款，其中张某参与虚高抵押借款合同的洽谈、签订，派人提供虚假保证金合同，将骗取的保证金分赃等。故原判认定张某参与该节共同诈骗犯罪，且系主犯的事实清楚，证据确实、充分。上诉人张某否认参与该节犯罪的上诉理由及张某的辩护人提出张某系从犯的辩护意见，与在案证据不符，均不能成立。”

裁判规则三：以中介形式将被害人介绍给出资团伙，后者通过空放，银行走流水，诱使被害人写下虚高借条，再通过暴力索债、非法拘禁，勒索被害人财产，构成敲诈勒索罪。

案例六：田某、叶某敲诈勒索、非法拘禁一审刑事判决书［杭州经济技术开发区人民法院（2018）浙 0191 刑初 47 号］认为，“（1）虽然被告人田某交付给被害人吴某 1 的款项确有 1.4 万元，但被害人吴某 1 的陈述及手机截图等证据，证实吴某 1 收款后又以中介费、上门费等名目支付了 2600 元，故现有证据足可认定吴某 1 实际得款仅为 1.14 万元。（2）被告人田某的供述、被害人吴某 1 的陈述及手机截图等相互印证，证实被告人田某所涉该笔放款业务是经人介绍促成的，上门审核借款人的家庭情况是其决定放款的前置程序，上门费正是由此产生。在此过程中，被害人吴某 1 会被收取一定中介费以及上门费，且依收取中介费的支付宝账户户主信息与被告人田某所述介绍客户给其的中介人员信息相符的情况，可知该笔业务的中介与被告人田某存在合作关系，并非单纯为吴某 1 提供介绍服务。

被害人吴某1还证实，上门审核并反馈结果给田某的人包括田某的手下以及该中介，故上述收取中介费、上门费的人员及其行为与被告人田某及其行为存在较为密切的联系，已成为被告人田某实现犯罪目的可借助的重要因素，在本质上可视为被告人田某将本应由自己承担的犯罪成本再转由被害人承担之情形，上述中介费、上门费依法应计入其犯罪数额，不应予以扣除。（3）法院不能超指控范围进行审查认定，被害人吴某1后续归还利息未被指控，不在评价之列，现仅对预先扣除的利息部分进行评价，因被告人田某所涉行为属'套路贷'犯罪，与民间借贷有本质区别，应从整体上作否定性评价，无需按民间借贷的相关规定再对利息作是否受法律保护的区分，故预先扣除的利息均应计入犯罪数额，不应予以扣除。综上，对上述辩解及辩护意见，本院均不予采纳。"

裁判规则四：借款人称遭遇"套路贷"，但法院经审理认为未发现合同存在法律规定的无效情形、借款人未因涉嫌"套路贷"犯罪被立案调查或被追究刑事责任或者借款人未能提供充分证据证明借款属于"套路贷"的，对借款人关于民间借贷涉嫌刑事犯罪应当无效的诉讼主张不予支持。

案例七：陈某、谢某申请撤销仲裁裁决特别程序民事裁定书［珠海市中级人民法院（2018）粤04民特18号］认为，"对于向谢某借款300万元的事实，陈某并未否认。仲裁裁决认定陈某未向谢某支付过利息并支持谢某所提解除案涉《借款协议》的仲裁请求，是在陈某负有举证证明责任但无法提供充分证据证明其主张的情况下，根据法律规定作出的由陈某承担不利法律后果的认定。本案中并无证据证明谢某因涉嫌'套路贷'犯罪被立案调查或被依法追究刑事责任，因此陈某以谢某实施诈骗犯罪为由主张撤销仲裁裁决，本院不予支持。"

案例八：上海A公司与朱某民间借贷纠纷一案二审民事判决书［上海市第一中级人民法院（2018）沪01民终5580号］认为，"本案中，A公司未能提供充分证据证明系争款项属于套路贷，即便原审法院对于A公司与案外人刘某之间的公证债权文书作出了不予执行的裁定，但该裁定并未确认案外人刘某与A公司之间债权债务关系为非法之债，公安机关也未对前述债权债务性质予以认定，因此A公司主张系争款项属于套路贷的依据并不充分，本院对A公司的该部分主张不予支持。原审法院亦从借款资金来源、借款目的意图、借款款项控制权等方面予以了详尽阐述，原审法院所作阐述于法无悖，本院对原审法院所作认定予以支持。另外，本院注意到一审法院判决主文第一项在'朱某借款2,000,000元'之前遗漏'支付'二字，本院在二审中予以补正。"

案例九：张某与岑某民间借贷纠纷二审民事判决书［上海市第二中级人民法

院（2018）沪02民终4763号］认为，“当事人对自己提出的诉讼请求所依据的事实或者反驳对方诉讼请求所依据的事实，应当提供证据加以证明，但法律另有规定的除外。在作出判决前，当事人未能提供证据或者证据不足以证明其事实主张的，由负有举证证明责任的当事人承担不利的后果。本案中，张某与岑某之间发生40,000元的借贷关系，有借条和录音资料为证，本院予以确认。张某上诉提出借款时间为2016年6月28日，实际借款金额为32,000元，且当日出具了两张借条，应就上述事实主张提供证据加以证明。但张某无法证明其出具给案外人寇某某的金额为35,000元的借条与涉案借条反映的是同一笔借款，且实际仅收到借款32,000元，故张某应承担举证不能的不利后果。依据在案证据，张某曾转账给付岑某30,000元，在岑某未提供相反证据证明该款系归还其他债务的情况下，应认定为是对涉案借款的还款。但根据录音资料的内容，不能清楚地反映张某有现金还款10,000元的事实，故张某仍应向岑某归还剩余借款10,000元并支付逾期利息。张某以其已还清涉案债务、本案借款涉嫌‘套路贷’、本案诉讼涉嫌虚假民间借贷诉讼为由，要求本院将本案移交公安机关处理，因张某未就其认为的本案涉嫌犯罪的事实向公安机关报案，且本院在审理案件过程中亦未发现有明显涉嫌‘套路贷’、虚假民间借贷诉讼的情形，故不予支持。”

二、认定“套路贷”的相关规定

（一）《最高人民法院关于依法妥善审理民间借贷案件的通知》（法〔2018〕215号）规定：

“民间借贷在一定程度上满足了社会多元化融资需求，促进了多层次信贷市场的形成和完善。与此同时，民间借贷纠纷案件也呈现爆炸式增长，给人民法院的审判工作带来新的挑战。近年来，社会上不断出现披着民间借贷外衣，通过‘虚增债务’‘伪造证据’‘恶意制造违约’‘收取高额费用’等方式非法侵占财物的‘套路贷’诈骗等新型犯罪，严重侵害了人民群众的合法权益，扰乱了金融市场秩序，影响社会和谐稳定。为充分发挥民商事审判工作的评价、教育、指引功能，妥善审理民间借贷纠纷案件，防范化解各类风险，现将有关事项通知如下：

一、加大对借贷事实和证据的审查力度。‘套路贷’诈骗等犯罪设局者具备知识型犯罪特征，善于通过虚增债权债务、制造银行流水痕迹、故意失联制造违约等方式，形成证据链条闭环，并借助民事诉讼程序实现非法目的。因此，人民法院在审理民间借贷纠纷案件中，除根据《最高人民法院关于审理民间借贷案件适用法律若干问题的规定》第十五条、第十六条规定，对借据、收据、欠条等债权凭证及银行流水等款项交付凭证进行审查外，还应结合款项来源、交易习惯、经济能力、财产变化情况、当事人关系以及当事人陈述等因素综合判断借贷的真实情况。有违法犯罪等合理怀疑，代理人对案件事实无法说明的，应当传唤当事人本人到庭，就有关案件事实接受询问。要适当加大调查取证力度，查明事实真相。

二、严格区分民间借贷行为与诈骗等犯罪行为。人民法院在审理民间借贷纠纷案件中，要切实提高对‘套路贷’诈骗等犯罪行为的警觉，加强对民间借贷行为与诈骗等犯罪行为的甄别，发现涉嫌违法犯罪线索、材料的，要及时按照《最高人民法院关于在审理经济纠纷案件中涉及经济犯罪嫌疑若干问题的规定》和《最高人民法院关于审理民间借贷案件适用法律若干问题的规定》依法处理。民间借贷行为本身涉及违法犯罪的，应当裁定驳回起诉，并将涉嫌犯罪的线索、材料移送公安机关或检察机关，切实防范犯罪分子将非法行为合法化，利用民事判决堂而皇之侵占被害人财产。刑事判决认定出借人构成‘套路贷’诈骗等犯罪的，人民法院对已按普通民间借贷纠纷作出的生效判决，应当及时通过审判监督程序予以纠正。

三、依法严守法定利率红线。《最高人民法院关于审理民间借贷案件适用法律若干问题的规定》依法确立了法定利率的司法红线，应当从严把握。人民法院在民间借贷纠纷案件审理过程中，对于各种以‘利息’‘违约金’‘服务费’‘中介费’‘保证金’‘延期费’等突破或变相突破法定利率红线的，应当依法不予支持。对于‘出借人主张系以现金方式支付大额贷款本金’‘借款人抗辩所谓现金支付本金系出借人预先扣除的高额利息’的，要加强对出借人主张的现金支付款项来源、交付情况等证据的审查，依法认定借贷本金数额和高额利息扣收事实。发现交易平台、交易对手、交易模式等以‘创新’为名行高利贷之实的，应当及时采取发送司法建议函等有效方式，坚决予以遏制。

四、建立民间借贷纠纷防范和解决机制。人民法院在防范和化解民间借贷各类风险中，要紧密结合党和国家工作大局，紧紧依靠党委领导和政府支持，探索审判机制创新，加强联动效应，探索建立跨部门综合治理机制。要加大法制宣传力度，引导社会良好风气，认真总结审判经验，加强调查研究。”

（二）《浙江省高级人民法院、浙江省人民检察院、浙江省公安厅关于印发〈关于办理“套路贷”刑事案件的指导意见〉的通知》（浙公通字〔2018〕25号）规定：

“二、案件定性

（一）对‘套路贷’刑事案件的定性，要结合案件的本质特征从整体把握，‘套路贷’犯罪的主观目的是非法占有公私财物，部分犯罪主体带有黑恶团伙性质。

（二）犯罪嫌疑人、被告人以‘违约金’‘保证金’‘中介费’‘服务费’‘行业规矩’等各种名义骗取被害人签订虚高借款合同、阴阳借款合同、房产抵押合同等明显不利于被害人的各类合同或者与被害人进行相关口头约定，制造资金给付凭证或证据，制造各种借口单方面认定被害人‘违约’并要求‘偿还’虚高借款，在被害人无力‘偿还’的情况下，进而通过讨债或者利用其制造的明显不利于被害人的证据向法院提起民事诉讼等各种手段向被害人或其近亲属施压，以实现侵占被害人或其近亲属合法财产的目的，一般情况下应当以侵犯财产类犯罪定罪处罚。对实施上述‘套路贷’行为的，可参照以下情形加以认定：

1. 犯罪嫌疑人、被告人实施‘套路贷’犯罪时，未采用明显暴力或者威胁手段，被害人依约定交付资金的，则犯罪嫌疑人、被告人的行为从整体上属于以非法占有为目的，虚构事实、隐瞒真相骗取被害人财产的诈骗行为，一般可以诈骗罪追究刑事责任。

2. 犯罪嫌疑人、被告人实施‘套路贷’犯罪时，既采用了虚构事实、隐瞒真相的诈骗手段，又采用了暴力、威胁、虚假诉讼等手段，同时构成诈骗、抢劫、敲诈勒索、非法拘禁、虚假诉讼等多种犯罪的，依据刑法的规定数罪并罚或者按照处罚较重的定罪处罚。暴力手段包括但不限于所谓的‘谈判’‘协商’‘调解’以及滋扰、纠缠、哄闹、聚众造势等使被害人产生心理恐惧或心理强制等‘软暴力’手段。

（三）在‘套路贷’犯罪案件中，相关犯罪嫌疑人、被告人不明知真实借贷情况，帮助实施故意伤害、非法拘禁或者滋扰被害人及其近亲属正常生活行为，或者帮助捏造事实提起民事诉讼，符合故意伤害罪、非法拘禁罪、寻衅滋事罪、非法侵入他人住宅罪、虚假诉讼罪的构成要件的，对该部分犯罪嫌疑人、被告人以相关罪名追究刑事责任。

三、共同犯罪认定

（一）多人共同实施‘套路贷’犯罪，犯罪嫌疑人、被告人应对其参与的或组织、指挥的全部犯罪行为承担刑事责任。在其所参与的犯罪环节中起主要作用的，可以认定为主犯；起次要或辅助作用的，可以认定为从犯。

有证据证明三人以上组成较为严密和固定的犯罪组织，有预谋、有计划地实施‘套路贷’犯罪，已经形成犯罪集团的，应当认定为犯罪集团，对首要分子，应当按照集团所犯的全部罪行处罚。

（二）明知他人实施‘套路贷’犯罪的，具有以下情形之一的，以共同犯罪论处，但法律和司法解释另有规定的除外：

1. 协助制造现金支付、银行走账记录、第三方支付记录等虚假给付事实；

2. 协助办理司法公证的；

3. 提供资金、场所、交通等帮助的；

4. 协助以虚假事实提起民事诉讼的；

5. 非法出售、提供公民个人信息的；

6. 帮助、掩饰、隐瞒转移犯罪所得及其产生收益，套现、取现的；

7. 中介人员长期参与‘套路贷’犯罪活动的；

8. 其他符合共同犯罪的情形。

上述规定的‘明知他人实施“套路贷”犯罪’，应当结合被告人的认知能力、既往经历、行为次数和手段、与他人关系、获利情况、是否因‘套路贷’犯罪受过处罚、是否故意规避调查等主客观因素进行综合分析认定。

四、犯罪数额认定和涉案财物处理

（一）在‘套路贷’犯罪数额的认定上，要把握‘套路贷’行为的犯罪本质，将其与民间借贷区别开来，从整体上对其予以否定性评价。除了被害人实际收到的本金外，虚高的本金、双方约定的利息以及被告人在借贷过程中以‘违约金’‘保证金’‘中介费’‘服务费’等名义收取的费用均应作为犯罪数额予以认定。

（二）犯罪嫌疑人、被告人已将违法所得财物用于清偿债务或者转让给他人，具有下列情形之一的，应当依法追缴：

1. 对方明知是违法所得财物而收取的；

2. 对方无偿取得违法所得财物的；

3. 对方以明显低于市场的价格取得违法所得财物的；

4. 对方取得违法所得财物系源于非法债务或者违法犯罪活动的。

他人善意取得‘套路贷’违法所得财物的，不予追缴。”

（三）《上海市高级人民法院、上海市人民检察院、上海市公安局关于本市办理“套路贷”刑事案件的工作意见》（沪公通〔2017〕71 号）规定：

“二、案件定性

（一）对‘套路贷’刑事案件的定性，要结合案件的本质特征从整体把握，‘套路贷’犯罪的主观目的是非法侵占被害人或其近亲属的财产，一般情况下应当以侵财类犯罪定罪处罚。

（二）犯罪嫌疑人、被告人以‘违约金’‘保证金’‘行业规矩’等各种名义骗取被害人签订虚高借款合同、阴阳借款合同或者房产抵押合同等明显不利于被害人的各类合同，制造银行流水痕迹，制造各种借口单方面认定被害人‘违约’并要求‘偿还’虚高借款，在被害人无力‘偿还’的情况下，进而通过讨债或者利用其制造的明显不利于被害人的证据向法院提起民事诉讼等各种手段向被害人或其近亲属施压，以实现侵占被害人或其近亲属合法财产的目的。对实施上述‘套路贷’行为的，可参照以下情形加以认定：

1. 犯罪嫌疑人、被告人实施‘套路贷’犯罪时，未采用明显暴力或者威胁手段，则其行为特征从整体上属于以非法占有为目的，虚构事实、隐瞒真相骗取被害人财产的诈骗行为，一般可以诈骗罪追究刑事责任。

2. 犯罪嫌疑人、被告人实施‘套路贷’犯罪时，既采用了虚构事实、隐瞒真相的诈骗手段，又采用了暴力、威胁、虚假诉讼等手段，同时构成诈骗、抢劫、敲诈勒索、非法拘禁、虚假诉讼等多种犯罪的，依据刑法的规定数罪并罚或者按照处罚较重的定罪处罚。

（三）在‘套路贷’犯罪案件中，相关犯罪嫌疑、被告人不明知真实借贷情况，帮助实施故意伤害、非法拘禁或者滋扰被害人及其近亲属正常生活行为，或者帮助捏造事实提起民事诉讼，符合故意伤害罪、非法拘禁罪、寻衅滋事罪、非法侵入他人住宅罪、虚假诉讼罪的构成要件的，对该部分犯罪嫌疑人、被告人以相关罪名追究刑事责任。

三、共同犯罪认定

（一）多人共同实施‘套路贷’犯罪，犯罪嫌疑人、被告人应对其参与的或组织、指挥的全部犯罪行为承担刑事责任。在其所参与的犯罪环节中起主要作用的，可以认定为主犯；起次要作用的，可以认定为从犯。

（二）明知他人实施‘套路贷’犯罪的，具有以下情形之一的，以共同犯罪论处，但法律和司法解释另有规定的除外：

1. 协助制造银行走账记录的；

2. 协助办理司法公证的；

3. 提供资金、场所、交通等帮助的；

4. 协助以虚假事实提起民事诉讼的；

5. 非法获取、出售、提供公民个人信息的；

6. 帮助转移犯罪所得及其产生收益，套现、取现的；

7. 其他符合共同犯罪的情形。

上述规定的明知他人实施‘套路贷’犯罪，应当结合被告人的认知能力、既往经历、行为次数和手段、与他人关系、获利情况、是否因‘套路贷’犯罪受过处罚、是否故意规避调查等主客观因素进行综合分析认定。

（三）有证据证明三人以上组成较为严密和固定的犯罪组织，有预谋、有计划地实施‘套路贷’犯罪，已经形成犯罪集团的，应当认定为犯罪集团，对首要分子，应当按照集团所犯的全部罪行处罚。

四、犯罪数额认定和涉案财物处理

（一）在‘套路贷’犯罪数额的认定上，要把握‘套路贷’行为的犯罪本质，将其与民间借贷区别开来，从整体上对其予以否定性评价。被告人在借贷过程中以‘违约金’‘保证金’‘中介费’‘服务费’等各种名义收取的费用，均应纳入犯罪数额予以认定。除了借款人实际收到的本金外，双方约定的利息不受法律保护，应当计入犯罪数额，不应当从犯罪数额中扣除。

（二）犯罪嫌疑人、被告人已将违法所得财物用于清偿债务或者转让给他人，具有下列情形之一的，应当依法追缴：

1. 对方明知是违法所得财物而收取的；
2. 对方无偿取得违法所得财物的；
3. 对方以明显低于市场的价格取得违法所得财物的；
4. 对方取得违法所得财物系源于非法债务或者违法犯罪活动的。

他人善意取得‘套路贷’违法所得财物的，不予追缴。”

第九章　民间借贷的诉讼

087 出借人在服刑期间，诉讼时效是否中止？

——债权人服刑期间诉讼时效中止

阅读提示

依据民法相关法律规定，在诉讼时效期间的最后6个月，债权人因客观障碍不能行使请求权的，诉讼时效中止。那么出借人在监狱服刑，是否属于客观障碍呢？对此问题我国法律并无明文规定。司法实践中，裁判规则也存在分歧。

裁判要旨

债权人因罪服刑，虽然民事权利未被剥夺，依然可以委托他人主张权利、提起诉讼，但由于人身自由受限，所以在很大程度上阻碍了债权人主张债权，因此债权人服刑期间存在客观障碍，诉讼时效应当中止。

案情简介

2006年12月31日，李某向董某借款30万元，并出具借据，双方未约定还款期限。2007年5月11日，李某向董某偿还借款10万元，董某出具收条。

2007年5月11日至2009年5月18日，董某一直委托他人向李某催款。

2009年5月18日至2013年10月10日，董某因涉嫌犯罪被刑事拘留。2013年10月10日，董某因集资诈骗罪被判处无期徒刑，同年12月11日投监。其间，董某试图委托他人催款，但未能成功。

2015年，董某向南岗区人民法院起诉，请求法院判令李某偿还20万元借款本息。李某抗辩称董某的债权主张已过诉讼时效。南岗区人民法院经审理，支持李某抗辩主张，判决驳回董某的诉讼请求。

2016 年，董某向哈尔滨市中级人民法院提起上诉。哈尔滨市中级人民法院认为，2007 年 5 月 11 日至 2009 年 5 月 18 日董某委托他人向李某催款，诉讼时效中断。2009 年 5 月 18 日至董某向一审法院起诉之日，因董某人身自由受限，诉讼时效中止。故董某主张债权未过诉讼时效。据此，哈尔滨市中级人民法院撤销一审判决，判令李某偿还借款本息。

2017 年，李某向黑龙江省高级人民法院申请再审。黑龙江省高级人民法院提审本案，判决维持二审法院判决。

裁判要点

董某于 2009 年 5 月 18 日被刑事拘留，直至向一审法院起诉时，人身自由一直受到限制。此外，董某自由受限期间一直积极寻求主张债权的方法，并未怠于行使权利，但苦于找不到委托人而一直无法主张债权。综上，董某主张债权确实存在客观障碍，符合诉讼时效中止的法律规定，法院对李某诉讼时效已经经过的抗辩主张不予支持。

实务经验总结

前事不忘，后事之师。为避免未来发生类似败诉，提出如下建议：

在司法实践中，出借人服刑是否导致诉讼时效中止，存在两种截然相反的裁判观点。

一种裁判观点认为，出借人因刑事犯罪被判入狱，人身自由受到限制，与外界沟通存在客观性障碍，因此符合诉讼时效中止的规定（详见延伸阅读裁判规则一）。

另一种裁判观点则认为，出借人在监狱服刑期间，人身自由虽然受到限制，但其民事权利并未被剥夺，依然享有会见和通信的权利，可以委托民事代理人代为主张债权，也可以向法院提起诉讼，故出借人因犯罪入狱并不导致诉讼时效中止（详见延伸阅读裁判规则二）。

但值得注意的是，借款人因犯罪入狱是不会导致出借人主张债权的诉讼时效中止的。这是因为虽然借款人的人身自由受到限制，出借人不便直接向借款人主张债权，但这并不妨碍出借人以提起诉讼的方式及时主张债权（详见延伸阅读裁判规则三）。

法律规定诉讼时效之目的在于鼓励债权人积极主张权利，因此当事人无论在何种境地下，当自己的权利受到侵犯时，都理应用法律武器积极捍卫自身权益。

相关法律规定

《中华人民共和国民法总则》

第一百九十四条 在诉讼时效期间的最后六个月内，因下列障碍，不能行使请求权的，诉讼时效中止：

（一）不可抗力；

（二）无民事行为能力人或者限制民事行为能力人没有法定代理人，或者法定代理人死亡、丧失民事行为能力、丧失代理权；

（三）继承开始后未确定继承人或者遗产管理人；

（四）权利人被义务人或者其他人控制；

（五）其他导致权利人不能行使请求权的障碍。

自中止时效的原因消除之日起满六个月，诉讼时效期间届满。

《中华人民共和国民法通则》

第一百三十九条 在诉讼时效期间的最后六个月内，因不可抗力或者其他障碍不能行使请求权的，诉讼时效中止。从中止时效的原因消除之日起，诉讼时效期间继续计算。

《中华人民共和国监狱法》

第七条第一款 罪犯的人格不受侮辱，其人身安全、合法财产和辩护、申诉、控告、检举以及其他未被依法剥夺或者限制的权利不受侵犯。

《最高人民法院关于审理民事案件适用诉讼时效制度若干问题的规定》

第二十条 有下列情形之一的，应当认定为民法通则第一百三十九条规定的“其他障碍”，诉讼时效中止：

（一）权利被侵害的无民事行为能力人、限制民事行为能力人没有法定代理人，或者法定代理人死亡、丧失代理权、丧失行为能力；

（二）继承开始后未确定继承人或者遗产管理人；

（三）权利人被义务人或者其他人控制无法主张权利；

（四）其他导致权利人不能主张权利的客观情形。

法院判决

以下为该案在法院审理阶段，裁判文书中“本院认为”部分就该问题的论述：

本案中，李某与董某并未就案涉借款约定还款期限。2007年5月11日，李某归还董某10万元。本院再审时，董某认可原审庭审中其委托诉讼代理人的意见。因此，可以认定，2007年5月11日，李某所归还的10万元系董某就全部欠款主张权利的结果，此时发生诉讼时效中断的效力，原审的此节认定于法有据，本院再审予以维持。2007年5月11日之后至2009年5月18日董某被刑事拘留期间，董某称其一直在委托他人向李某主张权利，对此，李某虽于原审一审时予以否认，但在原审二审庭审调查时，又以“董某委托他人向李某主张权利”作为答辩意见。因此，可以认定李某认可董某的上述主张。此时，案涉债权持续发生时效中断的效力。对于2009年5月18日董某被刑事拘留之日起至2013年12月11日投监，直至2015年10月26日董某提起本案诉讼期间，董某称一直在委托他人向李某主张权利，但李某对此予以否认，并称并未实际接待过董某的委托人，即否认董某于上述期间内向其主张过权利。本院再审认为，根据《中华人民共和国民法通则》第一百三十九条规定：“在诉讼时效期间的最后六个月内，因不可抗力或者其他障碍不能行使请求权的，诉讼时效中止。从中止时效的原因消除之日起，诉讼时效期间继续计算。”本案中，董某自2009年5月18日起被刑事拘留，直至提起本案诉讼，其人身自由均处于受限制状态，无论是在刑事拘留期间还是在监狱服刑期间，其主张本案债权也均存在客观障碍。首先，董某在主观上并未放弃本案债权也并未怠于行使权利，而是一直寄希望于其家人和朋友帮助其主张权利。其次，上述期限内，董某的民事权利虽未被剥夺，也依法享有会见和通信的权利，但其主张本案债权的现实性却寄希望于他人的配合与支持以及能够找到李某本人。最后，自2009年5月18日董某被限制人身自由之日起直至2015年10月26日提起本案诉讼，在长达6年多的时间里才得以成讼，恰恰说明董某主张本案债权存在客观障碍。依照《最高人民法院关于审理民事案件适用诉讼时效制度若干问题的规定》第二十条“有下列情形之一的，应当认定为民法通则第一百三十九条规定的‘其他障碍’，诉讼时效中止：……（四）其他导致权利人不能主张权利的客观情形”的规定，可以认定本案存在“其他障碍”，并发生诉讼时效中止的效力。原二审法院认定事实清楚，适用法律并无不当。

案件来源

李某与董某民间借贷纠纷一案再审民事判决书［黑龙江省高级人民法院（2017）黑民再464号］

延伸阅读

裁判规则一：债权人服刑将导致诉讼时效中止。

案例一：杨某与陈某民间借贷纠纷二审民事裁定书［连云港市中级人民法院（2017）苏07民终3963号］认为，“1987年1月1日起施行的《中华人民共和国民法通则》第一百三十九条中规定，在诉讼时效期间的最后六个月内，因不可抗力或者其他障碍不能行使请求权的，诉讼时效中止。而本案中上诉人杨某服刑的情形是否属于该规定中的‘其他障碍’，在没有相应的对‘其他障碍’进行明确解释的情况下，应当结合诉讼时效设立的立法目的进行相应的认定。本院认为，如前所述，诉讼时效设立的立法目的是限制诉讼当事人怠于行使诉权，避免权利滥用。本案的上诉人杨某在2014年1月21日原新浦人民法院再次立案之前，即因涉嫌刑事犯罪被拘留直至被判处四年有期徒刑。在该期间，其人身自由受到限制。该限制人身自由的情形虽然不必然影响其行使民事权利，但其不能如一般自然人一样自由行使相关权利也是客观事实。基于该客观事实存在的前提下，当杨某服刑期满后即提起诉讼时，并不存在因怠于行使权利而导致权利滥用。因此，本院认为，上诉人杨某因刑事犯罪而被限制人身自由的期间，应当属于《中华人民共和国民法通则》第一百三十九条中规定的‘其他障碍’，从而形成诉讼时效中止的法律后果。”

案例二：嵇某、杨某民间借贷纠纷二审民事判决书［杭州市中级人民法院（2016）浙01民终793号］认为，“案涉借款约定的还款时间为2009年11月30日前，而2009年12月2日至2012年2月1日期间，嵇某在监狱服刑，根据《中华人民共和国民法通则》第一百三十九条关于‘在诉讼时效期间的最后六个月内，因不可抗力或者其他障碍不能行使请求权的，诉讼时效中止。从中止时效的原因消除之日起，诉讼时效期间继续计算’的规定，结合杨某在2012年3月5日向嵇某还款250万元，但并未明确归还哪笔借款的事实，应认定本案诉讼时效存在中止和中断的情形，故嵇某于2013年12月30日提起本案诉讼并未超过诉讼时效。”

裁判规则二：债权人服刑不导致诉讼时效中止。

案例三：孔某与刘某民间借贷纠纷申请再审民事裁定书［四川省高级人民法院（2014）川民申字第1960号］认为，“（一）孔某于2009年向四川省会东县人民法院提起诉讼这一行为，说明孔某对刘某未归还欠条所载明款项这一事实是明知的，孔某称其不知道权利受到侵害这一理由不成立。（二）罪犯在服刑期间，民事权利并未被剥夺，服刑这一事实不属于法律规定的不可抗力。孔某虽然在服刑期间行使诉讼权利方面存在一定不便，但是可以通过各种途径解决，且向刘某主张权利也并不限于提起诉讼，而孔某并未寻求相关救济途径。此外，我国法律也并无服刑期间诉讼时效中止、中断的相关规定。因此，孔某所提本案诉讼时效因其服刑而中止的理由不成立。”

案例四：曹某等其他执行一案［北京市第一中级人民法院（2016）京01执复72号］认为，“《中华人民共和国民法通则》第一百三十九条规定：‘在诉讼时效期间的最后六个月内，因不可抗力或者其他障碍不能行使请求权的，诉讼时效中止。从中止时效的原因消除之日起，诉讼时效期间继续计算。’《最高人民法院关于审理民事案件适用诉讼时效制度若干问题的规定》第二十条规定：‘有下列情形之一的，应当认定为民法通则第一百三十九条规定的“其他障碍”，诉讼时效中止：（一）权利被侵害的无民事行为能力人、限制民事行为能力人没有法定代理人，或者法定代理人死亡、丧失代理权、丧失行为能力；（二）继承开始后未确定继承人或者遗产管理人；（三）权利人被义务人或者其他人控制无法主张权利；（四）其他导致权利人不能主张权利的客观情形。’《中华人民共和国民事诉讼法》第二百三十九条第一款规定：‘申请执行的期间为二年。申请执行时效的中止、中断，适用法律有关诉讼时效中止、中断的规定。’本案中，在两年申请执行时效期间的最后六个月，即2012年4月17日至2012年10月17日期间，曹某虽因刑事犯罪而服刑，但其在服刑期间受限的仅仅是人身自由，并不包括民事权利，其委托民事代理人代为主张债权的权利并未受限，故其在监狱服刑不属于法律、司法解释中规定的‘其他障碍’的情形，曹某所提复议申请无法律依据，本院不予支持。A公司作为债权人亦未在法定申请执行期限内申请执行，A公司提出其一方根本无法启动强制执行程序的主张，不能成立。”

案例五：尹某与徐某民间借贷纠纷二审民事判决书［长沙市中级人民法院（2014）长中民二终字第04507号］认为，“据借条约定，徐某应于2004年11月12日之前归还尹某的借款，尹某应于2006年11月12日之前向徐某主张债权。尹某服刑期间只是人身自由受到限制，但并未剥夺其民事权利，其行使民事权利有法律保障。因此，尹某服刑并不能作为诉讼时效中止的事由。综上，尹某于2014年提起诉讼向徐某主张债权已经超过诉讼时效。”

案例六：李某与陈某民间借贷纠纷二审民事判决书［阳江市中级人民法院（2015）阳中法民一终字第575号］认为，“根据《最高人民法院关于贯彻执行〈中华人民共和国民法通则〉若干问题的意见（修改稿）》第二百零三条第（二）项‘民法通则第一百三十七条规定的“二十年”诉讼时效期间，可以适用民法通则有关延长的规定，不适用中止、中断的规定’的规定，李某以陈某在2015年春节偿还了1200元给自己，和从2012年7月7日至2017年1月6日止自己因服刑被限制人身自由为由，主张本案诉讼时效中止、中断，没有法律依据，本院不予支持。李某虽因服刑被限制了人身自由，但并没有限制其行使民事权利，其在法定诉讼时效期限内完全可以自己或委托他人通过口头或书面方式主张权利。故本案亦不适用《中华人民共和国民法通则》第一百三十七条‘诉讼时效期间从知道或者应当知道权利被侵害时起计算。但是，从权利被侵害之日起超过二十年的，人民法院不予保护。有特殊情况的，人民法院可以延长诉讼时效期间’的规定。因此，李某上诉主张本案未过诉讼时效，理据不足，不予支持。”

案例七：赵某与陈某、颜某民间借贷纠纷二审民事判决书［台州市中级人民法院（2014）浙台商终字第815号］认为，“被上诉人陈某于2008年5月25日向上诉人借款40,000元，事实清楚，有借条和鉴定结论为证。双方存在民间借贷法律关系。双方约定借款期限自2008年5月25日至2008年5月26日，因此上诉人主张本笔债权的两年诉讼时效期间应从2008年5月27日起算。上诉人于2010年5月25日向原审法院提起诉讼，诉讼时效于2010年5月25日发生中断，诉讼时效发生中断后，诉讼时效期间从该案裁定按撤诉处理后重新计算。因此，上诉人直到2013年9月9日提起本案诉讼，已经超过民法通则规定的两年诉讼时效期间，即丧失请求人民法院依照诉讼程序强制义务人履行义务的权利。上诉人虽然于2012年4月向监狱反映过本笔债权，但根据《最高人民法院关于审理民事案件适用诉讼时效制度若干问题的规定》第十四条的规定，无法发生诉讼时效中断。上诉人因服刑而失去人身自由，但不影响其行使民事诉讼权利，可以通过书面或者委托他人等方式行使权利，正如上诉人于2010年5月25日向原审法院提起诉讼这样来行使民事权利，故上诉人服刑期间不属诉讼时效中止情形。”

裁判规则三：债务人服刑不导致诉讼时效中止。

案例八：林某、石某民间借贷纠纷二审民事判决书［中山市中级人民法院（2017）粤20民终303号］认为，“至于石某另外关于因林某服刑故无法向其主张债权的主张，由于该主张不符合《最高人民法院关于审理民事案件适用诉讼时效制度若干问题的规定》第十三条关于‘下列事项之一，人民法院应当认定与提起诉讼具有同等诉讼时效中断的效力：（一）申请仲裁；（二）申请支付令；（三）申请破产、申报破产债权；（四）为主张权利而申请宣告义务人失踪或死亡；（五）申请诉前财产保全、诉前临时禁令等诉前措施；（六）申请强制执行；（七）申请追加当事人或者被通知参加诉讼；（八）在诉讼中主张抵销；（九）其他与提起诉讼具有同等诉讼时效中断效力的事项’的规定，故林某服刑的事实不构成诉讼时效的有效中断。而且，即使石某对林某服刑的具体情况不明晰，也不便于直接向林某主张债权，但这并不妨碍石某以提起诉讼的方式及时行使主张债权的权利。在石某未进一步举证本案中存在法律规定的诉讼时效中止、中断情形的情况下，本院对林某的诉讼时效抗辩予以采信。石某在超过法律规定的两年诉讼时效后才提起本案诉讼，要求林某清偿借款合计40,000元，本院对其主张不予支持。”

案例九：A公司与马某借款合同纠纷二审民事判决书［北京市第二中级人民法院（2018）京02民终1655号］认为，“A公司主张马某因涉嫌犯罪被羁押，A公司无法向马某主张权利，属于《最高人民法院关于审理民事案件适用诉讼时效制度若干问题的规定》第二十条第四项规定的‘其他导致权利人不能主张权利的客观情形’。本院认为，马某在监狱服刑期间不影响A公司向马某主张民事权利，因此不构成法律规定的‘其他导致权利人不能主张权利的客观情形’。”

案例十：王某1与王某2民间借贷纠纷二审民事判决书［宿州市中级人民法院（2016）皖13民终404号］认为，“王某2服刑期间不影响王某1向王某2主张偿还借款的权利，王某2服刑不是诉讼时效中止、中断的理由，故一审以王某2服刑期间，王某1不能向王某2主张权利，本案不超过诉讼时效错误，本院予以纠正。”

087 私自录音能否作为民间借贷证据使用？

——私自录音满足特定条件即可以作为证据使用

阅读提示

司法实践中，当事人提交的材料能否作为证据使用、法院能否采信，直接关系到当事人的切身利益。由于民间借贷当事人借贷形式具有较为随意的特点，借贷双方之间没有借款凭证的现象不在少数，出借人为了能够证明借贷事实，往往会在出借、催款的过程中未经借款人同意私自对双方谈话进行录音，那么私自录音能否作为证据使用呢？

裁判要旨

使用不侵害他人合法权益、不违反法律禁止性规定的方法取得的证据在不违背公序良俗的情况下可以作为证据使用。

案情简介

2004 年 8 月，许某与巫某结婚。2010 年，双方调解离婚，但未涉及夫妻间债权债务问题。夫妻关系存续期间，巫某先后 5 次向许某借款共计 516,800 元。

2014 年，许某向彝族自治州中级人民法院起诉，请求法院判令巫某偿还借款本息。彝族自治州中级人民法院经审理，判决巫某向许某偿还借款。

2015 年，许某、巫某皆不服，向四川省高级人民法院提起上诉。其中，巫某主张，许某在一审中提交的拟证明许某向巫某催讨借款的录音资料系未经巫某同意私自录制其谈话所得，该证据形式上不合法，不能作为证据使用。

四川省高级人民法院认为，许某提交的录音资料虽系私录所得，但并未侵害他人合法权益或者违反法律禁止性规定，因此该证据不属于非法证据，可作为证据使用。

裁判要点

偷录偷拍的证据若严重侵害他人合法权益，或者以违反法律禁止性规定、严重违背公序良俗的方法形成或者获取，则为非法证据，不得作为认定案件事实的根据。本案中，许某提交的录音资料的内容仅是许某的女儿与巫某的平常对话，证据目的也仅是拟证明本案未过诉讼时效。因此，该录音资料不属于非法证据，可以作为证据使用。

实务经验总结

前事不忘，后事之师。为避免未来发生类似败诉，提出如下建议：

民间借贷当事人为了更好地维护自身权益，应当注重证据意识，但在收集证据时切记不能逾越法律的底线。如果以侵害他人合法权益或者违反法律禁止性规定的方法取得证据，不能直接作为人民法院认定案件事实的依据，甚至还要为不合法的取证行为承担一定的法律责任。

“侵害他人合法权益与违反法律禁止性规定”在法律实践中主要表现为擅自将窃听器、针孔摄像机、隐蔽的摄像头偷偷安装到他人的住宅内窃听、窃照、偷拍、偷录。若当事人私自录音、录像并未侵犯他人权益或者违反法律强制性规定，那么法院将对该证据的合法性予以认可。但是，这从另一方面也说明了借贷形式规范的重要性，当事人从事借贷法律行为时应当严谨审慎，签订规范的借款协议，形成书面文件，以避免留下诉讼的隐患。

相关法律规定

《最高人民法院关于适用〈中华人民共和国民事诉讼法〉的解释》

第一百零六条 对以严重侵害他人合法权益、违反法律禁止性规定或者严重违背公序良俗的方法形成或者获取的证据，不得作为认定案件事实的根据。

《最高人民法院关于民事诉讼证据的若干规定》

第六十八条 以侵害他人合法权益或者违反法律禁止性规定的方法取得的证据，不能作为认定案件事实的依据。

第六十九条 下列证据不能单独作为认定案件事实的依据：

（一）未成年人所作的与其年龄和智力状况不相当的证言；

（二）与一方当事人或者其代理人有利害关系的证人出具的证言；

（三）存有疑点的视听资料；

（四）无法与原件、原物核对的复印件、复制品；

（五）无正当理由未出庭作证的证人证言。

第七十一条 人民法院委托鉴定部门作出的鉴定结论，当事人没有足以反驳的相反证据和理由的，可以认定其证明力。

法院判决

以下为该案在法院审理阶段，裁判文书中“本院认为”部分就该问题的论述：

巫某上诉主张本案一审中许某提交的录音证据违反《最高人民法院关于未经对方当事人同意私自录制其谈话取得的资料不能作为证据使用的批复》（法复〔1995〕2号，现已失效）中关于私自录音不得作为证据使用的规定。本院认为，《最高人民法院关于民事诉讼证据的若干规定》第六十八条规定：“以侵害他人合法权益或者违反法律禁止性规定的方法取得的证据，不能作为认定案件事实的依据。”《最高人民法院关于适用〈中华人民共和国民事诉讼法〉的解释》第一百零六条规定：“对以严重侵害他人合法权益、违反法律禁止性规定或者严重违背公序良俗的方法形成或者获取的证据，不得作为认定案件事实的根据。”以上规定是《最高人民法院关于民事诉讼证据的若干规定》出台后以及新国民事诉讼法实施后，人民法院对非法证据进行排除的规定。许某在本案一审中提交的录音资料不属于以上情形，该录音证据不属于非法证据，且一审中巫某本人当庭质证的意见是“不是我给她（指许某女儿）打的电话，是她喊我请她吃饭到家里面录的音，只是话家常”，即对录音的真实性没有异议。巫某及其代理人一审时对许某宣称的该录音录制于2014年5月1日也没有提出异议，故也不属于有疑点的视听资料，不违反《最高人民法院关于民事诉讼证据的若干规定》第六十九条、第七十条的规定。

《最高人民法院关于审理民事案件适用诉讼时效制度若干问题的规定》第十条第一款规定：“具有下列情形之一的，应当认定为民法通则第一百四十条规定的‘当事人一方提出要求’，产生诉讼时效中断的效力：（一）当事人一方直接向对方当事人送交主张权利文书，对方当事人在文书上签字、盖章或者虽未签字、盖章但能够以其他方式证明该文书到达对方当事人的；（二）当事人一方以发送信件或者数据电文方式主张权利，信件或者数据电文到达或者应当到达对方当事人的；（三）当事人一方为金融机构，依照法律规定或者当事人约定从对方当事人账户中扣收欠款本息的；（四）当事人一方下落不明，对方当事人在国家级或者下落不明的当事人一方住所地的省级有影响的媒体上刊登具有主张权利内容的公告的，但法律和司法解释另有特别规定的，适用其规定。”这是指以上四种情形可以认定为债权人提出要求，但并未排除债务人自己承认债权人已经提出要求等其他情形。录音中巫某多次提到许某“年年都在扭到扯，年年都在闹”，表明许某一直没有中断过向巫某主张债权。根据《中华人民共和国民法通则》第一百四十条“诉讼时效因提起诉讼、当事人一方提出要求或者同意履行义务而中断。从中断时起，诉讼时效期间重新计算”的规定，许某起诉并未超过诉讼时效。

案件来源

许某与巫某民间借贷纠纷二审民事判决书［四川省高级人民法院（2015）川民终字第236号］

延伸阅读

与录音证据相关的判例：

案例一：张某、吕某民间借贷纠纷二审民事判决书［江西省高级人民法院（2017）赣民终477号］认为，“本案中，吕某、张某双方将同一份录音证据作为己方证据提交，双方在向原审法院提交的该录音证据的书面整理稿上均确认从第41分35秒到45分30秒的语音均为张某所说。二审中，对于当庭再次播放的录音，张某对其真实性、合法性及关联性均提出异议，并怀疑该段录音经过剪辑整理，但由于张某并未提交证据证明该段录音经过剪辑也未提出录音鉴定申请，故原审判决认定该段录音属于当事人当面谈话沟通的过程中取得的视听资料，从第41分35秒到45分30秒的谈话人身份明确、语音清晰、连贯，也没有证据证明该录音为强迫录取或侵害他人利益及社会公共利益，不违反法律禁止性规定，对该录音的真实性予以认可，并无不当。”

案例二：吕某、孙某1民间借贷纠纷二审民事判决书［山东省高级人民法院（2017）鲁民终889号］认为，“对于吕某提交的第一组证据。本院认为，根据《最高人民法院关于民事诉讼证据的若干规定》第六十八条关于‘以侵害他人合法权益或者违反法律禁止性规定的方法取得的证据，不能作为认定案件事实的依据’及《最高人民法院关于适用〈中华人民共和国民事诉讼法〉的解释》第一百零六条关于‘对以严重侵害他人合法权益、违反法律禁止性规定或者严重违背公序良俗的方法形成或者获取的证据，不得作为认定案件事实的根据’的规定，因吕某主张该组证据系宫某从孙某1办公室偷偷抱回所得，故该组证据的取得方式不符合上述司法解释关于证据合法性的要求。同时，在庭审中，吕某又表示该组证据系孙某2从孙某1办公室拉走所得，即对上述证据的来源，吕某的陈述存在矛盾，其不能明确说明上述证据的来源。综上，本院对该组证据不予采信。”

案例三：赵某与王某民间借贷纠纷一审民事判决书［宁夏回族自治区银川市兴庆区人民法院（2018）宁0104民初3703号］认为，“当事人对自己提出的诉讼请求所依据的事实，应当提供证据加以证明。原告提交的借款借据（借条）与被告提交的其与原告的通话录音的内容相矛盾，原告认为该份录音证据不能作为有效证据予以采信，但该份通话录音是原、被告就65万元借款利息及担保事宜沟通谈话的真实记录，其取得并未侵害原告或其他人的合法权益，也未有违反法律禁止性规定或违背公序良俗的情形，而‘未经对方当事人同意私自录制其谈话系不合法行为’应当理解为系对涉及对方当事人的隐私场所进行的偷录并侵犯对方当事人或其他人合法权益的行为。根据《最高人民法院关于民事诉讼证据的若干规定》第六十八条‘以侵害他人合法权益或者违反法律禁止性规定的方法取得的证据，不能作为认定案件事实的依据’之规定，被告提交的录音证据并非以侵害他人合法权益或者违反法律禁止性规定的方法取得，可以作为认定本案相关事实的依据，通话录音沟通的内容也与原告代理人当庭陈述的被告担保65万元事实一致，与本案的基本事实密切相关，应当采纳。”

案例四：潘某与汪某、常某民间借贷纠纷一审民事判决书［铜陵市铜官区人民法院（2018）皖0705民初254号］认为，“根据《最高人民法院关于民事诉讼证据的若干规定》第六十八条的规定，以侵害他人合法权益或者违反法律禁止性规定的方法取得的证据，不能作为认定案件事实的依据。本案中，原告委托彭某录制通话录音资料，既没有侵犯被告的个人隐私及其他合法权益，也没有采取暴力、胁迫、非法拘禁、窃听（指用窃听设备放置在被窃听人的住宅和工作场所）等方法取得录音资料，故该录音资料可以作为本案的有效证据。”

案例五：胡某与田某、沈某民间借贷纠纷民事一审判决书［四川省德阳市旌阳区人民法院（2018）川0603民初288号］认为，“根据《最高人民法院关于民事诉讼证据的若干规定》第六十八条的规定，以侵害他人合法权益或者违反法律禁止性规定的方法取得的证据，不能作为认定案件事实的依据。原告胡某对被告田某进行录音，虽然未经过被告同意，但该录音内容系原、被告确认债权债务内容、数额，不违反法律、法规规定，且被告田某当庭确认录音内容的真实性，故原告提交的录音光碟能够证明相关案件事实，具有证据效力。”

案例六：王某1与孙某、王某2民间借贷纠纷一审民事判决书［山东省茌平县人民法院（2017）鲁1523民初2904号］认为，“《最高人民法院关于民事诉讼证据的若干规定》第六十八条规定：‘以侵害他人合法权益或者违反法律禁止性规定的方法取得的证据，不能作为认定案件事实的依据。’该规定第七十条规定：‘一方当事人提出的下列证据，对方当事人提出异议但没有足以反驳的相反证据的，人民法院应当确认其证明力：……（三）有其他证据佐证并以合法手段取得的、无疑点的视听资料或者与视听资料核对无误的复制件；……’《最高人民法院关于适用〈中华人民共和国民事诉讼法〉的解释》第一百一十六条规定：‘视听资料包括录音资料和影像资料。电子数据是指通过电子邮件、电子数据交换、网上聊天记录、博客、微博客、手机短信、电子签名、域名等形成或者存储在电子介质中的信息。存储在电子介质中的录音资料和影像资料，适用电子数据的规定。’从上述规定的内容看，只要是不通过侵害他人合法权益（如违反社会公共利益和社会公德、侵犯他人隐私）或者违反法律禁止性规定的方法（如擅自将窃听器安装到他人住处进行窃听）取得的证据，均可以作为认定案件事实的依据。反之，则应当认定为非法证据，排除适用。涉案录音证据中，本案被告孙某表示：‘俺这里七八十万的，俺这还没你这想法（指离婚）呢，可不能那’‘你想要多少啊？不是，他（王某2）连一千也没有’‘伟（孙伟）、他（王某2）要上班，我还这么难过吗？厂里从3万人，一直裁到8000多人，打前年就裁下去了，一个月挣三四千的，别提了’等，涉案录音证据系原告王某1之妻即本案原告委托诉讼代理人与被告孙某之间正常电话交流时形成，未采用非法手段获得，也未侵害被告孙某的合法权益，该涉案录音证据可以作为认定本案事实的依据。该涉案录音证据来源清晰，内容连贯、一致，该涉案录音证据是在被录音人即被告孙某自由陈述状态下取得，被录音人即被告孙某意思表达流畅，亦无证据证明是被迫做出的陈述，没有侵犯被录音人即被告孙某的权益，且与其他证据相互印证，应认定其证明力。被告王某 2 始称对该录音真实性有异议，后称所欠原告王某 1 的债务系原告王某 1 与被告孙某串通构造的虚假债务，原告王某 1 对被告王某 2 的主张不予认可，被告王某 2 在本院指定的举证期限内未向本院提交对其主张有利的证据，对被告王某 2 的主张，本院不予采信。”

案例七：刘某与朱某民间借贷纠纷一审民事判决书［河南省镇平县人民法院（2017）豫 1324 民初 2766 号］认为，“原告方提交的录音证据虽未征得被告方的允许，但该证据的取得未侵害他人的权益，并未违反法律禁止性的规定。《最高人民法院关于民事诉讼证据的若干规定》第六十八条规定：‘以侵害他人合法权益或者违反法律禁止性规定的方法取得的证据，不能作为认定案件事实的依据。’《最高人民法院关于适用〈中华人民共和国民事诉讼法〉的解释》第一百一十六条规定：‘视听资料包括录音资料和影像资料。电子数据是指通过电子邮件、电子数据交换、网上聊天记录、博客、微博客、手机短信、电子签名、域名等形成或者存储在电子介质中的信息。存储在电子介质中的录音资料和影像资料，适合电子数据的规定。’因此，被告辩称原告录音资料取得形式非法，原、被告双方未约定利息的辩称理由不能成立，本院不予支持。”

087 如何认定民间借贷虚假诉讼？应承担什么法律后果？

阅读提示

虚假诉讼是指当事人为获得非法利益或规避法律规定义务，虚构或串通利害关系人，以伪造证据、虚构事实的手段向法院提起民事诉讼，意图利用法院的裁判权和执行权实现非法目的的诉讼行为。

近年来，民间借贷规模不断扩大，但由于民间借贷主体的法律意识淡薄，民间借贷虚假诉讼的案件频发。如何有效遏制民间借贷纠纷中的虚假诉讼，是司法实践中亟待解决的问题。本文的引用案例系 2015 年最高人民法院发布的第 68 号指导案例，该指导案例根据民事诉讼法的相关规定指出审查判断虚假诉讼行为的要求和方法，为之后《最高人民法院关于审理民间借贷案件适用法律若干问题的规定》打击虚假诉讼规定的出台提供了实践性的考证，因此本文从该案例出发对民间借贷虚假诉讼的认定与法律后果予以介绍。

裁判要旨

人民法院在审理民间借贷纠纷案件中若发现可能存在虚假民间借贷纠纷诉讼的情形时，应当严格审查借贷发生的原因、时间、地点、款项来源、交付方式、款项流向以及借贷双方的关系、经济状况等事实，综合判断是否属于虚假民事诉讼。

人民法院经审理发现属于虚假诉讼的，除判决驳回原告诉讼请求外，还要严格按照法律规定，对恶意制造、参与虚假诉讼的诉讼参与人依法予以罚款、拘留；构成犯罪的，须移送有管辖权的司法机关追究刑事责任。

案情简介

曲某为 A 公司的控股股东，王某 1 是 B 公司的原法定代表人，也是 C 公司的控股股东和法定代表人，王某 1 与曲某系夫妻关系。此外，A 公司、B 公司以及其他关联公司存在人员混同的情形。

2007 年至 2009 年，A 公司共向 B 公司出借借款 8650 万元，B 公司在收到汇款的当日或数日后立即将其中的 6 笔转出，共计转出 7050 万余元，其中 5 笔转往 C 公司，共计 6400 万余元。

借期届满时，A 公司向辽宁省高级人民法院起诉，请求法院判令 B 公司偿还借款，并申请财产保全。辽宁省高级人民法院判决 B 公司向 A 公司偿还借款。一审期间，A 公司仍向 B 公司转款共计 360 万元，B 公司的法定代表人由王某 1 变更为姜某。

判决生效后，A 公司向辽宁省高级人民法院申请执行，B 公司的债权人谢某以 A 公司与 B 公司虚构债权进行虚假诉讼为由向辽宁省高级人民法院申诉，辽宁省高级人民法院裁定再审。经审理，辽宁省高级人民法院判决驳回 A 公司的诉讼请求。

A 公司不服，向最高人民法院提起上诉。最高人民法院认定本案属于虚假民事诉讼，驳回上诉，维持原判，同时作出罚款决定，对 A 公司和 B 公司各罚款 50 万元。

裁判要点

人民法院审理民事案件中发现存在虚假诉讼可能时，应当依职权调取相关证据，详细询问当事人，全面严格审查诉讼请求与相关证据之间是否存在矛盾，以及当事人诉讼中的言行是否违背常理。经综合审查判断，当事人存在虚构事实、恶意串通、规避法律或国家政策以谋取非法利益，进行虚假民事诉讼情形的，应当对其依法予以制裁。

实务经验总结

前事不忘，后事之师。为避免未来发生类似败诉，提出如下建议：

民间借贷的虚假诉讼是以“合法”的外衣编造各种骗局，以此迷惑法官，从而侵得当事人利益，由于此类案件往往关系复杂，隐蔽性、迷惑性较高，司法实践中增加了法官鉴别民间借贷虚假诉讼的难度。因此，《最高人民法院关于审理民间借贷案件适用法律若干问题的规定》规定了十种可能构成虚假诉讼的情形，并要求法官依据审判经验和生活常识进行综合判断。

值得注意的是，虚假诉讼不仅表现为造假者获取有利的判决书，还包括通过虚假诉讼骗取人民法院的民事调解书。对于此种类型的虚假诉讼，人民法院在二审或者再审中经查明认定后，将撤销民事调解书，判决驳回原审原告的请求，并对其妨害民事诉讼的行为依法予以制裁（详见延伸阅读案例四）。

相关法律规定

《中华人民共和国民事诉讼法》

第一百一十二条　当事人之间恶意串通，企图通过诉讼、调解等方式侵害他人合法权益的，人民法院应当驳回其请求，并根据情节轻重予以罚款、拘留；构成犯罪的，依法追究刑事责任。

《最高人民法院关于审理民间借贷案件适用法律若干问题的规定》

第十九条　人民法院审理民间借贷纠纷案件时发现有下列情形，应当严格审查借贷发生的原因、时间、地点、款项来源、交付方式、款项流向以及借贷双方的关系、经济状况等事实，综合判断是否属于虚假民事诉讼：

（一）出借人明显不具备出借能力；

（二）出借人起诉所依据的事实和理由明显不符合常理；

（三）出借人不能提交债权凭证或者提交的债权凭证存在伪造的可能；

（四）当事人双方在一定期间内多次参加民间借贷诉讼；

（五）当事人一方或者双方无正当理由拒不到庭参加诉讼，委托代理人对借贷事实陈述不清或者陈述前后矛盾；

（六）当事人双方对借贷事实的发生没有任何争议或者诉辩明显不符合常理；

（七）借款人的配偶或合伙人、案外人的其他债权人提出有事实依据的异议；

（八）当事人在其他纠纷中存在低价转让财产的情形；

（九）当事人不正当放弃权利；

（十）其他可能存在虚假民间借贷诉讼的情形。

第二十条 经查明属于虚假民间借贷诉讼，原告申请撤诉的，人民法院不予准许，并应当根据民事诉讼法第一百一十二条之规定，判决驳回其请求。

诉讼参与人或者其他人恶意制造、参与虚假诉讼，人民法院应当依照民事诉讼法第一百一十一条、第一百一十二条和第一百一十三条之规定，依法予以罚款、拘留；构成犯罪的，应当移送有管辖权的司法机关追究刑事责任。

单位恶意制造、参与虚假诉讼的，人民法院应当对该单位进行罚款，并可以对其主要负责人或者直接责任人员予以罚款、拘留；构成犯罪的，应当移送有管辖权的司法机关追究刑事责任。

《最高人民法院关于依法妥善审理民间借贷纠纷案件促进经济发展维护社会稳定的通知》

七、注意防范、制裁虚假诉讼。人民法院在审理民间借贷纠纷案件过程中，要依法全面、客观地审核双方当事人提交的全部证据，从各证据与案件事实的关联程度、各证据之间的联系等方面进行综合审查判断。对形式有瑕疵的“欠条”或者“收条”，要结合其他证据认定是否存在借贷关系；对现金交付的借贷，可根据交付凭证、支付能力、交易习惯、借贷金额的大小、当事人间关系以及当事人陈述的交易细节经过等因素综合判断。发现有虚假诉讼嫌疑的，要及时依职权或者提请有关部门调查取证，查清事实真相。经查证确属虚假诉讼的，驳回其诉讼请求，并对其妨害民事诉讼的行为依法予以制裁；对于以骗取财物、逃废债务为目的实施虚假诉讼，构成犯罪的，依法追究刑事责任。

《最高人民法院关于依法妥善审理民间借贷案件的通知》

一、加大对借贷事实和证据的审查力度。“套路贷”诈骗等犯罪设局者具备知识型犯罪特征，善于通过虚增债权债务、制造银行流水痕迹、故意失联制造违约等方式，形成证据链条闭环，并借助民事诉讼程序实现非法目的。因此，人民法院在审理民间借贷纠纷案件中，除根据《最高人民法院关于审理民间借贷案件适用法律若干问题的规定》第十五条、第十六条规定，对借据、收据、欠条等债权凭证及银行流水等款项交付凭证进行审查外，还应结合款项来源、交易习惯、经济能力、财产变化情况、当事人关系以及当事人陈述等因素综合判断借贷的真实情况。有违法犯罪等合理怀疑，代理人对案件事实无法说明的，应当传唤当事人本人到庭，就有关案件事实接受询问。要适当加大调查取证力度，查明事实真相。

法院判决

以下为该案在法院审理阶段，裁判文书中“本院认为”部分就该问题的论述：

人民法院保护合法的借贷关系，同时对于恶意串通进行虚假诉讼意图损害他人合法权益的行为，应当依法制裁。本案争议的焦点问题有两个：一是A公司与B公司之间是否存在关联关系；二是A公司和B公司就争议的8650万元是否存在真实的借款关系。

一、A公司与B公司是否存在关联关系的问题

《中华人民共和国公司法》第二百一十六条第一款第四项规定，关联关系，是指公司控股股东、实际控制人、董事、监事、高级管理人员与其直接或间接控制的企业之间的关系，以及可能导致公司利益转移的其他关系。可见，公司法所称的关联公司，既包括公司股东的相互交叉，也包括公司共同由第三人直接或者间接控制，或者股东之间、公司的实际控制人之间存在直系血亲、姻亲、共同投资等可能导致利益转移的其他关系。

本案中，曲某为A公司的控股股东，王某1是B公司的原法定代表人，也是案涉合同签订时B公司的控股股东C公司的控股股东和法定代表人，王某1与曲某系夫妻关系，说明A公司与B公司由夫妻二人控制。A公司称两人已经离婚，却未提供民政部门的离婚登记或者人民法院的生效法律文书。虽然辽宁省高级人民法院受理本案诉讼后，B公司的法定代表人由王某1变更为姜某，但王某1仍是B公司的实际控制人。同时，A公司股东兼法定代表人宗某、王某2等人，与B公司的实际控制人王某1、法定代表人姜某、目前的控股股东王某3共同投资设立了上海D公司，这说明A公司的股东与B公司的控股股东、实际控制人存在其他共同利益关系。另外，沈阳E公司是A公司控股的公司，F公司的股东是王某1的父亲和母亲。可见，A公司与B公司之间、前述两个公司与F公司、上海D公司、沈阳E公司之间均存在关联关系。

A公司与B公司及其他关联公司之间还存在人员混同的问题。首先，高管人员之间存在混同。姜某既是A公司的股东和董事，又是B公司的法定代表人，同时还参与C公司的清算。宗某既是A公司的法定代表人，又是C公司的工作人员，虽然A公司称宗某自2008年5月即从C公司辞职，但从上海市第一中级人民

法院（2008）沪一中民三（商）终字第426号民事判决载明的事实看，该案2008年8月至12月审理期间，宗某仍以C公司工作人员的身份参与诉讼。王某2既是A公司的监事，又是上海D公司的董事，还以该公司工作人员的身份代理相关行政诉讼。王某3既是B公司的监事，又是上海D公司的董事。王某1是B公司原法定代表人、实际控制人，还曾先后代表A公司、C公司与案外第三人签订连锁加盟（特许）合同。其次，普通员工也存在混同。霍某是A公司的工作人员，在本案中作为A公司原一审诉讼的代理人，2007年2月23日代表B公司与G公司签订建设施工合同，又同时兼任上海D公司的董事。崔某是B公司的会计，2010年1月7日代B公司开立银行账户，2010年8月20日本案诉讼之后又代A公司开立银行账户。A公司当庭自述，魏某系B公司的工作人员，2010年5月魏某经B公司授权办理银行账户开户，2011年9月诉讼之后又经A公司授权办理该公司在中国建设银行沈阳马路湾支行的开户，且该银行账户的联系人为魏某。刘某是A公司的工作人员，在本案原一审和执行程序中作为A公司的代理人，2009年3月17日又代B公司办理企业登记等相关事项。刘某以B公司员工名义代理本案诉讼，又受王某1的指派代理上海D公司的相关诉讼。

上述事实充分说明，A公司、B公司以及其他关联公司的人员之间并未严格区分，上述人员实际上服从王某1一人的指挥，根据不同的工作任务，随时转换为不同关联公司的工作人员。A公司在上诉状中称，在2007年借款之初就派相关人员进驻B公司，监督该公司对投资款的使用并协助工作，但早在A公司所称的向B公司转入首笔借款之前5个月，霍某即参与该公司的合同签订业务。而且，从这些所谓的“派驻人员”在B公司所起的作用看，上述人员参与了该公司的合同签订、财务管理到诉讼代理的全面工作，而不仅是监督工作，A公司的辩解，不足为信。辽宁省高级人民法院关于A公司和B公司系由王某1、曲某夫妇控制之关联公司的认定，依据充分。

二、A公司和B公司就争议的8650万元是否存在真实借款关系的问题

根据《最高人民法院关于适用〈中华人民共和国民事诉讼法〉的解释》第九十条的规定，当事人对自己提出的诉讼请求所依据的事实或者反驳对方诉讼请求所依据的事实，应当提供证据加以证明；当事人未能提供证据或者证据不足以证明其事实主张的，由负有举证证明责任的当事人承担不利的后果。第一百零八条规定，对负有举证证明责任的当事人提供的证据，人民法院经审查并结合相关事实，确信待证事实的存在具有高度可能性的，应当认定该事实存在。对一方当事人为反驳负有举证责任的当事人所主张的事实而提供的证据，人民法院经审查并结合相关事实，认为待证事实真伪不明的，应当认定该事实不存在。在当事人之间存在关联关系的情况下，为防止恶意串通提起虚假诉讼，损害他人合法权益，人民法院对其是否存在真实的借款法律关系，必须严格审查。

A公司提起诉讼，要求B公司偿还借款8650万元及利息，虽然提供了借款合同及转款凭证，但其自述及提交的证据和其他在案证据之间存在无法消除的矛盾，当事人在诉讼前后的诸多言行违背常理，主要表现为以下七个方面：

第一，从借款合意形成过程来看，借款合同存在虚假的可能。A公司和B公司对借款法律关系的要约与承诺的细节事实陈述不清，尤其是作为债权人A公司的法定代表人、自称是合同经办人的宗某，对所有借款合同的签订时间、地点、每一合同的己方及对方经办人等细节，语焉不详。案涉借款每一笔均为大额借款，当事人对所有合同的签订细节甚至大致情形均陈述不清，于理不合。

第二，从借款的时间上看，当事人提交的证据前后矛盾。A公司的自述及其提交的借款合同表明，A公司自2007年7月开始与B公司发生借款关系。向本院提起上诉后，其提交的自行委托形成的审计报告又载明，自2006年12月份开始向B公司借款，但从B公司和A公司的银行账户交易明细看，在2006年12月之前，仅A公司8115账户就发生过两笔高达1100万元的转款，其中，2006年3月8日以“借款”名义转入B公司账户300万元，同年6月12日转入801万元。

第三，从借款的数额上看，当事人的主张前后矛盾。A公司起诉后，先主张自2007年7月起累计借款金额为5850万元，后在诉讼中又变更为8650万元，上诉时又称借款总额1.085亿元，主张的借款数额多次变化，但只能提供8650万元的借款合同。而谢某当庭提交的银行转账凭证证明，在A公司所称的1.085亿元借款之外，另有4400多万元的款项以“借款”名义打入B公司账户。对此，A公司自认，这些多出的款项是受王某1的请求帮忙转款，并非真实借款。该自认说明，A公司在相关银行凭证上填写的款项用途极其随意。从本院调取的银行账户交易明细所载金额看，A公司以借款名义转入B公司账户的金额远远超出A公司先后主张的上述金额。此外，还有其他多笔以“借款”名义转入B公司账户的巨额资金，没有列入A公司所主张的借款数额范围。

第四，从资金往来情况看，A公司存在单向统计账户流出资金而不统计流入资金的问题。无论是案涉借款合同载明的借款期间，还是在此之前，甚至诉讼开始以后，A公司和B公司账户之间的资金往来，既有A公司转入B公司账户款项的情况，又有B公司转入A公司账户款项的情况，但A公司只计算己方账户转出的借方金额，而对B公司转入的贷方金额只字不提。

第五，从所有关联公司之间的转款情况看，存在双方或多方账户循环转款问题。如上所述，将A公司、B公司、C公司、F公司等公司之间的账户对照检查，存在B公司将己方款项转入C公司账户过桥A公司账户后，又转回B公司账户，造成虚增借款的现象。B公司与其他关联公司之间的资金往来也存在此种情况。

第六，从借款的用途看，与合同约定相悖。借款合同第二条约定，借款限用于某国际花园房地产项目，但是案涉款项转入B公司账户后，该公司随即将大部分款项以“借款”“还款”等名义分别转给C公司和F公司，最终又流向A公司和A公司控股的沈阳E公司。至于A公司辩称，B公司将款项打入C公司是偿还对C公司借款的辩解，由于其提供的C公司和B公司之间的借款数额与两公司银行账户交易的实际数额互相矛盾，且从流向上看大部分又流回了A公司或者其控股的公司，其辩解不足为凭。

第七，从A公司和B公司及其关联公司在诉讼和执行中的行为来看，与日常经验相悖。A公司提起诉讼后，仍与B公司互相转款；B公司不断向A公司账户转入巨额款项，但在诉讼和执行程序中却未就还款金额对A公司的请求提出任何抗辩；A公司向辽宁省高级人民法院申请财产保全，B公司的股东王某3却以其所有的房产为本应是利益对立方的A公司提供担保；A公司在原一审诉讼中另外提供担保的上海市青浦区房产的所有权，竟然属于王某1任法定代表人的上海D公司；A公司和B公司当庭自认，A公司开立在中国建设银行东港支行、中国建设银行沈阳马路湾支行的银行账户都由王某1控制。

对上述矛盾和违反常理之处，A公司与B公司均未作出合理解释。由此可见，A公司没有提供足够的证据证明其就案涉争议款项与B公司之间存在真实的借贷关系。而且，从调取的A公司、B公司及其关联公司账户的交易明细发现，A公司、B公司以及其他关联公司之间、同一公司的不同账户之间随意转款，款项用途随意填写。结合在案其他证据，法院确信，A公司诉请之债权系截取其与B公司之间的往来款项虚构而成，其以虚构债权为基础请求B公司返还8650万元借款及利息的请求不应支持。据此，辽宁省高级人民法院再审判决驳回其诉讼请求并无不当。

至于A公司与B公司提起本案诉讼是否存在恶意串通损害他人合法权益的问题。一方面，无论A公司，还是B公司，对B公司与一审申诉人谢某及其他债权人的债权债务关系是明知的。从案涉判决执行的过程看，A公司申请执行之后，对查封的房产不同意法院拍卖，而是继续允许该公司销售，B公司每销售一套房屋，A公司即申请法院解封一套。在接受法院当庭询问时，A公司对B公司销售了多少查封房产，偿还了多少债务陈述不清，表明其提起本案诉讼并非为实现债权，而是通过司法程序进行保护性查封以阻止其他债权人对B公司财产的受偿。虚构债权，恶意串通，损害他人合法权益的目的明显。另一方面，从A公司与B公司人员混同、银行账户同为王某1控制的事实可知，两公司同属一人，均已失去公司法人所具有的独立人格。《中华人民共和国民事诉讼法》第一百一十二条规定："当事人之间恶意串通，企图通过诉讼、调解等方式侵害他人合法权益的，人民法院应当驳回其请求，并根据情节轻重予以罚款、拘留；构成犯罪的，依法追究刑事责任。"一审申诉人谢某认为，A公司与B公司之间恶意串通提起虚假诉讼损害其合法权益的意见，以及对有关当事人和相关责任人进行制裁的请求，于法有据，应予支持。

案件来源

上海A生物科技有限公司与辽宁B置业发展有限公司企业借贷纠纷一案二审民事判决书［最高人民法院（2015）民二终字第324号］

延伸阅读

一、杜万华就〈最高人民法院关于审理民间借贷案件适用法律若干问题的规定〉答记者问（2015年8月6日，节选）

"问：我们注意到，《规定》特别强调要加大对虚假诉讼的防范和制裁，为什么如此关注这一问题？

答：经过调研发现，当前，民事审判领域存在许多虚假诉讼，在民间借贷案件中尤为突出。如何有效遏制民间借贷纠纷中的虚假诉讼，是摆在审判实践中的一个突出难题，也是亟待解决的一个课题。

虚假的民间借贷诉讼往往包裹在'合法'的外衣下，以正常合法的程序进入到法院，造假者们通过精心设计各种骗局，以混淆视听迷惑法官，从而获得对其有利的判决。此类案件利益关系复杂，且往往使真正权利人的利益无法得到保障，一旦法院支持了虚假诉讼当事人的利益，则不但无法化解纠纷，反而更加激化了当事人之间的矛盾，极易引发和激化社会冲突。总之，虚假民间借贷诉讼既侵犯了真实权利人的利益，又浪费了有限的司法资源；既扰乱正常的司法审判秩序，又影响了社会稳定。

虽然民事诉讼法第112条中新增加了对虚假诉讼的规定，但实践中审判人员很难明确识别、认定虚假诉讼，而民诉法中'虚假诉讼构成犯罪的，依法追究刑事责任’的一般性规定，在刑法中也并没有相对应的条款，没有具体的罪名，也没有相应的处罚措施。立法的不完善致使虚假民间借贷诉讼的违法成本非常低，诉讼当事人恶意串通、虚构法律关系向法院提起诉讼所追求的不法利益，与当事人制造、参与虚假诉讼付出的成本的巨大差异对当事人作出不法行为产生了不当的激励。因此，必须加大对虚假诉讼的预防和打击，以维持诚实守信的诉讼环境。

如何识别虚假诉讼是遏制虚假诉讼所面临的首要问题。之前，法院对调解率的片面强调，容易给当事人虚假诉讼提供便利；法官对调解的偏好也使调解中对事实的查明大打折扣。在虚假民间借贷诉讼案件中，由于双方当事人之间系恶意串通，不存在激烈的诉辩对抗，而且有时提交给法院的证据可能就是双方共同伪造的，这就给法官鉴别虚假诉讼增加了难度。对于这一问题，各级法院在司法实践过程中形成了不同的处理方式，但也达成了基本共识，即应当在民间借贷案件审理过程中加强对证据的审查力度。本《规定》结合了虚假民间借贷诉讼审判实践的调研结果，吸收了实践中有益的经验做法，采纳了综合判断的规范模式，并总结出了具体列举的可能属于虚假民间借贷诉讼的十种行为，以供审判人员审理案件时借鉴、参考。当然，正确识别虚假民间借贷诉讼还要求审判人员基于自身的审判经验和对生活的认知，结合借贷发生的原因、时间、地点、款项来源、交付方式、款项流向以及借贷双方的关系、经济状况等事实，综合判断是否属于虚假民事诉讼。

经审理发现属于虚假诉讼的，人民法院除判决驳回原告的请求外，还要严格按照本《规定》的内容，对恶意制造、参与虚假诉讼的诉讼参与人依法予以罚款、拘留；构成犯罪的，必须要移送有管辖权的司法机关追究刑事责任。”

二、虚假诉讼的相关案例

案例一：汤某、上海A公司民间借贷纠纷再审审查与审判监督民事裁定书［最高人民法院（2017）最高法民申54号］认为，“本案的争议焦点在于再审申请人汤某的权利能否得到民事救济的问题。上海市公安局2016年11月11日移送上海市人民检察院第一分院审查起诉的《起诉意见书》载明（第7页）（案号为：沪公诉字（2016）3号）：‘经依法侦查查明……三、王某等人涉嫌虚假诉讼的犯罪事实，2012年2月至2014年5月，犯罪嫌疑人王某在被害人（斯某）已汇款支付赌债人民币3.3637亿元的情况下，为进一步敲诈被害人斯某钱财和公司房产，先后逼迫被害人与汤某签下两份1.5亿元借款协议……王某利用其实际控制的银行账户，制造虚假银行流水，并唆使汤某持上述三份借款协议向上海市第二中级人民法院提起虚假诉讼的方式，以查封被害人公司房产及股权为要挟，于2014年

11月前后敲诈被害人斯某两处房产，其中一处公司房产（富绅国际商铺、办公楼，估价1.7亿元）斯某被逼以7100万元的低价“转让”至王某指定的个人名下，另一处公司房产（富绅中心，估价1.99亿元）斯某被逼网签至王某指定的公司名下。……以下为王某利用其实际控制的银行账户制造虚假流水过程：2012年6月5日汤某与斯某、上海B公司的1.5亿元借款合同指定斯某收款5000万元，指定韩某收款1亿元。实际王某从其控制与关联的银行账户凑齐1.5亿元，其中5000万元经汤某银行账户汇至被害人斯某银行账户，后在斯某收到该5000万元的当天，该5000万元即又转回至王某实际控制的严某银行账户内；另1亿元经汤某账户汇至韩某账户，后在韩某收到该1亿元的当天，王某即指示韩某将该1亿元转至王某指定的银行账户。’从上述事实来看，本案涉嫌刑事犯罪，原审法院依据《最高人民法院关于在审理经济纠纷案件中涉及经济犯罪嫌疑若干问题的规定》第十一条的规定裁定驳回汤某的起诉并无不当。同时，原审法院应当对再审申请人汤某的虚假诉讼行为进行处罚。”

案例二：上海A公司与海南B公司、北京C公司企业借贷纠纷二审判决书[最高人民法院（2016）最高法民终541号]认为，“B公司以A公司工商信息显示其不具有经营金融业务资质为由主张合同无效，于法无据。B公司在根据合同约定取得并实际使用案涉资金后，又以其事先知道案涉借款来源属于民间借贷司法解释第十四条第一项、第二项规定的情形为由主张合同无效，有违诚信原则。民间借贷司法解释第十九条针对虚假诉讼的情形规定，人民法院审理民间借贷纠纷案件时，应当严格审查借贷发生的原因、时间、地点、款项来源、交付方式、款项流向以及借贷双方的关系、经济状况等事实。本案中双方在均认可A公司已将案涉款项交由B公司实际使用的前提下，因合同效力发生纠纷，并不属于民间借贷司法解释第十九条所针对的虚假诉讼之情形。故B公司依据上述司法解释，主张原审判决没有依法严格审查款项来源明显不当，本院不予支持。原审判决认定借款合同有效，并无不当，本院予以维持。”

案例三：景某、刘某民间借贷纠纷再审判决书[最高人民法院（2016）最高法民再124号]认为，“景某质疑370万元借款的真实性，并称涉案民间借贷纠纷是刘某与万某恶意串通进行的虚假诉讼。为此，景某再审中提交重庆市公安部门到昆明市查证370万元借据凭证的材料作为新证据，其中45万元未进入万某账户，另五笔给万某汇款的汇款人不是刘某。刘某质证认为，该部分材料不是新证据，一、二审期间双方已经过详细对账。经查，一审庭审中，刘某提交20多笔支付款项的原始凭证中包含上述款项，万某对刘某支付款项的证据及为刘某出具借据的事实均认可。景某质证不予认可的理由是其不知情，其不应承担相应责任。综上，涉案借款事实已经一、二审法院查明认定，景某所提交证据不属于再审新证据，也不足以推翻该事实。景某主张刘某与万某在借款发生之后补签《借据》，系恶意串通进行虚假诉讼，依据亦不足。”

案例四：林某、广东省化州市某厂民间借贷纠纷二审民事判决书［广东省高级人民法院（2016）粤民终817号］认为，“本案系林某根据其与某厂签订的2007年、2008年借款合同和收款收据主张某厂应偿还借款及利息的民间借贷纠纷。根据一审法院查明的事实，林某与某厂共同制作了借款合同及收款收据，虚构某厂分别于2007年、2008年向林某抵押借款共计1000万元的事实，林某据此虚假事实及证据以民间借贷纠纷为由向一审法院提起诉讼，并在诉讼中达成调解协议，导致一审法院据此作出（2010）茂中法民一初字第1号民事调解书。故林某称并非虚假诉讼，与一审法院查明的事实不符，其亦未能提交充分证据证明其据以起诉主张的2007年、2008年抵押借款确属真实发生的事实。因此，一审法院对本案再审后，根据查明的事实撤销（2010）茂中法民一初字第1号民事调解书，改判驳回林某有关某厂应偿还该厂于2007年和2008年向林某借款700万元和300万元所产生债务的诉讼请求，并无不当。林某二审中主张其因购买某厂名下土地而于2010年1月15日向某厂支付700万元，并以此为由请求法院判令某厂偿还700万元，其与林某向一审法院提起诉讼据以主张的2007年、2008年借款事实不符。林某在二审中提出某厂应返还700万元款项的请求，超出其一审起诉时提出的诉讼请求，不属于本案的审理范围。”

案例五：方某与湖北A公司、马某民间借贷纠纷二审判决书［湖北省高级人民法院（2016）鄂民终826号］认为，“在方某为贷款方与A公司为借款方、马某和孙某为担保方签订（2013）借字154号《借款合同》后，方某向A公司支付了借款2000万元，因A公司到期未偿还借款本息，方某提起民间借贷诉讼是有事实依据的，本案不存在虚假诉讼的问题。A公司在二审庭审中称，马某利用控制公司银行账户和印章的机会与方某虚构借款事实，并通过诉讼程序，达到骗取A公司巨额财产的目的。对于该项主张，A公司提供的银行流水凭证只能证明2013年11月8日其在收到方某的2000万元的款项后，转入湖北博财担保公司账户，该转款行为系A公司对自己款项的处分，并不能否定方某向A公司借款2000万元的真实性。至于A公司主张的其他事实，并未提交证据证明，本院不予采信。而且，A公司不论是在一审期间，还是在所出具的上诉状中，均对方某借款事实明确予以认可。故对A公司关于本案系虚假诉讼的上诉主张，本院不予支持。”

087 民间借贷出借人因证据不足败诉，能否以不当得利另行起诉？

——不当得利不能作为当事人在其他具体民事法律关系中缺少证据时的请求权基础

裁判要旨

不当得利作为一种独立的法律制度，具有严格的构成要件及适用范围，不能作为当事人在其他具体民事法律关系中缺少证据时的请求权基础。借贷纠纷案件当事人的诉讼请求被驳回后，又以不当得利为由另行起诉主张权利的，人民法院不予支持。

案情简介

2008 年 6 月 30 日，谢某通过银行向陈某转账 10 万元。后谢某诉至上虞区人民法院，要求徐某归还借款。在审理过程中，原告提供的借条经鉴定，借款人“徐某”的签名非本人所书写。原告遂撤回起诉。

2012 年 9 月 24 日，谢某向上虞区人民法院起诉，要求徐某及陈某归还借款 10 万元。后因原告提供的证据不足以证明原告与徐某、陈某双方存在民间借贷关系，上虞区人民法院遂判决驳回谢某的诉讼请求。

2013 年，谢某又以陈某不当得利为由向上虞区人民法院起诉，要求其返还汇款本息。上虞区人民法院认为原被告之间的转账行为不属于不当得利构成要件中“无合法根据”的情形，原告应当对欠缺给付原因的具体情形承担证明责任。由于谢某举证不能，上虞法院遂判决驳回其诉讼请求。

2014 年，谢某向绍兴市中级人民法院提起上诉。绍兴市中级人民法院判决驳回上诉，维持原判。

2016 年，谢某向浙江省高级人民法院申请再审。浙江省高级人民法院裁定驳回其再审申请。

裁判要点

不当得利作为一种独立的法律制度，具有严格的构成要件及适用范围，不能作为当事人在其他具体民事法律关系中缺少证据时的请求权基础。本案中，谢某主张陈某对诉争 10 万元构成不当得利，则谢某应对产生该不当得利法律关系的基本事实承担举证证明责任，但谢某并未对欠缺给付原因的具体情形予以举证证明，且谢某在前案及本案诉讼过程中均主张诉争 10 万元当初属于借款，系徐某向其所借的款项，足以证明谢某系出于诉讼策略甚至诉讼欺诈的考虑，谎称无合法根据，因此法院判决驳回其诉讼请求。

实务经验总结

前事不忘，后事之师。为避免未来发生类似败诉，提出如下建议：

不当得利作为一种独立的法律制度，具有严格的构成要件及适用范围，不能作为当事人在其他具体民事法律关系中缺少证据时的请求权基础。原告以不当得利起诉，则应当对符合不当得利法律构成之事实举证，若主张事实成立，举证责任发生转移，由被告举证证明其占有钱款的合法性。因此本书建议，当事人在向他人出借借款时，应当树立法律意识，签订规范的书面协议，并保存好相关证据，以防将来在诉讼中处于不利地位。

相关法律规定

《中华人民共和国民法通则》

第九十二条 没有合法根据，取得不当利益，造成他人损失的，应当将取得的不当利益返还受损失的人。

《中华人民共和国民法总则》

第一百二十二条 因他人没有法律根据，取得不当利益，受损失的人有权请求其返还不当利益。

法院判决

以下为该案在法院审理阶段，裁判文书中“本院认为”部分就该问题的论述：

谢某曾于 2011 年起诉案外人徐某，要求其归还 10 万元借款。在审理过程中，谢某提供的借条中借款人的签名经鉴定并非徐某本人书写，谢某遂申请撤回起诉。2012 年 9 月，谢某再次以前案中的 10 万元借条起诉徐某及陈某，要求该两人归还 10 万元借款，因谢某提供的证据不足以证明双方存在民间借贷关系，一审法院作出（2012）绍虞越商初字第 195 号民事判决，判决驳回谢某的诉讼请求。现谢某主张陈某对诉争 10 万元构成不当得利，则谢某应对产生该不当得利法律关系的基本事实承担举证证明责任。现有证据虽能证明谢某于2008年6月30日转账10万元至陈某，但谢某并未对欠缺给付原因的具体情形予以举证证明，且谢某在前案及本案诉讼过程中均主张诉争10万元当初属于借款，系徐某向其所借的款项。不当得利作为一种独立的法律制度，具有严格的构成要件及适用范围，不能作为当事人在其他具体民事法律关系中缺少证据时的请求权基础。谢某在民间借贷纠纷案件中的诉讼请求被驳回后，又以不当得利为由提起本案诉讼，原审对其诉讼请求未予支持，并无不当。

案件来源

谢某与陈某其他不当得利纠纷一案再审民事裁定书［浙江省高级人民法院（2016）浙民申295号］

延伸阅读

一、不当得利不能作为当事人在其他具体民事法律关系中缺少证据时的请求权基础的原因性分析：

不当得利，是指没有合法根据的情况下在他人利益受损的基础上取得利益。其构成要件有四个：无法律根据；一方取得财产利益；一方受有损失；取得利益与所受损失间有因果关系，其中“无法律根据”是不当得利最重要的特征和构成要件。可见，不当得利作为一种独立的法律制度，具有严格的构成要件及适用范围。

司法实践中，个别出借人由于证据不足而无法证明其与被告之间的借贷事实，最终导致败诉。为了弥补损失，出借人便打起了不当得利的主意，其认为本案既然无证据表明双方之间存在借贷关系，便说明了原告支付给被告财产是没有法律根据的，那么被告在无法律根据的情况下取得财产自然应当返还，若被告抗辩，则应当提供证据证明占有钱款存在法律根据，那么此时举证责任便转移到了被告一方，因此无论被告举证成立与否，法院都会判决被告返还涉案款项，原告便不费吹灰之力坐等胜诉的果实。

虽然原告的诉讼策略看似天衣无缝，但却存在致命的法律缺陷。不当得利构成要件中的“无法律根据”并非指“取得利益的过程缺乏法律程序”，而是指“取得利益并继续保有利益欠缺正当性或法律依据。”换言之，不当得利能够成立的前提是指双方之间的行为没有债权法、物权法、人格权法、身份法、票据法等法律基础，并不是指双方没有证据证明案件事实。本案中，谢某最初是以借款为由提起诉讼，苦于无证据证明而被判决驳回诉讼请求，因此谢某以不当得利为由起诉，并不是因为双方款项交付不存在法律上的根据，其真正目的是规避证明责任，从而得到对自己有利的裁判结果，法院因此驳回其诉讼请求并无不当。

假设谢某一开始便以不当得利为由起诉，法院是不是就会将不当得利的证明责任转移给被告呢？对此，司法实践中主要有两种观点：一种观点认为，由于“没有法律根据”是消极事实，原告很难举证证明，且被告作为接受利益方，理应对自己接受利益的合法性予以证明，因此不当得利之诉中应当先由被告承担占有财产合法性的证明责任。

另一种观点认为，原告给付被告财产，留下的证据往往在原告手中，因此由被告来承担证明责任，无疑是过分加大了被告的诉讼负担。而且，原告在无任何证据证明不当得利事实的情况下，法院便要求被告对占有财产的合法性予以证明，对于被告而言也并不公平。对于原告而言，其作为财产给付者和请求权人，对双方存在不当得利的事实承担证明责任并无不当。因此，不当得利之诉中应当先由原告承担不当得利事实的证明责任。

最高人民法院民一庭综合了两种观点并在《借贷纠纷案件当事人的诉讼请求被驳回后，又以不当得利为由另行主张权利的，人民法院不予支持》一文中予以回答：“对于不当得利形成原因中合同被撤销或者被认定为无效等‘积极’的事实，由原告承担举证责任具有合理性，但对于另一类不当得利，如银行转账误将一方的款项转入错误的账户，如果仍然坚持要求由受损害的当事人承担举证责任证明被告领受银行误转入其账户的款项‘无法律原因’，则对于原告是不公平的。”最高人民法院民一庭的观点是基于民法中的公平原则得出的，而这也是人民法院确定当事人之间法律关系所把握的原则。因此，本案中即使谢某一开始便以不当得利为由起诉，也应当对双方“没有法律原因”的情形予以证明，若谢某主张成立，举证责任才发生转移，由被告举证证明其占有钱款具有合法性。

但在司法实践中这样的诉讼策略也是无法规避证明责任的，因为谢某系主动支付，给付数额、给付对象均明确具体，所以“没有法律原因”的诉讼主张很难让法官信服。

二、相关案例：

案例一：王某、付某不当得利纠纷再审民事判决书［湖北省高级人民法院（2017）鄂民再 99 号］认为，“不当得利是指没有合法根据，取得不当利益，造成他人损失。不当得利作为一种独立的法律制度，不能作为当事人在其他具体民事法律关系缺少证据时的请求权基础。本案中，双方当事人对于付某给付王某

150,000元的事实均无异议。为让王某归还150,000元，付某曾以该150,000元款项是王某经徐某担保向付某所借借款且未偿还为由诉至法院，要求王某、徐某连带偿还该借款，因证据不足，湖北省武汉市洪山区人民法院作出（2014）鄂洪山民三初字第00758号民事判决，驳回了付某的诉讼请求。付某不服提起上诉，湖北省武汉市中级人民法院作出（2015）鄂武汉中民二终字第00063号民事判决，驳回上诉，维持原判。付某遂以不当得利纠纷起诉，要求王某返还上述款项。由于付某系主动为给付行为，给付数额、给付对象明确具体，且付某之妻李某亦向王某转款100,000元，故付某应就其行为作出合理原因解释，否则有违日常生活经验法则。另案生效判决驳回付某的诉讼请求系因其提交的证据不能证明涉案款项是借款，而由其自行承担举证不利的法律后果，并未对涉案款项有无合法根据进行认定。而且在本院再审庭审中，付某仍主张向王某所转款项为借款，说明其转账行为是基于民间借贷法律关系，王某并非无合法根据取得不当利益。故付某在借款纠纷案件中的诉讼请求被驳回后，又以不当得利为由主张权利，人民法院不应予以支持。”

案例二：黎某与唐某、陈某不当得利纠纷再审复查与审判监督民事裁定书［广西壮族自治区高级人民法院（2016）桂民申795号］认为，“根据《中华人民共和国民法通则》第九十二条不当得利是指‘没有合法根据，取得不当得利，造成他人损失的，应当将取得的不当利益返还受损的人’之规定，不当得利作为一种独立的法律制度，具有严格的构成要件及适用范围，不能作为当事人在其他具体民事法律关系中缺少证据时的请求权基础。黎某为了让两名被申请人归还收取的222.5万元，曾以民间借贷纠纷起诉两名被申请人，该案经过一审、二审、再审审查，但因证据不足和基于黎某与唐某曾经合伙承包桂林高级技工学校工程项目的事实，均未支持申请人的诉讼请求。本案中，黎某仍陈述唐某收取的款项属于向其借款，但因唐某未向其出具借据，且其起诉两名被申请人返还借款的诉讼请求被驳回，黎某方转为起诉两名被申请人不当得利。根据黎某的单方陈述，其付给唐某的款项属于借款，是有目的的给付，是具有法律上的原因的给付，且根据法院生效裁判文书已经确定黎某与唐某存在合伙承包桂林高级技工学校工程项目的事实，黎某主张涉案款项不符合不当得利的构成要件，故原审判决驳回黎某的诉讼请求并无不当。因此，对黎某关于唐某收取的款项属于不当得利的主张，本院不予支持。”

案例三：再审申请人阚某因与被申请人张某不当得利纠纷申请再审民事裁定书［甘肃省高级人民法院（2017）甘民申58号］认为，“再审申请人在借贷纠纷案件的诉讼请求被驳回，又以不当得利为由另行起诉主张权利。不当得利作为一种独立的法律制度，具有严格的构成要件与适用范围，不能作为当事人在其他具体民事法律关系中缺少证据时的请求权基础。原审以重复起诉为由裁定驳回起诉，适用法律正确。”

案例四：蔡某与罗某不当得利纠纷再审审查民事裁定书［重庆市高级人民法院（2013）渝高法民申字第01300号］认为，“经原审查明，蔡某与罗某原系恋爱关系，2007年10月16日，蔡某从自己在中国银行重庆市南岸支行的账户上取款171267.41元，用于为罗某偿还购买重庆市经开区南湖路29号附117号房屋的贷款。嗣后，蔡某认为该笔款项系借款，故向重庆市南岸区人民法院以民间借贷纠纷为由起诉罗某请求返还，该案经重庆市第五中级人民法院二审后，蔡某的诉讼请求被驳回。本案系蔡某另以不当得利纠纷为由起诉罗某要求返还。因蔡某是在与罗某恋爱时，为罗某偿还房屋贷款而给罗某前述款项，故蔡某应举示证据证明双方存在其他债权债务关系，以及罗某应负向其返还该笔款项的义务。因蔡某并无证据予以证明，而罗某辩称上述款项系赠与更符合客观事实，因此原审判决驳回蔡某的诉讼请求并无不当。”

案例五：杨某与朱某不当得利纠纷二审民事判决书［湖州市中级人民法院（2016）浙05民终278号］认为，“不当得利的构成要件有四项：（一）一方获得利益；（二）他方受到损失；（三）获利与受损之间具有因果关系；（四）获利没有合法根据。本案中，双方当事人对杨某通过银行转账方式分四次汇入朱某的银行账户11万元的事实均无异议，现杨某认为该款构成不当得利，则作为主张不当得利请求权成立的一方，应当就请求权发生的法律构成要件事实负举证责任，包括应举证证明该给付行为不具有合法根据。根据已查明的事实，杨某就本案款项曾以民间借贷纠纷起诉朱某，后因证据不足被法院驳回。本案中，杨某仍陈述该款系其出借给朱某的借款，因朱某否认借款事实，而未能得到法院支持，才转以不当得利另行起诉。即杨某于本案主张的转账原因是基于借款关系，并非欠缺合法根据，故不符合不当得利‘没有合法根据’的法律特征。不当得利不能作为在其他民事法律关系中缺少证据时的请求权基础，杨某在之前民间借贷之诉的诉讼请求被驳回后，又以不当得利为由另行起诉主张权利，是对诉因选择权的滥用，其主张不应予以支持。”

案例六：王某上诉孙某不当得利纠纷判决书［北京市第三中级人民法院（2016）京03民终9692号］认为，“本案中，孙某主张王某因项目运作需要钱而向其借款620,000元，并口头约定两个月内还钱，2012年12月25日其以银行转账方式向王某出借该款项，双方未签订书面借据或欠条，亦未约定利息及担保等内容，后王某通过案外人刘某 1 向其还款 500,000 元，余款 120,000 元至今未还。2014 年 11 月，孙某以民间借贷起诉要求王某归还余款，因证据不足被裁定驳回起诉，故本案再次以不当得利起诉王某要求其返还余款。王某认为案外人张某 1 为托人办事而向案外人田某 1 借款 620,000 元，双方签有书面借款协议，王某系担保人身份，实际打款人系孙某，其中 500,000 元系因张某 1 所托之事未办成受托人刘某 1 的退款，余款 120,000 元系张某 1 自己租房所用，因其与张某 1、孙某系朋友关系，故往来款项均从自己的银行账户出入。双方虽然说法不一，但对涉案款项系借贷性质并无异议，且双方均否认该款项属转账错误、非债清偿等错误给付情形。本院认为，第一，不当得利作为一种独立的法律制度，具有严格的构成要件及适用范围，不能作为当事人在其他具体民事法律关系中缺少证据时的请求权基础。借贷纠纷案件当事人的诉讼请求被驳回后，又以不当得利为由另行起诉主张权利的，不应得到支持。第二，依据《中华人民共和国民法通则》第九十二条之规定，不当得利的构成要件包括一方获利、对方损失、获利和损失间有因果关系、一方获利无法律上的原因。孙某以不当得利起诉，应当对符合不当得利法律构成之事实举证，若孙某主张的事实成立，举证责任才发生转移，由王某举证证明其占有钱款的合法性。现孙某自认涉案款项系借贷性质，并不符合不当得利的法律构成要件，举证责任不能转移至王某，孙某应当承担举证不能的法律后果。因此，一审法院对于本案不当得利的举证责任分配不当，致使事实认定有误，应予改判。王某上诉认为，本案违反‘一事不再理’原则错误受理本案之意见，缺乏法律依据，本院不予采纳。王某上诉认为，一审法院错误分配举证责任之意见，本院予以采纳。王某上诉主张于法有据，本院予以支持。”

087 法院未查明民间借贷实际本息，能否以调解方式结案?

——法院未查明民间借贷实际本息的，不应以调解方式结案

阅读提示

民间借贷中，对于出借人主张大额现金支付，借款人提出合理抗辩的，法院应当结合借贷金额、款项交付、当事人的经济能力、当地或者当事人之间的交易方式、交易习惯等因素综合审查，以此判断借贷事实是否发生。而本案中，一审法院在未查明案涉实际借款数额以及是否存在违法高息的情况，即以民事调解书

的形式对当事人达成的和解协议予以确认。对此，最高人民法院认为，一审法院的行为与民事诉讼法及《最高人民法院关于人民法院审理借贷案件的若干意见》（该案审理时《最高人民法院关于民间借贷适用法律若干问题规定》尚未生效）的立法精神相悖，依法应予以撤销。

裁判要旨

法院在审理民间借贷案件时，未查明实际借款数额以及是否存在违法高息的情况，即以民事调解书的形式对当事人达成的和解协议予以确认，与民事诉讼法的精神相悖。

案情简介

2007 年 4 月 4 日，曾某 1 与 A 公司签订借款协议。约定曾某 1 向 A 公司出借 1300 万元，根据曾某 1 所述，其中 700 万元为转账方式支付，600 万元为现金支付。

2008 年 1 月 18 日，曾某 1 向高新区人民法院诉请判令 A 公司偿还剩余借款 600 万元。高新区人民法院经审理，对曾某 1 的诉讼请求予以支持。

A 公司不服，向襄阳市中级人民法院提起上诉，襄阳市中级人民法院主持当事人调解，并对双方调解协议予以确认。

A 公司不服该民事调解书，于 2010 年 5 月 7 日向湖北省高级人民法院申请再审。湖北省高级人民法院审查后，裁定襄阳市中级人民法院对本案进行再审。襄阳市中级人民法院经审理驳回 A 公司的再审申请，恢复民事调解书的执行。

A 公司仍不服，再次申请再审。湖北省高级人民法院经审查，提审本案。湖北省高级人民法院根据交付凭证、交付能力、交易习惯、借贷金额大小、当事人关系以及当事人陈述的交付细节经过等因素综合判断，认定实际借款数额是 700 万元。民事调解书因内容违法，依法予以撤销。

2013 年，曾某 1 向最高人民法院申请再审，最高人民法院维持高级人民法院判决。

裁判要点

民间借贷纠纷中以现金形式交付的借贷如发生争议，应当根据交付凭证、交付能力、交易习惯、借贷金额大小、当事人关系以及当事人陈述的交付细节经过等因素综合判断是否存在真实借贷关系。本案中，曾某 1 作为出借人，不能就借贷资金来源、支付时间及顺序、具体支付方式等涉及现金借贷关系是否实际发生的案件主要事实提供充分证据予以举证证明，且就其诉请主张存在诸多前后不一、相互矛盾的庭审陈述及证据出示，对此，曾某1应承担举证不能的法律后果。曾某1关于其与A公司之间存在1300万元民间借贷关系的主张，事实依据不足，不能成立。

《中华人民共和国民事诉讼法》第九十三条规定："人民法院审理民事案件，根据当事人自愿的原则，在事实清楚的基础上，分清是非，进行调解。"第九十六条规定："调解达成协议，必须双方自愿，不得强迫。调解协议的内容不得违反法律规定。"根据本案法院审理认定的事实，襄阳市中级人民法院在二审审理过程中，未查明案涉实际借款数额以及是否存在违法高息的情况，即以民事调解书的形式对当事人达成的和解协议予以确认，与民事诉讼法及《最高人民法院关于人民法院审理借贷案件的若干意见》的规定精神相悖，依法应当予以撤销。

实务经验总结

前事不忘，后事之师。为避免未来发生类似败诉，提出如下建议：

1. 民间借贷纠纷中以现金形式交付的借贷如发生争议，应当根据交付凭证、交付能力、交易习惯、借贷金额大小、当事人关系以及当事人陈述的交付细节经过等因素综合判断是否存在真实借贷关系。

2. 人民法院审理民事案件，应当根据当事人自愿的原则，在事实清楚、是非分明的基础上进行调解。法院在未对案件事实查明的情况下，便以民事调解书的方式结案，违反法律规定，依法应当予以撤销。

相关法律规定

《中华人民共和国民事诉讼法》

第九十三条　人民法院审理民事案件，根据当事人自愿的原则，在事实清楚的基础上，分清是非，进行调解。

第九十六条　调解达成协议，必须双方自愿，不得强迫。调解协议的内容不得违反法律规定。

第九十九条　调解未达成协议或者调解书送达前一方反悔的，人民法院应当及时判决。

《最高人民法院关于审理民间借贷案件适用法律若干问题的规定》

第十九条　人民法院审理民间借贷纠纷案件时发现有下列情形，应当严格审查借贷发生的原因、时间、地点、款项来源、交付方式、款项流向以及借贷双方的关系、经济状况等事实，综合判断是否属于虚假民事诉讼：

（一）出借人明显不具备出借能力；

（二）出借人起诉所依据的事实和理由明显不符合常理；

（三）出借人不能提交债权凭证或者提交的债权凭证存在伪造的可能；

（四）当事人双方在一定期间内多次参加民间借贷诉讼；

（五）当事人一方或者双方无正当理由拒不到庭参加诉讼，委托代理人对借贷事实陈述不清或者陈述前后矛盾；

（六）当事人双方对借贷事实的发生没有任何争议或者诉辩明显不符合常理；

（七）借款人的配偶或合伙人、案外人的其他债权人提出有事实依据的异议；

（八）当事人在其他纠纷中存在低价转让财产的情形；

（九）当事人不正当放弃权利；

（十）其他可能存在虚假民间借贷诉讼的情形。

第二十条 经查明属于虚假民间借贷诉讼，原告申请撤诉的，人民法院不予准许，并应当根据民事诉讼法第一百一十二条之规定，判决驳回其请求。

诉讼参与人或者其他人恶意制造、参与虚假诉讼，人民法院应当依照民事诉讼法第一百一十一条、第一百一十二条和第一百一十三条之规定，依法予以罚款、拘留；构成犯罪的，应当移送有管辖权的司法机关追究刑事责任。

单位恶意制造、参与虚假诉讼的，人民法院应当对该单位进行罚款，并可以对其主要负责人或者直接责任人员予以罚款、拘留；构成犯罪的，应当移送有管辖权的司法机关追究刑事责任。

法院判决

以下为该案在法院审理阶段，裁判文书中“本院认为”部分就该问题的论述：

1. 曾某1向A公司实际出借款数额如何确认的问题。

曾某1申请再审主张其向A公司实际出借款数额为1300万元的依据为，案涉借条由A公司法定代表人签字并加盖公章，反映的内容能够与《协议书》《补充协议书》相互印证，故足以证明曾某1的主张。对此，本院认为，在民间借贷案件审理中，对于仅提供借据的大额现金支付，借款人提出合理怀疑之抗辩的，除就债权凭证进行审查外，应结合借贷金额、款项交付、当事人的经济能力、当地或者当事人之间的交易方式、交易习惯、当事人财产变动情况等事实和因素，综合判断查证借贷事实是否发生。本案中，对于案涉借款协议及借条约定借款1300万元中的600万元，曾某主张已以现金方式支付。经审理查明，就具体交付时间问题，曾某1的委托代理人于湖北省高级人民法院再审庭审中陈述称，该600万元现金支付不是在借款协议及借条签订的当天，而是在700万元转账之后。就款项交付细节问题，本案原再审期间，曾某1陈述为该笔借款是委托其妹妹曾某2办理，交易细节不清楚。本院再审庭审中，为证明借款现金部分的来源、交付等与本案争议焦点相关的事实情况，曾某1申请自然人王某及曾某2作为证人出庭作证。王某当庭陈述："……我是听李某和曾某说有现金交易""打借条时我在场，现金交易就不太清楚了。"曾某2当庭陈述："(600万元现金交付)是在签订协议那天""(关于600万现金来源)350万元是我哥找我借的，250万元是从陈某那里借的""350万元就是放在家里的现金，当时正在离婚"。本院认为，综合上述庭审查明事实及证人出庭作证情况分析，第一，关于诉争600万元现金的交付时间，曾某1的委托代理人于湖北省高级人民法院再审中自认的事实与本院再审庭审中曾某2陈述的事实明显不一致，不仅时间相左且相互矛盾。第二，关于诉争600万元现金来源问题，曾某2自述350万元为其自有资金，其借予曾某1用于本案借贷现金支付。而曾某1于再审庭审中向本院新提交两份证据："中国农业银行襄阳新华路支行2012年10月10日出具的关于曾某的银行水单"及"天门市东湖村村民委员会2013年9月24日出具的曾某3与曾某1、曾某2系亲兄妹的证明"。该两份书证的"证明对象"栏载明："曾某3的中国农业银行账户截至2007年2月9日余额有约320万元。该账户在2007年1月5日至2007年2月9日期间取现约320万元。曾某3与曾某1是亲兄弟关系，曾某1向A公司提供的部分现金系由曾某3最终提供。"上述曾某1新提交证据所指向的320万元现金的实际所有人为曾某3，其与曾某2当庭自述的该笔现金来源为己的证言为截然相反的两种主张。换言之，该两份曾某1就诉争借贷现金来源提供的书证与曾某2就同一事实向法庭陈述的证言内容相悖、事实相抵，其真实性及与本案的关联关系均值得怀疑。第三，关于诉争600万元现金的交付细节问题，证人王某明确陈述，仅是听闻并不清楚。同时，因曾某2曾在本案多次庭审中均旁听了本案的法庭审理，在襄樊市中级人民法院二审及本院再审申请审查过程中亦是作为曾某的委托代理人参与了开庭审理及询问等诉讼活动。根据《最高人民法院关于民事诉讼证据的若干决定》第五十八条关于"证人不得旁听法庭审理"的规定，曾某2已丧失证人的独立法律地位且与本案诉讼结果之间存在重大利害关系，故曾某2关于由其独自与李某完成现金交付的庭审自述不能作为确定本案借贷事实发生的证据予以采信。

综上，本院认为，综合对全案证据证明力的判断，本案借款协议及借条关于高额无息借款本金的约定，与正常民间借贷交易惯例不符。在借款人不予认可且已提供相应证据证明其主张的情形下，出借人应就借贷关系的成立承担举证责任。现经本院再审审理查明，曾某作为出借人，不能就借贷资金来源、支付时间及顺序、具体支付方式等涉及现金借贷关系是否实际发生的案件主要事实提供充分证据予以举证证明，且就其诉请主张存在诸多前后不一、相互矛盾的庭审陈述及证据出示，对此，曾某应承担举证不能的法律后果。曾某关于其与A公司之间存在1300万元民间借贷关系的主张，事实依据不足，不能成立。湖北高级人民法院再审判决综合案涉借款支付证据、借款发生时间及借款协议约定内容，认定1300万元并不全是借款本金，曾某未能提供证据证明600万元现金已支付，本案实际借款数额为700万元，认定事实清楚，适用法律并无不妥，本院予以维持。

2.（2008）襄中民三终字第326号民事调解书应否撤销问题。

《中华人民共和国民事诉讼法》第九十三条规定："人民法院审理民事案件，根据当事人自愿的原则，在事实清楚的基础上，分清是非，进行调解。"第九十六条规定："调解达成协议，必须双方自愿，不得强迫。调解协议的内容不得违反法律规定。"根据前述本院审理认定的事实，襄阳市中级人民法院在二审审理过程中，未查明案涉实际借款数额以及是否存在违法高息的情况，即以民事调解书的形式对当事人达成的和解协议予以确认，与民事诉讼法及《最高人民法院关于人民法院审理借贷案件的若干意见》的规定精神相悖。曾某1关于该调解协议内容不违反法律规定的申请再审主张，与事实及法律规定不符，应不予支持。湖北省高级人民法院再审判决关于依法撤销（2008）襄中民三终字第326号民事调解书的认定，于法有据，本院亦予维持。

案件来源

曾某1与襄阳市A房地产开发有限公司民间借贷纠纷再审判决书［最高人民法院（2013）民提字第151号］

087 民间借贷案件如何选择管辖法院？合同履行地如何确定？

——在约定不清或者未约定的情况下，接受货币一方所在地为民间借贷合同履行地

阅读提示

民间借贷合同纠纷属于合同纠纷，根据《中华人民共和国民事诉讼法》第二十三条规定："因合同纠纷提起的诉讼，由被告住所地或者合同履行地人民法院管辖。"因此，原告享有选择权，可以选择在被告住所地法院起诉，也可以在合同履行地法院起诉。《最高人民法院关于审理民间借贷案件适用法律若干问题的规定》第三条对民间借贷的合同履行地作出规定，即"借贷双方就合同履行地未约定或者约定不明确，事后未达成补充协议，按照合同有关条款或者交易习惯仍不能确定的，以接受货币一方所在地为合同履行地"。如何理解"接受货币一方所在地"？究竟是指出借方还是借款方？

裁判要旨

借贷双方就合同履行地未约定或者约定不明确，且事后未达成补充协议，法院按照合同有关条款或者交易习惯仍不能确定，将以接受货币一方所在地作为合同履行地。借款人诉请出借人履行出借义务的，接受货币的一方指借款人。出借人诉请借款人偿还借款的，接受货币的一方指出借人。

案情简介

2010年10月20日，时某、任某向颜某借款1500万元。2010年10月26日，时某、任某再次向颜某借款500万元。双方在借款协议中约定，"本协议如发生争议，由出借人指定人民法院进行诉讼。"

后颜某向徐州市中级人民法院起诉，请求法院判令时某、任某偿还剩余借款本息。时某、任某向徐州市中级人民法院提出管辖权异议，称本案应由被告住所地人民法院管辖。

徐州市中级人民法院认为，本案双方对管辖约定不明，不具有法律效力。颜某主张被告偿还其借款，故接受货币方应为颜某所在地。由于颜某住所地及经常居住地均在徐州市，故徐州市中级人民法院有管辖权。据此，徐州市中级人民法

院裁定驳回时某、任某管辖权异议。

2015年，时某、任某不服，向江苏省高级人民法院提起上诉。经审理，江苏省高级人民法院裁定驳回上诉，维持原裁定。

裁判要点

借贷双方就合同履行地未约定或者约定不明确，事后未达成补充协议，按照合同有关条款或者交易习惯仍不能确定的，以接受货币一方所在地为合同履行地。本案中，双方在《个人借款协议》中虽然约定“本协议如发生争议，由出借人指定人民法院进行诉讼”，但该约定并不能确定具体的管辖法院，故该约定不具有法律效力。因此，应当以接受货币一方所在地为合同履行地。

“接受货币一方所在地”需要根据当事人争议的合同义务的履行地确定。对于已经实际出借资金，借款人到期未还，出借人起诉借款人还款的民间借贷，出借人所在地为接受货币一方所在地。本案中，出借人颜某起诉借款人时某、任某要求其归还借款本息，出借人颜某为接受货币一方，故其住所地为涉案借款合同履行地。由于颜某住所地及经常居住地均在徐州市，故徐州市中级人民法院有管辖权。

实务经验总结

前事不忘，后事之师。为避免未来发生类似败诉，提出如下建议：

1. 民间借贷合同纠纷属于合同纠纷，在未约定管辖法院的情形下，原告可以选择在被告住所地法院起诉，也可以选择在合同履行地法院起诉。

2. 民间借贷的合同履行地约定不明时，若未达成补充协议，法院将按照合同有关条款或者交易习惯进行确定，若仍不能确定，则接受货币一方所在地作为合同履行地。实务中，民间借贷的合同履行地具体包括以下两种情形：（1）借款人起诉出借人履行出借义务的，接受货币的一方所在地指借款人所在地；（2）出借人起诉借款人要求还款的，接受货币的一方所在地指出借人所在地。

相关法律规定

《中华人民共和国民事诉讼法》

第二十一条 对公民提起的民事诉讼，由被告住所地人民法院管辖；被告住所地与经常居住地不一致的，由经常居住地人民法院管辖。

对法人或者其他组织提起的民事诉讼，由被告住所地人民法院管辖。

同一诉讼的几个被告住所地、经常居住地在两个以上人民法院辖区的，各该人民法院都有管辖权。

第二十三条　因合同纠纷提起的诉讼，由被告住所地或者合同履行地人民法院管辖。

第三十五条　两个以上人民法院都有管辖权的诉讼，原告可以向其中一个人民法院起诉；原告向两个以上有管辖权的人民法院起诉的，由最先立案的人民法院管辖。

第三十六条　人民法院发现受理的案件不属于本院管辖的，应当移送有管辖权的人民法院，受移送的人民法院应当受理。受移送的人民法院认为受移送的案件依照规定不属于本院管辖的，应当报请上级人民法院指定管辖，不得再自行移送。

《最高人民法院关于审理民间借贷案件适用法律若干问题的规定》

第三条　借贷双方就合同履行地未约定或者约定不明确，事后未达成补充协议，按照合同有关条款或者交易习惯仍不能确定的，以接受货币一方所在地为合同履行地。

《最高人民法院关于适用〈中华人民共和国担保法〉若干问题的解释》

第一百二十九条　主合同和担保合同发生纠纷提起诉讼的，应当根据主合同确定案件管辖。担保人承担连带责任的担保合同发生纠纷，债权人向担保人主张权利的，应当由担保人住所地的法院管辖。

主合同和担保合同选择管辖的法院不一致的，应当根据主合同确定案件管辖。

法院判决

以下为该案在法院审理阶段，裁判文书中“本院认为”部分就该问题的论述：

本案系民间借贷纠纷。根据《最高人民法院关于适用〈中华人民共和国担保法〉若干问题的解释》第一百二十九条“主合同和担保合同发生纠纷提起诉讼的，应当根据主合同确定案件管辖。担保人承担连带责任的担保合同发生纠纷，债权人向担保人主张权利的，应当由担保人住所地的法院管辖。主合同和担保合同选择管辖的法院不一致的，应当根据主合同确定案件管辖”的规定，本案应当根据颜某与时某、任某的借款合同确定案件管辖。颜某提供的《个人借款协议》虽约定“本协议如发生争议，由出借人指定人们（民）法院进行诉讼”，但当事人约定的管辖法院并不具体明确，故该约定无效。《中华人民共和国民事诉讼法》第二十三条规定，因合同纠纷提起的诉讼，由被告住所地或者合同履行地人民法院管辖。对于合同履行地，《最高人民法院关于适用〈中华人民共和国民事诉讼法〉的解释》第十八条规定，合同对履行地点没有约定或者约定不明确，争议标的为给付货币的，接收货币一方所在地为合同履行地。在民诉法司法解释出台后，实践中对“接收货币一方所在地”存在不同理解。有的认定借款人所在地为接收货币一方所在地，有的认为应区分借款合同是否已经履行而作不同对待。2015 年 8 月 27 日，最高人民法院在《人民法院报》上发表《关于民诉法司法解释中有关管辖若干问题的理解与适用》一文，明确“争议标的”是指当事人诉讼请求所指向的合同义务内容，可以称为“涉诉债务”。如果贷款方起诉借款人要求还本付息，争议标的则为借款方负有的向贷款方归还借款本金和利息的义务，接收货币的一方就是贷款方。如果借款方在借款合同签订后，贷款方违约未交付借款，借款人起诉要求贷款人发放借款的，争议标的就是贷款方负有的向借款方发放借款的义务，接收货币的一方就是借款方。2015 年 12 月 24 日，最高人民法院在第八次全国法院民事商事审判工作会议上进一步明确，起诉要求对方向自己给付货币，一般来讲，原告是接受货币的一方，而不是实践中已经接受支付的一方。对于诺成性的借款合同，合同签订后，出借人并没有实际出借该款项，借款人诉至法院要求出借人履行合同义务出借款项的，接受货币的一方就是借款人；反过来，如果借款人收到款项后，到期未还款，出借人起诉借款人要求还款的，该出借人就是接受货币一方。因此，2015 年 9 月 1 日施行的《最高人民法院关于审理民间借贷案件适用法律若干问题的规定》第三条也作出了相同的规定。至此，对于民间借贷合同履行地的标准达成了统一。“接收货币一方所在地”需要根据当事人争议的合同义务的履行地确定。对于已经实际出借资金，借款人到期未还，出借人起诉借款人还款的民间借贷，出借人所在地为接收货币一方所在地。

案件来源

颜某与时某、任某等管辖裁定书［江苏省高级人民法院（2015）苏民辖终字第 00137 号］

延伸阅读

裁判规则：民间借贷合同对履行地点没有约定或者约定不明确的，接收货币一方所在地为合同履行地。

案例一：陈某与王某民间借贷纠纷二审民事裁定书［徐州市中级人民法院

（2017）苏 03 民辖终 96 号］认为，“本案属于因民间借贷合同纠纷提起的诉讼。依照《中华人民共和国民事诉讼法》第二十三条的规定，被告住所地和合同履行地人民法院都有管辖权。《中华人民共和国合同法》第二百一十条规定：‘自然人之间的借款合同，自贷款人提供借款时生效。’因此，自然人之间的借款合同即民间借贷合同系实践合同，只有贷款人提供了借款，合同才生效。合同生效后，借款人应当履行按照约定期限返还借款以及支付利息的义务，所以，民间借贷纠纷案件争议标的为‘给付货币’。本案双方当事人没有约定合同履行地，依照《最高人民法院关于适用〈中华人民共和国民事诉讼法〉的解释》第十八条第二款关于‘合同对履行地点没有约定或者约定不明确，争议标的为给付货币的，接收货币一方所在地为合同履行地’的规定，作为本案‘接收货币一方’的原审原告陈某的所在地，应为本案民间借贷合同履行地。因陈某的住所地在徐州市泉山区，故泉山区人民法院作为合同履行地人民法院对案件有管辖权。”

案例二：刘某、于某与孙某民间借贷纠纷二审民事裁定书［大庆市中级人民法院（2017）黑 06 民辖终 72 号］认为，“本案系民间借贷纠纷，属于借款合同纠纷中的一种，故本案属于因合同纠纷提起的诉讼，根据《中华人民共和国民事诉讼法》第二十三条的规定，应由被告住所地或者合同履行地人民法院管辖。孙某起诉刘某、于某，要求二人偿还借款 165.03 万元及利息，故本案争议标的为给付货币，且当事人对民间借贷合同履行地未进行约定。根据《最高人民法院关于适用〈中华人民共和国民事诉讼法〉的解释》第十八条第二款关于‘合同对履行地点没有约定或者约定不明确，争议标的为给付货币的，接收货币一方所在地为合同履行地’的规定，本案民间借贷合同履行地在接收货币的一方孙某的所在地，位于大庆市让胡路区，属于一审法院辖区内。故一审法院作为本案合同履行地的法院对本案有管辖权。孙某向一审法院提起本案诉讼符合《中华人民共和国民事诉讼法》第三十五条的规定，并无不当。”

案例三：张某、陈某民间借贷纠纷二审民事裁定书［文山壮族苗族自治州中级人民法院（2017）云 26 民辖终 4 号］认为，“民间借贷合同履行地，是民间借贷纠纷案件诉讼管辖的地域标志，依照《最高人民法院关于审理民间借贷案件适用法律若干问题的规定》第三条‘借贷双方就合同履行地未约定或者约定不明确，事后未达成补充协议，按照合同有关条款或者交易习惯仍不能确定的，以接受货币一方所在地为合同履行地’的规定，民间借贷纠纷中，未明确约定履行地点的，以纠纷发生时应当接受货币一方所在地为民间借贷合同履行地。故本案中，原审原告陈某以张某于 2015 年 10 月 26 日出具的《借条》为依据以民间借贷纠纷向丘北县人民法院提起诉讼，要求张某赔还欠款，陈某作为出借人属于接受货币一方，其住所地所在地人民法院对本案享有管辖权，即丘北县人民法院。”

案例四：杨某与范某、马某民间借贷纠纷二审民事裁定书［大庆市中级人民法院（2016）黑06民辖终20号］认为，“本案系民间借贷纠纷，属于因合同纠纷提起的诉讼，根据《中华人民共和国民事诉讼法》第二十三条的规定，应当由被告住所地或者合同履行地人民法院管辖。现无证据表明，借贷双方对合同履行地进行了书面约定，故本案民间借贷合同履行地应当依法确定。根据《最高人民法院关于适用〈中华人民共和国民事诉讼法〉的解释》第十八条第二款的规定，合同对履行地点没有约定或者约定不明确，争议标的为给付货币的，接收货币一方所在地为合同履行地。本案中，原审原告范某起诉要求原审被告杨某给付借款960万元及逾期利息，故本案争议标的为给付货币，范某为接收货币的一方，其所在地为本案合同履行地。根据范某提交的证据可以认定，本案起诉时范某的经常居住地在大庆市龙凤区卧里屯，故本案合同履行地在大庆市龙凤区卧里屯，属于原审法院辖区内。故大庆市龙凤区人民法院作为本案合同履行地的人民法院对于本案有管辖权。综上，上诉人的上诉理由不成立，原审裁定正确，应予维持。”

案例五：孙某与周某管辖裁定书［徐州市中级人民法院（2018）苏03民辖7号］认为，“本案系因民间借贷纠纷提起的诉讼，依照《中华人民共和国民事诉讼法》第二十三条的规定，被告住所地、合同履行地人民法院都有管辖权。本案争议标的为给付货币，因双方未约定合同履行地，依照《最高人民法院关于适用〈中华人民共和国民事诉讼法〉的解释》第十八条第二款关于‘合同对履行地点没有约定或者约定不明确，争议标的为给付货币的，接收货币一方所在地为合同履行地’的规定，本案接收货币一方即孙某，其住所地为本案民间借贷合同履行地。孙某的住所地在徐州市，属于徐州市贾汪区人民法院辖区，因此徐州市贾汪区人民法院作为合同履行地人民法院，对本案有管辖权。”

087 指示他人作伪证构成犯罪？

——当事人指示他人作伪证提起虚假民间借贷诉讼，构成妨害作证罪

阅读提示

本案中，被告人与第三人串通，虚构向第三人借款的事实并伪造相应凭证，

然后指使第三人向法院提起诉讼，目的在于以法院调解结案的结果来确认其与第三人之间的债务关系，借此制造自己没有偿债能力的假象，对其拖欠他人的巨额债务加以抵赖和逃避。法院认为，被告人指使第三人作伪证，进行虚假诉讼，不仅具有逃避巨额债务的主观恶意，而且严重侵害了司法机关工作秩序，对司法公信力造成了极大损害，其行为构成妨害作证罪，对其判处三年有期徒刑。

裁判要旨

当事人以暴力、威胁、贿买等方法阻止证人作证或者指使他人作伪证，以逃避民间借贷债务的，构成妨害作证罪。

案情简介

万某为逃避所欠他人债务，于2009年11月，虚构其向韩某借款人民币300万元的事实，并指使韩某向浦东新区人民法院提起民事诉讼追讨欠款，并提请财产保全，双方经法院调解结案。

2011年，卢湾区人民检察院依法向黄埔区人民法院提起公诉。经审理，黄浦区人民法院认为，万某指使他人作伪证，进行虚假诉讼，不仅具有逃避巨额债务的主观恶意，而且严重侵害了司法机关工作秩序，对司法公信力造成了极大损害，构成妨害作证罪，对其判处有期徒刑三年。

裁判要点

妨害作证罪是指以暴力、威胁、贿买等方法阻止证人作证或者指使他人作伪证的行为。所谓“指使他人作伪证”，不能片面理解为指使证人作伪证，而是指使包括证人、当事人、鉴定人、公证人、翻译人员等在内的、一切在诉讼过程中可以提出证据或提供证据线索的人。所谓“伪证”，不能片面地理解为虚假的证人证言，而是包括言词证据、书证、物证、鉴定结论等在内的一切证据材料。

本案中，被告人万某指使韩某向法院提起虚假的民事诉讼并提供虚假证据、作出虚假陈述，可以认定万某的上述行为属于“指使他人作伪证”，完全符合妨害作证罪的犯罪构成。万某指使他人作伪证，进行虚假诉讼，不仅具有逃避巨额债务的主观恶意，而且严重侵害了司法机关工作秩序，对司法公信力造成了极大损害，其行为属于《中华人民共和国刑法》第三百零七条第一款规定的“情节严重”。

实务经验总结

前事不忘，后事之师。为避免未来发生类似败诉，提出如下建议：

当事人以暴力、威胁、贿买等方法阻止证人作证或者指使他人作伪证，借此提起民间借贷虚假诉讼以逃避债务的，既符合妨害作证罪的犯罪构成，也符合虚假民事诉讼罪的犯罪构成，两者属于手段行为和目的行为的牵连关系，构成牵连犯，应择一重罪处罚。

浙江省高级人民法院、浙江省人民检察院发布的《关于办理虚假诉讼刑事案件具体适用法律的指导意见》第二条对此种情况作了明确区分，即将虚假诉讼中受指使参与伪造证据的行为纳入帮助毁灭、伪造证据罪规制，而将指使他人提供虚假物证、书证的行为归入妨害作证罪的处理范畴。

相关法律规定

《中华人民共和国刑法》

第三百零七条第一款 以暴力、威胁、贿买等方法阻止证人作证或者指使他人作伪证的，处三年以下有期徒刑或者拘役；情节严重的，处三年以上七年以下有期徒刑。

第三百零七条之一第一款 以捏造的事实提起民事诉讼，妨害司法秩序或者严重侵害他人合法权益的，处三年以下有期徒刑、拘役或者管制，并处或者单处罚金；情节严重的，处三年以上七年以下有期徒刑，并处罚金。

《关于办理虚假诉讼刑事案件具体适用法律的指导意见》（浙高法〔2010〕207号）

为维护正常司法秩序和社会管理秩序，保障公民和其他社会组织的合法权益，依法惩治虚假诉讼犯罪活动，根据刑法有关规定，现就办理虚假诉讼刑事案件提出如下指导意见：

一、虚假诉讼犯罪是指为了骗取人民法院裁判文书，恶意串通，虚构事实，伪造证据，向人民法院提起民事诉讼构成犯罪的行为。人民法院裁判文书包括判决书、调解书、裁定书、决定书。

二、为了提起虚假诉讼，或者在虚假诉讼过程中，指使他人提供虚假的物证、书证、陈述、证言、鉴定结论等伪证，或者受指使参与伪造证据，分别按照刑法第三百零七条妨害作证罪，帮助毁灭、伪造证据罪处理。

三、在虚构事实、伪造证据过程中，伪造、变造、买卖或者盗窃、抢夺、毁灭国家机关公文、证件、印章的，或者伪造公司、企业、事业单位、人民团体印章的，或者伪造、变造居民身份证的，分别按照刑法第二百八十条伪造、变造、买卖国家机关公文、证件、印章罪，盗窃、抢夺、毁灭国家机关公文、证件、印章罪，伪造公司、企业、事业单位、人民团体印章罪，伪造、变造居民身份证罪处理。

四、为逃避人民法院生效裁判文书的执行，进行虚假诉讼，套取、转移财产的，按照刑法第三百一十三条拒不执行判决、裁定罪处理。

五、为转移自有财产、多分共同财产，或者逃避共同债务，进行虚假诉讼的，按照本意见第二、三条的规定处理。

六、以非法占有为目的，进行虚假诉讼，骗取公私财物的，按照刑法第二百六十六条诈骗罪处理。

七、公司、企业或者其他单位的人员利用职务便利，进行虚假诉讼，侵吞本单位财产的，按照刑法第二百七十一条第一款职务侵占罪处理。

八、国家工作人员利用职务便利，进行虚假诉讼，侵吞公款的，或者国有公司、企业或者其他国有单位中从事公务的人员和国有公司、企业或者其他国有单位委派到非国有公司、企业以及其他单位从事公务的人员利用职务便利，进行虚假诉讼，侵吞本单位财产的，按照刑法三百八十二条、三百八十三条贪污罪处理。

九、行为人实施虚假诉讼犯罪活动，同时触犯两个或者两个以上罪名的，依法实行数罪并罚或者按处罚较重的罪名定罪处罚。

法院判决

以下为该案在法院审理阶段，裁判文书中“本院认为”部分就该问题的论述：

被告人万某伙同韩某实施虚假诉讼行为的动机，是逃避自己拖欠他人的巨额债务。具体行为方式是与韩某串通，虚构自己向韩某借款的事实并伪造相应凭证，然后指使韩某向法院提起诉讼。而其最终追求的结果，是经过法院调解结案，确认其与韩某之间的债务关系，将300万元“欠款”如数转移给韩某，借此制造自己没有偿债能力的假象，对其拖欠他人的巨额债务加以抵赖和逃避。万某明知自己的行为会侵害债权人的合法利益，破坏正常的司法工作秩序和司法公信力，仍积极追求这一结果的发生，其行为明显具有社会危害性和刑事当罚性，亦符合刑法分则第六章“妨害司法罪”的犯罪构成。

根据《中华人民共和国刑法》第三百零七条第一款的规定，妨害作证罪是指以暴力、威胁、贿买等方法阻止证人作证或者指使他人作伪证的行为。所谓“指使他人作伪证”，不能片面地理解为指使证人作伪证，而是指使包括证人、当事人、鉴定人、公证人、翻译人员等在内的、一切在诉讼过程中可以提出证据或提供证据线索的人。所谓“伪证”，也不能片面地理解为虚假的证人证言，而是包括言词证据、书证、物证、鉴定结论等在内的一切证据材料。根据本案事实，被告人万某指使韩某向法院提起虚假的民事诉讼并提供虚假证据、作出虚假陈述，可以认定万某的上述行为属于“指使他人作伪证”，完全符合妨害作证罪的犯罪构成。辩护人关于万某的行为不构成妨害作证罪，而构成帮助伪造证据罪的辩护意见，不能成立。

辩护人认为被告人万某妨害作证涉及的是民事案件，并未造成严重后果，且现行法律、司法解释对此罪情节严重的认定尚无明确规定，故对起诉书指控万某的行为属于《中华人民共和国刑法》第三百零七条第一款规定的“情节严重”提出异议。对此法院认为，根据本案事实，万某指使他人作伪证，进行虚假诉讼，不仅具有逃避巨额债务的主观恶意，而且严重侵害了司法机关工作秩序，对司法公信力造成了极大损害，其行为属于《中华人民共和国刑法》第三百零七条第一款规定的“情节严重”。

案件来源

上海市卢湾区人民检察院诉万某妨害作证一审案［《中华人民共和国最高人民法院公报》2012 年第 12 期（总第 194 期）］

延伸阅读

裁判规则：当事人以暴力、威胁、贿买等方法阻止证人作证或者指使他人作伪证，以逃避民间借贷债务的，构成妨害作证罪。

案例一：陶某与姚某民间借贷纠纷审判监督民事裁定书［常州市中级人民法院（2012）常民再初字第 0001 号］认为，“本案当事人姚某、陶某为避免姚某在 A 公司享有的股份遭受损害，两人恶意串通，虚构、伪造金额计 1476 万元的虚假借条，由戴某、王某分别以陶某、姚某的委托代理人身份，至人民法院进行虚假诉讼和虚假调解，并依据民事调解书申请人民法院强制执行，陶某、姚某的虚假诉讼行为妨害司法机关的正常诉讼活动，严重妨害司法秩序，造成司法资源的浪费，构成妨害作证罪的共同犯罪行为，应当依法追究陶某、姚某的刑事责任。”

案例二：郎某犯妨害作证罪一审刑事判决书［杭州市余杭区人民法院（2015）杭余刑初字第 334 号］认为，“被告人郎某在民事诉讼过程中，指使他人作伪证，其行为已构成妨害作证罪。公诉机关指控的罪名成立。辩护人田某提出单某、金某在民事诉讼中处于原告地位，非妨害作证罪中‘指使他人作伪证’的‘他人’范畴，其行为不符合妨害作证罪的构成要件，不构成妨害作证罪；辩护人沈某另提出被告人郎某与金某、单某系利益共同体，被告人郎某在诉讼前告知金某、单某如何去陈述仅是作为具体经办人的行为，非刑法意义上的妨害作证行为。经查，我国刑法明确规定指使作伪证的对象为‘他人’，该‘他人’不仅限于证人，被告人郎某指使单某、金某在民事诉讼中向法庭作虚假陈述的行为符合刑法关于妨害作证罪的构成要件，应当以妨害作证罪定罪处罚，其行为性质不受其是否与金某、单某为利益共同体的影响。对于上述辩护意见，本院均不予采纳。辩护人沈某提出被告人郎某指使陈某作伪证的行为是诉讼技巧，不应上升为刑事犯罪的辩护意见，与查明的事实以及法律规定不符，本院不予采纳。两名辩护人另外提出被告郎某指使陈某作伪证没有产生严重后果，经查，妨害作证罪保护的法益是国家司法机关的正常诉讼活动、司法活动的客观公正性，是否产生其他严重后果不影响本罪的成立。对于该辩护意见，本院不予采纳。”

案例三：王某妨害作证罪一案一审刑事判决书［杭州市江干区人民法院（2012）杭江刑初字第906号］认为，“被告人王某为不法目的，指使他人作伪证，其行为已构成妨害作证罪，且属情节严重；被告人沈某、郑某明知他人的不法目的仍积极帮助伪造证据，情节严重，其行为已构成帮助伪造证据罪。公诉机关指控罪名成立。辩护人关于被告人王某犯罪行为不属于法律规定的‘情节严重’的意见，本院经审查认为，被告人王某为不法目的指使他人作伪证，直接造成法院对虚假的民间借贷案件的审理和执行，使法院作出了错误裁判，并影响其他多起案件的正常执行，其行为严重妨害了人民法院正常的审判、执行活动，扰乱了人民法院正常的审判、执行秩序，应属刑法规定的‘情节严重’。对于辩护人的该意见，本院不予采纳。”

087 出借人仅起诉连带保证人，应否追加借款人为共同被告？

——出借人仅起诉连带责任保证人的，人民法院并不必然追加借款人为共同被告

阅读提示

民间借贷中，出于帮助借款人筹措资金以及保障出借人债权实现等目的，以

保证作为担保方式的现象较为普遍。但由于法律知识欠缺，司法实践中，大部分保证人无法分清一般保证和连带保证的区别，在诉讼中也往往会因出借人仅起诉保证人而未起诉借款人产生争议。在出借人仅起诉保证人的情况下，保证人是否可以请求法院追加借款人作为共同被告，成为司法实务中较受当事人关注的问题。

裁判要旨

保证人为借款人提供连带责任保证，出借人仅起诉借款人或者保证人的，人民法院将视情况决定是否追加当事人为共同被告。

案情简介

2012 年 3 月 5 日，A 集团与 B 公司签订借款合同，约定 A 集团向 B 公司借款 1500 万元，C 集团公司、D 公司为上述债务提供连带责任保证。

2014 年 6 月，B 公司与 C 集团公司、D 公司、C 材料公司为确认上述债务再次签订协议，在原本保证担保基础上增加了 C 材料公司的连带保证责任。

2014 年 5 月 29 日，B 公司向聊城市中级人民法院起诉，请求法院判令 A 集团偿还借款，C 集团公司、D 公司承担连带责任。案件审理中，B 公司撤回对 A 集团的起诉，依其申请，聊城市中级人民法院追加 C 材料公司为共同被告，聊城市中级人民法院对 B 公司的部分诉讼主张予以支持。

2017 年，C 材料公司不服，向山东省高级人民法院提起上诉。双方的争议焦点之一为一审程序是否违法。山东省高级人民法院认为，本案担保人提供的是连带责任保证，并非必需追加借款人参加诉讼之情形，因此法院对 C 材料公司关于一审程序违法的诉讼主张不予支持。

裁判要点

《最高人民法院关于审理民间借贷案件适用法律若干问题的规定》第四条第一款规定：“保证人为借款人提供连带责任保证，出借人仅起诉借款人的，人民法院可以不追加保证人为共同被告；出借人仅起诉保证人的，人民法院可以追加借款人为共同被告。”因此，保证人为借款人提供连带责任保证，出借人仅起诉保证人的，人民法院并不必然追加当事人为共同被告。本案中，C 材料公司所提供的是连带责任保证，并非必需追加借款人参加诉讼之情形。而且本案一审时，B 公司对 A 集团提起了诉讼，在诉讼中，B 公司与担保人另行签订了关于款项偿还的和解协议，并申请撤回了对A集团的起诉。故本案由担保人直接承担责任，属于担保人自身的真实意思表示。

实务经验总结

前事不忘，后事之师。为避免未来发生类似败诉，提出如下建议：

1. 在一般保证中，债权人必须先通过诉讼或者仲裁的方式向债务人主张权利，并且已经对债务人的财产进行了强制执行，债务人仍不能履行债务的，债权人才能要求一般保证人承担保证责任，替债务人清偿债务。若双方未明确约定保证方式或者保证方式约定不明的，保证人应当承担连带责任保证。而对于一般保证，当事人在保证合同中必须明确约定，即在债务人不能履行债务时，由保证人承担保证责任。

2. 对于是否应当追加共同被告的问题，一般保证与连带保证不同。当保证人提供连带责任保证时，分为两种情形：第一，若出借人仅起诉借款人，人民法院可以不追加保证人为共同被告；第二，若出借人只起诉保证人的，人民法院可以追加借款人为共同被告。当保证人提供一般保证时，分为两种情形：第一，债权人仅起诉保证人的，人民法院应当追加借款人为共同被告；第二，出借人仅起诉借款人，人民法院可以不追加保证人为共同被告。

相关法律规定

《中华人民共和国担保法》

第十六条 保证的方式有：

（一）一般保证；

（二）连带责任保证。

第十七条 当事人在保证合同中约定，债务人不能履行债务时，由保证人承担保证责任的，为一般保证。

一般保证的保证人在主合同纠纷未经审判或者仲裁，并就债务人财产依法强制执行仍不能履行债务前，对债权人可以拒绝承担保证责任。

有下列情形之一的，保证人不得行使前款规定的权利：

（一）债务人住所变更，致使债权人要求其履行债务发生重大困难的；

（二）人民法院受理债务人破产案件，中止执行程序的；

（三）保证人以书面形式放弃前款规定的权利的。

第十八条 当事人在保证合同中约定保证人与债务人对债务承担连带责任的，为连带责任保证。

连带责任保证的债务人在主合同规定的债务履行期届满没有履行债务的，债权人可以要求债务人履行债务，也可以要求保证人在其保证范围内承担保证责任。

第十九条 当事人对保证方式没有约定或者约定不明确的，按照连带责任保证承担保证责任。

《最高人民法院关于审理民间借贷案件适用法律若干问题的规定》

第四条 保证人为借款人提供连带责任保证，出借人仅起诉借款人的，人民法院可以不追加保证人为共同被告；出借人仅起诉保证人的，人民法院可以追加借款人为共同被告。

保证人为借款人提供一般保证，出借人仅起诉保证人的，人民法院应当追加借款人为共同被告；出借人仅起诉借款人的，人民法院可以不追加保证人为共同被告。

法院判决

以下为该案在法院审理阶段，裁判文书中"本院认为"部分就该问题的论述：

C材料公司主张实际借款人为A集团，A集团应承担还款责任。《中华人民共和国担保法》第十八条第二款规定："连带责任保证的债务人在主合同规定的债务履行期届满没有履行债务的，债权人可以要求债务人履行债务，也可以要求保证人在其保证范围内承担保证责任。"《最高人民法院关于审理民间借贷案件适用法律若干问题的规定》第四条第一款规定："保证人为借款人提供连带责任保证，出借人仅起诉借款人的，人民法院可以不追加保证人为共同被告；出借人仅起诉保证人的，人民法院可以追加借款人为共同被告。"因本案中C材料公司所提供的是连带责任保证，并非必需追加借款人A集团参加诉讼。而且本案一审时，B公司对A集团提起了诉讼。在诉讼中，B公司与担保人另行签订了关于款项偿还的和解协议，并申请撤回了对A集团的起诉。故本案由担保人直接承担责任，属于担保人自身的真实意思表示。C材料公司主张一审程序违法，既无法律依据，又与其加盖印章的还款和解协议的内容相悖，应予驳回。

案件来源

C材料科技有限公司、临清市B开发有限公司民间借贷纠纷二审民事判决书［山东省高级人民法院（2017）鲁民终365号］

延伸阅读

在连带责任保证中，出借人仅起诉借款人或者保证人，人民法院视情况决定是否追加当事人为共同被告的相关判例：

案例一：瑞昌市 A 公司与徐某、梅某民间借贷纠纷二审民事判决书［江西省高级人民法院（2015）赣民一终字第 140 号］认为，“关于 A 公司的保证是一般保证还是连带责任保证、是否应追加湖口 B 置业有限公司为共同被告参加诉讼的问题。《中华人民共和国担保法》第十八条第二款规定：‘连带责任保证的债务人在主合同规定的债务履行期届满没有履行债务的，债权人可以要求债务人履行债务，也可以要求保证人在其保证范围内承担保证责任。’第十九条规定：‘当事人对保证方式没有约定或者约定不明确的，按照连带责任保证承担保证责任。’《最高人民法院关于适用〈中华人民共和国担保法〉若干问题的解释》第十九条规定：‘两个以上保证人对同一债务同时或者分别提供保证时，各保证人与债权人没有约定保证份额的，应当认定为连带共同保证。连带共同保证的保证人以其相互之间约定各自承担的份额对抗债权人的，依法不予支持。’第二十条第一款规定，‘连带共同保证的债务人在主合同规定的债务履行期届满没有履行债务的，债权人可以要求债务人履行债务，也可以要求任何一个保证人承担全部保证责任。’本案中，当事人各方在借款协议中未约定 A 公司的保证方式，应认定其保证方式为连带责任保证。A 公司、湖口 B 置业有限公司与徐某之间也未约定保证份额，徐某可以要求 A 公司承担全部保证责任。因此，A 公司的保证是连带责任保证，徐某未起诉湖口 B 置业有限公司是其处分诉讼权利的表现，原审法院未追加湖口 B 置业有限公司为共同被告参加诉讼并不违反法定程序。”

案例二：江苏 A 公司与泰州市 B 公司、顾某民间借贷纠纷申诉、申请民事裁定书［江苏省高级人民法院（2016）苏民申 3834 号］认为，“一、二审法院未列朱某为当事人并不违反法律规定。《最高人民法院关于适用〈中华人民共和国担保法〉若干问题的解释》第一百二十六条规定：‘连带责任保证的债权人可以将债务人或者保证人作为被告提起诉讼，也可以将债务人和保证人作为共同被告提起诉讼。’本案中，B 公司作为连带责任保证人，可以单独作为被告进行诉讼。A 公司在诉讼中自愿撤回对朱某的起诉，一审法院裁定予以准许并无不当。B 公司主张债务人朱某属于必要共同诉讼人，于法无据。”

案例三：大庆 A 公司、朱某民间借贷纠纷申请再审民事裁定书［最高人民法院（2015）民申字第 3363 号］认为，“《中华人民共和国担保法》第十八条第二款规定：

‘连带责任保证的债务人在主合同规定的债务履行期届满没有履行债务的，债权人可以要求债务人履行债务，也可以要求保证人在其保证范围内承担保证责任。’是否将保证人列为共同被告是朱某作为债权人对自身权利的处分，其撤回对担保人杨某的起诉并不影响债务人 A 公司的权利，A 公司主张担保人杨某应当为必要共同被告，没有法律依据，一、二审法院未予支持并无不当。”

附 录

最高人民法院关于审理民间借贷案件适用法律若干问题的规定

（2015 年 6 月 23 日最高人民法院审判委员会第 1655 次会议通过
2015 年 8 月 6 日最高人民法院公告公布 自 2015 年 9 月 1 日起施行
法释〔2915〕18 号）

为正确审理民间借贷纠纷案件，根据《中华人民共和国民法通则》《中华人民共和国物权法》《中华人民共和国担保法》《中华人民共和国合同法》《中华人民共和国民事诉讼法》《中华人民共和国刑事诉讼法》等相关法律之规定，结合审判实践，制定本规定。

第一条 本规定所称的民间借贷，是指自然人、法人、其他组织之间及其相互之间进行资金融通的行为。

经金融监管部门批准设立的从事贷款业务的金融机构及其分支机构，因发放贷款等相关金融业务引发的纠纷，不适用本规定。

第二条 出借人向人民法院起诉时，应当提供借据、收据、欠条等债权凭证以及其他能够证明借贷法律关系存在的证据。

当事人持有的借据、收据、欠条等债权凭证没有载明债权人，持有债权凭证的当事人提起民间借贷诉讼的，人民法院应予受理。被告对原告的债权人资格提出有事实依据的抗辩，人民法院经审理认为原告不具有债权人资格的，裁定驳回起诉。

第三条 借贷双方就合同履行地未约定或者约定不明确，事后未达成补充协议，按照合同有关条款或者交易习惯仍不能确定的，以接受货币一方所在地为合同履行地。

第四条 保证人为借款人提供连带责任保证，出借人仅起诉借款人的，人民法院可以不追加保证人为共同被告；出借人仅起诉保证人的，人民法院可以追加借款人为共同被告。

保证人为借款人提供一般保证，出借人仅起诉保证人的，人民法院应当追加借款人为共同被告；出借人仅起诉借款人的，人民法院可以不追加保证人为共同被告。

第五条 人民法院立案后，发现民间借贷行为本身涉嫌非法集资犯罪的，应当裁定驳回起诉，并将涉嫌非法集资犯罪的线索、材料移送公安或者检察机关。

公安或者检察机关不予立案，或者立案侦查后撤销案件，或者检察机关作出不起诉决定，或者经人民法院生效判决认定不构成非法集资犯罪，当事人又以同一事实向人民法院提起诉讼的，人民法院应予受理。

第六条 人民法院立案后，发现与民间借贷纠纷案件虽有关联但不是同一事实的涉嫌非法集资等犯罪的线索、材料的，人民法院应当继续审理民间借贷纠纷案件，并将涉嫌非法集资等犯罪的线索、材料移送公安或者检察机关。

第七条 民间借贷的基本案件事实必须以刑事案件审理结果为依据，而该刑事案件尚未审结的，人民法院应当裁定中止诉讼。

第八条 借款人涉嫌犯罪或者生效判决认定其有罪，出借人起诉请求担保人承担民事责任的，人民法院应予受理。

第九条 具有下列情形之一，可以视为具备合同法第二百一十条关于自然人之间借款合同的生效要件：

（一）以现金支付的，自借款人收到借款时；

（二）以银行转账、网上电子汇款或者通过网络贷款平台等形式支付的，自资金到达借款人账户时；

（三）以票据交付的，自借款人依法取得票据权利时；

（四）出借人将特定资金账户支配权授权给借款人的，自借款人取得对该账户实际支配权时；

（五）出借人以与借款人约定的其他方式提供借款并实际履行完成时。

第十条 除自然人之间的借款合同外，当事人主张民间借贷合同自合同成立时生效的，人民法院应予支持，但当事人另有约定或者法律、行政法规另有规定的除外。

第十一条 法人之间、其他组织之间以及它们相互之间为生产、经营需要订立的民间借贷合同，除存在合同法第五十二条、本规定第十四条规定的情形外，当事人主张民间借贷合同有效的，人民法院应予支持。

第十二条 法人或者其他组织在本单位内部通过借款形式向职工筹集资金，

用于本单位生产、经营，且不存在合同法第五十二条、本规定第十四条规定的情形，当事人主张民间借贷合同有效的，人民法院应予支持。

第十三条 借款人或者出借人的借贷行为涉嫌犯罪，或者已经生效的判决认定构成犯罪，当事人提起民事诉讼的，民间借贷合同并不当然无效。人民法院应当根据合同法第五十二条、本规定第十四条之规定，认定民间借贷合同的效力。

担保人以借款人或者出借人的借贷行为涉嫌犯罪或者已经生效的判决认定构成犯罪为由，主张不承担民事责任的，人民法院应当依据民间借贷合同与担保合同的效力、当事人的过错程度，依法确定担保人的民事责任。

第十四条 具有下列情形之一，人民法院应当认定民间借贷合同无效：

（一）套取金融机构信贷资金又高利转贷给借款人，且借款人事先知道或者应当知道的；

（二）以向其他企业借贷或者向本单位职工集资取得的资金又转贷给借款人牟利，且借款人事先知道或者应当知道的；

（三）出借人事先知道或者应当知道借款人借款用于违法犯罪活动仍然提供借款的；

（四）违背社会公序良俗的；

（五）其他违反法律、行政法规效力性强制性规定的。

第十五条 原告以借据、收据、欠条等债权凭证为依据提起民间借贷诉讼，被告依据基础法律关系提出抗辩或者反诉，并提供证据证明债权纠纷非民间借贷行为引起的，人民法院应当依据查明的案件事实，按照基础法律关系审理。

当事人通过调解、和解或者清算达成的债权债务协议，不适用前款规定。

第十六条 原告仅依据借据、收据、欠条等债权凭证提起民间借贷诉讼，被告抗辩已经偿还借款，被告应当对其主张提供证据证明。被告提供相应证据证明其主张后，原告仍应就借贷关系的成立承担举证证明责任。

被告抗辩借贷行为尚未实际发生并能作出合理说明，人民法院应当结合借贷金额、款项交付、当事人的经济能力、当地或者当事人之间的交易方式、交易习惯、当事人财产变动情况以及证人证言等事实和因素，综合判断查证借贷事实是否发生。

第十七条 原告仅依据金融机构的转账凭证提起民间借贷诉讼，被告抗辩转账系偿还双方之前借款或其他债务，被告应当对其主张提供证据证明。被告提供相应证据证明其主张后，原告仍应就借贷关系的成立承担举证证明责任。

第十八条 根据《关于适用〈中华人民共和国民事诉讼法〉的解释》第

一百七十四条第二款之规定，负有举证证明责任的原告无正当理由拒不到庭，经审查现有证据无法确认借贷行为、借贷金额、支付方式等案件主要事实，人民法院对其主张的事实不予认定。

第十九条 人民法院审理民间借贷纠纷案件时发现有下列情形，应当严格审查借贷发生的原因、时间、地点、款项来源、交付方式、款项流向以及借贷双方的关系、经济状况等事实，综合判断是否属于虚假民事诉讼：

（一）出借人明显不具备出借能力；

（二）出借人起诉所依据的事实和理由明显不符合常理；

（三）出借人不能提交债权凭证或者提交的债权凭证存在伪造的可能；

（四）当事人双方在一定期间内多次参加民间借贷诉讼；

（五）当事人一方或者双方无正当理由拒不到庭参加诉讼，委托代理人对借贷事实陈述不清或者陈述前后矛盾；

（六）当事人双方对借贷事实的发生没有任何争议或者诉辩明显不符合常理；

（七）借款人的配偶或合伙人、案外人的其他债权人提出有事实依据的异议；

（八）当事人在其他纠纷中存在低价转让财产的情形；

（九）当事人不正当放弃权利；

（十）其他可能存在虚假民间借贷诉讼的情形。

第二十条 经查明属于虚假民间借贷诉讼，原告申请撤诉的，人民法院不予准许，并应当根据民事诉讼法第一百一十二条之规定，判决驳回其请求。

诉讼参与人或者其他人恶意制造、参与虚假诉讼，人民法院应当依照民事诉讼法第一百一十一条、第一百一十二条和第一百一十三条之规定，依法予以罚款、拘留；构成犯罪的，应当移送有管辖权的司法机关追究刑事责任。

单位恶意制造、参与虚假诉讼的，人民法院应当对该单位进行罚款，并可以对其主要负责人或者直接责任人员予以罚款、拘留；构成犯罪的，应当移送有管辖权的司法机关追究刑事责任。

第二十一条 他人在借据、收据、欠条等债权凭证或者借款合同上签字或者盖章，但未表明其保证人身份或者承担保证责任，或者通过其他事实不能推定其为保证人，出借人请求其承担保证责任的，人民法院不予支持。

第二十二条 借贷双方通过网络贷款平台形成借贷关系，网络贷款平台的提供者仅提供媒介服务，当事人请求其承担担保责任的，人民法院不予支持。

网络贷款平台的提供者通过网页、广告或者其他媒介明示或者有其他证据证明其为借贷提供担保，出借人请求网络贷款平台的提供者承担担保责任的，人民法院应予支持。

第二十三条 企业法定代表人或负责人以企业名义与出借人签订民间借贷合同，出借人、企业或者其股东能够证明所借款项用于企业法定代表人或负责人个人使用，出借人请求将企业法定代表人或负责人列为共同被告或者第三人的，人民法院应予准许。

企业法定代表人或负责人以个人名义与出借人签订民间借贷合同，所借款项用于企业生产经营，出借人请求企业与个人共同承担责任的，人民法院应予支持。

第二十四条 当事人以签订买卖合同作为民间借贷合同的担保，借款到期后借款人不能还款，出借人请求履行买卖合同的，人民法院应当按照民间借贷法律关系审理，并向当事人释明变更诉讼请求。当事人拒绝变更的，人民法院裁定驳回起诉。

按照民间借贷法律关系审理作出的判决生效后，借款人不履行生效判决确定的金钱债务，出借人可以申请拍卖买卖合同标的物，以偿还债务。就拍卖所得的价款与应偿还借款本息之间的差额，借款人或者出借人有权主张返还或补偿。

第二十五条 借贷双方没有约定利息，出借人主张支付借期内利息的，人民法院不予支持。

自然人之间借贷对利息约定不明，出借人主张支付利息的，人民法院不予支持。除自然人之间借贷的外，借贷双方对借贷利息约定不明，出借人主张利息的，人民法院应当结合民间借贷合同的内容，并根据当地或者当事人的交易方式、交易习惯、市场利率等因素确定利息

第二十六条 借贷双方约定的利率未超过年利率24%，出借人请求借款人按照约定的利率支付利息的，人民法院应予支持。

借贷双方约定的利率超过年利率36%，超过部分的利息约定无效。借款人请求出借人返还已支付的超过年利率36%部分的利息的，人民法院应予支持。

第二十七条 借据、收据、欠条等债权凭证载明的借款金额，一般认定为本金。预先在本金中扣除利息的，人民法院应当将实际出借的金额认定为本金。

第二十八条 借贷双方对前期借款本息结算后将利息计入后期借款本金并重新出具债权凭证，如果前期利率没有超过年利率24%，重新出具的债权凭证载明的金额可认定为后期借款本金；超过部分的利息不能计入后期借款本金。约定的利率超过年利率24%，当事人主张超过部分的利息不能计入后期借款本金的，人民法院应予支持。

按前款计算，借款人在借款期间届满后应当支付的本息之和，不能超过最初

借款本金与以最初借款本金为基数，以年利率 24% 计算的整个借款期间的利息之和。出借人请求借款人支付超过部分的，人民法院不予支持。

第二十九条 借贷双方对逾期利率有约定的，从其约定，但以不超过年利率 24% 为限。

未约定逾期利率或者约定不明的，人民法院可以区分不同情况处理：

（一）既未约定借期内的利率，也未约定逾期利率，出借人主张借款人自逾期还款之日起按照年利率 6% 支付资金占用期间利息的，人民法院应予支持；

（二）约定了借期内的利率但未约定逾期利率，出借人主张借款人自逾期还款之日起按照借期内的利率支付资金占用期间利息的，人民法院应予支持。

第三十条 出借人与借款人既约定了逾期利率，又约定了违约金或者其他费用，出借人可以选择主张逾期利息、违约金或者其他费用，也可以一并主张，但总计超过年利率 24% 的部分，人民法院不予支持。

第三十一条 没有约定利息但借款人自愿支付，或者超过约定的利率自愿支付利息或违约金，且没有损害国家、集体和第三人利益，借款人又以不当得利为由要求出借人返还的，人民法院不予支持，但借款人要求返还超过年利率 36% 部分的利息除外。

第三十二条 借款人可以提前偿还借款，但当事人另有约定的除外。

借款人提前偿还借款并主张按照实际借款期间计算利息的，人民法院应予支持。

第三十三条 本规定公布施行后，最高人民法院于 1991 年 8 月 13 日发布的《关于人民法院审理借贷案件的若干意见》同时废止；最高人民法院以前发布的司法解释与本规定不一致的，不再适用。

《最高人民法院关于审理民间借贷案件适用法律若干问题的规定》答记者问

最高人民法院审判委员会专职委员　杜万华

（2015 年 8 月 6 日）

为贯彻党的十八届四中全会提出的全面推进依法治国的重大战略部署，切实加强社会主义法治建设，充分保护人民群众和广大民事主体在民间借贷的合法权益，维护正常的资金融通秩序，最高人民法院根据《中华人民共和国民法通则》《中华人民共和国物权法》《中华人民共和国担保法》《中华人民共和国合同法》《中华人民共和国民事诉讼法》《中华人民共和国刑事诉讼法》等相关法律之规定，结合审判实践，经审判委员会五次专题讨论，通过了《最高人民法院关于审理民间借贷案件适用法律若干问题的规定》(以下简称《规定》。值此司法解释公布之际，最高人民法院负责人就《规定》的有关问题接受了记者的采访。

问：请您具体给我们解释一下《规定》出台的具体原因是什么，该解释与 1991 年出台的《若干意见》相比最大的不同是什么？

答：谢谢你提这个问题。其实民间借贷由来已久，在我国几千年的历史里一直都存在民间借贷，延续到现在。在世界各国也存在民间借贷。对于民间借贷这种现象，官府进行管制也是长期的，比如说古代明清时期，管制的利率不能超过三分，如果再高就按照刑法手段处理。新中国成立以后，最高人民法院最早于 50 年代初对东北辽宁就有过一个关于民间借贷的批复，里面就确定了四倍利率这样一个做法，以后长期以来这个四倍利率一直在审判实践中运用，1991 年，我院曾就民间借贷案件问题颁布了《关于人民法院审理借贷案件的若干意见》，当时制定那个解释的时候继续沿用了这个做法。

现在为什么在这样一个时代，要重新全面地修改制定民间借贷的司法解释呢？1991 年的司法解释是根据 1979 年以来改革开放的情况，总结当时的审判经验作出的。这个规定对于推动我国的社会主义市场经济的发展和完善发挥了很大的作用。但是从 1991 年以后，我国经济社会发生了翻天覆地的变化，特别是 1993 年我们确立了要建立中国特色的社会主义以来，变化就更加巨大。我觉得这个变化产生了一种新的需求，至少有这么几点：

第一，民间借贷的内容发生了变化，以前老百姓的民间借贷主要是生活性借贷，例如生活缺钱，向朋友亲戚借点。生产经营性借贷所占的比重相对较低。但是经过改革开放 30 多年来，我们国民的财富在增长，因此民间借贷的内容也在发生变化。就目前来讲，生产经营性的借贷大幅度上扬，相反生活性的民间借贷大幅度下降。大家生活的周围恐怕很少有朋友因为生活窘迫借款，这个所占的比重已经比较低。这是我们要考虑的一个因素。

第二，这几十年来民间借贷的主体发生了很大的变化，以前民间借贷的主体几乎都是自然人，在计划经济时代，很少有企业借贷的，在改革开放特别是 1993 年之后，借贷的主体逐渐地从自然人之间的借贷、自然人与企业之间的借贷发展到企业与企业之间的借贷，主体变化很多，甚至发展到企业的负责人以自然人的身份借贷，借贷以后又用于企业，这样的情况非常复杂。这是第二种变化，也是我们面对这样的情况需要考虑的现实。

第三，民间借贷大量出现以后，现在非法集资的现象在我国从南到北、从东到西非常普遍，因此民间借贷与非法集资犯罪往往交叉，这种情况也比较多。怎样把这两方面的情形理清楚，既要打击非法集资，因为非法集资所产生的恶果很大，会破坏我们的金融秩序、经济秩序，甚至危及社会稳定，但又不能说一刀切的将民间借贷都不要了，这会对我们的生产经营产生很大影响，怎么样厘清这个问题确实是当前司法工作中的难题，是需要考虑的。

第四，刚才所说的企业与企业之间的借贷已经非常普遍，以前企业间拆借是不合法的，但是出现了许多规避借贷行为被认定为无效的种种企业借贷运作模式，怎样规范企业之间的借贷，也是我们必须要着重考虑的一个问题。

第五，随着社会主义经济体制的改革不断深入，利率的市场化是一个必然的趋势，而且中央也在大力推进。在利率市场化的背景之下，出现了一些新情况，比如说央行在 2013 年 7 月就规定了不再公布同期贷款基准利率，而最高人民法院 1991 年公布的司法解释是要以同期贷款基准利率为标准，按四倍来计算借贷合同的利息是否受民事法律保护。一旦不公布同期贷款基准利率以后，大量的案子将没办法审理，所以在这种情况下，我们就不能不对以往的司法解释进行修改。这就是在这样的背景下为什么制定《规定》的主要原因。

问：民间借贷因涉嫌非法集资而触犯刑事法律的现象是非常普遍的，在此类案件中，当事人既有向公安机关报案要求追究犯罪嫌疑人的刑事责任，也有向人民法院提起民事诉讼，请问《规定》如何协调刑事与民事的关系？

答：民间借贷的司法解释确实涉及民刑交叉的问题，在审判实践中，存在着大量的民间借贷纠纷案件往往都与非法吸收公共存款罪，还有集资诈骗罪等刑事案件交错。在这种情况之下，如何来协调处理刑事案件和民事案件是我们当前处理民间借贷纠纷中比较重要的一个问题。

在 2014 年 3 月，最高人民法院、最高人民检察院和公安部曾经共同颁布了《关于办理非法集资刑事案件适用法律若干问题的意见》。按照这个《意见》，人民法院在审理民事案件中如果发现有非法集资的犯罪，应当要将案件移送公安机关或者检察机关。这一次我们制定司法解释的时候，实际上就对这个问题进行了重申，也就是重新把它规定到我们民事司法解释里面来。之所以如此规定，是因为非法集资案件涉及不特定的多数人的利益，在处理上应当坚持一体化解决的原则，防止有的受害人获得足额清偿而有的受害人却根本不能得到补偿的现象发生。因此，只要是涉及非法集资犯罪的案件，民事案件审理中发现了就要移送。法院就不再审理了，这是一种处理方式。

第二类处理方式，如果在审理民间借贷案件的过程中，涉及非法集资等犯罪的线索与材料，在这样一种情况下怎么办？比如有人非法集资，把非法集资来的钱又转贷给他人，后者转贷会形成民间借贷的案件，对这类案件怎么办？我们新的司法解释第六条做了规定，涉及非法集资线索的材料，我们应当要移送到公安机关或者是检察机关，但是对于后面的民间借贷的那部分案件还要继续审理。

第三类情况，在审理非法集资的案件过程中，可能会涉及担保人的担保责任问题，我们在审理案件中不因为一部分当事人的非法集资犯罪就认定整个合同无效，担保人的担保责任也没了，这是不行的。遇到这种情况，只要当事人要起诉担保人，对这类案件，人民法院是应当予以受理的。

第四种情况，如果民间借贷的案件审理过程中，案件的基本事实需要刑事案件查清以后才能继续审理的，这类案件就应当中止审理，因为犯罪事实的行为可能涉及民间借贷案件的基本事实，基本案件事实可能涉及主体、权利义务的确定等，这一类我们要先刑后民，先把刑事案件结案了，我们民事案件才能恢复审理。

问：在《规定》里提到有 24% 和 36% 这样两个数字，您刚才也说了民间借贷年利率以前是按照银行的同期利率四倍来计算，为何要作出这样的修订，请您再具体说一说。

答：你的问题涉及本次司法解释的核心问题，就是利率问题。为什么这么规定？我们本次规定利率有几个特点：第一，规定的利率是一个固定利率，而不是像以前是参照央行同期贷款基准利率。第二，我们划了“两线三区”。首先划了第一根线，就是民事法律应予保护的固定利率为年利率的 24%。第二条线是年利率 36% 以上的借贷合同为无效，通过这两线，划分了三个区域，一个是无效区，一个是司法保护区，一个是自然债务区。为什么考虑24%的利率？刚才在前面已经讲到，年利率四倍的历史渊源流长，其实在古代的时候月利率两分，也就是大约24%的含义。我们在制定司法解释的时候就研究过从古到今利率的变化，特别是1990年以来央行颁布的整个利率的线索，我们研究发现，央行颁布的贷款基准利率变化比较大，最低是百分之二点几，最高的是百分之十二点几，中间较多的是5%—8%，最后我们折中就选了6%，又参照传统四倍的含义，四六二十四，就是这样来的。因此，24%的利率是长期以来我们在审判实践中所确立的一个执法标准，实际上也是从古至今在民间利率方面的一条规则，不算我们的独创。

第二，为什么要规定36%以上无效？按照1991年的司法解释，规定是银行贷款基准利率的四倍，超过部分不受法律保护。这个不受法律保护的含义，就是说你要向人民法院起诉，要求动用国家强制力来保护你所获得利息，超过四倍不保护，但是如果当事人愿意自动履行的，法院是认可的，如果当事人履行了以后，再反悔想要回来，法院是不支持的，1991年的司法解释是这个含义。我们总结这么多年来经济发展的情况发现，实体经济所创造的利润相应来说肯定没有这么高，如果我们不把高利贷控制住，对于实体经济，特别是对于中小微企业的发展是不利的。所以这次规定了年利率36%以上就无效，这个无效的含义是如果当事人原来自愿偿还了利息，基于合同无效，还可以要求返还，这是对1991年的司法解释重大的修改。规定36%以上无效，是基于现实社会的实际情况，经商相关主管部门，同时也参考了国外的一些立法例而划定的。国外有一些地区也规定，在利率无效的情况下是要返还的。对于24%—36%之间的这一部分我们把它作为一个自然债务看待，如果要提起诉讼，要求法院保护，法院不会保护，但是当事人愿意自动履行，法院也不反对。

问：认定企业之间借贷行为合法有效，可以说是这部司法解释的亮点之一，之前司法实践一般都认定为是无效的，本规定在认定企业之间的拆借行为效力上是一律认定为合法有效，还是有一定的限制性条件？

答：这个问题实际上涉及如何认识企业之间的借贷问题。的确正如你说的，我们对于企业之间借贷的认识有一个发展过程，这与我们国家的经济体制改革、经济发展是相适应的。以往，企业与企业之间的借贷被认定为是无效的，为什么要认定无效呢？因为当时基于1996年央行发布的《贷款通则》，加之最高人民法院也做了一些司法解释，认为企业与企业之间的借贷会破坏金融秩序，因此在当时的情况下认定企业与企业之间借贷的合同是无效的。而且这个规则一直到现在都没有废，但是随着经济的发展，特别是社会主义法治的不断健全和完善，这一规则出现了一些问题。第一，1999 年《合同法》生效，《合同法》规定要认定合同无效只能依据国家的法律和行政法规。从现有的国家法律和行政法规来讲，没有明确规定企业与企业之间的借贷是无效的。当然《贷款通则》是规定了，但是它属于一个部门规章，它的法律效力等级还没有上升到行政法规和法律的层面。《合同法》出现以后，就面临着法律上的冲突。第二个原因是与物权法的冲突。2007 年，我国颁布了《物权法》，按照物权法的规定，物权的权利人有权依法自由的处分自己的财产，货币资金当然是属于他的财产，他当然可以处分。如果依据《贷款通则》就无权处分，显然这样的规则与《物权法》的规定有冲突。基于这样的情况，近几年来，我们依据现有的法律做了调整，其实我们的实际案例已经突破了原来的规定。包括最高人民法院审理的案子，依据《合同法》、《物权法》等规则，2005 年以后陆续审结了一批企业与企业之间借贷的合同为有效合同的案件，示范效应是积极的，效果也很好。近几年来，我们在总结审判工作所取得的经验基础上，明确规定了把企业与企业之间的借贷有条件地认定为有效。这次司法解释第 11 条，对企业之间融资有效是做了一定界定的，法人之间、其他组织之间以及他们相互之间为生产经营需要订立的民间借贷合同，除存在《合同法》第 52 条和本规定 14 条规定的情形以外，当事人主张合同有效的予以支持。根据这一条规定，企业与企业之间的合同的有效是要限定这个合同是为生产和经营需要而订立的借款合同。如果作为一个生产经营性企业不搞生产经营，变成一个专业放贷人，把钱拿去放贷，甚至从银行套取现金再去放贷是不行的。司法解释规定这样的合同就会认定为无效。同时在解释中还规定了如果企业向其他企业借贷，或者从本单位职工集资，本来是为本单位的生产经营需要，但却没有投入企业经营，而去放贷，这也要认定为无效。所以我们这次对企业的放开是一个有限度的放开，企业之间如果有闲散资金，因为对方是为了生产经营需要，而不是为了借钱去放贷，这种合同应当是有效的，仅仅限于这个范围。这样做的目的既解决企业资金的短缺，又维护了我们国家的金融安全，国家金融不安全，我们经济发展就没保障。

问：现实生活中可能有的借款人在没有约定利息的情况下自愿支付利息，或者支付的利息超过了 24%，但是没有超过 36% 的情况下，事后又反悔，能够向法院主张要求出借人返还已付的利息，《规定》如何协调两者之间的利益平衡？

答：我们现在规定的利息利率是 24%，在 24% 以内当事人起诉到人民法院，人民法院对这类利息只要不突破 24%，都要给予法律保护。当然在实践中间，确实有这样一个情况，有些当事人约定的利息是超过 24%，没有超过 36%，因为 36% 就是无效，24% 与 36% 之间的，这一段的债务我们把它叫做自然债务。这类债务如果当事人依据合同，向人民法院起诉要求保护这个区间的利息，人民法院是不予法律保护的。所以起诉到法院不予以保护，但是这个合同如果约定利率以后，借款人按照合同的约定偿还了利息，这个偿还是有效的，如果偿还以后又反悔，向法院起诉要求返还超过24%部分利息的，不能支持。但超过36%以上的是无效，即使自愿给付了，也可基于合同无效要求返还。

问：我们注意到,《规定》特别强调，出借人向人民法院起诉时，应当提供债权凭证或者能够证明借贷关系存在的证据。这一规定是否与立案登记制相矛盾？

答：这一规定不仅与立案登记制不矛盾，而且还相辅相成。早在3000多年前的西周时期，人们把借贷契约称为“傅别”，西周的《周礼》就有“听称责以傅别”的记载，说的是官员审理借贷纠纷时必须要有凭据、证据。从司法实践情况看，民间借贷纠纷案件中，当事人为证明存在借贷关系所提交的证据多为借据、收据、欠条等债权凭证，这些大都属于书证范畴。当然，债权凭证的表现形式不仅限于本《规定》已列明的“借据、收据、欠条”等形式，还包括能够证明借贷关系存在的其他证据，如短信、微信、博客、网上聊天记录等电子数据以及录音录像等视听资料。总之，原告向法院起诉，必须提供相应的证据证明，这是民事诉讼的基本要求。只要符合《民事诉讼法》第119条规定的起诉条件的，人民法院都要受理。对于不符合法定起诉条件的，即使已经进行了立案登记，也不能进入实体程序，人民法院应当通知当事人补交相关证据材料。上述规定也有利于防止当事人滥用诉权。

问：民间借贷纠纷中，经常会有其他人在借条、欠条或者收据上签名，并容易引发纠纷。请问，本《规定》是如何规范这一问题的？

答：经过调研，我们发现，审判实践中存在相当多的纠纷是由于在他人出具的借条或者欠条上签名而引发对民事责任承担的争执，进而引发矛盾形成诉讼。应当看到，传统的民间借贷更多地存在于熟人社会中，基于亲属、朋友、同事或者其他社会关系，他人或者作为借款人的保证人，或者作为借贷的见证人，或者作为中间人，或者出于其他原因而在借据上签字。然而，他人的签字是否意味着其应当承担保证责任，则存有争议。

正是由于民间借贷实践中，第三人在债权凭证或者借款合同中签字盖章的法律意义具有多种可能性，所以本司法解释才作出明确规定，包括三层意思：第一，仅有他人签名或者盖章的，不足以认定保证人身份，他人也就不承担保证责任。所谓“仅有”，是指既未在借款凭证或借款合同中表明保证人身份，也未在其中约定保证条款并指向签字或盖章人，同时也无其他证据证明该签字或盖章人为保证人。第二，只有在“通过其他事实不能推定其为保证人”的情况下，才能作出他人非为保证人的判断。第三，仅有第三人在其中签字或者盖章，但其中表明了签字或者盖章人是保证人，或者通过其他条款或事实能够推定出其为保证人的，则应当对借款承担担保责任。

问：民间借贷中，借款人向他人借钱时一般要出具欠条，相应地，出借人起诉时也要持有欠条作为证明借贷关系存在的证据。仅仅提供借据或者银行的转账凭证，是否能够认定借贷关系已经发生？《规定》就借贷关系成立的举证证明责任问题有哪些新的内容？

答：您提的这个问题很有针对性和专业性。民间借贷案件的事实审查，是民间借贷案件审理的难点和重点。民间借贷案件的基本事实，包括借贷合意是否形成、款项是否交付、本金数额、利息约定等多个方面，其中借贷事实是否真实发生是民间借贷案件的首要基本事实，也是全案展开的基本依据。

民间借贷案件的事实认定，大多是由法官根据经验法则，通过对证据材料的审查和其证明力的认定、判断、取舍，并对比各方当事人不同证据的证明力，推断当事人之间既往发生的法律关系的事实过程。这一过程中所涵盖的经验法则的选择与运用，证据证明力的判断等，都很难通过明确的法律规则来实现，更多的是依靠法官的自由心证。正因如此，司法实践中对于借贷关系是否发生的基本事实作出判断和认定的标准，存在一定程度的差异。虽然完全统一法官心证结果在客观上不可能实现，但通过更精细化的指引，规范事实认定的方向和进路，却是十分必要和可行的。

随着民间借贷市场的不断发展壮大，且游离于正规金融体系之外，容易伴生非法集资、非法吸收公众存款、金融欺诈等违法犯罪行为，危害借款人利益，冲击金融市场秩序。另外，民间借贷主体的法律意识淡薄，交易法律手续不完备，借贷行为隐秘性强，也容易引起法律纠纷。现实中，原告提起诉讼往往仅依据借据等债权凭证或者仅依据金融机构转账凭证作为证明借贷关系已经发生的证据，如果被告抗辩已经偿还借款，或者被告抗辩转账系偿还双方之前借款或其他债务，在此情况下，就存在着证明责任的承担问题，而不能仅仅依据借据、收据、欠条等，简单地认定借贷关系已经发生以及已经发生的借贷关系的内容。为此，《规定》提出了有关举证责任分配的要求，即：被告应当对其抗辩的主张提出相应的证据加以证明，而不能仅仅一辩了之。如果被告提不出相应的证据，或者提供的证据不以证明其主张的，则一般要认定借贷关系已经发生。当然，如果被告提供了证据证明其主张的，此时举证证明责任发生转移，应当由原告就借贷关系的成立承担举证证明责任。需要强调的是，对于当事人主张系现金交付的民间借贷，《规定》明确要求应当结合借贷金额、款项交付、当事人的经济能力、当地或者当事人之间的交易方式、交易习惯、当事人财产变动情况以及证人证言等事实和因素，综合判断查证借贷事实是否发生。这一规定也是近年来司法实践的经验总结，对于证据和事实认定起到了很好的指引作用，对广大法官甄别真实借贷关系，具有较强的针对性和可操作性，有利于实现维护借款人合法权益，遏制违法犯罪活动的法律效果。我们将这一经验进行修改与整合，吸收到司法解释中，作为民间借贷案件中事实审查的规定，从而明确了此类案件的举证责任、审查内容和审查标准。

问：我们注意到，《规定》特别强调要加大对虚假诉讼的防范和制裁，为什么如此关注这一问题？

答：经过调研发现，当前，民事审判领域存在许多虚假诉讼，在民间借贷案件中尤为突出。如何有效遏制民间借贷纠纷中的虚假诉讼，是摆在审判实践中的一个突出难题，也是亟待解决的一个课题。

虚假的民间借贷诉讼往往包裹在“合法”的外衣下，以正常合法的程序进入到法院，造假者们通过精心设计各种骗局，以混淆视听迷惑法官，从而获得对其有利的判决。此类案件利益关系复杂，且往往使真正权利人的利益无法得到保障，一旦法院支持了虚假诉讼当事人的利益，则不但无法化解纠纷，反而更加激化了当事人之间的矛盾，极易引发和激化社会冲突。总之，虚假民间借贷诉讼既侵犯了真实权利人的利益，又浪费了有限的司法资源；既扰乱正常的司法审判秩序，又影响了社会稳定。

虽然《民事诉讼法》第112条中新增加了对虚假诉讼的规定，但实践中审判人员很难明确识别、认定虚假诉讼，而民诉法中“虚假诉讼构成犯罪的，依法追究刑事责任”的一般性规定，在刑法中也并没有相对应的条款，没有具体的罪名，也没有相应的处罚措施。立法的不完善致使虚假民间借贷诉讼的违法成本非常低，诉讼当事人恶意串通、虚构法律关系向法院提起诉讼所追求的不法利益，与当事人制造、参与虚假诉讼付出的成本的巨大差异对当事人作出不法行为产生了不当的激励。因此，必须加大对虚假诉讼的预防和打击，以维持诚实守信的诉讼环境。

如何识别虚假诉讼是遏制虚假诉讼所面临的首要问题。之前，法院对调解率的片面强调，容易给当事人虚假诉讼提供便利；法官对调解的偏好也使调解中对事实的查明大打折扣。在虚假民间借贷诉讼案件中，由于双方当事人之间系恶意串通，不存在激烈的诉辩对抗，而且有时提交给法院的证据可能就是双方共同伪造的，这就给法官鉴别虚假诉讼增加了难度。对于这一问题，各级法院在司法实践过程中形成了不同的处理方式，但也达成了基本共识，即应当在民间借贷案件审理过程中加强对证据的审查力度。本《规定》结合了虚假民间借贷诉讼审判实践的调研结果，吸收了实践中的有益的经验做法，采纳了综合判断的规范模式，并总结出了具体列举的可能属于虚假民间借贷诉讼的十种行为，以供审判人员审理案件时借鉴、参考。当然，正确识别虚假民间借贷诉讼还要求审判人员基于自身的审判经验和对生活的认知，结合借贷发生的原因、时间、地点、款项来源、交付方式、款项流向以及借贷双方的关系、经济状况等事实，综合判断是否属于虚假民事诉讼。

经审理发现属于虚假诉讼的，人民法院除判决驳回原告的请求外，还要严格按照本《规定》的内容，对恶意制造、参与虚假诉讼的诉讼参与人依法予以罚款、拘留；构成犯罪的，必须要移送有管辖权的司法机关追究刑事责任。

问：随着互联网金融的迅猛发展，许多民间借贷改变了传统的交易模式，而由网络交易快速完成。作为新生事物的P2P网络借贷，《规定》采取了哪些措施进行规制？

答：自从1979年孟加拉国经济学家穆罕默德·尤努斯最初提出P2P概念，并将小额信贷和互联网技术相连接以来，P2P网络借贷逐步进入了人们的视野，并于2007年正式进入我国。2013年以来，P2P网络借贷出现井喷式发展，在一年之内由最初的几十家增长到几千家，从而不仅实现了数量上的增长，借贷种类和方式也得到扩张。应当看到，P2P网贷有助于一般人群、小微企业获得所需的融资，弥补银行借贷的空白，帮助传统借贷中难以获得融资的企业和个人得到资金支持。我国已经形成了有别于国外P2P网贷模式的新特点，同时也产生了平台角色复杂、监管主体缺位、信用系统缺乏等新问题，其中最主要的是P2P利用投资理财为幌子，参与非法集资。据统计，2014年，P2P网络借贷平台涉嫌非法集资发案数、涉案金额、参与集资人数分别是2013年全年的11倍、16倍和39倍，今年上半年仍然有较大幅度的增长。

在当前涉及P2P网络借贷平台的法律规范缺失的情况下，为了更好地保护当事人的合法权益，进一步促进我国网络小额借贷资本市场良好发展，本《规定》分别对于P2P涉及居间和担保两个法律关系时，是否应当以及如何承担民事责任作出了规定。按照《规定》中的条款内容，如果借贷双方通过P2P网贷平台形成借贷关系，P2P网络贷款平台的提供者仅提供媒介服务，则其对于民间借贷形成的债务不承担担保责任；如果P2P网贷平台的提供者通过网页、广告或者其他媒介明示或者有其他证据证明其为借贷提供担保，根据出借人的请求，人民法院应当判决 P2P 网贷平台的提供者承担担保责任。

今后，最高人民法院还将继续加强对 P2P 网络借贷平台法律规制的调研，密切关注这一新型事物的发展态势，结合行业特点和法律关系，制订更加充实详细的司法解释或者规范性文件，以司法的手段维护互联网对创业创新的支撑作用，推动各类要素资源集聚、开放和共享，为形成大众创业、万众创新的浓厚氛围提供有力司法保障。

问：实践中存在大量企业法定代表人以个人名义借贷用于企业生产经营，或者以企业名义借贷用于个人消费的现象，从而引发纠纷。请问，《规定》如何规范此类问题，在民事责任的承担方面作了哪些新的规定？

答：企业作为法律拟制的人，在社会经济生活中的一切活动均要通过其法定代表人来实施。一般来讲，按照法人的代表人制度理论，法定代表人的行为就可以认定为企业行为。但是根据同一理论，鉴于法定代表人自然人和代表人的双重身份，企业承受法定代表人行为的法律后果，必须是其行使“代表行为”的情况下，具体表现为以法人的名义行为和在授权的范围内行为。

本《规定》出台以前，司法实践中一直认定企业间借贷无效，基于对企业间借贷无效的规避和对资金融通的需求，实践中出现的法定代表人以个人名义借贷用于企业生产经营的情况比较突出。为了保护出借人利益，《规定》明确法定代表人以个人名义签订借贷合同，但是所借款项用于生产经营的，出借人可以请求企业与个人共同承担责任。但也要看到，有的企业的法定代表人虽以企业名义借款，但所借款项却用于个人生活和消费，为避免企业合法权益遭到损害，对于出借人、企业或者其股东能够提出证据证明的，在诉讼中人民法院可以应出借人的请求将法定代表人列为共同被告或者第三人。作出这样的规定，能够有效防止法定代表人滥用代表权，能够达到均衡保护企业和出借人双方合法权益的目标。

问：实践中还有一种现象，就是借款人往往通过买卖合同作为民间借贷合同的担保。一旦发生纠纷后，出借人往往要求履行买卖合同，进而取得标的物的所有权。请您介绍一下此类案件的处理思路？

答：正如您刚才所讲，民间借贷实践中，借贷双方当事人通过签订买卖合同作为民间借贷合同的担保，是民间借贷中比较典型的纠纷类型。债权人为避免债务人无力偿还借款，往往与债务人签订买卖合同（以房屋买卖合同为主），约定债务人不能偿还债款本息的，则履行买卖合同。在最高人民法院出台本《规定》之前，各地法院的处理方式千差万别，导致法律适用标准不一，影响了法律权威。

此类案件的处理，关系到人民法院裁判的统一，关系到当事人切身利益的维护。同时，正确处理此类案件，对于防范虚假诉讼，健全担保规范，促进经济健康发展具有重要意义。

目前，从审判实践看，买卖与借贷交叉混合主要有两种类型：一是以买卖作为民间借贷的担保，二是双方既有真实的买卖关系同时又有借贷的法律关系。由于前者属于最为常见且问题最多，因此本《规定》仅针对前者作出相应的规范。对于以买卖合同作为民间借贷合同的担保，在借期届满后借款人无法偿还本金利息的，出借人往往要求履行买卖合同，进而达到其直接获取买卖标的物的目的。我们认为，此种情形下的买卖合同应当视为类似于担保合同，其效力依附于作为主合同的民间借贷法律关系。正因如此，出借人撇开主合同而要求直接履行作为从合同的买卖合同的，实际上是颠倒了主从合同关系。对此，人民法院应当按照民间借贷法律关系审理双方之间的纠纷。只有从程序上作出如此规定，才能使双方的权利义务关系真正回位到正确的实体关系中去。如果出借人坚持要求审理买卖合同的，则应当裁定驳回其起诉。

按照民间借贷法律关系审理作出的判决生效后，借款人不履行生效判决确定的偿还本息的金钱给付债务，出借人可以申请拍卖买卖合同标的物，以偿还债务。《规定》作出这样的制度设计，是对债务人不履行债务时依法处置担保物的必然安排，其目的在于保护债权人的合法权益不容侵害。但是，任何制度设计都要坚持公平、公正的原则，在保护债权人利益的同时，也不能忽视对债务人合法权益的依法保护，而通过拍卖程序有利于防止估价过高或者过低，损害另一方当事人利益。因此，《规定》要求，应当通过拍卖而非估价的方式处理标的物，以体现公平原则。此外，《规定》还特别强调，通过拍卖标的物所得的价款与应偿还借款本息之间的差额，借款人或者出借人有权主张返还或者补偿。这一规定能够在当事人之间实现利益平衡，体现了公正原则，从而真正完成从程序正义到实质正义的嬗变。

图书在版编目（CIP）数据

民间借贷纠纷案件胜诉实战指南：典型案例办案思路和实务要点详解 / 唐青林，李舒主编. — 北京：中国法制出版社，2019.10

ISBN 978-7-5216-0602-7

Ⅰ. ①民… Ⅱ. ①唐… ②李… Ⅲ. ①民间借贷—经济纠纷—案例—中国 Ⅳ. ① D925.105

中国版本图书馆 CIP 数据核字（2019）第 226046 号

策划编辑 袁笋冰　　责任编辑 王林林　　封面设计 杨泽江

民间借贷纠纷案件胜诉实战指南：典型案例办案思路和实务要点详解

MINJIAN JIEDAI JIUFEN ANJIAN SHENGSU SHIZHAN ZHINAN：DIANXING ANLI BANAN SILU HE SHIWU YAODIAN XIANGJIE

编者 / 唐青林　李　舒

经销 / 新华书店

印刷 / 廊坊一二〇六印刷厂

开本 / 710 毫米 ×1000 毫米　16 开　　印张 / 37.75　字数 / 696 千

版次 / 2019 年 10 月第 1 版　　2019 年 10 月第 1 次印刷

中国法制出版社出版

书号 ISBN 978-7-5216-0602-7　　定价：152.00 元

北京西单横二条 2 号　　值班电话：010-66026508

邮政编码：100031　　传真：010-66031119

网址：http://www.zgfzs.com　　**编辑部电话：010-66067369**

市场营销部电话：010-66033393　　**邮购部电话：010-66033288**

（如有印装质量问题，请与本社印务部联系调换。电话：010-66032926）